Démocratiser les relations éducatives

La participation des enfants et des parents aux décisions familiales et collectives

La *Chronique sociale* est à la fois un organisme de formation et de recherche et une maison d'édition. Fondée à Lyon en 1892, elle s'est préoccupée dès ses origines de sensibiliser aux évolutions de la société et de suggérer une organisation de la vie collective plus solidaire et plus respectueuse des personnes.

Actuellement, les ***Éditions de la Chronique sociale*** publient des ouvrages et des jeux pédagogiques qui contribuent à mettre en œuvre ces orientations. Issus de pratiques professionnelles et sociales, ils sont au service de tous ceux qui s'efforcent de mieux comprendre le monde.

Chacun pourra s'approprier ces outils et les utiliser, tant pour son développement personnel que pour une action collective efficace.

Pour plus d'informations :
www.chroniquesociale.com

Couverture : J. Perrin à partir de fichiers pris sur www.vecteezy.com

Responsable des Éditions : André Soutrenon

Correction : Gil Mozzo

Imprimeur : Sepec 01692151101

Chronique sociale, Lyon, Dépôt légal : novembre 2015

Imprimé en France

PEFC 10-31-1470 / Certifié PEFC / Ce produit est issu de forêts gérées durablement et de sources contrôlées. / pefc-france.org

Frédéric Jésu – Jean Le Gal

Démocratiser les relations éducatives

La participation des enfants et des parents aux décisions familiales et collectives

Savoir communiquer

synthèse

Chronique Sociale 1, rue Vaubecour – 69002 Lyon
Tél. : 04 78 37 22 12

Démocratiser les relations éducatives

Introduction

Les structures familiales et les institutions éducatives, dans leurs formes et leurs organisations tout comme dans leurs modes de fonctionnement, ont aujourd'hui considérablement évolué. Elles s'ouvrent peu à peu, ici et là, à d'authentiques démarches de coéducation[1], et elles en viennent par là même à découvrir qu'elles peuvent et doivent rendre celles-là nécessairement démocratiques. Reconnaître la diversité et la légitimité des acteurs de l'éducation conduit en effet à reconnaître ceux-ci comme égaux en droit et donc à redéfinir les modalités de leurs coopérations, mais aussi à reconsidérer au passage le statut de l'enfant, devenu non plus objet mais, à juste titre, acteur lui aussi et donc partie prenante de cette entreprise.

La Convention internationale des droits de l'enfant (CIDE), adoptée en 1989 par l'Assemblée générale des Nations Unies et ratifiée par la France un an plus tard, éclaire les voies de cette coéducation démocratique. Elle incite à tracer les grandes lignes d'une actualisation et d'une universalisation des conditions, des contenus et des modalités de l'éducation moderne. Dans cet esprit, il est nécessaire de les faire converger avec les lignes qui déterminent la construction et l'avenir de la participation démocratique de tous, enfants et adultes, aux décisions qui les concernent.

En outre, comme l'avait déjà relevé John Dewey dès la première moitié du XXe siècle[2] et comme on l'observe plus encore, à partir de la seconde moitié de celui-ci, avec le développement de l'éducation non formelle puis avec celui des médias et notamment d'*Internet,* un écart risque de se creuser entre les savoirs transmis par le système éducatif traditionnel et les réalités d'une société en rapide et constante évolution. Dans la mesure où c'est avec un nombre croissant d'acteurs et par tout un ensemble d'interactions que cette société procède, consciemment ou non, à l'éducation de ses enfants et de ses jeunes, ceux-ci apprendront d'autant mieux de leur environnement qu'ils participeront à son fonctionnement[3].

Nous nous inscrivons donc à rebours de certaines incitations faites aux familles et aux institutions éducatives, depuis près de vingt ans, à céder aux

1. Frédéric Jésu, *Coéduquer – Pour un développement social durable*, Dunod, 2004.

2. John Dewey (1859-1952), philosophe américain spécialisé en pédagogie et en psychologie appliquée. Cf. notamment *Démocratie et éducation* (1916) suivi de *Expérience et éducation* (1938), Armand Colin, 2011.

3. Selon Sing Kong Lee, directeur de l'Institut national d'éducation en charge de la formation des enseignants de Singapour, ceux-là sont aujourd'hui tenus de s'adapter à *« une nouvelle génération d'élèves »*, décrits sous l'acronyme « EPIC » pour « expérimentaux, participatifs, sensibles au langage graphique et connectés ». (Source : *Le Monde* du 30 avril 2013). *« Comment rattacher l'école à la vie ? »*, demandait plus simplement encore Célestin Freinet dans le n° 32, du 7 mai 1921, de *L'école émancipée*.

nouvelles tendances (individualistes, psychologisantes, « sanctuarisantes », archéo-pédagogiques, consuméristes, communautaristes, etc.) du renfermement sur elles-mêmes et de l'entre-soi. Nous considérons ces incitations et ces tendances comme réactionnaires en ceci qu'immobiliser et enfermer les enfants quand tout bouge et s'ouvre autour d'eux revient à les confiner dans le seul espace-temps des cultures mortes – même s'ils ont aussi beaucoup à apprendre des legs de celles-ci. Nous affirmons bien au contraire que c'est ici, maintenant et ensemble que les acteurs de l'éducation (familiale, scolaire, et dans la cité) doivent inventer – et inventent déjà – des façons d'être et d'agir avec les enfants qui soient délibérément tournées vers un futur commun et polarisées par des perspectives progressistes et solidaires. Et qu'ils doivent donc se préparer aussi à leur en remettre sinon les clés du moins le mode d'emploi. Ces perspectives passent selon nous par une extension du champ d'application de la démocratie à ce qui détermine au quotidien les relations éducatives entre les enfants, entre les enfants et les adultes en position d'éducateurs et entre ces adultes eux-mêmes.

Notre conviction éducative profonde est que la participation des enfants à la vie familiale et sociale, dans une collectivité fondée sur le respect des droits de l'homme et des valeurs démocratiques, est essentielle pour les préparer à **être les acteurs engagés et responsables d'une société libre.** Cette reconnaissance de la dimension propositionnelle et participative de la parole de l'enfant, notamment lorsqu'il s'agit de prendre une décision qui le concerne, dépend de l'estime, du respect et de la confiance que les adultes portent à sa personne. Il importe que l'organisation et le fonctionnement de la famille ou de l'institution favorisent cette approche combinée de la personne et de la parole des enfants.

Notre propos sera donc centré sur la démocratisation des relations éducatives, et ceci en partant de la personne, de la place et de la parole de l'enfant, tout d'abord au sein de sa famille puis, peu à peu, en dehors d'elle. Nous ouvrirons, peu à peu et logiquement, cette première approche à la nécessaire prise en considération du rôle et de la participation des familles (parents et enfants) dans les institutions à vocation éducative, mais aussi dans les différentes circonstances où se discutent et se prennent des décisions publiques qui concernent l'éducation, familiale et extrafamiliale, des enfants.

Nous tournons résolument le dos au pessimisme éducatif, culturel et politique qui prévaut depuis une bonne dizaine d'années, tout du moins en France[4] et dans plusieurs pays européens, au sujet de l'actualité et de l'avenir de la démocratie. Nous nous refusons de céder aux tentations de la régression nostalgique vers des modèles éducatifs autoritaristes, hiérarchisants et directifs.

4. Emmanuel Todd, *Après la démocratie*, Gallimard, 2008.

L'une de nos hypothèses centrales est que **de l'engagement des parents dans des logiques de participation démocratique dépend en grande partie la possibilité d'un engagement équivalent des enfants et des jeunes,** selon leur âge et leur maturité, dans ou hors de leurs familles. Une hypothèse complémentaire est que les relations établies par les professionnels avec les parents sont susceptibles d'imprimer des marques profondes et durables sur les relations que ces mêmes parents entretiennent avec leurs enfants, ainsi d'ailleurs que sur les relations que les parents construisent entre eux (au sein et en dehors de la famille). Dans un même ordre d'idées, l'un d'entre nous, après avoir longtemps travaillé sur l'aspect « contagieux » des maltraitances institutionnelles et familiales, a développé par la suite le concept de « cercle vertueux des bientraitances »[5].

Nous aimerions aussi faire percevoir, au fil de ce livre, à quel point il peut y avoir du plaisir à prendre dans de telles conceptions théoriques et pratiques de l'éducation – au sens où, selon la psychanalyse, le plaisir résulte de la réduction d'une tension. Nous souhaiterions, autrement dit, suggérer et populariser une idée simple : il ne devrait pas y avoir de projet éducatif global sans plaisir éducatif partagé entre ceux qui le mènent et le vivent !

Nous tenons donc à expliquer pourquoi, comment, en quelles circonstances, à quelles conditions, et avec quelles conséquences attendues ou déjà observables, ces mobilisations peuvent s'opérer. Mais aussi à le faire concrètement, sans occulter les difficultés, les contraintes et les limites rencontrées au passage, dans la mesure même où leur analyse lucide permet de mieux identifier les moyens de négocier et réussir ce passage.

Quelques *courts récits* peuvent, à ce stade, illustrer certains domaines sur lesquels vont porter nos propos, en évoquer le climat sur un mode impressionniste, et en laisser entr'apercevoir de premiers enjeux, tant du côté des promesses de l'avenir que des réalités complexes du présent.

Vers de nouvelles modalités de prise de décisions et de résolution de problèmes en famille ?

L'un d'entre nous, ayant récemment exercé une partie de ses activités professionnelles dans le cadre d'un Centre médicopsychologique de service public implanté en zone périurbaine, a reçu en consultation, pendant trois ans, les deux enfants (un garçon de 7 ans et une fille de 11 ans au moment de la première consultation) et les parents d'une famille fragile et courageuse.

5. Frédéric Jésu, Marceline Gabel, Michel Manciaux (dir.), *Bientraitances – Mieux traiter familles et professionnels,* Fleurus, 2000.

La mère, employée communale dans un restaurant scolaire, s'est longtemps présentée comme anxieuse, bourrue, exaspérée par ses enfants, agressée par les interpellations scolaires à leur sujet. Mais elle reprend confiance en elle au fur et à mesure qu'elle réussit à surmonter avec un relatif succès nombre d'épreuves personnelles, familiales et professionnelles (dont un important accident de travail, générateur de douleurs chroniques et d'immobilisations à domicile). Elle s'autorise à exprimer progressivement une affection maternelle dont elle a pu se sentir privée pendant sa propre enfance.

Le père, chauffeur routier soumis à des horaires de travail peu respectueux de sa vie familiale, est régulièrement exposé aux *stress* du chômage, de l'intérim et des missions qu'il ne peut pas refuser. Il a donc apprécié de pouvoir être reçu tard le soir en consultation pour qu'y soient dûment recueillis ses avis sur ses enfants, ses accords sur les soins entrepris auprès d'eux et l'expression de ses engagements à y prendre part. Il remet peu à peu en question les modèles d'éducation autoritaire et musclée dont il a eu lui-même à connaître et qu'il a longtemps été tenté de reproduire. Et, après plusieurs mois consacrés, chaque week-end, au réaménagement des chambres des enfants, il leur propose et s'autorise aussi le plaisir de sorties et de loisirs partagés.

Le fils cadet, longtemps décrit comme agité, instable, incapable de se concentrer tant sur son travail scolaire que sur ses jeux, et présentant d'importantes difficultés graphomotrices, a d'abord pu bénéficier de « rééducations » psychomotrice puis orthophonique compliquées à organiser du fait des contraintes parentales, mais qui s'avèrent aidantes et efficaces. Il manifeste au fil des mois, et au vu des changements progressifs d'attitude de ses parents, de prudentes dispositions à engager une psychothérapie individuelle et, mieux encore, à s'en dire sincèrement demandeur. Il a entre-temps échappé de peu aux pressions scolaires visant à le soumettre à divers « bilans » menés en milieu hospitalier, loin de sa famille et de son école, et qui auraient débouché à coup sûr moins sur un diagnostic explicatif de ses difficultés de comportement et d'apprentissages que sur une prescription systématique de méthylphénidate (équivalent amphétaminique mieux connu sous les noms commerciaux de Ritaline®, Concerta®, Quasym®, etc., et qui, malgré une innocuité à court et long termes loin d'être avérée, fait depuis une quinzaine d'années l'objet de recours devenus aussi fréquents qu'éthiquement préoccupants[6]). Il réussit depuis peu à faire reconnaître tant ses talents en

6. Philippe Pignarre, « Ritaline, Concerta… la vogue dangereuse des pilules de l'obéissance », in Gérard Neyrand (dir.), *Faut-il avoir peur de nos enfants ? Politiques sécuritaires et enfance*, La Découverte, 2006.

mathématiques à l'école que ses aptitudes à participer à la vie familiale, ce qui modifie le regard porté sur lui comme celui qu'il porte en retour sur lui-même.

La fille aînée, quant à elle, a traversé des épisodes dépressifs en partie liés à la situation familiale, et seule une tentative de suicide par médicaments lui a permis d'attirer vers elle une attention et une sollicitude dont elle se sentait, de son point de vue, privée au profit d'un frère à la surveillance duquel il lui était de surcroît demandé de contribuer. Une série d'entretiens familiaux, puis mère/fille, puis avec elle seule, lui a permis de désenclaver son expression propre tout en remaniant ses relations avec chacun des membres de sa famille et avec ses amis.

Tous reviennent donc de loin et sentent que leur relatif équilibre familial, récemment acquis, est à la merci d'un événement critique, d'origine intra ou extrafamiliale.

C'est dans ce contexte que la mère et la fille viennent faire part en consultation de leur intention de mettre en place à domicile une sorte de « Conseil de famille », étendu en l'occurrence à la sœur cadette de la mère (qui vit avec le couple et les enfants depuis un an, et dont la présence risque de fragiliser de nouveau la communication familiale). Avec leurs mots, mais aussi avec de grands sourires timides qui illustrent l'enthousiasme et la gravité caractérisant leur projet, elles expliquent que cette instance, dont elles ont eu l'idée depuis l'amélioration de leurs relations mutuelles, pourrait se tenir un jour fixe de la semaine. Et, surtout, qu'elle permettrait aux adultes et aux enfants en présence de prévenir ou à défaut de gérer ensemble les différends familiaux, et ceci autrement que dans l'urgence ou par le jeu habituel des rapports de forces ou des passages à l'acte. Il s'agirait ainsi de mettre en place des occasions – plutôt, à ce stade, que des procédures – de délibération portant sur les décisions difficiles à prendre et concernant dans un premier temps des sujets tels que : la planification partagée des tâches domestiques, la reconnaissance mutuelle des besoins d'intimité, la mise en place de loisirs familiaux à domicile ou à l'extérieur, l'aide aux devoirs scolaires, la gestion des animaux domestiques, la négociation des heures de sortie de la fille avec ses amis et de la mère et de la fille ensemble, etc.

Mère et fille demandent au consultant soutien et conseils pour promouvoir, installer et accompagner leur initiative. La dimension *a priori* peu médicale de cette demande ne retient pas plus leur attention qu'elle ne fait obstacle à sa recevabilité, à la lumière du chemin accompli et de la confiance établie dans le cadre des consultations. La mère et la fille s'y prendront d'ailleurs si bien que le père et le fils les accompagneront à la consultation suivante pour faire état de leurs adhésions au dispositif.

Les deux enfants se montrent particulièrement prosélytes ; de nouvelles formes d'entraide, inconcevables un an plus tôt, se sont fait jour entre eux. La principale modification apportée au projet initial est que le « Conseil de famille » se tient en fonction des besoins, et non pas à un jour et une heure fixes, ce que les contraintes professionnelles – inchangées – du père rendaient difficile. Il est en outre envisagé que, de temps à autre, il puisse être l'occasion d'un repas partagé au *fast-food* le plus proche.

D'autres familles, de conditions modestes ou plus aisées, ont, elles aussi, mis en place des systèmes similaires de prise de décisions et d'arbitrage relativement démocratique des événements et des conflits qui émaillent leur vie quotidienne. On pense ici à l'une d'entre elles, dont le père a initialement ricané en demandant : *« Conseil de famille ou Conseil de guerre ? »*, tant les relations domestiques étaient explosives, mais qui a fini par changer de point de vue lorsque ses enfants ont inventé entre eux et proposé à tous une modalité judicieuse, solidaire et efficace de gestion des tensions liées aux différents rythmes de réveil matinal et à la préparation du départ à l'école. Il est d'ailleurs notable que les enfants s'engagent souvent de façon particulièrement active et convaincante dans ces dispositifs de « démocratie familiale » en recherche et en action, et qu'ils se montrent attentifs à ce que leurs parents ne les laissent pas s'éteindre ou se dénaturer. Nous consacrerons un chapitre à la description des fondements, des modalités et règles de fonctionnement et des enjeux de ce type de dispositif familial, ou d'autres qui leur ressemblent.

À propos de l'élaboration d'une règle partagée dans une classe

Dans les classes organisées démocratiquement, et dont l'un d'entre nous a longtemps été l'enseignant, les enfants peuvent exercer de nombreux droits et libertés, mais le droit à la parole, reconnu aujourd'hui par la Convention internationale des droits de l'enfant, demeure pour eux un droit fondamental. Il leur permet d'exister en tant que personnes, pouvant exprimer librement leurs pensées, leurs désirs, leurs besoins, leurs intérêts, et les communiquer par tous les moyens disponibles. Mais aussi en tant qu'êtres sociaux, ayant le droit de donner leurs avis et de participer aux décisions qui concernent l'organisation sociale, les activités, les règles de la collectivité scolaire dans laquelle ils vivent.

Toutefois, l'exercice d'un droit ou d'une liberté ne va pas sans obligations, sans limites et sans contrôle. Le droit à la parole, reconnu à tous au sein du groupe, va donc être une des premières opportunités pour apprendre comment s'élabore une règle qui, s'appuyant sur un droit, en définit les modalités d'exercice, les limites, les obligations, les responsabilités à assumer mais aussi les conséquences en cas de transgression.

Pour que tous les enfants participent à l'échange, pour qu'une parole vraie et authentique puisse s'exprimer, il faut que la confiance règne au sein du groupe, que les différences soient acceptées, que les moqueries soient interdites. La **parole** doit être **protégée,** mais il faut aussi éviter qu'elle ne devienne perturbatrice. Le respect de l'autre, des autres, des activités, est un principe fondamental que la règle collective doit affirmer.

L'attention doit être fortement attirée sur ce principe, et sur les processus d'échanges qui en résultent. Il s'applique en effet aussi bien dans les familles que dans les institutions éducatives dès lors qu'il s'agit d'y mettre en œuvre l'exercice des droits et des libertés de chacun et de tous. L'ensemble des règles adoptées constitue un contrat de vie commune qui engage l'enfant, mais aussi l'adulte. Par son adhésion, voire par sa signature, chacun devient responsable de ses actes devant le groupe. Les règles discutées, élaborées et votées par tous sont « les lois de la communauté ».

Nos expériences professionnelles et militantes, tant à l'école qu'avec des familles, montrent que de nombreuses questions se posent alors quant aux rôles que doivent assumer les adultes quant à la place des enfants dans les interventions nécessaires en cas de non-respect des décisions prises et quant à la définition et à l'application des conséquences à donner aux transgressions.

Nous consacrerons également un chapitre entier à l'ensemble de ces thèmes et de ces questions liés à la participation démocratique des enfants, tels qu'ils peuvent notamment se vivre dans les collectifs éducatifs scolaires et « périscolaires ».

En attendant, voici, à titre d'exemple, une expérience vécue par une jeune enseignante en stage, engagée dans ses premiers tâtonnements d'éducatrice[7].

> Afin de faire participer activement les enfants à l'organisation de sa classe, elle leur propose, dans le cadre du Conseil de classe constitué des enfants et d'elle-même, de décider ensemble de règles pour l'exercice de la parole. Par petits groupes, les enfants élaborent des propositions et les présentent en vue d'une mise en commun collective : *« lever le doigt pour prendre la parole ; ne pas couper la parole ; si on ne lève pas le doigt pour prendre la parole, on copie un texte de trois pages pendant la récréation »*. L'enseignante propose quant à elle : *« lever le doigt pour prendre la parole et attendre d'être interrogé »*. Après discussion, une décision est prise par vote et la règle retenue est la suivante : *« Pour intervenir, je lève le doigt et j'attends d'être interrogé »*.

7. Nous analyserons cette expérience de façon plus détaillée dans le chapitre 3, consacré à « la participation démocratique des enfants dans les institutions éducatives ».

Cette reformulation, induite par l'enseignante, de la règle de prise de parole est problématique. Si *« pour intervenir, je lève le doigt »* est bien de l'ordre de l'exercice d'un droit à la parole, *« j'attends d'être interrogé »* relève d'une pratique pédagogique où la prise de parole de l'enfant dépend moins de la règle commune que du bon vouloir de l'enseignante et vise le plus souvent, ou avant tout, le contrôle de ses connaissances.

Lorsque le règlement est adopté, tous le signent et l'enseignante l'affiche. Un enfant lui demande alors : *« Maîtresse, si tu signes le règlement, ça veut dire que tu vas devoir lever le doigt avant de parler ? »*. Elle répond que sa propre signature du règlement l'engage à le faire respecter par les enfants et non à l'appliquer elle-même dans son contenu.

Cette interprétation interpelle de nouveau car elle pose une question fondamentale : les adultes, détenteurs de l'autorité éducative, doivent-ils respecter les règles que les décisions prises ensemble imposent aux enfants ?

Certes, au plan juridique, une règle adoptée par le Conseil de classe n'a pas un statut de loi qui s'impose à tous. Cependant, en considérant que son autorité consiste simplement à faire respecter cette règle, l'enseignante ne reconnaît pas celle-ci comme générale et impersonnelle. Les enfants en déduisent assez vite qu'il est de règle que « la règle ne s'applique pas à l'autorité qui la fait appliquer »...

Au plan éducatif, alors que les enseignants sont perçus par les enfants comme des modèles identificatoires, leur attitude est souvent considérée par eux comme loin d'être toujours exemplaire : *« On nous demande de respecter des principes, des lois, des règles, que les adultes ne respectent pas »*. Nos observations montrent que, lorsque les adultes respectent eux-mêmes, avec rigueur, les règles communes et qu'ils font preuve d'exemplarité, leurs exigences et leurs interventions sont mieux acceptées par les enfants. Ils sont des garants reconnus dont l'autorité est renforcée par leur cohérence : il importe en effet de n'exiger des autres que ce que l'on exige de soi-même.

Ce que savent, disent et peuvent faire les enfants dans leur ville

Le premier Conseil municipal d'enfants (CME) a été créé en 1979 à Schiltigheim (31 000 habitants), dans le Bas-Rhin ; le maire était alors un directeur d'école. Selon l'Association nationale des Conseils d'enfants et de jeunes (ANACEJ)[8] qui fédère environ 400 collectivités locales – essentiellement des communes – impliquées dans ce type d'initiatives politiques, il existe aujourd'hui environ 2 000 Conseils municipaux, auxquels s'ajoutent des Conseils intercommunaux, départementaux, régionaux. Les âges et les modes d'élection des jeunes conseillers, les fonctionnements et les domaines de consultation ou d'intervention des Conseils et donc les projets qu'ils proposent et portent eux-mêmes ou sur lesquels ils sont consultés sont très divers d'une collectivité locale à l'autre. On observe cependant que, si nombre de ces projets concernent d'abord les enfants et les jeunes eux-mêmes (leurs activités, les services et les équipements qu'ils fréquentent ou souhaiteraient voir créer ou évoluer), ils peuvent viser aussi l'intérêt général, notamment en matière de solidarité et, plus encore, d'urbanisme : aménagement de friches urbaines, de voies piétonnes et autres espaces publics, équipements et campagnes de communication favorisant la sécurité routière et/ou la pratique du vélo par tous, conception de lieux de loisirs et prévention des conflits d'usage de ceux-ci, accompagnement de grandes opérations de requalification urbaine, identification de besoins non exprimés relatifs à la qualité et au partage des espaces publics, etc.

Comme l'indiquait en 2011 Laurent Grandguillaume, alors maire adjoint à la vie associative, à la jeunesse et à la démocratie locale à Dijon, *« une ville ne peut pas se construire sans tous ses habitants, du plus petit au plus grand. La vision des enfants est complémentaire de celle des adultes. (...) Et, globalement, les enfants [du CME] s'intéressent aussi beaucoup aux projets qui touchent les temps de la ville. (...) Si toutes les villes respectaient à la lettre la Convention internationale des droits de l'enfant, elles se devraient notamment de les laisser s'exprimer sur tous les sujets qui les concernent. Il n'y a pas de raison qu'ils ne puissent pas participer à la vie de la cité et apporter leurs points de vue, leurs contributions. Et je pense qu'il n'y a pas à être restrictif. Au contraire, il faut leur permettre de s'exprimer sur tous les sujets »*[9].

Les CME ne sont pas les seuls supports et occasions de participation et de délibération démocratiques des enfants sur des thèmes visant l'amélioration de leurs cadres de vie.

Ainsi la ville de Nanterre (89 000 habitants, dont 22 % de moins de 15 ans) a-t-elle initié en 2009 un processus expérimental de contribution active des enfants fréquentant les centres de loisirs municipaux de deux quartiers aux travaux et aux propositions des Conseils de quartier correspondants. Il s'agissait d'assurer l'accompagnement, par plusieurs professionnels de la ville (animateurs, agents des services techniques et du service de commu-

8. ☞ *http://anacej.asso.fr/*

9. ANACEJ, « Participer dès 7 ans, et même avant... », *Les Cahiers de l'ANACEJ*, n° 11, juillet 2011.

nication), tout d'abord de la collecte et de la mise en forme des différents avis et propositions des enfants sur leur quartier, puis de la valorisation de ces avis et propositions à l'occasion de rencontres avec les élus municipaux et de débats publics[10]. Constitution et animation de groupes d'enfants motivés au sein des centres de loisirs, sélection de thèmes (par exemple : mobilier urbain, infrastructures de jeux, propreté), « diagnostics » déambulatoires, soutien de l'implication des enfants, approfondissement de leurs enquêtes, éventuelle reformulation des thèmes choisis, participation des enfants à l'élaboration de supports (maquettes, films vidéos) permettant de présenter leurs observations et leurs propositions, préparation des présentations publiques en Conseil de quartier, mobilisation des parents, suivi des décisions issues des débats : telles étaient les principales étapes visibles de la démarche participative, menée selon une dynamique de projet, qui a pu ainsi mobiliser les enfants sur plusieurs mois et déboucher souvent sur des améliorations et des réalisations concrètes.

Moins visibles, mais non moins essentielles, ont été les conditions politiques et éthiques, et plus seulement méthodologiques, qui ont dû être ici réunies, préalablement ou au fur et à mesure : l'implication des élus municipaux, notamment aux phases de préparation et de tenue de la présentation publique des points de vue des enfants ; la compétence des animateurs, amenés à transférer les savoir-faire de l'éducation populaire et de la pédagogie coopérative dans un champ ouvert et innovant ; la sensibilisation des autres professionnels de la ville à la prise au sérieux de l'expression des enfants et au fait que leur intérêt pour l'urbanisme peut venir questionner à juste titre de nombreux secteurs de l'action et de la vie publiques ; la sensibilisation équivalente des parents et des autres membres des Conseils de quartier ; la mise en œuvre de certaines des propositions des enfants dans des délais qui fassent sens pour eux ; l'évaluation de la démarche, impliquant éventuellement les enfants, avant sa généralisation à l'ensemble de la commune.

À une autre échelle institutionnelle – celle de l'école – et avec des perspectives peut-être plus ambitieuses – celles du développement durable –, il faut aussi citer les démarches dites d'« Agenda 21 scolaire ». N'étant pas officiellement portées en tant que telles par l'Éducation nationale, elles gagnent à s'inscrire dans l'Agenda 21 de la commune, lorsqu'il existe, afin de bénéficier du partenariat et de l'expertise que les services de celle-ci peuvent y apporter. Pour mémoire, l'Agenda 21 est un programme d'actions pour le XXIe siècle ratifié au Sommet de la Terre de Rio de Janeiro, en juin 1992, par près de 170 chefs d'État et de gouvernement. En France,

10. Frédéric Jésu, « Les enfants, experts et acteurs de leur quartier ? », *Le Nouvel Éducateur*, n° 200, décembre 2010, p. 48-49.

le « Comité 21 », réseau d'acteurs constitué sous forme associative, réunit plus de 470 adhérents, dont de nombreuses collectivités locales, autour de la volonté partagée d'accompagner l'éducation au développement durable, d'ancrer celui-ci dans les territoires et, au total, de s'engager dans sa mise en œuvre opérationnelle. C'est pourquoi il est particulièrement impliqué dans la conception d'outils méthodologiques pour accompagner les démarches d'« Agenda 21 scolaire » et dans la valorisation des initiatives qui s'y réfèrent[11].

Ainsi, avec le concours déterminant des enseignants et des partenaires municipaux de leur établissement scolaire (mais aussi des parents), les enfants sont-ils amenés à réaliser un « diagnostic » des atouts et des faiblesses de celui-là dans des domaines tels que l'énergie, l'eau, les déchets, la biodiversité. Puis à fixer des objectifs et à monter des actions. Par exemple, dans la Communauté urbaine de Bordeaux, *« une école qui a travaillé sur l'alimentation a pu contribuer au nouveau cahier des charges d'un marché public pour la cantine. Une autre a obtenu la remise en place d'un service de transport scolaire pour limiter les trajets en voiture des parents. Dans une troisième enfin, un travail sur l'énergie a mis en évidence qu'une salle avec détecteur restait allumée en permanence, ce qui a nécessité l'intervention des techniciens de la commune »*[12].

Le degré et la nature de la participation active des enfants à de telles démarches demandent certes à être examinés de près. Mais l'existence d'une coopération effective entre enseignants, enfants, parents et collectivité locale autour d'objectifs concrets retient l'attention. Elle contribue à mieux inscrire l'établissement scolaire dans son environnement physique, humain et social, en le reliant aux enjeux immédiats et futurs que les préoccupations écologiques désignent à tous.

En définitive, quelles qu'en soient les formes, et comme le relève Loïc Blondiaux, professeur et chercheur en sciences politiques à Paris 1, *« il est parfaitement possible de théoriser la participation des jeunes à partir de l'idée qu'ils seront amenés à payer, d'un certain point de vue, les frais des décisions actuelles et qu'à ce titre il est légitime qu'ils soient consultés spécifiquement »*[13].

---

11. ☞ *www.comite21.org/nos-actions/education-developpement-durable/agenda-21-scolaires/*

12. Propos de Stéphanie Baltardive, animatrice des « Juniors du développement durable » à la Communauté urbaine de Bordeaux, cités dans « Acteurs de la vie scolaire », *Agenda 21 scolaire : de la théorie à la pratique,* n° 45, mars 2013, p. 9.

13. ANACEJ, « L'impact des conseils de jeunes sur les politiques municipales », *Les Cahiers de l'ANACEJ,* n° 10, décembre 2010.

Comment les enfants pourraient-ils faire valoir leurs points de vue pour devenir acteurs, et non pas enjeux ou spectateurs passifs, des Projets éducatifs locaux qui les concernent ?

Début 2013, l'un de nous a accompagné les élus et les cadres municipaux d'une ville des Yvelines (29 000 habitants, dont le quart a moins de 15 ans) dans un processus de consultation et de concertation souhaité par le maire (architecte de profession) sur le thème des rythmes de vie des enfants de 0 à 12 ans. Il s'agit de mettre en œuvre, dans cette ville, les récentes décisions gouvernementales en la matière[14]. La consultation se déroule sur trois mois, de janvier à mars, et elle est ouverte à l'ensemble des parents, des professionnels et des associations concernés par ce thème. Dépassant le seul sujet des « rythmes scolaires », elle vise de fait à envisager la réorganisation de ceux-là, telle que voulue par le ministère de l'Éducation nationale, mais en prenant aussi en considération la diversité des temps et des espaces éducatifs des enfants : familiaux, préscolaires (pour les enfants de moins de 3 ans), scolaires, « périscolaires » et liés aux loisirs. Menée avec une réelle rigueur méthodologique, et une relative transparence, elle débouche sur des propositions élaborées par les services municipaux au terme de la consultation. Après concertation avec les instances départementales de l'Éducation nationale, ces propositions s'efforcent de respecter les besoins essentiels des enfants scolarisés dans les écoles préélémentaires et élémentaires, y compris en matière de repos, de sommeil, d'alimentation et de loisirs.

Cependant le maire entend mettre en place la réforme ainsi conçue dès septembre 2013, alors que le décret relatif à celle-là permet qu'elle ne le soit qu'en septembre 2014 (soit après les élections municipales), option alternative que privilégient et argumentent quant à eux une majorité d'enseignants et une partie des représentants de parents d'élèves. Le maire a fait connaître ses intentions, et il annonce pour début avril 2013 une réunion publique, très attendue des parents, pour présenter les modalités de réorganisation des rythmes issues de la consultation – une consultation à laquelle, à la différence des représentants de parents, peu d'enseignants ont souhaité participer.

Pressentant l'événement médiatique, une télévision locale réalise un reportage quelques jours avant cette réunion publique. Une mère est interrogée, sa fille de 7 ou 8 ans à ses côtés, sur les nouvelles activités « périscolaires » que la municipalité prévoit de proposer en complé-

14. Décret n° 2013-77 du 24 janvier 2013 relatif à l'organisation du temps scolaire dans les écoles maternelles et élémentaires.

ment de la réorganisation des temps scolaires. Elle dit sa perplexité et son besoin d'information : *« Est-ce qu'ils en ont besoin ? Comment ça va être fait ? Je ne sais pas comment ça va se passer. Quels cours ils auront ? Est-ce que ce sera lourd, comme les maths ou la lecture ? »*. La petite fille l'interrompt : *« Ou peut-être que ce sera super! »*. La mère reprend : *« Je ne sais pas. Il faut voir... »*.

Le soir de la réunion publique, environ 300 personnes sont présentes, dont de nombreux parents venus avec leurs enfants. La salle de réunion ne peut en accueillir que 200, et très vite l'ambiance se tend. Le maire a préparé un discours de présentation et de valorisation de sa démarche ; le cadre municipal en charge de la consultation, de la concertation et de la coordination de la réforme des rythmes a préparé un *PowerPoint*. Ils devront y renoncer l'un et l'autre : une partie des participants ont quant à eux préparé banderoles, mégaphone, sifflets, trompettes et slogans qui, plus d'une heure durant, rendront impossibles tout exposé des projets et toute discussion à leur sujet. On ne saura jamais si la discussion aurait permis d'amender ou de préciser les projets, bref de prolonger la consultation publique et la concertation entre les institutions par un débat de nouveau public avec plusieurs des principaux acteurs concernés. Lorsque, au milieu du brouhaha, le maire évoque le recours qui a été fait à des « spécialistes » pour éclairer la consultation au moyen de conférences débats, un slogan jaillit spontanément des poitrines des protestataires, parents et professionnels confondus : *« C'est nous les spécialistes! »*.

Plusieurs dizaines d'enfants auront assisté ce soir-là, assez médusés, au « spectacle » donné à leur sujet, ou peut-être pour d'autres motifs, par des groupes d'adultes surexcités – parents, enseignants, animateurs – dont les comportements, si ces enfants s'aventuraient à les reproduire en famille, en classe ou au centre de loisirs, leur occasionneraient aussitôt de sévères sanctions assorties de non moins sévères condamnations verbales ou écrites...

Sans doute perfectibles, bien que déjà assez cohérentes et conçues comme l'amorce d'un Projet éducatif territorial plus vaste, les propositions municipales auraient à l'évidence bénéficié, au-delà de la consultation initiale, d'une vraie concertation publique et démocratique. Celle-ci aurait alors pu susciter des remarques, des amendements, des suggestions complémentaires, des ouvertures inédites, bref tout ce que peut apporter à une démarche coéducative tant l'expertise spécifique des professionnels et des associations de terrain que l'expertise d'expérience des parents. L'expertise des enfants, généralement non dénués d'avis sur ce qui est « super » et sur ce qui l'est moins pour peu que les adultes pensent à les leur demander, aurait quant à elle nécessité des conditions spécialement aménagées, ou du moins plus paisibles, pour trouver l'occasion de se manifester.

On consacrera également un chapitre à l'ensemble de ces questions, auxquelles le récit suivant apporte aussi un préoccupant éclairage.

Les ambiguïtés et les impasses d'une consultation partielle, sans participation à la décision

L'un d'entre nous a été amené à assister, pour des raisons professionnelles, à la présentation semi-publique, courant avril 2013, du projet de réorganisation des « rythmes scolaires » destiné à être mis en œuvre en septembre 2013 dans une ville du Val d'Oise (26400 habitants) dans le cadre de la réforme nationale ci-dessus mentionnée. La réunion regroupe les membres du « Conseil local de l'éducation », présidé par le maire (un ancien professeur) et composé, outre de ses adjoints et des cadres des services municipaux concernés, des différents acteurs institutionnels, professionnels et associatifs locaux du champ éducatif, au sens large du terme. Ce Conseil a déjà procédé, trois ans plus tôt, à l'élaboration du Projet éducatif local de la ville et il en assure le suivi. La réunion se tient un jeudi matin, ce pourquoi sans doute seules quelques mères y assistent ; en revanche, un grand nombre de directeurs-trices d'écoles primaires sont présents. Le maire siège entre l'inspecteur de l'Éducation nationale et son adjointe « déléguée à l'éducation scolaire » (son adjointe « déléguée à la petite enfance, l'enfance et la jeunesse » est absente), elle-même flanquée du tout nouveau directeur de l'enfance, de la petite enfance et de l'éducation scolaire (qui, une semaine plus tôt, était directeur de la civilité, de la prévention et de la sécurité dans la même ville).

En février 2013, une démarche de concertation avait été engagée par le Conseil local de l'éducation pour examiner les différents scénarios de réorganisation des rythmes, essentiellement scolaires et « périscolaires », des enfants, et ceci en stricte référence aux critères arrêtés par le gouvernement. Cette démarche avait surtout concerné les professionnels de l'Éducation nationale, de la municipalité et des associations partenaires. Les parents élus des Conseils d'école, ponctuellement sollicités, s'étaient peu mobilisés sans que l'on sache pour quelles raisons. Une réunion de consultation, largement ouverte aux parents, avait ensuite été organisée un samedi matin. Il y avait été principalement attendu des parents, venus en nombre, qu'ils prennent position sur le choix du mercredi ou du samedi matin pour y installer la nouvelle demi-journée de cours prévue par le ministère de l'Éducation nationale – mais pas sur le contenu ni sur l'organisation des nouvelles activités « périscolaires », déjà réfléchis sans eux au sein des services municipaux. Les parents présents avaient opté pour le mercredi, et la concertation avec eux s'était arrêtée là. La consultation des enfants n'avait été envisagée sur aucun de ces sujets.

Deux mois plus tard, lors de la réunion d'avril, le maire procède donc à la présentation des nouveaux rythmes « scolaires » ainsi déterminés. Ils s'avèrent cohérents et rationnels, du moins du point de vue des professionnels. Ils reposent, dans cette ville aux rentrées fiscales modestes, sur une utilisation judicieuse des ressources municipales et associatives existantes, assortie de quelques projets de formation continue rapide des ATSEM et des animateurs chargés de faire vivre ces nouveaux rythmes. Des rythmes qui reposent, « à l'exception d'un jour par semaine »[15], sur l'arrêt des cours à 15h45 dans les écoles élémentaires et y prévoient ensuite des activités « périscolaires » gratuites jusqu'à 17 heures, « encadrées par deux intervenants par classe ». Les rythmes spécifiquement retenus pour les écoles préélémentaires encouragent implicitement les enfants des classes de petite section (et, en pratique, leurs mères) à rester chez eux l'après-midi, plutôt qu'à déjeuner et faire leur sieste à l'école, et prévoient des activités « périscolaires » jusqu'à 16h45 deux jours sur quatre pour les classes de moyenne et grande section.

Lors du débat qui fait suite à cette présentation, les directeurs d'écoles s'avèrent globalement satisfaits, de même que l'inspecteur de l'Éducation nationale, qui a déjà validé le projet. Le maire est fier, quant à lui, de la part prise par ses services à l'application des directives ministérielles, et il les en félicite. Les quelques mères présentes, et qui découvrent en réunion les emplois du temps qui leur sont projetés, font cependant remarquer un problème : les grands enfants, scolarisés à l'école élémentaire, qui avaient le mandat parental et l'habitude d'aller chercher leurs cadets à l'école pré élémentaire en fin de journée, ne le pourront plus, tout du moins deux jours par semaine. Ils sortiront en effet un quart d'heure après eux. Des directrices d'école reprennent alors la parole pour faire remarquer que ce problème ne relève pas de leur responsabilité, mais uniquement de celle des parents, et elles posent bientôt une question : est-il bien sage de demander à des enfants d'élémentaire, même mandatés par leurs parents, de venir « récupérer » leurs jeunes frères et sœurs à la sortie de l'école préélémentaire ? Les parents n'ont pas le temps de faire remarquer qu'ils ne maîtrisent pas toujours leur disponibilité aux alentours de 17 heures que déjà le maire, se retournant vers les représentants du Conseil général également invités, leur demande de rappeler les procédures de « signalement » aux services sociaux susceptibles d'être activées dans les situations d'enfance en danger… À notre connaissance, les emplois du temps élaborés par les services n'ont pas été modifiés à l'issue de ce débat.

---

15. Ni les exposés du maire et de son adjointe, ni les documents remis et projetés en séance, ne permettent de savoir de quel jour de la semaine il s'agira.

Une démarche participative particulièrement aboutie consiste en théorie à coconstruire avec l'ensemble des habitants concernés, démocratiquement et en toute confiance, les projets qui vont être proposés à des aménagements et des financements publics. Elle suppose que les habitants (en l'espèce, les parents et si possible les enfants eux-mêmes) ne soient pas seulement « consultés » à la phase d'élaboration de ces projets, puis « informés » des décisions prises par les élus et les services, mais qu'ils soient aussi réellement associés aux délibérations qui aboutiront aux décisions finales, tout du moins à celles qui les concernent directement. Dans le cas ci-dessus relaté, ce ne fut pas le cas, et on imagine l'angoisse de nombre de parents, de jeunes et moins jeunes enfants, en septembre 2013, dans la ville où ces événements, loin d'être rares, se sont inéluctablement déroulés au prix d'une dangereuse caricature de participation démocratique[16].

Une utopie réaliste à portée de main

À la lumière de ces quelques exemples volontairement disparates et contrastés, on mesure l'importance et l'intérêt de prendre en considération l'expression et le point de vue des enfants sur les questions qui les concernent. Mais on voit aussi que cette prise en considération dépend en grande partie de la volonté, de la possibilité et de la capacité des adultes en situation éducative (parents, professionnels, acteurs associatifs, élus, etc.) d'instituer entre eux-mêmes des modalités authentiquement démocratiques et coéducatives de consultation, de concertation, de délibération puis de prise de décisions.

Nul ne peut avancer seul, ou de façon catégorielle, en la matière. Chacun, quels que soient son âge, son statut, son niveau d'instruction, son degré de responsabilité, sait ou sent que le progrès humain et les transformations sociales qu'il requiert sont désormais **l'affaire de tous.** Et – nous y insistons – qu'il faut s'y engager ici et dès maintenant, en s'y consacrant collectivement, afin de les accomplir partout ailleurs et pour demain. Les nouvelles solidarités s'annoncent comme universelles, même si certaines d'entre elles continuent de se présenter d'abord comme générationnelles ou, au mieux, intergénérationnelles. Elles s'inaugurent et s'expérimentent souvent à l'échelle locale, pour mieux arrimer leur impulsion initiale à une

16. Précisons toutefois que le maire n'a jamais prétendu avoir eu recours à une démarche de participation et de délibération démocratiques. Dans le numéro d'avril 2013 du Bulletin municipal, il est expliqué que, avec les élus, il a *« rencontré les enseignants, les directrices et directeurs d'écoles et l'ensemble des professionnels concernés pour échanger et mettre au point cette réforme. Les modalités de mise en œuvre seront présentées à tous les parents. Cette réforme au service de la réussite éducative entrera en vigueur sans augmentation d'impôts »*.

dynamique de participation démocratique[17]. Chacun va son rythme pour les construire. Mais il s'agit à terme de projets politiques et de société, où tous doivent pouvoir avancer ensemble, mus et reliés par des promesses d'émancipation. Dès qu'il s'agit du présent et de l'avenir des enfants, les outils du chantier de l'utopie réaliste sont à portée de main de chacun et de tous. Encore faut-il s'en saisir et s'en servir.

Nous avons formulé plus haut l'hypothèse selon laquelle les conceptions démocratiques de l'éducation, pour peu qu'on en admette la pertinence et la nécessité, doivent aujourd'hui se forger et se vivre entre les familles et les institutions en même temps qu'entre les parents et les enfants pour que les enfants puissent en bénéficier sans risque et en toutes circonstances. Pour autant, l'éducation – précoce, de base, puis tout au long de la vie – ne suffit pas à créer à elle seule les conditions d'un progrès humain, social, économique, écologique qui s'avère durable, responsable et solidaire. Il y faut aussi un ensemble de volontés, politiques et institutionnelles, résolues.

Nous allons donc nous attacher, au fil de ces pages, à décrire le contexte à consolider, les motivations à susciter, les moyens et les méthodes à activer, dès aujourd'hui, pour démocratiser profondément les relations entre les acteurs qui peuvent donner accès, sens, cohérence et continuité à une éducation véritablement émancipatrice au sein des familles, au sein des institutions et entre les familles et les institutions.

Les conceptions démocratiques de l'éducation que nous proposons, décrivons et discutons dans ce livre s'adressent à tous les acteurs de l'éducation. Et donc, en premier lieu, aux enfants[18], dans la mesure où nous les considérons d'emblée comme des acteurs de leur propre éducation. Elles s'adressent ensuite aux familles qui, quelles que soient leurs multiples configurations possibles, les élèvent au quotidien et sur la durée, à savoir : toutes les mères et tous les pères qui constituent les repères affectifs et juridiques de ces enfants en même temps que la charpente anthropologique et sociale de ces familles[19] ; mais aussi le nombre conséquent – bien que

17. On a vu par exemple comment le « budget participatif », instauré en 1988 dans la ville brésilienne de Porto Alegre, a par la suite fait des émules dans plusieurs villes du monde entier.

18. Par « enfant », on entend, au sens de l'article 1 de la Convention internationale des droits de l'enfant, « tout être humain âgé de moins de 18 ans ».

19. En France, dans une population estimée en 2013 à 65,8 millions d'habitants, la population familiale la plus directement concernée par les pages qui suivent est ainsi de 30,4 millions de personnes. On y comptait en effet 14,6 millions d'enfants de moins de 18 ans et 7,9 millions de familles de tous types – soit, par définition, près de 15,8 millions de mères et de pères (les veuvages précoces étant devenus rares, de même que les non-reconnaissances d'enfants, et les déchéances d'autorité parentale l'étant plus encore, il en résulte qu'il existe en réalité peu de familles véritablement « monoparentales » ; nous y reviendrons dans le premier chapitre).

difficile à évaluer – de ces « beaux-parents » au statut encore incertain[20], de ces grands-parents, de ces oncles et de ces tantes, etc., présents et actifs dans l'éducation des enfants de leurs proches.

Les propos de ce livre s'adressent aussi à tous les professionnels de l'éducation : ceux de la petite enfance (puériculteurs, éducateurs de jeunes enfants, auxiliaires de puériculture, assistants maternels, équipes des services de Protection maternelle et infantile) ; ceux de l'enfance et de la jeunesse d'âge scolaire (enseignants dans leur grande diversité de compétences et de fonctions et autres agents de l'Éducation nationale – infirmiers, médecins, assistants sociaux, conseillers principaux d'éducation, conseillers d'orientation-psychologues, maîtres de stages et personnels relevant des collectivités locales – agents techniques spécialisés des écoles « maternelles », gardiens d'école, animateurs des temps dits « périscolaires » et des centres de loisirs ou de vacances, éducateurs sportifs, personnels des restaurants scolaires et des transports scolaires, agents techniques et ouvriers des établissements scolaires, etc.) ; ceux de l'action socio-éducative (assistants familiaux, assistants des services sociaux polyvalents ou spécialisés, éducateurs spécialisés, conseillers en économie sociale et familiale, moniteurs-éducateurs, techniciens de l'intervention sociale et familiale, etc.) et de l'action judiciaire (éducateurs de la Protection judiciaire de la jeunesse, juges des enfants, des affaires familiales, des tutelles).

Ce livre s'adresse encore aux militants et aux salariés associatifs des mouvements d'éducation populaire, des centres sociaux et socioculturels, des associations familiales et de « parents d'élèves », des associations de quartier, des services de médiation familiale, des lieux d'accueil parents-enfants, des « espaces rencontres » pour l'exercice du droit de visite, etc.

Sans oublier les ludothécaires et les bibliothécaires, les médecins généralistes ou spécialistes et les autres professionnels de santé, d'exercice public ou libéral, recevant, soignant ou « rééduquant » des enfants et des jeunes, les artisans, les artistes et les sportifs transmettant le goût et les méthodes de leurs pratiques aux jeunes générations, les maîtres de stage accueillant et formant de jeunes apprentis, les gardiens d'immeuble ou de square, etc.

Nous nous adressons enfin aux élus et aux cadres administratifs, notamment au sein des collectivités territoriales et des organismes de protection sociale.

Nous sommes conscients des responsabilités qu'endossent et des complexités qu'affrontent celles et ceux qui, dans leurs pratiques courantes comme dans leurs recherches théoriques, traitent aujourd'hui des questions

20. En France, on estimait en 2006 à environ 1,6 million le nombre d'enfants vivant dans des « familles recomposées ».

d'éducation, au sens le plus large de ce terme, et peuvent être amenés à promouvoir la participation des enfants aux décisions qui les concernent. C'est pourquoi, sans céder à l'incantation, à l'idéalisme aveugle ou à la naïveté face à l'importance et parfois à la gravité des enjeux auxquels l'ensemble des acteurs de l'éducation sont exposés, nous avons voulu rédiger un livre stimulant, mobilisateur, fédérateur, bref, pourquoi ne pas le reconnaître : roboratif. Mais exigeant dans ses prémisses – même s'il est détaillé dans ses développements afin de ne pas perdre de vue la réalité et la complexité des personnes, des familles et des institutions.

Nous ne perdons pas de vue, en effet, que la participation démocratique est un droit de l'enfant qui a, aujourd'hui, une dimension internationale rappelée aux États par les recommandations du Comité des droits de l'enfant des Nations Unies, du Conseil de l'Europe et de l'Unicef.

Le Conseil de l'Europe a souligné que *« l'enfant doit être considéré comme un membre actif de la société ou comme un citoyen à tous les niveaux (famille, école, quartier, sport...). La formation à la participation qu'elle ait lieu dans un cadre familial, à l'école, au niveau des quartiers, au sein d'associations d'enfants ou dans des institutions pour l'enfance est essentielle pour doter l'enfant d'une expérience réelle de citoyenneté. »*[21]

C'est à cette action éducative citoyenne locale, nationale et internationale que notre livre a l'ambition de contribuer.

21. Conseil de l'Europe, *La participation des enfants à la vie familiale et sociale,* Document CDPS CP (96), 2000.

Les évolutions de la place des enfants dans les familles et dans la société

La place des enfants dans des familles remaniées par les mutations de leurs structures, de leurs rôles et de leurs fonctionnements

Les réalités familiales contemporaines sont multiples et complexes. On les dit souvent problématiques, mais elles donnent surtout à voir les formidables capacités d'adaptation – et parfois d'anticipation – des familles pour faire face aux mutations de leur environnement et, pour commencer, à celles de leurs territoires de vie, qu'ils soient urbains, périurbains ou ruraux. On les voit aussi rechercher les moyens d'aménager leurs propres mutations : on ne peut d'ailleurs plus parler aujourd'hui de « la famille », du fait de la diversité des formes et des fonctionnements familiaux observés, mais bien plus sûrement « des familles », pour rendre compte des multiples réalités qu'elles recouvrent aux yeux des enfants et au cœur de la vie affective et sociale de leurs membres.

S'agissant des enfants, les parents sont alors bien vite en première ligne :

– il leur faut concilier leur vie familiale, leur vie professionnelle et leur vie sociale : ils mobilisent à cet effet des ressources (d'accueil des jeunes enfants, d'accueils périscolaires, de loisirs éducatifs, de soutien scolaire, etc.) qui s'avèrent inégalement présentes et accessibles selon les moyens dont disposent les collectivités locales et selon les choix politiques effectués par leurs élus ;

– dans la sphère privée de la vie familiale, il leur faut créer et développer, entre eux et avec leurs enfants, des modalités de relation souvent plus ouvertes, plus égalitaires, bref plus « démocratiques » que celles qu'ils ont connues pendant leurs propres enfances ; et ceci dans un environnement socio-économique et culturel qui privilégie l'urgence de la consommation et de la satisfaction immédiate sur la patience requise par la consultation et la négociation ;

– il leur faut enfin, depuis une bonne dizaine d'années, répondre à des interpellations politiques croissantes et pressantes, et le faire au titre de leurs responsabilités soudain réaffirmées, de leur autorité supposée en berne (mais qu'entend-on par « autorité » ?) et de leur « parentalité » considérée comme défaillante ou en souffrance, et donc à « soutenir » comme telle : les parents se voient ainsi enjoints de prévenir ou de résoudre seuls, ou presque, des problèmes de société complexes que l'ensemble des élus et des professionnels échouent pourtant à maîtriser (surpoids et obésité, « échec » scolaire, absentéisme scolaire, délinquance des jeunes, pour ne citer que les plus médiatiquement pointés).

Les « compétences » des parents sont dès lors placées sous les feux de la rampe. Parent n'est pourtant pas un métier, mais une expérience qui ne se forme qu'à travers celle qui a été vécue et transmise auprès de ses propres parents et qui s'enrichit par la suite de la pratique auprès de ses propres enfants et, le cas échéant, du contact avec différents professionnels dont les interventions et les conseils ne peuvent être que ponctuels et circonstanciels.

L'évaluation des dites « compétences parentales » tend cependant à se focaliser sur ce qui fait problème. Elle néglige au passage le grand nombre de solutions que les parents sont amenés à apporter au quotidien, et ceci dans un cadre de vie et au regard de conditions de vie dont les contraintes bien réelles sont souvent sous-estimées par les observateurs et les contempteurs de la « parentalité ». De ce point de vue, il conviendrait plus souvent de **mieux connaître, pour mieux la promouvoir,** ce qu'il en est aujourd'hui de la **condition parentale** dans tous ses aspects concrets, objectifs et collectifs. Bref de soutenir les parents dans leurs aspirations, et pas seulement d'envisager de « soutenir leur parentalité » en ne s'attachant qu'aux aspects personnels, subjectifs, voire psychologiques, de celle-là.

Plus généralement dit, et pour l'ensemble de ces raisons, il serait judicieux de considérer les familles comme ce qu'elles ont toujours été, ce qu'elles sont aujourd'hui et ce qu'elles continueront sans doute d'être dans l'avenir : à la fois les sources et les effets, les objets et les reflets, les acteurs et les laboratoires de l'ensemble des évolutions qui traversent les relations sociales, économiques, sociétales et éducatives en cours.

Les principales évolutions des structures familiales

Dans une note d'une soixantaine de pages intitulée *« Quelques données statistiques sur les familles et leurs évolutions récentes »*, le Haut conseil de la famille présentait de façon relativement synthétique les principales données quantitatives disponibles sur les familles, en se centrant sur leurs évolutions démographiques récentes, celles des structures familiales et celles du travail des femmes[22].

Dans son préambule, cette note insiste d'emblée sur le **rôle socialisateur** de « la » famille pour les enfants, tout en soulignant l'importance à ce sujet de la diversité des formes qu'elle peut prendre et des interventions extérieures à celles du couple parental.

> *« Lieu de la filiation, la famille, au sens générique, est avant tout – et dans la très grande majorité des cas – un lieu d'amour où s'exercent les premières solidarités. C'est au sein de leur famille que les enfants font l'apprentissage de leurs droits et de leurs devoirs, même si cet apprentissage dépend tout particulièrement de la diversité des familles. C'est dans ce cadre et dans cette diversité que les enfants et les adultes de demain acquièrent des repères et des valeurs qui fondent notre société, même si d'autres acteurs extrafamiliaux contribuent également à leur socialisation. C'est enfin le cadre où se croisent trois, voire quatre générations avec leurs apports, leurs capacités et leurs charges propres. (...) Les familles exercent une fonction sociale. La force des solidarités familiales permet d'amortir les conséquences liées aux difficultés socio-économiques. Les familles produisent directement de la richesse, à travers la production non marchande qu'elles réalisent. Et, avec le développement du travail professionnel des femmes, un nombre croissant de tâches auparavant assurées exclusivement par les familles a été externalisé et pris en charge par des acteurs publics ou privés. »*

Il est tout particulièrement intéressant d'extraire de ce rapport un certain nombre de données chiffrées actuelles permettant d'illustrer la **formidable résilience** dont l'institution familiale continue à faire preuve. En tous lieux et en tous temps, son aptitude à s'adapter aux réalités de son environnement se conjugue avec les contributions actives que, simultanément, elle apporte à leurs évolutions en se laissant traverser, tout en les transmettant, par les tendances sociétales qui y sont à l'œuvre. Historiens, démographes, anthropologues et psychologues se rejoignent en effet pour constater que, en toutes circonstances, les familles contribuent à sculpter les individus et la société en même temps que les individus et la société impriment de constants remaniements aux structures et aux dynamiques familiales. En socialisant les individus et en individualisant la socialisation, la famille figure dès lors un sas à double entrée exposé à de complexes jeux de courants. Les sociologues observent quant à eux que cette dialectique est polarisée, en un temps et un lieu donnés, par divers systèmes de discours et de représentations, portant par exemple sur les concepts de légitimité, de

22. Cette note, publiée le 10 octobre 2012, est en ligne sur le site du Haut conseil de la famille : ☞ *www.hcf-famille.fr*

responsabilité, d'autorité. Et que les politiques publiques qui en résultent peuvent chercher à infléchir l'éducation familiale en lui conférant soit une dimension de rapport de forces soit une dimension démocratique dont chacun – enfant, parent, parentèle, professionnel, proche solidaire – peut ressentir les effets au quotidien.

Des aléas du couple conjugal et, dans une moindre mesure, du couple parental…

En France, en 2008, on comptait 15,1 millions de couples, dont 77 % étaient mariés. Par ailleurs, depuis qu'il est enregistré comme tel, le taux de naissances hors mariage[23] en France n'a cessé de croître régulièrement, passant de 37,2 % en 1994 à 56,6 % en 2012. Autrement dit, depuis que l'accès des couples et notamment des femmes à la contraception leur a permis de mieux contrôler la survenue des naissances et de les faire dépendre de choix et de désirs d'ordre privé, celles-ci se sont inscrites dans un contexte de désinstitutionalisation accrue des relations conjugales et, dans une moindre mesure, parentales. Pour autant, le Haut conseil de la famille observe que *« la proportion des jeunes de moins de 25 ans vivant en couple est restée stable depuis 1999 alors qu'elle avait nettement baissé entre 1982 et 1999, les unions devenant plus tardives »*. Le nombre d'unions officialisées entre hommes et femmes (PACS[24] et mariages) a connu une progression de 42 % entre 2000 et 2010. *« La population de plus de 20 ans n'ayant augmenté que de 10 % au cours de la même période, il s'agit bien d'une augmentation des unions officialisées qui n'est pas imputable à un simple "effet volume". Il y a donc eu une régression du concubinage. »*

Il apparaît toutefois que *« l'âge moyen au premier mariage est de 31,8 ans pour les hommes et de 30 ans pour les femmes » ;* qu'*« il est fréquent que le mariage intervienne après qu'un couple pacsé ou vivant en union libre ait donné naissance à un ou plusieurs enfants »* (en 2004, 18 % des naissances de premiers-nés ont précédé le mariage de leurs parents ; et 62,2 % des seconds enfants nés entre 2000 et 2005 avaient des parents mariés) ; que, *« en 2010, les PACS ont constitué 44 % des unions officialisées entre personnes de sexe différent » ;* et que *« la proportion de premiers mariages diminue tandis que la proportion de mariages de divorcé(e) s progresse »*.

23. La distinction entre enfants « légitimes » et enfants « naturels » n'existe plus en France. L'ordonnance du 5 juillet 2005, entrée en vigueur en juillet 2006, a en effet fait disparaître du Code civil ces deux notions devenues caduques dans la mesure où les droits des enfants nés hors mariage sont les mêmes que ceux des enfants nés de couples mariés.

24. Pacte civil de solidarité, institué en novembre 1999. En 2010, 5 % des PACS ont été signés entre des partenaires de même sexe ; et, en 2009, 6 % de l'ensemble des personnes « pacsées » vivaient en couple avec une personne du même sexe.

Une étude publiée par l'Insee (Institut national de la statistique et des études économiques)[25] indique par ailleurs qu'en 2010, en France métropolitaine, les femmes ont en moyenne leur premier enfant à 28 ans, soit quatre ans plus tard qu'à la fin des années 1960 (24,2 ans en 1967). Le report de l'âge au premier accouchement ralentit toutefois depuis une dizaine d'années. Les femmes sont également plus âgées à la naissance d'un deuxième enfant (30,5 ans) ou d'un troisième enfant (32,4 ans). Au total, l'âge moyen des mères à l'accouchement quel que soit le rang de naissance de l'enfant atteint 30 ans en 2010. L'étude montre aussi qu'aujourd'hui les âges de la première maternité sont plus dispersés qu'il y a quarante ans : plus de femmes ont un premier enfant plus tard (il s'agit plus souvent de femmes diplômées), et plus de femmes ont un premier enfant plus tôt (il s'agit plus souvent de femmes immigrées, notamment de Turquie).

Il ressort de l'ensemble de ces données que l'on assiste à une certaine stabilisation du mode de constitution de la famille sous sa forme nucléaire : sans être un passage obligé, loin de là, l'institutionnalisation du couple est relativement corrélée avec la naissance du premier ou du second enfant, mais elle reste éloignée du modèle du mariage précoce, formalisé et durable. D'une part, le concubinage de parents vivant avec un plusieurs de leurs enfants de moins de 18 ans est loin d'être anecdotique : même s'il tend à régresser, il n'en concernait pas moins, selon l'Ined (Institut national d'études démographiques), 28,9 % des couples avec enfants (et 11,6 % de l'ensemble des couples vivant avec ou sans enfants mineurs) dans la France métropolitaine de 2009[26]. D'autre part, l'institutionnalisation du couple passe de moins en moins par le mariage et de plus en plus, du moins dans un premier temps, par le PACS, qui en constitue une forme plus souple et moins formelle, y compris pour les couples hétérosexuels. En 2012, pendant que 241 000 mariages avaient lieu, 160 231 PACS étaient enregistrés, dont 95 % concernaient des couples hétérosexuels. Par ailleurs entre la promulgation de la loi du 17 mai 2013 *« ouvrant le mariage aux couples de personnes de même sexe »* et la fin 2014, plus de 17 500 mariages de cette catégorie ont été célébrés.

Une étude publiée en 2013 par l'Insee et provenant de l'exploitation de la dernière enquête « Famille et logements », a permis d'affiner la description des réalités conjugales et de leur diversité[27]. Elle relatait que, début 2011,

---

25. Emma Davie, *Un premier enfant à 28 ans*, division Enquêtes et études démographiques, Insee, Insee première, n° 1419, octobre 2012.

26. ☞ *www.ined.fr/*

27. Guillemette Buisson, Aude Lapinte, « Le couple dans tous ses états – Non-cohabitation, conjoints de même sexe, Pacs… » Division Enquêtes et études démographiques, Insee – *Insee Première* n° 1435, février 2013.

en France métropolitaine, 32 millions de personnes majeures déclaraient être en couple : 72 % d'entre elles étant mariées et partageant la même résidence que leur conjoint de sexe différent, 7 millions vivant en union libre et 1,4 million sous le régime du PACS. Elle détaillait des données moins connues. D'une part, « *parmi les adultes qui se déclarent en couple, 4 % indiquent (…) que leur conjoint ne vit pas dans le logement. Plus de la moitié d'entre eux a moins de 30 ans. Entre 30 et 59 ans, une personne en couple sur dix ne réside pas avec son conjoint en l'absence d'enfant commun. La non-cohabitation concerne surtout des personnes en union libre.* » D'autre part, « *200 000 personnes sont en couple avec une personne du même sexe, dont 16 % avec une personne ne vivant pas sous le même toit. Six sur dix sont des hommes. 43 % sont pacsées, cette proportion atteignant 55 % après 35 ans. Environ 10 % déclarent vivre au moins une partie du temps avec un enfant, généralement né avant l'union actuelle ; il s'agit avant tout de femmes.* » Pour des raisons liées à la multiplicité et à la faible visibilité statistique des situations d'homoparentalité[28], il reste difficile de connaître avec précision le nombre d'enfants vivant à temps plein ou à temps partiel au sein d'un couple homosexuel résultant ou non d'une recomposition familiale[29].

Enfin, le nombre de divorces (105 000 en 1990, 133 000 en 2011) et, dans une moindre mesure depuis 10 ans, leur proportion[30] continuent de croître de façon significative, de même que le nombre et la proportion de séparations de couples concubins, plus difficiles cependant à évaluer statistiquement. La proportion de ruptures de PACS au bout de trois ans de vie commune, et non suivies de mariage des conjoints[31], évolue quant à elle comme celle des divorces.

28. Cf. Wilfried Rault, « La difficile mesure de l'homoparentalité », *Fiche d'actualité,* Ined, 2009.
☞ *http://www.ined.fr/fr/tout-savoir-population/memos-demo/analyses/homoparentalite/*

29. Selon la définition de l'Ined, « *une famille homoparentale réunit un parent ou un couple de parents dont l'orientation homosexuelle est clairement reconnue et un ou plusieurs enfants légalement liés à l'un des parents au moins* ». En supposant qu'un couple de même sexe sur dix vit avec des enfants et que ces couples ont en moyenne deux enfants (à l'instar des couples de sexe différent), l'Ined estimait en 2005 que le nombre d'enfants résidant avec un couple de même sexe se situait dans une fourchette de 24 000 à 40 000, la grande majorité vivant avec un couple de femmes. Il est vraisemblable que la légalisation, en 2013, du mariage homosexuel va modifier la visibilité statistique des familles homoparentales, qu'elles résultent d'une recomposition familiale, de l'adoption d'un enfant, le cas échéant après insémination avec donneur ou par un processus de gestation pour autrui, ou par un projet de coparentalité conduit par plusieurs personnes (un couple *gay* et un couple lesbien, une personne homosexuelle ou un couple de même sexe avec une tierce personne) s'accordant pour avoir un enfant ensemble et pour l'élever plus ou moins conjointement. En attendant, l'Association des parents et futurs parents *gays* et lesbiens affirmait en 2012 que 250 000 enfants « vivraient dans des familles homoparentales ».

30. Si, selon l'Ined, la proportion de divorces était de 23,4 % pour les mariages conclus en 1965, elle était estimée à 44,6 % des mariages conclus au début des années 1990 et devrait dépasser 45 % des mariages conclus en 2000.

31. Le nombre de dissolutions de PACS pour mariage augmente régulièrement ; il était de 34 % en 2009 et de 38 % en 2011.

Le Haut conseil de la famille rapporte au total que, selon l'Ined, « *le nombre total de ruptures de couples avec enfants (qu'ils soient mariés, pacsés ou en concubinage) se situe autour de 145 000 par an (avec une incertitude de + ou – 20 000), dont 75 000 divorces avec enfants et aux alentours de 70 000 séparations de couples pacsés ou vivant en concubinage (ou union libre).* ». Et qu'aujourd'hui, « *56 % des divorces impliquent au moins un enfant mineur. En 2010, 140 000 enfants ont connu le divorce de leurs parents (68 % dans une famille avec un ou deux enfants, 32 % dans une famille avec 3 enfants ou plus)* » et environ 110 000 enfants la séparation de leurs parents non mariés. Pour autant, on ignore le nombre total d'enfants mineurs (le « stock », disent les démographes) concernés par le divorce ou la séparation de leurs parents.

Toutefois, et s'agissant des seuls divorces, on observe d'une part que ceux-ci deviennent plus tardifs[32] en même temps que l'on peut supputer, d'autre part, qu'ils tendent à s'avérer moins conflictuels. En effet, « *suite à la réforme de 2004, on observe une augmentation des divorces par consentement mutuel, des divorces acceptés et des divorces pour séparation de fait et une forte diminution des divorces pour faute* ». Cette tendance est très nette, même si, de façon bien moins significative, « *par rapport aux divorces qui n'impliquent aucun enfant, ceux qui impliquent au moins un enfant mineur sont moins fréquemment des divorces par consentement mutuel et plus fréquemment des divorces acceptés et des divorces pour faute* ». Autrement dit, d'un point de vue statistique, les enfants assisteraient à un âge plus élevé aux divorces peut-être mieux réfléchis et moins passionnels de leurs parents. Ceci permettrait de comprendre, entre autres raisons notamment liées aux récentes évolutions juridiques, le fait qu'un plus grand nombre de ces enfants souhaite être entendu et voir leurs avis pris en considération lorsque se décide, dans le bureau du Juge aux affaires familiales, l'organisation de leur résidence. Des aspirations similaires se manifestent de leur part lors de la séparation de leurs parents non mariés ou encore lorsque, dans tous les cas de figure, ceux-ci engagent ensuite un processus de recomposition familiale.

La note du Haut conseil de la famille relève à ce sujet que « *la proportion d'enfants dont la garde est confiée à la mère suite à une séparation ou à un divorce diminue avec l'âge de l'enfant mais reste très majoritaire* »[33]. Et elle ajoute : « *En moyenne, que ce soit suite à une séparation ou à un*

32. La durée moyenne de mariage au moment du divorce est passée de 11,9 ans en 1980 à 14,4 ans en 2010.

33. En 2009, en cas de divorce, la résidence principale des enfants était confiée à la mère dans 74,6 % des cas et au père dans 8,6 % des cas (respectivement 84 % et 11,6 % en cas de procédure contentieuse), les autres organisations étant constituées par la résidence alternée.

divorce, 13,5 % des enfants concernés[34] *ont fait l'objet d'une résidence en alternance en application d'une décision de justice (possibilité inscrite dans la loi depuis mars 2002). La garde alternée reste l'exception pour les enfants de moins d'un an (elle concerne, en 2009, 5 à 6 % des enfants de moins d'un an dans le cadre des divorces pour faute ou des divorces acceptés, et 12 % des enfants dans les divorces par consentement mutuel). Les décisions de résidence alternée sont plus fréquentes suite à un divorce qu'à une séparation, en particulier s'il s'agit d'un divorce par consentement mutuel.* »

Différentes études indiquent par ailleurs que la résidence alternée permet de prémunir les enfants d'une tendance souvent constatée, à savoir que plus le temps écoulé depuis la séparation des parents est important, plus la résidence de l'enfant tend à se transformer en résidence exclusive chez la mère ou chez le père. Il faut enfin noter que des modifications dans l'organisation de la résidence alternée peuvent survenir au fil du temps, notamment à l'adolescence de l'enfant et souvent à la demande, voire à l'initiative de celui-là.

En d'autres termes, et malgré le caractère passionnel que les débats sur la résidence alternée ont pu prendre (s'agissant notamment de la résidence de jeunes ou très jeunes enfants chez leur père), il apparaît que ce dispositif ouvre potentiellement – et progressivement, au fil du développement et de la diversification des pratiques[35] – des voies intéressantes, novatrices, conformes aux évolutions juridiques et sociologiques en cours, et susceptibles de favoriser à leur façon un processus plus général de **démocratisation des relations intrafamiliales.** D'une part il vise de nouvelles formes d'égalisation des statuts parentaux des pères et des mères, quels que soient les âges de leurs enfants. D'autre part, il permet de faire progresser la possibilité pour ceux-ci non seulement d'entretenir sur la durée des relations réelles et équilibrées avec leurs deux parents séparés, mais aussi d'être parties prenantes, selon leur âge et leur degré de discernement, des processus de décision visant la mise en œuvre et l'évolution dans le temps de l'organisation résidentielle qui structure ces relations.

Un Rapport d'information réalisé et rendu public, le 26 juin 2007, par le Sénat avait d'ailleurs parfaitement rendu compte de l'état des lieux, juridique et pratique, de l'institution de la résidence alternée et sagement conclu sur la nécessité de ne pas bouleverser trop vite un dispositif qui ne faisait – et ne fait encore – que commencer à produire ses effets sur le fond :

34. 16,9 % en 2009 dans les seules situations de suites de divorces (4,4 % en cas de procédure contentieuse).

35. Cf. Gérard Neyrand, Chantal Zaouche Gaudron (dir.), *Le livre blanc de la résidence alternée – Penser la complexité*, Érès, 2014.

« La loi du 4 mars 2002 relative à l'autorité parentale a donné une base légale à l'organisation d'une résidence alternée des enfants au domicile de leurs parents, en cas de divorce ou de séparation. L'objectif recherché était de permettre aux enfants d'entretenir des relations suivies avec leurs deux parents et de consacrer la parité de l'homme et de la femme dans l'exercice de l'autorité parentale. (...) Cinq ans après la consécration législative de la résidence alternée, la commission des lois et la commission des affaires sociales du Sénat ont organisé conjointement une journée d'auditions publiques pour dresser un bilan d'ensemble de sa mise en œuvre. Sociologues, psychiatres, psychologues, avocats, magistrats, professeurs de droit, représentants des associations et des administrations concernées ont ainsi été conviés à faire part de leur expérience et de leurs souhaits d'évolution de la législation. Il en ressort que la pratique de la résidence alternée reste limitée et contestée mais qu'il n'est pas indispensable de modifier une législation récente et finalement équilibrée. »

En tant que mode d'organisation encore minoritaire – mais diffusant peu à peu dans toutes les catégories sociales[36] – des familles composées (ou recomposées) autour de parents divorcés ou séparés, la résidence alternée est un indice de l'adhésion croissante, par conviction ou par obligation, de la grande majorité des parents au principe de l'autorité parentale conjointe institué dans le Code civil par la loi du 4 mars 2002 (et sur lequel on reviendra au chapitre sur l'autorité), et ceci quel que soit leur statut conjugal. Autrement dit, de leur adhésion au principe selon lequel les principales décisions relatives à la sécurité, l'éducation et la santé de l'enfant et aux orientations générales prises en faveur de son développement et de son intérêt doivent être prises par les deux parents – et si possible en y associant l'enfant lui-même[37].

Force est cependant de constater qu'une frange de l'opinion publique, aiguillonnée par un cercle réduit mais influent de pédopsychiatres et de juristes, peine à reconnaître le bien-fondé de ce principe. Ces derniers se sont appuyés, une fois de plus, sur des données scientifiques nord-américaines controversées et sur des données sociojudiciaires non significatives pour activer des conceptions négatives des pères présentés comme fonda-

36. Frédéric Jésu, « La résidence alternée pour tous ? », in Gérard Neyrand, Chantal Zaouche Gaudron (dir.), *Le livre blanc de la résidence alternée – Penser la complexité, op. cit.*

37. La notion de « décision » relevant des deux parents est cependant rendue complexe par la prise en compte de celle d'« acte usuel », qui constitue elle aussi une notion clé de la mise en œuvre de l'exercice conjoint de l'autorité parentale, institué par l'article 371-1 du Code civil. En effet, l'article 372-2 du Code civil établit, dans ce cadre, une présomption d'accord entre les parents pour les actes usuels relatifs à la personne de l'enfant. Seule une jurisprudence très évolutive permet de cerner les critères permettant de définir ce qu'est, en pratique, un acte usuel, tout particulièrement dans les situations de séparations conjugales et de recompositions familiales. Cf. à ce sujet : Adeline Gouttenoire, « La notion d'acte usuel », *Journal du droit des jeunes,* n° 322, février 2013, p. 11-13.

mentalement inaptes à prendre soin de leurs jeunes enfants et/ou comme instrumentalisant systématiquement les attributs de leur autorité parentale pour violenter leurs ex-conjointes. Ils ont tenté de mener des campagnes agressives lors de l'examen du projet de loi, en 2013, puis de la proposition de loi, en 2014, visant à réformer le droit de la famille[38]. Dans leur ligne de mire figuraient notamment le projet de faciliter et d'accompagner l'accès à la résidence alternée et, *a minima,* celui d'introduire le principe de la double domiciliation de droit des enfants de parents séparés. Tous les professionnels de l'enfance et de la famille savent pourtant, à la lumière de leur pratique quotidienne, qu'au-delà de ses importants effets symboliques, la double domiciliation présenterait nombre de conséquences positives tant aux plans administratif et juridique que sur celui de la participation effective des deux parents aux décisions et orientations importantes à prendre dans l'intérêt supérieur de l'enfant.

… en passant par les différentes figures de la « monoparentalité » de fait et de la « pluriparentalité » potentielle…

La mise en application du principe de l'autorité parentale conjointe est théoriquement aisée – même si elle reste souvent aléatoire dans le détail des pratiques privées – pour les enfants mineurs statistiquement identifiés comme « vivant avec leurs deux parents », c'est-à-dire pour les trois quarts environ des enfants de la classe d'âge considérée, ceux qui résidaient dans une famille nucléaire « classique » de ce type (en France métropolitaine, en 2006). Elle est plus difficile à concrétiser – et à vérifier – pour les trois millions et demi d'enfants mineurs qui, selon des données issues du recensement de 2006, ne résidaient pas avec leurs deux parents, soit qu'ils vivent principalement avec un seul de leurs parents (16,4 %, dont 14,4 % avec leur mère seule) ou dans une famille composée d'un des parents et d'un « beau-parent » (5,8 %).

La connaissance statistique fine de ces deux dernières catégories de structures familiales – dites, pour les unes, « monoparentales » et, pour les autres « recomposées » – est d'ailleurs difficile à établir, dans la mesure où leurs définitions précises sont sujettes à caution et où la coexistence ou le passage de l'une à l'autre des deux structures sont fréquents. On estime par exemple qu'entre un quart et un tiers des femmes des générations ayant aujourd'hui entre 35 et 40 ans se trouveraient au moins une fois dans leur vie en situation d'élever seules un ou plusieurs enfants de moins de 25 ans. Et qu'elles sont par conséquent en situation, à d'autres moments, de les

38. Cf. *Danger législatif – Résidence alternée imposée à tout âge,* Pétition du 30 octobre 2013 par le Pr B. Golse, le Pr A. Guedeney, le Dr M. Berger, Mme E. Bonneville, le Pr A. Ciccone, le Dr E. Izard et Mme J. Phélip.

élever avec le ou leurs père(s), physiquement présent(s) ou non, avec un autre conjoint, voire une conjointe, avec le concours actif de leurs parents ou d'autres proches, etc.

Du point de vue de l'enfant, cependant, il résulte de ces différentes configurations non « classiques », mais de plus en plus fréquentes, que son éducation est pensée, parlée et agie par une constellation variable d'adultes dont l'hétérogénéité importe moins, en définitive, que la cohérence de leurs interventions. Or, celle-ci est possiblement menacée, pour commencer, par les confusions que les termes de « famille monoparentale » et, dans une moindre mesure, de « famille recomposée » peuvent induire, s'agissant notamment du statut des adultes en situation parentale. Et ceci d'autant plus que le droit et les politiques publiques qui s'y réfèrent, et pas seulement la mesure statistique qui les accompagne, peinent à s'adapter à ces réalités complexes, laissant aux familles d'intéressantes mais périlleuses marges d'interprétation.

Le terme de « famille monoparentale », pour commencer, est particulièrement impropre. Il ne devrait s'appliquer, *stricto sensu,* qu'à *trois cas* de figure assez minoritaires.

Le *premier cas* de figure résulte du *décès de l'un ou l'autre des parents*. Son importance historique fut considérable (et constitua longtemps la première cause des « recompositions familiales ») mais a perdu de l'ampleur pour des raisons sanitaires (notamment du fait de la réduction de la mortalité maternelle) et politiques (notamment du fait de la réduction des conflits militaires d'envergure). Le Haut conseil de la famille rapporte qu'en 2008, on comptait 270 000 orphelins de père ou de mère de moins de 20 ans vivant en ménages ordinaires, hors institutions, dont 62 % orphelins de père avec une mère vivante, 32 % orphelins de mère avec un père vivant, 6 % orphelins de père et de mère. On estimait aussi que 85 % des orphelins de père et 62 % des orphelins de mère passent leur enfance avec le parent survivant, les autres étant généralement accueillis par un autre membre de la famille et plus rarement en institution.

Le *second cas* de figure permettant de parler de « famille monoparentale » résulte de la *non-reconnaissance du ou des enfants par l'un ou l'autre de ses parents*. Or, la non-reconnaissance par la mère est devenue rarissime et se résume aux 600 à 700 enfants nés de mères ayant demandé l'anonymat à la naissance (au moyen des dispositions légales atypiques conservées par la France en la matière) et qui bénéficient la plupart du temps d'une mesure d'adoption plénière, sauf intervention déterminée du père pour en effectuer la reconnaissance dans les deux mois, puis en demander et en assumer l'autorité parentale. Pour le reste, et depuis la réforme de la loi sur la filiation du 1er juillet 2006, l'acte de naissance tient lieu de reconnaissance par la mère, qui n'a plus à accomplir de démarche spécifique à ce sujet : la filiation maternelle est donc automatiquement établie dès lors que le nom de la mère figure dans l'acte de naissance, alors que la filiation paternelle, hors mariage, suppose une démarche de la part du père auprès du Bureau de l'État civil ou, au bout d'un an, du Juge des tutelles. Aussi la non-reconnaissance d'un enfant par son père non marié à la mère reste-t-elle plus aléatoire. En l'absence de statistiques fiables à ce sujet (l'Insee n'en tient plus depuis 2006), l'Ined estimait, au moyen d'une extrapolation des tendances observées lors de son enquête sur le devenir des enfants nés hors mariage, effectuée en 1997, que, à l'âge de 20 ans, le nombre d'enfants non reconnus par leur père pourrait être compris entre 15 000 et 20 000, soit 2 % à 2,5 % d'une génération. Il n'est pas rare pour autant qu'un père n'ayant pas formellement reconnu son enfant contribue néanmoins à son éducation, sans en assumer la responsabilité légale.

Le *troisième cas* de figure permettant de faire état d'une structure monoparentale de la famille est celui qui résulte d'un *retrait* (ou déchéance) *de l'autorité parentale de l'un des deux parents*. Cette mesure qui peut être provisoire ou, plus rarement, définitive, peut être prononcée par un juge lorsque le parent concerné a été condamné pour un délit grave ou un crime commis sur la personne de son enfant ou comme coauteur ou complice d'un délit grave ou d'un crime commis par son enfant, ou lorsque, en dehors de toute sanction pénale, il met manifestement en danger la sécurité, la santé ou la moralité de l'enfant, soit par de mauvais traitements, soit par une consommation habituelle et excessive de boissons alcooliques ou un usage de stupéfiants, soit par une inconduite notoire ou des comportements délictueux, soit par un défaut de soins ou un manque de direction, ou encore lorsqu'il n'a plus de contact (même épistolaire) avec son enfant depuis plus de deux ans alors que cet enfant bénéficie d'une mesure d'assistance éducative.

Dans tous les autres cas de figure, il n'y a donc pas lieu de parler de « famille monoparentale » pour désigner une famille au sein de laquelle un ou plusieurs enfants voient leur résidence principale ou même exclusive établie avec un seul de leurs deux parents – ni même de la désigner subitement de « recomposée » dès que ce parent établit une cohabitation avec un nouveau conjoint (et ceci quelles que soient la nature, la qualité et la durée des relations développées entre son ou ses enfants et ce nouveau conjoint). Avec nombre de sociologues et d'autres observateurs des réalités familiales, nous soutenons que, hors les trois situations ci-dessus décrites où le principe de l'autorité parentale conjointe est momentanément ou définitivement aboli, et du point de vue de l'intérêt de l'enfant, il convient plutôt de parler de « foyer monoparental ». On ne décrit ainsi que les seules réalités résidentielles que l'enfant a à connaître, sans en déduire de conséquences juridiques implicites sur les modalités d'exercice de cette autorité parentale.

Le Haut conseil de la famille a peu ou prou rejoint cette position en relevant dans sa note qu'il *« préférera généralement »* parler de « foyer monoparental » plutôt que de « famille monoparentale », *« car l'autre parent – généralement le père – a le plus souvent reconnu ses enfants. Il a donc des liens de filiation, et généralement des liens affectifs avec ses enfants, même s'il ne vit pas au quotidien avec eux. Il fait donc partie de leur "famille", sauf en cas de non-reconnaissance. Or, le terme de "famille monoparentale" pourrait laisser penser que l'autre parent, même s'il n'habite pas au quotidien avec son enfant, ne fait pas partie de la "famille". Ce terme ne devrait* a priori *recouvrir que les situations familiales où un parent élève seul ses enfants qui n'ont pas été reconnus par leur autre parent (et n'ont donc aucun lien de filiation avec ce dernier) »*. Si nous tenons quant à nous à y ajouter les situations résultant du décès ou de la déchéance de l'autorité parentale d'un des parents, c'est pour afficher une volonté de précision juridique qui répond à des préoccupations tant formelles que professionnelles ou relatives aux actes de la vie familiale courante.

Sur le plan formel, il s'agit en effet de bien identifier qui, dans l'état actuel du droit, peut et doit prendre les décisions concernant – notamment – l'éducation d'un enfant ou y participer, qui le peut et le doit coûte que coûte (en l'occurrence les détenteurs de l'autorité parentale) et qui le pourrait dans des conditions juridiques qui doivent aujourd'hui être redéfinies (les « beaux-parents », parfois les grands-parents, dans le cadre des réflexions en cours sur le « statut du tiers »[39]). Sur le plan professionnel, il s'agit de continuer à sensibiliser les professionnels, en particulier ceux de l'accueil de la petite enfance, de l'école et des services sociaux et socioéducatifs, sur le fait que peu nombreuses sont les situations de monoparentalité absolues. Et donc sur le fait que, malgré les habitudes prises et les facilités administratives qui les motivent ou qui en résultent, rien ne peut juridiquement dispenser ces professionnels de chercher à établir des relations avec les deux parents, à solliciter leurs deux avis et à mobiliser l'ensemble de leurs ressources – matérielles, financières, éducatives, symboliques – dans le plus grand nombre de circonstances, et notamment dans le grand nombre de cas où la résidence monoparentale est concomitante de précarité[40]. Enfin, sur le plan du quotidien de la vie familiale, les clarifications statutaires et pratiques, relatives tant aux détenteurs de l'autorité parentale légale qu'à ceux qui l'exercent en pratique dans les actes usuels de l'éducation, s'avèrent indispensables dès lors qu'est recherchée au sein du foyer la possibilité de

39. Jean-Pierre Rosenczveig, Frédéric Jésu, « Intérêt de l'enfant et statut du tiers : sortir enfin du non-droit ? », *Journal du droit des jeunes*, n° 322, février 2013, p. 14-21.

40. Gérard Neyrand, Patricia Rossi, *Monoparentalité précaire et femme sujet*, Érès, 2014.

procéder à des modalités démocratiques de prise de décisions concrètes concernant les enfants qui y résident. On y reviendra ci-dessous.

L'accent mis sur ces questions est loin d'être anecdotique. L'Insee estimait en effet à 1,3 million le nombre de foyers monoparentaux en 2008, et à 2,8 millions le nombre d'enfants de moins de 18 ans qui y vivaient. Ces chiffres ne cessent de croître depuis 40 ans (le nombre d'enfants concernés a par exemple été multiplié par trois depuis 1968). Quand ils vivent dans un foyer monoparental, 92 % des enfants de moins de 3 ans et 85 % des enfants de moins de 18 ans vivent avec leur mère. Et, selon une étude conjointe de l'Insee et de l'Ined réalisée en 2008 auprès d'enfants dont les parents sont séparés, dont le père est toujours en vie et qui vivent avec leur mère, 18 % d'entre eux ne voient jamais leur père et 22 % seulement quelques fois par an.

Qu'ils soient constitués de façon transitoire ou plus durable[41], les foyers monoparentaux posent donc un problème, moins inédit que quantitativement croissant, aux parents vivant plus ou moins seuls avec leurs enfants, aux parents qui ne vivent pas avec eux la plupart du temps et aux divers professionnels en contact avec les uns et les autres. Ce problème, rendu en théorie incontournable par le principe de l'autorité parentale conjointe, est celui de la mobilisation égalitaire des deux parents détenteurs de cette autorité et des attributs en lesquels elle se décompose. Pour autant, et du point de vue des repères et de l'intérêt des enfants concernés, la prise en compte et la résolution de ce « problème » par les adultes, aussi acrobatiques et sources de tensions circonstancielles mais significatives soient-elles parfois, représentent le plus souvent une avancée et une garantie lors des prises de décision qui concernent ces enfants. Combien de fois, en milieu scolaire ou en milieu soignant par exemple, ne voit-on pas un enfant attendre anxieusement que ses deux parents – et pas seulement celle ou celui avec lequel ou laquelle il réside principalement – se déterminent au sujet d'une orientation ou d'un soin qui lui sont proposés afin qu'il puisse y adhérer en toute confiance, ou encore y apporter des objections, voire s'y opposer, en toute connaissance de cause ? Nous aurons l'occasion de souligner à plusieurs reprises à quel point le parti pris de la **coéducation,** et pour commencer de la coéducation parentale, sous réserve qu'elle soit effective et non pas le faux nez d'un rapport de forces entre les coéducateurs, permet de **protéger les enfants** de la survenue de ces conflits de loyauté intériorisés auxquels l'exposent trop souvent la scotomisation ou la dévalorisation

41. On estime la durée moyenne de monoparentalité des foyers ayant des enfants de moins de 20 ans à près de 7 ans. Cette durée est souvent plus longue pour les mères qui se trouvent seules à la naissance de l'enfant, sachant que les politiques sociales déployées en direction de celles dont la situation économique et sociale est précaire (conditions d'attribution de l'Allocation de parent isolé ou d'admission en Centre maternel, par exemple) peuvent paradoxalement contribuer à entretenir leur isolement.

de tel ou tel adulte légitime à ses yeux pour participer aux décisions relatives à leur éducation.

Les familles dites « recomposées » suscitent des questions en partie similaires, qu'il s'agisse de leur définition, de leur mesure statistique, et surtout de la complexité des modes de fonctionnement qu'elles sont conduites à expérimenter, dans un contexte juridique qui gagnerait par ailleurs à être ajusté à cette complexité et complété au bénéfice des enfants qui en partagent le quotidien.

Comme le remarque pour commencer le sociologue Julien Damon :

> *« l'expression même de "famille recomposée", désormais bien établie, n'a pas de contenu ni, surtout, de circonférence juridiquement arrêtée. C'est la sociologie qui a ainsi approché et désigné comme recomposés des schémas familiaux dérivés d'unions successives, avec présence d'enfants. (...) Pour l'Insee et l'Ined, une famille recomposée comprend un couple d'adultes, mariés ou non, résidant avec au moins un enfant né d'une union précédente de l'un des conjoints. Les enfants qui vivent avec leurs deux parents et des demi-frères ou demi-sœurs font aussi partie d'une famille recomposée. (...) Cette définition est relativement restrictive, elle réfère la famille à sa résidence »*[42].

Sur la base de cette définition, le Haut conseil de la famille, observant que :

> *« quatre ans après une rupture, 44 % des pères et 28 % des mères ont constitué un nouveau couple (mariage, PACS ou concubinage), (...) estime à près de 590 000 le nombre de familles recomposées avec au moins un enfant de moins de 18 ans – 450 000 avec un beau-père et 140 000 avec une belle-mère »* – et qu'*« elles représentent donc 7,5 % de l'ensemble des familles vivant en France »*.

Le nombre d'enfants vivant dans des familles recomposées reste quant à lui difficile à quantifier. La défenseure des enfants estimait ainsi, en 2006, que plus de 4 millions d'enfants ne vivaient pas avec leurs deux parents de naissance, dont 1,6 million dans des familles recomposées, au moins 40 000 dans des familles homoparentales (cf. *supra*), plus de 2,7 millions dans des foyers monoparentaux et 60 000 dans des familles d'accueil. Mais pour l'Insee, en 2006, seulement 1,2 million d'enfants de moins de 18 ans vivaient dans une famille recomposée : la moitié avec leur mère et un beau-père, 15 % avec leur père et une belle-mère[43]. Mais plus du tiers vivaient avec leurs deux parents ainsi qu'avec une demi-sœur ou un demi-frère.

---

42. Julien Damon, *Les familles recomposées*, PUF, 2012.

43. Insee, « 1,2 millions d'enfants de moins de 18 ans vivent dans une famille recomposée », *Insee Première*, 2009, n° 1259.

Cette dernière catégorie d'enfants, issus de parents vivant ensemble mais ayant déjà eu des enfants d'unions antérieures et qui résident principalement avec eux, rend peut-être compte du différentiel statistique de 600 000 enfants ici observé.

Quoi qu'il en soit, et à ce sujet, s'il s'avère que la progression du nombre d'enfants vivant dans des familles recomposées est moins forte que celle du nombre d'enfants vivant dans des foyers monoparentaux, il est non moins notable que, en 2009, environ 15 % des familles nombreuses (c'est-à-dire avec 3 enfants ou plus de moins de 18 ans) sont des familles recomposées – soit près de 250 000 familles –, et que ce sont des familles vivant avec les enfants de la première union ou des deux premières unions (du père et de la mère) ainsi que ceux de l'union en cours. Outre les familles de migration extra-européenne récente, de plus en plus de familles nombreuses sont donc des familles recomposées.

… à l'extension débattue, mais réelle et vécue, du cercle de la coparentalité

Du fait de la diversité et de la complexité de leurs modes de constitution, les familles « recomposées » – de même que, pour des raisons en partie communes, les familles homoparentales, qui relèvent aujourd'hui le plus souvent de cette catégorie – constituent de véritables laboratoires d'expérimentation pour ce qui touche à leurs modes de fonctionnement. Les décisions qui s'y prennent concernent et mobilisent en effet des adultes et des enfants dont les statuts, les âges et les liens institués peuvent être extrêmement disparates. D'un point de vue juridique, comme on le verra plus loin, le droit général de chaque enfant à participer à ces décisions selon son âge et son degré de discernement est théoriquement régi par les dispositions de l'article 12 de la Convention internationale des droits de l'enfant, c'est-à-dire qu'il repose sur le principe du recueil et de la prise en considération de ses points de vue. Mais ce même droit se décline, en fonction de son statut familial, selon les dispositions plus spécifiques de l'article 371.1 du Code civil aux termes desquelles ses parents, en tant que codétenteurs de l'autorité parentale, l'associent aux décisions qui le concernent. Ce qui ne signifie d'ailleurs pas que seuls ses parents peuvent l'y associer, ni bien entendu qu'aucun autre adulte que les parents ne puisse être associé au processus décisionnel. Et tels sont bien les dilemmes autour desquels, indépendamment de leurs fondements juridiques, tournent au quotidien nombre de « familles recomposées », parfois jusqu'au déchirement, parfois en en saisissant répétitivement la justice, mais plus souvent en inventant chemin faisant des formes de régulation plus ou moins inédites qui viennent combler les lacunes du droit.

Aujourd'hui, en France comme dans nombre de pays, on voit donc s'effriter et se réorganiser autrement le modèle prévalent de la famille nucléaire de type bourgeois édifié dans les pays riches depuis près de deux siècles : un père et une mère mariés pour la vie et leurs enfants résidant sous le même toit. De très nombreux couples parentaux se séparent, et il est courant que les enfants vivent alors une certaine période d'instabilité, consécutive aux vicissitudes de la vie sentimentale de leurs parents. Non moins fréquemment, après des phases de résidence monoparentale plus ou moins longues, des familles se recomposent avec des « beaux-pères » ou des « belles-mères » qui, à cette occasion, officialisent ou non leur nouvelle union sous forme de mariage, devant le maire de leur commune, ou sous forme de PACS, devant le greffe du Tribunal d'instance du ressort de leur domicile. Parfois le nouveau compagnon ou la nouvelle compagne est du même sexe que l'un des parents. Parfois, les recompositions se succèdent et s'enchevêtrent. Bref, les situations se multiplient et se diversifient qui amènent à l'invention de nouveaux profils de « familles élargies ». On vient de voir, en effet, que ces situations familiales sont loin d'être quantitativement négligeables : on estime que, sur 14,6 millions d'enfants de moins de 18 ans, environ 2,8 millions vivent dans des foyers monoparentaux et de 1,2 à 1,6 million dans des familles recomposées.

Il est donc grand temps que la loi vienne sanctionner, au sens de reconnaître et légitimer, ces nouvelles donnes sociétales, mais aussi régler, voire prévenir, tant les conflits potentiels entre certains des adultes en présence que leurs conséquences pour les enfants. D'ores et déjà, les lois de 1987, 1993 et 2002 ont progressivement institué le principe de l'autorité parentale des deux parents dans et par-delà le mariage, puis hors de celui-ci, comme le souhaitaient de plus en plus de parents. Le droit s'est résigné au passage à miser désormais sur la stabilisation du lien parental plutôt que sur celle du lien conjugal. Mais il importe désormais que le législateur mène plus loin encore ses efforts de compréhension et ses recherches d'accompagnement des évolutions familiales en cours : après la dissolution du lien conjugal, la survenue de nouvelles alliances amène en pratique à devoir souvent **repenser le principe de coparentalité** au-delà du seul périmètre des deux parents de naissance. Il est de l'intérêt concomitant des enfants et des adultes concernés que le droit se contente, dans la plupart des cas, d'énoncer et de garantir les principes d'ordre public qui s'appliquent à la nouvelle configuration de leur vie privée ; mais que, parfois aussi, il institue des procédures et des outils visant la mise à plat – et en mots – et si possible la résolution des problèmes, plus ou moins inédits, liés à cette configuration.

Il en va tout d'abord de l'intérêt des enfants de savoir très clairement qui, au sein d'un foyer devenu monoparental ou d'une famille recomposée, est en droit d'exercer une autorité sur eux, en quels domaines, comment, où, quand et pendant combien de temps. Trop d'enfants sont par exemple en souffrance devant l'absence d'adultes clairement investis de la responsabilité de les protéger et de les élever. Certains en viennent même à dire qu'ils n'ont pas de père (ou parfois pas de mère) : soit au sens légal du terme, soit, en pratique, par absence d'homme (ou de femme) en situation parentale et investi(e) auprès d'eux, au quotidien, d'une autorité reconnue et faisant sens pour eux. D'une telle autorité, autorisée à autoriser tout autant qu'à interdire, il est pourtant attendu qu'elle s'avère protectrice, structurante et émancipatrice pour l'enfant.

« Qui es-tu, toi ? Tu n'es pas mon père – ou ma mère! De quel droit te mêles-tu de mes affaires ? », s'entendent cependant asséner certains beaux-parents. Ce n'est pas rendre service à l'enfant que de lui permettre de rejeter, à sa guise ou par principe, une autorité adulte qui, même lorsqu'elle s'avère authentiquement bienveillante, reste dépourvue de la base légale – ou au moins symbolique – lui permettant de l'être et de le rester. Quelle représentation de son beau-parent (ou de tout autre « tiers » en situation parentale) un enfant est-il incité à construire si l'autorité de celui-là ne se mesure, voire ne se mérite, aux yeux de tous qu'à l'aune des obligations qui lui sont assignées ? Pour le dire plus crûment, un enfant peut-il considérer un beau-parent qui n'aurait envers lui que des devoirs, mais aucun droit, autrement que comme un « sous-parent » ? Et l'attention qu'il lui porte ou les interventions, même les plus appropriées à ses besoins, comme n'ayant guère plus de valeur et de légitimité que celles de services qu'il est tenu de lui rendre ?

Plus généralement, il est aussi de l'intérêt supérieur de l'enfant que le droit, par les pratiques qu'il encourage ou institue entre les différents adultes en situation d'exercer une autorité éducative, contribue à **réduire les conflits de loyauté** souvent éprouvés par cet enfant à leur égard, à favoriser la cohérence des décisions qu'ils prennent à son sujet – et ceci, chaque fois que possible, en l'y associant –, bref à ouvrir, enrichir et sécuriser dans la durée le cercle des coéducateurs familiaux qui se manifestent auprès de lui.

En promouvant à plusieurs reprises et de diverses façons, depuis 2002, le recours aux services agréés de médiation familiale, le législateur a déjà clairement incité les parents en cours de séparation ou séparés à bénéficier d'un accompagnement les aidant à dépasser leur conflit conjugal pour continuer d'exercer conjointement leur autorité parentale de façon aussi apaisée, respectueuse et confiante que leurs différends le permettent. Un climat relationnel de cette nature constitue certes une condition nécessaire, mais pas toujours suffisante, pour que l'enfant puisse accueillir plus facilement la présence, l'influence et la permanence de nouveaux conjoints auprès de ses parents. Nombre de parents parviennent d'ailleurs à établir ce climat sans aide extérieure. Le fait est cependant que la disponibilité et l'accessibilité encore très insuffisantes des services de médiation familiale laissent la plupart des autres sans recours de ce type.

Force est en outre de constater qu'au fil des circonstances et des aléas des recompositions familiales, les préalables relationnels résultant d'une médiation bien menée, pour nécessaires qu'ils soient entre les parents, s'avèrent souvent insuffisants pour garantir sans défaillance, dans l'espace et le temps, le respect primordial et absolu de l'intérêt de l'enfant. Tel parent n'assurant pas la résidence principale de l'enfant pourra ainsi s'opposer, pour des raisons contingentes et peut-être recevables, à ce que le nouveau conjoint de l'autre parent réalise des actes usuels relevant de l'autorité parentale ; mais, ne pouvant les effectuer lui-même, il placera dès lors chacun, et en premier lieu l'enfant, dans une impasse. Tel beau-parent, dont la personnalité ou les motivations ne pouvaient être prises en compte ou anticipées par les accords passés entre les parents, se révélera quant à lui excessivement dénigrant dans ses propos et attitudes envers l'ex-conjoint-e de son compagnon ou de sa compagne, cherchera à le supplanter, mettra des obstacles à ses relations avec l'enfant, etc.

On voit par là que la volonté politique affirmée – mais restée, à ce jour, plus formelle que réelle – d'encourager les parents de naissance à recourir à la médiation familiale pour aménager leur séparation ne garantit et ne sécurise en toutes circonstances, pour l'enfant, ni la mise en pratique du principe de leur autorité parentale conjointe ni l'implication ultérieure d'un ou de plusieurs beaux-parents dans l'organisation harmonieuse de sa vie quotidienne. De nouvelles dispositions légales s'imposent donc, du moins pour faire face aux situations les plus problématiques pour l'enfant.

Il en va de l'intérêt de l'ensemble des adultes concernés que de telles dispositions soient réfléchies, adoptées et mises en œuvre avec leurs concours. Diverses clarifications s'imposent en effet pour celui des parents de naissance qui assure la résidence principale de l'enfant, pour celui qui l'accueille moins souvent, pour les parents qui ont fait le choix de la résidence alternée, mais aussi et peut-être surtout pour l'adulte qui vit avec l'un ou l'autre de ces parents. Ces clarifications ne peuvent être que le fait de la loi, ou de l'effet de la loi. Elles ne sauraient résulter d'accords strictement privés – et donc aléatoires, voire arbitraires – passés par exemple devant notaire comme certains l'ont proposé un temps ; ni d'accords qui feraient courir à l'enfant le risque de ne jamais être soumis à un contrôle de légalité permettant de vérifier que son intérêt supérieur, tout autant que les droits et obligations de ses deux parents de naissance, y est bien pris en compte. Tous les adultes et tous les enfants doivent **savoir qui est en droit et en devoir de faire quoi à l'égard d'un enfant mineur,** et se sentir en sécurité à ce sujet.

S'agissant des familles recomposées, il faudrait en l'espèce que le droit permette désormais, et simultanément : de rassurer le beau-parent en affirmant que, dans certaines conditions bien définies, il est légitimement fondé à exercer certains attributs de l'autorité parentale, même si ceux-ci ne résultent pas directement d'un statut parental ; de rassurer le parent de naissance sur le fait qu'il est dès lors fondé à s'appuyer sur son compagnon ou sa compagne et qu'il ne doit donc pas hésiter à le mobiliser, ni se l'interdire ou le lui interdire ; de rassurer l'autre parent de naissance, codétenteur de l'autorité parentale, sur le fait qu'il ne sera pas désapproprié de son exercice par celui ou celle qui vit dorénavant, au quotidien, auprès de son enfant ; et de rassurer *in fine* l'enfant sur le bien-fondé et la pérennité de l'ensemble de ces dispositions qui le concernent en premier lieu et qui doivent lui permettre de vivre et grandir en paix auprès d'adultes eux-mêmes apaisés.

Ajoutons qu'il s'avère tout aussi important, au sein des familles recomposées, de rechercher l'harmonisation de l'exercice des attributs de l'autorité parentale, et notamment de leurs composantes éducatives, entre les enfants issus des unions antérieures des deux conjoints et/ou ceux de leur nouvelle union, bref entre les « demi-frères » et « demi-sœurs », ne serait-ce que pour prémunir les uns et les autres des incohérences, des distorsions, voire des dérives auxquelles une absence d'harmonisation ou de clarification pourrait les exposer, en temps réel ou par la suite[44].

Ajoutons aussi que la plupart de ces questions peuvent se poser, dans des termes assez proches, pour la génération des parents de parents ayant procédé à une recomposition familiale. De quelle légitimité spécifique, autre que celle de simples adultes citoyens, ces grands-parents disposent-ils par exemple pour s'autoriser d'interventions éducatives auprès de l'enfant du nouveau conjoint ou de la nouvelle conjointe de leur propre enfant ? En quoi ces interventions se distinguent-elles, non pas en droit mais dans la vie courante, de celles que, toutes choses égales par ailleurs, ils destineraient à leurs petits-enfants ? Mais aussi, et tel est l'enjeu d'une coéducation citoyenne, aux enfants ou même aux petits-enfants de leurs voisins ?

Pour revenir à notre propos, il nous semble que le droit devrait permettre d'affirmer que tout enfant amené, du fait des choix de vie d'un de ses parents légaux, à résider également avec un autre adulte (beau-parent, grand-parent ou autre membre adulte de sa famille) est en mesure de respecter et de se référer à l'autorité de cet adulte, et ceci dans une perspective coéducative proche de celle qui est reconnue *de facto* aux professionnels – de

44. On peut évoquer à ce sujet la fréquence des problématiques incestes entre demi-frères et demi-sœurs – mais sont-ce des incestes ? –, qui sont favorisés, circonstanciellement, par les promiscuités de la vie quotidienne mais aussi, plus structurellement, par l'absence de définition juridique claire de leurs statuts mutuels.

la crèche, de l'école, du centre de loisirs, etc. – auxquels il peut être par ailleurs transitoirement confié.

Il convient de préciser aussitôt que l'autorité ainsi désignée vise à protéger et à accompagner l'enfant dans les circonstances où elle s'exerce. Spécialement dans la famille, elle porte tout d'abord sur les actes usuels, quitte à devoir, le cas échéant, en dresser la liste précise selon les caractéristiques de la nouvelle configuration familiale[45]. Seuls les parents légaux – ou le cas échéant une tierce personne, mais alors sur délégation ou avec l'accord d'un juge – sont en droit d'exercer directement l'ensemble des attributs de l'autorité parentale, et en particulier d'assumer exclusivement les actes importants, et déterminants pour l'avenir de l'enfant, qui en procèdent.

Concrètement, il appartient aux seuls parents légaux de décider des options fondamentales de l'éducation, des nouvelles inscriptions et des orientations scolaires, de l'engagement de soins non urgents, de la sortie du territoire, etc. Et il peut revenir aux beaux-parents la tâche complémentaire de veiller au quotidien de l'enfant en matière de conditions de vie, d'éducation familiale, d'accompagnement et de suivi de la scolarité ou des soins de santé engagés, de loisirs extrafamiliaux, de surveillance des sorties et des fréquentations, etc.

45. Cf. Adeline Gouttenoire, « La notion d'acte usuel », *op. cit*. Le rapport Léonetti intitulé *« Intérêt de l'enfant, autorité parentale et droits des tiers »* remis le 7 novembre 2009 au Premier ministre a clairement, et légitimement, affirmé que *« c'est à la jurisprudence d'apprécier, dans chaque cas d'espèce, s'il s'agit d'un acte usuel ou bien d'un acte grave, inhabituel, pour lequel une décision collégiale s'impose. [...] On considère généralement qu'un acte est important ou non usuel, s'il rompt avec le passé ou s'il engage l'avenir de l'enfant. Ainsi, tout choix inhabituel ou important dans la vie de l'enfant requiert l'accord systématique des deux parents »*. L'avant-projet de loi qui en a résulté la même année proposait de compléter l'article 372-2 du Code civil par un second et nouvel alinéa ainsi rédigé : *« L'accord des parents est requis pour effectuer les actes importants de l'autorité parentale. Sont réputés tels les actes qui engagent l'avenir de l'enfant ou qui touchent à ses droits fondamentaux »*. La Cour d'appel d'Aix-en-Provence, dans le contexte de l'assistance éducative et dans un arrêt en date du 28 octobre 2011, a proposé une définition particulièrement intéressante des actes usuels qui seraient *« des actes de la vie quotidienne, sans gravité, qui n'engagent pas l'avenir de l'enfant, qui ne donnent pas lieu à une appréciation de principe essentielle et ne présentent aucun risque grave apparent pour l'enfant, ou encore, même s'ils revêtent un caractère important, des actes s'inscrivant dans une pratique antérieure non contestée »*. Toute liste des actes usuels préétablie doit donc être envisagée en tenant compte des données particulières de l'espèce. Le critère essentiel pourrait être le suivant : l'acte rompt-il avec le passé, et, surtout, engage-t-il, d'une façon ou d'une autre, l'avenir de l'enfant ? Pour répondre à cette question, l'acte doit être apprécié d'un double point de vue : *in abstracto* (en soi, l'acte appartient-il plutôt à la catégorie des actes usuels ou non ?) et *in concreto* (l'acte peut-il être considéré comme usuel relativement à tel enfant, et à tels parents, particuliers ?). Par exemple, il est souvent dit que l'inscription dans un établissement scolaire constitue un acte usuel. Mais, si l'on utilise le critère qui vient d'être dégagé, il convient de distinguer : si l'un des parents entend réinscrire l'enfant dans le même établissement ou l'inscrire dans un établissement similaire, il s'agit certainement d'un acte usuel. Si, au contraire, l'enfant, précédemment confié à l'enseignement public, est inscrit dans une école privée (notamment confessionnelle), il y a là une décision importante qui nécessite l'accord des deux parents : le tiers qui recevrait l'inscription sans vérifier que les parents sont d'accord ne devrait pas être couvert par la présomption.

Cette clé de répartition est relativement claire à énoncer. Elle fonctionne déjà, par exemple – ou tout du moins elle le devrait – entre les parents des enfants accueillis par l'Aide sociale à l'enfance et ce service quand celui-ci se montre réellement attentif à solliciter leurs avis et leurs participations aux décisions, conformément à la loi de juin 1984 *« relative aux droits des familles dans leurs rapports avec les services de l'Aide sociale à l'enfance »* et à celle du 5 mars 2007 *« réformant la protection de l'enfance »* qui aménagent en ce sens les dispositions de l'article 373-4 du Code civil *(« Lorsque l'enfant a été confié à un tiers, l'autorité parentale continue d'être exercée par les père et mère ; toutefois, la personne à qui l'enfant a été confié accomplit tous les actes usuels relatifs à sa surveillance et à son éducation »).*

Le message est donc aussi fondamental que simple à populariser : l'enfant doit pouvoir identifier clairement qui sont les adultes, proches ou éloignés, en mesure de décider, pour lui mais aussi avec lui, ce qui détermine d'une part les grandes orientations de son existence et d'autre part les composantes de sa vie quotidienne.

À cet effet, et au moins dans les situations où l'intérêt supérieur de l'enfant le commande (résolution d'un conflit de compétences entre adultes préjudiciable à l'enfant, sortie d'une impasse administrative, réduction ou suppression de contraintes affectant inutilement le bien-être de l'enfant, etc.), il nous semble aujourd'hui nécessaire d'instaurer par la loi, chaque fois que possible, c'est-à-dire lorsque les deux parents de naissance et le beau-parent concerné en sont d'accord, une logique de partage entre eux de l'exercice de l'autorité parentale : soit au moyen d'une convention – éventuellement élaborée avec l'aide d'un professionnel de leur choix – homologuée devant le Juge aux affaires familiales à l'instar de ce qui pratique à l'issue d'un processus de médiation familiale ; soit au moyen d'une charte de vie familiale, moins formelle mais susceptible d'être soumise à une telle homologation[46]. À défaut, c'est-à-dire en cas de désaccord entre les parties, la loi devrait permettre d'instituer une procédure de délégation partielle de cet exercice, formalisée par le juge et mise en œuvre de façon occasionnelle ou temporaire, et donc régulièrement évaluée.

Dans tous les cas – homologation d'une convention de partage de l'exercice de l'autorité parentale, charte de vie familiale, procédure de délégation partielle de l'exercice de l'autorité parentale –, il importe que s'impose la référence à l'article 3.1 de la Convention internationale des droits de l'enfant : *« Dans toutes les décisions qui concernent les enfants (…), l'intérêt supérieur de l'enfant doit être une considération primordiale »*. Notons à ce sujet que, en 2002 déjà, le législateur avait rédigé comme suit l'article

46. Alain Cornec, « Une charte de vie familiale… et une charte du tiers », *Journal du droit des jeunes*, n° 322, février 2013, p. 21-23.

373-2-7 du Code civil : « *Les parents peuvent saisir le juge aux affaires familiales afin de faire homologuer la convention par laquelle ils organisent les modalités d'exercice de l'autorité parentale et fixent la contribution à l'entretien et à l'éducation de l'enfant. Le juge homologue la convention sauf s'il constate qu'elle ne préserve pas suffisamment l'intérêt de l'enfant ou que le consentement des parents n'a pas été donné librement* ». La rédaction de cet article pourrait être revue, ou complétée par un nouvel article du Code civil, de façon à ce que les parents, mais aussi les beaux-parents, voire le cas échéant les grands-parents et les enfants eux-mêmes, aient la possibilité – et non l'obligation – de rendre juridiques, en faisant homologuer leur accord, les règles non juridiques qu'ils ont arrêtées entre eux pour vivre ensemble. Les uns et les autres peuvent en effet ressentir le besoin de formaliser et de fixer symboliquement leurs relations de fait ou de vérifier que leurs accords sont conformes à l'intérêt de l'enfant.

Dans tous les cas aussi, il importera en outre de se référer aux termes de l'article 12.1 de la Convention internationale des droits de l'enfant qui dispose que « *les États parties garantissent à l'enfant qui est capable de discernement le droit d'exprimer librement son opinion sur toute question l'intéressant, les opinions de l'enfant étant dûment prises en considération eu égard à son âge et à son degré de maturité* » et à ceux de l'article 371.1 du Code civil qui affirme que « *les parents associent l'enfant aux décisions qui le concernent selon son âge et son degré de maturité* ». Il conviendra donc de prévoir les modalités concrètes permettant : aux parents et au juge des affaires familiales de recueillir régulièrement et valablement les points de vue de l'enfant sur sa perception des attendus et des effets de ces partages ou délégations de l'autorité parentale, et de tenir compte de ces points de vue ; et à l'enfant, dûment accompagné (y compris par un professionnel de confiance) s'il y a lieu, de pouvoir saisir de lui-même le juge en la matière.

Il conviendra par ailleurs de compléter l'ensemble de ces dispositions – constitutives, entre autres, de l'élaboration de ce qu'il faut bien appeler un « statut du tiers » – par la prise en compte du vide juridique que l'on peut constater lorsque la rupture entre un parent et un beau-parent vient faire obstacle à la continuité des liens éventuellement établis entre un enfant et ce beau-parent, voire même un « beau-grand-parent ». Nous invitons ici à reprendre telle quelle la proposition formulée par la défenseure des enfants, dans son rapport de 2006, sous le titre « *Consacrer un droit de l'enfant à entretenir des relations personnelles avec le tiers qui a partagé sa vie quotidienne et avec lequel il a noué des liens affectifs étroits* ». Il y était suggéré de compléter l'actuel article 371-4 du Code civil – « *L'enfant a le droit d'entretenir des relations personnelles avec ses ascendants. Seuls des motifs graves peuvent faire obstacle à ce droit* » – en y ajoutant un nouvel alinéa concernant ce tiers et rédigé comme suit : « *L'enfant a le droit d'entretenir des relations personnelles avec le tiers, parent ou non, qui a partagé sa vie quotidienne et avec lequel il a noué des liens affectifs étroits. Seul l'intérêt de l'enfant peut faire obstacle à ce droit. Si tel est l'intérêt de l'enfant, le juge aux affaires familiales fixe les modalités des relations entre l'enfant et d'autres tiers, parents ou non ».*

On observera enfin que, ainsi approchée, la question du statut du beau-parent intègre et dépasse, sans l'occulter ni la négliger, celle de l'homoparentalité. On n'y aborde pas, en effet, la question des caractéristiques personnelles de la filiation – l'enfant peut-il avoir droit à deux parents du même sexe, et d'ailleurs pourquoi seulement deux si l'on se détache de la référence masculine et féminine ? On reste sur le seul terrain de l'exercice, partagé ou délégué, de l'autorité parentale, et ceci dans l'intérêt supérieur de l'enfant.

Au total, les règles simples ci-dessus proposées vaudraient pour toutes les formes de familles recomposées – mais aussi de foyers monoparentaux transitoires – qui souhaiteront ou devront s'y référer, mais aussi pour les grands-parents et, d'une manière générale, pour tous les adultes qui se voient provisoirement confier l'accueil et l'éducation d'un enfant. Elles ne font que viser à ne pas dissocier ces familles, dont le nombre et la proportion vont croissant, de toutes celles, de forme historiquement plus classique, dont la fonction sociale, éducative et, au total, politique va maintenant retenir notre attention.

Nous renvoyons aussi à cet égard, et dans un ordre d'idées complémentaire mais que nous ne développerons pas ici, au long chapitre que la note du Haut conseil de la famille consacre à l'évolution du travail des femmes, dont il considère qu'il *« constitue une toile de fond pour l'analyse des politiques familiales »*. Il y est notamment relevé que *« l'activité professionnelle des femmes diffère de celle des hommes, que ce soit en termes de taux d'activité, d'emploi et de chômage, de temps partiel choisi ou contraint, de précarité de l'emploi ou encore des horaires de travail dits atypiques » ;* que *« les revenus (salariaux, non salariaux et retraites) des femmes sont inférieurs à ceux des hommes » ;* et donc que *« le partage des ressources financières ainsi que le partage des tâches domestiques au sein des couples doivent également être pris en compte pour comprendre les caractéristiques des familles qui vivent en France ainsi que leurs évolutions »*. Ces constats, qu'il faudrait compléter par celui du « maternocentrisme » persistant de plusieurs composantes des politiques familiales, sociales et éducatives, sont de fait étroitement liés aux transformations des formes et des fonctionnements des familles que nous venons de décrire.

Les familles, plus petites collectivités locales de la République

Les membres d'une famille sont unis par des liens d'alliance, de filiation, affectifs, assignés, patrimoniaux, etc. Ces liens se composent – et plus que jamais, on vient de le voir – se décomposent et se recomposent au fil du temps avec un double souci partagé : celui de gérer, dans l'immédiat, les conditions des équilibres relationnels internes et externes inhérents au quotidien de la vie familiale ; puis celui d'organiser la transmission de la vie, de la mémoire, du capital culturel et des biens, matériels et immatériels, acquis.

Il a longtemps été admis que la famille ainsi constituée représentait « *la plus petite cellule de base de la société* » pour reprendre les termes de Friedrich Engels, en 1884, dans « *L'origine de la famille, de la propriété privée et de l'État* ». Conçue de la sorte, chaque famille coexiste et se regroupe en effet avec d'autres familles pour former des organisations collectives dont les territoires de référence (quartier, ville, département, région, nation, Union européenne, institutions mondiales) se déploient et s'emboîtent à la façon des poupées russes et sont dotés de compétences politiques et administratives qui interfèrent plus ou moins directement avec celles qu'exercent les familles dans, entre et hors de leurs demeures.

De fait, sauf à rester isolées et enclavées – ce qui, en tous lieux et en toutes époques, ne s'avère ni souhaitable ni possible au regard notamment des besoins spécifiques des enfants et des personnes âgées –, les familles ne peuvent réunir seules les conditions et les moyens de leur bien-être. Un **principe de subsidiarité** doit donc s'appliquer entre l'ensemble des compétences et des ressources territoriales en jeu.

Autrement dit, et dans l'esprit même de la décentralisation française, il ne serait pas absurde que, après les régions, les départements et les communes, les familles soient aujourd'hui considérées, en leurs lieux de vie et quelles que soient les formes sous lesquelles elles se présentent, comme les plus petites collectivités locales de la République[47].

N'est-ce pas en effet au sein de la famille et donc au plus près de chacun de ses membres que sont discutées, prises et mises en œuvre un grand nombre des décisions qui concernent au quotidien chacun d'entre eux, et notamment les enfants ? N'est-ce pas également à son niveau que ces décisions sont financées par les revenus du travail ou cofinancées avec le concours de diverses prestations publiques ? Au fil de ces décisions, on ne veille pas

47. On notera dans le même ordre d'idées que le Conseil de l'Europe, à l'occasion de l'Année internationale de la Famille, avait organisé en 1994 une importante conférence internationale sur le thème « *Évolution du rôle des enfants dans la vie familiale : participation et négociation* » afin « *d'édifier la plus petite démocratie au cœur de la société* » en laquelle il proposait de voir chaque famille. Cf. Conseil de l'Europe, *Évolution du rôle des enfants dans la vie familiale : participation et négociation*, Actes, 1994.

seulement à l'intérêt de chacun des individus qui cohabitent sous le même toit, mais aussi à la cohésion interne de l'ensemble du groupe familial. On cherche par ailleurs, à la plupart de ces occasions, à entretenir ou à créer des relations si possible de qualité avec un environnement proche plus ou moins choisi : famille élargie, voisins, amis, commerçants, professionnels des services et des institutions contribuant aux fonctions familiales, etc. On procède avec eux à des échanges de tous ordres qui, en ouvrant le territoire familial, en rendent ses résidants plus conscients de leur participation à la vie sociale.

Comme toutes les collectivités territoriales, les familles présentent des caractéristiques diverses. Elles n'en sont pas moins dotées de droits communs et d'obligations similaires. Elles sont décrites – on l'a vu – comme nucléaires, élargies, monoparentales, recomposées, adoptives, homoparentales, etc. (il y a aussi des communes de plein exercice, des communautés de communes, des communautés d'agglomération, des communautés urbaines, des départements et des territoires d'outre-mer, etc.). Les liens entre les adultes et les enfants qui les constituent y sont plus ou moins institutionnalisés, plus ou moins officialisés par le Code civil. Mais ils sont avant tout expérimentés et vécus et, s'ils confèrent dans tous les cas aux individus ainsi réunis des responsabilités mutuelles ou partagées, ils définissent aussi, *de facto,* un cadre spécifique de relations et une communauté de destin par lesquels le groupe familial dépasse les seules logiques de la cohabitation et de la coexistence de ses membres. Et, au total, chaque famille est tout autant structurée de l'intérieur par ses règles de fonctionnement propres que, de l'extérieur, par les normes sociales en vigueur telles qu'elles sont codifiées par l'usage ou par l'État[48].

Ce point mérite d'être souligné. Quelles que soient son histoire, sa forme et sa composition, aucune famille ne peut être réduite à un espace strictement privé. Tout comme une collectivité locale, elle est d'une façon ou une autre exposée à une sorte de « contrôle de légalité » des principaux actes qu'elle pose. Elle bénéficie certes d'importantes marges d'autonomie pour effectuer les choix et prendre les dispositions qui lui permettent d'organiser sa

48. C'est pourquoi des sociologues tels que Louis Roussel, Benoît Bastard, Laura Cardia-Vonèche et, surtout, Roger Sue ont développé l'idée selon laquelle la famille contemporaine se rapproche de plus en plus, quant à ses modes sinon de constitution du moins de fonctionnement, de la structure associative. *« Les individus sont désormais associés dans un couple, dans une famille où les relations s'inventent au jour le jour et se négocient sur une base en principe paritaire, dans le respect de l'individualité de chacun. »* (Roger Sue, *Renouer le lien social – Liberté, égalité, association,* Odile Jacob, 2001 ; cf. notamment le chapitre V, *« La famille association »*, p. 123-142. Cet auteur écrit dans ce même chapitre, en se référant aux travaux du Conseil de l'Europe, en 1994 : *« Participation, discussion, négociation, décision, contractualisation éventuelle, mais aussi droit de révision et de résiliation : idéalement, la famille pourrait effectivement dessiner un vrai modèle de démocratie, c'est-à-dire de démocratie* permanente *et* directe. *»)*

vie quotidienne. Mais cette autonomie est limitée et ses choix sont déterminés par une série d'exigences, de contraintes et d'opportunités.

Les *exigences* auxquelles doivent souscrire les familles résultent des missions qui leur sont traditionnellement déléguées en première ligne, mais auxquelles les pouvoirs publics ont pris une part croissante, quoique de façon relativement collective et anonyme. Ces missions consistent pour l'essentiel à assurer la protection, l'éducation et l'émancipation des enfants, l'organisation de la solidarité entre les individus et entre les générations, l'entretien et la transmission de la mémoire et d'un certain nombre de valeurs, de savoirs et de savoir-faire.

Les *contraintes* et les *opportunités* qui déterminent la vie des familles sont celles que leurs membres rencontrent dans leur environnement social, professionnel, économique, matériel et culturel pour mener à bien les fonctions et assumer les rôles attendus d'eux. Elles sont donc liées aux conditions de logement, de travail, de scolarité, de transports, de loisirs, de protection sociale, de soins, de sécurité, etc. soit, il faut de nouveau le souligner, à un ensemble de facteurs sur lesquels les pouvoirs publics, notamment locaux mais aussi nationaux, ont une prise réelle.

Dans ce contexte d'autonomie « territoriale » relative, toute famille bénéficie d'une caractéristique spécifique de l'espace privé qu'elle constitue, à savoir le **droit au respect de son intimité.** Pour les professionnels et les institutions en contact avec telle ou telle famille, dans le cadre de telle ou telle mission, ce droit signifie un devoir : celui de lui garantir la confidentialité des informations qu'elle recueille auprès d'elle et/ou à son sujet. Ce devoir de secret professionnel connaît cependant des limites, qui matérialisent le « contrôle de légalité » ci-dessus évoqué.

La *première limite* est absolue. Elle doit de ce fait être franchie avec discernement. Elle correspond aux situations où la sécurité et la dignité d'un membre fragile de la famille (enfant, personne âgée, malade ou handicapée) sont manifestement menacées ou compromises par le fait de subir, au sein ou en dehors de cette famille, des violences, des carences de soins ou des négligences graves. Les comportements infantiles présumés prédictifs de délinquances ultérieures ne devraient pas relever de cette catégorie de situations, comme certains responsables politiques s'acharnent pourtant de façon réitérée, et avec un succès variable, à le faire valoir à l'encontre des familles les plus fragilisées.

La *seconde limite* est plus relative, en ceci qu'elle ressort peut-être plus de l'éthique que de la déontologie. Elle est non moins fondamentale, en particulier dans le contexte de l'anonymat et parfois de l'anomie des villes. Elle consiste à ne pas confondre respect de l'intimité des familles et indifférence à l'égard de l'isolement social ou du renfermement, actif ou passif, des plus en difficulté d'entre elles. Un devoir de solidarité, plutôt que d'ingérence, peut être ici rendu particulièrement légitime, par exemple envers des parents qui ne trouvent plus ou risquent de ne bientôt plus trouver en eux-mêmes et autour d'eux les ressources nécessaires à ce que leurs enfants se voient garantir la satisfaction de leurs besoins et de leurs droits essentiels.

Plus généralement, et au-delà des seules situations génératrices de danger ou d'isolement contraint, la prise en compte et l'application effectives de la Convention internationale des droits de l'enfant confèrent aux pouvoirs publics, aux professionnels mais aussi à l'environnement immédiat des familles en difficulté des obligations renforcées. Il leur revient de refuser la relégation des désarrois parentaux dans le champ clos de la culpabilité ou du découragement, et de mobiliser les moyens permettant à ces familles de retisser les liens sociaux par lesquels parents et enfants seront invités à prendre ou reprendre une place digne et active dans les espaces collectifs.

Face aux multiples causes, signes, et conséquences de la fragilisation de ces liens sociaux, la revitalisation des principes fondateurs de la République – liberté, égalité, fraternité – est plus que jamais d'actualité, notamment en milieu urbain. Elle incite en l'espèce à reconsidérer la place, le rôle et les implications des familles – parents, jeunes et enfants – au sein tant de la vie sociale en général que des politiques publiques en particulier ; et à le faire par conséquent en prenant en compte l'ensemble des interactions qu'elles développent avec leur environnement ainsi que leurs droits d'expression à ce sujet. Les principes républicains appliqués aux familles sont étroitement liés et, plus encore, foncièrement indivisibles. Ils s'imposent subsidiairement à tous les pouvoirs publics et, en premier lieu, parce qu'ils sont les plus proches des familles, à ceux – politiques et administratifs – qui dépendent des villes et des départements.

Au nom du *principe de liberté,* aucun modèle de famille ne doit s'imposer ou être imposé par les pouvoirs publics ou par tel ou tel groupe de pression. L'État et les élus locaux doivent garantir ce principe et faciliter juridiquement sa mise en œuvre tout en veillant, on l'a vu, à ce que la liberté d'organisation et de fonctionnement de chaque famille ne porte pas gravement atteinte à l'un ou l'autre de ses membres, notamment aux enfants et aux personnes âgées. La liberté reconnue au groupe familial ne signifie pas que puissent être abolies dans son espace privé les règles en vigueur autour de lui, ni que certains liens familiaux puissent s'y transformer « librement » en chaînes d'aliénation ou d'indifférence.

Au nom du *principe d'égalité,* les pouvoirs publics tout comme les organismes de protection sociale ne doivent pas instituer d'inégalités de traitement entre les différentes formes de familles. Ils doivent par ailleurs contribuer à l'égalisation des cadres et des conditions de vie en cherchant à corriger, par un ensemble d'équipements, de services et de prestations destinés aux familles, les désavantages sociaux résultant des inégalités de ressources ou de contraintes qui pèsent sur certaines d'entre elles et sur certains de leurs membres. Moins que d'« égalisation des chances » ou de discrimination positive, il s'agit ici de garantir activement l'égalité d'accès des familles à leurs droits et aux ressources de leur environnement de proximité, quitte à accroître ou à rééquilibrer en ce sens les efforts entrepris en matière d'information, d'accompagnement et, s'il y a lieu, d'investissement et de fonctionnement.

Le *principe de fraternité* doit quant à lui réaffirmer le bien-fondé des formes collectives, institutionnalisées et plus ou moins anonymes de solidarité qui, issues des revendications et des luttes sociales, permettent de financer les objectifs d'une protection sociale généralisée par la redistribution partielle des revenus du travail et du capital. Mais, sans susciter d'excessives et ambiguës régressions caritatives, il doit aussi amener à ce que se manifestent en son nom des formes plus actives et plus directes de solidarité de proximité, envers et entre les familles. Sans se dédire de leurs missions propres, les pouvoirs publics et les professionnels peuvent et doivent d'ailleurs encourager, dès aujourd'hui, ce mode d'expression du principe de fraternité qui mérite d'autant qu'on s'y arrête (et on y reviendra largement dans le chapitre suivant) qu'il est porteur d'enjeux sociaux considérables pour les années à venir[49]. Et qu'il s'exprime depuis quelques années à travers la réactualisation du principe et des pratiques de la coéducation.

Protéger, socialiser, transmettre, instruire, former, émanciper : des missions partagées de fait entre les familles et les institutions éducatives

Tous les adultes concernés par la présence ou la proximité d'enfants devraient promouvoir et mettre en œuvre, au quotidien et en tous lieux, une éducation ambitieuse, respectueuse et guidée par *trois objectifs : protéger,* mais sans enfermer ; *instruire* par l'initiation au plaisir partagé de la découverte et de l'apprentissage, plutôt que par les seuls moyens de la contrainte et de la logique de compétition ; *élever* et non pas dresser les enfants, c'est-à-dire savoir se mettre à leur hauteur pour mieux accompagner leur croissance, leur autonomisation et l'exercice progressif de leur citoyenneté.

Il s'agit en d'autres termes de **réussir à la fois à protéger et à émanciper les enfants,** ou encore – en recourant à une métaphore sur laquelle nous reviendrons à plusieurs reprises – de concilier à tous les âges la nécessité de

49. Jean-Louis Sanchez, *La promesse de l'autre,* Les liens qui libèrent, 2013.

leur tenir la main en même temps que celle de la leur lâcher. Cette injonction aussi paradoxale que stimulante s'adresse en premier lieu aux parents, mais aussi à tous les autres éducateurs, professionnels ou non. Parce qu'elle est complexe et délicate, et qu'elle concerne tous les âges de l'enfance et de la jeunesse, l'atteinte du double objectif qu'elle leur désigne ne s'improvise pas plus qu'elle ne peut faire l'objet d'une appropriation sélective par les uns ou les autres. Une telle mission ne saurait être confiée à la responsabilité des seuls parents, ni à celle de telle ou telle institution ou catégorie de professionnels, mais à cette communauté d'acteurs éducatifs, de statuts distincts, fédérés et mobilisés à cet effet, qu'ils pourraient souhaiter ou être appelés à constituer.

Dès qu'on s'accorde sur ce constat, le nécessaire projet coéducatif qu'il y a aussitôt lieu d'envisager consiste à créer les conditions d'une nouvelle alliance, d'un dépassement des quiproquos et d'un accompagnement mutuel entre parents et professionnels. Mais aussi, et c'est l'option complémentaire que nous préconisons en ces pages, à rechercher à cette occasion la convergence démocratique des pratiques éducatives familiales et institutionnelles qui y contribuera. Ni les unes ni les autres de ces pratiques ne sont nées démocratiques, tant s'en faut, pas plus qu'elles ne le sont spontanément devenues au fil des évolutions politiques et sociétales environnantes. Mais plusieurs d'entre elles s'y efforcent de plus en plus souvent et elles pourraient s'y employer conjointement, amorçant ou étendant ainsi le ralliement des convictions adultes en présence tout en gagnant en cohérence aux yeux des enfants.[50]

Aussi le rapprochement et la solidarisation des différents éducateurs, parents compris, devraient-ils aujourd'hui prendre le pas sur les aspects les plus stériles de leurs habituelles rivalités et confrontations. Ils nécessitent un ensemble de changements mutuels de postures qui tout à la fois manifestent et rendent possibles des changements de fond dans les relations éducatives établies. Ainsi la coéducation fait-elle tout d'abord le pari que la coopération des parents et des professionnels est annoncée et stimulée par leur volonté de se placer dans une relation de côte à côte – plutôt que de face à face ou de dos à dos – ; bref par le choix partagé de s'engager dans une relation d'accompagnement, ce dont les parents sont généralement les premiers demandeurs, mais ce à quoi les professionnels ne sont pas toujours spontanément disposés lorsque, pour diverses raisons, ils ne se sentent pas en sécurité et qu'ils doutent du bien-fondé de ne pas maîtriser (ou prétendre maîtriser) le tracé du chemin emprunté. Or, cette relation de

50. Pour plus de détails sur les conditions de mise en œuvre de ces convergences coéducatives et démocratiques, cf. le chapitre 2, et en particulier le paragraphe « *Les enjeux de la coéducation, notamment avec les familles, et notamment dans le cadre d'un Projet éducatif local* ».

côte à côte sollicite surtout les parents et les professionnels, mais aussi les parents et les enfants, mais encore les professionnels entre eux, les parents entre eux, et même les enfants entre eux. Elle constitue un nouveau paradigme éducatif, fondé sur une relative égalisation des rôles et des statuts, et sur la possibilité d'une confiance et d'un respect mutuels entre les éducateurs en présence. C'est pourquoi les parents et les enfants, quant à eux, apprécient de moins en moins que des professionnels leur proposent d'instaurer, en se plaçant derrière eux, des relations de suivi et de contrôle ; ou, au-dessus d'eux, des relations de surveillance et de supervision ; ni même, devant eux, des relations de guidance ; ou encore, au-dessous d'eux, des relations de soutien qui sous-entendent la charge d'un effort et le poids d'une dette difficile à rembourser.

Dans les conditions créées par la relation d'accompagnement, et plus encore par ce type d'accompagnement à la fois sécurisé et exploratoire dont les enfants sont particulièrement friands, la **démarche coéducative** s'avère, on l'a dit, **fédératrice et mobilisatrice :** elle se consacre, en pratique, à la mobilisation permanente des énergies disponibles autour des enfants ; et elle vise à fédérer les forces et les potentialités mais aussi les particularités, voire les faiblesses et les difficultés, de l'ensemble des acteurs de l'éducation en présence. Elle le fait sur la durée, en s'intéressant fort logiquement à la continuité des âges de l'enfance et de l'adolescence. Et elle le fait en s'efforçant aussi de relier l'ensemble des temps et des espaces éducatifs entre eux. Elle vise, autrement dit, la complémentarité et la mise en cohérence de toutes les interventions éducatives envisageables.

Plusieurs indices donnent aujourd'hui à penser que, conçue autour de telles finalités et de telles modalités, la coéducation fait aujourd'hui l'objet d'un renouveau des références et des dispositions qui lui sont consacrées. Elles cherchent, plus ou moins maladroitement et plus ou moins efficacement, à en actualiser les mises en pratique tant au sein des familles que dans les institutions éducatives, ainsi qu'entre les unes et les autres et avec d'autres acteurs publics et privés. C'est pourquoi nous y reviendrons à plusieurs reprises tout au long de ces pages.

Le terme de coéducation a fait sa première apparition en 1878 dans les dictionnaires de la langue française sous une définition générale – « éducation donnée ou reçue en commun » – qui reste d'actualité et n'a, au fond, que peu changé depuis lors. Dans son acception la plus classique (« éducation reçue en commun »), il accompagne depuis près de 100 ans les principales étapes théoriques et pratiques des mouvements de pédagogie coopérative. Il a été repris par le mouvement scout laïque, mais dans une acception plus réduite, pour désigner l'éducation partagée entre garçons et filles et tout projet éducatif permettant aux enfants de découvrir la différence des sexes dans le respect mutuel et la coopération.

L'idée de « donner ou recevoir » quoique ce soit « en commun » s'est idéologiquement démodée, ces dernières décennies, face aux valeurs de l'individualisme et du consumérisme triomphants – dont on ne finit pas, aujourd'hui, de mesurer les limites.

À partir des années 1980, cependant, des associations de parents d'élèves et différents mouvements d'éducation populaire ont réinvesti le concept de la coéducation sur son versant « éducation donnée en commun ». Dans le domaine de l'enseignement public, la Fédération des conseils de parents d'élèves (FCPE) en a fait en 1997 un axe central de son projet associatif. Son objectif était – et reste – d'envisager les parents autrement qu'à travers les représentations historiques forgées et léguées par l'école de la Troisième République. Celle-ci, en effet, avait été initialement conçue et s'était largement construite en opposition aux familles, ou plus exactement à un obscurantisme familial supposé, entretenu en l'occurrence par les Églises et par les tendances les plus archaïques du patronat, et dont il s'agissait de prémunir les enfants[51]. Il n'en reste pas moins que, pour des raisons qui se sont diversifiées, l'optique de la coéducation dans le contexte scolaire reste aujourd'hui controversée pour une large fraction des professionnels de l'école publique et qu'elle est diversement investie par les parents d'élèves eux-mêmes. Nombre d'ouvrages sont publiés chaque année sur ce thème.

Plus récemment, les débats suscités par la mise en œuvre de la réforme des rythmes éducatifs des enfants de 3 à 11 ans ont montré la forte réserve des enseignants, souvent nourrie de méconnaissance, à l'égard des compétences éducatives des animateurs municipaux ou paramunicipaux en charge des activités proposées pendant les accueils dits « préscolaires » et « postscolaires », pendant les « pauses méridiennes » et dans le cadre des centres de loisirs. S'appuyer sur une dynamique coéducative locale pour construire un projet cohérent et partagé entre parents, enseignants, animateurs et enfants est encore loin d'aller de soi ; mais cela constitue le principal enjeu de conviction et de méthode des politiques publiques locales qui, depuis une dizaine d'années, ont porté l'élaboration de « Projets éducatifs locaux », et des politiques publiques nationales qui, depuis 2013, relaient plus modestement mais à plus grande échelle les mobilisations initiées par ces Projets en les renommant « Projets éducatifs de territoire ». Pour autant, un accord éducatif entre parents et professionnels n'implique pas en soi le choix d'une éducation démocratique (comme on l'a vu dès l'école de Jules Ferry, où l'alliance entre instituteurs et parents autour de la question de l'obéissance a constitué d'emblée une valeur cardinale commune), et encore moins d'une ouverture aux droits à la participation active des enfants (d'ailleurs absente des programmes de l'école primaire). On

51. François Dubet (dir.), *Écoles, familles : le malentendu*, Éditions Textuel, 1997.

reviendra à plusieurs reprises sur l'ensemble de ces sujets, et notamment aux chapitres 3 et 5.

Dans un autre champ, mais spontanément perçu comme éducatif, celui de l'accueil de la petite enfance, où les parents ont également été longtemps mis à distance des établissements au motif de leurs incompétences, voire de leurs nuisances supposées en matière d'hygiène et de puériculture, une fédération nationale comme l'Association des collectifs enfants-parents-professionnels (ACEPP) contribue elle aussi depuis une vingtaine d'années à développer et à concrétiser le concept de coéducation. Elle le fait de multiples façons (création de services et d'équipements cogérés par les parents et les professionnels, formations interactives, lancement et animation d'Universités populaires de parents, etc.). Ses interférences avec les services publics restent moins fréquentes, et sont donc moins complexes, qu'elles ne le sont pour les associations de parents d'élèves dans le secteur scolaire. Les initiatives de l'ACEPP et les services qu'elle crée et gère n'en sont pas moins reconnus et soutenus par nombre de communes et de Caisses d'allocations familiales. Elles suscitent, donnent lieu ou participent, depuis quelques années, à de nombreuses publications innovantes dans le champ de la coéducation appliquée aux politiques d'accueil de la petite enfance[52].

Dans les secteurs, enfin, des institutions sociales, socioéducatives et médicosociales, l'application progressive de plusieurs dispositions de la loi du 2 janvier 2002 « rénovant l'action sociale et médicosociale » puis de la loi du 5 mars 2007 « rénovant la protection de l'enfance » fournissent l'occasion d'observer le développement de supports plus ou moins inédits de relations entre familles (parents et enfants) et professionnels. Elle permet à certains d'entre eux de concrétiser d'une façon ou d'une autre, tout du moins en théorie, de réelles perspectives de coéducation, à travers par exemple la mise en place et le fonctionnement des Conseils de la vie sociale, à travers la coélaboration, la mise en œuvre et le suivi avec les parents du projet personnalisé de leurs enfants, à travers enfin la participation des parents, des enfants et des jeunes à l'évaluation et à la redéfinition des projets d'établissement ou de service. L'Agence nationale de l'évaluation et de la qualité des établissements et services sociaux et médicosociaux (ANESM) a publié à cet égard, en mars 2010, d'excellentes *« Recommandations de bonnes pratiques professionnelles »* au sujet de *« l'exercice de l'autorité parentale dans le cadre du placement »* pour ce qui concerne notamment la

52. Par exemple : Sylvie Rayna, Marie-Nicole Rubio, Hélène Scheu (dir.), *Parents-professionnels : la coéducation en questions*, Érès, 2010 ; Emmanuelle Murcier, Michèle Clausier (dir.), *Universités Populaires de Parents – Des parents acteurs, chercheurs, citoyens*, Chronique sociale, 2010 ; Sylvie Rayna, Catherine Bouve (dir.), *Petite enfance et participation : une approche démocratique de l'accueil*, Érès, 2013.

coconstruction du projet de l'enfant avec ses parents, les postures adoptées au quotidien à leur égard et la gestion des désaccords avec eux[53].

L'une des principales observations que l'on peut faire aujourd'hui au sujet de la coéducation est qu'elle constitue une **source d'apaisement pour les enfants** – et parfois, de ce fait, d'ouverture à de nouvelles relations, plus positives, avec les adultes. L'option de la coéducation entre parents et professionnels (des services d'accueil de la petite enfance, de l'Éducation nationale, des dispositifs consacrés aux temps périscolaires et aux temps libres des enfants, des services socioéducatifs et médicoéducatifs spécialisés) est en effet de nature à prémunir les enfants du risque récurrent de devenir les enjeux et les supports des tensions, voire des rivalités, qui, dans les circonstances habituelles, caractérisent souvent leurs relations. Les enfants s'en trouvent donc moins exposés aux conflits de loyauté de toutes natures qui peuvent s'avérer, sinon déstructurants, du moins consommateurs d'énergie psychique – et parfois générateurs d'échecs scolaires et d'inadaptations diverses. Cet enjeu est plus crucial encore en cas d'actions et d'aides éducatives contraintes.

Le parti pris de la coéducation parentale présente des avantages équivalents, dans la sphère familiale, notamment lorsque les parents sont en cours de séparation ou séparés, mais aussi au sein de la famille élargie (grands-parents, oncles, tantes, etc.) ou encore de la famille recomposée (étendue aux beaux-parents). Chacun sait que la mise en œuvre d'un tel parti pris ne va pas de soi ni ne se décrète. Mais peut-on imaginer, du point de vue des enfants, l'existence d'options plus souhaitables ou, du moins, moins rationnelles ?

Les professionnels devraient être attentifs, par ailleurs, au fait que nombre de parents disposent autour d'eux d'un réseau social informel, et potentiellement coéducatif, qui inclut des amis, des collègues de travail, des voisins, des commerçants, des bénévoles – c'est-à-dire des personnes de « bonne volonté » – associatifs, etc. et bien entendu d'autres parents. Bref, d'un réseau composé de tous ceux qui se sentent concernés, avec eux, auprès d'eux, comme eux, par l'idée de restaurer ou de tisser des liens sociaux de proximité qui comptent pour les enfants, pour leur bien-être, leur sécurité, leur scolarité, leurs loisirs, leur santé, leur épanouissement, leur émancipation, la construction au jour le jour de leur avenir et donc, à terme, de celui de la société. Il importe que les professionnels reconnaissent l'existence et l'importance de tels réseaux spontanés de soutien et d'entraides et que, bien loin de les disqualifier, ils s'interrogent sur les moyens de les consolider et pourquoi pas, tout en restant à leur place de professionnels, de les rejoindre au titre des nouvelles alliances et des accompagnements ci-dessus évoqués.

53. ☞ *www.anesm.sante.gouv.fr/spip.php?page=article&id_article=363*

S'agissant des parents et de leurs rapports aux institutions mais aussi à leur environnement de proximité, il y a donc aujourd'hui lieu de définir leurs rôles et leurs fonctions non pas seulement en tant que « premiers éducateurs » mais plutôt en tant que « premiers coéducateurs » de leurs enfants sur leurs territoires de vie. Une telle approche permettrait alors de repenser et de refonder, au bénéfice de tous – enfants, parents, professionnels, élus locaux – la vieille mais toujours fertile définition que nous avons rappelée du concept de « coéducation » : « éducation donnée ou reçue *en commun* ». Cette définition présente en effet le double avantage d'insister sur le caractère interactif et transmissif de l'éducation et sur le fait que celle-ci est de nature à concerner une communauté humaine, et pas seulement une série d'individus. La référence à la coéducation donne à percevoir qu'un collectif d'adultes doit s'impliquer dans l'éducation d'un collectif d'enfants, dans l'esprit du fameux proverbe africain selon lequel *« il faut tout un village pour élever un enfant »*, mais en l'adaptant : « tout un village », c'est plus souvent, aujourd'hui, « tout un quartier », et « un enfant » doit aussi et surtout, solidairement, faire penser à « tous les enfants de ce village ou de ce quartier ».

Il ne faut donc pas oublier le rôle des élus locaux pour impulser et fédérer, aux côtés d'autres partenaires institutionnels (Éducation nationale et autres services de l'État, Caisses d'allocations familiales, associations), des initiatives relevant de la coéducation sur les territoires qu'ils administrent. Il leur revient en tout premier lieu de réussir à mettre chaque commune à la hauteur des enfants mais aussi des familles, et d'associer les uns et les autres à la définition de son aménagement et de son devenir. Il leur revient aussi de faire des choix budgétaires et politiques privilégiant les équipements scolaires, culturels, sportifs et de loisirs sur les dispositifs hostiles ou méfiants à l'égard des enfants et des jeunes. Mais il leur revient plus encore, aujourd'hui, de promouvoir des dynamiques de Projet éducatif local et global afin d'encourager puis de coanimer la mise en réseau des ressources éducatives – qu'elles soient parentales, publiques ou associatives – disponibles sur le territoire de la commune ou de l'intercommunalité. Pour peu qu'elle s'ouvre à l'expertise dont disposent les parents sur leur condition parentale, et qu'elle donne aussi aux enfants et aux jeunes l'occasion de s'exprimer sur les décisions qui les concernent, la table ronde des coéducateurs réunie pour concevoir, mettre en œuvre et évaluer conjointement un tel projet éducatif à l'échelle de leurs territoires de vie et d'action contribuera utilement, et sur la durée, à coordonner l'ensemble des acteurs, des temps et des espaces éducatifs. Comme annoncé, le chapitre 5 sera consacré à ce thème qui pourrait prendre une réelle importance éducative et politique dans les années à venir, et qui exprime au mieux l'esprit de la coéducation élargie en action.

La coéducation, une utopie nécessairement réaliste

Les enjeux de la coéducation intra et extrafamiliale se situent dans un contexte caractérisé par les évolutions de fond des structures et des fonctionnements des familles, comme on l'a vu ci-dessus, mais aussi par les fortes attentes et pressions, souvent contradictoires, qui pèsent sur les parents.

Ainsi les dix à quinze dernières années, qui ont vu fleurir les injonctions faites aux parents de mieux surveiller et « cadrer » leurs enfants ont, elles aussi, été celles qui ont par exemple encouragé ou facilité, dans le droit et les pratiques, le travail du dimanche, les temps partiels éclatés et les horaires atypiques, notamment pour les femmes[54]. L'injonction paradoxale est ici flagrante : travaillez plus, y compris pendant les temps familiaux partageables avec les enfants, mais efforcez-vous simultanément de mieux surveiller ces derniers. Ou encore : consacrez vos soirées ou vos dimanches à occuper des emplois mal payés aux caisses ou dans les rayons des surfaces commerciales, mais interdisez à vos enfants d'en approcher ; ou à faire le ménage dans les beaux quartiers, dès l'aube ou jusqu'en début de nuit, mais en les contraignant à être ponctuels à l'école, à gérer seuls leurs devoirs et à meubler leur ennui en silence dans les bien moins beaux quartiers, dépourvus de structures d'accueil et de loisirs adaptées à leurs besoins, où vous résidez, etc.

Les pouvoirs publics, nationaux et locaux, ont certes développé, sur la même période, une floraison de discours, de dispositifs, de lignes budgétaires sur les ambiguïtés mais aussi sur les aspects les plus positifs desquels – tels que, par exemple, les Réseaux d'écoute, d'appui et d'accompagnement des parents (REAAP) – on aura l'occasion de revenir. Pour autant, si cette nouvelle sollicitude des décideurs politiques à l'égard des parents les montre souvent enclins à « soutenir leur parentalité », c'est bien souvent comme « la corde soutient le pendu ». Une approche politique dominante, à droite mais aussi de plus en plus souvent à gauche, laisse entendre que,

54. Plus récemment, dans le cadre de la « loi de sécurisation de l'emploi » du 14 juin 2013 (qui a transposé l'Accord national interprofessionnel signé le 11 janvier 2013 par le MEDEF, la CFDT, la CFTC et la CGE – mais ni par la CGT ni par FO), un certain nombre de « plans sociaux » intitulés « Plans de sauvegarde de l'emploi » (PSE) ont été « proposés » par certaines entreprises. Un des tout premiers PSE l'a été le 19 juillet 2013 par l'entreprise de sous-traitance automobile Walor (102 salariés) sur son site de Légé, en Loire-Atlantique. En échange d'une garantie du maintien de l'emploi pendant deux ans, il prévoit de revoir à la baisse le montant des primes et réorganiser le temps de travail sur la base de cycles dont certains impliquent de travailler un week-end sur quatre, avec une ou deux nuits incluses. Comme l'a aussitôt remarqué le secrétaire général de l'Union mines métaux CFDT des Pays de la Loire : *« Le travail du week-end peut poser problème, notamment dans les familles monoparentales »*. (Source : Francine Aizicovici, « Flexisécurité : premiers accords dans les entreprises », *Le Monde,* 8 août 2013). À l'évidence, plusieurs PSE risquent de poser des problèmes similaires à de nombreux parents salariés qui vont devoir douloureusement arbitrer entre maintien de leur emploi ou baisse des temps libres partagés et des revenus familiaux. Est-il éthique et pertinent de proposer ensuite la psychologisation des tenants et des aboutissants de tels dilemmes ?

face à certaines dérives comportementales de certains enfants et de certains jeunes, à l'évidence préoccupantes mais sélectivement médiatisées et pas si inédites qu'on le donne à penser, il s'agirait de « responsabiliser » les parents en difficulté éducative et/ou sociale, et eux seulement, c'est-à-dire sans interpeller les responsabilités institutionnelles, environnementales et sociétales manifestement en jeu. On en déduit qu'il faudrait en priorité aider, voire enjoindre à ces parents de restaurer leur autorité supposée défaillante, de les attirer ou de les tirer jusqu'au seuil d'un dialogue prétendument contractuel, et en réalité souvent contraignant, avec les différentes institutions impliquées dans l'éducation de leurs enfants. Mais de le faire trop souvent en commençant par les infantiliser aux yeux-même de ceux-ci.

L'alibi coéducatif fonctionne ici comme un leurre. Il s'avère dangereux, en outre, pour le présent et l'avenir de la belle idée de la coéducation si la « parentalité » – en réalité les parents – se voient rendus responsables en première ligne de tout un ensemble de difficultés et de dysfonctionnements sociaux complexes et intriqués : la crise de sens et de finalités de l'école républicaine, le « décrochage » et l'absentéisme scolaires, la fragilisation des repères éducatifs traditionnels, la délinquance des jeunes, mais aussi l'obésité infantile, l'addiction aux écrans, etc. L'aggravation et la résolution de ces problèmes sont supposées incomber principalement aux parents, alors que nulle institution ne sait quant à elle y faire efficacement face toute seule, et que les coordinations institutionnelles peinent à s'établir pour répondre aux multiples déterminants en cause.

Dans un contexte aussi brouillé par les relations alléguées entre causes et effets des difficultés éducatives, faut-il – et si oui avec quels objectifs ? – mettre en exergue, ne serait-ce que pour prétendre la « soutenir », une « parentalité » présentée comme responsable des problèmes qui l'affectent en première ligne ?

La « parentalité » constitue un cadre à la fois normatif, relationnel et pratique. Construit, dans une société donnée, sur les règles de l'alliance et de filiation, ce cadre procure une large part de la protection, de la socialisation, de la tramsmission et de l'émancipation que chaque enfant requiert. Mais les parents n'assument jamais seuls ces importantes fonctions qui dépassent à l'évidence leurs domaines propres de compétences. Comme l'affirment les parents de plusieurs des Universités populaires de parents ci-dessus mentionnées, « on ne peut pas être parent tout seul ».

Dès lors, psychologiser la « parentalité » au motif de la « restaurer » constitue une approche parfois nécessaire, mais jamais suffisante et en tout cas bien réductrice. Elle s'avère même dangereuse pour tous si elle contribue à assimiler les problèmes et les crises de société à une somme de problèmes et de crises individuels ou familiaux qu'il conviendrait d'aborder et de traiter comme tels. Pour reprendre l'exemple des temps dits « libres » des enfants, comment mettre en cause les seuls parents quand leurs horaires de travail et le déficit de présence ou d'accessibilité des équipements municipaux ou associatifs de loisirs (du point de vue de leurs coûts, de leurs emplacements, de leurs jours et heures d'ouverture, de la transparence de leurs projets éducatifs) ne leur permettent pas de prémunir leurs enfants des conséquences péjoratives de leur inoccupation (errance et « incivilités » dans les espaces publics, captation à domicile par les écrans de toutes sortes, etc.) ?

Aussi le rôle et la place que peuvent prendre aujourd'hui les parents dans une perspective de « promotion des relations coéducatives dans et hors de l'école »[55] gagnent-ils certainement à être éclairés par les approches des sciences humaines : psychologie, certes, mais aussi et tout autant sociologie, anthropologie, démographie, économie, sciences de l'éducation. Le croisement et la combinaison de ces différentes disciplines permettent de mieux comprendre – et donc d'apprécier avec plus d'optimisme que n'y incitent les discours politiques et médiatiques, alarmistes et convenus, qui prévalent aujourd'hui – la façon dont les familles sont traversées en permanence par des tendances sociétales profondes et la façon dont elles les annoncent ou dont elles les absorbent.

Sous de tels éclairages, les familles apparaissent comme des institutions souples, vivaces, réactives, évolutives – et donc dotées de formidables capacités d'adaptation. Elles ont en définitive les reins plus solides qu'on ne le pense et le dit. Elles soutiennent leurs membres plus souvent qu'elles ne sollicitent d'être soutenues. Qu'elles aient bon dos, réellement comme métaphoriquement, ne doit pas conduire à les charger de responsabilités qu'elles souhaitent plus souvent partager qu'assumer seules.

Les postures professionnelles et institutionnelles induites par le recours aux concepts de « parentalité » et de « soutien », et donc de « soutien à la parentalité », ne semblent de ce point de vue guère propices à développer une dynamique coéducative à la hauteur des aspirations et des enjeux susceptibles de mobiliser conjointement les parents et les autres éducateurs – dans le cadre notamment des initiatives locales fédérées par une municipalité ou, au niveau départemental, par un REAAP.

À l'écoute intime ou collective des parents et des enfants, comme les auteurs de ces lignes le sont dans différents cadres depuis plusieurs décen-

55. Cf. Frédéric Jésu, *Du « soutien à la parentalité » à la prise en considération des réalités familiales et de la condition parentale : comment promouvoir aujourd'hui des relations coéducatives dans et hors de l'école ?,* Intervention pour la rencontre départementale de la parentalité organisée le 2 mai 2011, à Colmar, par le Réseau d'écoute, d'appui et d'accompagnement des parents du Haut-Rhin (REAPP 68) ☞ *www.prisme-asso.org/du-soutien-a-la-parentalite-a-la-prise-en-consideration-des-realites-familiales-et-de-la-condition-parentale-comment-promouvoir-aujourdhui-des-relations-co-educatives-dans-et-hors-de-lecole-frederic-j/*

nies, un constat d'évidence s'impose : un adulte parviendra d'autant plus à se percevoir et à agir comme un « parent suffisamment bon » – selon des critères qu'il lui appartient d'ailleurs largement d'établir lui-même –, qu'il se trouvera vivre dans de bonnes conditions pour l'être ou le devenir.

L'expression « parent suffisamment bon » provient du pédiatre et psychanalyste anglais Donald W. Winnicott, auquel on doit aussi la réflexion suivante : *« L'essentiel de ce que les parents entreprennent est extrêmement délicat. À écouter les descriptions qu'ils font sur leur manière de gérer les enfants à la maison, on constate avec étonnement qu'en définitive il est impossible de leur donner des conseils. On est bien forcé d'admettre que, dans des conditions similaires, on aurait fait la même chose, voire pire. En revanche, les parents aiment qu'on les aide à comprendre les problèmes auxquels ils sont confrontés (...) Si on peut faire prendre conscience aux gens de ce qu'ils font, ils ont moins peur, ils sont plus sûrs d'eux. »*[56]

Si, au fil de ces pages, nous préférons systématiquement parler de « condition parentale » plutôt que de « parentalité » – comme on a pu parler et parle encore parfois de « condition ouvrière » ou de « condition féminine » – c'est pour insister sur deux considérations d'ordre général : d'une part, la condition parentale est l'une des composantes, importantes, voire essentielles, mais parmi bien d'autres, de la condition humaine ; d'autre part, la façon d'être parent dépend largement des conditions de vie – individuelles, familiales, économiques, sociales, résidentielles, etc. – qui la déterminent très concrètement dans l'immédiat et, souvent, dans la durée.

Dès lors, le projet d'agir sur les conditions de vie des parents, ainsi d'ailleurs que sur leurs cadres de vie, et plus encore le projet de les encourager à prendre eux-mêmes du pouvoir sur ce qui les y inféode amènent à **considérer la question de la « parentalité » comme bien plus politique que psychologique, éducative ou sociale.** Les décideurs politiques actuels, de fait, ne s'y trompent pas. Les parents et les acteurs engagés auprès d'eux gagneraient à en être conscients à leur tour.

C'est donc, en pratique, bien plus les parents eux-mêmes que leur « parentalité » qu'il conviendrait de « soutenir », de façon tangible et concrète, dans l'exercice de leurs rôles et de leurs responsabilités, notamment en matière d'éducation.

L'éducation, on l'a dit, est une tâche formidablement complexe, mais stimulante. Elle est en effet fondée au quotidien, à chacun des âges de la petite enfance, de l'enfance et de l'adolescence, sur une double injonction aux termes apparemment contradictoires : réussir à articuler la protection

56. Donald W. Winnicott, *Conseil aux parents*, Payot, 1995.

et l'autonomisation, veiller à ce qu'ils puissent s'émanciper mais en toute sécurité, découvrir le monde mais sans trop se perdre.

Les parents – on y reviendra souvent – sont exposés en première ligne, et sur toute la durée de l'enfance et de l'adolescence, aux contraintes et aux effets de cette ambitieuse mission. Et, en pratique, exposés à ce sujet aux attentes permanentes de leurs enfants, des professionnels et, pour finir (ou commencer), de l'ensemble du corps social. Bref aux procès dressés en première intention, en cas de difficulté visible, sous les chefs de laxisme ou d'excès, de taille inappropriée de la longe passée au cou, de mal ou bien-fondé des ambitions éducatives et scolaires, etc.

Il nous semble pourtant que l'autorité éducative, notamment celle des parents, et plus encore lorsqu'elle est accompagnée ou partagée, consiste précisément à savoir interdire, certes, mais aussi – et peut être surtout – à savoir autoriser ; à devoir dire « non » parfois, pour pouvoir dire « oui » souvent. On y reviendra aussi, notamment pour ce qui concerne les jeunes enfants, d'une part, les conditions et les cadres de vie des familles, d'autre part, les perspectives institutionnelles, enfin.

En d'autres termes, le défi auquel sont solidairement confrontées la plupart des familles, mais aussi des autres instances éducatives, pourrait être désormais de **parvenir à faire reconnaître et à exercer une autorité qui autorise plutôt qu'une autorité qui interdise.** Qui émancipe en sécurisant. Ce défi, qui imprègne toutes les circonstances de l'éducation, est cependant lancé dans un contexte de démocratisation récente et généralisée de la vie privée et du fonctionnement des institutions auquel ni les parents, ni les professionnels, ni les pouvoirs publics d'aujourd'hui n'ont été vraiment préparés. Mais s'il s'agissait que, dorénavant, ils s'y exercent *ensemble ?* Par conviction, d'abord, non sans méthode, ensuite…

C'est pourquoi nous considérons et présentons la coéducation comme une utopie réaliste : non seulement parce que, mobilisant les enjeux de postures que nous avons décrits, elle fait le pari, progressivement accessible, d'une relation de côte à côte entre tous les acteurs de l'éducation, et notamment entre les parents, les professionnels et les élus locaux ; mais aussi parce qu'elle se doit, dans sa mise en œuvre, d'être méthodique parce qu'ambitieuse, et ambitieuse puisque méthodique. Et, au total, à la fois éthique et politique. La démarche coéducative doit en effet permettre aux parents d'être authentiquement reconnus et traités, comme ils le souhaitent dans la grande majorité des cas, comme les principaux et les plus durablement concernés des acteurs de l'éducation de leurs enfants. Et aux enfants et aux jeunes, on l'a dit aussi, de ne pas être les supports et les enjeux des tensions entre leurs parents et les professionnels qu'ils côtoient. Mais surtout de tenir compte de ce que ni les enfants, quoi qu'on en dise souvent, ni les parents n'aspirent en général à être perçus comme occupant le centre d'un dispositif éducatif et même coéducatif. Celui-ci risquerait en effet de les cerner de toutes parts, de les scruter sans cesse avec plus de vigilance que de bienveillance, plus d'intransigeance que de sollicitude, et de les rejeter sans recours en périphérie en cas de déception ou d'échec des intentions les concernant.

Il s'agit bien moins, pour les parents, pour les professionnels et même – malgré leur fréquent égocentrisme – pour les enfants, d'être « au centre » de quoi que ce soit que de pouvoir participer ensemble à la « table ronde » de la concertation des coéducateurs. Une table ronde dont la configuration démocratique suppose, on y reviendra à propos des Projets éducatifs locaux (ou de territoire), que chacun soit à sa place, que nul n'occupe donc la place d'autrui, qu'aucune place n'ait théoriquement plus d'importance que les autres, que, de sa place, chacun voit et entende tous les autres, et enfin, donc, que nul participant ne soit placé au centre de cette table ronde.

Même si elle laisse une place active aux enfants, la coéducation est donc d'abord une affaire d'organisation et de décision d'adultes. Elle leur demande de reconsidérer leurs postures et leurs dispositions mutuelles – valorisant au passage leurs postures d'accompagnement et leurs dispositions à s'entraider. Elle sollicite de leur part, même en cas de litiges, un parti pris de bientraitance, de confiance et de respect.

Il va de soi qu'un tel climat relationnel et qu'une telle ambiance éducative s'avèrent aussitôt bénéfiques aux enfants. La notion d'« intérêt supérieur de l'enfant » y trouve les conditions les plus propices à sa prise en compte concrète et quotidienne. Plus que la personne de l'enfant, c'est en définitive son intérêt et le souci qu'on en a qui doivent figurer au centre de la table ronde des coéducateurs et inspirer ceux qui les y encouragent.

Si donc, pour conclure provisoirement sur ce point, la coéducation constitue une utopie réaliste, c'est parce que, constatant la complexité du réel, elle s'appuie sur elle pour affirmer et construire son ambition. Aussi, pour promouvoir des relations sincèrement coéducatives entre parents et professionnels de l'éducation, il importe de **partir des parents et des professionnels tels qu'ils sont,** de ce qu'ils disent de leurs réalités, de leurs conditions de vie et de travail ; et non pas tels qu'on voudrait qu'ils soient ou de ce que l'on dit d'eux, généralement à leurs dépens, à travers les discours incantatoires, accusatoires ou déclamatoires dont on les affuble encore trop souvent.

Les droits de l'enfant

Historique et spécificités de la Convention internationale des droits de l'enfant (CIDE)

Les critères d'humanité du petit d'homme, dénommé « enfant », sont recherchés et reconnus dès sa venue au monde. Qu'il s'agisse d'un accompagnement social relevant de rites d'intégration traditionnels (par exemple l'« exposition » du bébé dans les bras du père) ou d'un protocole médicotechnique évaluatif et codifié (par exemple la mesure de l'indice dit d'APGAR[57]), l'événement public que constitue toute naissance comporte toujours la vérification que le nouveau-né dispose des prémisses de l'accès futur à ces deux caractéristiques essentielles que sont la marche bipède (vérification du tonus musculaire et des réflexes moteurs) et le langage (vérification de la qualité du cri). S'il n'en dispose pas, la société humaine s'honorera par la suite de pallier ces handicaps : que ce soit par un appareillage ou par la mise à disposition d'un fauteuil roulant ou par l'intervention d'orthophonistes ou par l'acquisition et la maîtrise de langues des signes, l'enfant privé de l'usage de ses jambes ou du langage parlé pourra rester membre de la communauté humaine.

Par ailleurs, l'enregistrement de sa naissance et la désignation de sa filiation sur les registres de l'état civil dotent immédiatement le nouveau-né d'une inscription et d'une intégration symboliques dans la société humaine qui l'accueille[58]. La volonté immédiate d'humanisation ouvre à la socialisation intégrale du petit d'homme. Ce processus inaugural se déroulera sans rupture jusqu'à l'accès au statut d'adulte, et même au-delà.

Le nouveau-né, dès sa naissance et son enregistrement à l'état civil de la commune, est donc théoriquement détenteur de l'ensemble des droits qui lui sont reconnus en tant qu'être pleinement humain. C'est pourquoi, au plan juridique international et sauf indication contraire, toutes les déclarations, conventions thématiques et traités relatifs aux droits de l'homme devraient s'appliquer aussi aux enfants. Rares étaient cependant au XIXe siècle ceux qui, comme le juriste Émile Acollas (1826-1891), soutenaient que les droits

57. L'indice d'Apgar est un système mis au point par Virginia Apgar, anesthésiste américaine, qui permet d'apprécier l'état de santé d'un nouveau-né à la naissance. Il est calculé une minute et cinq minutes après la naissance et fait intervenir cinq éléments (fréquence cardiaque, respiration, coloration de la peau, tonus musculaire et réaction à l'excitation des téguments).

58. L'inscription des enfants sur les registres de l'état civil n'est cependant pas encore mise en place dans tous les pays. Ainsi, parmi d'autres, des militantes africaines des mouvements de l'École moderne mènent-elles des actions dans leurs pays pour que cette inscription devienne une réalité pour tous : information des parents, soutien pour aller déclarer leurs enfants, parfois loin du lieu de naissance…

et les libertés reconnus par la Déclaration des droits de l'homme et du citoyen l'étaient aussi aux enfants et que ceux-ci étaient à cet égard des êtres humains à part entière. Même dans les premières décennies du XXe siècle, ce point de vue ne faisait pas encore l'unanimité.

Il est ainsi apparu, au fil du XXe siècle, et notamment du fait des prises de conscience suscitées par les deux guerres mondiales, que le statut juridique de l'enfant nécessitait de lui consacrer un texte spécifique. Depuis 1989, en effet, les enfants sont les seuls membres de l'espèce humaine à disposer d'une *convention internationale* relative à *l'ensemble de leurs droits* essentiels, qu'ils soient propres ou non à leur statut d'enfant : la Convention internationale des droits de l'enfant (CIDE). Celle-ci définit l'enfant, dans son article 1, comme « tout être humain de moins de 18 ans ».

Certes, la Déclaration universelle des droits de l'homme, adoptée le 10 décembre 1948, à Paris, par les 58 États membres qui constituaient alors l'Assemblée générale de l'Organisation des Nations unies (ONU), est elle aussi porteuse d'une approche globale de ces droits. Mais elle n'est qu'une « déclaration ». Une « convention » est, quant à elle, un texte juridique à portée supranationale. Elle est soumise comme telle à la ratification des États membres de l'ONU et par conséquent à la transcription, dans leurs législations nationales, des normes qu'elle édicte. Elle consacre, en d'autres termes, l'engagement de l'ensemble des pouvoirs publics – décideurs et acteurs des politiques publiques internationales, nationales et locales – à promouvoir ces normes puis à en respecter et en faire respecter l'application concrète.

Par ailleurs, l'émergence progressive de la notion de « droits de l'enfant » est le fruit d'une longue mutation culturelle qui la situe au carrefour de l'histoire des regards portés sur l'enfant, considéré à la fois comme un **être en présence** et comme un **être en devenir,** et de l'histoire du droit, dont il est attendu non seulement qu'il corrige des inégalités de condition sociale mais aussi qu'il garantisse des libertés individuelles et publiques.

Pour autant, l'affirmation et la concrétisation progressives de droits reconnus aux enfants ne résultent pas de revendications qu'ils auraient formulées. Ils n'ont pas conquis les droits qui leur sont accordés par les adultes (même s'il n'est pas exclu que, à terme, l'exercice de certains droits leur permette d'approfondir peu à peu l'exercice de tous les autres, voire d'en faire advenir de nouveaux). C'est bien plutôt par l'attention, les observations, l'écoute, la considération, le respect, l'empathie, les préoccupations –, voire les craintes –, bref l'intérêt qu'ils ont suscité de façon croissante chez les adultes que les enfants ont vu ceux-ci élaborer une doctrine et des attitudes relatives à l'« intérêt de l'enfant ». La mise en forme juridique de cette nouvelle approche de l'enfant est clairement l'aboutissement d'évolutions convergentes des mentalités et des représentations issues, en France par exemple, des « Lumières » et, par la suite, des travaux d'éducateurs, de pédagogues, de médecins, de juristes, d'historiens, d'anthropologues, de psychanalystes, de philosophes, de militants, etc., mais aussi d'hommes et de femmes politiques.

Hier comme aujourd'hui, la reconnaissance de droits à l'enfant et leur mise en œuvre sont dues à l'action de personnes et de mouvements progressistes, animés de sentiments humanitaires, souvent contre les tenants du pouvoir. C'est ainsi qu'en 1876, Maria Deraismes, journaliste et figure emblématique du féminisme, conteste la référence que fait le Code Napoléon au droit romain. Elle dénonce l'exploitation de l'enfant au travail qui a selon elle trois causes : *« l'arbitraire paternel, la misère, la rapacité industrielle »*. Elle s'élève contre le fait que le père puisse élever et corriger ses enfants comme il l'entend[59].

Les lois sur le travail des enfants se sont heurtées à la conjonction de l'intérêt des familles et de celui des entrepreneurs. Les premiers décrets d'application ne seront pas respectés. En 1841, paradoxalement, ce ne sont pas les considérations humanitaires qui vont dominer dans le vote de la loi du 22 mars 1841[60] qui réglemente le travail des enfants, mais des arguments de conservation d'un capital humain pour l'économie et la défense nationale. L'exposé des motifs de la loi constate *« que cette main-d'œuvre peu rémunérée est avantageuse pour l'industrie, et que la loi du travail s'impose dès le plus jeune âge comme étant de l'ordre de la nature. (...) Mais il faut éviter que, pour avoir des ouvriers de 11 ans, on ait des chétifs soldats de 20 ans »*. En fixant des limites, la loi protège les enfants mais elle légalise aussi leur exploitation : elle interdit le travail pour les moins de 8 ans, le limite à 8 heures par jour entre 8 et 12 ans, et à 12 heures pour les plus de 12 ans. Elle précise certes que tous les enfants de moins de 12 ans devront suivre une scolarité. Mais les enfants des « classes inférieures », épuisés par le travail, ne bénéficient guère de ses bienfaits.

Les idées favorables à la cause des enfants ne peuvent donc avoir de prise sur les consciences et sur les réalités qu'en fonction du contexte et des circonstances historiques qui les font et les voient naître. Les constats dressés, au cours du XIXe siècle, sur les ravages brutalement opérés à l'encontre des enfants par le capitalisme industriel sauvage et l'urbanisation anarchique n'ont que lentement conduit à l'adoption, dans la plupart des pays concernés, de grandes lois fondatrices relatives au travail, à l'instruction, à la santé et à la protection sociale et judiciaire des enfants. De même, les deux

59. Maria Deraismes, *Les droits de l'enfant*, conférence présentée par Annette Jacob, Villeurbanne, Éditions Mario Mella, 1999.

60. *Loi relative au travail des enfants employés dans les manufactures, usines ou ateliers*, Bulletin des Lois n° 795. Cette loi est signée par Louis Philippe.

grandes guerres mondiales qui ont déchiré le XXe siècle ont de toute évidence suscité les deux premières étapes de formalisation d'une définition internationale des droits devant être spécifiquement reconnus aux enfants.

Ainsi la première Déclaration des droits de l'enfant est-elle adoptée en 1924 par la Société des Nations, qui a créé dès 1919 un Comité de protection de l'enfance. La seconde Déclaration des droits de l'enfant est quant à elle adoptée en 1959 par l'ONU, qui a créé en son sein, dès 1946, l'Unicef (Fonds des Nations Unies pour l'Enfance). Vingt ans plus tard, comme pour refléter les dangers de la « guerre froide » et pour en anticiper peut-être l'extinction, commence la longue élaboration, à l'initiative de la Pologne, du texte qui deviendra celui de la CIDE.

En 1978 en effet, la Pologne (bientôt rejointe par la Colombie, la Syrie, la Jordanie et le Sénégal) prend la tête d'un groupe d'Organisations non gouvernementales (ONG) internationales reconnues par l'ONU afin de lancer une initiative internationale en faveur des droits de l'enfant et de la rendre contraignante pour les États[61]. Un premier texte est rédigé dans ce cadre. En 1979, à l'occasion de l'Année internationale de l'enfant, la Commission des droits de l'homme de l'ONU valide cette initiative polonaise et adopte, le 15 mars, le principe de la rédaction d'une Convention des droits de l'enfant destinée à être dotée d'une portée juridique internationale et supranationale.

Les ONG constituent alors un groupe de travail auquel l'ONU donne les moyens de fonctionner, *via* l'Unicef. Son secrétariat permanent est confié à une ONG spécialement créée dans ce but, « Défense des enfants international » (DCI en anglais, DEI en français), dont le siège est à Genève[62]. Son assemblée plénière se réunit deux fois par an, sous la présidence du sociologue, juriste et économiste britannique Nigel Cantwell, fondateur de « Défense des enfants international ». Par ailleurs, 43 États des cinq continents acceptent de participer à ces échanges, dont 8 états membres de la Communauté européenne : la Belgique, l'Espagne, l'Irlande, l'Italie, la France, la RFA, le Portugal, le Royaume-Uni (le Danemark et les Pays-Bas étant représentés par des observateurs).

---

61. Source : Association française Janusz Korczak (AFJK) – ☞ *http://korczak.fr* Par son action avant et pendant la Seconde Guerre mondiale, le médecin et pédagogue polonais Janusz Korczak a été l'un des grands inspirateurs d'une vision des droits de l'enfant élargie à l'ensemble des aspects de leur vie et concernant non seulement leur protection et leur développement, mais aussi leur participation. Dès le début des années 1920, il avait réclamé pour la première fois à la Société des Nations une *« Charte pour la protection des enfants »,* mais il avait développé par la suite nombre d'expériences pédagogiques, reposant sur la participation active des enfants, dans les institutions d'accueil et d'instruction pour enfants en situations difficiles dont il était devenu directeur.

62. Les auteurs du présent ouvrage ont fait partie, en 1999, des cofondateurs de la section française de Défense des enfants international (DEI-France). L'un d'entre eux en est l'actuel vice-président. L'autre a participé, à partir de 1985, aux travaux du groupe des ONG, en tant que responsable du secteur des droits de l'enfant à l'Institut coopératif de l'école moderne (ICEM).

Le texte qui résulte de ces travaux, étalés sur dix ans, est agréé en mars 1989 par la Commission des droits de l'homme puis par le Conseil économique et social de l'ONU. Et le 20 novembre 1989, à New York, c'est à l'unanimité et par acclamation que l'Assemblée générale de l'ONU adopte la Convention internationale des droits de l'enfant (CIDE). Ce traité composé de 54 articles, et dont la valeur juridique supranationale est confirmée, énonce les droits fondamentaux des enfants et les obligations qu'ont les États de les appliquer[63]. Il est aussitôt ouvert au processus de sa signature puis de sa ratification par les États membres de l'ONU. La signature d'un État consiste en une adhésion, formulée par son pouvoir exécutif c'est-à-dire par le gouvernement en place, au principe consistant à intégrer l'essentiel de la CIDE dans sa législation nationale. La ratification engage le pouvoir législatif, et donc notamment le Parlement, à reconnaître les dispositions de la Convention comme juridiquement contraignantes et à mettre progressivement les lois nationales en conformité avec elles, c'est-à-dire à vérifier toutes celles qui ont un rapport avec les droits de l'enfant, à modifier celles qui ne seraient pas conformes à la CIDE et à en voter éventuellement de nouvelles.

Le 26 janvier 1990, les chefs d'État ou de gouvernement (ou leurs représentants) de soixante premiers pays – dont la France[64] – signent la CIDE lors d'une cérémonie organisée à l'ONU. Il est prévu par la CIDE que les États signataires qui s'engagent de la sorte à l'intégrer dans leur droit interne peuvent refuser d'appliquer certains articles, en motivant ces refus publiquement et par écrit[65]. Ils s'engagent par ailleurs à rendre des comptes tous les cinq ans à un Comité international d'experts indépendants, le Comité des droits de l'enfant de l'ONU, sur la mise en application effective des droits de l'enfant dans leur pays. Les rapports périodiques officiels élaborés par le gouvernement de chacun des États signataires, le « rapport alternatif » des ONG ayant à connaître de la situation des enfants et l'application effective de la CIDE dans chacun des pays concernés[66] de même que les

63. Pour consulter le texte intégral de la CIDE : ☞ *www.humanium.org/fr/convention/texte-integral-convention-internationale-relative-droits-enfant-1989/*

64. Représentée par sa ministre déléguée aux Affaires étrangères.

65. Le gouvernement français a ainsi émis, dès 1990, deux déclarations interprétatives (dont l'une, toujours en vigueur, vise à ne pas remettre en cause sa législation sur l'interruption volontaire de grossesse et l'autre, relative au droit pénal, est devenue sans objet) et une réserve (portant sur le droit des minorités, dont la France conteste le principe, et dont il résulte que l'article 36 de la CIDE n'est pas appliqué en France).

66. Le Comité des droits de l'enfant a ainsi examiné, le 26 mai 2009, les troisième et quatrième rapports périodiques de la France établis par le gouvernement, après avoir procédé, le 4 février 2009, à l'examen des rapports alternatifs rédigés par plusieurs ONG, dont la section française de Défense des enfants international (DEI-France). Il examinera de même le cinquième rapport périodique de la France en janvier 2016, après avoir pris connaissance, le 8 juin 2015, des 11 rapports alternatifs rédigés par deux institutions de la République et par 9 ONG ou collectifs d'ONG (dont celui du collectif AEDE (Agir ensemble pour les droits de l'enfant) regroupant 56 associations et organisations et copiloté par DEI-France. Cf. Collectif AEDE, *En avant pour les droits des enfants – Respectons-les dès aujourd'hui*, Érès, 2015.

observations et les recommandations du Comité des droits de l'enfant sont publiés sur le site de celui-ci[67].

Conformément à son article 49, la CIDE entre en vigueur, au plan international, le 2 septembre 1990 (c'est-à-dire *« le trentième jour suivant la date du dépôt auprès du Secrétaire général de l'Organisation des Nations Unies du vingtième instrument de ratification »)*. Elle devient alors juridiquement contraignante pour les vingt premiers États qui l'ont ratifiée, comme elle le sera pour les suivants.

Le bilan du processus de ratification ainsi engagé est inédit pour un traité international d'une telle nature et d'une telle portée. En moins d'un quart de siècle après son adoption par l'ONU, on observe en effet que, sur les 195 États souverains et indépendants reconnus par celle-ci, 192 États membres[68] ont signé la CIDE, 190 l'ont ratifiée et 3 seulement ne l'ont pas ratifiée : les États-Unis (qui l'ont cependant signée en 1995), la Somalie (qui l'a signée en 2002) et le Soudan du Sud[69].

Pour compléter la présentation de l'élaboration et de l'adoption de la CIDE, il faut signaler que, à l'initiative de sa Commission des droits de l'homme, l'Assemblée générale de l'ONU a adopté le 25 mai 2000 une résolution ajoutant deux protocoles facultatifs à la CIDE : l'un porte sur la vente d'enfants, la prostitution des enfants et la pornographie impliquant des enfants, et l'autre sur la participation des enfants aux conflits armés. La France a signé ces deux protocoles le 6 septembre 2000 (et les a ratifiés le 5 février 2003), et ils y sont rentrés en vigueur respectivement les 18 janvier et 22 février 2002.

Il faut enfin noter que, grâce à la coalition de 80 ONG œuvrant pour le respect des droits de l'enfant dans le monde, un troisième protocole facultatif « établissant une procédure de présentation de communications » a été adopté par l'Assemblée Générale de l'ONU le 19 décembre 2011. Ce texte permet à tout enfant de déposer une plainte individuelle écrite devant le Comité des droits de l'enfant s'il estime qu'un de ses droits fondamentaux a été violé (sous réserve que cet enfant ou ses représentants aient déjà porté plainte devant une juridiction nationale et que celle-ci n'ait pas abouti). La

67. ☞ *www.ohchr.org/EN/HRBodies/CRC/Pages/CRCIndex.aspx*

68. Les îles Cook et Nioué et le Vatican ne sont pas des États membres.

69. La position des États-Unis résulte du fait que certains de ses États fédérés ne souhaitent pas abolir la peine de mort envers des mineurs. La Somalie fait valoir que, du fait de son instabilité politique, elle ne dispose pas de structures administratives et politiques solides, capables de prendre l'engagement d'une ratification de manière représentative pour l'ensemble de la nation. Quant au Soudan du Sud, il n'est devenu le 193e État membre que depuis le 9 juillet 2011, et il est trop nouvellement constitué pour avoir, à ce jour, signé et ratifié la Convention.

France a signé ce protocole le 20 novembre 2014 et a engagé en septembre 2015 le processus parlementaire de sa ratification.

À ce jour, la CIDE représente en quelque sorte une contribution parmi d'autres au processus de mondialisation des valeurs culturelles et des normes juridiques. En 1979, celui-ci était moins engagé ou visible – aux plans culturel, économique, politique – qu'il ne l'est aujourd'hui. Les polarisations Sud/Nord mais aussi Est/Ouest étaient très marquées. Si elles se sont depuis lors quelque peu estompées, de considérables inégalités subsistent entre les États et les régions du monde, et elles se manifestent clairement dès que l'on passe des *principes* promus par la CIDE à leur traduction en *pratiques* concrètes. Le constat vaut aussi – et même de plus en plus – au plan infranational, y compris en France si l'on y considère la situation des enfants au regard par exemple des inégalités territoriales qui affectent – d'un département à l'autre, d'une ville à l'autre, d'un quartier à l'autre – leurs cadres et leurs conditions de vie.

L'accueil ambivalent, en France, de la CIDE

Après que son Parlement ait ratifié la CIDE le 7 août 1990, la France devient le 6 septembre 1990 le 23e pays où celle-ci entre en application. Aussitôt, comme le remarque vingt ans plus tard l'Association française Janusz Korczak, elle *« suscite une mobilisation et un intérêt exceptionnel chez tous les professionnels de l'enfance, sans doute plus dans le monde juridique que dans les milieux pédagogiques. De fortes résistances ne tardent pas à apparaître, tant du côté de la Cour de cassation que de ceux qui ne cessent d'essayer d'opposer les droits des adultes à ceux des enfants ».*

De fait, dans tous les domaines qu'elle aborde – et il y en a peu qu'elle néglige –, la CIDE place la barre à une hauteur telle que, dans certains pays ou au sein de certaines institutions, on peut la considérer comme relevant souvent de la déraisonnable utopie et, par conséquent, de l'incantation pure. Les finalités qui lui sont assignées, dans l'espace et dans le temps, sont aisément battues en brèche par tous ceux qui ne veulent percevoir ni son ambition universelle (parfois critiquée comme trop centrée sur les valeurs culturelles des pays riches) ni sa modestie méthodologique (les objectifs qu'elle trace pouvant courir sur plusieurs générations). De plus, la CIDE ne se contente pas de consolider les intentions affichées par les Déclarations des droits de l'enfant de 1924 et 1959 et d'exprimer, comme le font ces textes, les seules conséquences protectrices des changements de regards et de préoccupations opérés envers les enfants. Elle entend aussi requalifier les façons de prendre en considération chacun et l'ensemble des enfants pour **refonder progressivement la totalité des pratiques des adultes à**

leur égard : il s'agit d'amener ceux-ci à leur manifester plus de respect mais aussi plus de confiance, et ceci dans toutes les circonstances de leurs relations. Mais ce n'est pas tout : adoptant une perspective résolument politique, la CIDE prétend *in fine* rendre l'enfant sujet de droit, et donc acteur à ce titre des décisions et des actions qui le visent, et plus seulement destinataire passif de celles-ci.

Ainsi le texte de la CIDE stipule-t-il, pour commencer, que chaque enfant est détenteur de droits spécifiques et qu'il en va donc de la sorte pour tous les enfants de toutes conditions. Il décline ensuite le corpus ambitieux que constituent ces droits. Il s'agit non seulement d'une série de droits sociaux, économiques et culturels (à la possession d'état, au regroupement familial, à des prestations de base, à la prévention, à la protection, à la santé, à l'éducation, aux loisirs, au bien-être...) ; mais aussi d'un ensemble de droits civils et politiques (à l'expression et à la prise en compte de celle-ci, à la participation aux décisions, au respect de la vie privée...), la mise en œuvre de certains de ceux-ci pouvant être appréciée selon l'âge et le degré de discernement de leurs titulaires.

Il n'en reste pas moins qu'aujourd'hui encore les droits civils et politiques des enfants sont le plus souvent scotomisés dans les débats publics, les propos médiatiques et les résultats d'enquêtes d'opinion qui font référence aux droits fondamentaux des enfants. Le « droit vedette » à la protection contre les mauvais traitements, notamment sexuels, occupe unanimement le devant de la scène, pendant que seuls certains droits sociaux, économiques et culturels sont invoqués par nombre de militants (de ceux qui défendent la cause des familles pauvres, marginalisées ou opprimées jusqu'à ceux qui s'opposent à la reconnaissance de l'homoparentalité) ; ceux-là ne mentionnent que rarement, à l'appui de leurs actions, le droit de l'enfant de formuler un point de vue respecté sur les situations et les décisions qui le concernent.

Il est pourtant notable que, dans l'esprit des rédacteurs de la CIDE, l'ensemble des droits dont elle traite sont conçus comme cohérents et complémentaires, dans la mesure où nombre d'entre eux se renforcent mutuellement. C'est par exemple grâce à l'exercice simultané de plusieurs de ses droits qu'un enfant peut être ou devenir l'acteur résolu de sa propre protection, de sa propre santé, de sa propre éducation et de sa propre émancipation ; on y reviendra plus loin.

C'est pourquoi une importance particulière est accordée à la participation active des enfants aux choix, aux projets, aux services et aux politiques qui ont des effets sur leur existence. Opérant comme un fil rouge et située à plusieurs nœuds ou carrefours des deux grandes catégories de droits, elle est établie tout au long de la CIDE. L'esprit et la lettre de celle-là mettent ainsi l'accent sur le fait que **la participation** est un droit substantiel selon lequel les enfants doivent, par principe, être écoutés et pris au sérieux. Mais qu'elle est aussi, en quelque sorte, un droit procédural qui permet aux enfants d'agir pour protéger et promouvoir l'exercice d'autres droits.

L'introduction de telles mutations et de telles extensions dans l'ordre du droit appliqué aux enfants n'a pu que rendre perplexes, voire placer en position défensive, les professionnels – notamment de l'éducation scolaire, de l'action socio-éducative ou de l'action sociojudiciaire – auxquels elles ont été présentées. Le malaise et l'ambivalence de nombre d'entre eux se sont bien vite manifestés quand il leur a été annoncé qu'ils étaient désormais tenus de se référer au quotidien de leurs pratiques à un ensemble de normes juridiques d'envergure à l'élaboration desquelles ils n'avaient pas été directement associés, et que bien souvent ils préférèrent d'emblée et préféreront longtemps ignorer. Le fait est qu'en l'absence d'authentiques volontés politiques et institutionnelles d'en assurer la pédagogie initiale et continue, l'esprit et la lettre de la CIDE sont de nature à **éveiller de prévisibles résistances.** Ainsi de multiples difficultés d'application ont-elles été très tôt mises en avant dans des milieux institutionnels où, au motif de la priorité accordée à son instruction, sa protection ou son « insertion », le respect de l'enfant reste trop souvent un concept abstrait.

Dès le début des années 1990, une partie des milieux soignants, notamment des pédopsychiatres, se montrent eux aussi particulièrement circonspects, sinon hostiles à l'égard de la CIDE[70]. Se positionnant sur des questions éducatives, ils commencent, avec d'autres, à instruire le long procès en dénonciation, loin d'être clos depuis lors, d'un « enfant-roi » qui n'aurait que des droits, et aucun « devoir »[71]. On y reviendra, tant l'évocation de cette figure historique de la royauté nécessite d'être radicalement confrontée avec le projet de promouvoir la démocratisation des relations éducatives. S'agissant des relations soignantes, on verra cependant d'autres professionnels de santé – surtout des pédiatres et leurs équipes – se mobiliser en s'appuyant sur la CIDE pour créer des dynamiques associatives et militantes

70. Comme ils le seront souvent, et souvent les mêmes, vis-à-vis de plusieurs évolutions du droit de la famille (accès à la connaissance de leurs origines par les enfants adoptés « nés sous X » ou par assistance médicale à la procréation, reconnaissance de l'homoparentalité et, on l'a vu, développement de la résidence alternée notamment en faveur des jeunes enfants) ou des pratiques éducatives (scolarisation des enfants de moins de 3 ans ne bénéficiant d'aucun mode d'accueil, principe du maintien actif des liens entre les enfants confiés aux services de l'Aide sociale à l'enfance et leurs parents, promotion des pédagogies coopératives et participatives). Nombre de leurs arguments reposent sur des conceptions abstraites et coupées des réalités sociales de la notion d'« intérêt de l'enfant ». On les verra moins mobilisés sur des questions telles que la psychiatrisation abusive, y compris médicamenteuse, et souvent imposée aux parents, des enfants présentant des difficultés de comportements et d'apprentissages scolaires…

71. Cf. le contre argumentaire, publié sous la direction de Laurent Ott et Nicolas Murcier, *Le Mythe de l'Enfant-roi – Essais sur la misopédie*, Philippe Duval, 2011 (préface de Frédéric Jésu).

autour d'objectifs concrets tels que, par exemple : la reconnaissance et le traitement efficace de la douleur physique et psychique des enfants dans les services de soins (associations Pédiadol et Sparadrap) ; ou encore le mieux-être, le respect de la personne et la participation des enfants au sein des hôpitaux (avec APACHE, l'Association pour l'amélioration des conditions d'hospitalisation des enfants) ; ou, tout « simplement », pour garantir l'accès des enfants et des jeunes aux soins préventifs et curatifs (la croissance des inégalités socio-économiques en ce domaine conduisant désormais un nombre croissant d'associations à s'y engager). Une partie des exigences et des avancées portées par ces professionnels ont été reprises dans la loi n° 2002-303 du 4 mars 2002 « relative aux droits des malades et à la qualité du système de santé ». Le titre II de cette loi, intitulé « Démocratie sanitaire », comporte plusieurs dispositions relatives aux enfants qui tendent à faire de ceux-ci les acteurs éclairés, et non pas les cibles passives, des soins qu'ils requièrent ou qui leur sont prodigués.

L'apport de Françoise Dolto, en tant que médecin[72], psychanalyste et militante de ce qu'elle préféra nommer « la cause des enfants » plutôt que « les droits de l'enfant », a été en France, et en contrepoint des réticences ci-dessus signalées, aussi spécifique que considérable. Bien avant l'adoption de la CIDE, et *de facto* en appui de celle-ci par la suite, elle a en effet permis de populariser tant auprès des parents que des professionnels une conception tangible et convaincante du **respect quasi inconditionnel dû à la personne de l'enfant,** et donc aussi à son expression et à sa parole, qu'il s'agisse du très jeune enfant ou de l'adolescent. Un respect doublé de confiance tout aussi inconditionnelle : pour elle, même le nouveau-né aspire d'abord à communiquer et chaque enfant est doté d'un savoir, même confus ou sous-estimé, qui le guide sur le chemin de son propre équilibre, à condition que soient reconnue la respectabilité de ses désirs et garantie la possibilité de leur indépendance vis-à-vis de ceux des adultes. Et l'adolescent doit être autorisé et encouragé à se déprendre de sa carapace infantile pour en acquérir une autre, forgée à l'aide des repères éducatifs qu'il aura sélectionnés. Aussi, pour elle, le soin consiste-t-il à suivre et accompagner l'enfant, plutôt qu'à le diriger. Mais aussi à parler « avec » l'enfant et pas seulement « à » l'enfant ; et surtout, à lui « parler vrai ». Cette posture thérapeutique réussira à assouplir les prémunitions et à emporter la conviction de nombre de praticiens. Rétifs à l'approche juridique et normative dont la référence aux droits de l'enfant leur semblait excessivement porteuse et heurtait leur entendement premier, ils purent se réconcilier avec elle dès lors qu'elle revalorisait le primat de la parole de l'enfant sujet (qui n'en restait pas moins, pour autant, sujet de droit).

72. Françoise Dolto a souvent dit que sa vocation première était de devenir un « médecin d'éducation ».

Au-delà des seules appréciations et postures professionnelles, d'importantes objections de fond ont été formulées dès le début des années 1990 par différents intellectuels. Même si, rétrospectivement, certains excès de jugements ou biais de lecture à l'égard de la CIDE semblent flagrants, ces objections doivent être relevées et, pour certaines d'entre elles, analysées ou contre argumentées en évitant de succomber aux pièges passionnels qu'elles tendent parfois.

Dans un article (délibérément ?) polémique de janvier 1990[73], le philosophe Alain Finkielkraut estime d'emblée que, pour l'enfant, le droit à la protection et le droit à la citoyenneté ne sont ni identiques ni superposables, qu'il faut donc choisir entre les deux. Pire encore, *« faire de l'enfant un citoyen »* l'exposerait à la manipulation des adultes. *« Qui a dit à propos de l'enfant : "Il faut le préparer à être citoyen." ? Condorcet et Kant. Qui a dit au contraire : "Non, il est citoyen." ? Hitler, Pol Pot, Khomeiny et Staline. »*. Selon lui, la CIDE rétablit le *« totalitarisme, ce mariage monstrueux de la politique et de l'enfance »*. Il accuse ainsi les *« nouveaux amis de l'enfance »* d'offrir à Pavel Morozov une version sur mesure des tables de la loi : Pavel Morozov est cet enfant soviétique qui, dans les années trente, aurait dénoncé ses parents aux autorités.

Il est historiquement avéré que certains régimes totalitaires ont manifesté une réelle propension à « adultifier » les enfants tout en infantilisant les adultes, en même temps qu'à enrôler certains des premiers pour surveiller et dénoncer les plus dissidents des seconds. La publicité procède d'ailleurs de même en invitant les adultes à se contempler dans le miroir d'une éternelle jeunesse et en rendant les enfants prescripteurs de nombre des achats des adultes. La CIDE aurait-elle occasionné un dangereux égalitarisme par le bas en contribuant à l'abolition des distinctions de statuts et en entretenant des confusions de rôles entre les enfants et les adultes ?

Le texte de la CIDE ne dit cependant à aucun moment que l'enfant doit être considéré et traité à égalité avec l'adulte, ni que, dans les mêmes conditions que lui, il exerce les mêmes droits et moins encore qu'il se voit conférer les mêmes obligations. Dès le préambule, il est bien au contraire souligné que *« l'enfant, en raison de son manque de maturité physique et intellectuelle, a besoin d'une protection spéciale et de soins spéciaux »*. Il n'est nulle part écrit que l'on voit en lui une personne achevée. La prise en considération de sa citoyenneté en construction ne fait pas obstacle, bien au contraire, à l'obligation constamment rappelée aux États, aux parents et aux autres adultes d'assurer sa protection en toutes circonstances – y compris lorsqu'il est invité à s'exprimer.

---

73. Alain Finkielkraut, « La nouvelle statue de Pavel Morozov », *Le Monde*, 9 janvier 1990.

La CIDE s'adresse d'abord aux adultes, qui doivent l'appliquer, puis aux enfants, qui ont le droit de la connaître. Les uns et les autres peuvent l'invoquer, chacun à leur place. Tel semble être l'un des points qui préoccupe alors Alain Finkielkraut (dont les prises de position ultérieures et actuelles sur le « droit de l'hommisme » et sur la critique de la démocratisation de l'école indiquent à quel point sa réflexion en reste nourrie) lorsque, dans le même article, il ouvre une autre piste de réflexion : *« Traiter [l'enfant] à égalité avec l'adulte, affirmer qu'il est responsable de ses actes (…), voir en lui une personne achevée et non une personne en devenir, c'est lui dénier férocement la légèreté, l'insouciance, l'irresponsabilité qui sont ses prérogatives fondamentales »*. Pour autant, des « prérogatives » de cette nature ne relèvent-elles pas d'une vision très subjective des valeurs de référence et, surtout, des conditions d'existence idéalement attribuées à l'enfance ? Elles ne sauraient être confondues avec des droits et des libertés, ni s'y substituer, et encore moins s'y opposer. Par exemple, l'« irresponsabilité » de l'enfant de parents réfugiés ne peut faire obstacle à la reconnaissance de son droit à disposer d'un nom et d'une nationalité (tel que stipulé par l'article 7 de la CIDE) ainsi que d'une protection sociale appropriée (articles 22 et 26), grâce à quoi la légèreté et l'insouciance lui seront peut-être mieux garanties. Plus généralement, comme le remarque le philosophe Ruwen Ogien, *« quand le langage des valeurs est utilisé non pour fonder des droits ou les justifier mais pour les remettre en cause et les dévaloriser, il y a (…) un déficit de démocratie »*[74].

Ajoutons que vouloir, pour ainsi dire, imposer « la légèreté et l'insouciance » aux enfants, comme pour mieux entretenir une certaine image de l'enfance, revient à faire fi de cette concentration, de ce sérieux, de ces sourcils froncés sur la tâche que donnent souvent à voir les enfants lorsque leur esprit est absorbé par un exercice qui parle à leur intelligence et qui satisfait leur soif de comprendre, d'apprendre et de faire[75].

Dans un article lui aussi très remarqué bien que moins virulent sur la forme, et publié deux ans plus tard, la sociologue et spécialiste du droit de la famille Irène Théry a creusé des voies d'appréciation critique assez proches à l'égard de la CIDE[76]. Nombre des professionnels cités plus haut les ont aussitôt empruntées pour documenter leurs réticences idéologiques ou instinctives. Reprenant et approfondissant une partie des arguments d'Alain Finkielkraut, Irène Théry dénie elle aussi toute cohérence interne aux principes qui structurent la CIDE. Mais, s'agissant des modalités d'application

74. Ruwen Ogien, « Entretien », *Télérama*, n° 3306, 22 mai 2013.

75. Maria Montessori, *L'esprit absorbant de l'enfant*, Desclée de Brouwer, 1992.

76. Irène Théry, « Nouveaux droits de l'enfant, la potion magique ? », *Esprit – Quels droits pour les enfants*, n° 180, mars-avril 1992, p. 5-30.

de celle-ci, elle relève en outre une importante tension supplémentaire, et qui reste d'actualité en matière de droits de l'homme en général comme de droits de l'enfant en particulier : celle que peut susciter l'écart entre les droits formels et les droits réels. *« Comment ne pas remarquer que c'est au moment même où explosait la crise de l'école, c'est-à-dire l'instrument principal d'accès des enfants à des droits réels, que l'on s'est félicité de leur octroyer des droits formels ? Pourquoi tant de discours d'autosatisfaction ont-ils accompagné la ratification de la Convention de l'ONU sur les droits de l'enfant ? »*

Irène Théry s'attache en effet à souligner que l'éducation, et en particulier l'école, conditionne l'accès de l'enfant sinon à la citoyenneté du moins à la responsabilité. *« Dans la tradition de la protection, qui se réclame de la philosophie des Droits de l'Homme – en particulier de Kant et de Condorcet –, l'idée fondamentale est celle d'éducation et d'instruction. Si l'homme est par essence un être libre, il ne le devient véritablement qu'en accomplissant le processus éducatif qui le fait accéder à l'autonomie et à la responsabilité. Le droit des mineurs est avant tout un droit à la protection »*. Mais elle considère que, s'opposant à cette « tradition », un autre courant de pensée *« qui s'est surtout développé dans le monde anglo-saxon, dénonce la protection de l'enfance comme une forme moderne d'oppression séculaire… Il faut libérer les enfants de la domination adulte… »*. Or, selon elle, la CIDE confond ces deux approches dès lors que, tout en réaffirmant les droits de l'enfant à la protection, elle y ajoute des droits qui lui confèrent des libertés (d'opinion, d'expression, de pensée, de conscience, de religion, d'association), *« bref des droits qui supposent la capacité juridique, c'est-à-dire la responsabilité. Le texte de la Convention ne propose aucune solution à cette contradiction, qu'il semble purement et simplement ignorer »*.

La minorité, conclut Irène Théry sur ce point, *« ne maintient pas l'enfant dans le non-droit, elle signifie que s'il est titulaire de droits dès sa naissance, il ne saurait être sommé de les exercer immédiatement lui-même »*. « Sommé », sans doute pas ; mais formé, invité et accompagné à cet exercice, pourquoi pas ? L'ébullition pulsionnelle et l'impérialisme narcissique du jeune enfant ne font certes pas de lui un démocrate-né, doté d'emblée d'une pleine capacité citoyenne au sein de son environnement juridique. Mais qui n'a jamais vu un enfant de 3 ans découvrir et approuver le principe de prendre la parole chacun à son tour dans un groupe dès lors qu'il a acquis la conviction que cette condition est nécessaire, quoique non suffisante, à la prise en compte et à l'efficacité de sa propre parole et à l'intérêt de découvrir celle des autres ? Qui n'a pas observé le plaisir et la concentration manifestés par des écoliers chargés de faire vivre ensemble, dans leur classe ou leur centre de loisirs, un projet coopératif qui repose sur leur libre créativité et leur autonomie de réalisation ? Qui n'a pas remarqué le sérieux que peuvent apporter des lycéens motivés et créatifs, en soupesant chaque mot, à la rédaction du journal de leur établissement ? Qui peut douter de la capacité d'une éducation bien menée à rendre plus réels un ensemble de droits formels dès lors que ceux-ci sont rendus légitimes aux yeux de tous ? La longue expérience, dans ces domaines, des éducateurs progressistes de l'École nouvelle et des Mouvements pédagogiques tout comme celle des militants de l'Éducation populaire témoignent de ce que les enfants sont capables, dès le plus jeune âge, d'exercer des droits-libertés et d'assumer des responsabilités sans que leurs droits à la sécurité et à vivre pleinement leur enfance ne soient mis en cause[77].

Tout se passe comme si Irène Théry n'avait pas voulu lire l'article 5 de la CIDE, qui confère pourtant aux adultes *« la responsabilité, le droit et le devoir »* de donner à l'enfant, *« d'une manière qui corresponde au développement de ses capacités, l'orientation et les conseils appropriés à l'exercice des droits que lui reconnaît la présente Convention »*. Faire dire à la CIDE ce qu'elle ne dit pas (par exemple qu'il faudrait nier ou abolir l'existence d'une réalité et d'une spécificité de la condition de l'enfance) et scotomiser ce qu'elle dit (notamment sur la reconnaissance des capacités évolutives de l'enfant[78]) revient à disqualifier lourdement ce qu'elle peut introduire de neuf dans les relations entre les enfants, les adultes et les institutions (familiales ou scolaires). Chacun s'accorde pourtant à considérer que ces relations sont devenues souvent problématiques et qu'elles ont besoin d'être profondément repensées et remaniées.

On s'étonne donc que de fins intellectuels ou que des praticiens censément à l'écoute des enfants, des parents et des professionnels, aient d'emblée écarté l'occasion de placer à la hauteur et au niveau de finesse – et peut-être d'urgence – qu'ils méritent les débats sur les avancées proposés par la CIDE. Tout se passe comme s'ils avaient choisi d'épaissir le trait jusqu'à ce qu'il vienne barrer la page plutôt que d'en annoter la marge. Ou de l'annoter de propos convenus, présentés comme marqués au coin du « gros et bon vieux sens » pour mieux justifier les cabrages déjà évoqués de nombre de professionnels de l'enfance, de la famille et de l'éducation devant les horizons futurs dévoilés par la CIDE.

Ainsi, presque vingt ans après l'article d'Irène Théry, un pédopsychiatre et psychanalyste s'y réfère-t-il manifestement en écrivant : *« Cette évolution*

77. Cf. notamment Jean Le Gal, « Mise en perspective historique des pratiques et des enjeux actuels de la coopération et de la participation démocratique des enfants », *Journal du Droit des Jeunes*, n° 282, février 2009.

78. Gerison Lansdown., *Les capacités évolutives de l'enfant,* Centre de recherche Innocenti, Unicef, 2005.

a été dénoncée au fil des décennies par d'innombrables commentateurs, mettant en garde contre une éducation qui, sous le prétexte de libéralisation, est devenue un laisser-faire qui ressemble à un abandon de l'enfant. Cette idée, politiquement correcte, n'en poursuit pas moins son chemin. L'application des Droits de l'Enfant tend à faire de la famille une démocratie. L'enfant a droit à la parole, et progressivement sa place devient équivalente à celle de ses parents. (...) Certaines familles croient bénéfique d'instaurer une sorte d'égalité entre parents et enfants, ce qui a tendance à créer une indistinction entre l'enfant et l'adulte, l'enfant n'étant pas renvoyé à sa place d'enfant. Mais s'il n'a pas intégré la discipline familiale, s'il n'a pas accepté sa place d'enfant, il y a peu de chances qu'à l'école il accepte sa place d'élève. (...) L'école est une institution, ce qui implique une hiérarchie c'est-à-dire un ordre où la place de chacun est définie et reconnue par tous. Ces places ne sont pas équivalentes. L'école n'est pas une démocratie, même si elle peut être un champ d'apprentissage de la démocratie »[79].

La CIDE comme levier de la refondation, en cours, des relations éducatives

La principale difficulté et, partant, la principale source de critiques qui semblent focaliser l'attention des premiers contempteurs de la CIDE et de leurs actuels successeurs sont de nature essentiellement politique, tout en pouvant ouvrir à de nouvelles perspectives éducatives. Autrement dit, elles touchent à des questions susceptibles de repolitiser le champ éducatif. Comme on vient de le voir à partir de quelques écrits significatifs, elles tournent à l'évidence autour de la façon de penser la problématique égalité entre les enfants et les adultes, et des conséquences pratiques qu'on en tire.

Nombre d'observateurs redoutent à juste titre qu'un certain type d'égalitarisme entre enfants et adultes s'effectue « par le bas », dans un contexte de jeunisme ambiant dont l'histoire a maintes fois prouvé qu'il était en général l'apanage des dictatures politiques ; ou, de nos jours, de la dictature d'un hyperprésent ordonné par les logiques économiques du marché et par les archaïques propensions psychologiques à obtenir la satisfaction immédiate et impérieuse des pulsions[80]. D'un côté, donc, des enfants seraient enclins ou incités à exercer le dangereux pouvoir de l'« enfant-roi », figure antidémocratique par excellence mais à laquelle des adultes, et notamment des parents, ambivalents parce que culpabilisés par de nombreuses

79. Gilbert Delagrange, *Le citoyen et le système politique*, L'Harmattan, 2011 (chapitre 2 : La place de l'enfant).

80. Régis Debray, *Le bel âge*, Flammarion, 2013.

circonstances personnelles, sociales ou économiques, tendraient le miroir pour leur cacher la réalité. Et, de l'autre côté, des adultes, fascinés par le souvenir et les attributs de l'immaturité infanto-juvénile au point de ne plus reconnaître celle de leurs enfants, « abdiqueraient » de leurs devoirs et de leurs responsabilités à leur égard, ou leur imposeraient de les exercer par eux-mêmes, au titre de leurs « nouveaux droits », pour mieux s'exonérer de tout ou partie de leurs propres obligations éducatives.

Ce double scénario régressif – installation de l'enfant dans une toute-puissance faussement libératrice et conquérante et de l'adulte dans une impuissance faussement délibérée et assumée – s'observe certes au cœur de nombre de réalités familiales et sociales. Il conduit la plupart du temps à une impasse relationnelle et éducative. De surcroît, il a bien peu à voir avec l'égalisation nécessaire, progressive et maîtrisée des statuts de l'enfant et de l'adulte, ni avec les droits qui peuvent y contribuer. Ce à quoi l'on assiste aujourd'hui est plus complexe et fait appel à d'autres aménagements des relations entre enfants et adultes.

Il est en effet devenu difficile de considérer comme étanche et intangible la frontière statutaire que réclamait Hannah Arendt en 1961 lorsqu'elle écrivait : *« La ligne qui sépare les enfants des adultes devrait signifier qu'on ne peut éduquer les adultes, ni traiter les enfants comme des grandes personnes »*[81].

Certes, seuls des régimes totalitaires ont prétendu « rééduquer des adultes » et des gouvernements à velléité autoritaristes (tels qu'en France en 2003 et en 2010) imposer par voie judiciaire ou administrative des « stages de reparentalisation » à des parents en difficulté dans l'éducation et la surveillance de leurs enfants. Dans les deux cas, l'infantilisation des parents ainsi « rééduqués » ou « reparentalisés » sous les yeux de leurs enfants n'est pas la moindre des atteintes à la dignité des premiers et à l'estime que les seconds peuvent leur accorder. Dans un autre registre de préoccupations, force est cependant de constater que, compte tenu de la rapidité d'évolution des compétences techniques requises par les employeurs ou encore de la fréquence des besoins de reconversion des personnes privées de leur emploi, nombre d'adultes choisissent ou sont contraints de poursuivre leur instruction par les moyens de la formation professionnelle. Renouer de la sorte avec une posture d'apprenants ne les disqualifie pas auprès de leurs enfants, et peut bien au contraire leur permettre de préserver de la sorte la sécurité financière de la famille tout en valorisant la notion et la fonction des apprentissages tout au long de la vie.

---

81. Hannah Arendt, *La crise de la culture*, Gallimard, 1972.

Par ailleurs, et s'agissant des enfants, il ne saurait être question de les « traiter comme des grandes personnes » si cela revenait à leur conférer des responsabilités qu'ils ne peuvent assumer ou auxquelles ils n'ont pas été formés – et encore moins à leur imputer la responsabilité pénale de leurs actes avant un certain âge, qui est pourtant de plus en plus souvent revu à la baisse. On observe en revanche que, au plan mondial, l'âge de la majorité civile tend à être progressivement abaissé, de façon souvent concomitante à celui de la jouissance des droits politiques et notamment du droit de vote (mais bien moins du droit d'éligibilité). En France, par exemple, cet âge était fixé à 25 ans sous l'Ancien Régime avant de passer à 21 ans en 1792, sous la Première République – ce que le Code civil napoléonien de 1804 devait confirmer – puis à 18 ans, en 1974, sous la Cinquième République. La même tendance s'observe dans la plupart des pays du monde[82], et rien n'empêche de penser qu'elle va se poursuivre. Elle traduit à sa façon une lente et discrète évolution des mentalités et des représentations qui conduit à penser que, même si les enfants et les jeunes ne sauraient participer comme les adultes aux décisions politiques (pour autant que tous les adultes y participent vraiment !), ils possèdent une certaine « expertise d'usage » sur les conséquences de celles de ces décisions qui impactent leur vie quotidienne et qu'il peut donc être utile et intéressant de recueillir leurs avis à ce sujet. La CIDE prend acte de ces tendances émergentes, tout en les formalisant, en les élevant au statut de normes progressives de fonctionnement institutionnel et d'échanges entre les adultes et les enfants, et en les plaçant de la sorte au cœur d'une nouvelle approche de l'éducation.

Par exemple, c'est à juste titre qu'aucun élu ou service municipal ne consulte les enfants sur les choix de tranches de barèmes qui déterminent les tarifs du restaurant scolaire ou du centre de loisirs appliqués aux parents. Pour autant, dans un nombre croissant de villes, des enfants sont invités à siéger à la Commission des menus qui permet de réfléchir avec eux aux choix, à la pertinence, à l'acceptabilité, aux enjeux éducatifs et nutritionnels des plats servis au restaurant scolaire ; ou à discuter avec les animateurs des activités envisageables ou même du règlement intérieur qui sera appliqué au centre de loisirs. Il ne s'agit pas ici d'installer démagogiquement les enfants dans des postures d'enfants consommateurs ou d'« enfants-rois ». Mais, dans des domaines où leurs opinions et leurs options peuvent être prises en considération en ceci qu'elles contribuent à la qualité et plus encore au sens profond des services qui leur sont proposés, il s'agit en revanche de **les former progressivement à l'exercice démocratique de leur citoyenneté.**

82. L'âge de la majorité civile est même fixé à 15 ans en Iran, à 16 ans en Écosse, au Népal et au Kirghizistan et au Turkménistan, à 17 ans en Corée du Nord et au Tadjikistan. Il est fixé à 18 ans en Autriche, mais le droit de vote est accordé à 16 ans.

Ainsi les articles 12.1 (relatif au recueil et à la prise en considération des opinions des enfants sur les questions qui les concernent) et 13.1 (relatif à la liberté d'expression des enfants) de la CIDE ne prétendent-ils pas rendre l'enfant responsable des points de vue qu'il formule et des décisions prises, avec son concours, au sein de son environnement. Ils font obligation aux adultes de rappeler aux enfants l'ensemble de leurs droits mais aussi de leurs propres obligations et la nécessité de n'exercer les premiers qu'à condition de se conformer aux secondes. Ils ne dédouanent pas les adultes de leurs responsabilités éducatives, mais enrichissent celles-là d'une nouvelle composante : l'accompagnement des enfants dans la découverte puis dans l'exercice de leurs droits et libertés d'enfants, parce qu'ils sont des enfants déjà dotés de ceux-là et en préfiguration des droits et libertés des futurs adultes qu'ils sont également.

La difficulté, bien compréhensible, éprouvée par les adultes à l'égard de la CIDE résulte de ce qui inspire fondamentalement celle-ci : l'enfant n'y figure ni comme un adulte en miniature (ses besoins spécifiques sont reconnus) ni comme un être réduit à n'être qu'objet de droits (il est aussi sujet et acteur de certains d'entre eux). Il diffère radicalement de l'adulte tout en partageant son humaine condition. L'adulte se reconnaît en lui mais ne peut le former à son entière image (ou, pire, le plier à son usage), pendant que l'enfant a besoin de lui pour devenir ce qu'il est déjà et sera de plus en plus : comme lui et différent de lui. Cette « égalité paradoxale », magistralement analysée par le philosophe Alain Renaut[83], et qui caractérise l'esprit de la CIDE, amène à considérer que la question de l'égalité n'est pas seulement posée et vécue entre l'adulte et l'enfant mais aussi, pour ainsi dire, à l'intérieur de chacun d'entre eux, par le jeu des dynamiques d'identification croisée et du fait de l'empathie mutuelle qui en résulte. « En quoi, me sentant ressembler à cet enfant, suis-je concerné par ce qu'il est et par ce qu'il me dit ? », peut se demander l'adulte. « En quoi, me sentant ressembler à cet adulte, suis-je concerné par ce qu'il est et par ce qu'il me dit ? », peut se demander l'enfant.

La relation éducative, moteur essentiel bien que non exclusif de la CIDE, ne peut être que bouleversée par son exposition à de telles questions. Restant asymétrique par nature, mais culturellement remaniée par la complexité de l'idéal égalitaire, elle est en effet amenée à renoncer à cette violence qui consiste à imposer un projet à un enfant – fut-ce un projet démocratique ! – sans se soucier de son adhésion à celui-là. Et à admettre que sa résistance éventuelle à ce projet, dans la mesure où elle relève autant de lui-même que de la façon dont l'adulte le lui présente, ne doit pas être forcée mais

83. Alain Renaut, *Alter ego. Les paradoxes de l'identité démocratique* (en collaboration avec Sylvie Mesure), Aubier, 1999 ; et surtout : *La libération des enfants – Contribution philosophique à une histoire de l'enfance,* Calmann-Lévy et Bayard, 2002.

analysée comme une utile contribution à la dimension interactive de ce que l'on compte entreprendre avec lui. C'est bien entendu dans l'univers scolaire, mais aussi dans celui de la vie familiale, que de telles conceptions de la relation éducative – dont, il faut le rappeler, la CIDE est moins la cause qu'un outil permettant d'en faire progresser les effets – sont appelées à se manifester, non sans difficultés initiales mais non sans ouvrir à de réelles promesses sur le long terme.

Rôdant autour du souvenir étymologique selon lequel « enseigner » consiste à imprimer son seing, sa marque, sur la cire molle de l'enfant, mais aussi autour du constat qu'il arrive à l'enfant, on l'a dit, d'opposer quelques résistances à cette opération, les premiers concepteurs de l'école ont pu être tentés de souscrire à la vision peu émancipatrice qu'en a proposée Emmanuel Kant en 1803 : *« On envoie d'abord les enfants à l'école non pour qu'ils y apprennent quelque chose, mais pour qu'ils s'accoutument à rester tranquillement assis et à observer ponctuellement ce qu'on leur ordonne »*[84]. Il est vrai que, pour lui, le rôle de l'éducation est de faire passer le petit d'homme d'un état brut animal – un état de fait – à un autre état qui n'existe pas encore mais qui doit être – un état de droit – et qui vise l'accomplissement de ce qui lui permet d'être homme. À la différence de l'animal qui, grâce à son instinct est d'emblée tout ce qu'il doit être, l'homme est ainsi tenu de **développer les « germes d'humanité » qui sont en lui.**

On pourrait sourire de cette approche qui confine au dressage du corps et de la volonté de l'enfant, et qui prône l'élimination sélective par l'éducation et notamment par l'école de tout ce qui pourrait rappeler ou faire redouter en lui la dimension animale de l'homme. Mais ces préoccupations ne sont pas aussi datées et dépassées qu'il y paraît. Depuis quelques années, en France, nombre de messages notamment politiques adressés aux familles – parents et enfants – et intériorisés par elles, et même par certains enseignants, peuvent malencontreusement leur donner à penser que la principale fonction de l'école consiste à transmettre des *comportements* tout autant, sinon plus, que des *connaissances*. La figure de l'enfant devant rester *sage* éclipse alors celle de l'enfant apprenant à devenir *savant*. En cours d'orthographe comme en cour de récréation, le registre de la *faute*, à traquer et à sanctionner, tend à supplanter celui de l'*erreur*, à relever, comprendre et corriger avec lui. Dans un tel climat, l'enfant peut redouter que l'alliance ou la concurrence entre parents et enseignants le confrontent à des coalitions d'adultes pour lesquels l'éducation, ou la coéducation, consisterait à le *dresser* comme un animal sauvage, au lieu qu'il soit invité à prendre sa place dans un projet partagé où chacun aurait le souci de l'*élever*… comme un élève. À moins qu'on entreprenne de le soigner, y compris chimique-

84. Emmanuel Kant, *Traité de pédagogie*, Vrin, 1974.

ment, après avoir décidé que ses comportements fautifs relevaient de la psychopathologie. Parents et enseignants seraient bien inspirés d'oublier Kant, les échanges de messages incendiaires sur le carnet de correspondance et la Ritaline®[85] et de plutôt s'asseoir autour d'une table pour parler ensemble de leurs différends, mais aussi et surtout des activités qui intéressent et associent les enfants au sein de leur école. Il est urgent, en effet, que l'école devienne ou redevienne à leurs yeux un lieu de partage des savoirs émancipateurs, où la coopération des adultes se consacre aux progrès de chacun et de tous et à la créativité pédagogique, plutôt que de se présenter comme l'antichambre du maintien de l'ordre, où le tableau des disciplines ne fait appel qu'à la palette des punitions.

Tel est tout du moins le point de vue qu'un pédagogue comme Philippe Meirieu – et bien d'autres avec lui – développe dans un important article par lequel il identifie, analyse et propose le dépassement de certaines interrogations que le texte *« absolument essentiel »* et *« profondément ambigu »* de la CIDE *« suscite légitimement »*[86]. Des interrogations dont il estime en effet *« qu'elles sont au cœur du travail de l'éducateur et qu'à ce titre, elles ne doivent pas nous faire peur mais, au contraire, nous permettre d'entrer dans la complexité même de l'entreprise éducative, loin des apories théoriques et des polémiques, là où s'élaborent la conviction et les moyens nécessaires à tout éducateur aux prises avec la nécessité de transmettre sans conformer ».*

Philippe Meirieu ne récuse pas le fait qu'il convienne, en toutes circonstances, *« d'insister sur l'impérieux devoir d'antécédence de l'adulte, sur la nécessité de préparer l'enfant à l'exercice de sa vie citoyenne par une éducation qui ne le précipite pas trop vite dans un monde qu'il ne pourrait pas encore affronter »*. Mais, si *« chacun s'accorde sur le fait que le premier droit de l'enfant est le droit à l'éducation, chacun s'accorde sur la nécessité d'une préparation à l'exercice de la citoyenneté »*, il observe aussitôt que *« le désaccord porte sur les conditions de cette préparation et la nature de l'éducation à lui proposer. D'un côté, il y a ceux qui affirment que, parce qu'il est dans la minorité, l'enfant doit recevoir une éducation qui lui impose les principes nécessaires à son développement et les comportements permettant l'émergence de sa liberté. D'un autre côté, il y a ceux qui affirment qu'on ne forme à la liberté que par l'exercice de la liberté et que l'éducation doit faire de cette dernière non seulement son objectif mais aussi son moyen. (...) D'un côté, il y a ceux qui croient que la soumission à une discipline imposée forme la volonté nécessaire à l'exercice de la ci-*

85. Cf. introduction et note de bas de page n° 6.

86. Cf. Philippe Meirieu, *Le pédagogue et les droits de l'enfant : histoire d'un malentendu ?*, Éditions du Tricorne, 2002. Consultable aussi sur : ☞ *www.unige.ch/fapse/life/textes/Meirieu_A2001_03.html*

toyenneté adulte. D'un autre côté, ceux qui pensent que la libre implication dès l'enfance dans une activité collective permet de découvrir soi-même les règles nécessaires à l'accès à la responsabilité citoyenne. D'un côté ceux qui croient possible de former à la démocratie par la rigueur de l'instruction. De l'autre, ceux qui sont convaincus qu'on ne peut former à la démocratie que par la démocratie elle-même ».

Certes, la CIDE affirme clairement la responsabilité des États et des institutions pour assurer la protection des enfants (articles 2 et 3) et, aux côtés notamment des parents (articles 5, 6 et 7), pour veiller à leur développement et à leur éducation. Les articles par lesquels elle stipule leur droit à l'éducation (articles 28 et 29) définissent aussi les finalités de celle-ci, centrées sur la nécessité d'*« inculquer »* le respect des valeurs transmises par le milieu d'origine et de celles des *« civilisations différentes »* de celui-ci, mais aussi sur la préparation des enfants *« à assumer les responsabilités de la vie dans une société libre »*. Mais, en affirmant simultanément le droit de chaque enfant à la liberté d'expression, de pensée, de conscience, de religion, d'association, de manifestation, de respect de sa vie privée (articles 13, 14, 15 et 16) ainsi que *« le droit d'exprimer librement son opinion sur toute question l'intéressant »* (article 12), la CIDE se positionne clairement en faveur du droit des enfants à être formés à ces droits par leur exercice même. Ce qui, remarque Philippe Meirieu, revient à affirmer, comme Célestin Freinet, que *« c'est bien en forgeant qu'on devient forgeron »*[87] et que : *« On prépare la démocratie de demain par la démocratie à l'École. Un régime autoritaire à l'École ne saurait être formateur de citoyens démocrates »*[88] ; ou, comme John Dewey avant lui, que *« seule la pratique de la démocratie forme à l'exercice de la démocratie »*[89].

En posant le principe selon lequel l'enfant est en mesure et même en droit de participer à sa propre éducation à la citoyenneté et à la responsabilité, la CIDE *« nous conduit au cœur de la question éducative, vers l'articulation difficile entre le nécessaire exercice de l'autorité de l'adulte et la prise en compte indispensable de la liberté de l'enfant »*. Pour faire face à cette difficulté, Philippe Meirieu estime que le pédagogue doit répondre *« par un inlassable travail d'invention de dispositifs :* un dispositif, pour lui, *c'est un ensemble de conditions qui offrent à l'enfant la possibilité d'apprendre et de grandir par lui-même ; (...) c'est une manière originale de dépasser l'alternative entre "formation à la démocratie par l'instruction contrainte" et "formation à la démocratie par la pratique de la démocratie" ; c'est*

87. Célestin Freinet, *Les dits de Mathieu,* Delachaux et Niestlé, 1978.

88. Célestin Freinet, « Les invariants pédagogiques » (1964), in *Œuvres pédagogiques, Tome 2,* Seuil, 1994.

89. John Dewey, *Démocratie et éducation, op. cit.*

un travail sur les conditions d'émergence de l'attitude qui permet d'entrer dans la démocratie : l'attitude qui consiste à "oser penser par soi-même", à prendre ses distances avec les préjugés, à contredire la loi du plus vieux comme la loi du plus fort ».

De tels dispositifs se distinguent à l'évidence de ceux qui se consacraient à l'ex- « éducation civique », conçue comme une discipline scolaire parmi d'autres ; ou, plus récemment, de ceux qu'envisage l'« enseignement de la morale laïque ». D'une part, en effet, les uns et les autres restent des enseignements, présentés et évalués comme tels. D'autre part, ils reposent moins sur l'approfondissement des relations pédagogiques et éducatives que sur la seule transmission de valeurs et de comportements auxquels l'enfant doit se conformer sans que les enseignants et les éducateurs n'y soient systématiquement obligés pour eux-mêmes.

On observe en revanche que les « dispositifs » proposés par Philippe Meirieu sont déjà mis en œuvre depuis de nombreuses années dans des classes coopératives. En outre, ils ne sont pas l'apanage du seul domaine scolaire. Ils peuvent aussi faire l'objet de tendances et de déploiements envisagés au sein des familles et dans le cadre de multiples institutions ou occasions socialisatrices. En famille comme à l'école, au centre de loisirs, à la ludothèque, au jardin public, etc., rien ne s'oppose en théorie à ce que, par le biais d'outils institués et d'apprentissages spécifiques à chaque lieu et dans le respect de la loi commune, les enfants et les adultes présents à leurs côtés établissent et partagent les règles dont ils souhaitent se doter pour mieux vivre, s'instruire, parler, décider, créer, jouer *ensemble*. L'accès dynamique à la loi démocratique commune tout autant qu'à l'exercice des droits et des libertés résulte en effet pour chaque enfant, à chaque instant, d'une intelligence progressivement construite sur l'expérience et le plaisir éprouvé d'être et de faire ensemble. De son côté, l'adulte – parent, enseignant, animateur, ludothécaire, gardien de square, etc. – qui accompagne cette expérience et favorise cette intelligence *« a la charge difficile d'incarner "la promesse des interdits" et d'aider les enfants à comprendre que les interdits ne s'imposent que parce qu'ils autorisent : ils garantissent l'intégrité physique et psychologique de chacun, la possibilité de l'échange et de l'enrichissement réciproque, le développement de tous. Bref, dans un dispositif pédagogique, les interdits garantissent précisément les droits de chacun ».*

On reviendra sur ces notions dans le chapitre consacré à la question de l'autorité éducative. Une question sur laquelle Philippe Meirieu conclut d'ailleurs son article en écrivant : *« Finalement, les droits de l'enfant nous ont entraîné au cœur des questions vives de l'éducation… à la rencontre de l'enfant, à la rencontre d'un sujet, déjà pleinement "sujet" et qu'il est pourtant impossible, avant qu'il ait accédé à la majorité, de considérer comme un "citoyen". Déjà sujet et pleinement sujet : sujet qui existe et résiste au pouvoir que je cherche à exercer sur lui ; sujet qui peut seul se mobiliser sur des apprentissages et décider de grandir, résister à toutes les formes d'emprise et accéder à la pensée critique… Mais un sujet qui ne peut faire seul que ce que nous savons faire avec lui, dans des conditions dont nous décidons, dans des situations éducatives dont nous assumons la pleine et entière responsabilité. L'autorité de l'adulte, ici, n'est pas abolie, bien au contraire ; elle est au cœur du dispositif : quand l'autorité remplit vraiment sa fonction, qu'elle autorise… Elle autorise l'autre à grandir et à se revendiquer, un jour, de plein droit, citoyen. »*

Ici s'opère la mutation essentielle. La CIDE ne se contente pas de reconnaître en l'enfant un sujet porteur, pour reprendre Kant, de « germes d'humanité ». Dans la mesure où il est déjà pleinement humain dès sa naissance, elle le reconnaît aussi, plus et mieux encore, comme un **sujet porteur de « germes de citoyenneté ».** Pour devenir pleinement citoyen, un tel enfant a donc besoin de s'impliquer activement dans les relations éducatives qui lui sont proposées par les adultes, seul ou dans un collectif d'enfants, ou en famille.

La question de déterminer si l'enfant est un « citoyen en devenir », un « futur citoyen » ou d'ores et déjà un citoyen fait cependant débat[90]. En 1985, Jean-Pierre Chevènement, alors ministre de l'Éducation nationale, disait : *« On naît citoyen, on devient citoyen éclairé »*. Pour d'autres, *« on ne naît pas citoyen, on le devient »*. Pour affirmer la citoyenneté de l'enfant, on peut aussi s'appuyer sur la prise de position de l'Assemblée parlementaire

90. Pour l'un d'entre nous : *« Débattre de citoyenneté sans être philosophe, historien, juriste ou homme politique, en simple citoyen pédagogue, c'est prendre le risque d'entrer dans un champ de conflits et de controverses où chacun des protagonistes détient la vérité, étayée par des références qu'il estime irréfutables. Mais l'histoire nous a appris que la citoyenneté est un concept en construction permanente. Aujourd'hui, de nombreuses questions restent ouvertes et nul ne peut prétendre détenir la vérité conceptuelle. C'est peut-être dommage car les éducateurs ont besoin de certitudes pour répondre à la question : "quelle éducation pour quelle citoyenneté ?" Or le débat continue. Ils sont donc dans l'obligation de connaître les différentes thèses en présence, afin de se forger leur propre conception, de s'appuyer sur des arguments pertinents pour la justifier et d'innover pour la mettre en œuvre. S'ils affirment de surcroît que l'enfant est un citoyen, titulaire de libertés publiques qu'il doit pouvoir exercer à l'école, ils peuvent apparaître, à certains, comme faisant preuve d'inconscience éducative. Reconnaître à l'enfant des libertés lui ferait perdre son droit à l'enfance et celui d'être éduqué et protégé ! C'est pourtant le choix que nous avons fait, en tant qu'enseignant et formateur. Militant de la Ligue des Droits de l'Homme, soucieux de respecter la dignité et les droits de l'enfant, nous avons décidé, il y a une quarantaine d'années, d'accompagner Freinet dans son action pour que, par la coopération scolaire, les enfants prennent en main, effectivement, l'organisation de l'activité, du travail et de la vie dans leur école. Aujourd'hui, en nous appuyant sur la Convention internationale des droits de l'enfant, nous affirmons, avec beaucoup d'autres, que l'enfant doit être reconnu comme une personne et un citoyen apte à exercer des droits et des libertés. Citoyen, l'enfant devient citoyen, par la pratique même de cette citoyenneté. C'est en pariant sur sa liberté, son autonomie, sa responsabilité, sa capacité de jugement, qu'on va lui permettre de devenir un citoyen libre, autonome, responsable, capable de vivre dans une société démocratique. Ce processus éducatif complexe englobe, pour nous, la socialisation démocratique et l'apprentissage d'une autonomie sociale. »*

du Conseil de l'Europe qui, dans sa remarquable recommandation n° 1864 du 13 mars 2009, « *Promouvoir la participation des enfants aux décisions qui les concernent* »[91], « *considère que (…) la participation est un droit fondamental du citoyen et les enfants sont des citoyens* ».

La question de l'applicabilité de la CIDE en droit interne

La CIDE peut et doit constituer un puissant levier de mobilisation des familles tout comme une formidable source d'inspiration des politiques publiques, et notamment des politiques éducatives. Pour autant, plusieurs des droits et notamment des droits civils et politiques des enfants restent loin d'être connus, reconnus et concrétisés dans la vie courante.

Pour progresser en ces domaines, la CIDE confère pourtant des responsabilités, des droits et des devoirs renforcés aux adultes – qu'ils soient parents, professionnels, militants ou élus – pour intervenir conjointement sur les sources des injustices, des inégalités et des solitudes qui affectent un grand nombre d'enfants dans leur vie quotidienne, notamment familiale. Mais aussi pour que ces adultes veillent ensemble à ce que les enfants et les jeunes s'impliquent progressivement de façon active, plutôt que comme consommateurs ou spectateurs, dans les différents espaces et temps consacrés à leur éducation et à leurs loisirs. Enfin pour que ces enfants, devenus adultes, maintiennent et développent à leur tour ce niveau d'ambition et, par conséquent, ce degré d'exigence.

C'est à ces conditions que la CIDE, même et surtout en temps de crises, peut contribuer à un développement humain et social véritablement durable. Elle le peut d'autant plus que, comme initialement prévu et malgré les réticences observées, elle fait peu à peu son apparition dans le droit interne des pays, donc aussi dans celui de la France, afin que nul n'en ignore et ne puisse considérer comme facultatives ou accessoires les conséquences de son application. Les droits de l'enfant relèvent de plus en plus de la **force de la loi,** et de moins en moins de la bonne volonté de tel ou tel, décideur politique, administratif ou familial.

En France, comme en de nombreux pays, la CIDE a tout d'abord été considérée comme un texte qui consacrait une série d'engagements à plus ou moins long terme des États, mais dont l'application de telle ou telle disposition au niveau des personnes et notamment des enfants ne pouvait être requise au niveau des juridictions.

Dès sa ratification, en 1990, le Conseil d'État, haute juridiction administrative, a entrepris d'élaborer une jurisprudence appropriée : d'une part, au sujet

91. Cf. Annexes.

des stipulations de la CIDE qui n'ont d'effets qu'à l'encontre des États (15 articles sont interprétés de la sorte sur les 41 articles concernés de la CIDE) ; et, d'autre part, au sujet de celles qui ont des effets directs en droit interne (4 articles font ainsi leur chemin, dont les importants articles 3 et 12).

La Cour de cassation, haute juridiction judiciaire, a quant à elle attendu 2005 – après s'y être opposée en 1993 – pour reconnaître que la CIDE affirmait au profit des enfants des droits susceptibles d'être revendiqués dans des cas d'espèce individuels devant les juridictions judiciaires. En 2010, une cinquantaine de décisions étaient intervenues en ce sens (5 articles étant concernés, dont le plus souvent les articles 3, 7 et 12).

Il est à noter que les articles clés autour desquels se sont construites ces évolutions de la jurisprudence administrative et judiciaire sont au cœur d'une vision profondément remaniée de l'importance de la personne et de la parole de l'enfant, considéré comme sujet de droit et coauteur potentiel des décisions qui le concernent. Il s'agit notamment des articles 3 et 12, qu'il convient donc de citer, d'autant qu'on sera souvent amené à s'y référer par la suite.

Article 3

1. Dans toutes les décisions qui concernent les enfants, qu'elles soient le fait des institutions publiques ou privées de protection sociale, des tribunaux, des autorités administratives ou des organes législatifs, l'intérêt supérieur de l'enfant doit être une considération primordiale.

2. Les États parties s'engagent à assurer à l'enfant la protection et les soins nécessaires à son bien-être, compte tenu des droits et des devoirs de ses parents, de ses tuteurs ou des autres personnes légalement responsables de lui, et ils prennent à cette fin toutes les mesures législatives et administratives appropriées.

3. Les États parties veillent à ce que le fonctionnement des institutions, services et établissements qui ont la charge des enfants et assurent leur protection soit conforme aux normes fixées par les autorités compétentes, particulièrement dans le domaine de la sécurité et de la santé et en ce qui concerne le nombre et la compétence de leur personnel ainsi que l'existence d'un contrôle approprié.

Article 12

1. Les États parties garantissent à l'enfant qui est capable de discernement le droit d'exprimer librement son opinion sur toute question l'intéressant, les opinions de l'enfant étant dûment prises en considération eu égard à son âge et à son degré de maturité.

2. À cette fin, on donnera notamment à l'enfant la possibilité d'être entendu dans toute procédure judiciaire ou administrative l'intéressant, soit directement, soit par l'intermédiaire d'un représentant ou d'un organisme approprié, de façon compatible avec les règles de procédure de la législation nationale.

L'applicabilité directe de la CIDE en droit interne progresse donc peu à peu au fil des ans et de la jurisprudence, et elle le fait sur une lame de fond. Les engagements de l'État au sujet des droits des enfants, pour diversement assumés qu'ils soient d'un gouvernement à l'autre, sont ainsi peu à peu affirmés et confortés au plan juridique.

Il n'en reste pas moins que, au plan politique et au sens large de ce terme, un chantier parallèle devrait être investi sans trêve, notamment par les élus et les professionnels, aux échelons nationaux et locaux, ainsi que par les parents et les enfants eux-mêmes : celui de **l'application** et de **l'exercice effectifs de l'ensemble des droits reconnus aux enfants,** et donc de la référence systématique à la CIDE tant dans les lois, les réglementations et les dispositifs publics qui les concernent que dans les pratiques quotidiennes auprès d'eux.

S'intéresser au passage de l'affirmation des principes normatifs que constituent désormais les droits des enfants à leur mise en pratique au quotidien et en tous lieux, en particulier dans le champ éducatif, est la meilleure façon de veiller à ce que ces droits, par leurs impacts bien réels, cessent d'être considérés de loin – et de haut – comme purement formels.

L'articulation des deux grandes catégories de droits identifiés par la CIDE

Par son caractère international, la CIDE ne prétend pas nier ou abolir la diversité des modèles anthropologiques, en particulier familiaux, et celle des choix politiques et institutionnels en œuvre dans les différentes sociétés. Elle veille bien au contraire à ce que les enfants puissent les découvrir et les intégrer à leur échelle, celle de leur contexte et de leur cadre de vie, avant d'y occuper une place de plus en plus active.

La CIDE entend cependant affirmer et diffuser un certain nombre de valeurs supposées intangibles et universelles, et promouvoir leur concrétisation progressive en situation. Dans ce but, elle s'attache plus encore, peut-être, à instaurer et faire valoir l'idée pivot du caractère inséparable des différentes catégories de droits reconnus aux enfants.

Il y a plusieurs façons de décrire ces catégories. L'Unicef a longtemps parlé des « trois P » pour désigner les droits, consacrés par la CIDE, à la Protection, aux Prestations et à la Participation. Mais on peut distinguer aussi les « droits créances » (« droits à ») des « droits libertés » (« droits de »). Ou encore, pour synthétiser les deux typologies, regrouper d'une part les « droits sociaux » à la prévention et à la protection en tous les domaines déterminant la sécurité et le bien-être des enfants, et d'autre part les « droits politiques » à l'expression et à la participation.

Font notamment partie de la catégorie des « droits sociaux » de l'enfant : le droit à une famille ou à une protection familiale (articles 8, 9, 10, 20 et 21 de la CIDE), le droit à la santé et à la délivrance de soins de santé (articles 24 et 25), le droit d'accès personnel et familial aux prestations et aux services sociaux (articles 18, 26 et 27), le droit à l'éducation notamment scolaire (articles 28 et 29), le droit à une série d'aides adaptées en cas de handicap (article 23), enfin le droit d'être protégé de toutes formes et sources de violences, négligences, mauvais traitements et exploitations (articles 19 et 32 à 37).

Font notamment partie de la catégorie des « droits politiques » de l'enfant : le droit d'expression individuelle et collective, de voir cette expression dûment prise en compte et d'être partie prenante aux décisions qui le concernent selon l'âge et le degré de discernement (articles 12, 13 et 15), le droit à la liberté de pensée, de conscience et de religion (articles 14 et 30), le droit d'être protégé des immixtions arbitraires dans la vie privée (article 16), le droit d'accéder à une information diversifiée et visant à promouvoir le bien-être physique, mental et social (article 17), enfin le droit au repos et aux loisirs, de se livrer au jeu et à des activités récréatives propres à l'âge, et de participer librement à la vie culturelle et artistique (article 31).

Quelle que soit la façon de les dénommer, l'articulation de ces différents droits entre eux est universellement pertinente et cohérente. Ainsi, en tous lieux et en tous temps, et à tous les âges de l'enfance, l'éducation des enfants consiste-t-elle à savoir et pouvoir tout à la fois leur tenir la main et leur lâcher la main, les abriter dans une série d'espaces clos pour mieux les introduire aux divers espaces ouverts du monde, leur transmettre ce qui est su pour les intéresser à ce qu'il reste à savoir, etc. ; bref à les protéger et les guider tout en les émancipant.

C'est pourquoi, on l'a déjà souligné, l'impact spécifique, potentiel et d'ores et déjà tangible de la CIDE repose sur le caractère complémentaire et intégré des différentes catégories de droits qui la composent.

À l'appui de cette affirmation théorique, une déclinaison pratique peut être examinée à titre de premier exemple, à partir d'une question, pertinente mais à traiter avec prudence, telle que : jusqu'où les enfants peuvent-ils être les acteurs de leur propre protection ?

La légitimité de cette question résulte du fait que, dans l'esprit de la CIDE, la protection des enfants passe par un ensemble de droits convergents visant les différentes composantes de cette protection, mais aussi par la prise en compte de leurs droits à l'expression et à la participation. Ce postulat vient bousculer l'idée profondément ancrée, de longue date, selon laquelle les enfants sont en premier lieu des « objets » de protection et de soin, ou tout du moins, jusqu'à un certain âge, des êtres humains particulièrement vulnérables, ce pourquoi ils devraient être avant tout, voire exclusivement, les destinataires de la bienveillance des adultes. Pourtant les droits à la protection – et aux prestations qui lui sont liées – ne sont plus les seuls droits reconnus aux enfants, depuis que la CIDE les articule nettement avec les droits à l'expression et à la participation, c'est-à-dire à la reconnaissance de l'enfant en tant que personne, qu'auteur d'une parole estimable et que citoyen en devenir.

C'est bien au regard de l'ensemble de ces droits que l'enfant peut être ou devenir l'acteur de sa propre protection. Il doit en effet être tout d'abord entendu et pris au sérieux quand il se manifeste spontanément (ou qu'il est encouragé à le faire) à propos d'un danger qu'il encourt, d'une violence ou d'une négligence grave qu'il subit. Il s'agit ici d'un cercle vertueux : un enfant est d'autant plus enclin à s'exprimer, en toutes les circonstances habituelles ou exceptionnelles de sa vie quotidienne, qu'il se sent en confiance et en sécurité pour le faire. Sa sécurité – physique et psychique – favorise donc sa prise de liberté, en même temps que l'exercice de cette liberté peut contribuer à renforcer sa sécurité.

Ainsi un enfant sera-t-il d'autant plus et mieux protégé en tant qu'enfant qu'il sera d'abord considéré et respecté comme personne. En d'autres termes, l'enfant n'est pas, ou du moins pas seulement, un objet de protection, mais aussi et surtout un **sujet de droit.** Comme enfant et comme sujet, son droit premier est celui d'être protégé. Mais, une fois sa protection assurée, il peut faire valoir une série de droits qu'il y a lieu de qualifier de « politiques » dans la mesure où, de ce fait, ils viennent en appui de tous les autres.

Un autre exemple du renforcement mutuel des droits qui caractérise l'esprit de la CIDE peut être fourni par le carrefour entre la santé et l'éducation, ces deux piliers du développement individuel et social.

Ainsi le droit à la santé – pour peu qu'on ne réduise pas la santé à l'absence de maladie – conforte-t-il le droit à l'éducation. Être en bonne santé permet en effet de mieux s'instruire et de mieux s'ouvrir au monde. Autrement dit, l'accès de chaque enfant aux différents niveaux de soins de santé (articles 24, 25 et 26 de la CIDE) est un droit d'autant plus essentiel qu'il contribue à un droit à l'instruction qui ne l'est pas moins (articles 28 et 29).

L'éducation pour la santé, quant à elle, se manifeste au sein de l'environnement habituel et, en particulier, au quotidien de la vie familiale. Il importe donc tout d'abord, en s'appuyant sur les articles 3, 5 et 27 de la CIDE, de reconnaître le rôle et de renforcer les compétences des parents à cet égard plutôt que de disqualifier *a priori* leurs implications et leurs interventions ou de les tenir plus ou moins à distance des lieux de dispensation des soins ou de décision en matière d'éducation pour la santé destinés à leurs enfants. Mais il importe tout autant que, s'agissant des programmes et actions d'éducation pour la santé, les enfants et les jeunes soient activement associés, selon « leur âge et leur degré de maturité » (article 12), à la sélection ou à la hiérarchisation des thèmes, voire des objectifs retenus, à la définition de méthodes adaptées et mobilisatrices puis au déroulement et à l'évaluation des impacts de ces programmes et actions. La pertinence et l'efficacité de ceux-ci repose en effet en grande partie sur la connaissance préalable des représentations et des pratiques des enfants et des jeunes à l'égard des problèmes de santé abordés (par exemple en matière d'alimentation, de sommeil, de sexualité, de « conduites à risques »), puis sur leur adhésion et leur participation authentiques à la prévention ou à la résolution de ces problèmes.

L'appui proposé aux parents, aux enfants et aux jeunes en ces différents domaines doit donc disposer de moyens d'accompagnement appropriés et de débouchés probants au sein des projets locaux d'éducation pour la santé. Il doit viser l'accès éclairé à des soins préventifs, articulés notamment à un dispositif de promotion de la santé efficace et participatif, de part et d'autre des établissements scolaires préélémentaires, élémentaires et secondaires. Bien entendu, cet appui doit pouvoir déboucher aussi, chaque fois que nécessaire, sur un accès sans entrave ni contrainte aux soins curatifs, aux rééducations et aux appareillages correctifs nécessaires, dont nul enfant ne saurait être exclu au motif de raisons économiques ou administratives afférentes à ses parents. Ces soins doivent notamment permettre la poursuite de la scolarité dans des conditions aménagées, autant qu'il est possible, en cas de soins longs ou de maladie chronique.

On notera que, simultanément, le droit à l'éducation renforce le droit à la santé – à condition, là encore, que l'éducation pour la santé fasse l'objet d'une véritable ambition politique, aujourd'hui quasi atone en France. On le sait déjà abondamment, notamment dans les pays pauvres, pour ce qui concerne les petites filles et les jeunes filles dont l'accès à l'instruction détermine largement l'accès à la maîtrise de la fécondité par les femmes. On peut observer de même, par exemple dans les zones urbaines malmenées des agglomérations riches, que le maintien ou la reprise de parcours scolaires fragilisés aident certains jeunes garçons, et désormais certaines jeunes filles, à surmonter des déficits chroniques d'hygiène de vie ou encore à renoncer à des conduites à risque ou addictives, sous réserve toutefois que l'exercice de leurs droits à la formation, aux apprentissages et à la santé bénéficie d'un accompagnement confiant et personnalisé.

Vers une approche nouvelle de l'éducation et de l'émancipation des enfants

Tout comme elle permet de poser la question « jusqu'où les enfants peuvent-ils être les acteurs de leur propre protection et de leur propre santé ? », la CIDE invite à se poser la question « jusqu'où les enfants peuvent-ils être les acteurs de leur propre éducation et de leur propre émancipation » ?

L'architecture générale et l'intrication des grandes catégories de droits tracés par la CIDE font en effet également sens pour guider la conception, la mise en œuvre et l'évaluation d'un projet éducatif, quel qu'il soit (on y reviendra abondamment par la suite). On pourra dès lors s'appuyer, selon les objectifs, les destinataires et les méthodes de ce projet, sur tel ou tel article « thématique » de la CIDE ou, plus souvent, sur un ensemble judicieusement combiné d'articles généraux et/ou thématiques.

Certains articles de la CIDE ont cependant une dimension « transversale », ou éthique, qui s'impose à tout projet éducatif. Ainsi en va-t-il notamment des articles 2, 3 et 5.

L'article 2 est relatif à la non-discrimination. On sait que les enfants sont très tôt sensibles au respect de ce principe, qui impose en pratique une vigilance extrême de la part des adultes.

> **Article 2**
>
> *1. Les États parties s'engagent à respecter les droits qui sont énoncés dans la présente Convention et à les garantir à tout enfant relevant de leur juridiction, sans distinction aucune, indépendamment de toute considération de race, de couleur, de sexe, de langue, de religion, d'opinion politique ou autre de l'enfant ou de ses parents ou représentants légaux, de leur origine nationale, ethnique ou sociale, de leur situation de fortune, de leur incapacité, de leur naissance ou de toute autre situation.*
>
> *2. Les États parties prennent toutes les mesures appropriées pour que l'enfant soit effectivement protégé contre toutes formes de discrimination ou de sanction motivées par la situation juridique, les activités, les opinions déclarées ou les convictions de ses parents, de ses représentants légaux ou des membres de sa famille.*

Veille-t-on suffisamment, par exemple, à ce qu'une halte-garderie municipale ou associative soit en mesure de s'ouvrir suffisamment et effectivement aux enfants en situation de handicap, à ceux dont les parents sont en formation ou en recherche d'emploi ? À ce qu'une ludothèque municipale ou associative soit dotée des moyens d'accueillir des adolescents ? À ce qu'un projet ou une panoplie d'activités de loisir éducatif, qu'elles soient sportives ou culturelles, s'adresse aux filles autant qu'aux garçons, soit accessible à tous les budgets familiaux, ne dépende pas à l'excès de la domiciliation, etc. ? À ce que l'ambition éducative et qualitative d'un service de restauration scolaire ne se heurte pas à sa fermeture de fait à des enfants souffrant d'allergies alimentaires ou à des enfants élevés dans une tradition d'interdits religieux, ou encore qu'elle soit en phase avec les finalités des mesures prises en application du droit à la santé telles que tracées par l'article 24 (par exemple en matière d'information de « tous les groupes de la société » sur la nutrition de l'enfant) ? Etc.

L'article 3 de la CIDE, relatif à l'intérêt supérieur de l'enfant décrit comme « une considération primordiale », et déjà mentionné (page 94), est quant à lui d'une importance majeure au plan des pratiques éducatives.

L'association DEI-France, à l'occasion de son rapport alternatif de 2008 au Comité des droits de l'enfant des Nations Unies, a avancé des propositions pour une déclinaison en obligations procédurales de l'article 3 (alinéa 1) qui garantiraient « au moins mal » l'intérêt supérieur de l'enfant, et ceci en empruntant quelques pistes avancées par différents experts des droits de l'enfant (tels que Jean Zermatten ou Thomas Hammarberg).

Ces obligations procédurales répondent à une succession de questionnements auxquels devraient se soumettre aussi bien les parents que les institutions privées et les pouvoirs publics qui prennent des décisions, notamment éducatives, ayant un impact sur un ou plusieurs enfant(s). Elles peuvent être résumées comme suit.

Questionnements sur la prise de décision	***Obligations procédurales en découlant***
La décision dont la responsabilité m'incombe a-t-elle un **impact sur un ou des enfants ?**	Examiner en quoi la décision que l'on va prendre risque d'avoir des conséquences pour des enfants et évaluer lesquelles.
Comment s'assurer que l'intérêt supérieur de l'enfant (ou du groupe d'enfants concerné) est bien une **considération primordiale** dans mon processus de décision ?	Examiner la situation dans un premier temps en fonction du seul intérêt de l'enfant (ou du groupe d'enfants), en faisant abstraction de toutes les autres contingences, avant de tenir compte, dans un second temps, d'éventuels conflits d'intérêts et d'adapter la solution finale en conséquence.

Démocratiser les relations éducatives, F. Jésu – J. Le Gal, Chronique sociale.

La décision est-elle **au mieux des intérêts de l'enfant ?** Autrement dit : ai-je tenu compte de la **pluralité d'intérêts** en jeu et me suis-je entouré de toutes les compétences nécessaires pour appréhender ces intérêts pluriels ? Comment les ai-je composés les uns avec les autres ?	S'appuyer obligatoirement sur des commissions pluridisciplinaires ou sur un travail interdisciplinaire avant de réaliser la meilleure synthèse des différents points de vue dans une décision finale, traduisant ainsi une intelligence collective au service de l'enfant.
Ai-je respecté, dans ma prise de décision, le fait que **les parents de l'enfant sont détenteurs d'une « expertise » concernant leur enfant** et sont les premiers garants de leurs droits (art. 5 de la CIDE) ?	Associer les parents (mères et pères) à la recherche de l'intérêt supérieur de l'enfant. *A minima,* les écouter et prendre leurs avis en considération
Ai-je dûment tenu compte de **l'expertise de l'enfant sur sa situation, de son point de vue sur son meilleur intérêt** (art. 12 de la CIDE) ?	Entendre l'enfant et s'interroger sur le bien-fondé des problèmes qu'il exprime ou des solutions qu'il propose, et intégrer ses points de vue au mieux dans le choix de la décision finale. Lui expliquer tout du moins, le cas échéant, pourquoi telle ou telle des solutions qu'il propose n'a pas été retenue.
N'ai-je pas privilégié une vision subjective de l'intérêt de l'enfant au détriment de ses droits ? Ai-je tenu compte du fait que **le premier intérêt de l'enfant consiste en ce que l'ensemble de ses droits soient respectés ?**	Se poser la question, pour chaque décision prise, de savoir si tous les droits de l'enfant sont bien respectés. Identifier d'éventuels conflits entre ses différents droits et privilégier les décisions qui respectent les droits de l'enfant dans leur ensemble.
Suis-je quitte de tout questionnement si tous les droits de l'enfant sont respectés ?	Au-delà des droits, s'intéresser aussi au bien-être de l'enfant en recherchant la satisfaction de ses besoins fondamentaux et, au-delà, le meilleur bien-être possible dans tous les domaines de vie de l'enfant. À ce stade peuvent éventuellement être proposés des référentiels correspondant à des types de situations problématiques pour certains enfants.
Me suis-je posé la question du **meilleur bien-être** de l'enfant non seulement à court terme pour aujourd'hui, **mais aussi pour demain** et jusqu'à sa vie d'adulte ?	Prendre en compte le bien-être présent mais aussi durable de l'enfant et rechercher la meilleure décision, pour aujourd'hui comme pour demain.

Démocratiser les relations éducatives, F. Jésu – J. Le Gal, Chronique sociale.

Si la prise en compte de l'intérêt supérieur de l'enfant (ou des enfants) selon ce déroulement procédural peut sembler un peu « mécaniste », elle aurait déjà l'immense mérite de devenir une sorte de réflexe, comme le demandent l'article 3 (alinéa 1) et l'article 18, relatif à la responsabilité éducative des deux parents et des professionnels, aussi bien dans les pratiques familiales qu'à l'école, dans les collectivités territoriales – villes et départements –, ou encore dans les débats parlementaires.

Le respect de cette série de questionnements et des obligations qui en découlent ne permet sans doute pas de dégager de « méthode miracle » ni d'affirmer à coup sûr que chaque décision prise est effectivement la meilleure pour l'enfant (ou le groupe d'enfants) concerné(s). Le ou les adultes qui en assureront la responsabilité se seront tout du moins entourés du maximum de garanties pour **éviter la subjectivité et l'arbitraire.** Ils pourront en toute honnêteté affirmer à l'enfant que c'est « pour son bien » qu'ils prennent cette décision, car ils se seront donné les moyens de l'affirmer.

L'article 5 de la CIDE comporte enfin une double dimension dont la prise en compte dans les pratiques introduit : d'une part une obligation, mentionnée dans plusieurs autres articles « thématiques », de respect du rôle premier des parents et des familles dans la protection et l'émancipation des enfants ; et d'autre part la reconnaissance, essentielle, du caractère évolutif des capacités de chaque enfant à comprendre et faire valoir l'exercice de ses droits en son propre nom.

Article 5

Les États parties respectent la responsabilité, le droit et le devoir qu'ont les parents ou, le cas échéant, les membres de la famille élargie ou de la communauté, comme prévu par la coutume locale, les tuteurs ou autres personnes légalement responsables de l'enfant, de donner à celui-ci, d'une manière qui corresponde au développement de ses capacités, l'orientation et les conseils appropriés à l'exercice des droits que lui reconnaît la présente Convention.

L'enfant devrait donc idéalement se voir donner, en premier lieu par ses parents puis par d'autres adultes contribuant à son éducation, l'orientation et les conseils appropriés à l'exercice des droits que lui reconnaît la CIDE. Celle-ci considère en effet l'enfant comme une personne dotée de capacités évolutives qui, si elles se développent dans un environnement qui partage ce pari, lui permettront d'exercer peu à peu ces droits par lui-même. Ainsi conduite, son éducation fera plus probablement de lui un adulte, un parent, un citoyen à son tour susceptible de concilier, au bénéfice des enfants de demain, le souci de leur protection et l'accompagnement de leur émancipation.

Mais, dans l'immédiat, l'article 5, corrélé à l'article 12, permet de mettre en lumière et en application une notion essentielle pour tout projet éducatif : le droit des enfants de contribuer à la prise de décisions pour eux-mêmes conformément à leurs aspirations et à leurs capacités doit être soutenu, encouragé, reconnu et concrétisé tant par leur famille que par leur environnement éducatif, notamment professionnel.

Les droits et les obligations des enfants et des adultes (parents, professionnels, élus...)

La question des droits des enfants et, en complément, celle de leurs obligations bien comprises se situent dans une perspective commune, globale et dynamique de transmission et d'accompagnement intergénérationnels. Rien ne sert d'opposer les droits aux « devoirs », ou pire encore les enfants aux adultes, dès lors que l'on entend inscrire dans la durée les conditions et les moyens de les rapprocher dans une vision solidaire de l'éducation et de l'apprentissage des responsabilités.

« Les enfants ont peut-être des droits, mais ils ont aussi des devoirs! » Que n'entend-on cette formule agacée émise par de nombreux adultes, parents, grands-parents, professionnels, élus, etc. que l'affirmation somme toute encore récente de l'existence de droits propres aux enfants rend sceptiques, voire hostiles ! L'idée sous-jacente à leurs objections est que, à vouloir mettre la démocratie et plus seulement l'autorité à l'ordre du jour des relations éducatives, la CIDE aurait paradoxalement contribué à forger le personnage redoutable de l'« enfant-roi » – ce qui revient à oublier un peu vite, on l'a dit, que cette figure a été plus sûrement promue par les chantres du consumérisme et les professionnels de la publicité marchande que par les militants des droits de l'enfant !

Comme le rappelle pourtant le philosophe Bernard Defrance[92], les « devoirs » ne sont que la conséquence des droits. D'ailleurs, en droit, on ne parle pas ou du moins on ne devrait pas parler de « devoirs » mais d'obligations. Il y a du reste dans notre société des sujets humains considérés comme n'ayant strictement que des droits et aucun « devoir » : les bébés et les très jeunes enfants, les personnes grabataires, certains malades mentaux, etc. En outre, toute obligation, prenant la forme d'une interdiction, qui n'est pas fondée sur une autorisation préalable et d'intérêt général n'a aucun sens. Ainsi, dans la classe, c'est parce que les élèves ont le droit à la parole que le bavardage y est interdit. Chacun a alors l'obligation de

92. Bernard Defrance, *Le droit dans l'école ou les principes du droit appliqués à l'institution scolaire*, Éditions Labor, 2000.

contribuer au silence qui permet d'entendre et d'écouter ce que chacun dit, et d'être écouté à son tour. De ce point de vue, la liberté des uns commence, plutôt qu'elle ne s'arrête, là où commence aussi celle des autres...

Sous une forme plus mesurée, et qu'il convient de prendre en considération, une autre critique de fond consiste à dénoncer le fait que la CIDE pourrait se retourner contre les enfants si elle donnait à penser que, puisque ceux-ci ont des droits, les adultes ont moins d'obligations à leur égard, voire même que de nouveaux « devoirs » incombent aux enfants comme conséquences de leurs nouveaux droits.

Il faut ici commencer par rappeler que les droits énoncés par la CIDE n'ont pas été conquis par les enfants, mais qu'ils leur ont été reconnus, avant même leur naissance, par les adultes, c'est-à-dire par ces anciens enfants – dotés d'une certaine expertise d'expérience en la matière – que ceux-ci ne peuvent nier avoir été.

Il faut ensuite souligner de nouveau, et ici réside sans doute le point le plus important, que ce sont la connaissance et la pratique de leurs droits qui ouvrent la conscience et donnent un sens à l'exercice, par les enfants, de leurs obligations. Il revient donc aux adultes d'en développer la pédagogie active, concrète, coopérative. Or, pour ne mentionner qu'elles, les institutions scolaires, en France, sont bien peu encouragées à le faire ; elles le sont même de moins en moins depuis quelques années, à considérer le quasi-mutisme en la matière des instructions et programmes publiés par leur ministère.

On notera par ailleurs que bien peu de « devoirs » sont spécifiques aux enfants[93]. Pour être convaincantes et communicatives, la plupart des obligations – autrement dit des règles communes – régissant la vie collective ne devraient-elles pas être partagées et réciproques entre adultes et enfants ? L'exemple du tutoiement, pour symbolique et parfois suranné qu'il soit, est exemplaire à ce propos : quel message l'enfant reçoit-il de l'adulte qui lui énonce : *« tu n'as pas le droit de me tutoyer » ?* Autrement dit : *« tu dois me vouvoyer, mais je n'ai pas ici d'obligation équivalente à la tienne » ?* Pour ne rien dire des occasionnels : *« Je vais t'apprendre la politesse, petit con ! »* que l'on entend parfois encore (y compris au sein des familles). Quel modèle relationnel une institution éducative autorisant de telles asymétries propage-t-elle, alors même qu'elle est censée diffuser des savoirs fondamentaux ou pratiques et, qu'à ce titre, prétendant y inclure des savoir-être (désormais désignés et évalués sous le terme de « comportements »),

93. Les « devoirs » remis à l'école ne devraient pas plus être y présentés comme des obligations, des dus ou des dettes (envers qui, d'ailleurs ?) que les erreurs commises par les enfants au fil de leurs apprentissages ne devraient y être qualifiées de « fautes ». L'éducation scolaire n'est ni un dressage ni l'expiation d'un pêché originel d'indiscipline et d'ignorance, mais l'art et l'occasion de découvrir et comprendre le monde et d'acquérir les outils, les méthodes et les chemins de l'émancipation.

elle prône une discipline établie et appliquée sans réels contre-pouvoirs reconnus à ceux auxquels elle s'adresse ?

On observera à ce propos que la plupart des Règlements intérieurs promus ou validés en France par le ministère de l'Éducation nationale – ou, s'agissant des centres de loisirs et des restaurants scolaires, par les élus des collectivités locales – sont en contradiction sur plusieurs points avec la CIDE, et même avec les principes de base du droit civil et du droit pénal[94]. Ils sont la plupart du temps bien plus diserts sur les « devoirs » (ou les interdictions) que sur les droits (ou les autorisations) des « élèves » et des enfants. Et les adultes, ou tout du moins les professionnels (enseignants, conseillers principaux d'éducation, animateurs, etc.), se voient reconnaître à l'égard de ces règlements des fonctions cumulées équivalentes à celles du législateur, du verbalisateur des transgressions constatées ou de la partie prenante aux conflits à traiter, du juge d'instruction, souvent du procureur, enfin du juge de l'application des sanctions. On est bien loin ici d'une gestion démocratique des problèmes de discipline. S'en référer à Jean-Jacques Rousseau quand il affirme que *« le peuple soumis aux lois doit en être l'auteur ; il n'appartient qu'à ceux qui s'associent de régler les conditions de la société »*[95] conduirait plutôt à envisager que, comme on commence à l'observer ici ou là, les enfants soient invités à participer à l'élaboration de certaines dispositions des Règlements intérieurs, et pour commencer des Règles de vie de leur classe, de leur centre de loisir, de leur restaurant scolaire, ainsi qu'à la définition des contenus et des échelles de sanctions. Outre d'une sensibilisation, véritable et concrète, aux notions de droits et d'obligations, ils bénéficieraient ainsi d'une formation pratique et impliquante à la découverte des principes fondamentaux du droit et à l'exercice de la démocratie participative et de la citoyenneté, conciliant l'analyse des situations particulières et la prise en compte de la volonté commune.

Mais ce n'est pas tout. On n'a peut-être pas assez souligné que la CIDE ne saurait être considérée comme un « catalogue » de droits plus ou moins abstraitement, voire utopiquement, reconnus aux enfants. Elle est également, et peut-être surtout, **un outil juridique et donc politique** qui confère aux adultes de nouvelles obligations mais aussi, en particulier pour ce qui concerne les parents et les professionnels de proximité, de nouveaux droits : ceux de faire valoir et respecter concrètement l'ensemble des droits reconnus aux enfants, et pour commencer leurs droits à la protection en même temps que leurs droits à l'éducation, à l'expression et à l'émancipation avec lesquels, on l'a dit, ils interagissent largement.

---

94. Cf. Bernard Defrance, *Le droit dans l'école ou les principes de droit appliqués à l'institution scolaire, op. cit.*

95. Jean-Jacques Rousseau, *Du contrat social,* Le Livre de Poche, 1996.

La CIDE, il faut le répéter, constitue un formidable levier potentiel de mobilisation et d'action, dès aujourd'hui et pour demain, pour les enfants, les jeunes, les parents, les acteurs et les décideurs publics. Et, pour peu que les États qui l'ont ratifiée commencent à s'en saisir moins parcimonieusement que la plupart d'entre eux le font encore, elle pourrait bientôt se montrer porteuse de perspectives de **transformation lente, profonde et radicale de la société.**

La CIDE est un texte sinon révolutionnaire, du moins « révolutionnant », en ceci qu'il incite à mettre en rotation une logique de progrès humain, autrement dit qu'il se consacre à promouvoir dès aujourd'hui les outils et le sens possibles de ce que sera demain. Il y a eu, dans l'histoire humaine, d'autres textes et d'autres périodes de même portée. Mais, cette fois-ci, les enfants, figures même de l'avenir en progression, en sont délibérément les acteurs. Leurs mains – connectées en outre aux réseaux cybernétiques – se préparent à se saisir ou à forger de nouveaux modes de décision et, à terme, à définir de nouveaux modes d'organisation et de fonctionnement des pouvoirs humains.

Dans l'immédiat, et à la lumière des quelques exemples ci-dessus donnés, on voit que la CIDE peut constituer la source d'inspiration et le support d'interactions de plusieurs politiques publiques (de protections et de prestations sociales, d'éducation, de santé) – sous réserve sans doute que ces politiques restent publiques ou contrôlées par les pouvoirs publics. Mais la CIDE, on l'a dit, peut représenter aussi, sur ces différents sujets et sur quelques autres, un **puissant levier de mobilisation de familles** et, à leurs côtés, d'acteurs motivés par une approche ouverte, démocratique et coopérative de la coéducation.

Simultanément et complémentairement, le pari des vingt ans à venir peut consister en ce que, dans les divers espaces et les divers temps éducatifs que les adultes partagent avec eux, les enfants et les jeunes apprennent à découvrir et exercer l'ensemble des droits « politiques » qui leur sont reconnus. Pour que ces droits-ci s'avèrent porteurs des promesses d'un développement humain et social véritablement durable, des évolutions de fond – et pas seulement des dispositifs institutionnels – sont nécessaires. Plusieurs de ces évolutions sont déjà engagées, même si elles le sont de façon encore souvent maladroites et même si certains s'inquiètent de ne pas en déchiffrer les tenants ni, surtout, les aboutissants.

Les premières de ces évolutions concernent les relations éducatives et, plus généralement, les relations entre enfants et adultes, mais aussi les relations entre enfants eux-mêmes.

Il est acquis – ou, sinon, il importe que soit acquis au plus vite – que l'enfant n'est ni un objet, ni même un objet plus précieux que tout, ni une victime potentielle, ni un roi, ni un tyran, etc. ; mais qu'il est « simplement » une personne, sujet de droit, concerné comme tel par l'application du droit commun à toutes les autres personnes comme à lui-même – et à lui-même en tant qu'enfant pour ce qui relève du droit relatif aux enfants. C'est parce qu'il est ni plus ni moins qu'une personne parmi d'autres que doit être pris absolument au sérieux son droit d'être informé puis entendu, d'exprimer son point de vue et de voir celui-ci pris en considération selon son âge et son degré de discernement.

Cette reconnaissance de l'enfant comme personne humaine à part entière qu'exprime puissamment la CIDE doit devenir le principe de référence, et le fait est qu'elle le devient plus ou moins dans les pratiques :

– tout d'abord en famille, quoiqu'encore complexes et très diverses soient les façons dont le dialogue entre enfants, parents, mais aussi grands-parents et beaux-parents, s'y instaure et s'y manifeste au quotidien ;

– dans les institutions scolaires, d'éducation non formelle et de loisirs que l'enfant fréquente au fil des jours, des semaines et des ans, où les marges de progression sont encore considérables ;

– dans les services et par les professionnels de santé ou d'action sociale, que les enfants fréquentent moins systématiquement ou plus épisodiquement, et où les pratiques observées sont là aussi très variables ;

– lors des éventuelles rencontres avec l'institution judiciaire et des auditions par un juge des affaires familiales, un juge des tutelles, un juge des enfants ou par un magistrat du Parquet, etc., supposés connaître et appliquer le droit.

Une fois cette base acquise et cette « sous-couche » de pratiques relationnelles peu ou prou novatrices posée et régulièrement entretenue auprès des enfants, les grandes évolutions sinon observées du moins attendues concernent le passage à un fonctionnement démocratique proprement dit des plus usuelles de ces institutions, à savoir pour commencer : les familles, les établissements scolaires et les structures de loisirs.

Passer de l'écoute et de la consultation de l'enfant au partage de la décision et de la mise en application de celle-ci avec lui est cependant loin d'aller de soi.

Décréter la démocratie au sein de la famille, sphère privée par excellence, s'avère ainsi particulièrement délicat et ceci d'autant plus que nul n'est légitime dans l'absolu pour s'y autoriser de son propre « chef ». L'anthropologie, la sociologie et la psychologie incitent à la prudence et au respect de la diversité quant aux modalités souhaitables d'annonce, de mise en œuvre et d'aménagement d'une régulation interne de type démocratique de la vie familiale. Le « modèle » démocratique de fonctionnement est en outre le fruit d'une posture assez paradoxale de la part de l'adulte détenteur de l'autorité parentale, amené en quelque sorte à énoncer à l'enfant : *« j'ai le pouvoir de t'imposer de partager ce pouvoir avec moi »*. À titre de comparaison, on sait à quel point l'injonction *« Sois libre ! »* est fondamentalement inapplicable, et donc irrecevable. On connaît de même les dégâts institutionnels occasionnés par des énoncés tels que : *« Ici, il n'y a pas de chef ; c'est le chef qui l'a dit »*.

Il n'en demeure pas moins, en pratique, qu'il revient la plupart du temps au détenteur institué de l'autorité de proposer un fonctionnement plus démocratique, fondé sur la participation de tous au processus décisionnel, donc sur un partage de son pouvoir.

Allant dans ce sens, le législateur a cependant pris ses responsabilités en réformant, par la loi du 4 mars 2002, la définition de l'autorité parentale telle qu'elle figure désormais à l'article 371-1 du Code civil, et en la mettant en conformité avec plusieurs articles, et notamment avec l'article 12, de la CIDE : *« L'autorité parentale est un ensemble de droits et de devoirs ayant pour finalité l'intérêt de l'enfant. Elle appartient aux père et mère jusqu'à la majorité ou l'émancipation de l'enfant pour le protéger dans sa sécurité, sa santé et sa moralité, pour assurer son éducation et permettre son développement, dans le respect dû à sa personne. Les parents associent l'enfant aux décisions qui le concernent, selon son âge et son degré de maturité. »* Les informations manquent à ce jour sur la façon dont les familles, et les pouvoirs publics à leurs côtés, sont en mesure de mettre en application la dernière phrase de cet article clé du Code civil… Pour le dire trivialement, le « service après vente » de celle-ci est loin d'être prévu, installé et opérationnel ! On y reviendra abondamment dans les chapitres qui suivent.

Le projet de rendre démocratique le fonctionnement de l'école, du collège, du lycée, du restaurant scolaire, du centre de loisirs, du centre de vacances, du club sportif, du conservatoire de musique, etc. n'est pas encore en mesure, quant à lui, de faire l'unanimité chez les professionnels de l'instruction et de l'éducation et chez nombre de décideurs et d'observateurs de ces différents champs de l'éducation collective. Les acquis de longue date des militants de l'éducation populaire et des pédagogies coopératives pourraient pourtant les éclairer, les rassurer et les guider, mais ils sont rarement sollicités en ce sens par les responsables politiques et institutionnels. Le chemin se fait donc ici en marchant. Il est rendu parfois erratique et tortueux, entre les hésitations de ceux qui s'y engagent en traînant les pieds et en maugréant contre des illusions désignées de démagogiques et de « jeunistes », et les certitudes inverses de ceux qui négligent le proverbe chinois selon lequel *« on ne s'égare jamais si loin que lorsque l'on croit connaître la route »*. Comme pour ce qui concerne la vie en famille, on observe néanmoins, « sur le terrain », la progressive montée en charge, çà et là, de la démocratisation expérimentale des relations et du fonctionnement de nombre d'institutions éducatives. Mais, pour le dire trivialement de nouveau, le logiciel de cette ambition est encore loin d'être produit en série, d'autant que l'environnement idéologique dominant ne se prête guère, ces temps-ci, à ce qu'il puisse concurrencer officiellement le logiciel néo-autoritariste. De plus, l'accent mis sur les modèles éducatifs compétitifs au détriment des modèles coopératifs tout comme le primat de la discipline et de la normalité comportementale sur la créativité et le plaisir d'apprendre aggravent momentanément le tableau.

Ce n'est qu'à bas bruit, quoique résolument, que des expériences probantes, réelles et réalistes de démocratisation se développent néanmoins au sein d'un nombre croissant de collectifs pédagogiques et éducatifs. Ces expériences reposent le plus souvent sur des dispositifs qui s'ouvrent à la consultation systématisée des parents, des autres éducateurs, mais aussi des enfants et des jeunes eux-mêmes, sur les questions qui les concernent solidairement. L'esprit sinon la lettre de la CIDE y sont pour beaucoup.

À une plus large échelle, on voit ainsi un nombre croissant de villes ou de communautés de communes engagées de la sorte dans la conception, la mise en œuvre et l'évaluation concertées de « Projets éducatifs locaux » et dans une autre mesure, on y reviendra, des « Projets éducatifs de territoire ». S'appuyant de diverses façons sur des méthodes – ou sur des instances déjà constituées – de démocratie consultative et participative, ces démarches de projets visent à identifier, prendre en compte et surtout mettre en cohérence l'ensemble des espaces et des temps qui déterminent l'éducation, dans l'ensemble de ses composantes (familiales, préscolaires, scolaires, « périscolaires », liées aux temps libres et aux loisirs), des enfants de 3 ou 6 ans à 16 ans, voire et de plus en plus souvent de la naissance à 18 ans, résidant sur le territoire concerné. Plusieurs villes ainsi engagées, depuis plus de dix ans pour certaines, dans des logiques relevant de l'invention de ce que l'on pourrait dénommer une culture de « coéducation populaire » sont même actuellement conduites à élaborer la deuxième ou la troisième version de leurs Projets éducatifs locaux. L'introduction, dans la loi de 2013 dite « d'orientation et de programmation pour la refondation de l'école de la République » et sous le terme de « Projet éducatif de territoire », d'une version modeste, scolaro-centrée et plus technocratique que démocratique du Projet éducatif local (et global) fournit l'occasion d'examiner et d'encourager la façon dont la participation non seulement des parents (timidement prévue par la loi) mais aussi celle des enfants et des jeunes (totalement scotomisée) vont pouvoir y être malgré tout développées à l'initiative des municipalités. Sur l'ensemble de ces sujets nous reviendrons également dans le chapitre 5.

La maturation et l'approfondissement de ces dynamiques doivent en effet être suivis avec la plus grande attention, notamment lorsque la participation des parents, des enfants et des jeunes ne relève plus d'une initiative ponctuelle et circonstancielle, mais qu'elle s'inscrit dans la durée d'un processus de consultation et d'évaluation régulières.

Mettre la ville à la hauteur et au rythme des enfants, et pas seulement des adultes, est certainement une voie de choix pour susciter de nouvelles et prometteuses alliances entre les familles d'une part, les décideurs et les acteurs des politiques locales d'autre part. Seul le rapprochement confiant des volontés privées exprimées par les familles et des volontés publiques portées par les institutions peut susciter leur détermination commune à concrétiser les perspectives tracées par la prise en compte réelle de l'ensemble des droits des enfants. Des droits qui peuvent se résumer à celui de vivre au mieux et de découvrir au plus tôt leur humaine et citoyenne condition, une main dans celle des adultes qui les rassurent, les encouragent, les instruisent et les guident, et l'autre déjà tournée vers la construction d'un avenir qui sera celui de leurs propres enfants.

L'autorité en question

Dans une société démocratique, l'éducation a pour finalité l'épanouissement de l'enfant, son accession progressive à l'autonomie, c'est-à-dire à la capacité à penser et à agir par lui-même mais aussi à s'associer aux autres pour construire avec eux le bien commun, en assumant sa part de responsabilité. Il devient ainsi l'auteur de son devenir personnel et du devenir collectif. L'autorité éducative est avant tout un moyen de contribuer à cette finalité, et non pas un objectif en soi dont l'exercice ne viserait qu'à confirmer l'existence et le respect d'une composante – unilatérale – d'autorité dans la relation éducative.

Y a-t-il une crise de l'autorité éducative ?

La démocratie repose sur un principe d'égalité de statut et de pouvoir (de décider et d'agir) entre les citoyens qui la font vivre, alors que la relation éducative suppose une inégalité de savoir entre ses protagonistes. La « démocratisation des relations éducatives » ressemble donc à un oxymore tant que l'on n'accepte pas de reconsidérer l'autorité qu'est supposé conférer le pouvoir de faire savoir, et plus généralement ce que signifie et recouvre aujourd'hui la notion même d'autorité dans le champ politique. Depuis près de vingt ans, la nécessité de ce débat imprègne les familles, l'école et nombre de politiques publiques.

Soupirer *« si jeunesse savait, si vieillesse pouvait »* ou tenter son retournement jeuniste en *« si jeunesse pouvait, si vieillesse savait »* n'a guère de sens et d'utilité. Aujourd'hui, la jeunesse peut savoir (par la généralisation et l'extension de l'accès à l'instruction et à Internet) et la vieillesse sait pouvoir (comme en témoigne l'âge moyen des décideurs politiques et institutionnels). La question centrale se pose donc en des termes réactualisés et doit se consacrer à examiner dans quelle mesure, entre enfants et adultes, l'autorité consiste plutôt à autoriser ou plutôt à interdire de nouveaux rapports partagés au savoir et au pouvoir.

L'étymologie du mot « autorité » aide à éclairer et à ouvrir cette réflexion. Le verbe latin *« augere »,* qui signifie « faire croître » et donne « augmenter », est en effet à la racine commune des mots « auteur » et « autorité ». Au fil du temps[96], « auteur » a recouvert les notions de « créateur, fondateur, instigateur, conseiller », pendant que « autorité » se déployait en quatre domaines complémentaires par lesquels on voit s'articuler les liens entre les attributs du savoir et ceux du pouvoir : « crédit accordé à un auteur, un écrivain, un texte », « pouvoir d'imposer l'obéissance, force de ce qui est jugé ou décidé », « droit d'imposer l'obéissance », « indice de la supériorité morale découlant de ce pouvoir ou de ce droit ».

Une idée apparaît ici en filigrane : être auteur conférerait de l'autorité. Mais sur quoi (l'œuvre) ou sur qui (ses destinataires) ? En matière éducative, peut-on considérer que le parent est l'auteur de son enfant, ce pourquoi celui-ci lui devrait l'obéissance ? Nombre de parents, et d'élus qui s'adressent à eux, raisonnent sans doute de la sorte ; on y reviendra. Mais, si l'on se réfère à cette façon de voir, de quoi procède alors l'autorité des autres éducateurs ?

Ne pourrait-on s'extraire du registre de l'obéissance imposée et, en se rapprochant du sens originel – faire croître –, envisager l'autorité comme ayant d'abord à voir avec la création, la créativité, l'autorisation donnée de concevoir et développer quelque chose de nouveau avec les autres et/ou par soi-même ? Éduquer un enfant, ou même un adulte, ne consiste-t-il pas en effet à chercher à construire quelque chose avec lui – et, pour commencer, une relation – puis à continuer de le faire en assumant la coresponsabilité initiale et continue de cette coconstruction ? Autrement dit à créer avec cet enfant, ou cet adulte, le chantier de ce qui va l'aider à croître et à s'établir ? Et que, devenant auteur à son tour, il va « augmenter » pour son propre bénéfice et pour celui de son environnement ? Ainsi considérée, l'autorité serait **l'art d'autoriser chacun à devenir auteur de sa vie et coauteur de la société.**

96. *Dictionnaire historique de la langue française,* Le Robert, 1998.

Beaucoup de parents sont loin de faire leur une telle *conception éducative de l'autorité*. Ils en sont d'autant plus éloignés que de fortes pressions pèsent sur les plus fragiles ou les plus déroutés d'entre eux pour obtenir d'eux les preuves qu'ils exercent sur leurs enfants une *autorité éducative* plus soucieuse d'interdiction et d'obéissance que d'autorisation et de créativité. Serait-ce cependant par dépit d'échouer sinon à partager du moins à concrétiser la vision idyllique ci-dessus évoquée que nombre de parents s'estimant « manquer d'autorité », ou auxquels on reproche d'en être dépourvus, se plaignent si fréquemment de leurs enfants en disant d'eux : *« ils ne m'écoutent pas » ?* À l'évidence, sauf surdité ou hypoacousie dont un bilan audiométrique permettra d'écarter l'éventualité, leurs enfants les entendent (nul n'est donc besoin de crier) et ils les écoutent (c'est-à-dire qu'ils s'efforcent de décrypter le sens de ce qui leur est dit), et sans doute ces parents s'efforcent-ils aussi de les écouter. Ce que ces parents semblent exprimer généralement, en réalité, et avec un soupir plus souvent dépité qu'exaspéré, est : *« ils ne m'obéissent pas »,* ou bien *« ils ne m'obéissent pas d'emblée »* ou encore *« ils ne m'obéissent que sous la contrainte, et le recours à cette contrainte est pénible »*. Mais ne faut-il pas retenir l'hypothèse de la déception, du regret éprouvé face à un constat vécu certes comme un échec ou une incompétence de leur part, mais d'un tout autre ordre que celui que leur attribuent leurs habituels contempteurs ? Plusieurs de ces parents, s'ils avaient le temps d'y réfléchir et l'occasion de le formuler en toute confiance, pourraient bien au fond vouloir dire ceci :

> *« Avec nos enfants, nous voudrions nous écouter, nous entendre, par les voies du dialogue et de la raison, comme entre des êtres libres et égaux, respectueux les uns des autres. Mais quelque chose nous en empêche, qui maintient ou fait régresser nos relations à la tentation d'un inéluctable rapport de forces par lequel nous, en tant qu'adultes et parents, devons prouver à nos enfants et à la société que nous sommes nécessairement, parce que hiérarchiquement, les plus forts, que notre autorité est un pouvoir en même temps qu'un devoir, mais rien d'autre que cela. »*

Ce « quelque chose » mérite qu'on s'y arrête. Ce « quelque chose » entrave manifestement nombre de parents, mais aussi d'autres adultes en situation éducative, dans leur ambition et leur idéal de non-violence, de non-contrainte, de recherche de dialogue et de persuasion, voire dans leur vision d'une possible égalisation des statuts entre enfants et adultes face à la résolution des différends relationnels de la vie quotidienne. Ce « quelque chose » est parfois abusivement attribué à une anomalie, un symptôme, un problème psychologique de l'enfant ou de ses parents, ou encore à des caractéristiques de son propre environnement (mésentente ou séparation de ses parents, mauvaise influence de ses camarades, dysfonctionnement de sa crèche, de son école, de son centre de loisirs, etc.). Ce « quelque chose » est politiquement commenté comme la cause, la conséquence ou le produit d'une « crise de l'autorité », appliquée à l'éducation.

Si « crise » il y a, c'est bien alors au sens – souvent cité – que lui donna le théoricien politique italien Antonio Gramsci, il y a près d'un siècle : une crise consiste en ce que les anciens modèles meurent, mais que les nouveaux hésitent à naître. En considérant, comme lui toujours, qu'il convient en la matière d'*« allier le pessimisme de l'intelligence à l'optimisme de la volonté »,* on est tenté d'en déduire que ladite crise met durement à l'épreuve, théorique et pratique, nos capacités à penser et agir l'autorité en général, et l'autorité éducative en particulier, en l'opposant au dialogue, à la raison, à la démocratisation des relations humaines.

S'affranchir de cette pesante et archaïque opposition est une tâche immense. Bossuet en avait déjà entr'aperçu le possible dépassement dans l'oraison funèbre qu'il fit, en 1670, d'Henriette-Anne d'Angleterre, en relevant à son sujet : *« Elle savait persuader et convaincre aussi bien que commander, et faire valoir la raison non moins que l'autorité ».* Que cette perspective, identifiée et valorisée pour une petite-fille, fille et belle-sœur de roi, puisse aujourd'hui concerner l'ensemble des citoyens, de toutes conditions, d'un pays moderne est le moindre des objectifs que celui-ci peut s'assigner au titre de son ambition démocratique…

Cette ambition pourrait aujourd'hui s'articuler autour d'un objectif formulé comme suit : **respecter et faire respecter une autorité qui autorise un authentique respect mutuel.**

La nature et le rôle de l'autorité dans les relations éducatives, qu'elles soient familiales ou institutionnelles – et notamment scolaires –, font certes l'objet d'évolutions considérables mais, comme on vient de l'évoquer, loin d'être stabilisées, du moins dans l'ensemble de la société. En outre, ces évolutions restent largement évaluées à l'aune du respect : celui que ladite autorité est supposée nécessiter de prime abord pour mieux le susciter en retour. De ce point de vue, le respect est moins le miroir que le rétroviseur de l'autorité[97]. Mais s'agit-il du respect – rétrospectif – des détenteurs de l'autorité, ou du respect – prospectif – d'autrui en général ?

Traditionnellement, le respect est considéré à la fois comme le support et le résultat d'une relation éducative fondée sur une conception indiscutable et à sens unique de l'autorité : support de la transmission plus ou moins passive des valeurs et des savoirs communs, et résultat de l'inculcation plus ou moins aboutie des comportements et des usages socialement conformes.

---

97. Les mots « respect » et « rétroviseur » ont d'ailleurs la même signification étymologique, celle de « regard en arrière ». On peut ainsi les considérer comme les judicieux auxiliaires d'une démarche d'évaluation… rétrospective.

Or ces comportements et ces usages se sont longtemps avérés à ce point rigides et codifiés que le respect a semblé essentiellement signaler un rapport de hiérarchie, voire de forces – ne parle-t-on pas de « tenir quelqu'un en respect » ?

Dans une société démocratique, le respect d'autrui – et notamment de l'enfant, du parent, du professionnel de l'éducation – devrait désormais refléter le souci et la volonté de le rencontrer pour **coconstruire avec lui une relation référée à l'égalité de droits et de statut.** Ce respect-là devrait se penser, s'éprouver et s'acquérir comme promis à la réciprocité. Comment le respect, et en particulier le respect de l'autorité éducative, peut-il donc s'envisager comme mutuel, c'est-à-dire partagé plutôt qu'unilatéralement imposé, adopté plutôt que prescrit, ou – à défaut – contractuel plutôt que contraint ?

Pour traiter cette question, il faut commencer par se placer dans une brève perspective historique, le temps de citer – sans les approfondir – les sources et les fondements traditionnels de l'autorité, ou plutôt des autorités. Les éléments plus contemporains de cette thématique seront ensuite abordés en tentant d'identifier ses enjeux et quelques pistes possibles qu'il est important d'emprunter pour ce qui concerne le proche avenir. À cet effet, on examinera tout d'abord *les caractéristiques* que doit ou devrait aujourd'hui réunir l'autorité éducative pour s'avérer respectable aux yeux des enfants et des jeunes. On en déduira ensuite l'hypothèse selon laquelle, pour être consolidées et validées dans le contexte actuel de crise d'adaptation de l'éducation aux valeurs démocratiques, ces caractéristiques impriment aux adultes *des obligations* – elles aussi mutuelles – de respect, de confiance et de coopération. Ces obligations conditionnent en effet la capacité des enfants et des jeunes à y adhérer en profondeur pour les faire leurs et les transmettre à leur tour.

Une brève histoire des conceptions de l'autorité pensée par les adultes et pour les adultes

L'autorité est classiquement l'art d'obtenir d'autrui une série de comportements, et notamment l'obéissance, mais sans l'imposer par la force, sans recourir à la menace ou à la contrainte. Elle exclut donc l'usage de moyens extérieurs de coercition.

Cette définition trouve son origine dans la conception de Platon[98], selon lequel la source de l'autorité est la *compétence*. Il estime que l'homme ne peut se gouverner seul, que les sociétés ont besoin d'ordre, donc d'autorité.

98. Platon, *La République*, Flammarion, 2008.

Pour lui, le philosophe roi gouverne par le savoir et la raison[99], ce qui le préserve de la tentation de la tyrannie – alors que la démocratie serait quant à elle la dictature, non éclairée, du grand nombre. De plus, la compétence et le savoir qui fondent cette autorité s'ancrent dans une tradition léguée par les ancêtres, eux-mêmes localisés dans un au-delà mythique.

On retrouve cette conception dans de nombreuses religions animistes, mais aussi monothéistes (notamment dans le christianisme et le judaïsme), selon lesquelles l'extériorité et l'antériorité de ce qui la légitime sont nécessaires pour fonder l'autorité. Comme pour Platon, une distance transcendantale doit être maintenue avec la source de l'autorité pour que chacun s'y soumette et que nul ne puisse la confisquer pour lui seul.

Une telle conception de l'autorité aurait cependant posé problème à la marche de l'histoire – et de l'éducation – si, avec Rousseau[100] puis Hegel[101], l'État n'avait pas peu à peu incarné une nouvelle figure de la transcendance. En tant qu'émanation de la volonté générale, l'État et l'autorité qui en émane à son tour ont théoriquement la charge de guider le progrès humain et social, et non pas d'en imposer les normes par un rapport de domination physique sur le peuple, comme l'avait envisagé Hobbes[102] un siècle plus tôt au motif que *« l'homme est un loup pour l'homme »*[103].

La liberté et l'égalité de chacun et de tous conditionnent bientôt l'exercice de l'autorité d'un État ainsi conçu et elles finissent par en constituer, dans un nombre croissant de pays riches, les principaux fondements. Droits originaires et naturels de l'homme pour Locke, puis droits politiques pour les philosophes des Lumières, la liberté et l'égalité sont devenues l'abscisse et l'ordonnée d'un espace démocratique auquel la fraternité et la solidarité confèrent en outre, du moins en France, une profondeur républicaine[104].

Aujourd'hui, l'acceptation de l'autorité publique résulte en outre de l'accroissement de la rationalité sociale. C'est d'ailleurs à ce titre que la démocratie représentative en vient à s'ouvrir peu à peu aux jeux et aux enjeux plus délicats de la démocratie participative.

---

99. *« L'autorité contraint à l'obéissance, mais la raison y persuade. »* Richelieu

100. Jean-Jacques Rousseau, *Discours sur l'origine et les fondements de l'inégalité parmi les hommes,* Le Livre de Poche, 1996 et *Du contrat social, op. cit.*

101. Georg Wilhelm Friedrich Hegel, *Introduction à la philosophie de l'histoire,* LGF, 2011.

102. Thomas Hobbes, *Léviathan,* Gallimard, 2000.

103. Selon Hobbes, la propension naturelle des hommes les conduit à développer toutes sortes de violences pour *« se rendre maîtres de la personne d'autres hommes, femmes, enfants, et du bétail »*. Il en déduit que seule la *« puissance commune »* de l'État peut prémunir l'*« état de nature »* d'être ou de devenir un état de guerre *« où chacun est l'ennemi de chacun »*.

104. Pierre Rosanvallon, *La société des égaux,* Seuil, 2011.

C'est aussi au nom de la rationalité que l'autorité managériale est reconnue comme nécessaire au fonctionnement des organisations complexes que sont devenues les institutions et les entreprises. Mais si cette autorité donne lieu à des abus liés à la recherche de prestige ou de profit, ceux-ci sont alors perçus comme des abus, non pas d'autorité mais de pouvoir.

Qu'en est-il alors, dans ce contexte, de la sphère éducative ? Plus précisément, quelle peut-être, aujourd'hui, une autorité éducative exercée dans l'intérêt de chaque enfant et de tous les enfants ?

Traitant en 1955 de la crise de l'éducation puis s'interrogeant, quelques années plus tard, sur la nature de l'autorité, Hannah Arendt argumente en 1961 l'existence d'une crise générale de l'autorité qui se manifesterait en premier lieu dans les champs de l'éducation et de l'instruction des enfants[105]. *« Le fait même que cette autorité prépolitique qui présidait aux relations entre adultes et enfants, maîtres et élèves, n'est plus assurée signifie que toutes les métaphores et tous les modèles de relations autoritaires traditionnellement à l'honneur ont perdu leur plausibilité. En pratique aussi bien qu'en théorie, nous ne sommes plus en mesure de savoir ce que l'autorité est réellement. »*

Au fil de son analyse, cependant, Hannah Arendt observe que *« puisque l'autorité requiert toujours l'obéissance, on la prend souvent pour une forme de pouvoir ou de violence. Pourtant, l'autorité exclut l'usage des moyens extérieurs de coercition ; là où la force est employée, l'autorité proprement dite a échoué »*[106]. Mais elle ajoute aussitôt que *« l'autorité est incompatible avec la persuasion, qui présuppose l'égalité et opère par un processus d'argumentation »*. Pour elle, *« face à l'ordre égalitaire de la persuasion se tient l'ordre autoritaire, qui est toujours hiérarchique »*. Autrement dit, une hiérarchie explicite ou implicite est toujours en jeu dans une relation d'autorité, notamment entre un adulte et un enfant. Et, conformément à la vision qu'en avait Platon, le bien-fondé de cette hiérarchie ne saurait être discuté.

Le philosophe Alain Renaut a relativisé ces affirmations abruptes en retraçant la perspective historique qui, 200 ans après la première Déclaration des droits de l'homme et du citoyen, a abouti, en 1989, avec l'adoption de la Convention internationale des droits de l'enfant par l'Assemblée générale de l'ONU, à reconnaître aux enfants des droits en partie spécifiques, et en partie équivalents à ceux de l'homme et du citoyen (adultes)[107]. Les droits de l'homme de l'enfant nous amènent désormais à voir très tôt en lui l'égal des adultes. Mais nous ne pouvons ni ne devons oublier que l'enfant

---

105. Hannah Arendt, « La crise de l'éducation » et « Qu'est-ce que l'autorité ? », essais rassemblés avec six autres et publiés dans *La crise de la culture*, *op. cit*.

106. Hannah Arendt, « Qu'est-ce que l'autorité ? », *op. cit*.

107. Nous y reviendrons plus longuement dans les pages qui suivent.

est aussi *« cet égal paradoxal qui a besoin d'eux pour devenir ce qu'il est »*[108] c'est-à-dire une personne à part entière en même temps que, potentiellement, un citoyen de plein exercice.

Les droits désormais reconnus à tous les enfants ne garantissent pas seulement leur protection, leur santé et leur instruction. Ils visent aussi une perspective éducative et citoyenne qui, passant par leur expression et leur participation, actualise assez radicalement celle de leur émancipation. Aussi les conceptions traditionnelles, transcendantales, hiérarchiques, voire charismatiques de l'autorité ne peuvent-elles plus, même raisonnablement, être appliquées aux enfants sans être remises en cause dans leur exclusivité et leur bien-fondé.

L'enfant doit donc être désormais perçu, on l'a dit, à la fois comme un *être en présence* et comme un *être en devenir*. Ce constat s'articule d'ailleurs avec celui selon lequel l'adulte a lui aussi « besoin » de l'enfant pour devenir parent, et passer ainsi de l'expérience d'*avoir* des parents à celle d'*être* parent. L'enfant, devenu adulte, pourra suivre à son tour le même parcours, ce à quoi il se prépare donc dès son enfance. L'autorité parentale des parents se forge en même temps qu'elle s'exerce, dans un contexte éducatif donné, mais après avoir été vécue par ces mêmes parents pendant leur propre enfance, dans un contexte le cas échéant différent. L'autorité parentale, et plus généralement l'autorité éducative, procède donc d'un **patrimoine culturel.** Elles se transmettent et se transforment comme lui et avec lui.

Même si elle est discutée, voire contestée, et en tout état de cause loin d'être aboutie, l'universalisation progressive et simultanée des modèles politiques de type démocratique et des droits de l'enfant est constitutive de ce patrimoine culturel. Il en résulte inéluctablement que de nouvelles formes d'autorité éducative sont à promouvoir et pour commencer, dans une large mesure, à inventer. Elles doivent se distinguer des formes antérieures, directives et souvent brutales qui n'ont pas fait, loin de là et quoiqu'on dise et imagine parfois, le bonheur de la plupart des enfants. Les doutes, les incertitudes, les tâtonnements des parents et des autres éducateurs sont peut-être déstabilisateurs et douloureux, tout comme le sont les temps historiques que nous traversons, mais ils sont nécessaires. Ils ne doivent pas induire la tentation précipitée d'un retour nostalgique ou de la fuite en avant vers un autoritarisme aveugle, qui pourrait s'avérer générateur de révoltes et de violences tout aussi aveugles. Quoi qu'il en coûte, il faut dresser le constat de ce que nulle police n'a pu empêcher la mise à feu d'écoles et de bibliothèques lors des émeutes de certaines banlieues. Et faire le pari d'approches autrement radicales.

108. Alain Renaut : *« La libération des enfants – Contribution philosophique à une histoire de l'enfance », op. cit.*

La « crise de l'autorité » que donnent aujourd'hui à observer nombre d'enfants et de jeunes – et pas seulement ceux des milieux populaires défavorisés – résulte largement de cette **confusion entre autorité et autoritarisme.** Quand celui-ci leur semble injuste et dénué de sens parce qu'il ne les rassure pas plus qu'il ne les structure, ils n'en restent pas moins en quête d'une autre forme d'autorité. En référence à l'étymologie du terme, ils cherchent l'*auctor,* le conseiller, le détenteur d'une considération reconnue, le garant de leur avenir et qui veillera à leur intégration dans l'ordre social, les aidera à sortir des logiques d'injonction hiérarchique ou de surenchère relationnelle pour entrer dans un authentique dialogue avec des adultes qui leur font confiance.

La nouvelle forme d'autorité éducative à forger doit donc répondre à une série d'objectifs assez complexes. Elle doit considérer que chaque enfant est à la fois distinct dans sa façon d'être, mais égal en droits et obligations, vis-à-vis de tous les autres enfants ainsi que, autant que possible, des adultes contribuant à son éducation : il s'agit de conjuguer de la sorte le respect de la personne de l'enfant et le respect, par l'enfant, des collectifs (familiaux, éducatifs) dont il est partie prenante. L'autorité éducative devrait aussi réussir à sortir du dilemme entre « recours à la force » et « persuasion par l'argumentation » dont Hannah Arendt voulait l'extraire tout en l'y confinant. Il lui faut pour cela commencer par affirmer des intentions non pas libérales – qui restaureraient aussitôt les effets inégalitaires inhérents aux rapports de forces[109] – mais des **intentions libératrices ou, plus exactement, émancipatrices,** c'est-à-dire qui donnent le goût d'être accompagné dans sa découverte de la liberté et d'en délibérer ensemble[110].

Une telle autorité, on l'a dit, est sans doute amenée à s'intéresser à sa capacité d'autoriser plutôt qu'à son seul devoir d'interdire. Elle motive les « non » qu'elle édicte par tous les « oui » qu'elle rend possibles. Elle peut être pensée et assumée, de ce point de vue, en termes d'influence. Cette influence doit cependant être consciente de ses caractéristiques, de ses fondements, de ses finalités et de ses limites.

Vers une autorité éducative émancipatrice : l'exemple de l'autorité parentale

Une autorité éducative qui émancipe – sans renoncer à protéger, à socialiser, à transmettre, à instruire et à former – pourrait se caractériser par *trois principaux critères*. Elle aide tout d'abord l'enfant à grandir en lui

109. « *Morte est l'autorité, chacun vit à sa guise.* » Ronsard

110. « *La liberté est fille de l'autorité bien entendue.* » Émile Durkheim

garantissant à la fois protection et autonomisation ce qui, on le sait, n'est pas le moindre des paradoxes et des difficultés à laquelle elle confronte les adultes. Elle se présente ensuite à l'enfant comme une volonté déterminée des adultes à faire alliance avec sa propre volonté émergente pour l'autoriser à découvrir ce qu'il en est de vouloir, de savoir, de choisir et d'agir. Elle est enfin limitée dans le temps – plus limitée en l'espèce pour les professionnels que pour les parents – et elle vise donc à son propre effacement. C'est pour ces trois raisons que son influence sera alors reconnue, acceptée et respectée par l'enfant ou le groupe d'enfants auxquels elle s'adresse – ce qui est, d'ailleurs, le propre de toute autorité démocratique.

Il en résulte que, ni naturelle, ni anonyme, ni autoproclamée, l'autorité émancipatrice doit être autorisée à se présenter – et à se représenter – comme coéducative. Inscrite dans un projet politique national (certains pays tournent déjà autour de l'idée) ou local (certains Projets éducatifs locaux n'en sont pas loin), elle doit en effet être socialement mandatée pour ouvrir progressivement l'enfant à l'ensemble du monde et de la culture qui lui préexistent – et pas seulement à l'immédiateté de leurs manifestations –, pour lui y procurer un accès accompagné, pour les lui rendre compréhensibles, pour qu'il ne s'y sente pas seul et livré à lui-même, otage de ses pulsions. La liste des mandataires ainsi autorisés n'est pas limitée *a priori,* bien au contraire, mais elle doit faire l'objet d'une délibération et d'un consensus des adultes, et – en premier mais pas en dernier lieu – des parents. L'autorité éducative des parents ne provient pas, en effet, du fait qu'ils sont les « auteurs » de leur enfant, mais surtout du fait qu'ils se portent garants de lui en le reconnaissant publiquement dès après sa naissance (ou son adoption) et en faisant valoir, sur la durée, le sens et la portée de cet engagement : élever leur enfant, et non pas le dresser ou le formater à leur seule image, pour le conduire affectueusement jusqu'au seuil de son émancipation réelle.

En tout état de cause, l'autorité émancipatrice des éducateurs est certes une autorité d'adulte, mais c'est surtout une **autorité adulte.** Elle ne cherche donc ni à séduire ni à accaparer l'enfant ; ni à le préserver de la découverte des réalités, des dangers, des contraintes de ce qui l'entoure ; ni à éviter d'avoir à faire des choix pour lui puis, assez vite, avec lui ; ni à promouvoir devant lui des attitudes de repli, d'indifférence ou de neutralité relationnels, mais bien au contraire à valoriser des **postures d'engagement et de prise de responsabilités,** qu'elles le concernent directement ou non.

En résumé, l'autorité éducative émancipatrice, légitimée et assumée comme telle, invite l'enfant au **passage** et au **partage :** le passage des seuils successifs d'entrée dans le monde, et le partage de ce qu'il y découvre au fur et à mesure. Il n'est donc pas même souhaitable qu'elle se présente à l'enfant comme un modèle à respecter en tant que tel, par *déférence* ou convenance, et dans l'image duquel il risque de s'enfermer et de s'aliéner : mieux vaut lui fournir les occasions de discerner puis de construire les conceptions de l'autorité qu'il peut et veut se faire lui-même, pour éventuellement les adopter. L'autorité émancipatrice doit donc plutôt s'affirmer comme un guide, un repère, une *référence* au sens où *« la référence est la nécessaire sortie hors de soi, le détour qui nous renvoie à nous-même »*[111].

Dans l'idéal d'un espace démocratique structuré par les valeurs de liberté et d'égalité et où l'identité et l'altérité de chaque enfant sont simultanément reconnues, la finalité de l'autorité éducative est en réalité de susciter le respect et la confiance mutuels entre les enfants et les adultes, mais aussi entre les enfants eux-mêmes, mais encore – et, peut-être, pour commencer – entre les adultes éducateurs eux-mêmes.

Il se trouve à cet égard que des objectifs et des enjeux potentiellement communs aux différents détenteurs d'une autorité éducative, et notamment aux détenteurs de l'autorité parentale, peuvent aujourd'hui être identifiés et, surtout, guider des projets partagés. Des projets à ce point partagés que, quelle qu'en soit l'échelle familiale ou institutionnelle, les enfants pourraient en être non seulement les « cibles » mais aussi – dans une perspective émancipatrice contribuant à la construction et à l'exercice de leur citoyenneté – les acteurs associés.

Que cela soit facile ou non à admettre et à mettre en pratique, il nous faut désormais renoncer à *dresser* les enfants, et conjuguer toutes les forces permettant de les *élever* dans le sens du progrès humain et social. En dépit des accès de fièvre régressive que déclenchent ça ou là les appréhensions à l'égard d'un avenir perçu comme illisible, ce chemin est sans retour. Il nous revient donc de généraliser l'application des valeurs républicaines et des principes démocratiques à tous les domaines de la vie sociale et familiale, et notamment à l'éducation.

Qu'il s'agisse en effet d'éducation, de citoyenneté, de laïcité ou encore de régulation des conflits, la question du choix des valeurs se pose, et la dimension républicaine de celles-ci en résulte. Cette question est particulièrement fondamentale pour des éducateurs, car c'est en tant qu'elle est sous-tendue par le choix de valeurs républicaines que l'éducation peut permettre tant le développement harmonieux de chaque individu qu'un apprentissage du « vivre ensemble » dans un environnement devenu *de facto* multiethnique, multireligieux, multiculturel. C'est pourquoi, dans une société, une collectivité, une communauté éducative mobilisées par l'élaboration de leurs projets, il importe de commencer par se mettre d'accord sur un socle de valeurs communes.

---

111. Eirick Prairat, *L'autorité éducative : déclin, érosion ou métamorphose*, Presses universitaires de Nancy, 2011.

Il nous semble quant à nous que, en se référant à la CIDE, à la Déclaration universelle des droits de l'Homme et à la Charte européenne des droits fondamentaux, et pour constituer les fondements d'une action éducative visant à promouvoir et mettre en œuvre la formation pratique des enfants à la participation démocratique et à la citoyenneté, un ensemble de *valeurs imprescriptibles et universelles* peuvent être proposées : la liberté, l'égalité, la fraternité, la dignité, la solidarité, la responsabilité, la justice, la paix, le respect, l'amitié, la coopération, la tolérance, la compréhension, la sécurité.

Ceci étant, et même quand ils partagent l'essentiel de ces valeurs, les acteurs contemporains de l'éducation découvrent à peine ce que peuvent être une famille, une école ou une institution « démocratiques », fonctionnant sur des principes de liberté d'expression et d'égalité de statut.

Les parents – en première ligne – et les éducateurs de la génération actuelle essuient les plâtres de cette nouvelle donne qui s'est progressivement inscrite dans l'esprit et la lettre de la loi, mais à laquelle ils n'ont guère ou pas du tout été formés pendant leurs propres enfances et jeunesses.

Des invitations de circonstance peuvent certes s'employer à réveiller leur nostalgie à l'égard de conceptions de l'autorité pourtant inefficientes et périmées. Tels ou tels modèles de société, qui font par ailleurs la preuve récurrente de leur destructivité, peuvent les faire succomber pour un temps aux vertiges individualistes de la compétition ultraprécoce –, voire d'un contrôle psychosocial tout aussi précoce.

Il n'en reste pas moins que, sur le fond et sur la durée, leurs missions éducatives leur enjoignent de continuer à rechercher ensemble, au quotidien, avec et pour les enfants, les moyens concrets d'autonomiser tout en protégeant, d'instruire tout en éduquant au « vivre ensemble » citoyen, et d'émanciper tout en intégrant.

C'est à ces conditions que, pour traversée qu'elle soit par une indéniable crise des pratiques mais aussi des finalités qui guident ses modèles familiaux, sociaux et scolaires, l'éducation continuera à englober tout *« ce qui conditionne le devenir homme de l'homme »*[112].

L'éducation, on le voit aux considérations qui précèdent (et on y reviendra plus loin), est une activité aussi formidablement complexe que stimulante. La part qui en revient aux parents est centrale, notamment parce qu'elle est inaugurale et assurée de la naissance à la majorité de l'enfant, mais aussi du lever au coucher de l'enfant (et même la nuit s'il se réveille en proie, par exemple, à un cauchemar), du lundi au dimanche et de janvier à décembre.

---

112. Marie-Claude Blais, Marcel Gauchet, Dominique Ottavi, *Pour une philosophie politique de l'éducation – Six questions d'aujourd'hui*, Bayard, 2002.

Mais cette part quantitative se complète aussi d'une part qualitative, juridiquement définie par le concept d'« autorité parentale ».

Ce concept a une histoire qui mérite qu'on s'y arrête pour mieux comprendre les causes et les enjeux de ses évolutions les plus récentes. La définition juridique actuelle de l'autorité parentale au sein de la famille résulte en effet d'évolutions lentement réalisées, essentiellement depuis deux siècles et à l'initiative de l'État républicain, pour faire progresser à la fois l'égalité entre les deux parents et la prise en compte de l'intérêt de l'enfant.

Jusqu'à la Révolution française prévalait, en France, le principe de la « puissance paternelle » issu de la *patria potestas* de la Rome antique, laquelle soumettait la famille (et son éventuelle domesticité) à l'autorité absolue et incontournable du père. Celui-ci avait droit de vie et de mort sur ses enfants, quant à eux dépourvus de droits. L'Ancien Régime entretint une proche conception de la puissance paternelle, à l'exception du droit à l'infanticide et à la vente d'enfants, conservant par exemple le droit aux châtiments physiques (la « correction paternelle ») et autorisant un père à faire incarcérer son enfant récalcitrant par simple « lettre de cachet ». Sous la Révolution, la loi du 28 août 1792 abolit la puissance paternelle au bénéfice d'une « paternité civile » égalisant les statuts des enfants légitimes, naturels ou adoptifs et obligeant le père à réunir un « tribunal domestique » avant de décider de mettre en œuvre une « correction paternelle ». Les révolutionnaires avaient aussi l'intention de partager entre le père et la mère l'exercice des droits et devoirs parentaux. Le Code civil édicté en 1804 par Napoléon revint sur l'ensemble de ces dispositions, tout en précisant que la puissance paternelle, restaurée, devait être exercée « dans l'intérêt de l'enfant »[113].

Après que la loi du 22 mars 1841 ait réglementé le travail de jour et de nuit des enfants de 8 à 16 ans, plusieurs lois furent adoptées par la IIIe République visant à prévenir et punir les abus d'exercice de la puissance paternelle (loi du 24 juillet 1889, loi du 19 avril 1898) et à contrôler, pour les améliorer, les conditions générales de vie, la santé (loi du 7 décembre 1874) et l'instruction (loi du 28 mars 1882) des enfants. Il fallut cependant attendre le décret-loi du 30 octobre 1935 pour que soit supprimé le droit de « correction paternelle » et que soit introduite la possibilité, pour les tribunaux civils[114], de prendre des mesures d'assistance éducative ou de surveillance « en milieu ouvert », autrement dit au sein ou dans l'environnement des familles.

---

113. Lors des débats préparatoires, les juristes réunis par le Consulat s'entendirent à considérer que le père et mari est *« le chef du gouvernement de la famille. (...) La femme ne peut avoir d'autre domicile que celui du mari. Celui-ci administre tout, il surveille tout, les biens et les mœurs de sa compagne ».*

114. La loi du 22 juillet 1912 avait déjà créé les tribunaux pour enfants. Par la suite, l'ordonnance du 2 février 1945 créera la fonction de juge des enfants, et celle du 23 décembre 1958 organisera la protection judiciaire de l'enfance en danger.

La « puissance paternelle » a ainsi été progressivement réduite par l'État, qui s'est à cette occasion positionné dans les relations parents-enfants, et surtout pères-enfants. Mais elle ne fut formellement abolie que par la loi du 4 juin 1970, pour être remplacée dans le Code civil par celle d'« autorité parentale » qui précise, pour commencer, que *« l'autorité appartient aux père et mère »,* à condition qu'ils soient mariés. Plusieurs remaniements législatifs (lois du 3 janvier 1972, du 11 juillet 1975, du 22 juillet 1987 et du 8 janvier 1993) ont progressivement adapté la dévolution et l'exercice de l'autorité parentale aux situations créées par l'accroissement du nombre d'enfants nés hors mariage et de séparations conjugales des parents. Dès 1970, la notion d'autorité parentale indique que les parents sont détenteurs non plus d'un pouvoir souverain mais d'une autorité, composée en l'espèce d'un ensemble de droits, de devoirs et de responsabilités centrés moins sur l'intérêt de ses titulaires que sur celui de son destinataire, l'enfant. Les ajustements ultérieurs visent quant à eux à consacrer un principe de permanence du couple parental, marié ou non, lorsque le couple conjugal a cessé d'exister – et même à garantir, dans ces cas, le maintien des liens entre frères et sœurs[115].

La loi du 4 mars 2002 vient parachever et simplifier ce laborieux édifice législatif, qui voyait le droit familial courir derrière les réalités sociologiques relatives à l'évolution des formes familiales. Comportant différentes mesures en matière de politique familiale, elle modifie en profondeur la rédaction de l'article 371-1 du Code civil relatif à l'autorité parentale. Cet article stipule désormais que : *« L'autorité parentale est un ensemble de droits et de devoirs ayant pour finalité l'intérêt de l'enfant. Elle appartient aux parents[116] jusqu'à la majorité ou l'émancipation de l'enfant pour le protéger dans sa sécurité, sa santé et sa moralité, pour assurer son éducation et permettre son développement dans le respect de sa personne. »* Et il ajoute : *« Les parents associent l'enfant aux décisions qui le concernent selon son âge et son degré de maturité. »*

Que l'autorité parentale soit *« un ensemble de droits et de devoirs ayant pour finalité l'intérêt de l'enfant »* résulte de l'esprit même de la CIDE et notamment de l'application, dans le champ familial, de son article 3, relatif au principe de l'intérêt supérieur de l'enfant comme *« considération primordiale »,* et de son article 5, relatif au respect par les États des responsabilités, droits et devoirs des parents à cet égard.

C'est ainsi que les parents se voient assigner des devoirs – et donc doter des droits en résultant – dans deux domaines traditionnels : la protection (sécurité, santé, moralité) et l'éducation. Celle-ci vise en particulier le dévelop-

115. Loi du 30 décembre 1996, issue d'une résolution du troisième « Parlement des enfants ».

116. La rédaction de cette phrase a été substituée à celle de 2002 *(« Elle appartient aux père et mère. »)* par l'article 13 de la loi du 17 mai 2013 *« ouvrant le mariage aux couples de personnes de même sexe ».*

pement de l'enfant *« dans le respect de sa personne »*. Mais un domaine supplémentaire est défini, et cette innovation juridique est considérable pour ce qui concerne la place et le rôle de l'enfant dans la famille : c'est celui de la **formation en famille à une citoyenneté active et responsable** par l'association de l'enfant aux décisions qui le concernent selon son âge et son degré de maturité.

Ces trois domaines d'attribution sont énoncés en mairie aux couples qui se marient, et ils sont supposés ne pas être ignorés par les autres. Dans tous les cas, le troisième d'entre eux est de nature à susciter la perplexité des parents qui ne disposent pas toujours des moyens d'en cerner les enjeux et les déclinaisons concrètes, surtout s'ils n'en ont pas bénéficié eux-mêmes pendant leurs propres enfances.

Cette troisième et nouvelle disposition relative à l'autorité parentale n'en constitue pas moins le fondement juridique de l'introduction d'une dose significative de démocratie éducative dans l'espace familial. Contrairement à ses habitudes en matière de droit de la famille, le législateur de mars 2002 a ici édicté la norme avant qu'elle ne soit largement expérimentée et diffusée dans les pratiques quotidiennes.

Certes, dans nombre de familles, une nouvelle génération de parents avait déjà pris l'habitude de consulter leurs enfants, parfois à l'excès ou maladroitement, avant de prendre telle ou telle décision les concernant.

Ainsi, dès 1993 et 1994, le COFRADE (Conseil français des associations pour les droits de l'enfant), avait-il mené une enquête auprès d'associations familiales nationales et de familles – qui constituaient cependant un échantillon pas nécessairement représentatif sur le plan statistique. Les résultats indiquaient une quasi-unanimité sur les conditions de la participation de l'enfant au sein de la famille, incluant la communication, la disponibilité, les échanges, la concertation, la négociation, la responsabilisation et un apprentissage progressif de l'autonomie. L'expression individuelle et collective des enfants et leur participation aux décisions qui les concernent semblaient être devenues des réalités, mais il restait cependant encore beaucoup à faire pour qu'un plus grand nombre de familles (et d'institutions) modifient les relations entre les adultes et les enfants.

En effet, pour nombre d'autres familles – familles plus traditionalistes, de condition aisée, ou familles de « milieux populaires » et/ou de migration extra-européenne récente – le principe du « on ne parle pas à table » et celui de l'obéissance inconditionnelle et silencieuse aux parents continuaient – et continuent encore – à s'opposer aux enfants, quitte à ce que ceux-ci se fassent bruyamment entendre sur d'autres scènes, notamment à l'école ou dans les espaces publics.

Dans un article remarqué, publié en 2009, la sociologue Marie-Clémence Le Pape permet de préciser et d'affiner ces observations[117]. Elle y étudie les raisons pour lesquelles, notamment dans le cadre de leurs relations avec l'école, les familles populaires tendent à se distancier d'un modèle éducatif trop relationnel et démocratique et à opter, non sans hésitation, pour un modèle plus normatif et plus directif, et ceci du fait notamment de leur perception de la dureté du monde scolaire et de celui du travail. Aussi les pères entretiendraient-ils des positions d'autorité traditionnelle, référées à un impératif de respect des différences générationnelles de statut, tout en se montrant préoccupés par la distance affective que cela induit avec leurs enfants. « *Dans les milieux populaires, la socialisation familiale – fondée sur les différences statutaires – ne vise pas seulement le respect d'une certaine hiérarchie interne à la famille. Elle vise également à préparer les jeunes et les adolescents à la hiérarchie induite dans les rapports sociaux et, en particulier, dans les rapports au travail. Pour certains parents, élever son enfant dans l'illusion de rapports égalitaires, c'est le condamner ultérieurement à des échecs et à de nombreuses désillusions. Ce que formule explicitement Jacky* [un grand adolescent rencontré par la chercheuse] : *"Et ça, c'est très important dans la famille et c'est vrai aussi dans la vie professionnelle [...]. Imaginez que vous tutoyez votre patron, quelque part, il y a une dépendance hiérarchique. On n'est pas à égalité [...]. Tout ça pour des problèmes de convivialité, de machin, de fausses apparences. À mon avis, ce n'est pas une bonne idée : on fausse les rapports." (...) Si les pères restent très attachés à la figure du* pater familias, *leur description de ce rôle montre que la majorité d'entre eux sont sensibles à ce que l'exercice de l'autorité n'exclue pas un certain dialogue. À la conception d'une autorité traditionnelle – qui n'a pas besoin de se justifier pour être légitime – a succédé celle d'une autorité qui admet la justification. La récurrence du verbe "expliquer" dans le discours de nombreux pères traduit cette transformation. Cette nouvelle forme d'autorité les distingue, selon eux, des principes de leur propre père, pour qui les enfants devaient obéir, "un point c'est tout". Ainsi, le modèle du* pater familias, *du père autoritaire serait travaillé par une conception du rôle de parent plus démocratique, plus ouverte au dialogue.* »

La nouvelle disposition introduite en mars 2002 dans le Code civil résulte en fait largement de la ratification de la CIDE par la France, et donc de sa nécessaire transposition dans son droit interne. L'article 12, alinéa 1, de la CIDE stipule en effet, on l'a vu, que : « *Les États parties garantissent à l'enfant qui est capable de discernement le droit d'exprimer librement son opinion sur toute question l'intéressant, les opinions de l'enfant étant*

117. Marie-Clémence Le Pape, « Être parents dans les milieux populaires : entre valeurs familiales traditionnelles et nouvelles normes éducatives », *Informations sociales*, n° 154, 2009.

dûment prises en considération eu égard à son âge et à son degré de maturité ». Cet article ne concerne d'ailleurs pas seulement le cadre familial, mais aussi tous les lieux – écoles, centres de loisirs, espaces publics, services et institutions – fréquentés par les enfants.

Dans la famille comme dans toutes les institutions éducatives, l'article 12 de la CIDE constitue désormais une référence primordiale pour affirmer le droit de l'enfant de donner son avis afin de participer aux décisions qui le concernent. Constituant l'un des principes de base, bien que souvent occulté, de la CIDE, cet article conduit à une révision fondamentale des approches traditionnelles qui ne voient dans les enfants que les destinataires passifs de la protection des adultes.

On notera aussi que l'introduction de l'article 371, rédigée en ces termes depuis la loi du 4 juin 1970 : *« L'enfant, à tout âge, doit honneur et respect à ses père et mère »*, a été modifiée comme suit en première lecture, le 19 mai 2014, par l'Assemblée nationale : *« Les parents et les enfants se doivent mutuellement respect, considération et solidarité »*. Outre le fait que cette formulation rompt avec d'ancestrales sources religieuses[118] puis, en 1804, napoléoniennes, on y relèvera avec intérêt l'introduction de l'adverbe « mutuellement ».

Ainsi le fait que l'enfant puisse donner son avis et participer aux décisions qui le concernent n'est-il plus une possibilité laissée à la libre appréciation de l'administration ou à la discrétion d'un adulte, et notamment d'un parent, mais un droit fondamental que le législateur, les autorités administratives et les familles se doivent d'aménager en accord avec l'évolution des capacités de l'enfant. Ce droit implique aussi que tous les adultes écoutent ce que disent les enfants, qu'ils prennent au sérieux leurs opinions et leurs expériences, qu'ils les consultent systématiquement, partout où ils se trouvent, sur les décisions – des plus triviales aux plus fondamentales – qui les concernent et qu'ils apprennent à collaborer avec eux pour les mettre en œuvre.

Un tel droit remet à l'évidence en cause tant les représentations traditionnelles que les adultes ont des enfants que les principes sur lesquels repose leur action éducative, dans les sphères familiales et institutionnelles. Il est donc nécessaire que ces adultes prennent conscience et tirent les conséquences pratiques de l'évolution de la conception de l'enfant, de sa per-

118. *« Honore ton père et ta mère, afin que tes jours soient prolongés sur la terre que l'Éternel, ton Dieu, te donne. »* (Exode, 20, 12) ; *« Honore ton père et ta mère, comme l'Éternel, ton Dieu, te l'a commandé, afin que tes jours soient prolongés, et afin que tu prospères sur la terre que l'Éternel, ton Dieu, te donne. »* (Deutéronome, 5, 6) ; *« Tu te lèveras devant les cheveux blancs, et tu honoreras la personne du vieillard, et tu craindras ton Dieu. Moi, Je suis l'Éternel. »* (Lévitique, 19, 32) ; *« Car Dieu a commandé, disant : Honore ton père et ta mère ; et que celui qui médira de père ou de mère meure de mort! »* (Évangile de Matthieu, 15, 4 ; Évangile de Marc, 7, 10).

sonne et de son intérêt, de la reconnaissance légitime de ses aptitudes et pas seulement de ses limites, et, partant, de sa place dans la société, la famille, la crèche, l'école, le centre de loisirs, etc.

Il est logique que, face à l'émergence de ces nouveaux droits accordés aux enfants, des craintes de perte d'autorité, sinon de pouvoir, se manifestent tant chez les parents que chez les éducateurs professionnels. Il importe d'y être attentif, et de ne pas faire obstacle à leur expression, mais sans oublier pour autant qu'il revient à terme aux adultes ainsi concernés de changer de regards, d'attitudes et de pratiques avec les enfants. Ils doivent désormais partager avec eux tout ou partie de l'information, de la consultation, de l'expression, de la concertation et de la prise de décision, puis de la mise en œuvre et du suivi de celle-ci, bref du pouvoir de dire et d'agir, sur *« toute question* [les] *intéressant »*.

Chacun est dès lors invité à explorer, expérimenter et concrétiser de nouvelles modalités de rapports entre les adultes et les enfants, ce qui ne peut se faire que progressivement et, autant que possible, collectivement. En France, l'État, chargé de faire respecter les droits d'expression et de participation des enfants, hésite de toute évidence à le faire pleinement.

C'est pourquoi, en 2004, le Comité des droits de l'enfant des Nations Unies a rappelé à l'État français qu'il *« doit continuer à promouvoir le respect des opinions de l'enfant au sein de la famille, de l'école, dans les institutions, et à favoriser la participation des enfants pour toutes questions l'intéressant, conformément à l'article 12 de la Convention, en tant que droit dont l'enfant est informé et non à titre de simple possibilité »*. Il a encouragé de même l'État et les pouvoirs publics *« à donner aux parents, aux enseignants, aux fonctionnaires, aux membres du corps judiciaire, aux enfants eux-mêmes et à la société dans son ensemble des informations à caractère pédagogique sur cette question en vue de créer et d'entretenir un environnement dans lequel les enfants puissent librement exprimer leurs opinions, et où ces opinions soient dûment prises en considération. »*

L'introduction de graves confusions sur le sens du mot « autorité » dans la notion légale d'« autorité parentale »

Le 3 novembre 2010, M. Jean-Marie Bockel, alors secrétaire d'État à la Justice, remettait au président de la République, qui le lui avait demandé le 3 août 2010, un rapport sur *« La Prévention de la délinquance des jeunes »*. Ce rapport était organisé autour de trois grandes parties dont la première, intitulée : *« Soutenir la parentalité »* (suivie de *« Restaurer la citoyenneté »* et de *« Reconquérir l'espace public »*), reposait sur la forte affirmation d'une profonde « crise de la parentalité » :

« L’ensemble des diagnostics posés sur la prévention de la délinquance juvénile nous ramènent à un constat premier. Les parents, souvent dépassés ou démunis face aux comportements de leurs enfants mineurs, assument de manière moins évidente qu’autrefois leur rôle d’autorité. Une crise de structure, d’influence et de pouvoir s’est incontestablement installée dans la parentalité. Cette crise traduit en réalité une évolution de fait et de droit initiée dès les années 1970 avec l’introduction du concept d’autorité parentale qui a changé sensiblement les rapports entre parents et enfants. Elle s’accompagne aussi d’évolutions sociologiques, comme l’augmentation du nombre de familles recomposées ou monoparentales ou encore de familles appartenant à des communautés d’origine étrangère installées sur le territoire national et dont le fonctionnement est différent du nôtre. Elle s’explique aussi par le fait que l’information, autrefois centralisée entre les mains des parents et des enseignants, vecteurs principaux de l’éducation, est aujourd’hui transmise et relayée par des médias extérieurs et par l’Internet. Ni la famille ni l’école n’apparaissent aujourd’hui, aux yeux des mineurs, comme les sources principales de la transmission du savoir. Leur mission éducative se voit donc contestée quand elle ne leur est pas purement et simplement déniée. »

Lors de son audition par le groupe de travail chargé de l’élaboration de ce rapport, Mme Nadine Morano, alors secrétaire d’État chargée de la Famille et de la Solidarité, avait quant à elle déclaré : *« Les Réseaux d’écoute, d’appui et d’accompagnement des parents [REAAP] sont fondamentaux, car ils ont en charge l’éducation des parents en s’adressant principalement à ceux qui méconnaissent les règles de vie dans notre pays »*. En installant, le même 3 novembre 2010, le « Comité national de soutien à la parentalité », elle avait aussi affirmé, par voie de communiqué de presse, que l’objet de ce Comité est *« de mieux coordonner les actions d’aide à la parentalité et de prévention de la délinquance des mineurs »*.

Ce ne sont là que quelques exemples, parmi de nombreux autres, qui révèlent le type de regard posé en France sur les parents, l’autorité parentale et la « parentalité », notamment au niveau des plus hautes « autorités » de l’État, et ceci depuis au moins trois lustres. On ne peut être que frappé par les approches stigmatisantes et pénalisantes mais, plus fondamentalement encore, par les conceptions pessimistes et autoritaristes qui, il n’y a pas si longtemps et aujourd’hui peut-être encore, inspirent de toute évidence les représentants du pouvoir exécutif et ceux du pouvoir législatif quand ils se penchent de la sorte sur les questions relatives à l’exercice de l’autorité parentale et aux rapports entre parents et enfants.

C’est pourtant en référence aux normes supranationales affirmées par la CIDE que la France a progressivement entrepris de redéfinir les finalités et les contenus du concept d'« autorité parentale » en le centrant désormais sur l'intérêt de l'enfant et non pas sur un intérêt général réduit à la préservation de l'ordre, de la sécurité et de la tranquillité publics.

Sans jamais se référer quant à lui à la CIDE, le rapport Bockel se montrait extrêmement sévère envers la rédaction actuelle de l'article 371-1 du Code civil et envers les conséquences qu'il y décelait. Pour asseoir son jugement, il centrait son attention sur des parents qui, sans que ne soient pris en considération leurs contextes et leurs conditions de vie, étaient identifiés comme « défaillants », « démissionnaires », « incapables » ou « irresponsables », et souvent, pour tout dire, « d'origine étrangère ». Généralisant aussitôt le propos, et sans aller jusqu'à prôner le retour à la « puissance paternelle »[119], il prônait en pratique une restauration de l'autoritarisme dans l'autorité parentale. En se basant certes sur le rappel des « valeurs républicaines » qui fondent celle-ci, il cherchait cependant à la protéger des « confusions » engendrées par toute perspective démocratique en la matière. Il en déduisait que l'État et les pouvoirs locaux devraient veiller, le cas échéant, à inculquer les principes d'autorité ainsi réhabilités en prescrivant des stages de parentalité et autres interventions de *coaching* parental, y compris à domicile, à l'intention des familles déroutées ou déviantes. Citons quelques passages essentiels de ce rapport.

> *« La loi de 1970 sur l'autorité parentale a fait disparaître le concept de puissance paternelle et, avec elle, la notion de chef de famille. Le rôle majeur du père, également lié à l'incapacité des femmes et à la puissance maritale, s'est effacé devant un nouveau concept d'autorité parentale qui s'analyse comme un ensemble de droits et de devoirs ayant pour finalité l'éducation et le développement de l'enfant. La protection des enfants, dans leur sécurité, leur santé et leur moralité est l'objectif aujourd'hui assigné. »*

On vient de voir que cette interprétation de la définition actuelle de l'autorité parentale est à la fois erronée quant à la finalité qu'elle indique et réductrice quant aux contenus qu'elle mentionne. Le Code civil indique que la finalité de l'autorité parentale est **l'intérêt de l'enfant.**

> *« Cette notion, très juridique, est aussi trop générale. Elle est souvent, comme telle, **incomprise,** par des parents qui ne savent pas comment atteindre ces objectifs et pour lesquels l'autorité parentale est une donnée lointaine, voire totalement ignorée et en tout état de cause jamais*

119. D'autant que c'est plutôt l'exercice, de fait, de la « puissance maternelle » qui peut aujourd'hui être mis à l'épreuve dans les foyers monoparentaux (désignés comme « familles monoparentales » par le rapporteur) assumés par des mères relativement seules, ce qui concerne potentiellement 1,8 million d'enfants de moins de 18 ans.

enseignée. Elle est également **diluée** *car l'autorité parentale qui existe en droit, tant dans la famille issue du mariage que du concubinage, se maintient de manière conjointe en cas de divorce ou de séparation. À l'identique, elle s'exerce pour toutes les formes de filiation dans le mariage, hors mariage ou adoptive. Ce concept renvoie finalement moins à une hypothèse d'autorité qu'à celle d'une protection, jusqu'à sa majorité, des droits de l'enfant quelle que soit la configuration prise par la famille. Notion cadre, trop large et devenue à l'usage trop souple, elle ne définit pas ce qu'est l'exercice de l'autorité des parents sur l'enfant, laissant à chacun de ses titulaires la tâche délicate de la définir. »*

Se profilent ici :

– l'idée qu'il conviendrait d'enseigner aux parents la façon de l'être ;

– le regret que le principe de l'autorité parentale conjointe prévale dans toutes les formes de famille ;

– mais surtout une confusion majeure visant à réduire l'exercice de l'autorité parentale à la façon dont un parent réussit ou non à faire preuve d'autorité et, entre les lignes, à savoir se montrer autoritaire.

« Souvent remaniée depuis son adoption (lois du 22 juillet 1987, du 8 janvier 1993, du 4 mars 2002) notamment pour faire face à l'éclatement et à la recomposition du noyau familial, l'autorité parentale est, en outre, souvent contestée par ses détenteurs ou par les mineurs sur lesquels elle s'exerce. À telle enseigne que son exercice pour les parents se conçoit tantôt dans la culpabilité, tantôt dans la négociation, contenue en germe dans le dernier alinéa de l'article 371-1 du Code civil qui dispose que "les parents associent l'enfant aux décisions qui le concernent, selon son âge et son degré de maturité". *Parce qu'elle s'est progressivement construite en réponse aux évolutions de la famille, l'autorité parentale reflète aussi les fragilités et, par là même, les difficultés à se faire respecter des adultes comme des enfants. On peut ainsi en conclure que la création d'une prétendue démocratie familiale, créatrice de confusion entre les droits et devoirs des parents et des enfants, reste mal assimilée par le corps social. Confusion qui s'exacerbe sous la pression de l'éclatement de la famille et la désacralisation des parents et de l'école. (…) Résulte de cette autorité parentale déstabilisée, tant en droit que dans les faits, un phénomène inquiétant de solitude d'un certain nombre de jeunes insécurisés par la faiblesse de la structure familiale. La délégitimation des familles conduit également à une délégitimation plus globale de l'autorité et par voie de conséquence de l'école, avec pour effet une déscolarisation précoce. »*

Ainsi la boucle des causalités se referme-t-elle, injustement et absurdement, sur elle-même. On affirme tout d'abord que les évolutions sociologiques, qui caractérisent une part importante des structures et des organisations familiales contemporaines, et que la conception actuelle de l'autorité parentale, telle que progressivement instituée par la loi, ont conduit à la « désacralisation » et à la « délégitimation » des parents, mais aussi de l'école. Celles-ci sont ensuite analysées comme génératrices, en première ligne, de l'absentéisme scolaire et de la déscolarisation, lesquels sont considérés et dénoncés comme des sources potentielles de la délinquance des jeunes.

Ce furent dès lors les seuls parents que les ministres et le législateur envisagèrent « au mieux » d'éduquer, pour pointer au passage leurs incompétences présumées, et au pire de sanctionner financièrement, voire pénalement, pour souligner leurs fautes avérées. Ces dispositions avaient de fait été introduites, peu avant la publication du rapport Bockel, par la loi du 28 septembre 2010 *« visant à lutter contre l'absentéisme scolaire »* qui prévoyait notamment, à l'issue d'une série d'injonctions faites aux parents d'enfants absentéistes, de sanctionner les familles par la suspension ou la suppression du paiement des allocations familiales[120]. C'est bien aux parents que, dans tous les cas, on entendait attribuer la responsabilité quasi exclusive de l'ensemble des problèmes ainsi stigmatisés alors que tous les observateurs « de terrain » s'accordent pourtant à reconnaître qu'ils relèvent de causes multiples, complexes, intriquées, et d'origine largement extrafamiliale.

Est-il bien judicieux, par ailleurs, de commencer par humilier les parents, sans tenir compte des diverses difficultés auxquelles ils sont quotidiennement confrontés, alors qu'on prétend dans le même souffle vouloir restaurer leur autorité éducative aux yeux de leurs enfants ? Et qui plus est de le faire dans le cadre d'une loi dont l'application est déclenchée par les comportements de ceux-ci ? Ne risque-t-on pas de susciter avant tout, de la sorte, un repli méfiant des familles sur elles-mêmes, et d'entraver toute perspective de démarche de coéducation authentique, et non pas contrainte, entre les parents et les différents intervenants, professionnels et associatifs, en contact avec leurs enfants ?

Ce qui vaut pour la question de la promotion de l'assiduité scolaire – et non pas seulement de la lutte contre l'absentéisme – vaut aussi en de nombreux autres domaines qui reposent, initialement et sur la durée, sur des convictions construites, des décisions prises et des organisations assumées au sein des familles. Le législateur de 2002 a fait à leur sujet un tout autre pari que celui de 2010 en invitant les parents à faire participer les enfants aux orientations qui les concernent, y compris donc à la mise en œuvre et à l'évaluation responsabilisantes de celles-ci.

120. Cette loi a été abrogée le 31 janvier 2013.

Ne serait-ce pas plutôt à cet ambitieux, exigeant et sans nul doute difficile projet qu'il importerait de voir aujourd'hui les pouvoirs publics se consacrer, en encourageant les parents à s'y exercer pour remplir leur rôle éducatif dans les conditions réelles, et non pas idéalisées ou dramatisées, où celui-ci est amené à se déployer ? Pour nous, poser la question est déjà y répondre, et ceci dès la naissance des enfants…

L'autorité dans les pratiques familiales vis-à-vis des jeunes enfants

En matière d'éducation, la véritable autorité, on l'a vu et dit, consiste bien plus à **savoir autoriser** qu'à savoir interdire. Dès les premiers mois et les toutes premières années, il faut souvent dire « non », bien sûr, mais dans la perspective essentielle de pouvoir dire « oui » à l'enfant qui découvre, examine et apprend le monde qui l'accueille. Ce défi, à la fois banal et fondamental, imprègne toutes les circonstances de l'éducation ; toutes les familles, et avec elles la plupart des autres instances éducatives, y sont confrontées. Il est cependant lancé dans un contexte de démocratisation récente, progressive et généralisée de la vie privée et du fonctionnement des institutions auquel ni les parents ni les professionnels d'aujourd'hui n'ont été vraiment préparés. Et c'est au fond une série de composantes plus complémentaires qu'antagonistes de l'autorité éducative qui incombe ainsi aux parents en même temps qu'aux professionnels.

On l'a dit aussi : si l'éducation des enfants est une mission si formidablement complexe mais si hautement stimulante, c'est tout d'abord parce qu'elle est fondée sur une double injonction aux termes apparemment contradictoires faite à l'adulte en situation d'éducation : devoir tenir la main de l'enfant et, simultanément, savoir la lui lâcher.

Pour les parents, le scénario se présente et la scène se revit à chaque tranche d'âge, comme le fil rouge paradigmatique de la relation éducative : à l'âge de la petite enfance, par exemple lors de la conquête des premiers pas ; à celui de l'enfance d'âge scolaire, par exemple pour la gestion du travail scolaire ; à celui de l'adolescence, par exemple pour la négociation des premières sorties du soir.

Il s'agit autrement dit, en fonction des acquis et des enjeux de chaque âge, de parvenir à concilier la protection et l'autonomisation de l'enfant, de veiller à ce qu'il puisse s'émanciper mais en toute sécurité puis découvrir le monde mais sans s'y perdre.

Heureusement l'enfant a deux mains, et deux parents également, chacun dotés aussi de deux mains, ce qui permet de multiplier les combinaisons de rôles et de situations !

L'ambivalence des usages de la main – réelle ou métaphorique – réside aussi en ce qu'elle est ce qui peut caresser et ce qui peut frapper. Ainsi des adultes s'enferment-ils parfois dans l'illusion que la séduction ou la violence ou l'alternance des deux suffiraient à prévenir ou résoudre les difficultés de l'éducation. Un jeune enfant n'est pourtant pas un chiot qu'il faut dresser, mais un être humain qu'il convient d'élever, dans tous les sens du terme, c'est-à-dire à hauteur de langage, en le guidant dans **l'art de tresser des liens sociaux.** Mieux vaut donc, en cas de désaccord avec lui, en venir aux mots qu'en venir aux mains. Or, ici, *« oui »* et *« non »* ne sont pas les seuls mots utilisables pour verbaliser et gérer des situations complexes, pas plus que ne le sont les seuls *« mots doux »* ou les seuls *« mots d'ordre ».*

Le jeune enfant, on le sait quand on le voit faire, à tendance à considérer qu'il est le centre du monde et que tout ce qui se trouve autour de lui lui appartient. Il est régi par le *principe de plaisir,* celui de la satisfaction immédiate des besoins physiologiques et affectifs, qui sont aussi des besoins de sécurité interne. À ce titre, il lui faut *avoir pour être,* et il est prêt à tout pour cela, notamment à prendre le pouvoir sur tout ce qui l'entoure, le pouvoir de tout faire et de tout accaparer, et par exemple de manger ce qu'il veut, quand il veut. Il est vrai qu'il lui faut aussi grandir et que la satisfaction de ses besoins essentiels par autrui, dont il dépend, y contribue en première ligne. Comme le notait le pédiatre et psychanalyste britannique D.-W. Winnicott, *« grandir est un acte agressif par nature ».*

Par nature peut-être, mais pas par culture. D'ailleurs, peu à peu, les projets d'*avoir pour être* puis d'*être pour avoir,* et seulement pour avoir, apparaissent ennuyeux à l'enfant, et moins générateurs de plaisir qu'il n'y semblait aux premiers mois de la vie. Une autre réalité lui devient perceptible et lui semble accessible, surtout avec la découverte du jeu et du langage et avec la conquête simultanée de la marche. Le *principe de réalité* qui se fait ainsi jour présente de nouveaux avantages et amène de nouvelles formes de gratification. Il devient en effet possible et intéressant de décider d'aller activement vers le monde – non sans risque de chutes, de déceptions et autres déconvenues pleines d'enseignement –, plutôt que de continuer à dépendre passivement de ce que le monde veuille bien venir à soi – au prix d'éprouver un intense sentiment de détresse quand tel n'est pas le cas.

Ce faisant, émerge alors la conscience fondamentale de l'*autre,* cette entité vivante et réactive qui représente à la fois le semblable et le différent. Avec cet autre, rencontré sur le chemin des nouvelles explorations, l'enfant expérimente la gamme infinie de l'échange, du partage, du conflit, bref de la socialisation ; mais aussi, et avant tout, un type de relations assez inédites et plutôt sophistiquées. Cet autre-là, en effet, ne se résume pas, désormais, à un pourvoyeur de satisfaction des besoins élémentaires. Il est aussi cet être qui sait, du moins en théorie, reconnaître en la demande qui lui est adressée par le jeune enfant l'expression d'un désir, et plus seulement d'un besoin ; et qui, par conséquent, décide souvent de différer, en la négociant, cette satisfaction-là.

En d'autres termes, face à l'impérialisme d'un désir nostalgique du principe de plaisir et qui prétend qu'on pourrait vouloir tout et tout de suite, l'autre, ce représentant du principe de réalité, est conduit à répondre : *« Ta demande passe par moi parce que tu dépends de moi. Mais tu n'es pas tout pour moi, et je ne suis pas destiné à être tout pour toi. Tu ne peux tout avoir pour toi, tu n'es pas tout-puissant et je ne le suis pas non plus. Bref, il va falloir attendre un peu, et nous allons d'ailleurs attendre ensemble. »*

L'adulte peut être amené à jouer aux yeux de l'enfant le rôle d'un « autre » doté d'une mission d'éducation. S'il est le père, la mère ou un membre de la famille proche, il est en outre inscrit à son égard dans l'équation à multiples variables de l'affection, de la filiation et de la responsabilité au quotidien. Dans tous les cas, et notamment vis-à-vis du jeune enfant si souvent friand des occasions de s'affirmer en s'opposant, il revient à cet adulte de le former à l'attente du possible par un *« non, pas tout de suite »* qui laisse entendre aussi un *« oui, bientôt »* ou un *« oui, mais autrement »*, bref **un *« non »* qui ouvre de réelles perspectives à des *« oui »* à venir.**

S'il s'agit en revanche d'une attente impossible à satisfaire, par exemple parce qu'elle comporte l'exposition à un danger qui ne saurait être couru ou la transgression d'un interdit majeur, le *« non, pas question, tu es trop petit »* ou le *« non, jamais de la vie »* qui s'impose gagnent bien sûr à être explicités par leurs motivations positives, protectrices. Mais il est utile et judicieux de l'enrichir aussi d'une alternative ou d'une ouverture intéressantes aux yeux de l'enfant. Par exemple : *« Non, tu es trop petit pour grimper (ou descendre) seul cet escalier et aller chercher un jouet dans ta chambre. Mais, si tu me laisses terminer ce que je suis en train de faire, je vais te donner la main et nous allons prendre cet escalier ensemble. Ainsi pourrai-je t'apprendre comment le faire, par la suite, sans tomber ni te faire mal, et pourrons-nous aller chercher le jouet auquel tu penses, et peut-être même en découvrir un autre auquel tu ne penses pas. »*

Bien entendu, le jeune enfant ne va pas nécessairement saisir le sens de tous ces mots. Mais il percevra – par l'intonation de sa voix, par sa posture – l'intention générale de l'adulte qui, s'il pense sincèrement ce qu'il dit au moment où il le dit, lui justifie de la sorte la nécessité d'une attente. L'expérience enseigne que, la plupart du temps, l'enfant souscrit à ce *« non »* interprété comme porteur d'un engagement de l'adulte et d'une promesse pour lui-même. Il se résout alors plus facilement à patienter et, mieux encore, à se représenter mentalement ce qui va et pourrait se passer.

« Mais l'amour, dans tout ça ? », demandera-t-on. En règle générale, la frustration n'est pas privation d'amour, alors que la privation d'interdits peut exposer le jeune enfant aux risques de la solitude et de l'errance. Le *« non »* qui se veut structurant, socialisateur, émancipateur ne se résume pas à un pur refus, à une absolue soustraction, à une volonté d'inaction. Il annonce aussi un projet d'action, différée ou différente, susceptible d'ouvrir à un plaisir ultérieur. Il exprime l'éventualité d'une alternative ou l'engagement d'une négociation, la naissance en tout cas d'un espace possible pour la projection et l'anticipation de ce qui va se passer. Autrement dit une **invitation lancée au désir :** qu'il renonce à son essence impérieuse pour mieux souscrire à une logique de temporisation et de partage.

Idéalement et fondamentalement, toute loi devrait être inspirée par l'amour d'autrui, l'empathie et l'altruisme la commune sollicitude et la possibilité de faire harmonieusement société. Aussi, au cœur des relations humaines et notamment éducatives, l'amour éprouvé pour l'enfant s'exprime-t-il bien moins par la satisfaction immédiate de ses seuls besoins que par la reconnaissance de sa demande de quelque chose d'autre, et surtout de quelque chose qui vient de l'autre. C'est pourquoi les apprentissages s'effectuent plus sûrement dans un environnement structuré non pas par la soumission à des contraintes abstraites, mais par le plaisir escompté des découvertes attendues – et mieux encore quand ces découvertes résultent d'activités partagées entre adultes et enfants ou au sein d'un groupe d'enfants.

À l'inverse, le jeune enfant privé de l'expérience de l'interdit bienveillant et de la frustration respectueuse de sa personne risque d'éprouver le sentiment de solitude de celui qui peut tout faire sans que personne ne fasse rien pour lui tracer un chemin. Il ne rencontre personne – ni devant, ni derrière ni surtout près de lui – pour le guider dans le monde qu'il explore. À défaut de se sentir *être* quelqu'un, il continue de penser qu'il peut tout *avoir,* mais ce « tout » ressemble à un « rien du tout ». Il peut aussi mettre en scène les conséquences de cette solitude pour avoir quelque chance de rencontrer quelqu'un qui l'aide à en sortir. L'escalade des provocations, des transgressions, des violences, des prises de risque, des blessures commises ou subies peut se comprendre comme une tentative réitérée de se voir enfin proposer une main qui le tienne et le retienne, un cadre qui, comme celui du peintre, lui désigne l'espace de ses audaces et de ses inventions, une sécurité qui le réconcilie avec l'idée de la liberté.

Un *« oui »* systématique ou coupable peut donc signifier l'indifférence ou le désarroi de l'adulte tandis qu'un *« non »* mesuré et motivé peut signifier l'amour et l'intérêt *pour* la personne de l'enfant, et donc la prise en compte authentique de l'intérêt *de* sa personne. Mais la tendance manifestée par certains parents à exprimer leur amour pour leur enfant, à rechercher le sien ou à craindre de le perdre en évitant de lui dire *« non »* ne signe pas systématiquement leur immaturité ou leur insécurité affectives. Elle peut refléter un besoin de repli consolateur sur la sphère familiale, dont les causes peuvent être multiples. Mais peut-être aussi le besoin de s'entendre expliquer ou confirmer par un tiers, professionnel ou non, que le *« oui »* présent au cœur d'un *« non »* légitime, protecteur et cohérent est le puissant garant d'un amour partagé.

Dans d'autres cas de figure, l'enfant est placé « au centre » de l'allégeance ou de la protection excessives que lui imposent les adultes, et ceci en considération de l'idéalisation plutôt que de l'intérêt de sa personne. Lui aussi perd alors des chances, en cette position centrale, de rencontrer les limites du cadre sincèrement attentif, confiant et bientraitant que requiert son développement. Tout enfant souhaite pourtant examiner l'ensemble de son univers familial et social, en explorer le centre autant que les limites, y prendre des risques, à condition toutefois qu'une vigilance bienveillante l'empêche de s'y blesser ou de s'y perdre.

À cet effet l'enfant, fin stratège, peut s'employer à ce que les adultes qui comptent pour lui – parents, famille élargie, professionnels – soient amenés à parler de lui. Pour vérifier leurs dispositions à le faire, pour étudier et analyser la cohérence ou l'incohérence de leurs normes et cadres de référence, cet « enfant qui fait parler de lui » va tester la diversité de leurs réactions face à une même attitude de sa part, ou face à une palette d'attitudes provocatrices : conduites alimentaires exubérantes, exploits psychomoteurs, talents graphiques déployés sur le papier peint ou le canapé, etc.

En ces diverses occasions, les professionnels devraient se rendre tout d'abord attentifs au contexte de vie des familles et à celui dans lequel ils mènent leurs observations et établissent leurs échanges avec les parents. Mais ils devraient aussi se garder d'asséner des propos trop formatés ou des jugements stéréotypés portant par exemple, comme on l'entend souvent, sur le « manque d'autorité » et l'urgence de la « restaurer » coûte que coûte. Outre qu'ils sont souvent inutiles, inaudibles ou irrecevables pour des parents non disponibles, épuisés ou empêtrés dans la complexité de leurs affects ou de leurs emplois du temps, de tels propos risquent d'aggraver le désarroi ou la solitude de l'enfant si celui-ci se perçoit à cette occasion comme la source – ou placé « au centre » – de tensions entre des adultes qu'il estime pourtant à divers titres.

La dimension authentiquement coéducative des échanges entre parents et professionnels tout comme le respect et la confiance mutuels qui doivent la caractériser sont donc ici essentiels. Elle place les professionnels au service – et non pas à la tête – de la recherche que mènent les parents pour établir avec leurs enfants, dès leurs premières années, des relations équilibrées et des règles de vie adaptées à leurs conditions de vie. Quand les parents sont désemparés par leurs nouvelles responsabilités et leurs difficultés éducatives, ils s'en montrent plus souvent inquiets, en quête de nouvelles aspirations, que délibérément « pathogènes » et générateurs de futurs malades mentaux, disait-on trop souvent autrefois, ou « démissionnaires » et générateurs de futurs délinquants, dit-on trop souvent aujourd'hui. Comment les aider à reprendre confiance en eux sinon en les encourageant à puiser dans leurs ressources propres et à mobiliser celles de leur environnement, plutôt qu'en les incitant à se méfier de tout regard extérieur et de ses conséquences possibles ?

Conforter l'autorité éducative des parents de jeunes enfants consiste à rechercher avec eux les moyens par lesquels ils vont s'autoriser à assumer et partager leurs premières ambitions éducatives. Au fur et à mesure que leurs enfants grandiront, ils seront mieux en mesure d'ouvrir ces ambitions sur de nouveaux horizons, en les consultant sur leurs choix et en s'appuyant sur les nouveaux professionnels que les uns et les autres rencontreront.

C'est pourquoi, du fait même de sa complexité, l'injonction paradoxale résumée à plusieurs reprises dans ces pages par l'expression, compréhensible pour tous, « tenir la main/lâcher la main » devrait être de nature, aujourd'hui plus que jamais, à **rapprocher et solidariser parents et professionnels.** À défaut de quoi, on les verrait aussitôt courir les risques de la méfiance mutuelle, de la confrontation, des rivalités de compétences et des procès en incompétences ou encore de la surenchère autoritaire, toutes tendances aux parfums ambigus desquelles ils sont parfois sournoisement invités à succomber – y compris dans le secteur de la petite enfance, où nombre de professionnels ont d'ores et déjà ressenti le besoin de refuser la propension à décerner précocement des « zéros de conduite » aux parents et aux enfants[121].

L'autorité dans les pratiques professionnelles vis-à-vis des jeunes enfants

Ce sont bien des recherches que, sans pourtant les nommer ainsi, la plupart des parents de jeunes enfants mènent aujourd'hui en matière d'autorité éducative au fil des tâtonnements expérimentaux occasionnés par les invariants et les aléas de la vie quotidienne. Pour y faire écho, il est intéressant de citer ici un exemple de recherches, en partie équivalentes, effectuées par des professionnels de la petite enfance en formation initiale.

121. Cf. les travaux du collectif *Pas de zéro de conduite pour les enfants de trois ans (www.pasde0deconduite.org)* créé en 2006, en réponse au rapport d'expertise publié fin 2005 par l'Inserm sur les « troubles des conduites chez l'enfant et l'adolescent ». Ce rapport préconisait notamment « *le repérage des perturbations du comportement dès la crèche et l'école maternelle* » pour éviter la survenue de comportements délinquants à l'adolescence.

Cinquante étudiants et étudiantes de deuxième année du Centre de formation des éducateurs de jeunes enfants de Nantes[122] se sont ainsi interrogés, en 2007, sur l'autorité au regard des droits de l'enfant, en réponse à deux questions essentielles portant sur le sens et sur les modalités d'exercice de l'autorité à l'égard des jeunes enfants dans un contexte professionnel :

– au regard des droits de l'enfant, quel sens peut-on donner, aujourd'hui, à l'autorité dans une institution de la petite enfance ?

– quels sont les moyens que peut, ou ne peut pas, utiliser un éducateur de jeunes enfants pour exercer son autorité ?

Voici tout d'abord le *verbatim* des réponses qu'ils ont collectivement apportées à la première question, relative au sens de l'autorité éducative.

Autorité et droits de l'enfant

L'autorité n'est pas contradictoire avec les droits de l'enfant.

Elle doit s'appuyer sur le respect de l'enfant. Elle garantit sa sécurité physique et psychique. Les règles, limites et interdits sécurisent l'enfant en lui donnant un cadre cohérent, sinon l'enfant est livré à lui-même. L'autorité est nécessaire pour le maintien de ce cadre sécurisant, mis en place dans le souci du respect de chacun.

Elle garantit l'exercice par tous des droits et des libertés : prise en compte de la parole, respect de l'écoute. Mais elle est aussi un moyen pour montrer à l'enfant qu'il existe des limites à l'exercice des libertés, des obligations et des devoirs. Elle peut être ressentie comme ambivalente puisqu'elle est liée à la fois aux droits à garantir et aux devoirs à exiger.

Il est important d'avoir les droits de l'enfant en tête sinon on peut arriver à des dérives. L'intérêt de l'enfant doit demeurer une constante lorsqu'il est nécessaire de faire preuve d'autorité.

Exercice des libertés

Un éducateur ne doit pas être permissif en laissant s'exercer les libertés sans limites. Il est nécessaire dans la vie de l'enfant de poser des limites en relation avec les exigences de la vie en société. L'interdit est rassurant quand il est le même pour tous. Les règles et les sanctions doivent être adaptées au stade de développement de l'enfant, à son âge. L'enfant s'épanouit en collectivité lorsqu'il existe des règles sécurisantes dont il comprend le sens.

Mais, en présence de contraintes, l'enfant transgresse pour s'exprimer en tant qu'individu : jusqu'où peut-on le laisser faire ? Les interventions, en particulier phy-

122. Cf. Jean Le Gal, « *Les droits et libertés de l'enfant dans les institutions éducatives de la petite enfance* », ICEM, 2007.
☞ *www.icem-pedagogie-freinet.org/node/1017*

siques, lorsqu'elles sont nécessaires, par exemple pour contenir un enfant, doivent être respectueuses de sa personne. Il est nécessaire de bien observer la situation et de ne pas intervenir en cas de doute.

Autorité et éducation

L'autorité est nécessaire à la socialisation de l'enfant : poser un acte d'autorité, c'est structurant. Elle permet de le rendre responsable de ses actes. En lui faisant comprendre le sens de ses transgressions et le respect de la règle, on lui permet de faire l'apprentissage de la loi, de prendre conscience de sa place dans la relation avec les autres, de connaître ses limites, de se structurer. Mais il est nécessaire, dans le processus mis en œuvre, de tenir compte des capacités et des besoins de l'enfant qui évoluent avec l'âge.

Exercice de l'autorité

L'autorité doit être éducative. Elle n'est pas l'autoritarisme. On peut faire respecter des règles de vie collective sans être autoritaire. L'autorité, c'est être juste, sinon c'est de l'autoritarisme même si l'enfant ne le vit pas toujours comme une question de justice mais comme une frustration, sauf quand il s'apercevra que cette autorité est garante de ses propres droits.

Il est important de ne pas tomber dans l'abus de pouvoir et donc, pour l'éducateur, de réfléchir sur ses actes. Il doit être cohérent, et mettre en pratique ce qu'il demande à l'enfant. Il doit bien situer sa place dans la relation éducative : l'enfant a des droits mais ce n'est pas lui qui détient l'autorité.

Tous les professionnels sont garants de l'autorité par rapport aux enfants, c'est la cohérence éducative. Qu'est-ce que ça veut dire quand on dit à un professionnel qu'il n'a pas d'autorité ?

Se faire respecter par l'enfant ? Mais la dérive peut être l'autoritarisme entraînant la soumission. Lorsqu'on fait acte d'autorité, on attend un effet : que l'enfant s'autonorme.

Si l'enfant fait ce qu'on lui demande, est-ce de la soumission ou est-ce que l'enfant entend la demande ? Quand il y a soumission, l'enfant ne comprend pas le sens de ce qu'on lui impose de faire. Poser un acte d'autorité, c'est aider l'enfant à intégrer des règles, lui faire comprendre qu'il a des désirs qui ne peuvent pas toujours être pris en compte, qu'il faut faire avec les contraintes de la collectivité, de la société.

La représentation de l'autorité éducative à l'égard des jeunes enfants dont font ici état ces futurs professionnels est particulièrement intéressante. Pour eux, l'autorité éducative est clairement exercée par des adultes – professionnels ou parents, donc – et doit se manifester comme garante et au service des droits essentiels des jeunes enfants. Au sein d'un collectif de jeunes enfants, elle organise les conditions de leur sécurité individuelle et collective, pensées comme conditions de base, mais parmi d'autres, de leur socialisation et de l'exercice progressif de leurs libertés et de leurs droits. Les rapports concrets qu'entretient cette conception de l'autorité avec les droits de l'enfant résultent de ce que son exercice se veut : *juste,* c'est-à-dire explicitant sans cesse la nature et les fondements des règles, des limites et des interdits ; *souple,* c'est-à-dire adaptant de façon non arbitraire ces énoncés et leurs portées à l'âge et au degré de compréhension de chaque enfant ; et *véritablement éducatif,* c'est-à-dire faisant appel à l'intelligence et non pas à la soumission de l'enfant, à ses capacités d'apprendre et de comprendre que le respect qui lui est dû s'articule avec le respect dû à chacun des autres enfants du collectif qu'ils composent ensemble.

Voici maintenant le *verbatim* des réponses que les mêmes futurs éducateurs de jeunes enfants ont collectivement apportées à la seconde question, relative aux modalités d'exercice de l'autorité éducative.

Les moyens que peut utiliser un éducateur de jeunes enfants pour exercer son autorité

L'éducateur de jeunes enfants doit se référer aux droits de l'enfant. Il doit savoir ce qui est négociable et ce qui ne l'est pas dans son institution et ainsi poser des limites à l'avance.

Il est important pour lui de connaître ses propres limites dans les situations conflictuelles afin de passer le relais à un autre professionnel.

Lorsqu'il constate une transgression des règles, il doit savoir adapter le type de « non » qu'il prononce au contexte et à la situation. Il doit s'autoriser à dire « non » sans explication, même si la relation par la parole est très importante, afin de faire comprendre à l'enfant le sens de son acte.

Des espaces de parole doivent exister pour cette relation. La parole de l'enfant doit pouvoir s'exprimer, être entendue et prise en compte.

La communication non verbale est aussi importante pour faire comprendre à l'enfant qu'il dépasse les limites : gestes, attitudes, regard...

Une certaine fermeté est nécessaire et, parfois, il est indispensable de contenir physiquement l'enfant mais attention alors à ne pas basculer dans la violence physique et à être soi-même envahi par la violence.

Des règles doivent être élaborées et présentées aux enfants. Leur rappel et leur répétition sont importants pour qu'elles soient intégrées.

La sanction doit être pensée et accompagnée en équipe. Les membres de cette équipe doivent faire preuve de cohérence à la fois au niveau des interventions et au niveau des sanctions.

La sanction doit demeurer éducative et constructive. Elle doit être en relation avec l'acte afin qu'elle ait un sens pour l'enfant : réparation du dommage commis, perte de l'exercice d'un droit...

L'isolement est une forme de sanction qui peut permettre à l'enfant de se calmer, de ne pas envahir l'espace des autres.

Les moyens que ne peut pas utiliser un éducateur de jeunes enfants pour exercer son autorité

Les châtiments corporels et la maltraitance physique sont interdits par la loi : être brutal dans ses gestes, intervenir physiquement sans accompagnement verbal.

Il en est de même pour la violence verbale et l'humiliation morale : dévalorisation, stigmatisation de l'enfant, chantage, menaces, mots blessants, indifférence, jugements péjoratifs sur l'enfant ou sur sa famille.

Les punitions telles que mettre l'enfant dans son lit, le priver de dessert, les sanctions démesurées, excessives, sont à proscrire.

L'éducateur ne doit pas abuser du pouvoir que lui confère son statut d'adulte pour soumettre l'enfant.

On perçoit, entre ces lignes, le malaise persistant éprouvé par ces futurs éducateurs de jeunes enfants à l'égard des composantes interdictrices d'une autorité éducative dont ils évoquaient plus aisément les finalités émancipatrices. Énoncer des règles, signifier des interdits, poser des limites est certes nécessaire, mais comment justifier et surtout mettre en œuvre les restrictions qui en résultent vis-à-vis de l'exercice des droits et des libertés des enfants ? Qui peut ou doit poser les limites, individuellement ou collectivement, et comment les poser pour qu'elles aient du sens pour les enfants ? Quelles sont celles qui sont négociables et celles qui ne le sont pas ? Et, en cas de transgression, comment la sanctionner de façon éducative et non maltraitante ? Mettre des mots sur les situations est important mais ne suffit pas car même les mots, s'ils sont insuffisamment pensés, peuvent blesser. Et ceci notamment lorsque les limites et les règles sont différentes en famille et dans la structure d'accueil collectif et que cet écart indique un défaut de cohérence éducative qui peut aggraver l'incompréhension et donc le malaise de l'enfant, voire nourrir chez lui une série de conflits de loyauté.

Les représentations, les ambitions, les pratiques en cours de construction et les interrogations que l'on vient de décrire à propos de l'exercice de l'autorité éducative par les parents et les professionnels envers les jeunes enfants ne sont que partiellement spécifiques à cet âge. Elles concernent aussi les enfants d'âge scolaire, mais enrichies de préoccupations supplémentaires formulées dans un contexte qui, en outre, en dramatise souvent les enjeux.

L'autorité à l'école et dans les espaces « périscolaires »

L'histoire de l'éducation montre que la relation éducative a toujours été problématique et qu'elle a traversé des périodes de crise. De façon récurrente, et aujourd'hui de nouveau, on parle souvent de « crise de l'autorité » pour rendre compte de cette crise de la relation éducative, et on lui adjoint, pour la décrire, ses cortèges d'éducateurs submergés, de parents débordés, d'adultes incapables de poser des repères. Ce sont surtout les comportements des enfants, à l'intérieur ou à l'extérieur des établissements scolaires, qui indiqueraient que tout se passe comme si, désormais, ils n'avaient « plus de limites » et, dès lors, étaient « livrés à eux-mêmes », ivres de surcroît de leurs « nouveaux droits » et indifférents à des « devoirs » que plus personne ne leur viendrait leur rappeler.

Les faits divers les plus spectaculaires, en particulier les plus violents, sont érigés au statut d'illustrations de tendances générales. S'agissant de l'école, un « Observatoire de la violence scolaire » est d'ailleurs créé en 1998 par l'Université de Bordeaux afin de mener des travaux d'abord au niveau européen puis à partir de 2004 au niveau international, et ceci à l'initiative du chercheur Éric Debarbieux (ancien éducateur spécialisé et instituteur, praticien de la pédagogie Freinet). À la suite de quoi, en septembre 2012, une délégation ministérielle chargée de la prévention et de la lutte contre les violences en milieu scolaire est installée et lui est confiée par le ministre de l'Éducation nationale. Les travaux de cet Observatoire et les enquêtes disponibles[123] ont beau indiquer que les violences scolaires, outre le fait qu'elles se manifestent aussi entre les adultes, ne sont pas seulement commises mais aussi subies par les enfants, qu'elles ne sont pas les seules formes ou causes du mal-être de certains d'entre eux, que leur croissance ou leur recrudescence sont moins avérées que le fait de se soucier pour la première fois de les mesurer, enfin que leurs liens avec les modalités d'exercice de l'autorité éducative restent à établir, la cause est entendue : « crise de l'autorité, vous dis-je » affirment les nouveaux Diafoirus penchés au chevet d'une école dont le malaise n'est pourtant pas imaginaire, mais sans doute imputable à d'autres phénomènes et notamment à son incapacité actuelle, en France tout du moins, à assumer le projet que lui a confié la République, celui de réduire les inégalités sociales devant l'instruction.

Or une telle situation, de telles interrogations et de telles affirmations ne sont pas inédites. En 1961, au seuil de la démocratisation de l'accès à l'enseignement secondaire et notamment au collège, qui correspondait à une

123. Cf. notamment les enquêtes réalisées chaque année auprès d'enfants et de jeunes pour l'Association de la fondation étudiante pour la ville (AFEV) à l'occasion des Journées de refus de l'échec scolaire qu'elle organise depuis 2008.

forte aspiration populaire, une circulaire du ministère en charge de l'Éducation nationale avait déjà préconisé le retour à l'école des méthodes d'autorité, estimant sans doute déjà, sept ans avant mai 1968, qu'on les en avait chassées. L'Institut coopératif de l'école moderne (ICEM – Mouvement Freinet) et l'Office central de la coopération à l'école (OCCE) furent alors bien inspirés de lancer une enquête au titre évocateur, *« L'éducation à la croisée des chemins »*, et qui parlait déjà de « crise de l'autorité », de parents désemparés, *« ne sachant plus comment agir et laissant toute liberté à leurs enfants et les abandonnant à l'anarchie de leurs caprices et de leurs instincts »*. Elle s'organisait autour de deux questions :

– *Quelles sont la nature et la forme de l'autorité – nécessaire – des parents et des éducateurs ? Le recours aux sanctions est-il nécessaire à cette autorité ?*

– *Pensez-vous que le recours à l'autorité formelle et au besoin brutale puisse contribuer à former les hommes et les citoyens de la société de demain ?*

Si crise de l'autorité il y a aujourd'hui, est-elle plus grave qu'il y a cinquante ans ? Il est vrai que des moyens admis antérieurement pour faire obéir les enfants, tels que les châtiments corporels, sont remis en cause. Les parents et les éducateurs sont donc dans l'obligation de se redemander comment être les référents qui aideront les enfants et les jeunes à respecter les limites nécessaires à la vie commune dans la société.

À cet égard, on accuse parfois la Convention internationale des droits de l'enfant (CIDE) d'avoir largement contribué à déstabiliser ces adultes face aux enfants. Il est vrai que le mode de relation, autoritaire ou démocratique, entre l'adulte et l'enfant, au sein de la famille ou de l'école, a toujours été de l'ordre de la décision de l'adulte, même si elle était souvent déterminée par les conceptions sociales dominantes. C'est lui qui avait le pouvoir, y compris chez les pédagogues progressistes. Mais comment décider démocratiquement de la démocratisation des relations, éducatives ou non ? Seul le droit pouvait permettre de sortir de cette aporie. En affirmant que les enfants ont des droits et que ces droits doivent être respectés, la CIDE a signifié aux adultes qu'ils n'ont plus tous les pouvoirs sur la relation qu'ils mettent en place et sur les moyens d'exercer leur autorité. L'enfant est une personne dont la dignité doit être respectée. Il est titulaire de libertés qu'il devrait pouvoir exercer dans tous les lieux où il vit. Il a en particulier le droit de donner son avis sur les questions qui le concernent. Il revient aux adultes de mettre en place les conditions pour que ces droits puissent s'exercer et de les accompagner dans ce difficile apprentissage démocratique.

On a vu, dans ce chapitre, que l'article 12 de la Convention fait en effet obligation aux États parties de garantir *« à l'enfant qui est capable de dis-*

cernement le droit d'exprimer librement son opinion sur toute question l'intéressant, les opinions de l'enfant étant dûment prises en considération eu égard à son âge et à son degré de maturité ». On a vu aussi que, depuis la loi du 4 mars 2002, cette obligation est retranscrite dans l'article 371.1 du Code civil qui, tout en rappelant que *« l'autorité parentale est un ensemble de droits et de devoirs ayant pour finalité l'intérêt de l'enfant »*, ajoute que *« les parents associent l'enfant aux décisions qui le concernent, selon son âge et son degré de maturité »*. Une telle obligation n'est pas encore clairement déclinée dans l'univers scolaire, au sujet duquel l'article 28 de la CIDE stipule cependant que :

> *« Les États parties prennent toutes les mesures appropriées pour veiller à ce que la discipline scolaire soit appliquée d'une manière compatible avec la dignité de l'enfant en tant qu'être humain et conformément à la présente Convention. »*

La reconnaissance du droit des enfants à l'expression implique la mise en place d'une culture de la négociation et de la participation dans la famille et dans l'école à laquelle beaucoup de parents et d'enseignants ne sont pas encore prêts. Entendre des enfants répliquer *« j'ai des droits, et tu dois les respecter »* lorsqu'on leur rappelle leurs obligations peut être déstabilisant. Placés face à cette situation nouvelle, qui va parfois à l'encontre de leurs représentations de la place de l'enfant et de la relation éducative, il est normal que de nombreux éducateurs s'interrogent. D'ailleurs, lorsqu'on travaille avec des professionnels ou des parents pour la mise en œuvre des libertés et du droit de participation reconnus aux enfants par la CIDE, les questions concernant les limites à poser à l'exercice des libertés et à la participation des enfants, l'élaboration des règles de vie, le traitement des transgressions et la définition des sanctions apparaissent très rapidement. Il est pourtant aisé de montrer qu'exercer une liberté implique, pour l'enfant comme pour l'adulte, le respect d'obligations et de limites et la nécessité de mettre en place une discipline éducative. La fameuse interpellation *« vous parlez beaucoup de leurs droits… mais leurs devoirs ? »* vient souvent très vite, également. Toutes ces questions indiquent en filigrane les façons dont la CIDE amène leurs auteurs à s'interroger sur l'autorité.

Certains semblent nostalgiques de l'autorité d'antan, souvent évoquée dans les périodes de crise. On peut cependant douter du « respect naturel » des enfants pour les adultes lorsqu'on voit la panoplie de punitions utilisées pour obtenir leur obéissance. On peut s'interroger aussi sur le type d'adulte et de citoyen que forme une éducation basée sur la crainte et la soumission au regard des tendances sociétales contemporaines. Une relation de l'adulte à l'enfant qui se fonde sur l'obéissance inconditionnelle de ce dernier n'est plus imaginable, aujourd'hui. Cette approche ne peut en aucun cas former un être autonome et responsable, ce qui constitue aujourd'hui un des principaux objectifs de l'éducation. Un rapport fondé sur une relation autoritaire n'est pas compatible avec la démocratie.

Pour d'autres, ce lien entre éducation, autorité et démocratie est précisément problématique. Selon eux, le fait même que la « négociation » et la « participation » soient appelées à devenir des points d'appui de la vie et de l'action éducative dans la famille, les centres de loisirs, les écoles, les institutions éducatives, etc. ne va pas de soi. Le psychiatre, sociopsychanalyste et anthropologue Gérard Mendel, par exemple, estime qu'il existe aujourd'hui une caractéristique largement reconnue, à savoir que l'autorité s'inscrit dans le *régime de la dissymétrie*. Or, dès qu'on argumente, on se place sur un plan d'égalité. L'espace démocratique serait un facteur de fragilisation des relations sociales. Il y aurait donc bien une crise de l'autorité.[124]

Caroline Eliacheff, pédopsychiatre et psychanalyste, pense que la difficulté la plus courante des parents en matière d'éducation est d'**« être débordés par les enfants et ne pas arriver à mettre des limites ».**

> *« Je vois arriver des parents dépassés par des enfants de 3 ans qui font aussi disjoncter la maîtresse »,* ajoute-t-elle. Les parents finissent *« par être très autoritaires et tabassent leurs enfants quand ils sont exaspérés. La plupart des parents savent très bien qu'il faut mettre des limites si possible calmement. Certains ne peuvent pas supporter le mécontentement de l'enfant, qu'ils ressentent comme un désamour. »*[125] Mais elle précise aussitôt : *« Comme la plupart de mes confrères, je peux aider concrètement des parents à résoudre leurs problèmes d'autorité à l'égard de leurs enfants. Je n'ai pas à dicter les nouvelles lois qui vont régir l'autorité en famille. Ce sont les familles qui trouveront des solutions, pas les psys. Dans les groupes d'aide à la parentalité qui existent dans toute la France, les parents découvrent ensemble qu'ils ont des ressources qu'ils ne soupçonnaient pas. »*

Il est certes aujourd'hui beaucoup question d'éducateurs submergés, de parents débordés, *« chaque jour confrontés aux affres de la négociation et de la justification permanentes »,* observe le philosophe Alain Renaut[126]. Il soutient cependant, quant à lui, que l'émergence de la démocratie a libéré les êtres humains de leurs assujettissements traditionnels et a imprimé aux relations une dimension contractuelle en vertu de laquelle il n'est plus de pouvoir qui se puisse exercer sans se soucier d'obtenir l'adhésion

124. Gérard Mendel, *Une histoire de l'autorité,* La Découverte, 2002.

125. Caroline Eliacheff, « Halte aux psys réacs !, Dossier "Famille, autorité, éducation… La guerre des psys" », *Le Nouvel Observateur,* 27 mai-2 juin 2004.

126. Alain Renaut, *La libération des enfants, op. cit.*

de ceux sur qui il s'exerce. Cette situation a transformé aussi, en profondeur, le rapport aux enfants. Pour lui, *« plus rien de ce qui régulait chez les adultes l'exercice de leurs responsabilités à l'égard des enfants ne demeure évident. »*

> *« L'éducation est devenue l'une des questions devant lesquelles les sociétés démocratiques trébuchent, ne sachant comment conjuguer la nécessaire dénivellation impliquée par le rapport pédagogique et l'exigence postulée par le fait démocratique. Si l'enfant est l'égal des adultes qui l'élèvent et l'éduquent, il est cet être paradoxal qui a besoin d'eux pour devenir ce qu'il est. »*

Il y a là de quoi nourrir la perplexité de nombre de professionnels, par exemple ceux des institutions d'accueil de jeunes enfants. Ainsi Joseph Coquoz, directeur de l'École d'études sociales et pédagogiques (EESP) de Lausanne, se demande-t-il, dans une réflexion sur « Les fondements introuvables de l'autorité éducative » qu'il écrit en préface d'une étude consacrée par une éducatrice aux *« Règles, éducation et obéissance »*[127] dans les institutions de la petite enfance : *« Y a-t-il encore à éduquer cet enfant s'il devient l'égal de l'adulte ? »*

Mais c'est sur les univers scolaires et « périscolaires » – ainsi que, dans une autre mesure, sur les univers familiaux – qu'il importe aujourd'hui de mettre l'accent. Dans le contexte général d'incertitudes et d'interrogations qu'y éprouvent ses acteurs – et les parents sont aussi des acteurs de la scolarité –, il est souhaitable et il semble possible de défendre le principe d'*« une autorité basée sur l'apprentissage de la liberté »*[128] en s'appuyant sur la CIDE et sur les principes fondamentaux du droit.

L'autorité définie comme un pouvoir qui permet à l'adulte d'agir pour conduire les enfants dans l'apprentissage de la liberté est aussi un apprentissage des obligations et des limites qu'implique le fait de vivre, de jouer et de s'instruire avec les autres. On a souvent affirmé que l'enseignant ou l'animateur devaient posséder pour cela une autorité « naturelle », au point de n'être pas capables d'exercer ces métiers s'ils en étaient dépourvus. Mais, si un certain nombre de professionnels « charismatiques » ont cette qualité dès le départ, rien n'interdit de penser que les autres doivent et peuvent l'acquérir, ni d'agir en conséquence au moyen de programmes de

127. Sylvie Châtelain, « Règles, éducation et obéissance », *Cahiers de l'EESP,* 2000.

128. Jean Le Gal, « Une autorité basée sur l'apprentissage de la liberté », *Journal de l'animation,* n° 3, novembre 2002. Dans le dossier consacré au thème *« Autorité et sanction »* publié dans le numéro de cette revue professionnelle, essentiellement destinée aux professionnels de l'animation, d'importantes questions étaient posées, auxquelles il est nécessaire d'apporter des réponses, telles que : *« L'autorité de l'adulte a-t-elle encore une quelconque légitimité ? » ;* ou encore : *« A-t-il encore le droit de punir l'enfant sans tomber sous l'accusation de maltraitance ? »*

formations initiales et continues qui le favorisent et d'organisations institutionnelles qui le permettent.

Pour que l'adulte soit reconnu par les enfants et les jeunes comme un référent, capable de poser des limites et d'être entendu quand il dira « non » et qu'il rappellera les règles – toutes choses qui marquent son autorité –, il doit en effet adopter, et voir respectés dans son environnement, des principes essentiels : le respect de la dignité de la personne de l'enfant et de ses droits, et l'application à lui-même des principes et des règles dont il est le garant. On ne peut pas être exigeant avec les autres si on ne l'est pas d'abord avec soi-même. Quand il s'agit de professionnels de l'enseignement ou de l'animation, la compétence, la capacité à répondre aux demandes des enfants et des jeunes, **la rigueur et le sérieux dans l'exercice du métier** sont aussi des facteurs qui vont intervenir.

En cas de transgression des règles par l'enfant, la question de la sanction ne se pose pas nécessairement en termes de « faut-il punir ? ». Dans les organisations promues et mises en place par la pédagogie Freinet, on estime par exemple qu'il y a des limites à poser à l'exercice des libertés individuelles, à condition de les expliquer et de les justifier. Lorsque ces limites ne sont pas respectées par l'enfant – ou par l'adulte, d'ailleurs –, celui-ci doit en répondre et en assumer les conséquences. C'est un principe commun à tous les pionniers de l'éducation moderne qui ont beaucoup réfléchi à la « justice dans l'école ». Pour eux, la règle décidée en commun s'applique à tous et doit être respectée en tant que telle. Toute transgression nécessite une réponse. La sanction doit permettre à chacun de **réfléchir sur son comportement,** d'**assumer la responsabilité de ses actes** et lui **donner la possibilité de réintégrer la collectivité.**

Sanctionner ne veut donc pas dire avoir recours à ces sanctions que Jean Piaget qualifiait d'expiatoires – copies, lignes, piquet ou encore châtiments corporels – car destinées à faire mal et à humilier. Une sanction éducative doit respecter la dignité de l'enfant et lui permettre de réparer le préjudice qu'il a causé soit à une personne, soit à la collectivité. Mais elle doit aussi participer à son éducation à la citoyenneté, à sa prise de conscience des modalités d'exercice d'une liberté dans un système démocratique. C'est pourquoi il y a lieu de considérer qu'une transgression peut amener à la privation transitoire de l'exercice d'un droit. *« Tu avais le droit d'aller dans tel atelier. Puisque tu en perturbes les règles de fonctionnement, tu vas perdre momentanément la liberté de le fréquenter ».* C'est le Conseil d'enfants de la classe qui en décidera après avoir examiné la situation et entendu l'enfant.

On a parfois tendance à penser que la pédagogie Freinet, comme toutes celles qui mettent en avant la liberté de l'enfant, serait basée sur le laisser-faire[129]. Or, dès 1923, un des premiers articles de Célestin Freinet s'intitule *« La discipline nouvelle : quelques réalisations »*. S'il y rejette bien la pédagogie autoritaire, il ne conçoit pas pour autant que chaque enfant puisse exercer sans limites ses libertés individuelles. Il préconise une « liberté sociale », celle d'un individu au sein d'une communauté qui impose à tous le respect d'un certain nombre de règles.

> *« Il n'est plus question d'apprendre seulement à l'enfant la liberté individuelle dans toute l'étendue de ses droits, mais plutôt les justes tempéraments que la vie sociale apporte à la pratique de ces libertés. Et l'énoncé théorique des droits et des devoirs de l'individu dans la communauté ne suffit plus : c'est la pratique sociale qu'il faut développer afin que l'homme sache plus tard se conduire librement dans toutes les diverses occasions de sa vie. »*[130]

L'objectif visé est bien l'éducation à la liberté. Pour Freinet, l'ordre et la discipline sont nécessaires en classe. Mais pas n'importe quel ordre ni n'importe quelle discipline : *« un ordre profond, inséré dans le comportement et le travail des élèves ; une véritable technique de vie motivée, et voulue par les usagers eux-mêmes »*. Dans une lettre qu'il écrivait à l'un de nous en 1961, en réponse à ses interrogations sur la liberté dans la classe, il précisait que *« c'est l'organisation du travail qu'il faut prévoir. Les enfants n'ont pas soif de liberté, ils ont soif de travail vivant »*.

Il est donc essentiel que des limites soient fixées et que chacun sache clairement ce qui est possible et ce qui est interdit lorsqu'il agit au sein d'une collectivité éducative. Mais, si les limites sont nécessaires, il est difficile de savoir où fixer la barrière entre le permis et l'interdit. Michel Tozzi, philosophe et professeur en sciences de l'éducation à Montpellier, propose, dans un article sur *« L'école et le rapport à la loi »*[131] le concept d'*« autorité participative, voire coopérative »*.

> *« Le rapport difficile des élèves à la loi nous semble aujourd'hui passer non par le retour incantatoire, inefficace et même dangereux à l'autoritarisme d'antan, mais par une reconfiguration aujourd'hui nécessaire*

---

129. La discipline à l'école a en réalité fait l'objet, depuis longtemps, de nombreux débats au sein du mouvement Freinet. Elle a même constitué le thème du Congrès international de l'École moderne, à Nantes, en 1957. C'est dire qu'il s'agit là d'une question complexe dont les données évoluent en fonction de facteurs sociaux, politiques, culturels dont il faut tenir compte. Certaines des recherches collectives et des actions actuelles s'appuient sur l'émergence des principes fondamentaux du droit à l'école et le respect de la CIDE.

130. Célestin Freinet, « Vers une école du prolétariat. La discipline nouvelle. Quelques réalisations », *Clarté*, n° 15, décembre 1923.

131. Michel Tozzi, « L'école et le rapport à la loi », janvier 2004.
☞ *http://probo.free.fr/textes_amis/ecole_rapport_loi_mt.pdf*

de l'autorité éducative, que nous qualifierons de "participative", cohérente avec les aspirations d'une société démocratique. Celle-ci doit selon nous trouver son fondement dans le développement de pédagogies coopératives, articulant pour les élèves un cadre structurant non négociable avec une coconstruction des règles de classe et d'école. Il est aussi nécessaire d'articuler ce rapport plus coopératif à la loi à un rapport au savoir plus signifiant, non dogmatique, impliquant les élèves dans les questions qu'ils se posent. »

« L'autorité participative » ainsi conçue vise donc à sa reconnaissance comme accompagnement pour grandir. Elle s'exerce par la discussion et la négociation, dans un cadre en partie coélaboré, en partie non négociable. Michel Tozzi parle de l'école mais le transfert de ses propositions dans d'autres institutions éducatives peut se faire aisément. Pour lui, une « autorité participative » suppose :

« *de bien délimiter le non négociable éducatif, celui dont on explique la source et le fondement pour qu'il soit connu et compris, mais qui n'est pas soumis à décision commune, et auquel le maître lui-même est obligé : au niveau de la civilité, l'interdiction de la violence physique ou de la blessure verbale dans une communauté éducative comme modes de relation entre élèves et avec les adultes, qui tire éthiquement son sens du respect des droits de l'homme et de la personne ; au niveau de la légalité et de la citoyenneté, le respect du règlement actuel de l'établissement et des lois du pays (normes juridicopolitiques), quitte à discuter leur légitimité pour agir en vue de leur évolution ; au niveau du rapport au savoir, le contenu des programmes, la vérité des connaissances dispensées, parce qu'elles sont, même provisoirement, validées rationnellement par la communauté scientifique ;*

de cerner ce qui peut être négocié, c'est affaire de pédagogie dans le champ d'autonomie du maître, de l'équipe éducative : les règles de vie de classe, tant qu'elles ne contredisent pas le règlement de l'établissement ou la loi ; l'organisation du travail individuel et collectif ; le règlement de l'école par le biais des délégués... »

Il est donc important que les textes qui régissent le fonctionnement de l'institution (projet éducatif, règlement intérieur, etc.) précisent les libertés qui pourront s'exercer avec les limites et obligations qu'impliquent la vie en collectivité et l'obligation de protection de l'enfant faite aux adultes qui en sont responsables.

Les « non-négociables » étant précisés, chaque éducateur pourrait alors mieux cerner ce qui relève de son champ d'autonomie. On sait que des facteurs personnels (personnalité, profil éducatif, conceptions éducatives...) interviennent fortement pour déterminer ce qui sera strictement interdit, ce qui sera toléré, ce qui sera encouragé ? Ceci complique singulièrement l'élaboration des règles de la collectivité car il faut alors se mettre d'accord afin d'agir avec cohérence. Or, pour le bon fonctionnement des activités et de la vie collective, la cohérence est nécessaire. La question est en revanche posée de savoir si, entre deux lieux différents – l'école et la famille, ou l'école et le centre de loisirs, par exemple –, il est nécessaire que les repères soient les mêmes. Sont dès lors évidemment mises à l'épreuve les relations des professionnels avec les familles lorsque celles-ci ont des valeurs et des pratiques éducatives différentes, ou des professionnels entre eux lorsqu'ils relèvent de cadres d'emploi différents.

Poser des interdits est donc nécessaire mais ne suffit pas. Il est impératif d'intervenir lorsque les limites ne sont pas respectées. Ici se pose à nouveau la question des finalités et des modalités coéducatives de l'autorité. Autorité pour intervenir efficacement lorsque ces limites sont transgressées ? Autorité pour fixer des limites à l'exercice des libertés et du pouvoir de codécision ? Ou, plus fondamentalement, autorité pour rendre possible – dans des conditions collectivement agréées – et valorisé – dans des conditions de réception partagées par tous – ce même exercice des libertés et du pouvoir de codécision ?

Pour riche qu'elle soit, la réflexion sur la notion d'« autorité éducative » ne permet pas d'instruire à elle seule la question de la démocratisation des relations éducatives dans le contexte des évolutions familiales et sociétales actuelles, ni celle des raisons d'en faire le pari. Il faut l'ouvrir à une analyse plus poussée et plus large des principaux environnements éducatifs, politiques et institutionnels qui déterminent et permettent ce pari.

Chapitre 1 En bref

Les évolutions de la place des enfants dans les familles et dans la société induisent une démocratisation progressive des relations éducatives.

Pourquoi ?

Les familles contemporaines tendent à diversifier, assouplir et complexifier leurs structures et leurs fonctionnements.

Dans une société dont les valeurs et les repères sont bousculés, l'ancestrale résilience de l'institution familiale fait de nouveau converger vers elle les attentes éducatives.

Le partage du rôle éducatif avec des acteurs extrafamiliaux est réel mais moins net sur le volet « instruction » (largement transféré à l'école) que sur le volet « socialisation », qui voit les familles renoncer peu à peu aux modèles hiérarchiques et traditionnels au profit de modalités plus démocratiques.

La coéducation requiert cependant un partage de valeurs, et plus seulement de domaines de compétences, si elle se veut source de cohérence, de continuité et d'apaisement pour les enfants.

Classiquement « objet » de soins et de directives des adultes, l'enfant devient – notamment avec la Convention internationale des droits de l'enfant (CIDE) – sujet de droits, y compris civils et politiques.

Être en présence et être en devenir, déjà citoyen mais aussi citoyen en formation, l'enfant est désormais invité à découvrir ses droits et ses libertés en même temps qu'il commence à les exercer.

Ainsi par exemple est-il théoriquement associé aux prises de décisions qui le concernent, dans et hors de sa famille, et ceci par divers processus de participation démocratique.

La CIDE reconnaît et stipule donc qu'il y a lieu de remanier en profondeur les relations éducatives entre adultes et enfants, et d'assumer la complexité liée à la reconnaissance de leur « égalité paradoxale » de statut.

Une nouvelle conception de l'autorité éducative – et même coéducative – s'ensuit dans le débat public : elle tend à faire prévaloir l'émancipation progressive sur le rapport de forces, et elle valorise le rôle actif de l'enfant demandeur de repères, de références et de guidances plutôt que d'un cadre contraignant.

Plus que jamais, cependant, un projet démocratique de société a besoin et demande que les enfants soient élevés et non plus dressés.

➧ Quelles opportunités ?

Historiquement, l'institution familiale est plus expérimentatrice que conservatrice, plus ouverte que fermée, et, en matière éducative, plus unificatrice que cloisonnante.

Sources et cibles de nombreuses transformations sociales, les familles ont aujourd'hui besoin d'un sursaut démocratique (plutôt que d'une régression autoritariste, ou d'un surcroît de judiciarisation) pour définir de nouvelles modalités de délibération et de prise de décision, ouvertes dès que possible à l'expression des points de vue des enfants, notamment dans l'aménagement des situations complexes (résidence alternée, pluriparentalité de fait, etc.).

La « crise de l'autorité » est un concept utile mais ancien (il a été introduit il y a 60 ans par Hannah Arendt) : il invite à parachever la déconstruction progressive de l'autoritarisme éducatif et à tourner le dos à celui-là pour mieux rejoindre les aspirations démocratiques universelles, politiques et sociétales d'aujourd'hui.

Il existe chez nombre de parents et de professionnels une volonté de fonder ensemble une autorité coéducative juste et émancipatrice, basée sur l'apprentissage minutieux des libertés sociales, et génératrice par exemple de principes et de règles s'appliquant tout autant aux adultes qu'aux enfants (afin notamment, de prévenir et de résoudre les violences et les carences tant familiales qu'institutionnelles).

Cette tendance conforte nombre d'attentes implicites mais partagées, entre parents et professionnels, d'assumer ensemble la dimension ambitieuse et mobilisatrice d'une coéducation globale qui irait jusqu'à faire une place nouvelle aux enfants afin qu'ils puissent participer réellement à la prise des principales décisions qui les concernent.

Des évolutions juridiques confortent ces évolutions sociétales : l'interactivité et l'applicabilité directe, en droit interne, de certains articles-clefs de la CIDE (non-discrimination, intérêt supérieur de l'enfant, responsabilité première des parents en l'espèce, prise en considération des opinions de l'enfant) sont de plus en plus reconnues au sein des familles et des institutions.

Ainsi prend-on mieux conscience du renforcement mutuel des droits sociaux et politiques des enfants, qui permet que ceux-ci soient désormais considérés comme acteurs possibles de leur protection, de leur santé et de leur éducation.

Au total, la CIDE constitue un levier parmi d'autres du changement des représentations que les adultes ont des enfants, des relations (éducatives ou non) qu'adultes et enfants établissent entre eux et de celles que les enfants eux-mêmes développent entre eux.

La CIDE amène aussi les enfants à percevoir autrement, car activement, le sens du progrès humain auquel ils sont introduits de la sorte.

L'ensemble de ces tendances traverse et influence au quotidien les plus généralistes et les plus universelles des institutions : les familles et les écoles. Elles s'étendent peu à peu aux échelles institutionnelles les plus proches d'elles : celles des structures politiques et éducatives des communes (et des intercommunalités).

Quels freins ?

Nombre des freins qui, concernant la place des enfants, affectent les tendances en cours à la démocratisation des relations éducatives proviennent des limites ou des ambiguïtés de certaines composantes des politiques familiales actuelles.

Ainsi, par exemple, les réalités vécues et les discours dominants tenus en matière de « monoparentalité » réduisent-ils ou dramatisent-ils artificiellement, en scotomisant l'existence de l'autre parent (avec la complicité active ou passive de nombre de professionnels), l'espace de la coéducation et de la délibération intrafamiliales.

De même, en cas de recomposition familiale, la reconnaissance des « beaux-parents » reste dépourvue de base juridique, ce qui entrave souvent la possibilité d'une démocratie familiale réaliste et apaisée, tout du moins du point de vue de l'enfant.

À l'exception de l'institutionnalisation, en France, du Pacte civil de solidarité (PACS), en 1999, ou du mariage des personnes de même sexe, en 2013, la loi peine à structurer les évolutions familiales observées pour les doter du cadre juridique dont la démocratie familiale aurait besoin, en toutes circonstances, pour déployer ses logiques en toute sécurité.

Simultanément, un nombre non négligeable de familles (traditionalistes, populaires, de migration récente, etc.) peinent à renoncer à des conceptions normatives et directives de l'autorité parentale et à adopter des conceptions plus relationnelles et/ou plus démocratiques de leurs modes de fonctionnement et de prise de décision.

Parfois en phase paradoxale avec ces mêmes familles, ou en se référant à des modèles abstraits, les pouvoirs publics développent des politiques ambiguës dites de « soutien à la parentalité » qui peuvent contribuer à distordre les relations potentiellement coéducatives entre parents et institutions et qui risquent de susciter repli, conformisme, autoritarisme artificiel ou déresponsabilisation/infantilisation chez les parents les plus en difficulté.

Et ceci d'autant plus que ces politiques ont été conçues et présentées en introduisant de graves confusions idéologiques entre « autorité éducative » et « autorité parentale » et en prétendant se donner comme principaux objectifs de réduire l'absentéisme scolaire, la délinquance juvénile, etc.

Bien que très rapidement ratifiée (dès 1990), la CIDE a depuis lors fait en France l'objet d'un accueil ambivalent et d'une promotion plutôt tiède, notamment pour ce qui concerne les droits civils et politiques qu'elle reconnaît aux enfants. On n'a que rarement vu en elle l'occasion de « sortir par le haut » de la « crise de l'autorité » supposée affecter plus que jamais « la » famille et l'école.

La référence à la CIDE a même permis de radicaliser des positions foncièrement hostiles à la démocratie familiale et, surtout, éducative et scolaire, ainsi qu'à la notion d'égalité progressive de droits entre enfants et adultes, caricaturée en autant de prises de pouvoir de l'« enfant roi ».

La figure de l'« enfant roi » – qui est, en réalité, surtout le produit d'un modèle publicitaire et libéral – a finalement contribué à justifier, en France et à partir de 2003, l'expansion d'un contrôle psychosocial de l'État et des collectivités locales sur des parents soupçonnés d'avoir « abdiqué » de leur magistère éducatif.

Simultanément, différents plaidoyers, en dénonçant le fait que l'affirmation des droits de l'enfant aurait effacé toute référence à leurs « devoirs », laissent entendre que la démocratie éducative pour tous abolit l'autorité des adultes. Ils affirment que les enfants doivent continuer à accepter les règles qui leur sont appliquées sans participer à leur élaboration ni à leur évaluation.

Dès lors, la CIDE et les droits de l'enfant sont rendus responsables de l'existence ou de l'aggravation de la « crise » de l'autorité, notamment des parents et de l'école, alors même que les violences institutionnelles et symboliques envers les enfants (notamment l'incapacité de l'ensemble du système éducatif à éviter la reproduction, voire l'aggravation, des inégalités sociales) restent difficiles à reconnaître et à résoudre.

Simultanément, adultes et enfants admettent parfois difficilement que l'exercice des droits et libertés des enfants repose sur – et soit garanti par – un ensemble de disciplines et de limites négociées et partagées, sans lesquelles la régression à l'obéissance inconditionnelle risquerait de s'imposer.

Comment, dans ces conditions, concilier autorité et démocratie ? Comment décider démocratiquement de la démocratisation des relations éducatives ?

Comment ?

Promouvoir et instituer une approche cooéducative au sein des familles et des institutions, et entre elles, à tous les âges et en toutes les circonstances de l'enfance et de l'adolescence.

Considérer les familles comme les plus petites des collectivités locales et les intégrer comme telles dans leur environnement sociopolitique en tant qu'actrices des politiques publiques de proximité qui les concernent (du fait de leurs expertises d'usage, de leurs capacités à négocier et à participer aux projets locaux, etc.).

Au sein des familles et en cas de litige sur l'autorité parentale, chercher à faire vivre la démocratie familiale en lui fournissant des cadres pour les délibérations et les décisions entre adultes (recours facilité à la médiation familiale, précisions et popularisation de la notion d'« actes usuels », etc.) mais aussi avec les enfants (dans l'esprit de l'article 12 de la CIDE et de l'article 371.1 du Code civil).

Plus généralement, favoriser et relayer les évolutions démocratiques de l'autorité éducative – incluant la participation des enfants – en s'appuyant sur celles de l'autorité parentale telles que prévues par l'article 371.1 du Code civil, et en y sensibilisant notamment les familles « traditionalistes » ou désorganisées.

Considérer l'autorité éducative comme un moyen et non pas comme un objectif au service de l'émancipation des enfants, comme relevant du savoir (faire et faire faire) plutôt que du pouvoir (d'imposer) des adultes, et comme sollicitant l'écoute de l'enfant plutôt que sa seule obéissance.

Se demander en permanence ce que l'autorité autorise, et ce qu'elle autorise ensemble, dans un collectif d'auteurs et d'acteurs de leurs décisions.

Identifier quel type d'autorité favorise l'écoute et le respect mutuels : une autorité moins fondée sur l'extériorité que sur l'antériorité des savoirs qui la fondent induit souvent un respect moins rétrospectif et plus prospectif.

Commencer dès la petite enfance à promouvoir une autorité éducative bienveillante, à introduire le principe de réalité au moyen de la prise de conscience du point de vue d'autrui (par lequel passent la demande et la possibilité de satisfaire un désir), à faire découvrir la dialectique être/avoir.

Chez les professionnels de la petite enfance, de l'école et de l'éducation non scolaire, présenter de même l'autorité éducative comme garante et au service des droits de l'enfant (à la protection, à la socialisation, à la découverte et la compréhension éclairées du monde, à l'émancipation progressive) et clarifier les conceptions de l'interdit, des limites et des règles au regard des droits et libertés des enfants.

Rechercher la mise en œuvre d'un concept d'autorité participative, voire coopérative, qui déterminerait l'accès aux savoirs, et pas seulement aux comportements sociaux, et qui favoriserait l'adoption de repères (règles et domaines de négociation) sinon identiques du moins cohérents et partageables en toutes circonstances éducatives (familles, crèches, écoles, centres de loisirs, associations, etc.).

Démocratiser les relations éducatives suppose en définitive de sortir de l'ordre hiérarchique de l'autoritarisme et du rapport de forces pour aborder en confiance l'ordre égalitaire de la persuasion par l'argumentation, de l'explicitation de tous les « oui » que comporte un « non ».

Pourquoi faut-il faire le pari de la démocratisation des relations éducatives ?

Finalités, stimulante complexité et modalités de la coéducation

Tenir la main, lâcher la main : une mission trop complexe pour ne pas être partagée

Les paléontologues[132] ont montré comment, du poisson au lézard, du lézard au mammifère et du mammifère à l'homme, le redressement du corps et le passage de la nage à la reptation, puis à la marche quadrupède et enfin à la marche bipède ont peu à peu permis, en libérant la main et en favorisant mécaniquement le développement du crâne et des aires cérébrales temporales, de rendre possibles les conditions anatomiques de la pensée réflexive en même temps que de l'émission et de la réception du langage symbolique.

Plus que de ses parents, un enfant résulte de sa condition humaine, qui est aussi la leur. Ce que l'espèce a réalisé en quelques millions d'années avant lui, il le reproduit en un an. Renonçant à la flottaison dans le liquide amniotique, puis à la reptation et à la déambulation « à quatre pattes », il se redresse, se tient debout et commence à marcher, à explorer le monde autour de lui par ses propres moyens, à en expérimenter les ingrédients et les caractéristiques puis à découvrir qu'il peut, dans certaines conditions, les modifier. À la différence des autres animaux, ses membres antérieurs ne lui servent plus à se déplacer et sa main se substitue à sa bouche pour saisir, porter et transporter aliments et objets. Dès lors, cette même bouche devient elle-même disponible pour d'autres fonctions que nutritives, défensives ou agressives : participer avec le visage et le reste du corps à l'expression de sentiments de plus en plus complexes puis, surtout, articuler des syllabes et des mots et, bientôt, articuler des mots entre eux. Bref, produire et communiquer du sens et l'attribuer aux expériences vécues.

132. André Leroi-Gourhan, *Le geste et la parole, Tome 1 : Technique et langage,* Albin Michel, 1964.

C'est ainsi que le langage permet à l'enfant de nommer et de commenter, pour lui-même et pour autrui, ce vers quoi ses pas le mènent et ce que sa main lui permet de faire. Aristote en avait déduit à juste titre que c'est parce qu'il a une main que l'homme pense.

Dès sa naissance, voire avant, le petit homme, à travers l'intensité des relations que sa totale dépendance à autrui l'amène à entretenir, s'apprête donc chaque jour à construire et manifester son appartenance à l'espèce humaine. Ses mouvements et son babil anarchiques s'organisent, sa main se tend ou se replie selon les situations. *« L'éducation de l'homme commence à sa naissance ; avant de parler, avant que d'entendre, il s'instruit déjà »*, avait remarqué Rousseau[133]. Et il ajoutait : *« Tout ce que nous n'avons pas à notre naissance, et dont nous avons besoin étant grands, nous est donné par l'éducation »*. Or vient le moment, émouvant entre tous, où la main de l'adulte et celle de l'enfant se séparent et où celui-ci effectue ses premiers pas autonomes. Simultanément, les premiers mots commencent à nommer ce qui est là et, bientôt, ce qui n'est pas là.

En tant qu'attributs spécifiques du corps humain, la maîtrise de la bipédie et le recours à un langage symbolique articulé sont considérés à juste titre, on a vu comment et pourquoi, comme les deux principaux critères d'humanité. Mais encore faut-il qu'ils soient activés par l'éducation pour que le petit d'homme puisse accéder à cette humanité – comme l'indiquent les observations et les tentatives de socialisation menées avec les « enfants sauvages »[134]. C'est à cette condition d'y être accompagné que la marche et la parole permettent à l'enfant de découvrir le monde en même temps que de le penser, de s'y penser, d'échanger et de croiser les expériences qu'il y mène au fur et à mesure des rencontres qu'il y fait. Il en résulte peu à peu la formidable liberté d'analyser, de comprendre et de modifier son environnement naturel et sa condition humaine, et de le faire à la fois pour soi et avec autrui.

C'est parce que l'homme peut saisir à pleines mains ce qui l'entoure tout en réfléchissant à ses actes qu'il a su prendre l'initiative de faire progresser ses conditions de vie en maîtrisant une partie de ce qui les détermine. Le progrès humain consiste bien souvent à organiser les moyens de repousser, par une action délibérée et programmée, les causes de la fragilité et de la précarité de l'existence. Aussi en alla-t-il jadis du passage de la chasse à l'élevage, de la cueillette à l'agriculture, du feu de bois à l'électricité ; ou, plus récemment, de l'assistance à l'assurance, de l'exploitation au droit du travail.

Revers de la médaille : l'autonomie de la marche, la libération de la main, la diversification des fonctions buccales, la capacité d'anticiper une situa-

---

133. Jean-Jacques Rousseau, *Émile, ou De l'éducation*, Flammarion, 2009.

134. Thierry Gineste, *Victor de l'Aveyron : Dernier enfant sauvage, premier enfant fou*, Hachette Littérature, 2006.

tion par la pensée et de présentifier l'absence par le langage peuvent amener l'enfant à tomber, à se brûler, à frapper autrui pour accaparer son bien, à fomenter une vengeance, à mentir ou à médire. De même, le progrès technique peut faire obstacle au progrès de civilisation : l'agriculture intensive peut détruire les sols, l'élevage martyriser les animaux, le gaspillage menacer gravement les équilibres écologiques, l'excès d'assurance fragiliser les bénéficiaires, le droit du travail se retourner contre les travailleurs et maltraiter les chômeurs.

Si, du fait de ses exceptionnelles facultés, l'homme – comme l'indique un proverbe africain – est le plus souvent un remède pour l'homme, il peut aussi en être la plus redoutable menace. C'est pourquoi la conquête par l'homme de sa propre liberté doit s'accompagner de celle, concomitante, des moyens de la protéger des dangers auxquels elle peut l'exposer.

L'éducation joue donc à cet égard un rôle essentiel, et précoce. On sait qu'elle se déroule en premier lieu dans l'espace familial, mais aussi dans de nombreux espaces institutionnels, et sur le temps long qui mène de la naissance jusqu'à l'entrée, plus ou moins formalisée, dans la vie adulte. Nous avons énoncé et soutenu au chapitre précédent que, ainsi conçue et partagée, l'éducation, et notamment l'éducation parentale, est une tâche formidablement complexe – mais rendue stimulante par le fait même d'être complexe et partagée – en ceci qu'elle assigne aux différents éducateurs impliqués un ordre de mission qui, à la lumière de ce qui vient d'être rappelé, peut être métaphorisé en les termes suivants : devoir et savoir tenir la main d'un enfant et, simultanément, savoir la lui lâcher[135]. Autrement dit : réussir à assurer sa protection sans entraver son autonomisation, c'est-à-dire veiller à ce qu'il puisse s'émanciper[136] en toute sécurité. Autrement dit encore : autoriser et garantir la nécessaire prise de risque inhérente à l'exploration et à la découverte du monde et à la compréhension de ses usages.

Parce qu'elle est aussi ardue que captivante, la mission des adultes en situation d'éducateurs séduit, inquiète ou rebute. Moins nombreux qu'on ne le prétend sont ceux qui, fuyant leurs responsabilités, s'en désintéressent d'emblée ou au fur et à mesure que grandissent les enfants. D'autres, succombant plus volontiers à d'anciennes ou plus récentes sirènes idéologiques, se plaisent à rigidifier le dilemme : désengagement absolu (il n'est de main libre que lâchée) ou contention permanente (il n'est de main sûre que tenue). Nonobstant ces positions extrêmes, la majorité des adultes se

135. Frédéric Jésu, « Tenir la main, lâcher la main : une dialectique pour l'éducation populaire », *Forum – Revue de la recherche en travail social*, n° 112, juillet 2006, p. 29-36.

136. Étymologiquement, « émanciper » signifiait, dans le droit romain, « libérer de l'appropriation » (sous-entendu : par l'autorité paternelle ou par ce qui la représente). Le mot était construit à partir de *ex*, hors de, et de *mancipium*, droit de propriété, lui-même issu de *manus*, main, et de *capere*, prendre, saisir.

résout habituellement à assumer la part d'impossible que le pessimisme freudien assignait – avec l'acte de gouverner et celui de soigner – à l'acte d'éduquer[137].

De tous les éducateurs impliqués, les parents sont cependant ceux qui sont engagés sur la durée la plus longue, et ceci sans autre formation initiale que leurs expériences personnelles et subjectives d'anciens enfants, et en outre, à la différence de la plupart des professionnels, sur la quasi-totalité du champ éducatif. C'est en effet chaque jour ou presque, et à chacun des âges de la petite enfance (l'âge des premiers pas), de l'enfance (l'âge des premiers apprentissages formels), de l'adolescence (l'âge des premières sorties autonomes), voire au-delà, que les parents doivent répondre à cet ambitieux ordre de mission – tenir la main, lâcher la main – qui prend la forme et recèle les périlleuses responsabilités de ce que les systémiciens désigneraient comme une injonction paradoxale. Mais, à tort ou à raison, ou précisément parce qu'ils y sont engagés sans trêve, les parents sont aussi placés en première ligne pour **relever ce défi récurrent.**

Ils le sont tout d'abord, à l'évidence, auprès de leurs enfants, qui ne manquent pas de les interpeller régulièrement à ce sujet, notamment à l'adolescence, et ceci dans un contexte où les rôles sont parfois déstabilisés par les importants changements que connaissent, on l'a vu, les structures familiales contemporaines. La présence de deux parents, partageant ou non le même foyer, auprès d'un enfant qui dispose lui-même de deux mains (autrement dit d'une aptitude « naturelle » à l'ambivalence) permet fort heureusement de multiplier les combinaisons possibles dans l'espace et le temps et selon les circonstances, et donc d'assouplir les postures et les réponses éducatives. Par exemple, un parent pensera qu'il faut « tenir » sur ceci et « lâcher » sur cela pendant que l'autre parent pensera le contraire, ouvrant la voie au pire à la confrontation des points de vue, au mieux à la répartition des rôles, en tout cas à une certaine dialectique et à un espace de délibération auquel, le moment venu, l'enfant peut être associé pour s'en trouver éclairé[138]. Nous reviendrons sur ces configurations et ces fonctionnements, au chapitre 4, en traitant des principes et des pratiques de la « démocratie familiale ».

---

137. Le poète Serge Sautreau faisait cependant remarquer que *« l'impossible est l'impôt que l'on paye à la cible »* (communication personnelle).

138. Les différences de conceptions et de pratiques sur la dialectique protection/autonomie entre les parents et les professionnels de l'éducation (et parfois entre les professionnels eux-mêmes) peuvent aussi entraîner des tensions, voire des conflits à propos de l'autonomie accordée ou non à l'enfant à l'école, au centre de loisirs, à l'internat, etc. : par exemple, à l'école, à propos de la possibilité donnée à l'enfant de se déplacer ou de travailler sans surveillance directe, d'aller seul aux toilettes, à la bibliothèque, dans la cour, de rester à sa demande avec d'autres enfants, dans la classe et pendant le temps de récréation, pour poursuivre des activités…

Les parents sont ensuite placés en première ligne auprès des professionnels éducatifs et sociaux, témoins ou impliqués à leurs côtés sur différentes scènes. Bien que dûment formés, ceux-ci éprouvent souvent des difficultés semblables à gérer les complexités de l'éducation au quotidien (des difficultés qu'ils peuvent rencontrer aussi avec leurs propres enfants, et qui peuvent interagir avec leurs attitudes professionnelles). Mais ils n'ont à le faire que dans le temps et le périmètre de compétence limités qui sont institutionnellement les leurs.

Les parents sont enfin placés en position de rendre des comptes à l'ensemble du corps social (voisins, médias, responsables politiques, etc.) qui se fait facilement jugeant à leur égard en leur dressant le procès à charge du manque d'autorité, de la démission, de l'incohérence, de la « production » – au choix – d'enfants rois ou d'enfants martyrs, d'enfants en danger ou d'enfants dangereux, etc.

Les parents sont bien vite rendus unilatéralement responsables de leur capacité à exercer une « autorité parentale » dont la définition, commune ou juridique, a par ailleurs évolué au fil du temps, et notamment – on l'a vu – depuis une quarantaine d'années. Ils ont à le faire dans un environnement idéologique qui, après avoir envisagé – l'espace d'une génération – l'idée qu'il était peut-être « interdit d'interdire », a peu à peu privilégié, depuis une quarantaine d'années aussi, la lecture libérale de ce slogan sur sa lecture libertaire (ou, plus exactement, trop vite considérée comme telle : en réalité, dans la conception autogestionnaire de l'organisation sociale que prônent les libertaires, un droit et une liberté ne s'exercent pas, au sein de la collectivité, sans limites). L'individualisme pulsionnel et le consumérisme galopant favorisent en effet, le plus souvent, les plus forts et les plus riches, auxquels les meilleurs services et les plus confortables trajectoires restent promis. Simultanément, ils tendent à renvoyer les plus faibles et les plus pauvres vers les traitements stigmatisants, voire répressifs, qu'ils réservent à leurs écarts, leurs « échecs » et leurs transgressions, et à ceux de leurs enfants[139].

C'est pourtant à un défi commun que les parents de toutes conditions et tous les professionnels de l'éducation sont aujourd'hui confrontés, dans de nombreuses circonstances où leurs autorités respectives sont appelées à s'exercer. À l'heure de la démocratisation extensive de la vie privée et, dans une moindre mesure, du fonctionnement des institutions, ce défi consiste – nous l'avons dit aussi – certes à savoir interdire (tenir la main, dire « non ») mais aussi à savoir autoriser (lâcher la main, dire « oui »), et

139. Frédéric Jésu, « Délinquance des jeunes : les parents sont-ils responsables ? », in Gérard Neyrand (dir.), *Faut-il avoir peur de nos enfants ? Politiques sécuritaires et enfance*, La Découverte, 2006, p. 63-73.

surtout à associer les enfants aux décisions qui les concernent[140], sans succomber pour autant aux pièges d'une infinie « argumentation » mais en les guidant pour construire avec eux leurs premières expériences constitutives d'une pratique de la citoyenneté.

C'est pourquoi, du fait même de sa complexité, l'injonction paradoxale que nous résumons en l'expression, compréhensible pour tous, « tenir la main/lâcher la main » devrait être de nature, aujourd'hui plus que jamais, à rapprocher et solidariser parents et professionnels dans la perspective de coéducation que nous avons déjà indiquée. À défaut de quoi, on les voit aussitôt courir les risques des jugements expéditifs et de la confrontation, des rivalités de compétences et des procès en incompétences, ou encore de la surenchère autoritariste, toutes tendances sans issues aux parfums ambigus desquelles ils sont sournoisement invités à succomber.

Ainsi, établir les fondements théoriques éducatifs d'une pratique démocratique au sein de la famille et des structures qui accueillent les enfants, ainsi que d'une coopération entre ces différents acteurs, ne va-t-il pas de soi. L'approche coéducative n'est pas démocratique d'emblée. En l'absence d'accord préalable, ou progressivement construit, sur les valeurs et les principes constitutifs de l'éducation, les conflits entre parents et enseignants, parents et animateurs, enseignants et animateurs etc. trouvent au quotidien de nombreuses occasions de surgir et de s'amplifier. Il convient donc que soient donnés aux professionnels des temps leur permettant de participer à des rencontres collectives de réflexion commune et de décision avec les parents, et que ces temps soient également compatibles avec les disponibilités de ceux-ci.

Plus généralement, il importe aujourd'hui de **redéfinir et de « refonder » les enjeux éducatifs** à tous les âges de l'enfance et de l'adolescence dans un cadre résolument novateur. Ce cadre s'autoriserait tout d'abord à identifier, pour mieux les accueillir, les partenariats déjà effectifs ou seulement potentiels entre les parents, entre les parents et les professionnels, mais aussi entre tous ceux-là et les autres acteurs, notamment associatifs et bénévoles, de l'éducation. Il permettrait ensuite, outre assumer les conflictualités pouvant entraver ou résulter de ces regroupements d'acteurs apparemment disparates, de les inviter à les dépasser en s'enrôlant ensemble sur les chantiers dynamiques de projets coéducatifs locaux, globaux, concrets et non cantonnés à telles ou telles tranches d'âge ou à tels ou tels « publics cible ». Il s'agirait là, d'emblée puis au fur et à mesure, de projets d'intérêt général, comme il en va généralement, ou devrait en aller, pour tout ce qui concerne les moyens du développement humain démocratiquement conçu.

140. Cf. pour mémoire l'article 12 de la Convention internationale des droits de l'enfant et l'article 371.1 du Code civil, présentés au chapitre précédent.

Car ce sont bien des finalités de développement humain qui sont ici en jeu. On sait, au moins depuis la fin du XIXe siècle, que la santé et l'éducation en sont les deux principaux piliers. Conditionnant l'épanouissement et la créativité des personnes, et en premier lieu des enfants, elles déterminent le développement – social, économique, culturel – des sociétés. On sait aussi, depuis moins longtemps, qu'elles nécessitent et consolident le fonctionnement démocratique de ces sociétés.

Ainsi la santé ne se résume-t-elle pas à l'absence de maladie. Elle englobe aussi les causes, les conditions et les manifestations du bien-être de chacun et de tous. Elle résulte certes de caractéristiques individuelles, mais aussi et surtout d'un environnement favorable, bienveillant, attentif et cohérent, en particulier pour l'enfant. Aussi requiert-elle une mobilisation collective et raisonnée d'acteurs conscients, solidaires, informés et coordonnés pour intervenir sur les caractéristiques de leurs cadres de vie, et pas seulement une organisation constituée de patients passifs d'un côté et d'une noria d'experts ou de techniciens compétents de l'autre, recourant entre eux à des langues qui leur deviennent trop souvent étrangères.

De même, selon nous, l'éducation combine plusieurs fonctions : tout d'abord de protection, puis de socialisation, de transmission, d'instruction, de formation et au total d'émancipation. Mais il doit s'agir d'une protection qui sécurise, pour tous, l'ouverture des portes ; d'une socialisation inclusive pour tous ; d'une transmission de valeurs et de savoirs réellement acquis en même temps que partagés, et non pas appropriés par les uns au détriment des autres ; d'une instruction qui valorise le plaisir de découvrir, de comprendre et d'apprendre ensemble, puis de découvrir encore ; d'une formation qui dote chacun des moyens de décider de sa vie et de se sentir utile à tous ; d'une émancipation qui repose sur un guidage et non sur un dressage et qui permette à chaque enfant de faire usage, au fil du développement de ses capacités, des moyens d'exercer progressivement sa citoyenneté.

Plus l'ambition d'une société donnée en matière de santé et/ou d'éducation va croissant, plus nombreux sont les facteurs – et complexes leurs imbrications – qui accompagnent cette ambition, et plus il apparaît que la santé ne peut être confiée aux seuls professionnels des soins ni même de la santé ni l'éducation aux seuls professionnels de l'éducation (scolaire, non formelle, spécialisée, etc.). Ni non plus, s'agissant de la santé et de l'éducation des enfants, aux seuls parents et familles. En tant que répondant à des objectifs et justifiant des actions qui doivent être délibérées par l'ensemble de la société, il faut au contraire commencer par admettre que la santé comme l'éducation des enfants mobilisent de fait, en premier lieu, des volontés partagées et réparties pour l'essentiel entre la sphère privée des familles et la sphère publique ou parapublique constituée par l'ensemble des institutions, services et équipements à vocation sanitaire ou éducative présents sur le proche territoire de vie de ces familles.

C'est pourquoi, s'agissant de l'éducation, il est particulièrement intéressant de faire maintenant apparaître la liste et les silhouettes des principaux acteurs impliqués *de facto* au quotidien de l'éducation, et susceptibles de ce fait de se rejoindre dans des dynamiques de projet partagé, à la fois global et local : parents et familles, professionnels, intervenants associatifs, élus locaux et, bien entendu, enfants et jeunes eux-mêmes. Nous mentionnerons alors, dans leurs grandes lignes, les enjeux, l'éthique, les méthodes et les postures propres à la démarche de coéducation démocratique qui peuvent guider l'ensemble de ces acteurs au fil de tels processus.

Nous examinerons plus en détail, au chapitre 5, les *scénarios* de choix qui peuvent fédérer et mobiliser ces acteurs : soit dans le cadre de l'un de ces Projets éducatifs locaux (PEL), souvent ambitieux, mis en œuvre depuis près de quinze ans par un certain nombre de villes avec l'appui du Réseau français des villes éducatrices ; soit dans le cadre de la version réduite de ces PEL, officialisée en 2013 par la loi sous le nom et la forme du Projet éducatif de territoire. Nous nous arrêterons alors plus particulièrement sur la place et le rôle actifs que peuvent y tenir les plus nombreux et les plus directement concernés des acteurs éducatifs que sont par définition, aux côtés des professionnels, les parents, les enfants et les jeunes.

La diversité des acteurs de l'éducation

Pour identifier les acteurs de l'éducation, la méthode est simple, pragmatique et garante d'exhaustivité : il suffit de dresser la liste des principaux temps et des principaux espaces consacrés à l'éducation (au sens large) des enfants et des jeunes, et de dresser la liste des personnes de tous âges, sexes et caractéristiques sociales qui y jouent un rôle actif. On observera alors que l'intrication de ces temps et de ces espaces, voire de ces espaces-temps, confirme le grand nombre et la diversité des acteurs impliqués mais qu'elle indique aussi en filigrane la nécessité et l'importance de leurs coopérations.

Les différents *temps éducatifs* des enfants sont :

– les temps éducatifs familiaux, vécus chaque jour, semaine, mois et année, de zéro à 18 ans, habituellement au sein de la famille d'origine, mais parfois de la famille élargie ou d'une autre famille d'accueil ;

– les temps éducatifs institutionnels, vécus en crèche collective, familiale ou parentale, en halte-garderie, en jardin d'enfants, etc., et consacrés aux différentes composantes de l'accueil qui y est procuré aux jeunes enfants, de leurs premiers mois de vie jusqu'à 3 ans[141] et parfois 6 ans ;

– les temps éducatifs institutionnels, essentiellement consacrés aux apprentissages et activités scolaires et formalisés comme tels pour les enfants de 2 ou 3 ans à 16 ou 18 ans, et pouvant inclure – selon les dénominations des dispositifs en vigueur – des temps d'études surveillées ou dirigées, d'aides aux devoirs en milieu scolaire, d'« aide personnalisée », d'« aide spécialisée », d'« accompagnement éducatif » (dans sa composante scolaire), et plus récemment d'« activités pédagogiques complémentaires »[142], ainsi que, pour certains collégiens, lycéens et apprentis, des temps de stages effectués à l'extérieur des établissements scolaires ;

– les temps éducatifs dits « périscolaires », diversement accompagnés par plusieurs catégories de professionnels et, souvent, de bénévoles plus ou moins formés à cet effet, et qui recouvrent les transports collectifs domicile/école et école/domicile, les accueils et les activités pré et postscolaires, la restauration scolaire et la pause méridienne, la partie non scolaire de l'« accompagnement éducatif » initié et piloté par les acteurs scolaires, les activités relevant du « Programme (ou Dispositif) de réussite éducative » ou de la « Charte locale de l'accompagnement à la scolarité » ;

– les temps libres consacrés aux loisirs éducatifs (récréatifs, culturels, artistiques, sportifs), intrafamiliaux ou extrafamiliaux, encadrés ou non (quand ils ne le sont pas, l'enfant ou le collectif d'enfants peut être à lui-même, dans certaines conditions, son propre éducateur) : il n'y a pas lieu de qualifier d'« extrascolaires », comme on le fait pourtant souvent, ces temps qui ne se réfèrent pas nécessairement aux temps et aux objectifs scolaires, mais on sait en revanche que les enfants sont particulièrement inégaux devant ces temps libres et devant les options qui leur sont proposées, dont une partie seulement peut être qualifiée d'éducatives ;

141. Notons cependant que la grande majorité des enfants de moins de 3 ans ne bénéficient pas, aujourd'hui, d'un mode d'accueil collectif. Seuls 13 % d'enfants de 2 ans y avaient accès en 2010. Sachant que, en 2011, seuls 11,6 % d'enfants du même âge bénéficiaient d'une primoscolarisation, on en déduit que les trois quarts des enfants de 2 ans continuent de dépendre, pour l'organisation de leur vie quotidienne, des aménagements que leurs parents leur prodiguent, par choix ou par nécessité, en restant au foyer, en recourant à la famille élargie ou à une assistante maternelle agréée ou non.

142. S'agissant des écoles préélémentaires (dites « maternelles ») et élémentaires, les principes et modalités d'organisation de ces temps sont décrits par la circulaire n° 2013-017 du 6 février 2013 du ministère de l'Éducation nationale, relative à l'*« organisation du temps scolaire dans le premier degré et des activités pédagogiques complémentaires »*. Il est à noter que ce temps strictement scolaire, de 844 heures annuelles dans l'enseignement primaire, était réparti sur 144 jours avant l'entrée en vigueur de la réforme dite « des rythmes scolaires » (mais, en réalité, des rythmes éducatifs) annoncée par cette circulaire, et qu'il l'est désormais sur 180 jours. Sachant que l'amplitude horaire d'une année civile de 365 jours est de 8 760 heures, on en déduit que ce temps scolaire annuel de 844 heures correspond seulement à 9,6 % du temps global de l'enfant.

– les temps d'ennui, de rêverie et surtout de sommeil et de repos, qui ne sont *a priori* pas éducatifs, mais dont les rythmes qui les structurent – et notamment les caractéristiques du sommeil – ont des effets majeurs, désormais bien identifiés par les travaux relativement convergents des chronobiologistes, sur les conditions de l'éducation en général et des apprentissages en particulier.

Les différents *espaces éducatifs* des enfants sont quant à eux :

– l'espace de la famille, constitué au moins des parents et de la fratrie, sous ses multiples formes (foyers conjugaux, séparés, monoparentaux, recomposés, mais aussi familles d'accueil, etc.) et en ses multiples périmètres (grands parents, oncles et tantes, « beaux-parents », parents des « beaux-parents », etc.) ;

– les espaces d'accueil de la petite enfance, qu'ils soient institutionnels ou non, qu'ils soient publics, associatifs ou privés, qu'ils soient collectifs ou familiaux ;

– les espaces scolaires publics ou privés, des écoles préélémentaires jusqu'aux lycées, sans oublier les centres de formation des apprentis, les terrains de stage, mais aussi les classes ou les espaces scolaires installés dans certains hôpitaux, etc. ;

– les espaces dits « périscolaires », étroitement articulés aux précédents, voire souvent communs ou partagés avec eux : moyens de transport collectifs, lieux de restauration collective, cours de récréation, lieux de tenue des accueils et des activités pré et postscolaires, lieux de tenue des actions de soutien et d'accompagnement scolaires et d'aide aux devoirs[143], etc. ;

– les espaces de loisirs institutionnalisés, dits « extrascolaires » : centres de loisirs sans hébergement, centres de vacances avec hébergement, bibliothèques, médiathèques, ludothèques, musées, centres sociaux ou socioculturels, Maisons de quartier, Maisons des jeunes et de la culture, Conservatoires de musique ou de danse, gymnases, terrains de sport et tous autres espaces et équipements dédiés à des pratiques récréatives, culturelles, artistiques, sportives, etc. à vocation en tout ou partie éducative et formative mais distinctes des activités et des objectifs spécifiquement scolaires ;

– les espaces publics ouverts (squares, jardins, rues, *rollers parks,* « parcours nature », etc.) sous certaines conditions d'aménagement et, surtout, de présence de professionnels de l'animation ou de l'éducation pour y accueillir et y « encadrer » les enfants et les jeunes qui s'y présentent spontanément ;

143. Ces actions peuvent se tenir dans des locaux associatifs (ou des locaux publics mis à disposition d'associations) ou dans les locaux des organismes privés qui les dispensent à titre onéreux, ou encore, dans les deux cas de figure, au domicile des familles.

– les espaces constitués par les établissements et services socio-éducatifs, médicoéducatifs ou médicopédagogiques spécialisés, souvent oubliés dans l'inventaire des ressources éducatives d'un territoire.

Les listes ci-dessus ébauchées donnent à percevoir à quel point l'éducation, en tant que fonction sociale, se déroule bien au-delà des seuls temps et des seuls espaces, publics et privés, qui y sont exclusivement consacrés. Il s'agit donc d'une **fonction sociale largement répartie et partagée** – y compris entre des acteurs qui n'en sont que partiellement conscients – et à l'égard de laquelle se posent de ce fait les questions de la nécessité et des modalités de son organisation collective.

Aussi l'inventaire et l'analyse des divers temps éducatifs doivent-ils être affinés selon ce dont les politiques publiques entendent se saisir en la matière : plutôt les grandes phases, largement déterminées par celles de la scolarité, en lesquelles se découpe l'enfance de 0 à 18 ans, et donc aussi les modalités de passage de l'une à l'autre ? Ou plutôt, au sein de chacune de ces phases, les rythmes annuels, hebdomadaires ou journaliers des enfants ? À moins que, mieux encore, on cherche à concilier la personnalisation des parcours éducatifs et scolaires avec le respect des rythmes individuels et collectifs, afin de permettre à chaque enfant d'en mieux vivre et d'en mieux franchir les étapes sans se désolidariser des différents groupes d'enfants auxquels il participe. Si le déroulé de ces étapes donne du sens aux parcours suivis sur le temps long de l'éducation, les rythmes propres à chacune d'entre elles expriment la façon dont sont organisés et perçus, dans l'immédiat, les rapports entre les espaces, les temps et donc les contextes mais aussi les contenus éducatifs. Les rythmes s'appuient en particulier sur les repères humains et matériels, relationnels et symboliques, que chaque espace fournit aux séquences temporelles qui s'y déroulent et à la régularité desquelles il apporte, comme dans un rite, un cadre et un ordre rassurants.

Dressé à l'initiative de la commune (ou de l'intercommunalité) avec l'ensemble de ses partenaires publics et associatifs et avec les familles elles-mêmes, l'inventaire local, exhaustif, minutieux et dynamique des multiples espaces éducatifs permet en outre, quant à lui, de renouer avec le sens large du concept d'éducation (qui ne se résume ni à l'éducation familiale, ni à l'Éducation nationale), de prendre conscience à cette occasion certes de la diversité des acteurs qui s'y consacrent mais aussi de leurs fréquentes proximités fonctionnelles et géographiques. Il conduit donc à s'interroger sur la pertinence des cloisonnements observés entre ces espaces comme entre ces acteurs, et qui s'avèrent rarement utiles et bénéfiques pour les enfants, surtout lorsqu'ils suscitent des rivalités de compétences articulées avec des querelles de territoires[144].

L'analyse croisée des temps et des espaces éducatifs ainsi inventoriés permet d'ailleurs de remarquer que, du point de vue de l'enfant, et compte tenu d'un certain nombre de circonstances concrètes, les acteurs de l'éducation sont *de facto* amenés sinon à coopérer du moins à se croiser ou à se côtoyer assidûment. Ainsi constate-t-on que chaque grand type de temps éducatifs est souvent **réparti sur plusieurs espaces éducatifs.** Par exemple, le temps dédié au travail scolaire se déroule surtout à l'école, mais aussi en famille (à l'occasion des problématiques et controversés « devoirs »), dans les locaux d'une association ou du centre social de proximité (dans le cadre par exemple de l'« accompagnement à la scolarité ») ou d'une officine privée dédiée au soutien scolaire, dans ceux de la bibliothèque municipale, etc. Les temps libres à contenus éducatifs sont vécus surtout en famille, mais aussi dans les équipements de loisirs récréatifs, culturels ou sportifs, dans des espaces publics plus ou moins aménagés et animés à cet effet, etc. Les temps consacrés au sommeil sont surtout pris en famille, mais aussi dans les locaux de la crèche, dans le dortoir jouxtant la classe préélémentaire de petite section et parfois, pour certains enfants plus âgés en déficit de sommeil, dans l'espace de l'accueil préscolaire…, voire en classe, pendant les cours !

Une difficulté et une ambiguïté caractérisent à ce propos la désignation de « périscolaires » attribuée à certains temps (qui ne le sont qu'au motif d'être centrés sur les caractéristiques des horaires, voire, tout en s'en distinguant, des contenus scolaires) ainsi qu'à certains espaces (qui ne le sont qu'au motif d'être proches ou parties prenantes des espaces dédiés aux activités sco-

144. Le thème récurrent, et historiquement déterminé, de la présence des parents dans les locaux scolaires illustre caricaturalement cette problématique. Si la longévité des plans « Vigipirate » aux abords des écoles l'ont sclérosée de la pire des façons qui soit, en assimilant implicitement les parents à des sources de graves dangers, on observe que d'autres tendances se font jour, avec la création de « Lieux d'accueil parents » dans les écoles primaires de certaines villes – comme, depuis plus de 25 ans, celle de Lyon – et qui ont inspiré de récentes circulaires ministérielles encourageant cette tendance (cf. la circulaire du 15 octobre 2013 du ministère de l'Éducation nationale, relative aux *« relations École-Parents »* et visant à *« renforcer la coopération entre les parents et l'école dans les territoires »)* ; ou encore avec le choix le plus souvent fait par les enseignants et les services municipaux de laisser les parents passer autant de temps qu'ils le veulent dans les « classes passerelles » accueillant des enfants de moins de 3 ans (cf. la circulaire du 18 décembre 2012 du ministère de l'Éducation nationale, relative à la *« scolarisation des enfants de moins de trois ans »).*

laires, tout en proposant d'autres types d'activités[145]). Le recours au terme « périscolaire » pour qualifier des espaces-temps si hétérogènes interroge le « scolaro-centrisme » des acteurs et des activités qui s'y déploient, des mots qui les désignent et des représentations qui s'y attachent. Le flou terminologique recouvre ici un flou institutionnel qui nourrit d'âpres débats portant sur la légitimité convergente ou divergente des acteurs – scolaires, municipaux, familiaux, associatifs – susceptibles de déterminer le projet et donc les contenus éducatifs concernés. Aussi ces espaces-temps que l'on peut qualifier de transitionnels sont-ils, à juste titre, l'objet de délibérations nationales et locales dont la dimension démocratique devrait être soigneusement recherchée et garantie, en y associant non seulement les parents mais aussi, dans des conditions appropriées, les enfants et les jeunes eux-mêmes qui en sont les principaux « usagers ».

On observera au passage que les familles et les communes sont particulièrement fondées à revendiquer et occuper conjointement des rôles actifs dans les réflexions, les concertations et les prises de décision relatives à l'éducation. La famille n'est-elle pas de toute évidence – même si cette évidence doit être souvent rappelée – l'espace éducatif où l'enfant passe le plus de temps, en durée cumulée de sa naissance à ses 18 ans, mais aussi en types et en contenus de temps en lesquels se décompose ce temps global ? Et de proches constats ne peuvent-ils être dressés, surtout en milieu urbain, pour ce qui concerne le territoire communal ? En complément des logements où les enfants résident en famille, qui peuvent eux-mêmes relever du domaine parapublic géré par les bailleurs sociaux et qui ont nécessité en tout état de cause un permis de construire délivré par le maire, les différents équipements publics et espaces ouverts relevant en tout ou partie de l'initiative de la commune – sans parler des transports en commun qui

145. Ce qui constitue une autre source lancinante de ces « rivalités de compétences articulées avec des querelles de territoires » mais cette fois-ci entre enseignants et animateurs. Les premiers protestent d'autant plus de l'utilisation de « leurs » salles de classe par les seconds qu'ils contestent aussi, bien souvent, les aptitudes de ceux-ci à garantir ou partager l'atteinte d'objectifs pédagogiques et la transmission de savoirs. Autrement dit et comme le revendiquent certains syndicats enseignants et certains partis politiques, si les locaux relèvent des collectivités locales, ce qui s'y passe ne devrait relever que de l'État. Or les conflits concernant les « salles de classe », rendus plus fréquents entre enseignants et animateurs depuis la réforme des rythmes éducatifs de 2013-2014, ne devraient pas être érigés au statut de « querelles de territoire ». Une salle de classe n'est rien d'autre qu'un lieu appartenant à la collectivité humaine qui le construit et le fait vivre avec ses travaux, ses ateliers, ses outils, ses règles de vie et d'usage. Il y va du droit des enfants d'être responsables de ce « territoire »-là. Il s'agit certes d'un espace prêté par la collectivité publique mais qui devient un espace social personnalisé du fait des activités qui s'y déroulent. Il en va d'ailleurs de même pour les espaces éducatifs « périscolaires », du moins quand les enfants peuvent y exercer leur droit de participation. Est-ce à la commune de décider de son usage ? à l'école ? ou aux enfants et adultes qui y travaillent ? Plusieurs types d'activités éducatives peuvent se dérouler dans ces espaces dès lors que leurs usagers y intègrent des conditions de respect des lieux, des outils, des règles d'utilisation…

les relient – constituent en effet l'essentiel du cadre de vie quotidien de ces enfants, et notamment des plus jeunes[146].

On observera enfin que certaines visées ambitieuses traversent et inspirent opportunément les espaces et les temps de l'éducation et qu'elles peuvent donc en rapprocher les acteurs. Elles constituent autant *de principes fédérateurs possibles* pour l'élaboration d'une démarche coéducative au niveau d'un établissement ou d'un projet éducatif global au niveau d'une collectivité locale. Ces visées et ces principes sont, par exemple :

– le fait de considérer le cadre, la nature et la qualité de l'*accueil* (des enfants, des jeunes, mais aussi des parents) comme des préalables et/ou des composantes essentielles de l'action éducative ;

– la recherche de meilleures *accessibilités* – géographique, sociale, économique, matérielle, sexuelle, culturelle, etc. – *des différentes ressources éducatives ;*

– l'existence ou la création de *passerelles* organisées, voire d'équivalents de rites de passage, *entre les espaces-temps éducatifs* (autour par exemple de l'admission en crèche, de la première scolarisation, de l'entrée au Cours préparatoire, des premiers séjours collectifs et extrafamiliaux de loisirs, de l'entrée au collège, de l'orientation en fin de collège, etc.) ;

– les distinctions et, surtout, les *articulations opérées entre les approches tous publics de l'éducation et les approches spécialisées* (selon les conditions sociales et/ou les lieux de résidence des familles, les âges des enfants, leurs besoins spéciaux, leurs difficultés éventuelles mais aussi leurs talents propres, etc.), et ceci dans une perspective d'éducation inclusive[147] ;

– la volonté et les façons de promouvoir et de rendre possibles *l'expression et la participation des parents* au sein de l'action éducative ;

– la volonté et les façons de promouvoir et de rendre possibles *l'expression et la participation des enfants et des jeunes* au sein de l'action éducative.

---

146. Si la famille, comme on l'a déjà noté, peut être considérée à plus d'un titre comme la plus petite des collectivités territoriales, il se trouve que la taille des autres collectivités de référence (détentrices en la matière de compétences obligatoires ou facultatives spécifiques) va croissant comme l'enfant : de la famille pour le nouveau-né à la commune pour le jeune enfant et l'écolier, au département pour le collégien jusqu'à la région pour le lycéen et à la nation, voire à l'Europe, pour l'étudiant.

147. Au sens que l'Unesco donne à ce terme depuis la *Conférence internationale sur l'éducation et les besoins éducatifs spéciaux* tenue à Salamanque, en Espagne, du 7 au 10 juin 1994.

Les nouvelles occasions et les nouvelles caractéristiques de la mise en projet des acteurs locaux de l'éducation

Nous venons d'identifier, dans leurs grandes lignes, les multiples cadres spatiotemporels de l'éducation et surtout, en arrière-plan, les acteurs qui les font vivre en leur apportant des contributions significatives mais trop souvent cloisonnées. Il convient maintenant de définir les grands principes permettant de rassembler et d'activer ces différentes ressources dans la perspective, dynamique et si possible démocratique, de l'élaboration, de la mise en œuvre et de l'évaluation d'un projet éducatif global et partagé. On s'appuiera pour ce faire sur les expériences acquises à l'occasion de l'observation et, parfois, de l'accompagnement concret auxquels nous avons eu l'occasion de procéder à propos de différents Projets éducatifs locaux (PEL), et notamment de ceux qu'ont librement décidé d'impulser et de faire vivre des villes adhérentes du Réseau français des villes éducatrices[148]. Encore faut-il préciser que les lignes qui suivent s'inspirent tout autant des acquis effectifs enregistrés que des marges de progression attendues de ces expériences locales et, au-delà de nos propres analyses, des restitutions publiques qui ont pu en être faites à l'occasion de mises en commun et en débat nationales[149].

Le PEL consiste à impulser, à l'échelle d'un territoire donné – en général une commune ou une communauté de communes –, une dynamique collective permettant d'améliorer de manière durable les conditions et les contenus de l'éducation des enfants et des jeunes dans leurs différents temps et espaces de vie. Le PEL est inséparable de l'idée d'action concertée entre l'ensemble des acteurs (parents, élus locaux, professionnels des collectivités locales, de l'Éducation nationale et des autres services de l'État, associations, institutions diverses) qui participent de manière directe ou indirecte à l'éducation des enfants sur le territoire considéré.

Il s'agit de *se doter d'un cadre commun permettant* de renforcer la cohérence des initiatives prises et à prendre sur ce territoire :

– tout d'abord en approfondissant et en étendant la réflexion sur les valeurs éducatives à partager entre les différents acteurs, sur le sens des actions qu'ils mènent séparément et de celles qu'ils pourraient mener

148. ☞ *www.villeseducatrices.fr* et notamment « L'Appel de Bobigny », issu d'une mobilisation conjointe d'élus locaux de ce réseau, de syndicats (notamment enseignants), de grandes fédérations d'éducation populaire, de mouvements pédagogiques, etc. en faveur notamment d'un approfondissement et d'une généralisation des PEL.

149. Six « Rencontres nationales des PEL » se sont ainsi tenues à Brest, entre janvier 2006 et novembre 2015. ☞ *www.pel-brest.net/rubrique102.html*

ensemble, sur les évolutions attendues des pratiques des uns et des autres et des relations établies entre eux ;

– puis en initiant une démarche de concertation, d'analyse et de construction collective de projet afin de garantir la pertinence, l'accessibilité et la continuité des actions et des dispositifs en place et, le cas échéant, d'en proposer de nouveaux ;

– en renforçant enfin la qualité du pilotage et de l'évaluation des actions existantes ou initiées à l'échelle du territoire et des communes ou des quartiers qui le composent.

Le PEL désigne alors, en pratique, un mouvement conjugué en même temps que les différents résultats de celui-ci. La démarche engagée consiste à organiser des rencontres et des concertations constructives : « horizontalement », entre l'ensemble des acteurs locaux du champ éducatif, au sens le plus large du terme, et à le faire quels que soient leurs compétences et leurs niveaux d'intervention – donc, en théorie, sans exclure les familles, c'est-à-dire les parents, ainsi que les enfants et les jeunes eux-mêmes ; mais aussi, « verticalement », entre les acteurs de proximité (par exemple au niveau d'un quartier) et ceux qui, à un niveau plus central, organisent les cadres communs (la commune ou l'intercommunalité) au territoire concerné par le PEL.

Les *principales étapes* de la démarche du PEL et les principaux résultats escomptés au bénéfice des différents acteurs impliqués visent à les rendre aptes, ensemble et progressivement :

– à mieux se connaître et mieux se reconnaître dans leurs places et rôles spécifiques ;

– à s'efforcer de construire une vision commune pour guider l'action éducative locale et mettre à son service la complémentarité de leurs contributions respectives ;

– à ne pas céder pour autant à la tentation de créer une coalition indifférenciée des adultes ni à celle de procéder à une sorte d'encerclement éducatif des enfants ; ou encore, dans un autre registre, à la tentation de promouvoir une approche consumériste des ressources éducatives ;

– à se mobiliser au contraire autour d'objectifs volontaristes et d'initiatives favorables à la continuité des temps éducatifs, à la cohérence des espaces éducatifs, à la complémentarité des contenus éducatifs et, par conséquent, à l'amélioration des cadres et conditions de vie, d'apprentissage, de socialisation et d'émancipation des enfants et des jeunes ;

– à identifier à cet effet les moyens, les ressources et les actions déjà en place, à en évaluer la pertinence, l'efficacité et la coordination, à renforcer ou organiser l'information et l'accessibilité les concernant ;

– à définir enfin ce qu'il convient de créer ou de développer pour réduire les inégalités d'accès, les carences ou les dysfonctionnements et, si possible, pour pallier les manques identifiés.

L'aboutissement de la *démarche du PEL* se manifeste alors par la discussion et l'adoption d'un document :

– qui, s'appuyant sur les étapes précédentes, présente les constats qu'elles ont permis de dresser, les enjeux repérés et les axes mobilisateurs des propositions susceptibles d'être concrétisées ;

– qui définit, sur ces bases, les thèmes, les objectifs, les engagements et les programmations de processus et de moyens – humains, matériels et financiers – d'un certain nombre d'actions, voire de services et d'équipements, correspondant à ces propositions ;

– qui prévoit les modalités concrètes et aussi participatives que possible de conception, de mise en œuvre et d'évaluation des décisions prises à ce sujet.

Le PEL peut ainsi être considéré comme le **support privilégié de la coéducation en action.** On repère en effet assez bien, à plusieurs étapes de la démarche initiée par un PEL, la nécessité de solliciter et de disposer de l'expertise éclairée et éclairante d'un nombre conséquent d'acteurs éducatifs et notamment de ceux que sont, entre autres, les parents, les enfants et les jeunes[150]. La réussite du PEL est d'ailleurs politiquement subordonnée au fait que les réponses de service public et d'associations, loin de ne constituer qu'une « offre » de services, soient d'emblée coconçues – et si possible coconstruites – avec les parents et les enfants dans une démarche coéducative et de développement social ; et surtout qu'elles soient perfectionnées, dans la durée, en lien actif avec eux.

Il convient certes de promouvoir au préalable un processus ouvert de projet permettant de structurer les relations entre les partenaires politiques, institutionnels et associatifs, et de le faire en vue de la définition et de l'explicitation collectives des objectifs poursuivis, de la formulation d'engagements réciproques, de l'adoption de modalités partagées de suivi et d'évaluation des actions. Mais il convient tout autant que les réponses et les actions proposées avec et pour les familles privilégient une participation effective de leur part non seulement aux phases de leur coconception et de leur co-

150. Mais aussi de professionnels de condition modeste – auxiliaires de puériculture, ATSEM, gardiens d'écoles, agents de restauration scolaire, chauffeurs de cars scolaires, etc. – qui entretiennent avec les enfants et les parents des relations importantes, régulières et significatives, qui détiennent de ce fait des observations et des compétences précieuses, et qu'on néglige pourtant trop souvent de consulter à ce propos. Sans oublier les acteurs associatifs et les bénévoles intervenant dans les champs de l'accompagnement à la scolarité, des loisirs culturels et sportifs, de l'éducation populaire, etc.

construction, mais aussi à celle, plus longue et plus exigeante, de la coévaluation tant du processus institué que des résultats attendus.

L'ancienneté, que nous avons déjà signalée, du mot « coéducation » et la simplicité de sa définition de base – « la coéducation est l'éducation donnée ou reçue en commun » – indiquent qu'il ne s'agit ni d'un néologisme, ni d'une idée très « moderne ». Cependant, l'idée de « donner ou recevoir » quoique ce soit « en commun » est mise à mal aujourd'hui par les primats de la compétition sur la coopération – notamment entre les enfants placés en situation d'« élèves » –, du dépistage individuel des problèmes sur leur prévention collective, ou encore de la « réussite éducative » de tel ou tel « élève » en difficulté sur les progrès de l'ensemble des enfants d'une classe, d'une école ou d'un territoire. Le recours itératif au binôme échec/réussite dans certains discours politiques, pédagogiques ou sociologiques pour caractériser la situation scolaire d'un enfant ou d'une catégorie d'enfants dramatise d'ailleurs à l'excès l'évaluation des parcours d'apprentissage des enfants. Outre qu'il gratifie ou culpabilise absurdement ceux-là (et leurs parents), il empêche surtout de se représenter collectivement les conditions et les atouts d'une progression pédagogique réalisée « en commun », par exemple dans une classe, un atelier de pratique artistique ou encore un club sportif dont les enfants présentent des niveaux initialement hétérogènes.

Malgré ces obstacles idéologiques et culturels, de nombreuses interactions éducatives et potentiellement coéducatives se manifestent pourtant au quotidien et dans la proximité de la vie des familles. Tout d'abord entre différents adultes (parents, grands-parents, habitants, professionnels, associations, élus, etc.) à l'occasion d'une foule de microprojets peu spectaculaires, et donc négligés par les médias, mais porteurs de nouvelles créativités et de nouvelles solidarités. On les repère, par exemple : aux niveaux départemental ou infradépartemental, dans le cadre des Réseaux d'écoute, d'appui et d'accompagnement des parents (REAAP), sur lesquels on reviendra au chapitre 5 ; au niveau communal, dans le cadre des centres sociaux et socioculturels, des Maisons de quartier et de différents équipements d'initiative municipale ; au niveau infracommunal, dans le cadre des associations de proximité, des régies de quartier, des Programmes de réussite éducative (PRE) dont le bilan a pu nourrir la décision d'enclencher, tout en s'en distinguant, certains PEL ; etc.

Les initiatives authentiquement coéducatives concernent aussi des adultes, des enfants et des jeunes engagés conjointement au sein de certains services publics réactifs (il faut mentionner par exemple la vitalité, entretenue sur un mode qui doit plus au militantisme des enseignants qu'au soutien de leur ministère, des mouvements de pédagogie coopérative dans plusieurs écoles publiques) ou d'associations d'éducation populaire en prise et en phase avec les circonstances de la vie locale. Enfin les enfants et les jeunes eux-mêmes, au-delà de leurs différences d'âge, de sexe et de culture, sont souvent spontanément enclins à pratiquer la coéducation entre pairs, sans bien entendu la désigner comme telle et, surtout, sans toujours le faire savoir. Ils peuvent aussi y être encouragés par telle ou telle municipalité, tel ou tel enseignant ou animateur de centre de loisirs, telle ou telle association qu'ils fréquentent avec ou sans leurs parents…

Identifier et valoriser ces tendances émergentes et informelles, ces « désirs de coéducation », incite à les considérer comme autant d'occasions dont leurs protagonistes se dotent discrètement en particulier dans le cadre d'un PEL :

– pour chercher à mieux se connaître plutôt qu'à s'accuser ou s'agresser quitte, le cas échéant, à confronter vigoureusement leurs points de vue ;

– pour chercher à mettre ces échanges au service d'une approche partagée, voire solidaire, de la complexité de l'éducation, telle qu'ils la constatent chaque jour et en de multiples occasions ;

– pour faire valoir leurs aspirations, leurs contributions et leurs contraintes propres en ce domaine tout en prenant conscience de celles des autres ;

– et au total pour considérer avec plus de confiance et de sérénité et pour comparer plus ouvertement les recherches brouillonnes de convergence et de coopération qu'ils effectuent malgré leurs différences de statuts ou de générations.

C'est en tous lieux et en toutes circonstances que la propension à la coéducation est fondée à se faire jour. Y compris, et peut-être surtout, à bas bruit.

Le changement d'échelle et la publicité à donner à ces tendances s'avèrent cependant souhaitables au motif de l'intérêt et du bien-être des principaux concernés, à savoir les enfants et les jeunes eux-mêmes. Une cohérence éducative accrue ou, tout du moins, activement recherchée entre les adultes qui comptent pour eux au quotidien – père, mère, « beaux-parents », enseignants, animateurs, autres professionnels de l'éducation – est en effet synonyme de meilleures perspectives en faveur de leur bientraitance et, tout simplement, de l'apaisement de leur vie quotidienne. Moins de contradictions entre les valeurs et les normes éducatives de ces adultes signifie *moins de tensions* dont ils risquent sinon d'être les enjeux, *moins de tiraillements* dont ils risquent sinon d'être les supports, moins de conflits de loyauté dont ils risquent sinon d'être les sièges douloureux, secrets, épuisés, et au total *moins de perte de disponibilité* pour les apprentissages qu'on leur propose sur la scène de l'école, de la culture, des pratiques artistiques et sportives…

Aussi, plutôt que de clore l'horizon ou de rigidifier les réponses au motif de visions nostalgiques ou dépassées des relations sociales et familiales, devrait-il devenir possible d'ouvrir aux réalités et aux aspirations actuelles des enfants et des jeunes des questions telles que :

– qui est légitime pour piloter tel ou tel aspect de leur éducation globale (au-delà des seuls aspects juridiques de répartition des compétences) ?

– quand le faire (au regard de la diversité des temps éducatifs) ?

– où le faire (au regard de la diversité des espaces éducatifs) ?

– et, surtout, comment le faire, c'est-à-dire à quelles conditions, notamment éthiques et politiques, avec quelles méthodes et avec quels outils ?

Les enjeux de la coéducation, notamment avec les familles, et notamment dans le cadre d'un Projet éducatif local

La dimension processuelle et structurante d'un PEL (ou de toute mise en projet qui lui ressemble) s'attache à construire une vision à la fois démocratique et tournée vers l'avenir du développement territorial, alors qu'une dimension seulement événementielle et promotionnelle ne se consacre qu'à afficher une approche opportuniste, démagogique et à court terme de l'« intérêt de l'enfant ». C'est pourquoi une démarche authentiquement coéducative repose en grande partie sur la dynamique participative et délibérative à laquelle elle invite les parents, les enfants et les jeunes dans la durée. Elle est dès lors porteuse de *trois enjeux majeurs :* un enjeu politique, un enjeu pratique, éthique et méthodologique, et un enjeu de société.

L'enjeu politique consiste en ce que la coéducation peut favoriser une prise de conscience civique progressive, suivie d'engagements collectifs réels, quand elle vient guider entre parents et professionnels un projet d'accueil et d'éducation – au sens large – des enfants et des jeunes dans leurs différents temps et espaces de vie. Encore faut-il que des décisions politiques, notamment nationales, permettent d'en inscrire sincèrement et solidement l'esprit dans le droit commun, dans la volonté de partage des compétences et dans les pratiques locales. La coéducation constitue alors la base conceptuelle et opérationnelle d'une resocialisation et même d'une repolitisation du champ éducatif. Ainsi celui-là pourra-t-il être transitoirement le théâtre d'alliances circonstancielles, tactiques ou stratégiques, entre telles ou telles catégories de coéducateurs, voire de conflits surgissant entre eux et dont la nature constructive devra être recherchée et appréciée comme telle et pas systématiquement redoutée, bref de nouvelles répartitions des « pouvoirs éducatifs locaux ».

L'enjeu pratique, éthique et méthodologique découle du précédent, et il s'applique en particulier, mais pas uniquement, aux démarches de PEL. Il s'agit de constituer et d'ouvrir une ou plusieurs « table(s) ronde(s) » de coéducateurs effectifs ou potentiels, et de rendre de la sorte ceux-ci coproducteurs et coévaluateurs de la décision publique. Encore faut-il respecter un certain nombre de principes de constitution et de fonctionnement de ces « tables rondes », tout autant aux phases de concertation initiale, de recueil des points de vue, des aspirations et des propositions de chacun qu'aux phases d'action coordonnée et d'évaluation partagée. *Deux grands principes,* relatifs aux conditions de la participation de chacun et de tous, et *quatre autres principes,* relatifs aux modalités d'échanges et de coconstruction entre eux, peuvent être identifiés.

Principes de constitution et de fonctionnement d'une « table ronde » coéducative

Principe d'exhaustivité

À l'occasion par exemple de l'élaboration et du suivi du PEL, les élus municipaux peuvent et devraient inviter à la ou aux table(s) ronde(s) délibératives l'ensemble des acteurs locaux exerçant une responsabilité en matière d'éducation des enfants :

– les cadres de l'ensemble des administrations municipales – mais aussi départementales et régionales – concernées, et par conséquent pas seulement celles en charges des affaires scolaires, éducatives, sociales ;

– les cadres des administrations partenaires, notamment des services extérieurs de l'État (directeur académique des services de l'Éducation nationale, direction départementale de la Cohésion sociale, de la Jeunesse et des Sports), de la Caisse d'allocations familiales et le cas échéant de la Mutualité sociale agricole ;

– les professionnels de tous grades des services relevant de ces administrations ;

– les militants et les salariés d'associations, conventionnées ou non par les pouvoirs publics, intervenant localement dans le champ éducatif au sens large du terme ;

– et aussi, bien entendu, des parents, mères et pères de toutes conditions, selon des modalités et grâce à des choix – de jours, d'heures, de lieux, de vocabulaire employé, etc. – favorisant vraiment leur présence et leur implication, ou tout du moins celles de leurs représentants, ce qui suppose de veiller aussi à ce que ceux-ci soient suffisamment représentatifs. Cette représentativité, qui ne saurait prétendre à l'exhaustivité ni se limiter à l'inverse à celle des représentants de « parents d'élèves », pourra être recherchée au moyen du tirage au sort en population générale, ou encore en sollicitant pas à pas des parents dont les aptitudes non seulement à apporter leurs contributions personnelles, mais aussi à exposer celles d'autres parents avec lesquels ils sont en relation, auront été reconnues (on reviendra plus en détail sur ces points au chapitre 5).

Principe de participation des enfants et des jeunes

Ceux-là sont les premiers concernés, à court et long terme, par les décisions prises dans un contexte de coéducation, et ils peuvent donc apporter leurs propres expertises et propositions. Ils peuvent et devraient être associés aux échanges et aux projets, selon des modalités adaptées à leurs âges, à leurs degrés de discernement et à leurs contextes de vie, et ceci en application de l'esprit et de la lettre de la Convention internationale des droits de l'enfant (cf. le chapitre 1). Dans l'idéal, la place des enfants et des jeunes se trouve bien autour des tables rondes et auprès des adultes qui y siègent à leur propos, et non pas, comme on le dit souvent, « au centre » de celles-ci : même si cette expression se laisse souvent entendre, plus ou moins métaphoriquement, comme « au centre des préoccupations et des projets » des adultes, seul l'intérêt supérieur des enfants – et non pas leurs personnes, ou l'image qu'on s'en forge – peut occuper une telle place.

Principe de cohérence

Une fois mis en œuvre le principe d'exhaustivité, chaque coéducateur sait que, selon les temps, les espaces et les apports éducatifs qu'il assume et fait vivre avec les enfants, il représente une ressource spécifique pour tous les autres coéducateurs, que ceux-ci représentent réciproquement autant de ressources complémentaires, et qu'il doit donc partager avec eux des objectifs de mise en commun des observations, des valeurs, des aspirations et des propositions formulées autour de la table. Il sait que, du constat de cette complémentarité des ressources en présence et de la volonté d'en rechercher l'harmonisation et la cohérence, dépendent sa légitimité et son aptitude effective à fournir ses propres contributions à l'élaboration et, selon les cas, à la mise en œuvre puis à l'évaluation collective des décisions pouvant résulter de ces délibérations.

Principe de non-confusion des rôles

Ce principe est étroitement lié au précédent. Chaque coéducateur est à sa place, qui est à la fois distincte et aussi complémentaire que possible de celle de chacun des autres. Il ne s'autorise qu'exceptionnellement, par exemple en cas d'abus de pouvoir flagrant d'un autre coéducateur, à contester frontalement un autre point de vue que le sien ou à intervenir dans un domaine de compétence et d'expertise qui ne peut objectivement pas être le sien.

Principe de transparence

Il est lui aussi le corollaire du principe d'exhaustivité ci-dessus décrit, ainsi que de la disposition des acteurs sous la forme et dans les conditions de la « table ronde ». Chacun voit et entend les autres autant qu'il est vu et entendu d'eux, et chacun finit par disposer, pour l'essentiel, des mêmes informations que tous les autres. Pour évident qu'il puisse paraître quand on le formule de la sorte, ce principe, qui est au cœur du processus démocratique, n'est pas le plus simple à concrétiser dans la durée et au cœur des pratiques délibératives, qu'il s'agisse de leur préparation ou de leur suivi.

Principe d'absence de hiérarchisation et d'absence de stigmatisation

Ce principe est lui aussi essentiel pour garantir l'équilibre, la pertinence, la qualité et pour tout dire le caractère authentiquement démocratique des échanges. Il signifie à tous qu'aucun point de vue exprimé n'a explicitement ou implicitement plus de valeur ou de légitimité que les autres, et notamment qu'aucun point de vue ne peut être disqualifié *a priori* au motif des caractéristiques sociales, culturelles, de genre ou d'âge de qui le formule. En pratique, la concrétisation de ce principe requiert une grande vigilance, tant sont notamment intériorisées les hiérarchies implicites de compétences trop souvent indexées au niveau d'études des participants, au prestige social attaché à leurs professions, au type et au degré du pouvoir institutionnel qu'ils exercent, etc.

L'enjeu de société, enfin, d'un projet coéducatif local ainsi ouvert à tous résulte de ce que la démarche qui l'inspire est à même de fournir des perspectives tangibles aux aspirations contemporaines, plus ou moins reconnues et assumées comme telles, à la démocratisation des relations éducatives de proximité : au sein des familles, certes, entre pères, mères, enfants, « beaux-parents », grands-parents, etc. ; au sein, bien entendu, des services et des établissements à vocation éducative, entre adultes, entre enfants et adultes ainsi qu'entre enfants eux-mêmes ; mais aussi, et pour commencer peut-être, entre les familles – parents et enfants – et ces institutions. Cet enjeu est précisément au cœur de ce sur quoi le présent ouvrage s'efforce d'attirer l'attention.

De quelques nouvelles perspectives politiques et institutionnelles en matière de coéducation démocratique

Du côté des villes (et des intercommunalités)[151] *: des responsabilités partagées entre parents, professionnels et élus municipaux au projet local de coéducation*

Villes et familles entretiennent depuis longtemps des relations denses et complexes qui peuvent s'analyser, parmi d'autres critères, à travers la répartition des responsabilités éducatives envers les enfants – mais aussi de l'assistance et des soins envers les personnes dépendantes – entre sphère publique et sphère privée. Chacune à leurs échelles et selon leurs raisons d'être, les villes et les familles sont en effet des modalités de vie collective et des constructions sociales dont l'existence s'observe, de façon variable et sans cesse évolutive, en tous lieux et en tout temps (notamment pour ce qui concerne les familles et les relations d'alliance et de filiation auxquelles elles offrent un cadre symbolique). Les unes et les autres ont en particulier partie étroitement liée dans la structuration des relations de proximité qui caractérisent les civilisations humaines. Le mot « ville » ne provient-il pas de la racine indo-européenne *weik*, qui désigne l'unité de vie sociale immédiatement supérieure à la famille[152] ?

Ainsi peut-on lire le fait que le rôle historique et organisateur de l'État dans les processus d'urbanisation, impulsé en France par Colbert, ait été contemporain d'une certaine quoique relative « privatisation » de l'enfant, c'est-à-dire de son expulsion de l'espace public et notamment de la rue – qui devient alors un « espace monofonctionnel, voué à la circulation » – et, concomitamment, de sa prise en charge prédominante par la famille élargie puis par la famille nucléaire[153]. En pratique, et comme l'ont montré les travaux de l'historien Philippe Ariès, le libre accès des enfants à toutes les occupations des adultes – à leurs travaux, à l'exercice de leurs métiers, mais aussi à leurs conversations, à leurs spectacles et à leurs jeux – se trouve singulièrement

151. Pour l'Insee, « *les villes et agglomérations urbaines, désignées aussi sous le terme unique d'unité urbaine, dont la délimitation est fondée sur le seul critère de continuité de l'habitat, peuvent être constituées :*
– de deux ou plusieurs communes, c'est-à-dire d'une ville-centre et de sa banlieue (exceptionnellement de plusieurs villes-centres), sur le territoire desquelles une zone agglomérée contient plus de 2 000 habitants ; une telle unité urbaine porte alors le nom d'agglomération multicommunale ;
– d'une seule commune, dont la population agglomérée compte au moins 2 000 habitants ; une telle commune est dite ville isolée ou plus communément ville. »

152. *Dictionnaire historique de la langue française*, Dictionnaires Le Robert, 1998.

153. Philippe Meyer, *L'Enfant et la Raison d'État*, Le Seuil, 1977.

réduit[154]. Dès lors, c'est à la famille et peu à peu, au cours du XIXe siècle, à l'école que revient le devoir d'assumer les fonctions de socialisation, de découverte, d'apprentissage et d'initiation jusque-là remplies par « la rue », au sens métonymique du terme, et par les réseaux relationnels qui s'y déployaient tout en assurant aussi une certaine surveillance et un certain encadrement collectifs. Bref, au total, une certaine coéducation…

Ce bref rappel historique permet au passage de mieux comprendre certaines sources du malentendu qui saisit encore fréquemment les sociétés citadines des pays riches quand elles « accueillent » des familles ayant récemment migré de pays peu urbanisés et/ou de zones rurales. Dans l'expérience de celles-ci, les fonctions coéducatives des espaces publics ouverts à tous (rues, surfaces non affectées des quartiers et des villages) restent prédominantes et investies comme telles, et elles ne saisissent pas d'emblée ou pas aisément à quel point les représentations et les pratiques que le « pays d'accueil » s'est forgées de tels espaces ne coïncident pas avec les leurs. Les enfants expérimentent alors dans un réel désarroi la déambulation en des lieux anticipés comme protecteurs par les uns, et comme dangereux par les autres, quitte à y inventer leurs propres normes pour réduire puis maîtriser le dilemme. C'est pourquoi il importe urgemment de les amener à s'exprimer sur la question, de proposer à leurs parents d'en faire de même, et d'inviter les familles plus anciennement implantées à participer à ces échanges, plutôt que de laisser les uns et les autres la traiter par une série de passages à l'acte interrogateurs des normes et des limites en vigueur[155].

Les réalités et les enjeux actuels de ce qui se manifeste au carrefour villes-familles ne sauraient toutefois être envisagés par les seules approches historiques et interculturelles. Les familles contemporaines, on l'a vu, se singularisent par la diversité accrue de leurs formes visibles et de leurs organisations internes comme par la souplesse revendiquée de leurs modalités de fonctionnement. Ce constat est plus flagrant encore depuis que l'urbanisation s'affirme, sous de multiples aspects, comme la tendance massive de leurs cadres de vie : elle concerne aujourd'hui 80 % de la population des pays riches et gagne peu à peu les autres. Les villes – de même que, à leurs façons propres, les intercommunalités à dominante rurale – adoptent quant à elles des types d'administration et de « gouvernance » dont les mutations déterminent la vitalité de leur développement et, par conséquent, la qualité de vie de leurs habitants de tous âges, et notamment des enfants et des jeunes.

154. Philippe Ariès, *L'Enfant et la vie familiale sous l'Ancien Régime,* Plon, 1960.

155. Sans être considérablement médiatisées, les actions initiées en ces domaines par nombre de Centres sociaux et socioculturels, qu'ils soient associatifs ou municipaux, ont depuis longtemps fait la preuve de leur pertinence et, souvent, de leur efficacité.

Aussi deux hypothèses, étayées par nos convictions, nos expériences et nos observations « de terrain », méritent-elles d'être formulées. La première est que l'humanisation des villes repose aujourd'hui, pour une large part, sur une meilleure prise en compte de la présence et des aspirations des familles de toutes conditions qui s'y créent, s'y installent et y vivent. La seconde est que l'élaboration et la conduite des politiques familiales, éducatives et sociales de proximité requièrent de ce fait la mobilisation conjointe des habitants et des acteurs institutionnels (élus, professionnels, associations) du territoire urbain.

Autant dire que, dans les deux cas, la coopération démocratique des acteurs en présence et l'articulation harmonieuse de leurs responsabilités mutuelles constituent sinon l'objectif à atteindre (ou, plus exactement, la finalité commune recherchée), du moins la méthode à promouvoir à l'échelle et au service des politiques publiques de proximité. Le pari politique à relever ici est que le mieux-être citadin et le développement durable des villes (et des intercommunalités) reposent à terme sur une redistribution des pouvoirs de décision et d'action entre les habitants et les acteurs institutionnels[156]. S'il leur revient en particulier de se concerter méthodiquement et régulièrement pour agir solidairement à l'échelle des villes en même temps qu'à celle des familles, c'est sans doute au motif premier (mais non exclusif d'importants autres motifs) que les enfants figurent dans les unes et les autres à la fois comme des êtres en présence et comme des êtres en devenir.

De ce point de vue, les villes (et les intercommunalités) peuvent et doivent **s'ouvrir à la mobilisation et à l'implication solidaires des familles.** Certaines ont d'ailleurs commencé à le faire[157]. Et certaines y invitent aussi les enfants, dans l'esprit par exemple de la « Charte-agenda mondiale des droits de l'Homme dans la Cité »[158], adoptée en décembre 2011 par *Cités et Gouvernements Locaux Unis,* un réseau mondial d'autorités locales, et selon laquelle *tous* les habitants de la Cité ont le droit de participer à la gestion et à l'utilisation des espaces publics qui garantissent le « bien vivre ensemble », ainsi qu'aux processus de choix des politiques publiques locales. Cette Charte invite la Cité non seulement à reconnaître la capacité des habitants à influer sur les décisions politiques, mais à intégrer aussi, dans cette promotion de l'exercice du droit à la démocratie participative, la participation des enfants – qui sont aussi des habitants – aux affaires qui les

---

156. Voir notamment à ce propos : Marie-Hélène Bacqué, Mohamed Mechmache, *Pour une réforme radicale de la politique de la Ville – Citoyenneté et pouvoir d'agir dans les quartiers populaires,* Rapport remis le 8 juillet 2013 au ministre délégué chargé de la Ville – Le rapport et la synthèse du rapport sont consultables sur ☞ *www.ville.gouv.fr/?pour-une-reforme-radicale-de-la*

157. Cf. par exemple le compte rendu de la recherche action « Les villes et le lien social », *Cahiers de l'ODAS,* juin 2013.

158. Cf. Annexe 1. Peu de villes françaises ont encore actuellement adopté cette Charte-agenda.

concernent. La reconnaissance et la mise en œuvre, étendues aux enfants, de la coopération démocratique avaient d'ailleurs été envisagées, deux ans plus tôt, par la « Charte européenne révisée de la participation des jeunes à la vie locale et régionale »[159] qui préconisait que les jeunes aient le droit, les moyens, la place, la possibilité et le soutien voulu pour participer aux décisions locales, influer sur elles et s'engager dans des actions et activités de manière à contribuer à la construction d'une société meilleure, dans un processus de coopération avec les autorités locales et les autres citoyens.

Par ailleurs, dans un contexte d'urbanisation massive, les mécanismes redistributifs qui ont permis depuis deux siècles à l'« État providence » de structurer la solidarité nationale sont aujourd'hui à la recherche de nouveaux acteurs et de nouveaux relais plus, peut-être, que de nouveaux principes. Simultanément, la territorialisation accrue de l'action publique a favorisé l'émergence d'initiatives soucieuses de conjuguer proximité, pertinence, éthique et efficacité. Leurs promoteurs redécouvrent ou revalorisent à cette occasion, au-delà du visage de l'usager consommateur de services, le rôle de l'habitant mobilisable et impliqué, et peu à peu celui du citoyen acteur et solidaire. Outre le champ de l'action sociale et médicosociale ou encore, par exemple, du « soutien à la parentalité », ce sont dès lors les domaines de l'action éducative, culturelle, environnementale et, plus globalement, de la lutte contre les ségrégations de tous ordres qui doivent pouvoir être inscrits en de nouveaux termes à l'ordre du jour des acteurs et des décideurs concernés, incluant les citadins eux-mêmes et, souvent en première ligne, les familles.

Libérer les potentiels créatifs des habitants ; soutenir leurs capacités à se regrouper, dans et entre les quartiers, à investir les démarches associatives ou les instances de démocratie participative locale et à se rapprocher des professionnels de façon à répondre aux besoins et aux problèmes sociaux par la réflexion et l'action communes ; faire le pari de la rencontre, des échanges, de la confiance et du respect mutuels, de la convivialité et parfois même de la conflictualité constructive pour une meilleure maîtrise du cadre et des conditions de vie de tous et de chacun : tels sont les principaux enjeux qu'entendent aujourd'hui relever les processus dynamiques désignés par des concepts, parfois anciens mais toujours opérants, tels que le « développement social local », l'« éducation populaire », la « coéducation ».

En ces domaines, passer du concept aux pratiques, de l'éthique aux méthodes, de la recherche du sens à celle de l'organisation des volontés, bref du « pourquoi ? » au « comment ? » constitue le cahier des charges d'un ensemble de chantiers à la fois complexes et stimulants, mais déjà

---

159. Cf. Zaneta Gozdzik-Ormel, *Paroles aux jeunes – Manuel sur la Charte européenne révisée de la participation des jeunes à la vie locale et régionale,* Éditions du Conseil de l'Europe, janvier 2009.

ouverts çà et là avec, en règle générale, l'appui de municipalités engagées. Ceux qui, élus, professionnels ou citoyens, entendent faire alliance avec des familles ayant tourné le dos à la résignation et refonder leurs pratiques peuvent le faire sur la base de *trois postulats* qu'il leur revient d'apprendre à partager.

• *Le premier postulat* est qu'il faut accepter de dresser le constat, au fil des réalités contemporaines, d'une **coéducation de fait des enfants et des jeunes y compris dans les espaces publics.**

Ce constat n'est pas récent. *« Il faut tout un village pour élever un enfant »,* dit-on encore en Afrique. Aujourd'hui, en milieu urbain, il y faut tout un quartier : les parents, certes, mais aussi les voisins, les proches et les amis ; les personnels de l'Éducation nationale, bien entendu, mais aussi, à la lumière d'une étude fine des besoins locaux, les personnels municipaux ou associatifs des divers dispositifs d'accueil de la petite enfance, des activités « périscolaires », culturelles, sportives, de loisirs ; et, le cas échéant, les divers professionnels de l'action sociale ou socio-éducative et de la santé. Chacun d'entre eux occupe auprès des enfants et des jeunes une place spécifique et souvent complémentaire avec celle des autres.

L'instauration de logiques et de postures coéducatives entre les parents et les divers intervenants de proximité doit être menée dans le respect de la globalité de la personne de l'enfant, de la continuité de sa maturation, de ses aspirations simultanées – à tous les âges – à la protection et à l'émancipation, à l'expression et à la participation, à l'exploration, à la découverte et au partage tant des apprentissages que des jeux et des espaces publics. Les pédagogies progressistes doivent promouvoir à cet égard des rapports de coopération, et non pas de compétition, entre des enfants et des jeunes qui ont surtout besoin de confiance, d'accompagnement et d'encouragements de la part des adultes, mais aussi de voir reconnue, plutôt que condamnée d'emblée, l'importance de leurs propres réseaux relationnels.

Il faut en effet prendre acte qu'aujourd'hui, et notamment en ville, les enfants et les jeunes sont ouverts à de nombreuses sources d'instruction, exposés à de multiples influences, incités à faire des choix précoces sans toujours en avoir les moyens. Aussi ne peuvent-ils plus être réduits à leurs seules dimensions de fils ou de filles de leurs parents, ou encore d'élèves. Leur épanouissement personnel, familial et social et leurs progressions scolaires forment un tout. Il est donc de la responsabilité de tous les adultes chargés de leur éducation, de leur instruction et de leur émancipation d'y collaborer solidairement et sans exclusive. Il leur revient aussi de savoir engager et poursuivre, entre eux et avec les enfants, un **dialogue confiant et régulier** qui préserve ces derniers du risque de devenir le siège de conflits de loyauté à l'égard des modèles adultes en présence. À défaut de quoi, au gré d'arbitrages budgétaires municipaux privilégiant, comme on le voit de plus en plus souvent, des dispositifs de vidéosurveillance sur des structures d'animation collective, les enfants et les jeunes pourraient bien devenir malgré eux les héros de caméras installées par des élus qui, ne sachant leur parler de près, se cantonnent à les faire observer de loin pour mieux traquer leurs moindres dérapages et sanctionner leurs parents.

• *Le deuxième postulat* est qu'une place primordiale doit être reconnue aux parents, qu'il convient par conséquent de ne pas déresponsabiliser — et, pour commencer, de ne pas « démissionner » — mais dont il faut au contraire **valoriser et soutenir les compétences spécifiques** pour mieux les accompagner dans leurs rôles éducatifs.

Dans chacune des dimensions — relationnelles, d'apprentissage ou de socialisation — où ces rôles se déploient, la très grande majorité des parents n'entendent pas être déchargés de leurs responsabilités. Mais ils souhaitent se sentir moins seuls, moins inquiets et mieux confortés pour exercer pleinement ces responsabilités dans le quotidien de la vie familiale et de la vie sociale. Ils veulent pouvoir effectuer de façon éclairée les choix éducatifs essentiels qui leur incombent, en particulier pour ce qui concerne la socialisation, la scolarité, les loisirs et parfois la santé de leurs enfants. Ils cherchent à faire valoir leurs droits de parents et ceux de leurs enfants, pour mieux aider leurs enfants à devenir à leur tour des adultes, des parents et des citoyens responsables.

Quant aux parents les plus en difficulté pour assumer leurs responsabilités éducatives, il importe d'intervenir auprès d'eux avec des objectifs et des moyens directement adaptés à leur situation actuelle et, donc, en toutes circonstances, déterminés avec eux. Et de le faire si possible de façon précoce, parfois même dès la grossesse, et de façon soutenue. Il s'agit bien souvent, pour commencer, de les aider à sortir de leur isolement social, à établir ou restaurer des liens de confiance avec leur environnement. Puis de les accompagner concrètement et au quotidien dans l'exercice, voire la découverte, de leurs rôles de parents, de les amener à reconsidérer leurs valeurs, leurs modèles, leurs pratiques en matière d'éducation, à mieux identifier pour mieux les résoudre les surgissements de conflits que suscite toujours l'éducation des enfants et les contraintes de tous ordres qu'elle engendre.

Dans tous les cas de figure, il s'agit, au fond, de forger au cœur de la ville de véritables projets éducatifs et socioculturels avec l'ensemble des parents qui le souhaitent, et de le faire en mobilisant les méthodes de l'éducation populaire c'est-à-dire en s'appuyant sur la diversité de leurs expériences de parents. Ces projets doivent être conçus dans un esprit de confiance et d'élaboration partagées, plutôt que livrés clés en main par les institutions locales ou les « experts » qu'elles commanditent au nom d'une « prévention » qui ne nomme pas son champ et ses cibles pour mieux masquer ses missions de contrôle et de coercition sociales. À l'instar de ceux qui émanent des Programmes de réussite éducative mis en place dans les villes ou les quartiers relevant de la « géographie prioritaire », de tels projets pourront concerner et mobiliser non seulement les individus, mais aussi tout le groupe familial et au-delà, comme savent si bien le faire nombre de centres sociaux et socioculturels, des ensembles de familles résidant dans un même quartier ainsi que, bien entendu, l'ensemble des ressources parties prenantes ou proches de celui-ci.

Parce qu'ils contribuent *in fine* au développement local, ces projets pourront bénéficier des appuis de professionnels qui, présents et actifs auprès des familles, sauront les accompagner dans la résolution des problèmes qu'elles rencontrent à l'échelle de leur quartier. Il peut s'agir, par exemple, de familles qui viennent d'y emménager et sont en quête d'informations sur celui-là, de familles souhaitant mettre en place des dispositifs de gardes partagées d'enfants ou de covoiturage, de familles voulant pallier ensemble un déficit local d'offres culturelles pour les enfants, de familles confrontées à des difficultés diverses, notamment d'isolement relationnel et social, etc.

Des appuis institutionnels, même modestes, peuvent aussi être apportés à des projets intéressant des familles mobilisées par un même sujet mais qu'elles entendent mener à une échelle plus vaste, comme le développement local de pédagogies coopératives, les échanges et les entraides entre foyers monoparentaux, entre familles adoptives ou entre familles homoparentales, l'accès aux services de médiation familiale, la pratique du parrainage, l'appui aux initiatives intergénérationnelles, les techniques de jardinage en milieu urbain, etc. Il n'y a pas d'autres limites à cette liste que celles de la créativité locale de familles décidées à déprivatiser la condition parentale et l'éducation des enfants, à conjurer les inconvénients subis de l'anonymat urbain et, au-delà, à contribuer à une réhumanisation historique de la ville. Il importe dès lors, s'agissant d'enjeux fondamentalement politiques initiés et en partie pris en charge par la « société civile », que ces différents projets d'intérêt local – mais peut-être aussi départemental, régional, voire, à terme, national – bénéficient si possible et si nécessaire, donc après évaluation, de l'appui d'élus et de professionnels qui pourront en diffuser l'information et encourager d'autres familles et d'autres personnes suffisamment solidaires ou concernées à les rejoindre et y apporter leurs contributions. La question des financements ou des cofinancements publics requis par de telles initiatives sera sans doute posée à une phase ou une autre du lancement, de l'évaluation ou du développement de tels projets. Elle devra être examinée de façon respectueuse et bienveillante à l'égard des familles ou des associations qui la formulent, en proscrivant à cette occasion toute appréciation *a priori* péremptoire, toute posture de condescendance technocratique, mais aussi toute tentation de considérer les porteurs de ces projets comme les sous-traitants occasionnels – et potentiellement maltraités à ce titre – d'une action publique parfois trop frileuse ou trop mal équipée pour les engager et les mener elle-même.

Il s'agit en d'autres termes que la ville se mette en quelque sorte au service des projets conçus et portés par des familles, des parents, des jeunes ou encore des personnes âgées mobilisés, solidaires et disponibles, à condition bien entendu que ces projets contribuent en retour à l'animation et à l'enrichissement de la vie des quartiers et de la vie urbaine en général.

• *Le troisième postulat* résulte des deux précédents, et il les résume. Il consiste à considérer comme désormais indispensable de **promouvoir la place et la participation active et durable des citoyens,** parents ou non, en difficulté ou non, dans les dispositifs publics et partenariaux de proximité, dans les actions de développement social, éducatif, culturel et économique local mais aussi dans les mécanismes non financiers de solidarité que ces dispositifs et ces actions sollicitent souvent. L'individualisme urbain n'est pas aussi inéluctable qu'il y paraît. Il est peut-être, avec d'autres facteurs plus tangibles, la conséquence plus que la cause de la solitude et du repli observés dans certains quartiers. Il est peut-être, plus encore, le noyau de ce paradoxe, indicateur du déficit d'humanisation de modes de vie trop récemment et trop brutalement urbanisés, que soulignait un père africain d'origine rurale dans un groupe de parents parisiens lorsqu'il leur faisait remarquer que *« dans vos villes, plus vous êtes nombreux et plus vous êtes seuls »*.

Ainsi, par exemple, des relations d'aide reposant sur des échanges de services concrets et non marchands portant sur le cadre et les conditions de vie, non exclusives et même facilitatrices de l'accès à des aides professionnelles spécialisées, doivent-elles être résolument encouragées à se développer au sein de tout réseau soucieux d'atteindre les familles en difficulté ou qui risquent de s'y retrouver si elles restent trop isolées. Il est essentiel, de ce point de vue, de rendre possible, fiable et durable la nécessaire collaboration entre professionnels et non-professionnels, que ces derniers soient bénévoles ou rémunérés.

Il existe des potentialités non négligeables pour que se développent de telles approches dans les différents domaines de la vie urbaine. En référence, notamment, aux dynamiques impulsées dans certains quartiers de la politique dite de la ville ou, plus généralement, avec l'appui des moyens mutualisés dans le cadre de divers dispositifs contractuels territoriaux ou encore des Réseaux d'écoute, d'appui et d'accompagnement des parents (REAAP), se sont développés, souvent dans des cadres associatifs ou municipaux, des groupes de parents, des « Maisons des parents », des lieux d'accueil, d'activités et de loisirs partagés pour les parents et les enfants, des structures de médiation socioculturelle, des réseaux d'entraides, d'échanges réciproques de savoirs et de services, etc.

Ces initiatives sont la plupart du temps encore assez étroitement contrôlées par des professionnels, très présents au niveau des Conseils d'administration, des Comités de pilotage, voire des équipes de bénévoles. Il n'y a rien à y redire si les parents y trouvent réellement leur intérêt en termes d'échanges ou de fourniture de services concrets et appropriés, et si les professionnels savent dépasser en ces occasions leurs enjeux institutionnels et certaines postures directives ou corporatistes. Et si les élus locaux qui accompagnent et encouragent le tout acceptent de laisser à l'ingénierie citoyenne la liberté de tâtonner dans l'organisation et le fonctionnement qu'elle impulse, puis celle de produire de premiers résultats modestes et, peut-être, des résultats inattendus.

Il n'en reste pas moins que l'on voit encore assez peu les militants d'associations familiales, de parents d'élèves, de locataires, d'habitants — pour ne citer qu'elles — prendre ou se voir confier l'initiative de monter et de piloter des rencontres à caractère institutionnel où les parents seraient invités à échanger non seulement sur leurs difficultés et les moyens d'y faire face, mais aussi et surtout sur leurs aspirations et les moyens de les concrétiser, entre eux ou avec l'aide de professionnels.

Il devient donc urgent que les décideurs des politiques urbaines publiques conjurent la timidité d'associations qu'ils financent parfois sur le mode de la sous-traitance de missions de services publics ou dans des perspectives qui s'avèrent à terme plus souvent occupationnelles que propositionnelles et décisionnelles. C'est en effet à eux qu'il revient de prendre le temps et l'habitude de faire suffisamment confiance aux familles pour leur restituer du pouvoir sur leur vie quotidienne et sur leur environnement urbain.

Il s'agit en pratique de **déléguer aux familles,** aussi directement que possible, c'est-à-dire sans filtres ou interfaces institutionnels excessifs, les moyens de concevoir, de mettre en œuvre, d'évaluer et d'ajuster entre elles un certain nombre d'actions et de services de proximité leur permettant de poser et de résoudre, par elles-mêmes, les questions qui les concernent en tant que familles – ce que font déjà nombre d'associations familiales dans des domaines très codifiés et très encadrés –, mais aussi en tant que détentrices d'une expertise citoyenne, d'expérience et d'usage, sur leur territoire, notamment municipal, de vie.

Il revient aussi aux élus et aux décideurs locaux, plus classiquement mais non moins fondamentalement, de savoir organiser le recueil et l'analyse des besoins, des points de vue, des attentes, des aspirations et des propositions de l'ensemble des familles résidant sur ce territoire. Il leur revient alors d'accepter d'en considérer la synthèse comme prioritaire à chaque étape de l'élaboration et de la concrétisation des projets territoriaux – notamment éducatifs – dont ils sont les principaux responsables, mais dont les familles sont les premières bénéficiaires et protagonistes.

Du côté des écoles : la coéducation en récent et discret filigrane des orientations de l'Éducation nationale

Dans le champ de l'éducation scolaire, les avancées des références à la coéducation restent encore prudentes. Elles relèvent des évolutions « à bas bruit » mentionnées dans la première partie du présent chapitre et semblent se cantonner au domaine – certes non négligeable, mais aussi historiquement tendu que pédagogiquement réducteur – des relations « parents-école » ou, plus exactement, « parents socialement défavorisés – écoles primaires ».

La loi n° 89-486 du 10 juillet 1989 « d'orientation sur l'éducation », dite « loi Jospin », avait timidement introduit, en son article 1, relatif aux « principes de l'éducation », le concept de « communauté éducative » en ces termes :

> *« Dans chaque école, collège ou lycée, la communauté éducative rassemble les élèves et tous ceux qui, dans l'établissement scolaire ou en relation avec lui, participent à la formation des élèves. »*

Près d'un quart de siècle plus tard, la loi n° 2013-595 du 8 juillet 2013 « d'orientation et de programmation pour la refondation de l'École de la République », dite « loi Peillon », se veut un peu plus ambitieuse en la matière. Le 29 août 2013, peu après l'adoption de cette loi, un communiqué commun du ministre de l'Éducation nationale et de sa ministre déléguée à la Réussite éducative (fonction supprimée le 31 mars 2014), et intitulé *« Des liens renforcés entre l'École et les parents »*, affirme ainsi que :

> *« La promotion de la "coéducation" est un des leviers essentiels de la refondation de l'École. Elle est mentionnée dès l'article 1 de la loi du 8 juillet 2013. Elle doit se concrétiser par une participation accrue des parents à l'action éducative et favoriser la réussite de tous les enfants »*, et ceci autour de deux premiers objectifs opérationnels : *« ouvrir les portes de l'École pour redynamiser le dialogue avec les parents »* et *« la possibilité pour les parents d'élèves de suivre en ligne la scolarité de leurs enfants »*.

En réalité, l'article 1 de la loi du 8 juillet 2013 est rédigé comme suit :

> *« Le rapport définissant la programmation des moyens et les orientations de la refondation de l'école de la République, annexé à la présente*

loi, est approuvé ». À la toute fin de cette longue annexe figure de fait un paragraphe intitulé *« Redynamiser le dialogue entre l'école et les parents, les collectivités territoriales et le secteur associatif »* et introduit comme suit : *« La promotion de la "coéducation" est un des principaux leviers de la refondation de l'école. Elle doit trouver une expression claire dans le système éducatif et se concrétiser par une participation accrue des parents à l'action éducative dans l'intérêt de la réussite de tous les enfants. Il convient de reconnaître aux parents la place qui leur revient au sein de la communauté éducative. Il s'agit de veiller à ce que tous les parents soient véritablement associés*[160]*. Des actions seront conduites au niveau des établissements pour renforcer les partenariats avec les parents et leurs associations. Il s'agit aussi d'accorder une attention particulière aux parents les plus éloignés de l'institution scolaire, par des dispositifs innovants et adaptés. »*

Cette déclaration d'intentions est appréciable. On objectera cependant que l'« association véritable » des parents aux projets éducatifs d'école ou d'établissement est réglementairement de droit depuis de nombreuses années, même si elle reste encore trop souvent caricaturée en pratique (les représentants de « parents d'élèves » ne découvrant par exemple qu'en séance du Conseil d'école, sur table et pour approbation, un Projet d'école triennal généralement élaboré sans eux). On observera surtout que, à lire en creux ce que cette annexe omet de préciser, il n'est pas explicitement prévu que les parents, ou leurs représentants, soient « associés » à l'élaboration, à la mise en œuvre et à l'évaluation des Projets éducatifs de territoire institués par la loi – et moins encore à celles des Projets éducatifs locaux, de plus large périmètre (dont cette même loi ne reconnaît ni l'existence ni la préexistence sinon, marginalement, à travers le décret interministériel du n° 2013-77 du 24 janvier 2013, « relatif à l'organisation du temps scolaire dans les écoles maternelles et élémentaires », pris en anticipation de certaines dispositions de ladite loi).

Ce n'est au total que dans le seul article 2 de cette loi, inclus dans un chapitre relatif (à l'instar et en prolongation de la loi de 1989) aux « principes de l'éducation », que réapparaissent, sans être désignées comme telles, les discrètes références à la coéducation avec les parents annexées à l'article 1 :

> L'article L. 111-1 du Code de l'éducation est ainsi modifié : (…) Sont ajoutées cinq phrases ainsi rédigées : *« Le service public de l'éducation reconnaît que tous les enfants partagent la capacité d'apprendre et de progresser. Il veille à l'inclusion scolaire de tous les enfants, sans aucune distinction. Il veille également à la mixité sociale des publics scolarisés*

160. S'agissant d'un texte annexé à une loi « d'orientation et de programmation », le degré d'imprécision de cette phrase est très impressionnant… ou très révélateur du manque de volonté politique concrète qui l'inspire.

au sein des établissements d'enseignement. Pour garantir la réussite de tous, l'école se construit avec la participation des parents, quelle que soit leur origine sociale. Elle s'enrichit et se conforte par le dialogue et la coopération entre tous les acteurs de la communauté éducative. »

La « participation des parents » est ici essentiellement affectée, entre les lignes, à des objectifs, louables mais restrictifs, voire ambigus, de promotion de la « mixité sociale » et d'« inclusion scolaire ».

Peu après, la circulaire du 15 octobre 2013 du ministère de l'Éducation nationale, relative aux « relations École-Parents » et visant à « renforcer la coopération entre les parents et l'école dans les territoires », ne manquera d'ailleurs pas d'insister classiquement sur l'importance de *« rapprocher de l'École les parents qui en sont éloignés »,* en omettant tout aussi classiquement de proposer de rapprocher l'« École » des parents quand celle-ci s'est éloignée d'eux. Une problématique que, entre autres, tentera de traiter un Rapport d'information sur « les relations entre l'école et les parents », issu des travaux sur la loi du 8 juillet 2013 et remis au gouvernement le 9 juillet 2014 par la Commission des affaires sociales et de l'éducation de l'Assemblée nationale[161].

Ce n'est par ailleurs que dans un chapitre traitant des « activités périscolaires » que la loi du 8 juillet 2013 envisage, sans les nommer comme telles, les perspectives de coéducation avec les autres partenaires incontournables des établissements scolaires que sont les collectivités locales et les associations à finalités éducatives[162]. Elle le fait en reformulant comme suit l'article 551-1 du Code de l'éducation :

« Des activités périscolaires prolongeant le service public de l'éducation, et en complémentarité avec lui, peuvent être organisées dans le cadre d'un projet éducatif territorial associant notamment aux services

161. Rapport de la mission d'information *« sur les relations entre l'école et les parents »,* Commission des affaires sociales et de l'éducation de l'Assemblée nationale, 9 juillet 2014. Président de la Mission : Xavier Breton (UMP) – Rapporteure : Valérie Corre (PS).

162. Le rapport annexé à la loi les évoque cependant en ces termes : *« Si l'éducation revêt un caractère national, les collectivités territoriales, qui financent 25 % de la dépense intérieure d'éducation, jouent un rôle déterminant dans le bon fonctionnement du système éducatif, notamment sur des questions centrales : les bâtiments, le numérique, les activités durant les temps périscolaires et extrascolaires, l'orientation, l'insertion professionnelle... » ;* et, sans que les conséquences de cet énoncé de principe se retrouvent clairement dans le texte-même de la loi : *« Le secteur associatif ainsi que les mouvements d'éducation populaire sont des partenaires essentiels de l'école. Ils font partie intégrante de la communauté éducative dont les actions sont déterminantes pour l'enrichissement de l'environnement éducatif des élèves. Ces acteurs méritent amplement d'être reconnus dans leur diversité et pour la qualité de leurs interventions. Le partenariat qui les associe à l'école doit être développé dans le respect et en fonction des capacités et des compétences ainsi que de l'objet défendu par les partenaires qui le constituent. Seront associées à toutes les instances de concertation des différents acteurs participant à l'encadrement des élèves à la fois les associations de parents et celles relatives à l'éducation populaire. »*

et établissements relevant du ministre chargé de l'Éducation nationale d'autres administrations, des collectivités territoriales, des associations et des fondations, sans toutefois se substituer aux activités d'enseignement et de formation fixées par l'État. L'élaboration et la mise en application de ce projet sont suivies par un comité de pilotage. Le projet éducatif territorial vise notamment à favoriser, pendant le temps libre des élèves, leur égal accès aux pratiques et activités culturelles et sportives et aux nouvelles technologies de l'information et de la communication. Les établissements scolaires veillent, dans l'organisation des activités périscolaires à caractère facultatif, à ce que les ressources des familles ne constituent pas un facteur discriminant entre les élèves. »

On examinera dans le chapitre 5 la nature et les pistes de réduction des écarts – affichés ou recélés par le « scolaro-centrisme » de cet énoncé – entre les ambitions coéducatives globales d'un Projet éducatif local (PEL), tel que ci-dessus évoqué, et les périmètres désormais tracés par la loi au titre d'un Projet éducatif territorial (PEdT). Cette loi a toutefois le mérite de fournir une base juridique, jusqu'à présent inexistante, à de tels projets et de ne pas s'opposer formellement à ce qu'ils investissent des champs éducatifs débordant tant les seuls âges de la scolarité obligatoire, et notamment de la scolarité primaire, que les seuls apprentissages relevant des espaces-temps scolaires et « périscolaires ». Ni de s'opposer – et on y insistera tout particulièrement – à l'option et à la diffusion d'une conception démocratique de tels projets au moyen de son ouverture politique et méthodique à la participation active des parents – non explicitement mentionnés, on l'a vu, par la loi – mais aussi à celle des enfants et des jeunes – clairement scotomisés par elle en ce qu'elle semble les réduire au statut d'« élèves », bénéficiaires passifs des « services », des « activités » et des « pratiques » que les adultes conçoivent pour eux, mais sans eux.

En l'absence cependant d'options plus affirmées et plus systématiquement concrétisées en faveur de la participation active et démocratique des familles aux projets éducatifs, la porte reste ouverte à de nombreuses ambiguïtés. Ainsi, par exemple, parmi les 25 propositions *« pour une alliance entre tous les adultes au service de la réussite éducative »* formulées par le rapport parlementaire sur « les relations entre l'école et les parents » on relève que deux d'entre elles – *« Adosser les aides à la parentalité centrées sur l'accompagnement de la scolarité aux projets d'école »* (proposition n° 9) et *« Nouer des liens avec les parents les plus « éloignés » de l'école en les rencontrant à leur domicile, selon des modalités adaptées »* (proposition n° 21) – risquent de court-circuiter les options, les occasions et les actions de médiation entre école et parents. Et, pour commencer, de mettre en péril la conception de la coéducation formulée par sa rapporteure :

« La notion de coéducation devrait être clarifiée. En effet, il serait utile de préciser que cet acquis fondamental de la loi du 8 juillet 2013 ne consacre pas un quelconque "droit à l'interventionnisme" des parents dans le fonctionnement des classes ni ne vise à instaurer une "école des parents" qui apprendrait à ces derniers comment élever leurs enfants. La coéducation, ce devrait être une forme aboutie de coopération entre les parents et les enseignants, au profit de la réussite des enfants, dans le respect des prérogatives de chacun. Et celle-ci devrait être placée au cœur des projets d'école et d'établissement et des projets éducatifs territoriaux. »

On voit là à quel point il importe aujourd'hui que la réflexion se poursuive afin de préciser ce que devrait être une éducation globale sur l'ensemble des temps et des espaces éducatifs de l'enfant et ce que chaque acteur-partenaire pourrait y apporter dans le respect des responsabilités spécifiques de chacun : enseignants et parents, certes, mais aussi animateurs et autres acteurs éducatifs intervenant pendant les temps libres des enfants. Les débats, parfois conflictuels, portant sur la coéducation justifient, selon nous, une défense argumentée du droit de participation démocratique des parents ainsi que des enfants qui, même s'il figure dans plusieurs textes internationaux, n'est pas pour autant accepté au niveau des pratiques.

Pour modestes que soient les avancées occasionnées par la loi du 8 juillet 2013 dans le champ de l'éducation scolaire, ou du moins dans celui que l'« École » entend ou prétend polariser autour d'elle, elles prêtent en effet déjà le flanc – et, dira-t-on, elles le prêtent enfin – à un débat idéologique qui tardait à s'instaurer sur le concept et les enjeux de la coéducation. Si, en particulier, la référence à la coéducation a été entretenue dans ses fondements et à travers de multiples expérimentations, depuis le début du XXe siècle, par les différents courants libertaires ou protocommunistes qui ont inspiré des mouvements pédagogiques d'enseignants et des militants de l'éducation populaire, puis si elle a été timidement prônée, depuis peu on l'a vu, par les partis de la gauche institutionnelle et décentralisatrice alors qu'elle est plus résolument théorisée par leurs alliés écologistes, mais simultanément considérée avec méfiance par les partis représentant une gauche plus radicale et plus jacobine, elle semble susciter en revanche une crispation récente de la part des partis de droite et de centre droit.

Les propos tenus par le député (UMP) Xavier Breton[163], président de la Mission d'information sur les relations entre l'école et les parents ci-dessus évoquée, pour expliciter le refus de son groupe parlementaire (et de celui du groupe UDI) de cosigner le rapport de cette Mission s'avèrent à cet égard significatifs et fondateurs du débat qui s'amorce :

---

163. Dans une interview pour *Famille chrétienne*, n° 1905, 19 juillet 2014.

« Dès le départ, nous avons été très prudents avec la notion de coéducation, qui risque d'introduire une ambiguïté dans les relations entre les adultes et les enfants, en donnant l'idée que les enfants sont entourés d'adultes interchangeables. Or si les parents sont les premiers éducateurs, ils ne sont pas des coéducateurs à égalité avec des enseignants dont la tâche est avant tout d'enseigner. Au fond, la même logique est à l'œuvre dans la loi sur l'autorité parentale. Ce concept est flou et il peut être dangereux. (...) Ce terme traduit bien l'idéologie de Vincent Peillon et des socialistes qui se méfient de la famille. Mais il n'est pas récent, il a simplement changé de sens. Il a d'abord été utilisé pour désigner la mixité garçon-fille à l'école[164]*. Puis, dans la foulée de mai 1968, il renvoyait à la négation de la relation verticale maître-élève, qui devait être remplacée par une relation horizontale. Désormais, il désigne cette confusion entre les adultes qui entourent l'enfant. »*

Cet argumentaire[165] est à l'évidence nourri par deux courants de pensée qui se sont manifestés dans le débat public, depuis une quinzaine d'années, autour des prises de position formulées : les unes par un ensemble de philosophes et d'enseignants hostiles à ce qu'ils appellent le « pédagogisme », très critiques à l'égard des références aux droits de l'enfant et refusant

164. En réalité, la coéducation a d'abord désigné le projet de mixité mis en place, en France à partir de 1949, par certains mouvements scouts, notamment laïques. Aujourd'hui, pour les Scouts de France (catholiques) : *« la coéducation est l'éducation concertée des filles et des garçons afin de les aider à se découvrir mutuellement et à vivre leur identité sexuée au travers de relations fondées sur le respect, la reconnaissance de l'autre, la coopération et le refus des discriminations »*. Promue dès la fin du XIXe siècle par les pédagogues anarchistes, observée de fait dans nombre d'écoles rurales à classe unique, la généralisation de la mixité dans tous les degrés de l'enseignement est quant à elle instituée par la « loi Haby » de 1975 et par ses décrets d'application de 1976.

165. De façon plus mesurée, le député (UMP) Patrick Hetzel, membre de la même Mission, développe des thématiques proches sur son site Internet (*www.patrick-hetzel.fr*). *« Il est [...] essentiel de mieux définir ce que l'on entend par coéducation. En effet, il est une acception qui peut-être problématique, notamment celle qui relève d'une école de pensée très spécifique au sein des différents courants de la pédagogie. C'est cette école de pensée qui a cherché à placer l'élève au cœur du système éducatif et qui a contribué à déconstruire, plus particulièrement dans les sciences de l'éducation en France, la relation maître-élève en tant qu'elle comporte un maître détenteur d'un savoir et de valeurs que ce dernier transmet à ses élèves. Dans cette relation, il y a pourtant un aîné et un jeune qui ont des statuts de maîtrise des connaissances et des savoirs qui sont différents par nature et qu'il convient de reconnaître comme tels et ne pas chercher à gommer comme le fait un certain courant de la coéducation. Cette école de pensée se situe dans une perspective relativiste de la transmission des savoirs et privilégie une vision collective au sens de groupe classe en négligeant la dimension plus individuelle de la transmission des connaissances. Il est donc important de préciser clairement que le Rapport ne devrait pas épouser cette vision de la coéducation et qu'il doit s'en écarter en privilégiant une acception plus « grand public » du concept de coéducation en la définissant comme le lien que l'institution scolaire construit avec les parents. Il s'agit alors d'associer les parents aux actions éducatives entreprises par les personnels enseignants à l'école. C'est alors une façon de stimuler l'implication des parents dans l'éducation de leurs enfants. Ils sont d'ailleurs les premiers éducateurs de leurs enfants là où l'école doit davantage se consacrer à l'instruction des enfants. La coéducation peut alors devenir une façon de faire avancer la connaissance des dynamiques interactives dans les processus éducatifs où les parents peuvent prendre toute leur place. »*

clairement de considérer l'école comme une institution démocratique ; les autres par un ensemble composite de juristes, de médecins, de psychologues et de militants familiaux que préoccupent les évolutions des structures familiales et des relations parents-enfants, et qui se montrent peu enclins à considérer la famille comme une institution démocratique. L'intérêt des propos politiques ci-dessus reproduits est d'opérer une synthèse de ces deux courants de pensée – l'un centré sur l'école, et l'autre sur la famille – en militant pour la restauration de rapports différenciés et hiérarchisés d'une part entre les principaux adultes en situation éducative, et d'autre part entre les uns et les autres et les enfants.

Il s'agit en d'autres termes, pour les auteurs de ces divers propos, et même s'ils ne formulent pas aussi abruptement leurs points de vue, de dénoncer la coéducation comme une démarche idéologique doublement dangereuse à leurs yeux :

– parce que, en suscitant une certaine transversalité entre les acteurs (adultes, mais aussi enfants) de l'éducation, elle encourage des ouvertures et des alliances inédites risquant de menacer des ordres institutionnels, tant scolaires que familiaux, traditionnellement structurés par des logiques de clôture, de cloisonnement, voire de clivage, des rôles éducatifs ;

– et parce que, en partie de ce fait, elle tend à introduire une illusoire ou redoutable dose de démocratie dans les relations éducatives, au sein des institutions, au sein des familles, et entre les unes et les autres.

Plus fondamentalement, l'intérêt de telles prises de position résulte de ce qu'elles mettent en évidence la dimension réactionnaire – au sens propre du terme – de leurs sources. Les désigner de la sorte ne consiste pas à les disqualifier, mais à prendre acte de ce que, à rebours des tendances et des débats plus récents que nous avons mentionnés, elles s'inspirent de conceptions de l'éducation formulées au début du siècle dernier par plusieurs auteurs notables (tels qu'Alain). Ces « intellectuels », comme on ne disait pas encore à l'époque, furent amenés à observer et analyser simultanément les conséquences de la généralisation de l'instruction publique et celles de l'expansion de l'empire colonial, toutes deux initiées quelques décennies plus tôt par le même ministre que fut Jules Ferry, et ceci au titre du devoir humaniste de « civiliser » les « races inférieures » tout autant que, voire tout comme, les enfants des classes populaires.

La création de l'école publique a ainsi répondu à des objectifs ambivalents. Pendant que les militants de l'éducation populaire commençaient à revendiquer le droit pour tous les enfants à une éducation émancipatrice qui les préparerait à être des citoyens libres et autonomes et non des sujets soumis, l'éducation scolaire a longtemps poursuivi son objectif traditionnel de moraliser les enfants des pauvres et de leur apprendre la soumission.

Moraliser et contrôler les enfants des « classes dangereuses » est demeuré un objectif des bourgeois républicains qui avaient vécu la révolution de 1848 et la Commune de Paris. Il fallait certes lutter contre les idées monarchiques, mais aussi freiner la progression des idées socialistes et libertaires.

Parmi les intellectuels qui ont contribué à forger les bases pédagogiques de l'école de la IIIe République, on retiendra par exemple le psychologue Alfred Binet, qui écrivait en 1909 : *« L'éducation suppose un inférieur et un supérieur ; elle est faite d'influence, d'ascendant et, pour tout dire, de suggestion, d'autorité »*, l'autorité étant ici conçue comme le pouvoir de se faire craindre et, à l'école, comme un attribut essentiel de ces maîtres qui *« savent agir sur leur troupeau »*[166]. Le sociologue Émile Durkheim, quant à lui, plaidait en 1925 pour que soit reconnu le caractère *« naturellement monarchique »* de l'école, que justifiaient selon lui les spécificités des individus présents en son sein – et notamment la *« supériorité morale et intellectuelle »* des maîtres – et qu'il convenait seulement, sans en remettre en question le principe, de préserver de ses tentations et dérives despotiques[167]. Faut-il rappeler que toutes ces considérations ont été brillamment reformulées par le philosophe Alain qui, dans ses *« Propos sur l'éducation »* de 1932, ne cesse de douter de l'aptitude des familles à « civiliser » seules – alors qu'elles sont plutôt portées à les choyer – ces petits sauvages que sont les enfants, et qui attend notamment de l'école qu'elle vienne à bout de *« cette nature où tout serait mauvais par l'ignorance, la confusion, la timidité, l'enchaînement de soi, la fureur »*[168] ?

En ce qu'elle caractérise, ainsi décrite, une tranche d'âge dont la dangerosité – en partie fantasmée, mais en partie réelle aussi au XIXe siècle – semble constituer une sorte d'invariant culturel universel, cette « nature » supposée de l'enfance semble avoir inspiré, au seuil du XXe siècle comme à celui du XXIe, la notion de « devoir d'obéissance » déjà promue par Kant au seuil du XVIIIe : *« L'obéissance volontaire est très importante ; mais la première, l'obéissance absolue, est extrêmement nécessaire puisqu'elle prépare l'enfant à l'accomplissement des lois auxquelles il devra obéir plus tard comme citoyen, même si elles ne lui plaisent pas »*[169]. Les sources de cette conception tant de l'enfant que de l'une des finalités impérieuses de son éducation ont déjà été mentionnées au chapitre 1 à propos des débats sur la notion de « droits de l'enfant » et sur celle d'« autorité éducative ». Elles abreuvent à l'évidence les débats politiques contemporains. Il n'est pas exclu que, à travers l'évocation chronique des parents, des enfants et

166. Alfred Binet, *Les idées modernes sur les enfants,* Flammarion, 1973.

167. Émile Durkheim, *L'éducation morale,* Alcan, 1925.

168. Alain, *Propos sur l'éducation,* PUF, 1972.

169. Emmanuel Kant, *Réflexions sur l'éducation,* Vrin, 1974.

des jeunes « issus de l'émigration », elles convoquent dans les bas-fonds de ces débats des résurgences postcoloniales relatives à la difficulté/nécessité de « civiliser » ces « indigènes de la République » (autoproclamés ou non comme tels) qui ont déserté les ex-colonies de la vieille Europe pour venir travailler et s'instruire, à leurs façons, dans les entreprises et les écoles des anciens maîtres de leurs proches ancêtres. Et qui posent, sinon aux entreprises du moins aux écoles, des problèmes de justice sociale, de rapport aux lois et d'ajustement culturel moins inédits peut-être qu'il n'y paraît.

Quoi qu'il en soit, et pour en rester à la sphère éducative, les termes du débat idéologique sont aujourd'hui clairement, voire caricaturalement, posés, grâce notamment aux débats en cours sur l'école et sur « la » famille. Ils le sont entre : d'un côté, une légitime nostalgie envers une famille et une école étanches l'une à l'autre mais agissant vigoureusement, chacune de leur côté, pour inculquer de concert à l'enfant un double devoir d'obéissance civique et de performance sociale dans un contexte, non dénué d'affection pour autant, de respect des hiérarchies générationnelles et institutionnelles ; et, de l'autre, une vision prospective et quelque peu utopique de la famille et de l'école, ouvertes à d'autres acteurs éducatifs, mobilisées et fédérées dans une coopération globale et démocratique impliquant l'enfant et parfois même les collectifs d'enfants pour atteindre avec eux des objectifs de connaissances et de compétences visant simultanément leur protection, leur instruction et leur émancipation. Il s'agit d'ailleurs, dans ce second cas de figure, de permettre aux enfants de construire leur autonomie et leurs capacités à défendre leurs droits, voire à résister aux décisions autoritaires illégitimes[170].

Dans un climat aussi radicalement polarisé par l'intensité et les enjeux de ce débat, il reste aux adultes qui l'animent ou qui en sont traversés à pouvoir et savoir écouter les voix des enfants eux-mêmes, à prendre en considération leur avis dans les décisions à prendre, et ceci au-delà des devoirs de répétition et de reproduction auxquels ils sont usuellement confinés. Ces voix sont parfois franchement discordantes, parfois outrageusement conformistes, parfois tragiquement ou stratégiquement silencieuses, mais elles s'avèrent indispensables pour quiconque, placé en position d'éducateur, a compris qu'il ne peut agir, avec et pour les enfants, en se privant des capacités d'analyse, d'initiative, de coopération et d'innovation dont, obéissants ou non, démocrates ou non, ils sont porteurs à tout âge. Quant aux enfants, le fait de pouvoir s'exprimer librement en famille ou en classe dans le cadre d'échanges structurés par le respect et l'écoute mutuels, d'y

170. On peut approuver de ce point de vue le fait que, par exemple, des enfants aient pu s'engager aux côtés de leurs parents dans des actions revendicatives non violentes marquées par l'exigence de mise en place d'activités « périscolaires » de qualité dans leurs villes lorsque celles-ci ne l'assuraient pas.

argumenter pour défendre leur position et de participer aux décisions qui y sont prises est le plus souvent propre à revaloriser leur image, à accroître leur confiance en eux-mêmes, mais aussi à leur donner les capacités citoyennes d'intervenir dans des groupes hors de leur famille.

Pour autant, cette écoute et cette prise en compte de l'expression de l'enfant ne se décrètent pas plus qu'elles ne s'improvisent, ni en famille, ni à l'école, ni dans les autres espaces privés et publics…

Du côté des enfants : de la reconnaissance à la mise en œuvre de leurs droits politiques

La lente mais réelle reconnaissance des droits politiques des enfants

Comme évoqué au chapitre 1, un quart de siècle, soit une génération, nous sépare de l'adoption de la Convention internationale des droits de l'enfant (CIDE), le 20 novembre 1989, par l'Assemblée générale de l'Organisation des Nations Unies, de sa ratification par la France le 7 août 1990, et de l'engagement des débats de fond auxquels ces événements ont donné lieu. L'adoption par le Parlement français, le 10 juillet 1989, de deux lois importantes mais thématiques – l'une « d'orientation sur l'école » (ci-dessus évoquée), et l'autre, très médiatisée, « relative à la prévention des mauvais traitements à l'égard des mineurs et à la protection de l'enfance » – avait pu donner à penser à l'opinion publique que notre pays s'avérait pilote en matière de droits de l'enfant, tout du moins à l'éducation scolaire et à la protection sociale et judiciaire.

En juin 1992, le ministère de l'Éducation nationale et de la Culture avait d'ailleurs publié une remarquable synthèse des réflexions, présentées sous forme de propositions, menées par le Conseil national des programmes mis en place par le ministre Lionel Jospin[171]. Ces propositions novatrices n'ont cependant jamais été mises en place. Aujourd'hui encore, la CIDE n'est toujours pas intégrée au programme d'éducation civique de l'école primaire et du collège, ni au programme d'éducation juridique, civique et sociale du lycée, ni semble-t-il au futur « enseignement laïque de la morale » (rentrée scolaire 2015). Mais, dans la mesure où ce projet constitue encore un point d'appui solide dans le cadre de la refondation de l'école, des extraits méritent d'en être cités.

171. *L'éducation civique aujourd'hui*, Propositions du Groupe technique éducation civique, ministère de l'Éducation nationale et de la Culture, juin 1992.

> Sous le titre : « *Les droits de l'Homme constituent le cadre de référence* », il affirmait : « *L'éducation civique, en France, aujourd'hui, trouve son fondement et sa référence dans l'idée de droits de l'Homme et dans le corpus de textes qui s'y réfèrent. L'être humain est source et titulaire de droit. Il est sujet posant le droit et les droits. Les droits de l'Homme constituent la référence à la fois éthique et civique pour gérer les tensions et les contradictions rencontrées tant dans la vie de la classe et de l'établissement que dans la construction de concepts et de compétences sociales.* »

Il considérait que quatre textes fondamentaux – la Déclaration des droits de l'Homme et du citoyen (1789), la Déclaration universelle des droits de l'Homme (1948), la Convention européenne de sauvegarde des droits de l'Homme et des libertés fondamentales (1950), la Convention internationale des droits de l'enfant (1989) – devaient faire référence et qu'ils seraient donc « *à l'école élémentaire comme au collège et au lycée, et selon des démarches d'appréhension spécifiques à chaque niveau, (…) sous une forme adaptée, objets d'étude et d'activités* ». Prévoyant que, dès le cycle des apprentissages fondamentaux (cycle 2), la CIDE serait étudiée afin que chaque enfant soit sensibilisé au sens et à la portée de ses valeurs fondamentales, il envisageait aussi que chaque enfant devrait « *avoir eu connaissance des articles qui offrent une ouverture sur des pratiques immédiates : droit d'opinion, droit d'expression, et exigence de réciprocité* ».

Même si de nouvelles lignes ont pu bouger çà et là – mais en marquant parfois des reculs –, force est de constater qu'aujourd'hui rares ou peu audibles sont encore les institutions, les élus nationaux et locaux, les professionnels et les organisations professionnelles et même les associations qui inscrivent leurs projets et leurs actions dans un ensemble de finalités d'intérêt général visant : d'une part à faire connaître et promouvoir l'*ensemble* des droits reconnus aux enfants par la CIDE ; d'autre part à favoriser, faire progresser et évaluer la concrétisation de celle-ci, à l'échelle nationale comme à celle des collectivités territoriales, des services et des établissements dédiés aux enfants, aux jeunes et aux parents, et au sein même des familles.

Certes, l'institution du Défenseur des enfants a été créée le 6 mars 2000 par voie législative, puis fusionnée le 29 mars 2011 au sein de celle du Défenseur des droits[172]. Pour autant, dans les champs d'intervention et

---

172. Le défenseur des droits est une « *autorité constitutionnelle indépendante. Unique en son genre, elle est chargée de veiller à la protection de vos droits et de vos libertés et de promouvoir l'égalité. Inscrite dans la Constitution depuis le 23 juillet 2008 et instituée par la loi organique et la loi ordinaire du 29 mars 2011, elle regroupe les missions du Médiateur de la République, du Défenseur des enfants, de la Haute autorité de lutte contre les discriminations et pour l'égalité (HALDE) et de la Commission nationale de déontologie de la sécurité (CNDS)* ».
(Extrait du site du défenseur des droits ☞ *www.defenseurdesdroits.fr*)

d'autosaisine des deux visages successifs de cette institution comme dans l'ensemble de la production législative, réglementaire et jurisprudentielle (cf. également la partie du chapitre 1 consacrée à la CIDE) de ces dernières années, l'accent a été essentiellement porté sur une partie des droits économiques, sociaux et culturels (à la possession d'état, au regroupement familial, à des prestations de base, à la prévention, à la protection, à la santé, à l'éducation, aux loisirs…) reconnus aux enfants par la CIDE.

En revanche, et mis à part quelques évolutions du droit de la famille et du Code de procédure civile, les initiatives ont plus rarement concerné l'ensemble de droits civils et politiques (à l'expression de l'enfant et à la prise en compte de celle-ci, à sa participation aux décisions qui le concernent, au respect de sa vie privée…) définis par la CIDE. Encore ces évolutions, bien que notables, s'avèrent-elles encore souvent plus formelles qu'effectives du fait du déficit de suivi de leur application réelle auquel elles ont donné lieu.

Opérant comme un fil rouge et située à plusieurs nœuds ou carrefours de ces deux catégories de droits, l'importance de la participation active des enfants aux décisions, aux projets, aux services et aux politiques qui ont des effets sur leur existence est pourtant établie tout au long de la CIDE, et modulée le cas échéant selon leur âge et leur degré de discernement. L'esprit et la lettre de celle-ci mettent ainsi l'accent sur le fait que la participation :

– est un *droit substantiel* selon lequel les enfants ont droit par principe à être écoutés et pris au sérieux ;

– est un *droit procédural* qui permet aux enfants d'agir pour protéger et promouvoir l'exercice d'autres droits[173].

On observe par ailleurs, dans les faits, que la participation pleine et active des enfants – tout comme celle, d'ailleurs, des adultes – constitue un processus cumulatif : les expériences vécues et correctement accompagnées accroissent leurs compétences, entraînent une amélioration de la qualité de leur participation et les encouragent à s'impliquer dans de nouvelles expériences.

Les bases juridiques existent donc pour que la production législative et réglementaire et, plus généralement, que l'action publique se saisissent de façon volontariste et délibérée de la mise en œuvre concrète notamment des

173. Gerison Lansdown, *Les capacités évolutives de l'enfant, op. cit.*

articles 12 et 13 de la CIDE, qui relèvent explicitement de la catégorie des droits politiques[174].

Sauf en cas d'obligation d'activer un dispositif ou de prononcer une mesure relevant de la protection de l'enfance ou de nécessité de procéder à l'organisation judiciaire d'un divorce ou d'une séparation parentale, l'action publique ne peut imposer l'application de ces articles dans des affaires d'ordre privé ou relevant de la vie personnelle et familiale des individus, sauf peut-être dans des circonstances où l'information et l'expression collectives des enfants, des jeunes et des parents sont requises et institutionnellement organisées (actions de prévention primaire, tenue de groupes, etc.).

On notera à cet égard que les évolutions de la jurisprudence (arrêt n° 02-20613 du 18 mai 2005 de la première chambre civile de la Cour de cassation et décision n° 291561 du 27 juin 2008 du Conseil d'État) ont reconnu l'applicabilité en droit interne du second alinéa de l'article 12, et par conséquent le droit de tout enfant d'être entendu dans toute procédure administrative ou judiciaire le concernant, et notamment, en pratique, par le juge des enfants, le juge aux affaires familiales et le juge des tutelles. Toutefois, seul le juge des enfants peut être directement saisi par un enfant, comme pour signifier implicitement que son droit à la protection prévaut sur son droit à faire librement connaître son point de vue sur l'ensemble des décisions judiciaires qui le concernent.

L'article 388-1 du Code civil, dont la nouvelle rédaction résulte de l'adoption de la loi du 5 mars 2007 « réformant la protection de l'enfance », dispose en effet que, *« dans toute procédure civile le concernant, le mineur capable de discernement peut (...) être entendu par le juge ou, lorsque son intérêt le commande, par la personne désignée par le juge à cet effet »*, que cette audition est *« de droit lorsqu'il en fait la demande »* et que *« le juge* [doit] *s'assurer que le mineur a été informé de son droit à être entendu et à être assisté par un avocat »*. Le décret du 20 mai 2009 « relatif à l'audition de l'enfant en justice », et pris en application de la même loi, prévoit que l'obligation d'informer l'enfant sur son droit à être entendu et à être assisté

---

174. Pour rappel – Article 12 – 1) *Les États parties garantissent à l'enfant qui est capable de discernement le droit d'exprimer librement son opinion sur toute question l'intéressant, les opinions de l'enfant étant dûment prises en considération eu égard à son âge et à son degré de maturité.* 2) *À cette fin, on donnera notamment à l'enfant la possibilité d'être entendu dans toute procédure judiciaire ou administrative l'intéressant, soit directement, soit par l'intermédiaire d'un représentant ou d'un organisme approprié, de façon compatible avec les règles de procédure de la législation nationale* – Article 13 – 1) *L'enfant a droit à la liberté d'expression. Ce droit comprend la liberté de rechercher, de recevoir et de répandre des informations et des idées de toute espèce, sans considération de frontières, sous une forme orale, écrite, imprimée ou artistique, ou par tout autre moyen du choix de l'enfant.* 2) *L'exercice de ce droit ne peut faire l'objet que des seules restrictions qui sont prescrites par la loi et qui sont nécessaires : a) au respect des droits ou de la réputation d'autrui ;* b) *à la sauvegarde de la sécurité nationale, de l'ordre public, de la santé ou de la moralité publiques.*

par un avocat lors de cette audition repose au premier chef sur les personnes qui s'occupent quotidiennement de lui, à savoir ses parents, le tuteur ou, le cas échéant, la personne ou le service à qui il a été confié – ce qui, à l'expérience, on s'en doute, est loin d'être aisé à appliquer et à vérifier.

S'agissant par ailleurs des actions relevant de la dimension dite « administrative » – en l'occurrence sociale, socio-éducative, voire médicosociale – de la protection de l'enfance, on sait qu'elles reposent le plus souvent sur les services des Conseils départementaux, ou sur des services conventionnés par eux. Il en va de même de la mise en œuvre des mesures décidées par les juges des enfants dans le cadre de leurs ordonnances confiant les enfants à ces services. Or, d'un département à l'autre, l'écoute attentive des enfants –, voire, parfois, de leurs parents –, la prise en compte de leurs opinions et l'information sur leurs droits sont loin d'être systématiques et systématisées lors d'une prise d'une décision concernant, par exemple, l'engagement d'une action éducative à domicile ou lors de l'élaboration et de la validation d'un projet personnalisé lié à l'accueil physique en établissement ou en famille d'accueil. Dans nombre de départements, ni les parents ni l'enfant ne sont directement associés aux travaux des commissions de professionnels statuant sur une aide ou un accompagnement envisagés pour une famille, même lorsque celle-là les a sollicités.

Il n'en reste pas moins que, s'agissant de la dimension judiciaire de la protection de l'enfance, la loi du 5 mars 2007 a permis au droit de l'enfant d'être entendu par le juge des enfants de connaître de réelles avancées, du moins dans les intentions du législateur sinon toujours – et il faut y insister en se plaçant à la hauteur des enfants – dans les pratiques professionnelles et familiales[175]. En revanche, il est loin d'en aller de même pour ce qui concerne la transposition de ce même droit dans le champ familial, où il concerne pourtant, potentiellement, un nombre largement supérieur d'enfants (sans doute dix fois plus). Certes, l'article 388-1 du Code civil et le

175. On jugera d'ailleurs de la complexité de l'exercice à la lecture du § 342 du Rapport périodique remis en 2012 par le gouvernement au Comité des droits de l'enfant de l'ONU : « *Lorsqu'une procédure d'assistance éducative est ouverte, le juge des enfants entend obligatoirement le père, la mère, le tuteur, la personne ou le représentant du service à qui l'enfant a été confié et le mineur capable de discernement (article 1182 du code de procédure civile). Il peut également entendre toute autre personne dont l'audition lui paraît utile. L'enfant capable de discernement peut consulter le dossier, mais doit alors être accompagné de son père, de sa mère ou de son avocat. En cas de refus des parents et si l'intéressé n'a pas d'avocat, le juge saisit le bâtonnier d'une demande de désignation d'un avocat pour assister le mineur ou autorise le service éducatif chargé de la mesure à l'accompagner pour cette consultation (article 1187 du code de procédure civile). À l'audience, le juge doit entendre le mineur, qui dispose d'un droit d'appel contre la décision* ». À quoi on ajoutera que l'article 388- du Code civil énonce aussi que « *lorsque le mineur refuse d'être entendu, le juge apprécie le bien-fondé de ce refus* », donc sans le recevoir, ce qui constitue une préoccupante aporie ; et que le mineur « *peut être entendu seul, avec un avocat ou une personne de son choix. Si ce choix n'apparaît pas conforme à l'intérêt du mineur, le juge peut procéder à la désignation d'une autre personne* ».

décret du 20 mai 2009 ci-dessus mentionnés s'appliquent également à l'audition de l'enfant par le juge des affaires familiales. Toutefois, en pratique, l'information des enfants sur l'existence et l'exercice de leur droit à être entendus par ce juge, et assistés le cas échéant d'un avocat, de même que la mise en œuvre concrète de ce droit sont rendus bien aléatoires, notamment pour les plus jeunes, du fait de la tension régnant habituellement entre leurs parents et des conflits de loyauté qui en résultent chez eux. En outre, en cas de désaccord, fréquent, entre les parents pour lui permettre d'accéder à un avocat de leur choix, l'enfant sera ou se sentira assez seul pour contacter de lui-même l'Ordre des avocats de son département ! Par ailleurs, les professionnels que cet enfant rencontre au quotidien – enseignants, conseillers principaux d'éducation, professionnels de santé, travailleurs sociaux – ne sont pas toujours suffisamment formés, encouragés ou disponibles pour l'informer, le conseiller et l'accompagner en ces circonstances. Enfin, même s'il ne semble pas exister de données statistiques disponibles à ce sujet, l'expérience de terrain indique que, même dûment informés des demandes, souvent courageuses et réfléchies, des enfants d'être entendus par eux, les juges des affaires familiales s'y refusent – ou, au mieux, délèguent cette écoute – plus souvent que les enfants le souhaiteraient et/ou que leur discernement le justifierait.

D'importantes marges de progression sont donc à recommander en ces domaines, au moyen notamment de dispositions spécifiques du Code de procédure civile, de formations appropriées des professionnels en relation avec les enfants et les parents, d'information généraliste et ciblée de ces derniers, de mobilisation éthique et spécifique des avocats spécialisés, mais sans doute aussi de recrutement accru de juges des enfants et de juges des affaires familiales, dont les charges de travail – surtout celles des seconds – croissent à la mesure du nombre et de la complexité des affaires dont ils sont saisis.

Hors de ces circonstances spéciales qui touchent aux besoins particuliers de certains enfants en matière de protection et de maintien des liens avec leurs deux parents, les pouvoirs publics ne peuvent pas interférer directement sur les modalités d'exercice de l'autorité parentale au sein des familles. Mais ils pourraient s'efforcer de mieux attirer l'attention des deux parents – en incitant, pour commencer, les différents professionnels de l'enfance et de la famille à le faire systématiquement et régulièrement – sur les termes de l'article 371.1 du Code civil, définissant les attributs de cette autorité parentale, tel qu'il a été modifié par la loi du 4 mars 2002 en application, notamment, de plusieurs dispositions de la CIDE, en particulier de son article 12.

En effet, sauf pour ce qui concerne les parents ou futurs parents qui se l'entendent lire par le maire à l'occasion de leur mariage – mais ils y prêtent alors peu attention –, et alors qu'en France plus de la moitié des enfants naissent aujourd'hui hors mariage, l'énoncé complet de l'article 371.1 du

Code civil, relatif à l'autorité parentale, et notamment sa dernière phrase, reste encore largement méconnu. Or, celui-ci, comme déjà mentionné, indique :

> *« L'autorité parentale est un ensemble de droits et de devoirs ayant pour finalité l'intérêt de l'enfant. Elle appartient aux parents jusqu'à la majorité ou l'émancipation de l'enfant pour le protéger dans sa sécurité, sa santé et sa moralité, pour assurer son éducation et permettre son développement, dans le respect dû à sa personne. Les parents associent l'enfant aux décisions qui le concernent, selon son âge et son degré de maturité. »*

Certes, un nombre croissant de parents et d'enfants met en œuvre, au fil de la vie quotidienne, les principales dispositions de cet article, notamment en matière de partage de l'autorité parentale, de respect de la personne de l'enfant et – on y reviendra longuement par la suite – de participation de l'enfant à diverses décisions familiales. Mais ces évolutions restent fragiles, inégales, donc aléatoires, et parfois remises en cause par certains discours tenus sur les « défaillances » et les « démissions » des parents, sur la tyrannie des « enfants rois », etc. Il conviendrait donc aujourd'hui que l'État et les collectivités locales manifestent une volonté sincère et mobilisent régulièrement les moyens dont ils disposent pour assurer une information et une pédagogie appropriées au contenu et au sens de l'article 371.1 du Code civil, et notamment de sa dernière phrase en ce qu'elle reflète et vise à promouvoir, au sein de chaque famille, l'esprit même de l'article 12 de la CIDE.

Aussi est-ce pour contribuer à la mise en œuvre de l'esprit et de la lettre de cet article du Code civil, et non dans une perspective de « reparentalisation » mâtinée de contrôle psychosocial, qu'il conviendrait urgemment, aujourd'hui, de soutenir et d'accompagner les décideurs publics et institutionnels dans les initiatives à visée collective et à base participative qu'ils prennent pour promouvoir la prise en compte concrète des composantes, des finalités et des modalités d'exercice de l'autorité parentale telles qu'elles résultent de leur définition par le législateur de 2002. Il conviendrait aussi que ces initiatives veillent à ce qu'une participation aussi paritaire que possible des pères et des mères y soit recherchée et assurée, dans la mesure où, quelles que soient les formes de familles en présence, les uns et les autres contribuent ensemble à l'intérêt des enfants et au respect de leurs personnes.

Au-delà des actions menées en direction des seuls parents, il importerait aussi que les pouvoirs publics montrent l'exemple en s'employant à faire connaître et appliquer la CIDE, et notamment ses articles 5, 7, 12 et 13, au sein de toutes les institutions publiques et parapubliques accueillant des enfants et des parents, en y développant : d'une part, sans exception, le respect du principe de coparentalité ; et, d'autre part, aussi concrètement et systématiquement que possible, le recueil des points de vue et, le cas échéant, la participation des enfants aux questions, aux projets et aux décisions qui les concernent.

Des évolutions positives ont pu être observées en ce sens – dans les textes mais pas toujours, loin de là, au quotidien des pratiques – au sein des institutions de santé et de soins depuis la loi du 4 mars 2002 « relative aux droits des malades et à la qualité du système de santé ». Le chemin à parcourir était considérable en ce domaine, et il le reste, mais il a bénéficié des réelles avancées permises par la promotion du concept de « bientraitance » dans les formations et les pratiques, par la systématisation des procédures et des chartes de qualité, et par la volonté qui en résulte peu à peu de mieux associer les enfants et les jeunes aux actions de prévention et aux soins curatifs qui leur sont proposés.

Il est loin d'en aller de même, en revanche, dans les institutions éducatives, et notamment dans les établissements scolaires, malgré comme toujours, çà et là, d'intéressantes initiatives locales, parfois anciennes et positivement évaluées, relevant le plus souvent du domaine des pédagogies coopératives et participatives ou encore de l'éducation spécialisée. Si elles indiquent les chemins qu'il est possible d'emprunter dans le champ de l'Éducation nationale, elles ne bénéficient toujours pas d'une volonté politique délibérée, malgré quelques récentes intentions affichées au niveau de l'État. En attendant, dans le champ scolaire, aucune disposition légale ou réglementaire ne prescrit à ce jour que l'enfant soit entendu directement dans les décisions des conseils de classe et les choix d'orientation qui le concernent, dans l'élaboration et l'application des règlements intérieurs, et moins encore dans l'appréciation des méthodes pédagogiques et d'évaluation.

Il faut toutefois mentionner que la circulaire n° 2000-106 du 11 juillet 2000, relative à l'élaboration du règlement intérieur dans les établissements publics locaux d'enseignement (soit essentiellement les collèges et les lycées), prévoit la participation des élèves en ces termes :

> *« Chaque établissement doit définir sa propre démarche d'élaboration ou de modification du règlement intérieur, appropriée à sa situation. Il s'agit d'y associer l'ensemble des membres de la communauté éducative et de créer les conditions d'une véritable concertation pour que le règlement intérieur, au moins pour partie, soit le résultat d'un véritable travail collectif permettant une meilleure appropriation des dispositions qu'il contient. Ce travail doit être réalisé au sein des instances participatives de l'établissement : conseil d'administration, commission permanente, conseil de la vie lycéenne, réunion des délégués des élèves dans les collèges. Il peut également donner lieu à la mise en place de groupes de travail, de commissions… Cette phase de préparation*

constitue pour les élèves, un temps d'apprentissage de la responsabilité et de la citoyenneté. La conduite de ce processus est de nature à permettre une meilleure appropriation et intégration des dispositions contenues dans le règlement intérieur. »

Il ne s'agit certes que d'une circulaire, déjà ancienne et donc à réactualiser et à réactiver, et qui ne s'applique pas aux écoles primaires. On peut cependant s'en inspirer pour faire participer les enfants à l'élaboration du règlement intérieur, et surtout des règles de vie, au sein des écoles primaires, et revendiquer qu'elle s'applique aussi à celles-ci et qu'y soit remanié à cette occasion le statut de ces documents.

Au-delà de l'univers scolaire, comme on l'a déjà évoqué et comme on y reviendra longuement encore, on pourrait aussi interpréter aujourd'hui les termes du second alinéa de l'article 12 de la CIDE[176] de telle façon que la consultation d'un collectif d'enfants ou de jeunes (et bien entendu, aussi, de parents) sur un projet ou un service d'intérêt public les concernant dans le champ éducatif soit considérée comme relevant d'une « procédure », ou tout du moins d'un processus, de nature administrative.

La timide mais nécessaire mise en œuvre des droits politiques des enfants

Pour fort mesuré que soit le bilan (partiel, et proposé à titre indicatif) que l'on vient de dresser de la façon dont les pouvoirs législatifs et exécutifs nationaux ont accueilli et intégré la CIDE, il ne doit pas faire obstacle à une lecture incitative, visant à interpeller d'autres échelons d'impulsion. Aujourd'hui, en France, la plupart des bases juridiques sont en effet en place pour permettre ou du moins, plus souvent, pour ne pas interdire, en tout cas pour rendre possibles de larges appels à l'expression et à la participation active des enfants et des jeunes quant aux décisions ponctuelles comme aux projets (de service, d'établissement, de territoire) et, au-delà, aux politiques publiques qui les concernent.

176. « *On donnera notamment à l'enfant la possibilité d'être entendu dans toute procédure judiciaire ou administrative l'intéressant, soit directement, soit par l'intermédiaire d'un représentant ou d'un organisme approprié, de façon compatible avec les règles de procédure de la législation nationale.* »

Comme l'a laissé pressentir l'émergence à partir de 1979 des Conseils municipaux (puis départementaux et régionaux) d'enfants et de jeunes[177], l'initiative en ces domaines revient probablement aux collectivités locales, en l'occurrence à leurs décideurs politiques et institutionnels et à leurs acteurs professionnels, les uns et les autres étant à même d'entraîner à leurs côtés décideurs et acteurs des associations conventionnées, des services déconcentrés de l'État et des organismes de protection sociale. Pourquoi et dans quelles perspectives ?

Dans l'esprit même de la décentralisation, et du fait de la nature, de l'importance mais aussi de l'extension des compétences et des budgets dont la mise en œuvre leur est confiée, les élus des collectivités locales entretiennent des contacts réguliers avec les réalités sociales, familiales, résidentielles et culturelles des habitants des territoires qu'ils administrent. En tant que décideurs politiques, ils bénéficient en outre, à cet effet, des observations, des témoignages, des bilans d'action, bref de toute l'expertise technique produite par les professionnels qu'ils mandatent et accompagnent en vue de la réalisation d'un ensemble de missions tant administratives que de production d'équipements et de services.

C'est dans ce contexte que, en plusieurs domaines de compétences de ces collectivités locales, une série de convictions émergent et prennent corps aujourd'hui chez un nombre croissant de décideurs et d'acteurs. Ceux-ci sont de plus en plus conscients, par exemple, que :

– si les missions relevant de l'action sociale polyvalente et, au-delà, de l'amélioration des cadres et des conditions de vie peuvent s'inscrire dans des dynamiques de développement social territorial, elles ne peuvent pas le faire de façon descendante et cloisonnée, prescrite et « technocratique » ;

– l'éducation ne se déploie pas dans les seuls temps et espaces scolaires et « périscolaires », mais s'articule aussi avec ceux des familles, des loisirs, de la culture, du sport, etc. ;

– la protection de l'enfance, la lutte contre les exclusions ou encore l'accompagnement social lié au logement ou à la recherche d'emploi nécessitent certes la mobilisation d'intervenants qualifiés et outillés, mais aussi

177. Rappel : c'est en 1979 – année internationale de l'enfance, et de lancement du processus international de rédaction de la CIDE – que le premier Conseil municipal d'enfants de France a été créé, et ceci par la ville de Schiltigheim (ville de 31 000 habitants, dans la banlieue de Strasbourg). De nombreux conseils ont vu le jour par la suite (on estime qu'ils sont aujourd'hui au nombre d'environ 2000), conduisant à la création, en 1991, de l'Association nationale des conseils des enfants et des jeunes (ANACEJ), à laquelle adhérent plus de 400 villes, départements et régions, dans le double objectif de promouvoir la participation des enfants et des jeunes à la décision publique et leur concertation au niveau local avec les élus, et d'accompagner les collectivités locales dans la mise en place d'instances de participation des jeunes. ☞ *http://anacej.asso.fr/*

la prise en compte de l'expression des personnes concernées elles-mêmes sur leurs situations.

L'un des points communs de ces constats et tendances est, pour de multiples raisons, l'attention peu à peu accordée, dans les lois et surtout dans les fonctionnements institutionnels, à la participation des citoyens – et plus seulement des « usagers » des équipements et des services – aux délibérations relatives aux questions qui les concernent. Parce qu'ils sont des « experts d'expérience » de leur quotidien mais aussi des « visionnaires » potentiels de leur avenir, il semble désormais logique de créer des occasions et des conditions leur permettant, *in situ,* de décrire et d'expliquer leurs pratiques et leurs points de vue et de formuler leurs besoins, leurs aspirations, leurs suggestions et leurs propositions – y compris alternatives. On observe alors que ces contributions sont souvent de nature, au-delà des réponses individuelles apportées et en complément des avis des experts et des professionnels de proximité, à renforcer la pertinence, l'acceptabilité, l'efficacité et même l'efficience des programmes conçus et déployés à leur sujet. On sait par exemple à quel point la relecture critique, avant impression et diffusion, d'un document par un petit panel de ses futurs destinataires en accroît la compréhension et donc l'utilité. Raison pour laquelle, au-delà d'apporter leurs avis sur le fond, les enfants devraient être invités à améliorer la forme (vocabulaire et tournures employés, explicitation des énoncés implicites, etc.) des règlements intérieurs des établissements et des services qu'ils fréquentent.

Par ailleurs, les personnes, les familles et les groupes qui éprouvent des besoins ou des difficultés spécifiques ne se résument pas aux problèmes qu'ils rencontrent et soulèvent. Ils expriment aussi des attentes souvent légitimes, disposent de ressources insuffisamment mises en lumière et désignent parfois, voire souvent, des pistes de solutions au sein même de leur environnement.

Encore faut-il que les élus et les professionnels soient incités et formés à percevoir comme tels les personnes, les familles et les groupes auprès desquels ils interviennent. Encore faut-il aussi que les citoyens/usagers puissent se départir, à l'égard des services publics ou parapublics de proximité auxquels ils s'adressent, tant d'une posture passive – péjorativement dite d'« assistés » – que d'une posture consumériste – moins active qu'il n'y paraît. Recevoir une information ou une prestation dans un contexte de contrainte, de dépendance ou de contrôle est en effet plus humiliant qu'émancipateur. Et y accéder dans un contexte peu à peu rongé par des logiques marchandes éloigne de toute perspective solidaire. Les risques de manque de confiance dans un cas, de manque de respect dans l'autre, finissent par porter atteinte à l'estime mutuelle que requiert l'art de vivre et d'agir ensemble au cœur de la cité.

Or, à l'évidence, un tel art ne saurait relever de la seule improvisation, mais bien plutôt de l'apprentissage et de la transmission délibérés. Ambitieux mais rationnel est dès lors le projet visant à considérer que les jeunes générations peuvent être les destinataires et, dans le même temps, les bénéficiaires d'une telle approche ; puis que, parvenus à l'âge adulte, ils en deviendront les délégataires.

C'est pourquoi une hypothèse et une piste « opérationnelles » méritent d'être testées. Elles consistent à inviter et accompagner les citoyens en construction que sont les enfants et les jeunes à faire dès que possible une *double expérience :* celle de **construire leurs points de vue,** sans se sentir tenus de se camoufler derrière le masque d'un conformisme protecteur ou stratégique[178], et **d'exprimer leurs aspirations** à l'occasion des programmes éducatifs, sociaux et environnementaux (au sens large de ces termes) qui leur sont destinés ; celle, ensuite, de s'y impliquer activement dans leurs divers cadres de vie.

Cette option est résolument progressiste. Elle vise à restaurer une confiance qui risque de s'effriter et à relever un pari qui, de ce fait, relève quasiment de l'« impératif catégorique » kantien. La confiance est celle qui devrait être due, par principe, à la jeunesse mais dont une fraction perplexe, inquiète, voire hostile, de la société des adultes tend aujourd'hui à la priver, tout en formulant à son égard nombre d'attentes et d'exigences pour l'avenir. Le **pari** est **pédagogique et civique.** Il s'impose à court terme et il est stimulant pour une prospective visant le long terme. Il est celui de l'apprentissage du dialogue ouvert et de la détermination patiente que requièrent, par la voie de la délibération collective, la satisfaction des besoins et surtout des aspirations, et l'aboutissement des projets qui y concourent.

Il s'agit, autrement dit, de promouvoir des représentations et de concrétiser des approches et des pratiques permettant aux enfants et aux jeunes de figurer moins en position d'« objets » des préoccupations qu'ils peuvent inspirer aux adultes et aux pouvoirs publics qu'en position d'acteurs mobilisables en première instance. Et il s'agit, en définitive, de fédérer les espoirs placés en la personne et en la créativité de ces enfants et de ces jeunes comme autant de vecteurs de leur émancipation et de leur responsabilisation progressives, et de leurs aptitudes à prendre, le moment venu, le relais des affaires du monde. Et de les considérer par conséquent non seulement comme des apprentis citoyens ou des citoyens en devenir, ce que bien entendu ils sont encore en partie, mais aussi le plus souvent comme

178. « Le conformisme est la ruse de l'esclave ». Cf. Francis Imbert, *Si tu pouvais changer l'école – L'enfant stratège,* Le Centurion, 1983.

des citoyens de plein droit, ce qu'ils sont déjà, notamment du fait des droits politiques dont ils sont d'ores et déjà dotés sans toujours le savoir ni avoir l'occasion d'en faire l'expérience. Dès le 20 novembre 1990, le Congrès International des villes éducatrices, dans sa Déclaration de Barcelone, affirmait d'ailleurs que :

> *« Les enfants et les jeunes ne sont plus les protagonistes passifs de la vie sociale et par conséquent de la ville. La Convention des Nations Unies (...) en a fait des citoyens de plein droit en leur accordant des droits civils et politiques. En fonction de leur maturité, ils peuvent donc s'associer et participer. »*

Il importe donc, en pratique et dans un premier temps, de structurer, de développer et d'entretenir les capacités d'écoute, d'animation et d'accompagnement des collectifs d'enfants et de jeunes requises des différents adultes – élus, professionnels, acteurs associatifs, mais aussi parents – engagés de la sorte à leurs côtés. Ces capacités sont un support indispensable à l'adhésion des uns et des autres aux diverses démarches permettant d'initier, de partager et de concrétiser des perspectives intergénérationnelles de démocratie participative et délibérative.

Pour conclure, et afin d'illustrer de façon concrète les perspectives ci-dessus argumentées de mise en œuvre des droits politiques des enfants, on signalera à l'attention des décideurs et des acteurs locaux, à titre indicatif, une liste des nombreux domaines de compétences communales (ou intercommunales), départementales ou partagées (communes, départements, régions, services de l'État, Caisses d'allocations familiales, associations conventionnées) :

– potentiellement concernés par l'expression et la participation accompagnées des enfants et des jeunes ;

– et dans lesquels une attention et un appui (interne ou externe) spécifiques pourraient dès aujourd'hui être apportés pour passer des intentions aux réalisations.

Nous traiterons ensuite de façon plus détaillée, dans le chapitre 3, les bases historiques et expérimentales, les modalités de mise en œuvre et de développement ainsi que les principes de référence de la participation démocratique des enfants dans les institutions éducatives, et notamment dans les institutions scolaires et « périscolaires ».

Domaines de compétences communales (ou intercommunales) potentiellement concernés par l'expression et la participation accompagnées des enfants et des jeunes

Domaines généralistes[179]

- *Domaines institutionnels*

– Constitution, fonctionnement et suivi des travaux des éventuels Conseils municipaux d'enfants et/ou de jeunes.

– Réalisation d'états des lieux (« diagnostics ») territoriaux partagés en vue de l'élaboration ou de l'évaluation de politiques municipales relatives aux enfants, aux jeunes, aux familles, à l'éducation (au sens large), etc.

– Conception, mise en œuvre et évaluation régulière du Projet éducatif local (au niveau du quartier, de la commune ou de l'intercommunalité) et/ou du Projet éducatif de territoire.

– Évaluation de processus, de résultats et d'impacts des composantes individuelles et collectives des Programmes de réussite éducative et autres dispositifs relatifs au soutien scolaire, à l'accompagnement de la scolarité, à l'accès aux loisirs, à l'accès aux rééducations et aux soins, etc. mis en place et copilotés à l'initiative de la municipalité et hors des espaces scolaires.

– Mise en œuvre et évaluation des volets éducatifs et préventifs des « Ateliers santé ville » destinés, en tout ou partie, aux enfants, aux jeunes et aux familles.

– Élaboration, mise en œuvre et évaluation de certaines actions relevant du Conseil local de sécurité et de prévention de la délinquance.

- *Animations, activités et aménagements de proximité*

– Mise en place, fonctionnement et consultation de conseils de quartier (ou de conseils de village) d'enfants, et articulations avec les conseils de quartier d'habitants adultes.

– Aménagement d'espaces publics polyvalents (places, rues piétonnes, agoras...) dont la fréquentation intergénérationnelle doit être prévue ou préservée.

– Aménagement et fonctionnement d'espaces verts ouverts à tous et/ou comportant une forte composante ludique, éducative (éducation à l'environnement), culturelle, sportive, etc.

179. Hors accueil familial ou collectif des enfants de 0 à 3 ans, domaine pour lequel la question de l'expression et de la participation des enfants est très spécifique, complexe et encore peu documentée, ou déplacée vers celles de leurs parents. Cf. par exemple Sylvie Rayna et Catherine Bouve (dir.), *Petite enfance et participation – Une approche démocratique de l'accueil*, Érès, 2013.

– Aménagement et fonctionnement d'équipements culturels municipaux ou paramunicipaux ouverts à tous et/ou visant une importante fréquentation infanto-juvénile : ludothèques, bibliothèques, médiathèques, musées, centres socioculturels, activités associatives diverses, etc.

– Aménagement et fonctionnement d'équipements sportifs municipaux ou paramunicipaux ouverts à tous et/ou visant une importante fréquentation infanto-juvénile : gymnases, aires de jeux et terrains d'éducation physique ouverts à tous, piscines, activités associatives diverses, etc.

– Conception et fonctionnement d'animations en espaces ouverts (hors éducation spécialisée).

– Conception et fonctionnement d'autres animations, activités et aménagements de proximité, notamment dans le champ de l'éducation populaire.

• *Promotion de la Convention internationale des droits de l'enfant*

– Participation des enfants à la sélection des thèmes et aux modalités de sensibilisation, selon les orientations retenues par les élus, les services et les partenaires de la commune.

– Participation des enfants à la conception et à la réalisation d'événements ou de supports de communication relatifs à la promotion et à l'application de la Convention internationale des droits de l'enfant.

– Participation des enfants à la conception et à la réalisation d'autres modalités de promotion de la Convention internationale des droits de l'enfant.

Domaines des activités relatives aux espaces et aux temps dits périscolaires

– Participation des enfants aux analyses, aux propositions et aux initiatives relatives à la sécurisation des trajets scolaires (en lien avec les parents d'élèves et, le cas échéant, le Conseil communal de sécurité et de prévention de la délinquance).

– Appui à la constitution et au fonctionnement participatifs des coopératives scolaires (qui relèvent actuellement des temps éducatifs scolaires, mais pourraient être partagés avec les communes).

– Formation des enfants en vue de leur participation aux conseils de classe ou d'enfants, voire à leurs contributions aux conseils d'école (qui relèvent actuellement des temps éducatifs scolaires, mais pourraient être partagés avec les communes), et aux dynamiques périscolaires prévues ou impulsées par les projets d'école.

– Conception d'initiatives d'éducation participative à la santé dans le cadre de la restauration scolaire et d'un éventuel projet de service dédié à celle-ci.

– Participation des enfants à la conception, au déroulement et à l'évaluation d'autres activités dites périscolaires (accueil du matin, interclasse de la mi-journée, études et activités du soir), dans le cadre notamment du Projet éducatif local et/ou du Projet éducatif de territoire.

Domaines des activités de loisirs (relatives aux espaces et aux temps dits extrascolaires, et/ou dédiées aux temps libres)

– Développement de la dimension participative des activités des Centres de loisirs sans hébergement.

– Développement la dimension participative du fonctionnement des Centres communaux de vacances.

– Développement de la dimension participative d'autres activités de loisirs et de vacances initiées, gérées ou soutenues par la commune.

– Développement de la dimension participative des dispositifs de type « École ouverte », « Ville-Vie-Vacances ».

Domaines de compétences départementales potentiellement concernés par l'expression et la participation accompagnées des enfants et des jeunes

Domaines généralistes

- *Domaines institutionnels*

  – Constitution, fonctionnement et suivi des travaux des éventuels Conseils départementaux d'enfants et/ou de jeunes et des éventuels Conseils départementaux de collégiens.

  – Constitution, fonctionnement et suivi des travaux de toutes autres initiatives des Conseils départementaux visant l'information, l'expression, les propositions et les engagements des jeunes.

  – Réalisation d'états des lieux (« diagnostics ») territoriaux partagés en vue de l'élaboration ou de l'évaluation de politiques départementales relatives aux enfants, aux jeunes, aux familles, à l'éducation (au sens large), à la culture, aux déplacements, etc.

- *Promotion de la Convention internationale des droits de l'enfant*

  – Participation des jeunes à la sélection des thèmes et aux modalités de sensibilisation, selon les orientations retenues par les élus, les services et les partenaires du Conseil départemental.

  – Participation des jeunes à la conception et à la réalisation d'événements ou de supports de communication relatifs à la promotion et à l'application de la Convention internationale des droits de l'enfant.

  – Participation des jeunes à la conception et à la réalisation d'autres modalités de promotion de la Convention internationale des droits de l'enfant.

Domaines des activités relatives aux espaces et aux temps dits périscolaires

– Développement du fonctionnement participatif des foyers socio-éducatifs dans les collèges.

– Développement de la formation des délégués d'élèves et renforcement des implications des collégiens dans le fonctionnement des Conseils de classes ainsi que des Conseils d'administration des collèges et des instances en émanant (Comité d'éducation à la santé et à la citoyenneté, Comité d'hygiène et de sécurité, Conseil de discipline).

– Contributions des collégiens aux dynamiques périscolaires impulsées par les projets d'établissement et par les Comités d'éducation à la santé et à la citoyenneté.

– Promotion et développement d'initiatives d'éducation participative à la santé dans le cadre de la restauration scolaire.

Domaines des activités de loisirs (relatives aux espaces et aux temps dits extrascolaires, et/ou dédiées aux temps libres)

– Développement de la dimension participative des activités et du fonctionnement des éventuels Centres de loisirs sans hébergement des collégiens.

– Développement de la dimension participative d'autres activités de loisirs initiées, gérées ou soutenues par le département en faveur des collégiens.

Domaines relatifs à l'action sociale et socio-éducative polyvalente

– Prise en compte renforcée de l'expertise d'expérience et de l'expertise d'usage des enfants, des jeunes, des parents et des familles afin de mieux prévenir les causes et les conséquences des processus de précarisation et d'exclusion socio-économiques, voire culturelles, de décrochages et de ruptures de parcours scolaire, etc.

– Recherche d'une participation accrue de ces publics à la définition de réponses appropriées, de façon notamment à susciter et accompagner des dynamiques de développement social territorial.

– Consultation, directe ou indirecte, des enfants et des jeunes, mais aussi des parents et des familles, à l'occasion de l'élaboration des différents Schémas départementaux les concernant.

Domaines relatifs à l'action sociale spécialisée, et notamment à la protection de l'enfance

– Recherche d'une participation accrue des enfants, des jeunes, des parents et des familles aux instances prévues par la loi du 2 janvier 2002 « rénovant l'action sociale et médicosociale », et notamment aux processus d'évaluation et de remaniement des projets d'établissement et de service.

– Systématisation et formalisation des différentes modalités de consultation et de participation des enfants, des jeunes, des parents et des familles prévues par la loi du 5 mars 2007 « relative à la protection de l'enfance » et notamment lors de l'élaboration et de l'évaluation du Projet personnalisé pour l'enfant.

Domaines de compétences partagées (communes, départements, régions, services de l'État, Caisses d'allocations familiales, associations conventionnées) potentiellement concernés par l'expression et la participation accompagnées des enfants et des jeunes

Extension du domaine des politiques territorialisées de nature transversale et mobilisant, de droit ou de fait, par voie légale ou contractuelle, un ensemble de compétences institutionnelles et opérationnelles

• *Les politiques concernant les cadres et les conditions de vie des habitants, des familles, et notamment des enfants et des jeunes*

– En milieux urbains dits « sensibles », et selon le paradigme aujourd'hui exprimé par les Contrats urbains de cohésion sociale, mais aussi en milieux ruraux fragilisés, au sein desquels la Mutualité sociale agricole développe depuis de nombreuses années son ingénierie de développement social et économique, ou encore dans les zones périurbaines, qui sont aujourd'hui surtout étudiées par les sociologues, l'approche territoriale globale s'avère d'autant plus indispensable qu'elle repose depuis un quart de siècle sur un double mouvement de déconcentration et de décentralisation accrues des responsabilités publiques.

– Au-delà des multiples dispositifs et compétences qu'elles requièrent, les politiques publiques relevant de cette approche ne s'avèrent pertinentes et efficaces que si elles parviennent à associer les habitants des territoires concernés à la programmation des changements attendus à propos de leurs cadres et de leurs conditions de vie – état des lieux, des ressources, des besoins et des attentes ; élaboration et mise en œuvre des actions, évaluation de processus, de résultats et d'impacts.

• *Les politiques éducatives (au sens large)*

– Des observations similaires s'appliquent aux politiques éducatives dont la dimension territoriale s'impose d'autant plus que les enfants et les jeunes fréquentent de nombreux espaces éducatifs – et en premier lieu celui de leurs familles, et peu à peu différents espaces de proximité. L'approche globale se justifie en outre par la nécessité de conjuguer l'approche spatiale avec une approche temporelle, dont la question des rythmes éducatifs et scolaires ne fournit qu'une vision partielle et partiale (à laquelle les enfants, les jeunes et les parents sont cependant particulièrement attentifs).

– En ce domaine, la tendance historique mais aussi très contemporaine des logiques d'acteurs relevant de l'État à faire prévaloir leurs propres missions, objectifs, stratégies et priorités sur ceux de leurs partenaires locaux s'avère souvent prégnante (cf. par exemple les problèmes de pilotage suscités par la mise en place décidée et contrôlée par l'État mais confiée aux communes des Programmes de réussite éducative, et plus récemment des nouveaux rythmes éducatifs et scolaires et du déploiement de nouvelles activités « périscolaires » en lien éventuel avec des démarches de Projet éducatif de territoire). La cohérence des politiques publiques qui en résultent, telles qu'elles sont perçues et vécues par les parents, les enfants et les jeunes, ne s'en trouve pas renforcée. La consultation et la participation accrues et effectives des familles – adultes et enfants – aux différentes phases d'élaboration de ces politiques, ou tout du moins de leurs déclinaisons locales, s'avèrent donc hautement souhaitables.

• *Les enjeux de la participation active et formalisée des familles, et notamment des enfants et des jeunes, aux politiques publiques territoriales, globales et partenariales qui les concernent*

– L'État, ne serait-ce que parce qu'il a signé en 1989 et ratifié en 1990 la Convention internationale des droits de l'enfant, est garant – avec le concours des collectivités locales, des organismes de protection sociale et des associations conventionnées par les uns et les autres – des engagements qu'il a pris de la sorte, et donc de l'application des dispositions inscrites dans ce texte à portée juridique supranationale.

– Il en résulte la reconnaissance et la concrétisation théoriques des droits économiques, sociaux et culturels des enfants tout comme celles de leurs droits civils et politiques. Les politiques ci-dessus évoquées fournissent à l'État et à ses partenaires locaux une remarquable occasion, en mettant la seconde catégorie de droits au service de la première et réciproquement, de renforcer durablement les uns et les autres.

– Il s'agit par là même de rendre ces droits vivants et compréhensibles aux yeux des enfants et des jeunes, dans le temps présent mais aussi dans la durée :

◊ dans le temps présent, cela nécessite que l'expression et la participation des enfants et des jeunes soient sollicitées et prises en considération autant, même si différemment, que celles des adultes en position d'éducateurs – mères et pères, en premier lieu, mais aussi professionnels, acteurs associatifs – qu'ils fréquentent au quotidien ;

◊ dans la durée, il s'agit de saisir les occasions de méthodes et d'actions qui permettront de créer, entre les pouvoirs publics, les enfants et les jeunes, un climat propice à la construction et à la consolidation de leurs engagements mutuels dans une citoyenneté active et solidaire, et dans une dialectique harmonieuse entre « nouveaux » droits et « nouvelles » obligations.

Quelques exemples de domaines d'action, relevant de logiques transversales et de pilotages partenariaux, pouvant bénéficier de l'expression et de la participation accompagnées des enfants et des jeunes, conjointement à celles de leurs parents *(liste non limitative)*

- *En matière d'urbanisme (cf. aussi supra)*

  – Consultation et recueil de propositions sur les aménagements et réaménagements urbains, en particulier des espaces publics.

- *En matière de santé publique (cf. aussi supra)*

  – Consultation, recueil de propositions et participation à la mise en œuvre participative de programmes de promotion et d'éducation pour la santé (en milieu scolaire, dans le cadre des Ateliers Santé Ville, etc.)

  – Évaluation participative de la pertinence des thèmes retenus, de l'efficacité des méthodes déployées et des résultats observés dans le cadre de ces programmes.

- *En matière de sécurité publique (cf. aussi supra)*

  – Consultation, recueil de propositions et à la mise en œuvre de programmes de prévention des accidents de la voie publique, des violences intra et périscolaires, des violences sexistes, etc.

- *En matière de politiques familiales*

  – Consultation des familles – adultes, enfants et jeunes – à l'occasion de l'élaboration et de l'évaluation des principaux volets des Contrats enfance jeunesse (entre les villes et les Caisses d'allocations familiales) et autres dispositifs partenariaux relatifs à l'accueil et aux loisirs des enfants et des jeunes ainsi qu'aux loisirs familiaux partagés.

  – Consultation et développement accru de la participation des familles – adultes, enfants et jeunes – au sujet de différents dispositifs les concernant en tant que familles : préparation et accompagnement des rentrées scolaires (en particulier : première scolarisation en école préélémentaire, passage à l'école primaire, passage au collège, information sur les enjeux et les modalités des « choix » relatifs à la sectorisation scolaire), activités et projets financés dans le cadre des Réseaux d'écoute, d'appui et d'accompagnement des parents (REAAP), etc.

- *En matière d'information et d'orientation scolaires et professionnelles des collégiens*

  – Développement et systématisation du recueil collectif puis personnalisé des avis, des besoins, des aspirations et des propositions des parents, des enfants et des jeunes en ces domaines et au sujet des services, dispositifs et documentations mis à leur disposition.

• *En matière de compensation des handicaps et d'intégration, sociale et scolaire, des enfants et des jeunes en situation de handicap*

– Développement et systématisation du recueil collectif puis personnalisé des avis, des besoins, des aspirations et des propositions, en ces domaines, des enfants et des jeunes en situation de handicap (sans préjudice des compétences de la Maison départementale des personnes handicapées et, si possible, en lien avec celle-ci) ainsi que des enfants et des jeunes en contact régulier avec eux.

Chapitre 2 — En bref

Faire le pari de la démocratisation des relations éducatives résulte de la complexité inhérente à la mission éducative et induit une nécessaire politisation de celle-ci.

➧ Pourquoi ?

La justification essentielle du pari ici argumenté repose sur le fait que le langage, qui caractérise l'humanité du petit d'homme, est le vecteur de son éducation et le support de son émancipation progressive au sein de la société qui l'accueille.

C'est pourquoi il est important et intéressant, aux plans individuel et collectif, d'écouter les enfants et, sur cette base, d'encourager leurs capacités d'altruisme, de coopération et de négociation.

La complexité fondamentale de la mission éducative – qui consiste à la fois à protéger et à autonomiser l'enfant avec sa participation active – justifie que plusieurs adultes s'y impliquent, tout en reconnaissant le rôle de « fil rouge » assumé par les parents sur la durée et à travers la succession des espaces éducatifs.

S'en déduit le besoin de régulation démocratique des rencontres, échanges et coopérations entre ces mêmes adultes – au sens où la démocratie est un mode de partage du pouvoir de décision adapté à la personne et à l'intérêt de chaque enfant, mais aussi de tous les enfants.

Les acteurs de l'éducation peuvent ainsi mieux repérer et mieux dépasser leurs cloisonnements, leurs divergences et leurs rivalités de compétences – comme les y incitent désormais des tendances à l'œuvre au sein de la société civile et de certaines institutions progressistes, ou dans les attendus de divers dispositifs de politique publique transversaux à visées participatives.

Trois postulats motivent de nouvelles alliances éducatives entre professionnels, élus locaux, associations et familles : la coéducation déjà en marche, de fait, dans l'environnement quotidien des enfants ; la volonté d'implication active de parents (y compris socioculturellement défavorisés), souvent demandeurs ou porteurs de projets ; les recherches croissantes de sortie de l'individualisme (et/ou de la solitude urbaine) par la création de nouvelles formes, participatives et autogérées, de lien social.

Ces postulats restent souvent sous-estimés par les décideurs politiques et institutionnels. La coéducation démocratique doit donc viser à repolitiser le champ éducatif en solidarisant ses acteurs autour de nouvelles répartitions des « pouvoirs éducatifs locaux » – ce qui est l'un des objectifs du présent ouvrage.

De même, la prise en compte – réelle, mais trop lente – des droits politiques des enfants doit gagner l'ensemble du champ éducatif, et en particulier scolaire.

La démocratisation des relations éducatives peut dès lors contribuer à – et résulter de – ce que les droits des enfants soient à la fois enseignés et exercés par eux, au moyen de contenus et de méthodes pédagogiques appropriés, intégrés dans les programmes scolaires et l'ensemble des pratiques éducatives institutionnelles.

Correctement accompagnée, la participation active et démocratique des enfants est aussi de nature à éclairer la conduite de leur éducation, ainsi qu'à accroître la pertinence et l'efficacité d'un grand nombre des politiques publiques qui leur sont destinées.

Au total, l'enfant, être de langage, ne peut désormais plus être considéré seulement comme un destinataire/bénéficiaire/consommateur passif des interventions des acteurs de son éducation, mais aussi et surtout comme un jeune citoyen de plein droit, apte à prendre part avec eux, à son échelle, aux décisions privées et publiques, individuelles et collectives, qui le concernent.

Quelles opportunités ?

Le contexte de démocratisation progressive de la vie privée et institutionnelle est propice à la pacification des relations entre les différents acteurs de l'éducation.

La dynamique coéducative est déjà activée au sein de nombre de familles ainsi que d'associations d'éducation populaire et/ou locales, de même que par certains services publics (y compris, plus souvent qu'on ne le dit, au sein de l'Éducation nationale).

L'urbanisation croissante des modes de résidence et de vie sollicite les villes pour contribuer à de nouvelles formes de « déprivatisation » de l'éducation des enfants et de partage des décisions à ce sujet, notamment entre pouvoirs locaux et habitants.

Il s'agit là d'une tendance mondiale, et notamment européenne : l'habitant consommateur de services s'affirme de plus en plus comme citoyen expert et acteur.

La reconnaissance croissante du rôle éducatif des collectivités locales (qui financent, en France, 25 % de la dépense intérieure d'éducation) se concrétise depuis plus de 10 ans par l'implication des communes dans le pilotage des Projets éducatifs locaux (PEL) et, depuis 2013, des Projets éducatifs de territoire (PEdT) : conception, mise en œuvre, évaluation et gouvernance y sont théoriquement partagées et ouvertes à tous les acteurs éducatifs locaux, parents et – parfois – enfants compris.

De ce point de vue, PEL et PEdT sont des supports potentiels de la coéducation en action.

La loi du 8 juillet 2013 « d'orientation et de programmation pour la refondation de l'école de la République » comporte de timides mais réelles avancées en ce sens. Son annexe, à valeur législative, prévoit entre autres de *« redynamiser le dialogue entre l'école et les parents, les collectivités locales et le secteur associatif »* – ce à quoi ce dernier s'emploie bien souvent, au cœur des territoires, de plus ou moins longue date.

Mais il s'agit encore et surtout, et classiquement depuis un quart de siècle, d'agir en direction *« des parents les plus éloignés de l'école »*. Or, d'une part, tous les parents sont concernés ; et, d'autre part, l'enjeu est aussi que l'école se rapproche d'eux.

Pendant ce temps, plusieurs évolutions législatives et de la jurisprudence permettent d'étendre progressivement le champ d'application des droits politiques et de la participation démocratique des enfants dans plusieurs domaines (familiaux, judiciaires, sociaux, sanitaires).

Ces avancées touchent de façon moins systématique le champ éducatif et, surtout, scolaire, qui est pourtant beaucoup plus large par définition et donc plus déterminant.

Les évolutions législatives relatives à la définition et à l'exercice de l'autorité parentale sont en revanche considérables, depuis 2002, quoiqu'encore trop peu connues (cf. chapitre 1).

Aussi la démocratisation de la vie familiale peut-elle stimuler la démocratisation des relations éducatives en général et la participation des enfants dans les institutions éducatives en particulier, par exemple pour ce qui concerne les modes d'élaboration et d'application de leurs règlements intérieurs avec et pour les enfants.

Dans les champs de compétences décentralisées, il devrait aussi devenir possible non seulement de solliciter la participation des enfants et des jeunes à certains projets et décisions qui les concernent, mais aussi de valoriser leurs expertises d'expérience et d'usage pour enrichir l'élaboration et l'évaluation de nombreuses politiques publiques.

Quels freins ?

Il existe des freins idéologiques anciens (Kant, Alain, Binet, Durkheim...), et qui confortent des freins contemporains, envers une conception de la coéducation qui reposerait sur une dynamique de démocratisation des relations éducatives (en famille et à l'école, notamment).

Ces freins sont activés par la volonté de maintenir ou restaurer des hiérarchies relationnelles au sein des processus éducatifs (et pas seulement pédagogiques) entre parents et professionnels, et entre adultes et enfants.

Ces freins peuvent être resserrés à tout moment, en fonction du contexte politique.

Ainsi la mise en cause récurrente – et réactualisée depuis une quinzaine d'années – des « compétences » éducatives des parents (dans leur double dimension de protection et d'autonomisation) est-elle une source accrue de tensions, voire de conflits, entre familles et institutions (cf. chapitre 1).

De même, le « scolaro-centrisme » excessif et persistant des politiques éducatives prétendument concertées et partagées hiérarchise les statuts de leurs acteurs (parents, enseignants, animateurs, etc.) et ne favorise pas une démarche de coéducation démocratique.

Se déduisant de cette tendance, la référence envahissante au binôme « réussite/échec » (scolaires, et désormais éducatifs) dramatise l'appréciation des parcours et des progrès des enfants par les acteurs impliqués (y compris les enfants eux-mêmes).

La loi du 8 juillet 2013 :

– ne confère pas formellement de nouveaux et véritables pouvoirs politiques aux parents à l'école, au-delà de l'affirmation de principe (déjà formulée en 1989) d'une participation certes *« enrichie et confortée par le dialogue et la coopération entre tous les acteurs de la communauté éducative »* mais surtout centrée sur des objectifs de « mixité sociale » plus que sur la généralisation d'un principe démocratique ;

– n'affirme pas non plus clairement la possibilité des parents de participer démocratiquement aux décisions relatives à leurs enfants (sauf, à titre expérimental, à l'orientation scolaire de fin de classe de 3e) ni à l'ensemble des enfants de leur territoire de vie (dans le cadre des PEdT et des PEL, notamment) ;

– ne formalise aucun droit des enfants à participer à l'ensemble de ces processus de concertation, de coopération et de prise de décision ;

– mais, n'interdisant formellement aucune de ces occasions de participation des parents et des enfants, confie aux seuls élus locaux et chefs d'établissements scolaires le pouvoir de les activer ou non.

Comment ?

Promouvoir des projets coéducatifs locaux, globaux, généralistes, visant tous les âges de l'enfance et de l'adolescence, pour mieux fédérer les acteurs concernés (au-delà de leurs différences d'âges, de statuts, de rôles et d'engagements) dans une perspective partagée de développement humain et social démocratiquement conçu.

Identifier ces différents acteurs en dressant la liste absolument exhaustive des différents espaces et temps consacrés à l'éducation des enfants (dans la journée, la semaine, l'année, et de 0 à 18 ans).

Repérer avec ces acteurs les chevauchements d'espaces-temps, les croisements, les possibilités de partages et de transitions à organiser pour en déduire des organisations favorables à la cohérence, voire à la continuité éducatives, dans l'intérêt des enfants et des jeunes à tous les âges.

Renforcer les principes et valoriser les occasions qui permettent de fédérer les acteurs locaux de l'éducation : qualité de l'accueil, accessibilités, passerelles, articulations inclusives entre approches généralistes et spécialisées, effectivité de la participation de tous les acteurs (y compris parents, enfants, autres habitants, associations, etc.).

Concrétiser des principes à la fois éthiques et méthodologiques permettant de mettre en pratique un véritable projet coéducatif et démocratique local : exhaustivité des participants, cohérence et non confusion des rôles, transparence des échanges, absence de hiérarchisation et de stigmatisation des acteurs.

Dépasser tactiquement le « scolaro-centrisme » de la loi du 8 juillet 2013 en investissant les PEdT qui, même s'ils s'avèrent moins ambitieux que les PEL, disposent désormais d'une base juridique, et en faire les supports de projets politiques permettant à tous les acteurs concernés de conquérir et partager le pouvoir éducatif local.

Plus généralement : assumer et entretenir une politisation des débats relatifs à la coéducation (ainsi qu'à la participation des enfants et des jeunes) pour dépasser les ambiguïtés idéologiques actuelles qui biaisent ou freinent sa généralisation et sa démocratisation, dans ou hors de l'école.

Activer le processus cumulatif qui met en évidence que plus les droits politiques et la participation des enfants sont exercés et correctement accompagnés, plus les enfants s'en saisissent positivement.

Viser en particulier à ce que l'extension progressive de la participation des enfants et la sollicitation de leur expertise, pour enrichir et améliorer les politiques publiques qui les concernent, bénéficient de la sensibilisation et de la formation des adultes susceptibles de les accompagner à cet effet.

La participation démocratique des enfants dans les institutions éducatives

Une histoire marquée par l'engagement militant des pionniers et par la diversité de leurs expérimentations

Les apports, en France et en Europe, des militants de l'École Moderne

Dès la fin du XIXe siècle et le début du XXe, des éducateurs de l'Éducation nouvelle[180] et de l'École socialiste[181] ont créé des communautés dans lesquelles les enfants pouvaient exercer des droits et des libertés, donner leur avis sur l'organisation de la vie sociale, sur les activités et sur les apprentissages et participer aux décisions avec les adultes.

En 1920, il était dans sa logique que Célestin Freinet[182], jeune instituteur physiquement et psychologiquement meurtri par la guerre et décidé à mettre en place une éducation fondée sur les valeurs de paix, de solidarité, de coopération, de respect des personnes et de leurs droits, aille très vite à la découverte des expériences de ces pionniers. En rejoignant le courant européen des militants de l'Éducation nouvelle[183], notamment constitué de pédagogues anglais, français, espagnols et allemands, il adhère à une conception de l'école qui, non cantonnée à la transmission de connaissances formelles et pratiques, est aussi un **facteur de progrès global de la personne et un moyen d'émancipation politique et citoyenne.** Ainsi ce courant, qui défend le principe d'une participation active des individus à leur propre formation, accorde-t-il une importance centrale aux apprentissages sociaux.

---

180. Adolphe Ferrière, *L'autonomie des écoliers dans les communautés d'enfants,* Delachaux et Niestlé, 1921.

181. Moisei Mikhailovich Pistrak, *Les problèmes fondamentaux de l'école du travail,* Desclée de Brouwer, 1973 (première édition 1925).

182. N. Giauque, Ch. Tièche Christinat (sous la dir.), *La pédagogie Freinet,* Chronique sociale, 2015.

183. La Ligue internationale pour l'éducation nouvelle est créée en 1921, sur la base de la Charte de l'éducation nouvelle rédigée en 1915 par Adolphe Ferrière.

Les articles que Freinet publie dans les revues *Clarté*[184] et *L'École émancipée* témoignent de ce que sa rupture avec le contexte institutionnel et pédagogique est indéniablement politique. Ils montrent sa détermination à construire une école populaire coopérative dans laquelle les enfants du peuple pourront acquérir les savoirs qui les rendront plus libres, plus autonomes, plus conscients des luttes à mener pour une société de justice sociale et de liberté. Son engagement social, syndical et politique indique clairement que pour lui l'action doit être menée sur deux fronts : **dans et hors de l'école.**

Lorsque, en 1936, il apporte le soutien de la Coopérative de l'enseignement laïc (CEL)[185] aux éducateurs espagnols engagés dans la lutte pour défendre la liberté et la démocratie, il définit clairement les principes qui sont toujours aujourd'hui ceux du mouvement – l'Institut coopératif de l'école moderne (ICEM) – qu'il a fondé en 1947[186] : *« Il faut, plus que jamais, prendre conscience de cette interdépendance essentielle de nos efforts pédagogiques et de la lutte sociale et politique qui oppose ennemis et défenseurs de la liberté du peuple... La défense de nos techniques, en France comme en Espagne, se fait sur deux fronts simultanément : sur le front pédagogique et scolaire certes, où nous devons plus que jamais être hardis et créateurs parce que l'immédiat avenir nous y oblige, sur le front politique et social pour la défense vigoureuse des libertés démocratiques et prolétariennes. Mais il faut être sur les deux fronts à la fois... Nous ne comprendrions pas que des camarades fassent de la pédagogie nouvelle, sans se soucier des parties décisives qui se jouent à la porte de l'école, mais nous ne comprenons pas davantage que les éducateurs qui se passionnent activement pour l'action militante restent dans leur classe de paisibles conservateurs »*[187].

Très vite, Célestin Freinet s'est informé sur les expériences démocratiques menées par Paul Robin en France, Francisco Ferrer en Espagne, les maîtres-camarades de Hambourg en Allemagne, Makarenko et Pistrak en Union soviétique...[188] Il prend contact avec Adolphe Ferrière en 1923. Il est donc parfaitement au courant des expériences des pédagogues novateurs qui l'ont précédé.

---

184. Célestin Freinet, « La dernière étape de l'école capitaliste », *Clarté,* 1er juin 1924.

185. La CEL est fondée en 1928 pour produire et diffuser les matériaux d'enseignement conçus par Freinet et les membres de son réseau et pour publier des revues et des brochures pour le Mouvement de l'École moderne.

186. En 1957, sera créée la Fédération internationale des mouvements d'école moderne (FIMEM).

187. Célestin Freinet, « Il faut que le mouvement d'éducation nouvelle devienne un mouvement de masse », *L'éducateur prolétarien,* n° 1, octobre 1936.

188. Jean Le Gal, « Célestin Freinet, la construction d'une pédagogie populaire et d'un mouvement d'éducateurs engagés », *Télémaque, Éducation et philosophie,* n° 7-8, octobre 1996.

La pédagogie populaire qu'il entreprend de construire avec les autres éducateurs qui se joignent à lui se caractérise par :

– la nécessité d'élever le niveau intellectuel des travailleurs du peuple, de leur faire acquérir des connaissances scientifiques et les derniers acquis de la civilisation, en s'appropriant et en adaptant toutes les innovations pédagogiques et les apports des technologies nouvelles ;

– la liaison entre les activités concrètes et les apprentissages scolaires dont les élèves perçoivent l'utilité et le sens ;

– l'ouverture de l'école sur le milieu social et économique ;

– la nécessité de l'auto-organisation des élèves et la possibilité, pour eux, de participer réellement aux décisions concernant le travail et l'organisation de l'école.

En 1928, aux journées d'études de l'Internationale des travailleurs de l'enseignement à Leipzig, il affirme que :

> *« L'auto-organisation des enfants et le travail communautaire à but social sont la base de la discipline nouvelle... La communauté scolaire doit être vraiment l'expression de la masse des élèves. Les chefs ne doivent pas être des professionnels capables de maintenir parfaitement une nouvelle discipline autoritaire ; même si l'ordre doit légèrement en souffrir, tous les citoyens de la communauté doivent apprendre à remplir leur rôle de citoyen actif. Les chefs seront nommés par l'Assemblée générale, pour un temps relativement court ; les élèves coupables envers la communauté seront jugés en Assemblée générale. »*[189]

Nous trouvons là déjà les principes qui vont être mis en œuvre par les éducateurs de l'École moderne dans les coopératives scolaires puis dans les classes coopératives. En 1945, Freinet réaffirme que

> *« par la coopération scolaire, ce sont les enfants qui prennent en main, effectivement, l'organisation de l'activité, du travail et de la vie dans leur école. C'est cela et cela seul qui importe »*[190].

En 1964, lorsque l'un d'entre nous inscrit ses recherches et ses actions à l'école dans le mouvement autogestionnaire engagé dans le champ social, économique et politique[191], il se demande : *comment donner aux enfants encore plus de pouvoir, individuel et collectif, sur leur vie, leurs activités et*

189. Célestin Freinet, « La discipline parmi les écoliers », *Pédagogie prolétarienne, thèses, rapports et débats des Journées pédagogiques de Leipzig,* Éditions de l'Internationale des Travailleurs de l'Enseignement, 1928.

190. Célestin Freinet, « La coopération scolaire », *op. cit.*

191. Jean Le Gal, *Le maître qui apprenait aux enfants à grandir, op. cit.*

leurs apprentissages ? Pour les éducateurs de l'École moderne impliqués dans cette expérience qui va durer une vingtaine d'années, c'est le groupe qui, après les avoir expérimentés : décide des techniques, des formes de travail, du rythme ; élabore et applique son programme d'activités ; institue ses lois et règle ses conflits.

Dans cette « Marche vers l'Autogestion », les adultes participent activement à la vie coopérative, proposent des techniques d'organisation et des outils d'apprentissage pour répondre aux besoins des enfants et du groupe. Ils renoncent à détenir seuls le pouvoir de décision mais ils demeurent des membres actifs de la collectivité. Ils considèrent que tous les enfants ont le droit de participer au processus décisionnel pour toutes les affaires qui les concernent, d'assumer des responsabilités dans la gestion de la classe et d'y être formés, par la pratique mais aussi par des formations spécifiques qui leur permettent d'élaborer des propositions, de les défendre, de décider avec pertinence, d'animer un débat, d'assumer une responsabilité importante… En bref, **d'être et de devenir des citoyens participatifs, actifs et responsables.**

Tous ces droits et pouvoirs reconnus aux enfants, tant par les pionniers de l'École nouvelle et de l'École socialiste que par les praticiens-chercheurs des classes coopératives, étaient dépendants de leurs convictions éducatives et politiques mais aussi de leurs capacités de résistance aux oppositions diverses. Leurs choix théoriques et pratiques allaient à l'encontre des représentations de l'enfant et de son éducation dans des sociétés où l'obéissance demeurait une vertu à cultiver. Il était donc dans la logique de leur action éducative et pédagogique de s'engager dans la défense des droits de l'enfant et dans leur reconnaissance par des textes internationaux.

Dès 1957, le Mouvement de l'École moderne, lors de son Congrès international de Nantes, avait adopté une « Charte de l'enfant », qui engageait tous les éducateurs Freinet. L'article 15 de celle-ci stipulait : *« Les enfants ont le droit de s'organiser démocratiquement pour le respect de leurs droits et la défense de leurs intérêts ».* Toutefois, deux ans plus tard, la Déclaration des droits de l'enfant[192], adoptée par les Nations Unies en 1959, ne lui reconnaissait pas encore de droits-libertés.

C'est pourquoi, en août 1983, lors du Congrès international de Nanterre, un important Colloque est organisé avec pour thème *« Les droits et les pouvoirs des enfants et des adolescents ».* Pour ces défenseurs de leurs droits, la transformation de leur statut constitue l'un des choix politiques majeurs à effectuer pour une société plus libre et plus juste. C'est par la formation à l'autonomie, à la recherche, à la création, à la responsabilité individuelle

192. Cf. le chapitre 1.

et collective dans tous les lieux de vie, dans tous les moments de vie des enfants, qu'on réunira les conditions indispensables à la réussite à long terme d'une politique de progrès et d'émancipation. Ils soutiennent que les droits de l'Homme s'appliquent aux enfants et aux adolescents. Pour que ceux-ci apprennent les droits de l'Homme, ils doivent pouvoir vivre quotidiennement leurs droits d'enfants-citoyens dans la famille, dans la cité et dans l'école. Aussi les organisateurs présentent-ils au ministre de l'Éducation nationale, Alain Savary, et aux participants du Colloque un projet de *« Charte des Droits et des besoins des enfants et des adolescents »*[193]. Elle affirme un choix politique pour une éducation des enfants et des adolescents à la liberté, la responsabilité, l'autonomie, la coopération, la solidarité et l'entraide et à une démocratie participative.

Le Congrès de Strasbourg, en août 1989, a pour thème : *« La pédagogie Freinet – Vivre les droits de l'Homme au quotidien »*. Il consacre un temps important aux droits-libertés qui vont être reconnus quelques mois plus tard par la Convention internationale des droits de l'enfant. Il affirme que l'enfant n'est pas seulement un être en construction avec sa fragilité et ses dépendances, et donc un être à protéger, mais aussi un sujet actif des droits de l'Homme, un individu pouvant être acteur de sa vie, capable de participer aux décisions qui le concernent, apte à exercer des libertés, à poser des actes avec discernement et à en assumer la responsabilité.

Au terme de ce Congrès, il est décidé la création, au sein de l'ICEM, d'une Commission nationale des droits de l'enfant qui aura pour tâche, dès l'adoption de la Convention internationale des droits de l'enfant, de renforcer la recherche de pratiques et d'institutions nouvelles favorisant une **pédagogie de la liberté** et une **organisation démocratique des écoles.**

L'appui sur la Convention internationale des droits de l'enfant

La Convention internationale des droits de l'enfant (CIDE), adoptée par l'Assemblée générale des Nations Unies le 20 novembre 1989 à l'issue d'un long processus d'élaboration, est ratifiée par la France en 1990. Elle entre dès lors dans les normes juridiques de l'État de Droit[194]. Les pouvoirs publics, en France, ont donc l'obligation de la faire connaître aux enfants et aux adultes, et de veiller à son respect.

193. « Projet de Charte des Droits et des besoins des enfants et des adolescents », *L'Éducateur*, n° 12, 15 mai 1983.

194. Cf. chapitre 1.

L'enfance est une période qui requiert une protection spéciale mais la CIDE reconnaît aux enfants un nouveau statut : être des sujets de droits et non de simples bénéficiaires de la protection des adultes. Ces droits peuvent être exercés par les enfants eux-mêmes en fonction du développement de leurs capacités, sachant que, rappelons-le, l'article 5 de la CIDE précise qu'il incombe aux parents (et à leurs proches) d'orienter et de conseiller l'enfant d'une manière qui corresponde au développement de ses capacités :

> *« Les États parties respectent la responsabilité, le droit et le devoir qu'ont les parents ou, le cas échéant, les membres de la famille élargie ou de la communauté, comme prévu par la coutume locale, les tuteurs ou autres personnes légalement responsables de l'enfant, de donner à celui-ci, d'une manière qui corresponde au développement de ses capacités, l'orientation et les conseils appropriés à l'exercice des droits que lui reconnaît la présente Convention. »*

Au sein comme hors de la famille, l'action à mener pour une participation démocratique au sein d'une collectivité garantissant les droits et libertés de ses membres et facilitant leur exercice peut tout particulièrement s'appuyer, pour les enfants, sur plusieurs articles de la CIDE[195] :

– Article 12 : l'enfant a le droit d'être entendu et pris en considération.

– Article 13 : l'enfant a droit à la liberté d'expression.

– Article 14 : l'enfant a droit à la liberté de conscience, de pensée et de religion.

– Article 15 : l'enfant a droit à la liberté d'association.

– Article 16 : l'enfant a droit à la protection de sa vie privée.

– Article 17 : l'enfant a droit à l'information.

– Article 29 : l'enfant a droit à une éducation qui lui inculque le respect des droits de l'homme et de la démocratie.

Outre des droits aux prestations et des droits à la protection, la CIDE reconnaît donc aux enfants des libertés fondamentales d'expression, d'information, d'association, de réunion, de pensée, de conscience, de religion ainsi que le droit au respect de leur vie privée. Les enfants sont désormais des personnes dont la dignité doit être respectée et des citoyens titulaires de libertés, du droit de donner leur avis sur les affaires qui les concernent et d'être associés au processus décisionnel, en fonction de l'évolution de leurs

195. Cf. annexe 1.

capacités. C'est ce que le Conseil de l'Europe et l'Unicef[196] appellent *le droit de participation démocratique*. Cette reconnaissance de la citoyenneté de l'enfant s'appuie sur l'article 12 (que nous avons déjà souvent cité) qui, pour le Comité des droits de l'enfant des Nations Unies, est l'un des principes de base au cœur de la CIDE car il entraîne une révision fondamentale de l'approche traditionnelle qui voit dans les enfants les destinataires passifs de la protection des adultes.

Aux termes, notamment de cet article 12 mais aussi de plusieurs autres, les enfants ont désormais dans les institutions éducatives mais aussi dans la cité et dans la famille :

– *le droit d'exprimer librement leurs opinions :* il revient aux enseignants, aux animateurs, aux élus politiques et aux parents la responsabilité de leur donner les moyens d'exprimer leur avis sur tous les sujets, actions et décisions qui les concernent. Leur expression s'applique aux questions qui les concernent individuellement et collectivement au sein des structures qui les accueillent, aux politiques publiques et aux législations qui ont un impact sur leur vie : les transports, le logement, l'environnement, l'éducation, la santé publique, l'aide sociale à l'enfance, etc. ;

– *le droit d'être pris au sérieux :* les opinions, les avis et les propositions des enfants doivent être pris en considération car ils ont une connaissance unique de leurs besoins et de leurs préoccupations. Leur participation doit déboucher sur des changements positifs pour eux. Ce qui ne veut pas dire, évidemment, que l'on soit dans l'obligation d'approuver et de donner suite à toutes leurs propositions ;

– *le droit d'être associés aux décisions :* les enfants ont le droit de donner leur avis et le droit d'être écoutés et pris au sérieux, mais ils ont aussi le droit de participer au processus de décision et parfois de prendre seuls des décisions.

Le respect du droit de participation démocratique des enfants et de leurs libertés au sein de la collectivité implique qu'ils respectent eux-mêmes les droits des adultes avec lesquels ils vivent.

Par ailleurs, puisqu'ils peuvent prendre des décisions, seuls ou avec les adultes, ils doivent en partager les conséquences. Lorsqu'un projet est décidé démocratiquement, la collectivité, le groupe, pourra exiger de chacun une participation active et responsable à la réalisation du projet. Cette participation est alors une obligation. C'est ainsi que dans la classe coopérative de l'un d'entre nous, le Conseil avait décidé que *« celui qui participe aux*

---

196. Gerison Lansdown, *Promouvoir la participation des enfants au processus décisionnel démocratique,* Éditions Unicef, Centre de recherche Innocenti, 2001.
☞ *www.unicef-irc.org/publications/pdf/insight6f.pdf*

décisions doit participer à leur application ». Cette obligation était dénommée la « part coopérative ». Cet engagement participatif tenait compte de l'évolution des capacités de chaque enfant et était accompagné, soutenu, par le groupe et par l'enseignant lui-même, car l'apprentissage de la participation démocratique est un processus qui exige du **temps** et de la **confiance.**

> Pour l'Assemblée parlementaire du Conseil de l'Europe, *« le processus de partage des décisions qui concernent la vie de l'individu et celle de la collectivité dans laquelle il vit est un des moyens de construire et de mesurer la démocratie dans un pays ; la participation est un droit fondamental du citoyen et les enfants sont des citoyens »*[197]. Cette participation des enfants exige, pour l'Unicef[198], *« que les adultes partagent avec eux la gestion, le pouvoir, la prise de décision et l'information »*, celle-ci devant être adaptée à leur niveau particulier de développement intellectuel. Elle passe *« par un changement radical des modes de réflexion et de comportement des adultes »*.

C'est donc à une véritable mutation historique de la place des enfants dans la société et des rapports que les adultes doivent entretenir avec eux que nous sommes conviés. Or la réalité sociale de l'enfant aujourd'hui, sa place dans la société, la famille, l'école et les institutions éducatives, ses droits et leur mise en œuvre, les finalités et les valeurs sur lesquelles se fondent l'action éducative et les projets pédagogiques sont tous l'aboutissement d'une longue histoire de l'humanité et des droits de l'Homme.

Les résistances sont nombreuses car on ne passe pas soudainement, par la vertu d'un texte international, de l'enfant soumis à l'enfant citoyen[199]. Pour Eugène Verhellen, directeur de programme au Conseil de l'Europe,

> *« l'argument le plus fondamental invoqué de manière récurrente par ceux qui sont opposés à l'idée d'accorder des droits autonomes aux enfants est que ces derniers seraient incompétents pour prendre des décisions bien fondées. Selon ce point de vue, les enfants ne sont pas assez mûrs physiquement, intellectuellement et émotionnellement et n'ont pas l'expérience nécessaire pour porter un jugement rationnel sur ce qui est ou n'est pas dans leur intérêt. »*[200]

---

197. Conseil de l'Europe, « Promouvoir la participation des enfants aux décisions qui les concernent », Assemblée parlementaire, Recommandation 1864 du 13 mars 2009.

198. « La situation des enfants dans le Monde », Rapport 2003, Unicef.

199. Jean Le Gal, *Les droits de l'enfant à l'école – Pour une éducation à la citoyenneté,* De Boeck, 2008.

200. Eugène Verhellen, « Évolution et développement historique de l'éducation de l'enfant et de la participation des enfants à la vie familiale », in Conseil de l'Europe, *Évolution du rôle des enfants dans la vie familiale : participation et négociation,* Actes, 1994.

La reconnaissance de la capacité des enfants, même très jeunes, à exprimer des avis pertinents sur ce qui les concerne, à prendre individuellement et collectivement des décisions judicieuses, à assumer des responsabilités et à exercer des droits et des libertés, est donc fondamentale. Freinet, en juin 1939, dans un article intitulé *« L'école au service de l'idéal démocratique »*[201], n'hésitait pas à affirmer : *« Nous disons, nous : l'enfant – et l'homme – sont capables d'organiser eux-mêmes leur vie et leur travail pour l'avantage maximum de tous ».*

Il s'agit là d'un principe fondamental, tant pour la participation démocratique des enfants dans les structures qui les accueillent que dans les expériences de démocratie participative initiées par les villes. C'est ainsi que la *« Charte-agenda mondiale des droits de l'Homme dans la cité »*[202] adoptée, en novembre 2011, par le Congrès mondial des « Cités et gouvernements locaux unis » stipule que :

> *« Tous les habitants de la Cité ont le droit de participer aux processus politiques et de gestion de leur Cité... La Cité encourage une participation de qualité de ses habitants dans les affaires locales, leur assure un accès à l'information publique, et reconnaît leur capacité à influer sur les décisions politiques... Elle promeut la participation des enfants dans les affaires les concernant. »* Dès le 20 novembre 1990, le Congrès international des Villes éducatrices avait affirmé, quant à lui, que *« les enfants et les jeunes ne sont plus les protagonistes passifs de la vie sociale et par conséquent de la ville. La Convention des Nations Unies en a fait des citoyens de plein droit en leur accordant des droits civils et politiques. En fonction de leur maturité, ils peuvent donc s'associer et participer. »*

Mais, plus de 25 ans après l'adoption de la CIDE, les enquêtes et les observations menées montrent que de nombreux adultes ignorent l'existence de ce droit de participation démocratique reconnu aux enfants. Les nombreuses recommandations officielles, formulées notamment par le Conseil de l'Europe et l'Union européenne[203], ont peu de prise sur ces réalités. Des avancées ont eu lieu en ce qui concerne la protection et la satisfaction des besoins vitaux. En revanche, l'exercice d'une citoyenneté participative dans l'école, les institutions éducatives et la cité progresse lentement. Dans les familles, nous l'avons déjà relevé et nous y reviendrons plus longuement dans le chapitre suivant, des évolutions s'observent, parfois maladroites,

---

201. Célestin Freinet, « L'École au service de l'idéal démocratique », *L'Éducateur prolétarien*, n° 18, 15 juin 1939.

202. La Charte-agenda mondiale des droits de l'Homme dans la Cité, ☞ *www. paysdelaloire.fr/uploads/tx_oxcsnewsfiles/CGLU.pdf*

203. Cf. l'annexe 2.

souvent tâtonnantes, et surtout de façon très disparate selon les modèles éducatifs et culturels acquis, remaniés puis transmis par les parents.

En Suisse, par exemple, l'Unicef a constaté que « la mise en œuvre d'une participation des enfants et des adolescents dans le quotidien des familles et des écoles en est encore à ses premiers balbutiements. En général, on ne consulte guère les enfants pour certaines décisions qui les concernent directement ; souvent, donc, leur avis n'est pas entendu ».

En France, l'État s'est fait rappeler plusieurs fois à ses obligations par le Comité des droits de l'enfant des Nations unies, chargé du contrôle périodique de l'application de la CIDE selon une procédure prévue par celle-là[204]. En 2004, il lui a recommandé de

> *« continuer à promouvoir le respect des opinions de l'enfant au sein de la famille, à l'école, dans les institutions ainsi que dans le cadre des procédures disciplinaires administratives, et à faciliter la participation des enfants pour toutes questions l'intéressant, conformément à l'article 12 de la Convention, en tant que droit dont l'enfant est informé et non à titre de simple possibilité ».* Pour que ce droit puisse réellement s'exercer, l'État doit *« donner aux parents, aux enseignants, aux fonctionnaires, aux membres du corps judiciaire, aux enfants eux-mêmes et à la société dans son ensemble des informations à caractère pédagogique sur cette question en vue de créer et d'entretenir un environnement dans lequel les enfants puissent librement exprimer leurs opinions, et où ces opinions soient dûment prises en considération ».*

Si l'État ne remplit pas ses obligations, rien n'empêche cependant les éducateurs des mouvements d'Éducation populaire de renforcer leur action. Avec la CIDE, ils possèdent en effet un point d'appui juridique solide pour démocratiser les relations éducatives au sein des institutions afin que les enfants puissent y vivre dans la dignité et y exercer leurs droits et leurs libertés. Lors de leur séminaire international de juillet 1989, en Allemagne, les représentants des Mouvements affiliés à la Fédération internationale des mouvements d'école moderne avaient ainsi décidé : d'une part, d'apporter leur coopération à la recherche de pratiques et d'institutions nouvelles pour que les enfants puissent exercer leurs droits et leurs libertés fondamentales dans l'école et dans la société ; et, d'autre part, d'agir pour que les États mettent leur législation et leur réglementation en accord avec la CIDE.

Aujourd'hui, quoi qu'il en soit, l'engagement éducatif, pédagogique, social et politique des éducateurs de l'ICEM – Pédagogie Freinet pour la défense

204. Cf. le chapitre 1.

des droits de l'enfant et pour une démocratie participative demeure fidèle à son histoire[205]. Il est amené à se développer autour de *quatre objectifs*.

Objectif 1 : Développer la participation démocratique dans la classe, dans l'école et au-delà

La participation démocratique est un des piliers de la pédagogie Freinet. L'auto-organisation des enfants dans la classe et dans l'école doit donc demeurer un objectif de lutte et de recherche pour ce Mouvement[206]. De nombreuses questions se posent. Pour y répondre, théoriquement et pratiquement, les enseignants et les autres éducateurs se référant à cette pédagogie doivent analyser leurs expériences actuelles, tenter des expérimentations nouvelles, se réunir pour analyser ensemble leurs pratiques. Pour ceux et celles qui n'ont pas encore démarré, une formation-action est nécessaire afin qu'ils connaissent la CIDE, les processus, les démarches et les outils pour engager une expérimentation et les arguments pour répondre aux critiques diverses qui viendront mettre des obstacles à leur action.

Le droit de participation concerne aussi les familles des enfants fréquentant leurs classes et leurs écoles. Il est beaucoup question, aujourd'hui, de coéducation et de cohérence éducative avec les parents. Or, les enseignements théoriques et pratiques tirés des expériences participatives dans le champ de l'école sont transposables dans d'autres lieux. C'est ainsi que, avec des familles de l'École Freinet de Nantes, l'un d'entre nous a créé en 2002, des « ateliers de démocratie familiale »[207]. Les parents y mettent en commun leurs tentatives, les analysent, découvrent des idées nouvelles et deviennent des parents-chercheurs, auteurs, avec leurs enfants, de la construction d'une relation démocratique au sein de la famille. L'autre d'entre nous a proposé des démarches similaires, en les accompagnant, à des familles rencontrées, souvent au motif de difficultés scolaires, dans le cadre de consultations pédopsychiatriques de service public ; ou encore, dans ses activités de consultant pour les collectivités territoriales, à des groupes de parents et à des groupes d'enfants dans le cadre de l'élaboration participative de projets d'établissements ou de Projets éducatifs locaux. Comme annoncé, nous reviendrons dans les chapitres suivants sur ces différentes recherches.

---

205. Jean Le Gal, *L'engagement éducatif, pédagogique, social et politique des éducateurs Freinet et du Mouvement international de l'École moderne pour la défense des droits de l'enfant et une démocratie participative*, ☞ *http://meirieu.com/ECHANGES/legal_educateurs_democratie_participative.pdf*

206. Jean Le Gal, « L'auto-organisation des enfants dans la classe et dans l'école doit demeurer un objectif de lutte et de recherche pour notre Mouvement », *Le Nouvel Éducateur*, n° 168, avril 2005.

207. Jean Le Gal, « Pour la création d'un atelier de démocratie familiale », 2012.
☞ *http://meirieu.com/ECHANGES/legal_atelier_democratie_familiale.pdf*

Objectif 2 : Élaborer une formation citoyenne, démocratique et institutionnelle à la citoyenneté participative

Au cours de nos interventions, nous avons pu constater que, dans des institutions éducatives où les enfants exerçaient une réelle participation démocratique, ils ignoraient souvent que c'était désormais un droit. Ils demeuraient persuadés qu'ils devaient à la seule bonne volonté des adultes le fait de pouvoir donner leur avis et d'être associés aux décisions. Il nous revient donc de leur apprendre, aujourd'hui, que les pratiques que nous leur faisons vivre sont la concrétisation de droits et de libertés qui leur appartiennent et dont ils doivent pouvoir demander le respect dans d'autres lieux même si, actuellement, lorsque ces droits et libertés pourtant inscrits dans nos normes juridiques ne sont pas respectés, aucune possibilité de recours n'existe.

En 1957, dans la « Charte de l'enfant » ci-dessus mentionnée, il était affirmé que *« les enfants ont le droit de s'organiser démocratiquement pour le respect de leurs droits et la défense de leurs intérêts »*. Les éducateurs de la pédagogie Freinet et, au-delà, tous les adultes en situation éducative, doivent donc se demander comment former les enfants et les jeunes à l'exercice de leurs droits et de leurs libertés, avec ses limites et ses obligations, mais aussi à leur défense lorsqu'ils ne sont pas respectés. Il s'agit là d'une véritable formation citoyenne, démocratique et institutionnelle que nous avons tous à élaborer, à expérimenter et à promouvoir.

Objectif 3 : Coopérer à la promotion du droit de participation dans d'autres lieux

Il est important de sortir du champ de l'école et de se constituer en réseau de recherche avec les différentes organisations et mouvements pédagogiques ou d'éducation populaire qui agissent dans le même sens. La mise en commun de nos pratiques et de nos interrogations peut apporter un enrichissement mutuel, fondement de nouvelles expérimentations. C'est ainsi que nous avons nous-même beaucoup appris en participant à la formation d'éducateurs spécialisés, d'éducateurs de jeunes enfants, d'animateurs de centres de loisirs ou encore de coordinateurs de dispositifs de réussite éducative. Cela nous a obligés à confronter nos principes et nos pratiques construites – pour l'un dans les écoles, pour l'autre dans diverses structures médicoéducatives ou socio-éducatives – aux conditions particulières d'autres lieux, à des difficultés et des problèmes spécifiques, et donc à mener des recherches qui ont élargi grandement nos visions de la participation démocratique des enfants et des jeunes et, évidemment, nos compétences.

Objectif 4 : S'associer aux actions mises en place par les villes et les autres associations défendant les droits de l'enfant

La « Charte agenda mondiale des droits de l'homme dans la cité » stipule que la cité devrait promouvoir la participation des enfants dans les affaires qui les concernent. Or l'analyse des avancées expérientielles vers une démocratie participative montre que la place accordée aux enfants y demeure souvent minime[208]. Nous avons dit, dans les chapitres précédents, et nous redirons par la suite, que la place et le rôle des parents y restaient eux-mêmes encore largement à construire, et qu'il est essentiel que les progrès en la matière concernent autant, et en même temps, les parents que les enfants.

Il revient donc aux éducateurs engagés dans des expériences de participation dans et/ou hors de l'école d'informer et de convaincre les décideurs politiques et institutionnels que la participation des enfants et des jeunes est légitime – et que, de plus, elle est utile et donc nécessaire – et qu'ils ont la capacité de participer aux processus décisionnels quand des projets les concernent.

C'est ainsi que lors du Forum mondial des droits de l'homme, au mois de juillet 2010 à Nantes, l'un de nous a organisé, au titre de l'ICEM et avec plusieurs associations, une Journée des Droits de l'enfant. Un des ateliers avait pour thème : *« Je participe et j'agis en tant qu'enfant citoyen dans l'école, dans mes loisirs, dans ma ville »,* et 168 enfants, venant de 7 classes, y ont confronté leurs expériences et ont élaboré des propositions qui ont été transmises au maire de la ville, à l'inspecteur d'académie et à la défenseure des enfants.

Mentionnons enfin que le 19 octobre 2010, à l'initiative du Réseau français des villes éducatrices, 51 organisations – syndicats et associations professionnelles et familiales du champ éducatif, fédérations et associations dites « complémentaires de l'enseignement public » et d'éducation populaire, mouvements pédagogiques et autres organisations non gouvernementales[209] – ont adopté l'*Appel de Bobigny* intitulé *« Vers un grand projet national pour l'enfance et la jeunesse »* qu'elles avaient élaboré conjointement. Cet Appel, enrichi de six textes thématiques complémentaires, a été signé par de nombreux maires, notamment de grandes et très grandes villes, et par des présidents de Conseil départemental.[210]

208. Jean Le Gal, « Les militants "adultes" de la démocratie participative sont parfois très peu concernés par la participation des enfants », *Territoires, Le mensuel de la démocratie locale,* n° 507, avril 2010.

209. Dont DEI-France, représentée par l'un d'entre nous, et l'ICEM.

210. On peut consulter le texte cet Appel, ses textes thématiques complémentaires et la liste de ses signataires à la page : ☞ *www.villeseducatrices.fr/page.php?page_id=20*

Dans l'un de ses textes complémentaires, intitulé *« Pour une participation active des enfants, des jeunes et de leurs parents aux projets éducatifs »* et venant décliner trois des cinq « objectifs prioritaires » de l'Appel, cette participation est présentée comme un « enjeu fondamental ». Le texte fait explicitement référence aux articles 3-1 et 12-1 de la CIDE, à l'article 371-1 du Code civil relatif à l'autorité parentale et qui stipule que *« les parents associent l'enfant aux décisions qui le concernent selon son âge et son degré de maturité »* et à la Recommandation n° 1864, adoptée le 13 mars 2009 par l'Assemblée parlementaire du Conseil de l'Europe, et ci-dessus mentionnée.

Ce texte, à la rédaction duquel nous avons largement contribué, et celui de l'Appel lui-même proposent des principes que nous défendons tout au long du présent ouvrage, et qui imprègnent les processus de Projet éducatif local promus à l'époque par cet Appel : une éducation globale sur tous les temps et les espaces éducatifs et sociaux, de la naissance à la majorité ; une approche coéducative impliquant tous les acteurs, y compris les enfants et les jeunes eux-mêmes ; une participation démocratique aux collectifs éducatifs (établissements scolaires, accueils périscolaires, pause méridienne, centres de loisirs, etc.) en lien et en harmonie avec leur participation aux décisions familiales qui les concernent.

Il répond ensuite à une question fondamentale : « comment faire en sorte que cette participation des enfants et des jeunes – et de leurs parents – devienne effective ? » en citant les « conditions générales » qui rendent cette participation possible et réelle :

> *– le développement d'une approche démocratique dans des univers peu habitués au fonctionnement démocratique : si l'éducation à la citoyenneté est un vrai objectif, alors on doit l'intégrer dans le fonctionnement de l'institution. Il ne peut rester une « option » soumise à la bonne volonté de chacun ;*
>
> *– la reconnaissance de tous les acteurs, chacun dans son rôle, avec ses compétences et responsabilités propres mais aussi ses limites, d'où la nécessité de changements de représentations et de postures mutuelles. Ces changements nécessitent une réflexion sur de nouvelles formes d'autorité éducative dans le cadre de relations plus démocratiques entre enfants et adultes, y compris au sein des familles, au titre de l'exercice de l'autorité parentale qui ne saurait se réduire à l'exercice « autoritaire » des responsabilités parentales ;*
>
> *– la définition d'instances plus ou moins formelles pour faire vivre ce fonctionnement démocratique dans les principaux espaces éducatifs ;*
>
> *– l'accord sur des références communes (droits de l'enfant et particulièrement principe de l'intérêt supérieur* [de celui-là], *aussi bien à titre*

individuel que collectif, comme considération primordiale à prendre en compte dans toutes les décisions qui concernent les enfants) ;

– l'expérimentation, le recensement, la diffusion et le développement de « bonnes pratiques » qui mettent en œuvre cette participation : ce sont souvent les pratiques de terrain qui font évoluer les postures et les mentalités et font ainsi advenir les principes qui les sous-tendent, faisant passer la coéducation de l'utopie à la réalité ;

– à l'inverse, l'interdiction de certaines autres pratiques qui ne sont plus conciliables avec la nouvelle donne introduite par les références communes : par exemple : sanctions plus ou moins humiliantes infligées en application de règles de vie et d'échelles de sanctions élaborées sans y avoir associé les enfants, recours à des modalités superficielles ou instrumentalisantes de la participation des enfants… ;

– l'utilisation d'outils et de formations qui s'avèrent performants pour une véritable effectivité de la participation ;

– le développement dans les différents cadres éducatifs de pratiques coopératives entre enfants, et entre enfants et adultes.

Nous avons au total à nous saisir, sur ces différentes bases juridiques et affirmations de principe d'acteurs politiques, institutionnels et associatifs, d'un **champ d'action novatrice** où, même si les expériences datent de plus d'un siècle – et nous allons maintenant en présenter quelques-unes –, presque tout reste encore à construire. Et les enjeux dépassent largement l'école. Il s'agit d'envisager et d'élaborer ensemble une autre société, une autre démocratie, un autre monde où, comme le soutenaient les participants à la Conférence internationale sur la citoyenneté et la démocratie participative tenue à Saint Denis, les 19 et 20 mai 2000, chacun aura droit, à égalité, de jouer son rôle dans la recherche de réponses novatrices, alternatives et durables aux questions de société, aux aspirations et aux besoins humains.

De quelques expériences, anciennes et récentes, et de leurs principaux enseignements

Nous commencerons par évoquer ici deux expériences européennes historiques – avant d'en présenter trois plus récentes, parmi tant d'autres, et françaises. Il s'agit de celle de l'École nouvelle de Bedales, en Angleterre, école mixte fondée en 1892 par John Badley, et dotée à partir de 1898 d'un internat, également mixte ; et de celle de « La libre communauté scolaire » d'Odenwald, en Allemagne, créée en 1910 par Paul Geheeb[211] et dirigée par

211. Cofondateur de la section allemande de la Ligue internationale pour l'éducation nouvelle.

lui jusqu'en 1934. Elles montrent qu'à partir de principes communs il est possible de construire des organisations différentes.

L'École nouvelle de Bedales

À *l'École nouvelle de Bedales,* une boîte aux lettres, la « *suggestion box* » est destinée aux revendications ou suggestions individuelles en faveur de l'organisation collective. Les signataires des suggestions, pour ajouter plus de poids à leurs réclamations, peuvent chercher des cosignataires parmi leurs camarades. La plupart concernent des questions d'ordre pratique – récréations, jeux, vêtements... –, mais aussi des sujets plus complexes comme le droit de se lever plus tôt le matin[212]. Rappelons que, peu après sa création, un internat fut adjoint à l'école, ce qui explique l'étendue du champ des préoccupations et des propositions institutionnelles des enfants.

Dans une première période, un Parlement d'école composé de 31 membres – 13 adultes et 18 élèves, dont 16 élus par 4 classes – discute des suggestions, entend l'avis des intéressés, tente de voir clair sur les différents aspects des questions qui se posent pour les enfants et les adultes et décide de propositions de changement. Parfois une décision est renvoyée au Conseil des maîtres mais, en général, c'est le Parlement qui décide, par vote si nécessaire.

Mais, l'ensemble des élèves ne participant pas aux décisions, la plupart d'entre eux se désintéressent de la chose publique et se plient passivement aux règles adoptées. Ce constat est à la base d'une nouvelle organisation qui a pour objectif de permettre à chacun de mieux connaître les questions traitées, de donner son avis et de participer aux propositions à soumettre au Parlement. Le but à atteindre est la régularité de la marche de la vie sociale avec le moins de heurts possible et le plus de liberté individuelle dans le cadre des obligations collectives.

La nouvelle organisation est minutieusement élaborée :

1. Les problèmes que posent les suggestions sont d'abord discutés au sein de chaque classe et les vœux sont portés devant le Parlement par les représentants des classes. Les maîtres participent aux réunions de la

212. Dans un ouvrage déjà mentionné *(Si tu pouvais changer l'école – L'enfant stratège, op. cit.),* Francis Imbert observe et analyse le fait que, invités à s'exprimer librement sur les changements qu'ils souhaiteraient imprimer à leur école primaire et à le faire en rédigeant leurs points de vue individuels, les enfants n'abordent pas spontanément, ou bien de façon tangentielle, les questions relatives au fonctionnement interne de la classe et aux pédagogies qui s'y déploient. En revanche, lorsqu'ils s'expriment oralement et/ou en groupe avec un interlocuteur extérieur à leur école, leur prudence et leur conformisme s'estompent et le champ de leurs propositions s'élargit à des domaines dont ils savent les enseignants peu enclins à remettre en question avec eux (et, aussi, avec leurs parents).

classe, sans les présider. Ils interviennent afin qu'aucun aspect important des questions traitées ne soit laissé de côté.

2. Le Parlement se réunit tous les huit jours, à heure fixe.

3. Les problèmes présentés devant le Parlement ne sont pas résolus en une seule séance, mais à la séance qui suit celle où ils sont présentés. Entre-temps, les représentants des classes sont invités à les soumettre à leurs classes respectives. Les classes les discutent et la discussion aboutit en général à un vote. Le représentant apporte à la séance suivante du Parlement un rapport écrit sur les décisions de la classe ou, en cas de partage des voix, sur les principales options émises. Après l'audition de ces rapports, on résume le débat et le Parlement décide en dernier ressort.

4. Toute proposition soumise par la voie de la *« suggestion box »,* si elle réunit un nombre suffisant de signatures, devra être mise d'office en discussion à la séance suivante du Parlement, sans que celui-ci soit tenu de prendre à son sujet une décision. Les auteurs de l'initiative devront la signer, souligner leur nom et s'attendre à être appelés devant le Parlement pour y justifier leur proposition.

5. En vue de nourrir l'intérêt des discussions et de permettre à l'école de voir comment ses représentants comprennent leur mission, on autorise deux membres de chaque classe à assister aux séances du Parlement en qualité de visiteurs, sans voix consultative ni droit de vote. Il appartient à chaque classe de décider comme elle l'entend le roulement de ceux de ses membres qui pourront aller assister à ces séances.

Parmi les divers problèmes étudiés, une question capitale et qui touche aux racines mêmes du système représentatif a été discutée : celle du mandat impératif. Les membres du Parlement devaient-ils être les « délégués » de la majorité de leur classe et défendre les opinions de cette majorité, ou en être les « représentants », chargés de présenter les vœux de leurs électeurs, mais libres d'exprimer leur propre conviction et de voter en conformité avec celle-ci – sauf, en cas de désaccord avec leurs mandants, à résigner leur fonction ? Dans le premier cas, le mandat impératif fait du délégué seulement un avocat chargé de plaider dans un sens défini. Dans le second cas, il est choisi comme mandataire pour sa valeur propre, sa compétence à s'informer, juger et décider pour le bien public. Après une discussion ardente, on laissa finalement à chaque classe le soin de décider par elle-même quelle serait l'attitude de ses représentants.

De nombreuses charges, pour le bien public, sont réparties entre les élèves. Certaines sont assumées volontairement, d'autres sont des services demandés. Ainsi se crée une vie sociale active dont chacun se sent partie prenante.

La libre communauté scolaire d'Odenwald

À *« La libre communauté scolaire » d'Odenwald,* qui rassemble des filles et des garçons[213], l'Assemblée générale – l'« Assemblée d'école » – est maîtresse absolue de l'organisation collective, y compris – il faut le souligner – pédagogique, laquelle repose sur une logique de parcours flexibles se substituant à celle des classes annuelles figées. Cette Assemblée est composée des élèves, des maîtres et des autres membres du personnel. Elle est le forum d'une petite république.

> *« C'est devant l'Assemblée que, chaque mois, les groupes d'étude viennent rendre compte de leur travail ; devant elle que sont apportées toutes les idées importantes, non seulement celles qui intéressent directement l'organisation de la petite communauté scolaire, mais celles aussi qui préoccupent tout le monde : actualité politique, problèmes économiques, questions de psychologie, voire de philosophie[214]. On a décidé que, si le sujet dépasse la portée des petits, ceux-ci pourraient se retirer après la partie administrative de la réunion. Ils font rarement usage de ce droit… L'Assemblée générale se réunit une fois par semaine, mercredi après-midi de 5 à 7 heures. C'est un élève – ou une élève – qui la préside. L'ordre du jour naît des circonstances mêmes de l'école ou de l'actualité mondiale. Toutefois on ne traite un sujet que s'il est porté à l'ordre du jour et cet ordre du jour est affiché dès la veille. »*[215]

Chaque élève étudie deux branches intellectuelles et une branche manuelle par mois. Le choix des cours à suivre est laissé à l'élève qui le règle d'après ses goûts, ses études antérieures, le but qu'il poursuit, éventuellement les examens qu'il compte préparer plus tard, et les conseils de ses professeurs. Les cours constituent des groupements de travail. Des réunions spéciales, qui durent plusieurs heures, ont lieu lors de la clôture mensuelle des cours. Les élèves présentent des rapports qui donnent un aperçu de l'ensemble et développent telle ou telle partie susceptible d'intéresser tout le monde. Puis les « surveillants des cours » qui sont aussi des élèves, disent quelques mots de la discipline dont ils avaient la responsabilité. Enfin les maîtres donnent un aperçu du but poursuivi et de la méthode employée. Ainsi les élèves assurent-ils un contrôle général du travail de leur école…

---

213. Cette particularité était rare à cette époque. Il est notable que, dès 1890, Paul Geheeb entretenait des liens étroits avec le mouvement féministe allemand.

214. *« C'est là que les divers incidents, gros ou petits, étaient rapportés et discutés, c'est là que l'on retournait les questions importantes concernant l'école ou le monde extérieur, et que les décisions étaient prises ou refusées ».*
Cf. l'article sur Paul Geheeb sur le site Wikipedia : ☞ *http://fr.wikipedia.org/wiki/Paul_Geheeb*

215. Adolphe Ferrière, *L'autonomie des écoliers dans les communautés d'enfant, op. cit.*

Paul Geheeb avait coutume de dire que même si l'Assemblée prenait une décision contraire à ses sentiments personnels, il s'inclinerait, car pour lui *« l'erreur est un élément nécessaire dans la vie. Il en faut, dans la vie privée comme dans la vie publique. S'il n'y en avait pas, il faudrait l'inventer ! L'erreur, cause de souffrance, est le ferment actif de l'expérience. Or il n'y a pas de progrès véritable sans expérience ».*

Nous connaissons mieux, aujourd'hui, le statut de l'erreur dans le champ cognitif. Aussi ce positionnement de Paul Geheeb nous incite-t-il à l'approfondir dans le champ social et institutionnel :

– quelles attitudes et démarches adopter en présence des décisions que nous considérerions comme des erreurs ?

– jusqu'où peut-on laisser une collectivité d'enfants se tromper dans ses choix ?

– y a-t-il des limites que nous ne laisserions pas dépasser, des expériences que nous ne pourrions pas laisser faire, parce qu'elles seraient dangereuses pour les individus et pour la collectivité tout entière ?

L'étude des expériences de ces pionniers souvent charismatiques montre qu'ils se posaient déjà des questions qui sont encore les nôtres aujourd'hui. Leurs réponses sont donc pour nous, non pas des modèles à suivre, mais des pistes pour en créer des nouvelles, adaptées aux conditions particulières du contexte dans lequel chacun de nous mène son action.

Tous ces pionniers mais aussi, plus tard, la plupart des militants des mouvements pédagogiques et d'éducation populaire, en s'appuyant sur leurs convictions éducatives et politiques, ont associé les enfants à des décisions de plus ou moins grande ampleur dans les groupes et collectivités dans lesquels ils travaillaient et leur ont reconnu des droits et des libertés. Mais l'exercice de ces droits dépendait de leurs propres capacités de résistance aux oppositions qu'ils pouvaient rencontrer, notamment dans leur environnement idéologique et politique.

Aujourd'hui, nous sommes entrés dans une autre logique. Tous les enfants ont un droit de participation, reconnu, au processus décisionnel au sein des collectivités où ils vivent. Nous n'avons plus à leur octroyer des droits mais à assumer une *double obligation, institutionnelle et éducative :* leur offrir les conditions permettant l'exercice de ces droits et libertés et, pour cela, apporter des réponses pertinentes aux nombreuses questions qui se posent, qu'ils se posent et qu'ils nous posent. Et, parmi celles-ci, la suivante : pourquoi la société des adultes, tout en survalorisant ses enfants, a-t-elle aujourd'hui tendance à considérer qu'ils lui posent tant de problèmes alors qu'ils lui posent surtout tant de questions, dont ils brûlent comme toujours de débattre avec elle ? Trois expériences permettent d'illustrer à quelles conditions il est possible de répondre à ces attentes et à ce qui les fonde, tant du point de vue des adultes que de celui des enfants.

Des Conseils d'Enfants École

À Nantes, dans les années 1990, des *Conseils d'Enfants École*[216] ont été créés dans plusieurs écoles, pour répondre à *deux exigences* différentes :

– mettre en place une éducation à une citoyenneté active et responsable, prenant en compte les droits et libertés de l'enfant et la possibilité d'une participation démocratique ;

– trouver des solutions aux problèmes posés par des comportements parfois violents, dans les espaces collectifs de l'école, en y faisant participer les enfants.

Cette expérience était encouragée par la ville de Nantes, l'Inspection académique et l'Institut universitaire de formation des maîtres (IUFM)[217]. L'un de nous était chargé de l'accompagner en tant qu'enseignant-chercheur à l'IUFM.

L'analyse du fonctionnement de ces *Conseils d'Enfants École,* menée avec des enseignants et des enfants, montrait des divergences sur divers points :

– les droits et obligations des enfants et des adultes dans l'école ;

– les limites à poser pour l'exercice des droits et libertés reconnus aux enfants ;

– les modalités d'application des décisions prises ;

– le respect des règles par les enfants et les adultes ;

– les procédures disciplinaires et les sanctions ;

– le choix et le rôle des délégués représentant leurs classes.

Il était donc intéressant de se référer aux travaux des pionniers de l'Éducation nouvelle, de l'École socialiste et de l'Éducation libertaire[218] afin de pouvoir proposer des éléments de réponse aux interrogations suscitées par ces divergences. L'étude des expériences menées et décrites par Adolphe Ferrière[219], Paul Robin, Francisco Ferrer, Moisei Pistrak[220], Anton

216. Pour plus de détails, cf. : Jean Le Gal, « La participation démocratique à l'école : le Conseil d'enfants école », ☞ *www.meirieu.com/ECHANGES/legal_participation.pdf ;* et Jean Le Gal, *Le conseil d'enfants de l'école,* Éditions de l'ICEM, 2001.

217. Voir en annexe 3 le Protocole d'accord, qui est demeuré unique en France.

218. Jean Marc Raynaud, Guy Ambauves, *L'Éducation libertaire,* Éditions Spartacus, 1978.

219. Adolphe Ferrière, *L'autonomie des écoliers dans les communautés d'enfants, op. cit.*

220. Moisei Mikhailovich Pistrak, *Les problèmes fondamentaux de l'école du travail, op. cit.*

Makarenko, Janusz Korczak[221], Alexander Sutherland Neil[222], Célestin et Élise Freinet[223] montre qu'entre tous ces éducateurs, agissant dans des contextes politiques, sociaux et culturels différents, des points communs existent :

- un profond respect des enfants et des jeunes et de leurs droits ;
- la remise en cause du rapport autoritaire adultes-enfants ;
- la mise en œuvre d'une créativité institutionnelle qui permet à chaque collectif de construire et faire évoluer ses institutions, ses structures participatives et ses règles de vie ;
- une réelle confiance dans la capacité des enfants à participer individuellement et collectivement à l'auto-organisation de leur école.

Ces expériences témoignent de ce que la participation des enfants et des jeunes au processus décisionnel n'est pas un fait nouveau et qu'un collectif éducatif peut devenir un lieu où chaque enfant a la possibilité de :

- participer aux décisions collectives en donnant son avis, en défendant son point de vue, en faisant des choix, qu'il s'agisse d'activités, d'organisation ou de règlements et de règles de vie ;
- s'engager dans des projets collectifs réels, négociés et contractualisés, dans lesquels il doit assumer sa part coopérative ;
- prendre des responsabilités qui marquent son appartenance à la communauté et dont il rend compte ;
- s'ouvrir aux autres et mieux les comprendre en coopérant avec eux.

L'enfant y découvre progressivement les règles de la vie en société et les valeurs qui les fondent, et il apprend à vivre avec les autres en coopérant avec eux à la réalisation d'objectifs et de projets communs.

Mais cette participation démocratique des enfants demande à chaque équipe éducative de bien se mettre d'accord sur les principes, les institutions, les démarches, la place des adultes et des enfants. Puis, au cours du processus d'innovation en œuvre, elle doit être attentive au déroulement de l'expérience, aux difficultés, aux perturbations, afin d'apporter constamment des réponses aux problèmes en faisant participer les enfants aux analyses et à la recherche des solutions institutionnelles, relationnelles, matérielles... Les organisations démocratiques créées par chaque collectivité témoignent d'une grande richesse novatrice et nous incitent à ne pas tomber dans une

221. Janusz Korczak, *Comment aimer les enfants*, Laffont, 1978.

222. Alexander Sutherland Neill, *Libres enfants de Summerhill*, La Découverte, 1970.

223. Élise Freinet, *Naissance d'une pédagogie populaire*, Maspero, 1971.

organisation-type qui tendrait à s'imposer à tous. La **créativité institutionnelle participative** doit demeurer un **principe majeur.**

Se pose dès lors la question des conditions et des moyens de la généralisation de ce qui, nourri d'un ensemble d'expériences locales, devrait devenir la règle en matière d'organisation et de fonctionnement démocratiques des institutions éducatives, et notamment scolaires.

Les droits politiques des enfants concernent chaque enfant. À l'école, ils doivent pouvoir s'appliquer aussi à toute la classe et, on vient de le voir avec les *Conseils d'enfants* de Nantes, à toute l'école, voire à plusieurs écoles d'une même ville. Mieux encore, et dans l'idéal d'un projet éducatif territorial qui les placerait au cœur de ses principes d'organisation et de fonctionnement, ils peuvent concerner toutes les écoles d'une même ville ou, lorsque l'inspecteur de l'Éducation nationale en prend ou en rejoint l'initiative, toute une circonscription scolaire. Dans ce cas, les procédures mises en œuvre sont intéressantes à identifier car elles peuvent être reprises dans d'autres collectivités.

L'école Anatole France, à Vaulx-en-Velin

À l'école Anatole France, à Vaulx-en-Velin, où les enfants exerçaient une réelle participation démocratique[224], les classes du cycle 3 ont voulu rechercher quels étaient les droits qui pourraient s'exercer dans l'ensemble des classes de leur école[225] afin que chaque enfant dispose d'un « Livret de droits » sur lequel apparaîtraient les sanctions en cas de transgression des limites et les obligations posées.

La procédure retenue a prévu *quatre temps :*

- réflexion, dans chaque classe, aux droits des enfants dans l'école ;
- retour aux adultes pour classification ;
- réflexion sur les droits que l'on ne peut pas supprimer ;
- élaboration par les enseignants d'une grille des droits.

Les droits proposés par les enfants ont concerné la classe (le comportement, le travail, le droit de participer au conseil, le droit d'avoir un accueil), la récréation et le droit de choisir ses activités.

224. Cf. Jean Le Gal, *Les droits de l'enfant à l'école – Pour une éducation à la citoyenneté, op. cit.*

225. Chantal Nay, Martine Sautereau, Vincent Dupuy, Yvette Fougères, « Les droits de l'enfant à l'école », *Freinésies,* n° 24, mars-avril 2002.

La circonscription de Nice VIII

Dans la circonscription de Nice VIII, Jacques Jourdanet, inspecteur de l'Éducation nationale et membre de l'ICEM, prend l'initiative, en 2004-2005, de proposer à toutes les écoles élémentaires de cette circonscription de construire, avec la participation active des enfants, une « Charte des droits des écoliers de la circonscription »[226]. On procède en *plusieurs étapes*.

1. Élaboration de propositions au sein des classes :

– chaque enfant réfléchit quelques minutes en réponse à la question : d'après moi, chaque enfant, à l'école, devrait avoir le droit de… ;

– échanges en commun ;

– examen des propositions : garder toutes les propositions qui sont bien des droits des écoliers ; reformuler les mêmes droits en un seul ; classer ces droits en choisissant des critères de classement ; rédiger les différents droits avec l'aide de l'enseignant ;

– l'inspecteur de l'Éducation nationale (IEN) propose aux enfants d'essayer de faire en sorte que les droits retenus soient respectés. Ils observent les réussites et notent les difficultés.

2. Synthèse des propositions en circonscription :

– un enseignant et un enfant de chaque école se réunissent pour élaborer un document prenant en compte tous les droits proposés ;

– le document de synthèse, qui comporte 130 droits classés, est envoyé à chaque enfant pour expérimentation.

3. Sélection de propositions, au sein de chaque école :

– après examen critique des propositions, celles-ci sont expérimentées dans les classes et les écoles ;

– au bout de quelques jours, elles sont classées en deux catégories de droits : ceux que les enfants souhaitent conserver, ceux qu'ils ne retiennent pas, en expliquant pourquoi. Les décisions seront prises par consensus.

4. Deuxième synthèse en circonscription et retour dans les écoles du projet de Charte :

– 105 droits sont retenus.

---

226. *Élaboration de la charte des droits de l'enfant de la circonscription de Nice VIII,* Pratiques et éducation civique à l'école primaire, CRDP de Nice, 2005.

5. *Expérimentation dans les classes et les écoles :*

– les classes envoient à l'IEN le compte-rendu des réussites et des difficultés.

6. *Dernière synthèse en circonscription :*

– rédaction et remise d'un exemplaire de la version définitive de la Charte à chaque enfant des classes participantes.

La Charte comporte de nombreux droits classés en plusieurs champs :

– mes droits d'écolier en général ;

– mes droits d'écolier en classe : les enfants – les adultes – les choses – le fonctionnement de ma classe – le fonctionnement de notre école ;

– mes droits d'écolier pendant les récréations : les enfants – les adultes – les choses – le fonctionnement de notre école ;

– mes droits d'écolier pendant l'interclasse de midi ;

– mes droits d'écolier hors de l'école.

Jacques Jourdanet, dans une lettre aux enfants, les félicite pour leur engagement et leur dit l'importance du travail qu'ils ont mené dans le cadre de leur apprentissage de la citoyenneté responsable et en vue de sa mise en pratique. Cette démarche *« aura permis aux enfants et aux adultes de devenir fortement concernés par les droits des personnes et d'en acquérir une culture suffisamment approfondie pour comprendre le devoir comme un engagement personnel en contrepartie du droit que chacun-e veut se voir reconnaître par les autres ».*

Les enseignants de l'école Anatole France et Jacques Jourdanet ont mis en place des procédures qui ont permis aux enfants de participer à la recherche des droits qu'ils pourraient exercer dans l'école. Les décisions prises, par consensus, l'ont été par les enfants et les adultes réunis, ou leurs représentants, après des débats et des expérimentations.

Si nous voulons faire des droits, et du droit, des soubassements de l'organisation démocratique de l'école et des autres structures éducatives, il est important de mener ce type de réflexion, avec les enfants, en réponse par exemple à *deux questions :*

– quels droits et libertés vous sont reconnus actuellement ?

– quels droits et libertés aimeriez-vous pouvoir exercer mais ne vous sont pas reconnus actuellement ?

Rappelons toutefois qu'il existe aujourd'hui des droits reconnus aux enfants par la Convention internationale des droits de l'enfant, qui ne relèvent pas du pouvoir de décision des adultes et des enfants, et qui sont donc imprescriptibles. Seules les modalités de leur mise en œuvre peuvent faire l'objet de concertations et de codécisions. Nous verrons ci-dessous comment procéder, et sur la base de quels principes. À ces droits universels de l'enfant, peuvent venir s'ajouter des droits imprescriptibles de l'écolier, de l'apprenant, du convive du restaurant scolaire, de l'enfant engagé dans les activités de l'accueil postscolaire ou du centre de loisirs, etc.

C'est ainsi que Philippe Perrenoud, professeur en sciences de l'éducation à l'Université de Genève, pour tenter de « rendre le métier d'élève plus vivable », a montré qu'un certain nombre de droits de l'apprenant devraient être imprescriptibles[227]. Il en identifie dix :

- le droit de ne pas être constamment attentif ;
- le droit à son for intérieur ;
- le droit de n'apprendre que ce qui a du sens ;
- le droit de ne pas obéir six à huit heures par jour ;
- le droit de bouger ;
- le droit de ne pas tenir toutes ses promesses ;
- le droit de ne pas aimer l'école et de le dire ;
- le droit de choisir avec qui on veut travailler ;
- le droit de ne pas coopérer à son propre procès ;
- le droit d'exister comme personne.

Pour Sylvain Connac, il convient de préciser les droits fondamentaux que les élèves des classes coopératives peuvent légitimement revendiquer. À cet effet, il propose une Charte des droits de l'enfant en classe coopérative[228], qui classe 28 droits dans trois champs : le champ des besoins fondamentaux, le champ du travail scolaire, le champ des compétences sociales.

L'un de nous ayant mené, en formation d'éducateurs de jeunes enfants, une réflexion sur les droits du jeune enfant dans une crèche, nous nous sommes aussi demandé avec eux quels pourraient être les dix droits imprescriptibles, qui s'imposeraient à toutes les structures d'accueil de la petite enfance. Quatre groupes ont réfléchi et proposé, après des échanges souvent animés, chacun une liste de dix droits. Les droits retenus étaient divers.

227. Philippe Perrenoud, « Les droits imprescriptibles de l'apprenant », *Éducations*, décembre 1994-janvier 1995.

228. Sylvain Connac, *Apprendre avec les pédagogies coopératives*, ESF, 2009.

Nous avons donc mené une longue réflexion pour aboutir à un consensus autour de la liste suivante :

– le droit à l'expression et à la parole ;

– le droit d'être respecté ;

– le droit à l'intimité ;

– le droit à l'affection ;

– le droit de s'opposer ;

– le droit de donner son avis et de ne pas être d'accord ;

– le droit d'avoir son propre rythme ;

– le droit au choix dont celui de ne rien faire ;

– le droit d'être différent ;

– le droit au respect de son corps.

Ce choix ne valait évidemment que pour ce groupe de formation, d'autres auraient opté pour d'autres droits. Cet exercice nous a montré des appréciations individuelles fort différentes d'un éducateur à l'autre, la difficulté d'arriver à un accord, le temps qu'il fallait y consacrer, mais aussi la nécessité de mener à bien cette réflexion, avec tous les acteurs concernés, et d'organiser des expérimentations et des observations sur le terrain. Nous nous sommes aussi demandé comment valider, dans une structure, le choix des droits, des principes, des valeurs, des finalités, des objectifs... afin qu'ils soient incontournables pour tous, non négociables. Il nous est apparu nécessaire qu'une Charte et/ou un règlement intérieur, ayant un statut de « légalité » au sein de la structure, soit élaboré et adopté par une instance ayant ce pouvoir : Conseil d'établissement (quand il existe) dans les structures publiques, Assemblée générale ou Conseil d'administration dans les structures associatives.

Les expériences menées, avant et depuis l'adoption de la CIDE, montrent donc que les enfants peuvent participer activement et de manière responsable à la gestion des structures qui les accueillent, à la conception, à la mise en œuvre, au suivi et à l'évaluation d'un projet qui les concerne, et en toutes ces circonstances à la représentation de leurs pairs. Au-delà de la vie même des structures, ils peuvent émettre des avis pertinents sur des questions de politiques publiques et participer à des actions de solidarité internationale.

La participation démocratique des enfants doit s'exercer dans tous les lieux où ils vivent et/ou sont accueillis : familles, écoles, espaces de loisirs, lieux d'accueil, structures associatives de proximité, quartiers et villes. Mais, pour que leur participation ait un sens, il est impératif que leur engagement soit lié directement à leur expérience personnelle et soit vécu par eux-mêmes comme un domaine d'intérêt primordial. Quatre séries de recommandations générales doivent être faites à ce sujet.

À propos de la connaissance et de l'exercice des droits et des libertés – Dès le début de l'année (généralement scolaire plutôt que civile), il est important que les enfants sachent quels sont les droits et les libertés qu'ils peuvent exercer au sein d'une structure démocratique dans laquelle ils pourront donner leur avis et être associés collectivement aux décisions.[229]

À propos de la connaissance et du respect des limites et des obligations – Les enfants doivent apprendre que, dans la structure, l'exercice des droits et des libertés a des limites car la vie collective impose des obligations et des contraintes : respect des autres et de leurs droits, respect des objectifs du projet pédagogique, respect de l'environnement et du matériel… Dans une organisation démocratique, les règles de base sont négociées et décidées ensemble entre les adultes et les enfants. Elles peuvent être modifiées, mais en respectant une procédure démocratique. Les limites doivent être explicites. Les adultes peuvent en imposer mais en les expliquant du fait de leurs responsabilités à l'égard des finalités de la structure, des objectifs du projet. Il doit être clair pour tous que ceux qui ne les respecteront pas, enfants et adultes, devront en répondre. À cet effet, certaines structures adoptent une charte ou un règlement qui précise quels sont les droits et obligations des différentes personnes qui la composent et comment ils s'exerceront.

À propos des projets collectifs – Les enfants doivent comprendre de quoi relève le projet collectif qu'ils sont invités à investir, à quoi il sert et quel va être leur rôle dans son déroulement. Il est nécessaire que le niveau de participation du projet auquel les enfants sont conviés soit clairement explicité : consultation, concertation, coconstruction ou codécision.

À propos des rapports de pouvoir et des structures décisionnelles – Ici aussi, une absolue transparence est requise. Puisque nous nous inscrivons dans un système démocratique participatif, les enfants, mais aussi tous les adultes, ont le droit de connaître quel est le partage du pouvoir : qui décide ? de quoi ? Ils doivent savoir ce qui est négociable et ce qui ne l'est pas. Ayant le droit de défendre leurs droits, ils doivent aussi connaître les moyens démocratiques de protester contre des abus de pouvoir, des violations de leurs droits ou des décisions collectives prises, des actes de non-respect des règlements et règles de vie.

229. Jean Le Gal, « Les droits reconnus aux enfants dans les structures éducatives », *Le Nouvel Éducateur,* n° 208, juin 2012, et *Le Journal du Droit des Jeunes,* n° 316, juin 2012.

Les modalités de mise en œuvre et de développement de la participation démocratique dans la classe et dans l'école

Dans sa première « Observation générale » thématique, rédigée en 2001 et qu'il décida de consacrer aux « buts de l'éducation », le Comité des droits de l'enfant des Nations, instance d'experts internationaux chargée d'évaluer régulièrement l'application de la Convention internationale des droits de l'enfant[230] écrit :

> *« Les enfants ne sont pas privés de leurs droits fondamentaux du seul fait qu'ils franchissent les portes de l'école. Ainsi, par exemple, l'éducation doit être dispensée dans le respect de la dignité inhérente de l'enfant et doit permettre à l'enfant d'exprimer ses opinions librement conformément au paragraphe 1 de l'article 12 et de participer à la vie scolaire. »*[231]

Nous avons décrit certaines des bases historiques, politiques et juridiques de ces affirmations et laissé entrevoir la faisabilité expérimentale, ici ou là, de leurs concrétisations. Mais comment procéder en pratique pour en diffuser les tenants et en consolider les aboutissants ? Quelles questions préalables convient-il d'identifier et de traiter ? Quels principes faut-il activer ? Quels types de structures participatives peut-on instituer ?

Les questions suscitées par la mise en œuvre du droit de participation démocratique

Les recherches menées pour organiser démocratiquement les classes et les écoles, qu'elles soient coopératives, autogestionnaires ou institutionnelles, ont amené les Mouvements pédagogiques et d'éducation populaire à soulever de nombreuses interrogations, auxquelles ils ont cherché des réponses théoriques et pratiques.

La reconnaissance, par la CIDE, d'un droit de participation démocratique a évidemment suscité un ensemble de nouvelles questions aussi nouvelles qu'incontournables, notamment en milieu scolaire. Nous en identifions *sept grandes catégories* d'ordre général.

---

230. Cf. articles 43 à 45 de la CIDE. L'article 45 prévoit que *« le Comité peut faire des suggestions et des recommandations d'ordre général fondées sur les renseignements reçus en application des articles 44 et 45 de la présente Convention. Ces suggestions et recommandations d'ordre général sont transmises à tout État intéressé et portées à l'attention de l'Assemblée générale* [de l'ONU], *accompagnées, le cas échéant, des observations des États parties ».*

231. *Les buts de l'éducation,* Première Observation générale du Comité des droits de l'enfant des Nations Unies, 2001, ☞ *www1.umn.edu/humanrts/crc/French/general_comments/gc_1.html*

– La participation étant un droit, comment faire pour que, en tenant compte de l'évolution de leurs capacités, tous les enfants puissent donner leur avis et participer, directement ou par l'intermédiaire de leurs représentants, aux débats et aux décisions sur les affaires qui les concernent, ainsi qu'à la mise en œuvre de ces décisions ?

– Dans quels domaines les enfants pourront-ils exercer, seuls, un pouvoir de décision, et en assumer la responsabilité ? Dans quels domaines pourront-ils participer au processus décisionnel avec les adultes ? Dans quels domaines le pouvoir décisionnel appartiendra-t-il aux adultes seuls ?

– En s'appuyant sur la créativité institutionnelle de chaque enfant et sur celle du groupe, quels structures, institutions, démarches, outils, règles de vie doivent-ils être mis en place pour que cette participation puisse pleinement s'exercer ?

– Quels droits et libertés, des enfants et des adultes, pourront-ils s'exercer au sein des collectifs démocratiques ? Comment leur exercice sera-t-il organisé : modalités, limites, obligations, transgressions ?

– Comment apporter des réponses éducatives aux conflits et aux infractions, avec la participation des enfants, en respectant leur dignité et les principes fondamentaux du droit ?

– Quelles compétences sont-elles nécessaires pour que chacun puisse exercer son droit de participation au sein de la collectivité (prise de parole dans un groupe, argumentation, animation, négociation, prise de décision, exercice des responsabilités…) ? Quels apprentissages mettre en place pour que tous soient formés à être des citoyens actifs et responsables ?

– Comment informer et former les adultes – parents, enseignants, éducateurs, animateurs, élus – afin qu'ils soient en mesure de créer un environnement favorable à l'expression de l'enfant et à sa participation responsable ?

Le tableau ci-dessous propose de décliner chacune de ces questions d'ordre général en une série de questions opérationnelles auxquelles il convient d'essayer de répondre avant et/ou afin de passer des intentions aux réalisations institutionnelles en matière de participation démocratique des enfants. Il est loin d'être exhaustif et doit être complété par de nouvelles interrogations et par de nouvelles pistes de réponses issues de l'analyse des pratiques.

La participation est un droit *La participation étant un droit, comment faire pour que, en tenant compte de l'évolution de leurs capacités, tous les enfants puissent donner leur avis et participer, directement ou par l'intermédiaire de leurs représentants, aux débats et aux décisions sur les affaires qui les concernent, ainsi qu'à la mise en œuvre de ces décisions ?* Cette question concerne tout collectif et les parties de ce collectif (classes, groupes, ateliers, etc.).	***Conditions préalables*** • Les enfants ont-ils été informés de leur droit de participation et de la Convention internationale des droits de l'enfant ? • Le droit de participation des enfants au pouvoir décisionnel, avec ses modalités d'application, est-il inscrit dans un texte général : Constitution, Charte, Règlement intérieur… ? ***Application*** • De la proposition à la prise de décision et à son application, quel est le cheminement d'une proposition ? • Comment les propositions sont-elles préparées et débattues dans les classes, les groupes ? Quelles difficultés ? • Quel est le rôle des représentants ou des délégués ? • Comment les décisions sont-elles prises ? • Qui est garant de l'application ? • Qui choisit les responsables ? • Quels sont les problèmes rencontrés ? ***Questions générales*** • Comment faire pour que les enfants se sentent concernés par la vie et la gestion de la collectivité ? • Lorsque les enfants sont détenteurs d'un réel pouvoir individuel et collectif dans leur classe ou leur groupe, ressentent-ils le besoin d'intervenir dans la gestion de la collectivité ?

Démocratiser les relations éducatives, F. Jésu, J. Le Gal, Chronique sociale.

Participation et pouvoir de décision *Dans quels domaines les enfants pourront-ils exercer, seuls, un pouvoir de décision, et en assumer la responsabilité ?*	• Comment le partage du pouvoir décisionnel s'est-il mis en place ? Les enfants ont-ils été consultés pour savoir ce sur quoi ils souhaitaient pouvoir donner leur avis, décidés seuls ou être associés aux décisions ? • L'organisation du pouvoir décisionnel fait-elle l'objet d'une Constitution, d'une Charte, d'un Règlement intérieur… ? ***Pouvoir de décision du collectif des enfants*** • Quels domaines relèvent-ils de leur pouvoir collectif de décision ? Qui a validé ce droit ? • Quelles institutions, démarches, responsabilités, outils, formation, ont-ils été mis en place pour qu'ils puissent décider seuls et assumer la responsabilité des décisions prises ?
Dans quels domaines pourront-ils participer au processus décisionnel avec les adultes ?	***Partage du pouvoir de décision, codécision*** • Quels domaines relèvent-ils de la codécision enfants-adultes ? Qui en a décidé ? • Quelles institutions ont-elles été mises en place pour permettre cette codécision : – Assemblée générale réunissant tous les acteurs ? – Parlement avec représentants des enfants et des adultes ? – Conseil de délégués ? • Quelles sont les procédures de décision ?
Dans quels domaines le pouvoir décisionnel appartiendra-t-il aux adultes seuls ? Pour partager, ou non, son pouvoir de décision, l'équipe éducative doit déterminer quel est le champ de son pouvoir.	• Quels domaines sont-ils réservés au pouvoir décisionnel de l'institution ? de l'équipe éducative ? du Conseil d'école ? • Qui en a décidé ? • Comment cela est-il présenté aux enfants ? • Les enfants sont-ils consultés avant certaines décisions et comment (procédures, structures) ?

Démocratiser les relations éducatives, F. Jésu, J. Le Gal, Chronique sociale.

La créativité institutionnelle *En s'appuyant sur la créativité institutionnelle de chaque enfant et sur celle du groupe, quelles institutions, structures, démarches, outils, règles de vie doivent-ils être mis en place pour que cette participation puisse pleinement s'exercer ?*	Le principe de créativité institutionnelle permet à chaque personne et au groupe de faire évoluer les institutions afin qu'elles soient constamment adaptées aux besoins exprimés ou apparus au cours de l'analyse des pratiques. • Comment les enfants peuvent-ils exercer leur créativité institutionnelle ? • Quelles sont les limites posées à l'évolution possible des institutions ? • Qu'est-ce qui ne peut pas être remis en cause ?
L'exercice des droits et des libertés *Quels droits et libertés, des enfants et des adultes, pourront-ils s'exercer au sein des collectifs démocratiques ?* *Comment leur exercice sera-t-il organisé : modalités, limites, obligations, transgressions ?*	• Les droits imprescriptibles des enfants et des adultes ont-ils fait l'objet d'une recherche et d'une décision ? Si oui, comment ? • Sont-ils garantis par leur inscription dans un texte : Convention ? Charte ? Règlement intérieur ? • La liberté d'aller et venir et la possibilité d'activité autonome sans surveillance directe des adultes sont-elles inscrites dans le règlement intérieur ? • Le règlement intérieur a-t-il fait l'objet d'un contrôle de légalité ? • Comment l'exercice d'un droit est-il organisé (modalités d'exercice, obligations, limites, procédure en cas de non-respect…) ? • Comment est-il tenu compte, dans l'exercice des droits et libertés, de l'évolution des capacités des enfants ?
La discipline éducative et participative *Comment apporter des réponses éducatives aux conflits et aux infractions, avec la participation des enfants, en respectant leur dignité et les principes fondamentaux du droit ?*	• Les adultes sont-ils tenus, comme les enfants, de respecter les règles de vie ? • Les procédures disciplinaires et les sanctions au niveau du collectif sont-elles inscrites dans un règlement intérieur général ? • Si oui, comment celui-ci a-t-il été élaboré ? Par qui ? Qui l'a validé ? • Que se passe-t-il lorsqu'une transgression a lieu dans les espaces collectifs ? • Les enfants participent-ils aux interventions en cas de transgression : responsables du respect des règles ? médiateurs ? • Les enfants participent-ils aux décisions en cas de transgression ? Si oui comment ? Assemblée générale ? Conseil ? Tribunal d'arbitrage (cf. Korczak) ? • Les adultes répondent-ils de leurs actes devant les enfants ?

Apprentissages *Quelles compétences sont-elles nécessaires pour que chacun puisse exercer son droit de participation au sein de la collectivité (prise de parole dans un groupe, argumentation, animation, négociation, prise de décision, exercice des responsabilités…). Quels apprentissages mettre en place pour que tous soient formés à y être des citoyens actifs et responsables ?*	• La participation démocratique exige des compétences. Or pour que les enfants aient confiance dans les structures participatives, celles-ci doivent être efficaces. • Comment concilier cette efficacité des institutions et la nécessité que tous puissent participer à leur fonctionnement (animation, responsabilités, etc.) afin d'éviter la formation d'une « élite de spécialistes » ? • Quelles compétences sont-elles nécessaires pour exercer une participation active et responsable au sein du collectif ? • Quelles formations ont été mises en place pour que tous soient formés à l'acquisition et à la mise en pratique de ces compétences ?
Information et formation *Comment informer et former les adultes – parents, enseignants, éducateurs, animateurs, élus – afin qu'ils soient en mesure de créer un environnement favorable à l'expression de l'enfant et à sa participation responsable ?*	• L'équipe éducative informe-t-elle ses partenaires (parents, élus, etc.) sur le droit de participation et les libertés reconnus aux enfants et sur les pratiques qu'elle met en œuvre ? • A-t-elle engagé des relations avec des partenaires favorables au droit de participation des enfants afin de partager les expériences ? • A-t-elle mis en place des expérimentations avec ses partenaires (avec les parents ou d'autres en matière de démocratie familiale, par exemple) ? • Quelle formation-action mettre en place pour et avec les professionnels de l'enfance et les parents ?

Démocratiser les relations éducatives, F. Jésu, J. Le Gal, Chronique sociale.

Des principes fondamentaux à respecter

Pour que les institutions et démarches mises en œuvre respectent réellement le droit de participation démocratique dont chaque enfant est titulaire, il semble nécessaire de tenir compte de *trois principes fondamentaux :*

– la participation étant un droit, chacun doit pouvoir donner son avis et participer, directement ou par l'intermédiaire de ses représentants, aux débats et aux décisions qui le concernent et à leur application ;

– tous doivent pouvoir prendre des responsabilités ;

– tous les enfants ont le droit d'être formés à cette prise de parole et de responsabilité puisque tous ont le droit de devenir des acteurs à part entière de la communauté éducative.

Principe 1 – *La participation étant un droit, chacun doit pouvoir donner son avis et participer, directement ou par l'intermédiaire de ses représentants, aux débats et aux décisions qui le concernent et à leur application*

La participation au processus décisionnel est à la fois une revendication historique citoyenne des habitants dans la ville et aujourd'hui un droit reconnu aux enfants et aux jeunes.

En 1969, Sherry Arnstein, une consultante américaine, a proposé l'idée d'une *échelle de participation* qui comprendrait plusieurs niveaux, chaque barreau mesurant le pouvoir du citoyen. À mesure que l'on gravit les barreaux, on s'élève d'un niveau moins participatif à un niveau plus participatif.

Roger Hart, un universitaire anglais, s'inspirant du travail de Sherry Arnstein, élabore par la suite une *échelle de participation de huit degrés* afin de visualiser le degré de participation de l'enfant[232]. Pour lui, de nombreux facteurs entrent en jeu dans l'appréciation du degré de participation à un programme donné. Il attire l'attention sur l'importance première de la question du choix : un projet clair explicite ses motifs, ses objectifs et ses modalités afin que l'enfant soit en mesure de choisir s'il veut ou non y participer.

Roger Hart nous met en garde contre ce qu'il appelle une « participation frivole », une exploitation des enfants au service de nos propres objectifs. Au bas de l'échelle, il situe *trois niveaux de « non-participation »*.

1. La manipulation

Pour illustrer cette notion, Roger Hart décrit plusieurs types de situations :

---

232. Roger Hart, « La participation des enfants : de la politique de participation symbolique à la citoyenneté », Rapport à l'Unicef, 1992.

– les enfants sont entraînés par les adultes à participer à un projet sans en comprendre les finalités ;

– les enfants sont consultés sur un projet, mais il n'est tenu aucun compte de leur avis et ils ne sont pas tenus au courant de l'évolution du projet.

2. La décoration

Il donne l'exemple des dons de tee-shirts, dédiés à certaines causes, que les jeunes vont porter sans savoir ce dont il s'agit.

3. La politique de pure forme

Dans cette situation, les enfants ont apparemment la parole mais ils n'ont pas pu choisir le sujet du débat ou le mode de communication et ils n'ont qu'une possibilité limitée d'exprimer leurs opinions. S'ils sont les représentants d'autres enfants, ils n'ont pas pu s'entretenir avec eux, au préalable, du thème du débat.

Roger Hart définit ensuite *cinq degrés croissants de participation* authentique.

4. Enfants désignés mais informés

Pour qu'un projet puisse être réellement un projet participatif, il faut que les enfants comprennent le pourquoi du projet ; qu'ils sachent qui a pris la décision de les impliquer ; qu'ils aient un rôle significatif et non décoratif ; qu'ils soient volontaires après que le projet leur ait été clairement expliqué.

5. Enfants consultés et informés

Le projet est engendré par des adultes, mais les enfants comprennent de quoi il s'agit et leur opinion est prise en compte.

6. Projet initié par des adultes, décision partagée avec les enfants

Pour Roger Hart, ce sixième échelon est le premier de la vraie participation parce que, bien que les projets soient une initiative des adultes, les décisions opérationnelles sont partagées avec les jeunes. Il cite, par exemple, un journal publié par des enfants mais dont les adultes sont à l'origine et à propos duquel ils partagent les décisions avec eux. C'est le cas de la plupart des journaux dans les écoles primaires.

7. Projet initié et dirigé par des enfants

Les enfants sont en mesure de concevoir et réaliser des projets parfois complexes, même de jeunes enfants s'ils bénéficient de l'aide des adultes. Il est donc important de leur en donner la possibilité, et de les accompagner, si nécessaire, sans intervenir et sans tenter de diriger.

8. Projet initié par des enfants, décisions prises en accord avec les adultes

Ce type de projet est souvent mis en œuvre dans les écoles où les enfants peuvent élaborer des propositions dans leurs classes, les soumettre au

Conseil des délégués par l'intermédiaire de leurs représentants et prendre des décisions soumises ensuite à l'accord du Conseil des maîtres.

Gerison Lansdown, consultante de *« International children's rights »,* se référant à l'article 12 de la CIDE, soutient quant à elle qu'il existe quatre niveaux de participation dans le processus décisionnel : être informé ; exprimer une opinion basée sur l'information ; faire en sorte que cette opinion soit prise en considération ; être principal décideur ou codécideur[233]. La CIDE insiste sur le fait que tous les enfants sont habilités à participer activement à l'exercice de leurs droits d'une manière qui corresponde au développement de leurs capacités. L'exercice des droits dépend donc avant tout de la possession des aptitudes, des connaissances et de la compréhension requises, ainsi que de leur autonomie progressive.

Le concept d'autonomie est fondamental. Ce qui amène Gerison Lansdown à aborder *trois séries de questions*.

1. Quels sont les environnements permettant aux enfants de promouvoir et d'alimenter leurs capacités évolutives, et quels sont les facteurs qui inhibent le développement de leurs potentialités ? Avant d'engager une expérience démocratique participative à l'école, il semble judicieux de mener une étude sur la place de l'enfant dans la société et le milieu familial dont il fait partie, de cerner le degré d'action qui lui est reconnu. Cela peut permettre de mieux faire comprendre, notamment aux parents, l'importance éducative des pratiques participatives pour le développement de leur enfant.

2. Comment garantir aux enfants les occasions et l'assistance nécessaires leur permettant d'assumer la responsabilité d'exercer les droits pour lesquels ils sont mûrs ? Évaluer les capacités des enfants, et surtout des jeunes enfants, n'est pas facile. S'agissant de ces derniers, nous sommes parfois amenés à postuler qu'ils les détiennent afin, sans attendre mais prudemment, de les mettre en situation de donner leur avis, de prendre une décision, d'assumer un choix individuel ou collectif. C'est ce qu'un nombre croissant de professionnels de la petite enfance tente aujourd'hui de faire[234] et qui peut aussi être introduit dans les formations initiales et continues des éducateurs et éducatrices de jeunes enfants[235]. Encore faut-il que les politiques locales d'accueil de la petite enfance et les projets d'établissement encouragent ou, du moins permettent, la création d'une ambiance coéduca-

---

233. Gerison Lansdown, *Les capacités évolutives de l'enfant, op. cit.*
☞ *www.unicef-irc.org/publications/pdf/evolving_fr.pdf*

234. Sylvie Rayna et Catherine Bouve (dir.), *Petite enfance et participation, op. cit.* Cf. notamment le chapitre IV : « Participation des enfants au jeu, à l'art et à la culture : conditions et outils ».

235. Jean Le Gal, « Les droits et libertés de l'enfant dans les institutions éducatives de la petite enfance », 2007, ☞ *www.icem-pedagogie-freinet.org/node/1017*

tive (parents, professionnels, enfants) mettant suffisamment en confiance les enfants[236].

3. Quels sont les niveaux de participation des enfants compatibles avec leurs niveaux de développement ou leurs capacités « non développées » ou « encore en évolution » ? L'enfant ne doit pas être mis dans l'obligation de prendre des décisions qu'il ne se sent pas encore capable d'assumer, ou d'être chargé de responsabilités inappropriées. Dans les classes des écoles préélémentaires qui donnent des possibilités aux enfants d'agir avec une grande autonomie, on observe que de nombreux enfants apprécient cette situation et que leur processus d'autonomisation s'en trouve renforcé. Cependant, il existe aussi des enfants qui sont déstabilisés par la responsabilité de prendre des décisions et de les assumer. Le respect de la personne de chaque enfant est un principe fondamental.

Nos expériences de la coopération à l'école[237] ou avec l'école témoignent de ce que le désir de participer naît des projets collectifs dont la réussite nécessite l'échange, la réciprocité, la coopération et la participation responsable de tous. L'action pour réaliser un objectif commun permet à chacun de se faire reconnaître avec ses compétences et lui apprend à mieux connaître et accepter les autres. La joie de réussir ensemble une action importante constitue un vécu collectif stimulant.

L'analyse de la gestion des activités, des projets et de la vie sociale dans les pratiques autogestionnaires de la classe de perfectionnement de l'un d'entre nous[238] a amené à cerner ce type de participation autour de *quatre actions principales* – **proposer, discuter, décider, appliquer** – et de leur évaluation. Chacune de ces actions peut être conçue et pilotée dans la classe ou dans l'école à partir des réponses apportées par les acteurs institutionnels – notamment l'enseignant de cette classe ou le Conseil des maîtres de cette école – avec, autant que possible, les enfants eux-mêmes à une série de questions simples, mais essentielles.

236. Frédéric Jésu, « Comment gérer les partenariats, les situations de conflit, de coéducation ? », in Jean-Luc Villeneuve (dir.), *Enjeux éducatifs de la petite enfance,* Actes du colloque organisé à Paris, les 8 et 9 novembre 2012 par l'Institut de recherches, d'études et d'animation (IREA – SGEN-CFDT), Le Manuscrit, 2014.

237. Jean Le Gal, *Coopérer pour développer la citoyenneté, la classe coopérative,* Hatier, Questions d'école, 1999.

238. Jean Le Gal, *Le maître qui apprenait aux enfants à grandir, op. cit.*

Quatre actions principales pour la participation

1. Proposer

- **Qui** *peut proposer des projets, des activités, des institutions, des règles… ?*
  - – Les adultes seuls ?
  - – Les enfants seuls ?
  - – Les adultes et les enfants ?
- **Comment ?**
  - – Oralement ?
  - – Par écrit (journal mural, cahier spécial de propositions, boîte à idées, etc.) ?
- **Quand ?**
  - – Au moment du Conseil d'enfants (s'il en existe un dans la classe et/ou dans l'école) ?
  - – À tout moment ?

2. Discuter

- **Qui** *participe au débat ?*
  - – Les enfants seuls ?
  - – Les adultes et les enfants ?
- **Quand ?**
  - – Chaque jour ? Si oui, à quel moment de la journée (le matin, le soir) ?
  - – Chaque semaine ? Si oui, à quel moment de la semaine ?
- **Comment ?**
  - – Quelle sera la structure de la réunion ?
  - – Qui présidera ? Un adulte ? Un enfant ?
  - – Qui choisira le président de séance et comment ?
  - – Quel sera le rôle de l'adulte ? Participant au même titre que les élèves ? Non participant ? Animateur ? Accompagnateur ?

3. Décider

- **Qui ?**
  - – Les adultes seuls ?
  - – Les enfants seuls ?
  - – Le collectif enfants-adultes ?
- **Comment ?**
  - – Quelle procédure de décision ? (Et comment a-t-elle été décidée ?)

– À l'unanimité ? Par consensus ? Par tirage au sort ?
– Par vote à la majorité (laquelle) ?
– À mains levées ? À bulletin secret ?

4. Appliquer

- **Qui ?**
  - Les adultes seuls ?
  - Les enfants seuls ?
  - Un responsable choisi ? Par qui ?
  - Les adultes et les enfants (partage des responsabilités) ?
- **Comment ?**
  - Des responsables d'activités ?
  - Des responsables pour l'application des règles ?
  - Des sanctions pour ceux qui ne respectent pas les décisions ? Quelles sanctions ?
  - Qui prend les décisions de sanctions éventuelles ? Les adultes seuls ? Les enfants seuls ? Les adultes et les enfants ? Dans quelle instance ?

Évaluation

– Sur quoi portent les évaluations ? Sur le processus ? Sur les résultats ? Sur les deux ?
– Comment sont organisées les évaluations ? Quelles démarches ? Quelles techniques ? Quels outils ?
– Qui participe ?

Démocratiser les relations éducatives, F. Jésu, J. Le Gal, Chronique sociale.

Dans la conception que nous défendons, une véritable participation des enfants implique qu'ils soient engagés dans les différentes phases de ce processus, qu'il s'agisse de projets, d'organisation matérielle ou institutionnelle. Participant aux décisions, ils ont l'obligation de prendre des responsabilités dans leur mise en œuvre. Assumer une responsabilité au sein du groupe ou du collectif global est donc à la fois un droit et un devoir.

La *grille de « questions pour l'action »* ci-dessus présentée a été largement diffusée et expérimentée, y compris par des adultes en situation d'auto-organisation ou d'autogestion. En ce qui concerne les enfants, elle a servi dans des groupes restreints, où enfants et adultes agissent et décident ensemble, et dans des structures ayant mis en place un Conseil de délégués.

Chacune des actions à engager suscite en effet nombre de questions, auxquelles il est nécessaire d'apporter des réponses en termes d'institutions, de démarches, de techniques et d'outils. Évidemment les réponses apportées par chaque collectivité ne seront pas les mêmes. La participation de tous, dans le cadre de principes communs, mettra en œuvre une créativité institutionnelle collective. Cependant il apparaît important, afin d'éviter des problèmes parfois difficiles à résoudre ensuite, d'apporter dès avant le démarrage de l'expérience des réponses aux plus délicates de ces questions, en les reformulant au passage de façon plus « stratégique ».

Grille des questions pour l'action

S'agissant des contenus des décisions

Sur quoi l'équipe éducative a-t-elle un pouvoir de décision ? Pour qu'un enseignant, un animateur, un éducateur ou une équipe puisse partager son pouvoir avec les enfants, encore faut-il qu'il détermine au préalable ce sur quoi il a un réel pouvoir de décision : les finalités ? les valeurs ? les objectifs ? les programmes ? les activités ? les démarches pédagogiques ?

De quoi les enfants pourront-ils décider seuls ? Il est important que les enfants connaissent les limites de leur pouvoir individuel et collectif de décision.

Ainsi, dans une école, avait-il été reconnu aux enfants le pouvoir de décider du règlement de la cour de récréation, par l'intermédiaire de leur Conseil des délégués, sans avoir à le soumettre au Conseil des maîtres. C'était leur affaire ! Des enfants ne respectant pas les règles, le Conseil des délégués a demandé à toutes les classes de réfléchir à une procédure disciplinaire nouvelle et à des sanctions. Les représentants du CM2 ont proposé une *roue des sanctions* : celui qui est pris en flagrant délit tourne immédiatement la roue et « gagne » une sanction. Cette proposition est adoptée et le Conseil a invité les classes à réfléchir aux sanctions à inscrire sur la roue. La directrice, présente en tant qu'accompagnatrice du Conseil, bien que troublée par cette décision, n'est pas intervenue car les enfants avaient respecté la procédure démocratique instituée et le pouvoir qui leur était reconnu. Mais les parents, présents au Conseil d'école, ont considéré que cette procédure était non éducative et ont demandé aux enseignants de revoir leur positionnement. Ce conflit a amené enseignants, parents et enfants à réfléchir ensemble à ce qui devait relever d'une décision commune. Et, pour ce qui concerne les procédures disciplinaires et les sanctions, il a été décidé de respecter les principes fondamentaux du droit et de rechercher des sanctions éducatives : réparations et restrictions à l'exercice d'un droit.

Qu'est-ce qui relèvera d'une codécision enfants-adultes ? La codécision implique une réflexion préalable sur la place respective des adultes et des enfants dans la collectivité. Toute décision sera précédée d'une négociation au cours de laquelle tous les enfants et tous les adultes doivent pouvoir s'exprimer, ce qui implique une organisation démocratique qui le permette, ou du moins l'ébauche déterminée de celle-là.

Qu'est-ce qui relèvera de la seule décision des adultes ? Il est important de préciser aux enfants ce sur quoi ils ne seront pas associés aux décisions, même si parfois ils seront consultés. Ces restrictions doivent évidemment être justifiées à défaut de quoi elles pourront être génératrices de revendications pas toujours aisées à gérer.

S'agissant des structures de décision

Dans la classe coopérative ou dans des groupes restreints, les décisions sont prises au cours de conseils qui réunissent les enfants et le ou les adulte(s) directement concerné(s). Lorsqu'il s'agit de l'ensemble de la collectivité, c'est-à-dire en l'espèce de l'école, plusieurs solutions ont été, historiquement, expérimentées : l'Assemblée générale, qui réunit tous les acteurs ; le Conseil coopératif ; le Parlement, constitué de représentants des adultes et des enfants. Mais quelle que soit la solution institutionnelle adoptée, adultes et enfants décidaient ensemble selon des modalités diverses.

À la *« Libre communauté scolaire » d'Odenwald,* créée par Paul Geheeb en Allemagne avant la Première Guerre mondiale et déjà mentionnée, l'Assemblée générale était composée des élèves, des maîtres et du personnel. Elle était maîtresse absolue de l'organisation collective. Elle se réunissait une fois par semaine, le mercredi après-midi de 5 à 7 heures. Un élève – garçon ou fille – la présidait. Citons de nouveau ici la description que donne Adolphe Ferrière de l'ampleur de son champ de délibération, sinon de décision : *« C'est devant l'Assemblée que, chaque mois, les groupes d'étude viennent rendre compte de leur travail ; devant elle que sont apportées toutes les idées importantes, non seulement celles qui intéressent directement l'organisation de la petite communauté scolaire, mais celles aussi qui préoccupent tout le monde : actualité politique, problèmes économiques, questions de psychologie, voire de philosophie. »*[239]

Au Lycée expérimental de Saint-Nazaire, créé en 1982, le collège des lycéens et le collège des enseignants (dit de « l'équipe éducative ») se réunissent séparément pour discuter du même sujet, relatif aux institutions du lycée ou à son fonctionnement. Puis des représentants de chaque collège se réunissent dans le cadre du Conseil d'établissement et y confrontent leurs propositions pour prendre leurs décisions à parité. L'organisation de ce lycée, qui accueille 180 élèves, est délibérément non hiérarchique. L'établissement fonctionne sans proviseur, sans conseiller principal d'éducation, sans surveillant, sans secrétaire et sans agent d'entretien. Sa cogestion s'exerce à un triple niveau : politique, on l'a dit, mais aussi pédagogique (les activités, ateliers et groupes sont proposés coprogrammés par les membres de

239. Adolphe Ferrière, *L'autonomie des écoliers dans les communautés d'enfants*, *op. cit.*

l'équipe éducative et par les élèves) et matériel (les tâches ménagères et de gestion courante sont effectuées tour à tour par des groupes mixtes composés d'élèves et de membres de l'équipe éducative)[240].

Dans les écoles primaires, en France, c'est le Conseil de délégués des élèves, quand il existe, qui est la structure dominante[241]. L'adulte n'y joue souvent qu'un rôle d'aide et de personne-ressource. Il n'est pas un représentant mandaté par le Conseil des maîtres, avec un pouvoir de décision. Il est parfois difficile de déterminer quel est le partage du pouvoir entre élèves et enseignants.

Dans les établissements secondaires, en revanche, les « délégués de classe » sont de droit, leurs rôles et fonctions, tout comme leurs modalités d'élection et d'intervention dans les différentes instances de ces établissements étant dûment définis et encadrés par un ensemble de décrets et de circulaires. La dimension participative de leurs attributions reste la plupart du temps très éloignée, en pratique, des principes que nous décrivons ici. Et autant certains établissements, notamment des lycées professionnels, ont su au fil des ans valoriser les différents rôles et fonctions de ces délégués de classe (et, par exemple, des Conseils de la vie lycéenne où ils siègent), autant certains autres se signalent parfois par des équivalents de maltraitance institutionnelle relativement sournoise à leur égard. L'un d'entre nous a pu multiplier ses observations en ces domaines, pour le meilleur et pour le pire, à l'occasion de ses activités médicales et associatives.

S'agissant des modalités de décision

Il est courant de constater que, dans les classes coopératives, les enfants ont intégré la procédure du vote à main levée comme si elle allait de soi, comme un rituel démocratique. Pour autant, il est très important que la question *« Comment allons-nous décider ensemble ? »* soit posée dès qu'une première décision est à prendre dans et par le groupe. Le choix d'une procédure de décision fait aussi partie de l'éducation à la citoyenneté.

Si adultes et enfants décident ensemble et que la procédure du vote a été retenue, il est alors nécessaire de préciser si :

– chaque membre disposera d'une voix ;

– les voix des adultes et celles des enfants seront à égalité ;

– les adultes disposeront du pouvoir de refuser des décisions qui remettent en cause les principes, valeurs, finalités et objectifs de la

240. Pour plus d'informations sur cet établissement controversé, cf. son site officiel (*http://lycee-experimental.org*, qui affirme notamment que *« délibérer, décider, agir font partie de la formation »)* et ☞ *http://fr.wikipedia.org/wiki/Lyc%C3%A9e_exp%C3%A9rimental_de_Saint-Nazaire#Programmation_des_activit.C3.A9s*

241. Jean Le Gal, *La participation démocratique à l'école : Le conseil d'enfants école*, *op. cit.*

collectivité ou les droits et la dignité des personnes, dont ils sont les garants.

Enfin, lorsqu'un Conseil de délégués est constitué, le pouvoir reconnu au délégué doit être précisé. A-t-il un mandat impératif ou non ? S'il a un mandat impératif, il ne peut voter que sur la base du mandat qui lui a été donné par ceux qui l'ont choisi.

S'agissant de l'application des décisions

L'analyse des expériences fait émerger différentes interrogations.

– *Qui va être le principal garant des décisions prises ?* Est-ce nécessairement un adulte ? Dans tous les cas – qu'un adulte ou un enfant soit désigné comme ce garant –, quelle autorité lui est alors reconnue par les autres membres du groupe ? De quels moyens va-t-il disposer pour faire respecter les décisions ?

– *Qui aura le pouvoir d'intervenir lorsqu'une transgression sera constatée à propos des règles de vie, des limites posées ?* Qui ou quelle institution va juger les manquements aux obligations et les infractions aux lois de la collectivité ?

Deux questions complémentaires suscitent tout particulièrement des débats et des controverses.

– *Les enfants doivent-ils participer au jugement d'un camarade ?* Dans les communautés créées par les pionniers de l'École nouvelle et de l'École socialiste, les enfants participaient à la gestion des conflits et des infractions, soit en Assemblée générale, soit dans une instance spécifique, comme le Tribunal des enfants conçu par Janusz Korczak. Ce tribunal était composé de cinq juges désignés par tirage au sort parmi les enfants âgés de 12 à 14 ans, n'ayant fait l'objet d'aucune plainte au cours de la semaine écoulée. Il pouvait assigner à comparaître enfants et adultes.

– *Les adultes doivent-ils respecter les règles et les obligations communes et devant qui doivent-ils répondre de leurs transgressions ?* Dans toutes ces communautés, les adultes répondaient de leurs actes devant la même instance que les enfants. Korczak, Neill, Freinet ont ainsi été sanctionnés. Dans la classe coopérative, l'adulte peut aussi être critiqué lors du Conseil. L'un d'entre nous a lui-même été sanctionné pour être arrivé en retard et pour avoir pris la parole, à plusieurs reprises, sans la demander.

Ces quelques interrogations témoignent de ce que la mise en place d'une organisation démocratique participative nécessite une réflexion préalable mais aussi une analyse permanente, car il est impossible de tout prévoir au départ. L'organisation va se perfectionner au fil de la maturation des acteurs, de leur capacité à comprendre et analyser les dysfonctionnements, à émettre des propositions pertinentes, à participer à la construction sociale et institutionnelle de la communauté. Des temps d'analyse institutionnelle sont donc à prévoir, afin d'« arrêter la machine et voir ensemble comment elle fonctionne ».

Principe 2 – *Tous doivent pouvoir prendre des responsabilités*

Dans toute expérience de démocratie participative, qu'il s'agisse d'exercice des libertés, de partage du pouvoir, d'engagement dans un projet collectif, d'organisation des activités, la notion de responsabilité est essentielle. Elle est à la fois une valeur, un but à atteindre et une nécessité.

Dans la classe coopérative, les activités différenciées, les nombreux ateliers, la complexité de l'organisation, impliquent que de nombreux rôles et tâches soient assumés. L'expérience montre que les enfants sont toujours volontaires pour les assumer lorsqu'ils répondent aux besoins engendrés par les activités et les institutions. En servant la communauté, en y jouant un rôle reconnu par les autres, en y étant nécessaire, chacun y trouve sa place : il est donc impératif que chacun ait une responsabilité.

Ces responsabilités – ces « métiers », comme les appelle Fernand Oury – sont, dans l'idéal, définies par le Conseil, en fonction des nécessités du travail et de la vie collective. Leur répartition tient compte à la fois des désirs et des possibilités de chacun.

Le responsable détient un pouvoir réel d'organisation et de gestion dont il rend compte au Conseil, dans le domaine qui lui est imparti. Il peut proposer une nouvelle organisation matérielle et institutionnelle, demander une réparation, mais il peut aussi être critiqué au Conseil et parfois être dessaisi de sa fonction pour négligence. Il s'agit donc d'un véritable apprentissage du sens et de l'importance d'une responsabilité dans une société démocratique.

Dans la classe coopérative de l'un d'entre nous, un Conseil extraordinaire était périodiquement consacré au fonctionnement des responsabilités, afin d'y apporter des aménagements, d'en créer de nouvelles en fonction des besoins, d'en supprimer d'autres, de trouver des réponses matérielles ou institutionnelles aux problèmes signalés. La complexité de ce système impliquait une organisation minutieuse. Un tableau à fiches permettait à tout moment, en cas de nécessité, de faire appel au responsable concerné. C'était là une des tâches du « Président de jour » chargé de trouver des réponses rapides aux problèmes de ses camarades.

Le Président de jour est une institution empruntée à Anton Makarenko[242]. Elle a occupé une place importante dans l'organisation coopérative. Elle a permis d'abandonner l'élection d'un Président de coopérative, institution

242. Anton Makarenko, *Poème pédagogique*, Éditions du Progrès, 1967.

traditionnelle des coopératives scolaires, et de permettre à chacun, à son tour, d'assumer ce rôle social important pour la bonne marche des activités. Mais, afin de préserver l'efficacité et la continuité nécessaires des institutions, il a été indispensable de mettre en place un système d'entraide pour accompagner les enfants n'ayant pas encore acquis les capacités pour assumer la gestion, parfois difficile, de la classe coopérative.

Cette responsabilité était, chaque année, l'objet d'analyses permanentes qui apportaient des évolutions. La loi se modifiait et se complexifiait, pour mieux servir les besoins identifiés et retenus par le Conseil, comme dans tout système démocratique. Voici par exemple ce qu'elle était à la fin d'une année.

> *« Chacun a le droit d'être Président de jour à son tour. Une liste des volontaires, par ordre alphabétique, est établie.*
>
> ***Le Président :***
>
> *– doit donner l'exemple et il doit être ferme ;*
>
> *– ne travaille pas, il aide les camarades durant le temps des activités personnelles et des ateliers ;*
>
> *– ne parle pas fort au code voix basse.*
>
> ***Le matin :***
>
> *– il met la pendule à l'heure et vérifie le calendrier ;*
>
> *– il arrive le premier et place les tabourets autour du bureau ;*
>
> *– il dirige l'entretien du matin et donne la parole.*
>
> ***Règles***
>
> *– Il se contrôle lui-même. Si le Président ne se contrôle pas, le maître prend sa place pendant cinq minutes. Si ça recommence, il demande le changement de Président.*
>
> *– Le Président ne donne pas de coups. S'il tape sur un camarade, il sera exclu des ateliers. Si un camarade le frappe, il arrête tous les ateliers et le Conseil prend une décision immédiatement.*
>
> *– Quand un camarade ne respecte pas une directive donnée par le Président, il donne un avertissement, puis il demande une réparation au Conseil.*
>
> *– Le Président est chargé d'appliquer les règles de la coopérative. Il n'a pas le droit de décider de nouvelles règles. Il peut faire des propositions au Conseil.*
>
> *– Il organise les entrées et les sorties. »*

Dans la classe coopérative, la démocratie directe est possible mais, au niveau d'une école, la gestion participative des activités, des projets, des espaces, des responsabilités, des lois et des règles est plus complexe. Pour les pionniers des Républiques et communautés d'enfants du début du XXe siècle, l'école est néanmoins une totalité dans laquelle chacun doit pouvoir assumer, à son tour, des responsabilités importantes.

Dans les Écoles du travail que présente Pistrak[243], toute l'organisation se fonde sur un principe politique fondamental : *« chaque membre doit pouvoir administrer quand cela est nécessaire et, quand il le faut, obéir et rester dans le rang »*. Il critique les organisations dans lesquelles les enfants les plus actifs et les plus capables sont élus, acquièrent de l'expérience et sont réélus. Il se forme ainsi une *« élite de spécialistes »* qui exécutent tout le travail tandis que la masse enfantine demeure passive, perd toute initiative et cesse de s'intégrer à l'organisation autonome dont s'occupent les plus capables. Il considère donc comme indispensable :

– de fixer la durée des fonctions des organismes éligibles à trois mois au maximum ;

– d'orienter les enfants vers le renouvellement constant des organismes éligibles en y faisant participer les nouveaux, et en faisant rentrer les anciens administrateurs dans le rang.

Des commissions, des groupes temporaires sont aussi créés pour l'exécution d'une soirée, d'une fête, d'une exposition des travaux scolaires, soit par l'Assemblée générale, soit par une classe.

Makarenko, à la colonie Gorki, qui accueillait de jeunes délinquants, adopte le même principe.

> *« Chaque enfant est Président de jour à son tour. En dehors des équipes fixes, il se crée des équipes occasionnelles. Le chef de ces équipes ne peut être un enfant qui est déjà le chef d'une équipe fixe. (…) Ainsi s'était formée à la colonie, une chaîne très compliquée d'interdépendance qui ne permettait à aucun colon de se détacher de la collectivité pour la dominer. »*[244]

La formation d'une « élite de spécialistes » est un danger auquel les classes coopératives n'échappent pas. Au nom de l'efficacité, il est tentant de toujours choisir les enfants les plus compétents pour assumer les responsabilités importantes.

243. Moisey Pistrak, *Les problèmes fondamentaux de l'école du travail, op. cit.*

244. Anton Makarenko, *Poème pédagogique, op. cit.*

Principe 3 – *Tous les enfants ont le droit d'être formés puisque tous ont le droit de devenir des acteurs à part entière de la communauté éducative*

Dans les lycées et collèges, un texte officiel prévoit la formation des délégués élus afin qu'ils sachent prendre la parole, argumenter, animer un groupe, faire des comptes rendus aux autres élèves... Cette formation *« conduit à transmettre à l'élu des savoirs, des savoirs être et des savoir-faire qui lui seront utiles en dehors du strict exercice de son mandat »*. Les rédacteurs du texte ont cependant pris conscience que cette formation était en contradiction avec une éducation de tous les élèves à une citoyenneté active et responsable. C'est pourquoi ils ont ajouté que la formation *« réservée à une minorité ne doit pas être coupée de la formation générale que reçoivent tous les élèves. (...) L'apprentissage de la prise de parole, de la négociation, de l'ingénierie de projet se fait aussi en classe, en situation pédagogique »*.

L'analyse des expériences d'autogestion pédagogique montre que la construction d'une citoyenneté responsable doit se faire selon une *double démarche :*

– la participation aux institutions telles que les conseils, les réunions, les Assemblées générales et aux diverses responsabilités permet à chacun de commencer à construire les compétences nécessaires pour s'engager dans la gestion du groupe et de ses activités ;

– mais cela ne suffit pas ; il est nécessaire de mener aussi une analyse permanente des pratiques vécues et de mettre en place des actions de formation spécifiques, pour tous, à partir des besoins apparus au cours des observations et des analyses.

Cette démarche n'est d'ailleurs que l'application aux apprentissages sociaux du processus général que met en œuvre la pédagogie Freinet pour passer des activités globales fonctionnelles aux apprentissages spécifiques.

La participation démocratique implique donc :

– une relation éducative qui favorise les tâtonnements sociaux, tout en garantissant la sécurité physique et affective des enfants ;

– la mise en place d'une formation pour tous, s'appuyant sur la pratique sociale ;

– la création d'institutions où chacun se sent libre de parler, entend l'avis des autres, débat, légifère, décide des projets collectifs, prend des responsabilités, s'autorise à agir en citoyen.

Les structures participatives

Que ce soit dans les écoles primaires ou dans les centres de loisirs, il existe souvent des structures participatives au niveau des groupes et des classes (Conseil, réunions…) et au niveau de la collectivité (Conseil de délégués).

À l'échelle de la classe : le Conseil dans la classe coopérative[245]

Le Conseil dans la classe coopérative est une pratique qui a une longue histoire et dont nous pouvons tirer des enseignements qui peuvent éclairer des expériences dans d'autres lieux. La richesse et la complexité des activités et des relations, au sein d'une telle classe, suscitent des besoins qui nécessitent la mise en place d'institutions diverses. Parmi ces institutions le Conseil occupe une place essentielle.

Le Conseil est une structure instituante, le lieu d'échange de paroles où, ensemble, les membres du groupe analysent les différents aspects de leur vie commune, confrontent leurs points de vue, prennent des décisions et en évaluent l'application. Ils y établissent leurs lois, étudient les infractions commises et les dysfonctionnements et cherchent des solutions en tenant compte de l'intérêt des personnes concernées et de l'intérêt général. Son organisation est donc fondamentale.

Le Conseil peut prendre des formes diverses. Certaines classes n'ont qu'un seul type de Conseil, d'autres en ont plusieurs. Dans la classe de perfectionnement de l'un d'entre nous, il en existait trois :

– *le Conseil hebdomadaire de coopérative* avait pour fonctions d'organiser les apprentissages, les activités et les projets collectifs, d'analyser le fonctionnement du groupe, de rechercher des solutions aux dysfonctionnements et aux conflits et d'élaborer les « lois de la coopérative ». Il était dirigé, chaque lundi, par une équipe nouvelle comprenant un président et deux secrétaires ;

– *le Conseil-bilan du soir* permettait à chacun de dire ses réussites, ses problèmes, ses critiques, d'émettre des propositions et de faire un point rapide de la journée. Il était animé par le responsable de jour ;

– *le Conseil extraordinaire* avait lieu en cas de besoin pour régler « à chaud » un problème grave, pour organiser minutieusement un projet collectif ou pour mener une réflexion approfondie sur une des institutions de la classe. Il était animé par l'enseignant de la classe.

245. Pour plus d'information, cf. Roger Favry, Jacques Jourdanet, François Le Ménahèze, « Le conseil dans la classe », *Pratiques et Recherches,* n° 56, Éditions de l'ICEM, 2007. C. Laplace, *Pratiquer les conseils d'élève et les assemblées de classes,* Chronique sociale, 2008.

Pour être crédible, le Conseil doit être efficace. L'analyse de nombreux écrits et observations nous a amenés à dégager, autour de quelques facteurs importants, un certain nombre de conditions qui favorisent sa réussite.

Les conditions d'un conseil dans la classe

L'animation du Conseil

L'efficacité du Conseil dépend de la qualité de l'animation. Mais conduire un débat, solliciter des avis, reformuler les propositions, faire la synthèse, rechercher une solution pertinente, préciser les modalités d'application, nécessitent des compétences que la pratique seule ne permet pas d'acquérir. Il est donc nécessaire de prévoir une formation.

Souvent l'enseignant préside les premières réunions avec un *double objectif* :

– montrer aux enfants que se réunir pour mieux s'organiser et résoudre les problèmes est une solution efficace : le groupe en a les capacités ;

– mettre en place un rituel d'animation qui va permettre, rapidement, d'en transmettre la responsabilité à des enfants volontaires : la mise en place d'un rituel stable et le soutien d'une fiche-guide à l'usage de l'animateur du Conseil facilitent son autonomie.

Mais il est nécessaire que chaque enfant puisse s'entraîner à l'animation. Les premiers pas peuvent se faire dans d'autres lieux de parole : la réunion du matin (le « Quoi de neuf ? »), le bilan du soir, les débats, les conférences.

La régularité

Il est important que chacun sache qu'un lieu existe, qu'un moment est réservé à l'emploi du temps, que l'ordre du jour permettra l'expression des propositions, des critiques et des félicitations, importantes pour les relations au sein du groupe.

Le déroulement

Chaque groupe construit un schéma de déroulement de son Conseil, qui peut être modifié à partir de l'analyse collective de son fonctionnement.

Dans la classe de l'un d'entre nous, le Conseil hebdomadaire de coopérative débutait par un rappel et un contrôle des décisions prises lors de la dernière réunion. Ensuite, l'ordre du jour se structurait autour de *trois champs principaux* :

– les activités et les apprentissages ;

– l'organisation matérielle et institutionnelle de la classe ;

– la vie du groupe et le respect des personnes et des règles.

Chaque point de l'ordre du jour retenu faisait l'objet d'une discussion. Souvent, lorsqu'une décision était à prendre et qu'un consensus ne pouvait être trouvé, un vote avait lieu.

L'application des décisions

Exercer un pouvoir de décision a pour corollaire le devoir de participer à l'application, chacun à la mesure de ses capacités. Chacun savait que les décisions prises seraient appliquées et qu'il en serait responsable solidairement avec les autres. Il devrait y contribuer en exécutant les tâches prévues et en s'engageant dans les responsabilités dont le besoin avait été déterminé. C'était sa « part coopérative ». L'enseignant était, en général, le garant du respect des décisions.

L'analyse institutionnelle du fonctionnement du Conseil

Le Conseil donnait lieu, périodiquement et en cas de crise grave de fonctionnement, à une analyse institutionnelle afin de rechercher des solutions. Organe fondamental de l'exercice du pouvoir collectif des enfants sur leur vie et leurs activités, il devait demeurer opérationnel.

À l'échelle de l'école : le Conseil d'enfants école

Une étude sur les Conseils d'enfants écoles[246] montre que, quelles que soient les structures mises en place pour que s'exprime la parole des enfants et que leur participation à la gestion de la vie de l'école soit réelle, l'expérience est positive.

Le fait de donner la parole aux enfants, de les écouter, de les faire participer aux décisions sur les affaires qui les concernent, suscite leur engagement responsable dans la réalisation des projets collectifs et la résolution des problèmes liés à la vie collective. L'ambiance plus accueillante de même que la confiance et la coopération entre enfants et adultes permettent de trouver plus facilement des solutions aux conflits et aux problèmes. Les règles de vie, élaborées ensemble, sont mieux respectées. Les récréations, mieux organisées et répondant mieux aux besoins exprimés, tendent à faire disparaître les actes de violence. Le respect mutuel alors devient un point d'appui fondamental de la relation éducative.

Le principal obstacle est constitué par les désaccords entre les enseignants sur les valeurs éducatives à promouvoir, sur les directions à prendre ou sur les investissements personnels à consentir. La réussite d'un Conseil d'enfants école implique une préparation minutieuse dans chaque classe, un accompagnement de son fonctionnement et un suivi attentif des décisions prises. Tout cela nécessite beaucoup de temps et exige donc un minimum de convictions partagées.

246. Jean Le Gal, *La participation démocratique à l'école : le Conseil d'enfants école, op. cit.*

Un certain nombre de principes et de pratiques qui favorisent la réussite peuvent être tirés des expériences étudiées.

Principes et pratiques du conseil d'enfants école

La mise en place d'un Conseil doit répondre à un besoin réel

Dans la plupart des écoles n'ayant pas de Conseils dans les classes, *deux objectifs* **principaux** ont motivé la création d'un Conseil au niveau de l'école :

– promouvoir les droits des enfants, leur parole individuelle et collective, leur participation à la vie de l'école, à l'élaboration de projets collectifs, à l'amélioration des espaces communs et, ce faisant, les former à l'exercice d'une citoyenneté participative ;

– résoudre les problèmes, parfois les violences, rencontrés dans la vie collective afin de mieux vivre ensemble, en faisant participer les enfants à l'élaboration et à l'application des règles de vie.

La place respective des différents partenaires, adultes et enfants dans les institutions qui gèrent l'école doit être précisée

Les institutions mises en place n'ont de sens pour les enfants que s'ils perçoivent bien qu'ils exercent un réel pouvoir et sont des partenaires à part entière pour les adultes. Leur parole doit être reconnue, leurs propositions et leurs décisions respectées. Les enseignants ne peuvent pas remettre aux enfants la responsabilité complète du gouvernement de l'école. C'est pourquoi une Charte de l'école devrait préciser ce qui relève des enfants seuls, ce qui doit être l'objet d'une décision commune ou d'une codécision enseignants-élèves, ce qui ne relève que de la décision du Conseil des maîtres ou du Conseil d'école.

Tous les enfants doivent être impliqués dans la gestion et la vie de l'école

L'une des difficultés, dans un système représentatif, est que tous les enfants puissent être partie prenante des décisions à prendre, et pas seulement les délégués. C'est une condition fondamentale pour qu'ils s'impliquent dans les projets collectifs et la résolution des problèmes, mais aussi pour qu'ils se forment à être des citoyens actifs et responsables.

Plusieurs conditions peuvent être retenues à cet effet :

– le Conseil doit être efficace pour que les propositions émanant des classes passent rapidement dans la réalité de la vie de tous. Les réunions doivent donc être suffisamment fréquentes pour traiter des projets et des problèmes présentés ;

– les délégués doivent être compétents tout en n'étant pas permanents ;

– les suivis du Conseil doivent être organisés avec rigueur et minutie : compte rendu diffusé, règles de vie affichées et appliquées, responsabilités transparentes. Ils doivent permettre au maximum d'enfants de s'engager dans des responsabilités.

Les réunions de la structure de décision doivent être importantes pour tous

C'est pourquoi :

– les objets traités par le Conseil doivent être ressentis comme importants par les enfants ;

– le local où se tiennent les réunions doit marquer l'intérêt des adultes pour le Conseil ;

– le Conseil doit être valorisé par l'invitation de parents, d'élus et de personnes-ressources suivant les thèmes en débat.

La discipline doit être l'objet de réflexions approfondies

La participation des enfants à l'élaboration des règles de vie, qui deviennent les lois de la collectivité, ne supprime pas tous les conflits et les transgressions. Il est donc nécessaire de trouver des solutions autres que le pouvoir disciplinaire exercé souvent de façon arbitraire par les adultes. Dans les expériences historiques que nous avons étudiées, les enfants et les adultes participent à la gestion des conflits et des infractions. Les lois de la collectivité s'appliquent à tous et tous sont mis publiquement en face de leurs responsabilités et des conséquences de leurs actes. Quel que soit le choix institutionnel fait, l'enfant qui est accusé a le droit de se défendre et la décision qui est prise a pour but premier de lui permettre de réintégrer la communauté, soit par une réparation, soit par un engagement à modifier son comportement.

Les constats effectués avec des enseignants et des enfants montrent que certains facteurs favorisent le respect des règles élaborées en commun :

– le rappel des règles de façon permanente par un affichage et au moment des transgressions ;

– une implication des enfants dans l'application des décisions prises, soit en tant que responsables du rappel des règles, soit en tant que médiateurs ;

– des sanctions liées aux faits perturbateurs et connues de tous.

Les enfants pointent aussi des facteurs à effet négatif :

– l'oubli des règles par les enseignants et les enfants ;

– le comportement des enseignants qui n'appliquent pas ce qui a été décidé ;

– l'attitude différente des adultes dans l'application ;

– la non-exemplarité des adultes qui demandent de respecter des principes et des règles qu'ils ne respectent pas eux-mêmes.

En conclusion, la mise en œuvre et le développement de la participation démocratique des enfants dans les institutions éducatives, et notamment dans les classes et les écoles primaires, sont aujourd'hui possibles[247]. Mais nous devons être conscients qu'il y faut de la **persévérance** et de la **patience.** S'engager, avec les enfants, dans un processus de transformation relationnelle, institutionnelle, éducative et pédagogique ne va pas sans problème, et pas seulement pour eux, mais aussi pour les adultes – professionnels et parents – et pour les institutions. C'est choisir une voie dynamisante, même si elle est parfois difficile à vivre, car l'évolution des enfants et du groupe vers une autonomie individuelle et collective est faite de tâtonnements, de réussites et de régressions. De plus, vouloir changer la relation éducative c'est aussi accepter de se changer soi-même. Être à l'écoute des enfants, respecter leur personne, leurs droits et les règles de vie de la collectivité, partager son pouvoir, mais rester le gardien vigilant des décisions, mettre en place une nouvelle organisation des activités et résister aux oppositions diverses, tout cela implique parfois de véritables mutations.

Les formations que nous avons menées dans des structures de formation initiale et continue de l'Éducation nationale, dans différents centres de formations (d'éducateurs spécialisés, d'éducateurs de jeunes enfants), avec des animateurs de centres de loisirs, des coordinateurs de Projets éducatifs locaux ou de dispositifs de Réussite éducative, au sein d'établissements socioéducatifs ou médicoéducatifs, de Centres sociaux et culturels, etc. – nous ont convaincu que tous les professionnels sont mieux à même d'entreprendre des expériences novatrices participatives avec des enfants et des jeunes s'ils ont pu eux-mêmes, durant et à propos de leurs temps de formation, exercer un réel droit de participation, organiser l'exercice de droits et de libertés, et expérimenter des démarches et des institutions au sein d'un ou plusieurs groupes démocratiques.

Bien que ponctuellement mise en œuvre depuis plus de cent ans en de nombreux lieux et en différentes circonstances, mais en l'absence d'incitations politiques fortes, claires et résolues, la participation démocratique des en-

247. Des expériences, des observations, des propositions et des recommandations similaires peuvent être mentionnées à propos des collèges et des lycées mais aussi, en s'adaptant à leurs contextes spécifiques, des espaces d'accueil et d'activités périscolaires, des restaurants scolaires, des centres de loisirs, des centres de vacances, des associations culturelles et sportives accueillant des enfants et des jeunes.

fants en est toujours pour l'essentiel au stade de l'expérimentation. Il est donc nécessaire que les acteurs de ces expérimentations, adultes mais aussi enfants et jeunes, puissent mettre en commun leurs pratiques et leurs interrogations dans des réseaux permettant échanges et analyses en même temps que valorisation et diffusion.

Les droits et les libertés dans les structures éducatives

L'importance et la nécessité de se référer à des principes de Droit

Au sein d'une structure éducative, qu'elle soit peu ou fortement institutionnalisée, la participation des enfants au processus décisionnel implique une organisation démocratique de cette structure. Celle-ci doit donc leur reconnaître des droits et des libertés et en garantir le respect.

À travers nos diverses activités – d'instituteur pour l'un, de médecin de service public pour l'autre, mais aussi de formateur, de chargé de mission, de consultant, de militant associatif pour l'un ct l'autrc –, nous avons mené de nombreuses analyses sur le fonctionnement des diverses structures éducatives avec lesquelles nous travaillons ou avons travaillé sur la participation démocratique des enfants : familles, établissements et services d'accueil de la petite enfance, lieux d'accueil parents-enfants, ludothèques, bibliothèques et médiathèques dotées de projets pédagogiques, classes, écoles, collèges, lycées, centres de loisirs, espaces d'activités périscolaires, associations d'éducation populaire, établissements et services socio-éducatifs et médicoéducatifs, etc. Nos analyses montrent que les enfants y exercent souvent des droits et des libertés, comme la liberté d'expression, la liberté d'aller et venir, mais que ces droits, le périmètre et les limites d'exercice de ceux-ci, ne sont pas toujours inscrits dans un texte qui pourrait les garantir : Charte, Règlement intérieur...

Des questions, on l'a dit, reviennent constamment :

– quels sont les droits et libertés dont les enfants sont titulaires dans un État de Droit et qui doivent donc être respectés dans toutes les structures qui les accueillent ?

– quels sont les droits spécifiques qui pourraient être imprescriptibles dans l'école, dans un centre de loisirs, dans un restaurant scolaire, dans une famille, etc. ? Qui en décide ? Quel texte peut-il les garantir ?

– comment organiser l'exercice d'un droit ou d'une liberté avec la participation des enfants ? Quelles limites et obligations doivent-elles être fixées ? Quelles seront les conséquences des transgressions ?

– sur quoi pourra s'exercer le pouvoir collectif des enfants ? Doivent-ils participer aux actions menées pour faire respecter les règles de vie ? Doivent-ils participer à l'exercice du pouvoir disciplinaire ?

Dans ce champ complexe, aux dimensions à la fois pédagogiques, éducatives, politiques et juridiques, la rencontre de l'un d'entre nous, en 1985, avec des juristes, des psychanalystes et des éducateurs de la Protection judiciaire de la jeunesse dans un séminaire sur « les libertés publiques dans les institutions éducatives, médicales et sociales » nous a amené à jeter un nouveau regard sur la reconnaissance et l'exercice des droits de l'enfant dans la société et dans l'école. Pour eux, les libertés publiques ou libertés individuelles reconnues par les Déclarations des Droits de l'Homme et par la Constitution s'appliquent aussi aux enfants. L'État de droit impose donc à tout professionnel de l'éducation – et, au-delà, à tout professionnel intervenant auprès d'enfants, de jeunes et de familles – de leur garantir la liberté d'expression, la liberté d'opinion, la liberté de pensée, la liberté d'aller et venir, le droit au respect de la personne, le droit à la sûreté…

Dès 1979, l'un d'entre nous s'était référé à ces principes de respect des droits essentiels de tous les enfants pour motiver et structurer la coordination interinstitutionnelle qu'il avait initiée, à l'échelle de la ville de Soissons, afin de garantir aux enfants de parents malades mentaux, et repérés comme tels, un accès effectif et banalisé aux services d'accueil, aux prestations et aux services sociaux, aux soins et, bien entendu, à la scolarité[248].

Les droits et les libertés individuelles ainsi conçus sont donc inaliénables. Mais, au sein de la classe coopérative, de l'internat socio-éducatif ou du service médicoéducatif fonctionnant sur un mode démocratique, etc. les droits et libertés que nous avons reconnus aux enfants et inscrits dans la « Constitution » de la classe, celle de l'internat, celle du service… sont tout aussi inaliénables, même si ces « Constitutions » n'ont pas de valeur juridique.

« La liberté est la règle, sa restriction ou sa réglementation l'exception » affirmait le magistrat Daniel Clouet[249]. La liberté est la règle, les droits reconnus doivent être garantis et ne peuvent plus être supprimés, mais ce n'est

248. Frédéric Jésu, en collaboration avec Monique Denaux, Françoise Hary, Martine Lantheaume, « Coordinations autour des enfants de parents malades mentaux », *L'Information Psychiatrique*, Janvier 1984, volume 60, n° 1.

249. Daniel Clouet, « Faut-il parler droit dans les institutions médicales, éducatives et sociales ? », *in* Actes du Colloque *1789-1989, L'enfant, l'adolescent et les libertés*, ENSP, 1990.

pas pour autant que les enfants pourront les exercer sans limites et sans obligations au sein de nos collectivités. Neill lui-même, dont on connaît le respect pour les libertés des enfants dans son école de Summerhill[250], affirmait que *« quiconque permet à un enfant de faire tout ce qui lui plaît est sur une voie dangereuse. Personne ne peut avoir une liberté totale, car les droits des autres doivent être respectés… La liberté n'implique pas l'anarchie ».*

Nous utiliserons donc désormais les principes du Droit pour fonder, guider et organiser l'exercice des droits et libertés, notamment au sein d'une classe coopérative :

– au moment de leur organisation, il faudra déterminer les modalités d'exercice, les obligations, les limites et les interdits en prenant en compte l'intérêt et la protection de chaque enfant et de tous les enfants, ainsi que les contingences obligées des objectifs de l'école ;

– au moment de l'examen des transgressions par le Conseil, il faudra éventuellement apporter des restrictions à leur exercice : « Tu ne respectes pas les règles que nous avons décidées pour l'exercice du droit à la parole, tu ne pourras donc plus t'exprimer pendant la suite de cette réunion du Conseil ».

L'application dans les structures éducatives des droits et libertés reconnus aux enfants par la Convention internationale des droits de l'enfant (CIDE)

En 1998, la Commission d'enquête, mise en place par l'Assemblée nationale, pour faire le point sur les droits de l'enfant en France, a précisé que :

> *« à la différence de la conception retenue jusqu'alors, (…) le texte* [de la CIDE] *ne définit plus seulement l'enfant par la seule nécessité d'une protection spécifique. Il pose en principe liminaire que l'enfant est une personne et, à ce titre, lui reconnaît non seulement des droits civils, sociaux ou culturels, mais aussi des libertés publiques, véritables "droits de l'homme de l'enfant". »*[251]

Ces libertés publiques doivent pouvoir s'exercer dans toutes les institutions éducatives. Rappelons qu'en 2001, le Comité des droits de l'enfant a ainsi

250. Alexander Sutherland Neill., *Libres enfants de Summerhill, op. cit.*

251. Laurent Fabius, président, Jean-Paul Bret, rapporteur, *Droits de l'enfant, de nouveaux espaces à conquérir,* rapport n° 271, Commission d'enquête de l'Assemblée nationale, 1998.

rappelé à tous les États que *« les enfants ne sont pas privés de leurs droits fondamentaux du seul fait qu'ils franchissent les portes de l'école »*[252].

À plusieurs reprises, déjà, nous avons mentionné et souligné l'importance de l'article 12 de la CIDE. Mais il faut également citer et analyser plusieurs autres « droits de l'homme de l'enfant » décrits par la CIDE et les libertés qui en découlent en pratique dans les structures éducatives, au sens large du terme[253].

Liberté d'expression, droit d'exprimer son opinion, droit d'être informé

Article 13 de la CIDE

1. L'enfant a droit à la liberté d'expression. Ce droit comprend la liberté de rechercher, de recevoir et de répandre des informations et des idées de toute espèce, sans considération de frontières, sous une forme orale, écrite, imprimée ou artistique, ou par tout autre moyen du choix de l'enfant.

2. L'exercice de ce droit ne peut faire l'objet que des seules restrictions qui sont prescrites par la loi et qui sont nécessaires :

a) au respect des droits ou de la réputation d'autrui ;

b) à la sauvegarde de la sécurité nationale, de l'ordre public, de la santé ou de la moralité publiques.

La liberté d'expression est un des fondements de l'éducation nouvelle et de la pédagogie Freinet. L'enfant a droit à la parole. Des moments institués permettent cette prise de parole : l'entretien du matin, encore appelé le « Quoi de neuf ? », les présentations de livres, d'objets, d'images, les conférences, les débats... La parole peut être parole intime et spontanée, parole d'expression et de création, parole citoyenne au Conseil.

La libre expression peut prendre différentes formes – orales, écrites, graphiques, picturales, gestuelles, théâtrales... – et peut utiliser les technologies modernes.

Mais avoir le droit d'exercer une liberté, comme dans la diffusion d'un journal scolaire, c'est devoir respecter des règles et assumer la responsabilité de ses actes. Liberté et responsabilité sont indissociables.

252. Première observation générale du Comité des droits de l'enfant des Nations Unies, *op. cit.*

253. En incluant donc, du moins potentiellement, toutes celles que nous ci-dessus citées et avec lesquelles nous avons eu l'occasion de travailler de façon plus ou moins soutenue depuis plusieurs décennies : familles (mais nous y reviendrons longuement au chapitre suivant), établissements et services d'accueil de la petite enfance, lieux d'accueil parents-enfants, ludothèques, bibliothèques et médiathèques dotées de projets pédagogiques, classes, écoles, collèges, lycées, centres de loisirs, espaces d'activités périscolaires, associations d'éducation populaire, établissements et services socio-éducatifs et médicoéducatifs, etc.

Article 17 de la CIDE

Les États parties reconnaissent l'importance de la fonction remplie par les médias et veillent à ce que l'enfant ait accès à une information et à des matériels provenant de sources nationales et internationales diverses, notamment ceux qui visent à promouvoir son bien-être social, spirituel et moral ainsi que sa santé physique et mentale. À cette fin, les États parties :

a) encouragent les médias à diffuser une information et des matériels qui présentent une utilité sociale et culturelle pour l'enfant et répondent à l'esprit de l'article 29 ;

b) encouragent la coopération internationale en vue de produire, d'échanger et de diffuser une information et des matériels de ce type provenant de différentes sources culturelles, nationales et internationales ;

c) encouragent la production et la diffusion de livres pour enfants ;

d) encouragent les médias à tenir particulièrement compte des besoins linguistiques des enfants autochtones ou appartenant à un groupe minoritaire ;

e) favorisent l'élaboration de principes directeurs appropriés destinés à protéger l'enfant contre l'information et les matériels qui nuisent à son bien-être, compte tenu des dispositions des articles 13 et 18.

L'accès à des bibliothèques très documentées, la création de revues de presse pour les enfants, l'utilisation d'Internet, ont fait entrer le droit à l'information dans la pratique courante des écoles. Pour préparer les exposés et les conférences qu'ils peuvent proposer au Conseil de la classe, les élèves disposent actuellement de moyens de recherche adaptés à leurs besoins.

L'information étant plus accessible à tous, le débat en classe devient un moyen privilégié pour échanger des arguments sur les sujets de leur choix : le racisme, la faim dans le monde, le travail des enfants, le respect de l'environnement, l'amour, la mort… On y apprend à écouter l'autre, à le respecter en tant que personne, à contester éventuellement son opinion et à lui poser des questions pertinentes. On y apprend aussi à défendre son propre point de vue, à le soutenir avec des arguments solides et à accepter d'être remis en cause.

Ainsi chacun se prépare-t-il à être un participant actif aux débats publics dans la société.

Article 12 de la CIDE

Les États parties garantissent à l'enfant qui est capable de discernement le droit d'exprimer librement son opinion sur toute question l'intéressant, les opinions de l'enfant étant dûment prises en considération eu égard à son âge et à son degré de maturité.

À cette fin, on donnera notamment à l'enfant la possibilité d'être entendu dans toute procédure judiciaire ou administrative l'intéressant, soit directement, soit par l'intermédiaire d'un représentant ou d'un organisme approprié de façon compatible avec les règles de procédure de la législation nationale.

L'enfant doit donc pouvoir exprimer ses points de vue sur toute activité, procédure ou décision le concernant. Ce qui implique qu'il soit informé, eu égard à son âge et à son degré de maturité, sur les options possibles, les conséquences en découlant, le poids que jouera son opinion. Ceci implique aussi que, dans sa famille, dans son école et dans tous les autres lieux où il vit, on lui offre des espaces pour exprimer son opinion, dans une ambiance de respect, de confiance mutuelle et de liberté, et qu'il soit écouté.

Plus précisément, ceci implique donc que son « opinion » ne fasse pas l'objet de pressions et de manipulations préalables ou concomitantes, et que celui, celle ou ceux qui la recueillent sachent ou puissent l'en préserver. En outre, les enfants sont souvent surpris qu'on leur propose d'exercer cette liberté, à laquelle ils ne sont pas toujours habitués ou qui leur a valu des déconvenues antérieures. Ils sont alors parfois tentés de n'en faire usage qu'avec prudence ou parcimonie, voire en affichant un certain conformisme des propos initialement tenus ou encore, s'ils sont exposés à un **conflit de loyauté,** en calquant leur point de vue sur celui dont ils pensent que leur interlocuteur est en attente. Autant dire que, lorsque l'environnement institutionnel et/ou familial de l'enfant ne peut lui garantir une vraie neutralité de réception, les conditions du recueil des opinions de l'enfant devront être soigneusement réfléchies.

En accordant aux enfants le droit d'exprimer librement leur opinion sur toutes les affaires les concernant, la Convention leur reconnaît néanmoins un réel droit de participation, même si celui requiert parfois des précautions éthiques et méthodologiques pour être mis en œuvre. C'est une première reconnaissance de leur citoyenneté, non pas seulement en construction, mais déjà en action.

Liberté d'association, liberté de réunion

> ***Article 15 de la CIDE***
>
> 1. Les États parties reconnaissent les droits de l'enfant à la liberté d'association et à la liberté de réunion pacifique.
>
> 2. L'exercice de ces droits ne peut faire l'objet que des seules restrictions qui sont prescrites par la loi et qui sont nécessaires dans une société démocratique, dans l'intérêt de la sécurité nationale, de la sûreté publique ou de l'ordre public, ou pour protéger la santé ou la moralité publiques, ou les droits et libertés d'autrui.

Sans attendre que l'autorisation leur en soit accordée par leurs tuteurs ou par la loi, les enfants et les jeunes se sont souvent et spontanément auto-organisés, hors des structures instituées, pour réaliser leurs projets, parfois seuls, parfois avec l'aide des adultes, mais en général en disposant de peu de moyens.

Il s'agit alors d'une association de fait qui ne jouit pas de capacité juridique. Mais ces petites associations, dans lesquelles tous les membres sont individuellement et collectivement responsables, permettent une créativité institutionnelle en matière d'organisation et de fonctionnement démocratiques. Elles sont adaptées à la liberté d'expression, à la circulation de la parole, à la prise collective d'initiative. Elles pourraient donc trouver place dans l'école à l'occasion de projets ponctuels à côté de structures participatives formelles et durables – comme les coopératives scolaires, qui ont une comptabilité légale permettant de recevoir des dons, des subventions, des cotisations et d'organiser des achats et des ventes.

En 1923, en France, les instructions officielles ont préconisé qu'à l'école,

> *« sous réserve de l'approbation du maître, les écoliers seront appelés à régler eux-mêmes par une entente concertée certains détails de leur vie commune : ils éliront ceux d'entre eux chargés de certaines fonctions, les dignitaires des "coopératives", des mutualités scolaires, des sociétés de gymnastique (…), de toutes les associations qui se constituent à l'école (…). On multipliera les circonstances où l'enfant aura l'occasion de prendre une décision soit par lui-même, soit de concert avec ses camarades. »*

Mais l'association étant un contrat, toute personne doit être dotée de la capacité juridique pour en créer, et notamment pour y exercer les fonctions de président et de trésorier. Or, en France, le mineur est juridiquement incapable de contracter. C'est pourquoi la Fédération nationale des Francas propose aux enfants et aux jeunes la possibilité de créer une Association temporaire d'enfants citoyens (ATEC)[254] qui, sur une durée limitée, leur offre la possibilité de réaliser un projet collectif. Une fois l'action réalisée, l'ATEC est dissoute. Cette participation, accompagnée par des adultes-tuteurs, favorise la réussite du projet, tout en permettant l'acquisition progressive de compétences démocratiques et citoyennes et l'expérience de la responsabilité avec une prise de risque minimale.

Liberté de pensée, de conscience et de religion

Article 14 de la CIDE

1. Les États parties respectent le droit de l'enfant à la liberté de pensée, de conscience et de religion.

2. Les États parties respectent le droit et le devoir des parents ou, le cas échéant, des responsables légaux de l'enfant, de guider celui-ci dans l'exercice du droit susmentionné d'une manière qui corresponde au développement de ses capacités.

3. La liberté de manifester sa religion ou ses convictions ne peut être soumise qu'aux seules restrictions qui sont prescrites par la loi et qui sont nécessaires pour préserver la sûreté publique, l'ordre public, la santé et la moralité publiques ou les libertés et droits fondamentaux d'autrui.

En décembre 1989, un proviseur lance la première « affaire du voile » en refusant de scolariser deux jeunes lycéennes. D'autres jeunes filles sont exclues par le Conseil de discipline de leur établissement en application du Règlement intérieur. Des recours sont présentés devant des tribunaux administratifs afin que soit examinée la légalité du Règlement et des décisions prises. La liberté de manifester sa religion devient une affaire nationale.

Le Conseil d'État est finalement saisi et rend, le 27 novembre 1989, un avis qui apporte des précisions importantes qui valent pour l'exercice de ce droit à l'école, mais aussi pour les libertés en général. Il en ressort que le port, par les élèves, de signes par lesquels ils entendent manifester leur appartenance à une religion n'est pas par lui-même incompatible avec le principe de laïcité dans la mesure où il constitue l'exercice de la liberté d'expression et de manifestation de croyances religieuses. Toutefois ce droit ne doit porter aucune atteinte ni à la liberté d'autrui, ni aux activités d'enseignement, au contenu des programmes et à l'obligation d'assiduité. Les missions de l'école doivent être respectées. Celles-ci consistent à per-

254. Fédération nationale des Francas, *Encourager et soutenir les Associations temporaires d'Enfants Citoyens,* ☞ *http://atec.joueb.com/files/EncouragerEtSoutenir.pdf*

mettre à tous les enfants de développer leur personnalité, de se préparer à leur vie professionnelle et à leurs responsabilités d'homme ou de femme et de citoyen, et d'apprendre le respect des droits de l'homme.

> La loi du 15 mars 2004 « *encadrant, en application du principe de laïcité, le port de signes ou de tenues manifestant une appartenance religieuse dans les écoles, collèges et lycées publics* » a par la suite précisé que « *dans les écoles, les collèges et les lycées publics, le port de signes ou tenues par lesquels les élèves manifestent ostensiblement une appartenance religieuse est interdit* ».

Un droit doit être respecté mais son exercice a des limites qui ne sont pas négociables. Dans chaque établissement, son exercice doit faire l'objet d'une réglementation qui en fixe les modalités d'application. Celles-ci figurent dans le Règlement intérieur, voté par le Conseil d'administration dans les collèges et lycées et par le Conseil d'école dans les écoles primaires. Le Règlement intérieur devient donc à cet égard un texte juridique, la « loi de l'école », soumis au contrôle de légalité.

Protection de la vie privée

Article 16 de la CIDE

Nul enfant ne fera l'objet d'immixtions arbitraires ou illégales dans sa vie privée, sa famille, son domicile ou sa correspondance, ni d'atteintes illégales à son honneur et à sa réputation.

L'enfant a droit à la protection de la loi contre de telles immixtions ou de telles atteintes.

L'enfant a droit au respect de sa vie privée et de celle de sa famille. Ce droit interroge l'éthique de l'enseignement et la déontologie de l'enseignant. Dans sa relation à l'enfant, celui-ci doit éviter de porter des avis négatifs sur sa famille, devant l'enfant comme devant sa classe. Or les remarques blessantes, que ni l'exaspération ni même le désarroi ne sauraient excuser, continuent trop souvent d'être formulées : « *si tes parents t'aidaient pour tes devoirs au lieu d'aller se promener le dimanche (ou encore : s'ils t'envoyaient te coucher plus tôt, s'ils lisaient mes mots sur le carnet de correspondance et répondaient à mes convocations, etc.) ça marcherait mieux !* »

Lors des entretiens du matin, les enfants peuvent s'exprimer librement. En ces circonstances, ou en d'autres de la vie de classe, il leur arrive de raconter en toute confiance des événements de leur vie familiale et donc de les révéler à la connaissance de tous. Il faut alors faire preuve d'une grande attention pour que des jugements ne soient pas portés non seulement par l'enseignant, mais aussi par les autres enfants.

Il existe cependant des limites à la protection de la vie privée au sein d'une structure éducative. Des limites relatives : parfois les faits librement exposés par les enfants touchent à des valeurs éducatives discutables ou aux préjugés préoccupants de la famille. C'est ainsi que, dans une classe « maternelle », un petit garçon rapporte : *« Mon père m'a dit : tu ne te marieras pas avec Anissa, parce que c'est une Arabe ! Il n'y aura pas de sale Arabe à la maison »*. Le respect des différences culturelles se heurte ici à l'obligation de l'enseignant d'éduquer contre le racisme. Des limites absolues, aussi : il arrive parfois que des violences physiques ou sexuelles soient évoquées ou révélées. Le Code pénal fait alors obligation – civique, et pas seulement professionnelle – à tout adulte ayant recueilli ces propos d'en aviser sans délai le procureur de la République.

Lorsque les enfants ont connaissance de leur droit à la protection de la vie privée, ils interrogent souvent les pratiques des adultes avec qui ils vivent ou qu'ils côtoient :

– dans la famille : *« Ma mère a-t-elle le droit d'ouvrir mes lettres ? » ;*

– à l'école : *« Le maître a-t-il le droit de fouiller dans mon cartable quand quelqu'un a volé quelque chose ? » ;*

– dans les centres de vacances et les institutions éducatives avec internat : *« L'animateur a-t-il le droit d'entrer dans ma chambre et de fouiller dans mes affaires quand je ne suis pas là ? »*.

Ce sont des questions qui, nous rappelle le magistrat Daniel Clouet, exigent une réponse en droit.

> *« Qui songe, par respect pour le droit à l'intimité, à frapper avant d'entrer dans la chambre d'un adolescent ? Qui songe, en pénétrant dans une telle chambre en l'absence de son occupant, qu'il n'a théoriquement le droit de le faire et d'y inspecter que pour d'impérieuses raisons de sécurité des personnes ou des biens, ou de strictes raisons pédagogiques car il entre dans un domicile dont le caractère inviolable est garanti constitutionnellement ? »*[255]

Les adultes doivent respecter les droits et libertés de l'enfant, faciliter leur mise en œuvre, mais ils ne sont pas pour autant exonérés, comme nous venons de le voir, de leur devoir de protection. Dès lors :

– comment concilier ces deux exigences apparemment contradictoires ?

---

255. Daniel Clouet, « Faut-il parler droit dans les institutions médicales, éducatives et sociales ? », *op. cit.*

– comment porter une grande attention à l'enfant au nom de sa fragilité et d'une protection nécessaire sans le maintenir dans une dépendance excessivement sécurisante ?

– comment établir un équilibre entre la pratique de la liberté qui impose des limites et l'autorité nécessaire de l'éducateur pour les faire respecter ?

Le problème qui se pose à l'éducateur n'est pas simple à résoudre, entre autorité/protection et liberté/autonomie (on retrouve ici le dilemme tenir la main, lâcher la main). Il aura donc à demeurer attentif et vigilant, *« l'intérêt supérieur de l'enfant »* étant la référence sur laquelle appuyer chacune de ses décisions.

L'exercice au quotidien des droits et des libertés

Les observations que nous avons menées dans ou à propos de différentes classes montrent que, pour la plupart des enseignants, soucieux du bon fonctionnement des activités, ce sont les obligations et les interdits qui priment dans les règles qu'ils décident unilatéralement :

– *« Tu dois lever la main pour parler et attendre d'être interrogé. »* (Cette obligation ne prend tout son sens que si elle fait référence au respect de la parole de chacun).

– *« Tu ne dois pas parler à ton voisin pendant les exercices. »* (Cet interdit est non seulement arbitraire, il est aussi pédagogiquement discutable dans la mesure où il est en réalité porteur d'un interdit plus général de coopération).

Or, dans une démocratie, c'est le droit qui fonde le devoir ou l'obligation. Les lois ne précèdent pas les droits, elles en permettent l'exercice.

Respecter les principes du Droit

Au sein de l'État de Droit, la liberté est définie, organisée et garantie par la loi. Elle peut faire l'objet d'un aménagement, être limitée, mais nul ne peut la supprimer.

On distingue généralement *trois régimes* différents pour l'exercice des libertés.

• *Le régime répressif* – Contrairement à ce que suggère sa terminologie, il est considéré comme le plus favorable aux libertés. Chaque individu peut exercer librement son activité, sans en informer les autorités administratives. Le contrôle s'exerce *a posteriori*, en application du principe selon lequel la liberté est la règle et l'interdiction l'exception. Mais les abus de la liberté, le non-respect des limites et restrictions prescrites par la loi peuvent entraîner une répression.

• *Le régime préventif ou d'autorisation préalable* – Il confie à l'autorité administrative le soin d'autoriser ou de refuser la possibilité d'exercer une liberté, selon deux modes d'autorisation :

- soit l'administration est tenue d'autoriser l'exercice du droit dès lors que la personne remplit les conditions fixées ;
- soit elle a le choix, de manière discrétionnaire, d'accorder ou non l'autorisation demandée.

Parfois cette autorisation est liée à l'attestation d'une compétence, d'une capacité à exercer un droit : c'est le cas, par exemple, de la conduite d'un véhicule.

• *Le régime déclaratif* – Il implique l'obligation d'effectuer une démarche auprès de l'administration mais celle-ci ne dispose pas du pouvoir de refuser la déclaration. Tel est le cas, par exemple, pour l'exercice de la liberté de la presse (loi du 29 juillet 1881) et pour le droit d'association (loi du 1er juillet 1901).

En application de ce modèle, l'un d'entre nous a créé et expérimenté, avec les élèves de sa classe, puis avec des stagiaires en formation initiale d'enseignement et des éducateurs spécialisés d'un Centre de formation, une grille d'élaboration des règles qui a ensuite été expérimentée dans des familles.

Au cours de nos expérimentations, nous avons constaté que, en partant de la liberté et du droit et en définissant ensemble les modalités de son exercice, chacun – enfant et adulte – comprend mieux la réciprocité entre droits et devoirs, entre libertés et obligations, et les limites posées. La nécessité pour chacun de les respecter n'apparaît plus comme une contrainte imposée, mais comme la condition pour que chacun puisse exercer pleinement ses libertés individuelles, dans les limites imposées par la vie dans un groupe ou une collectivité.

Grille d'observation des règles

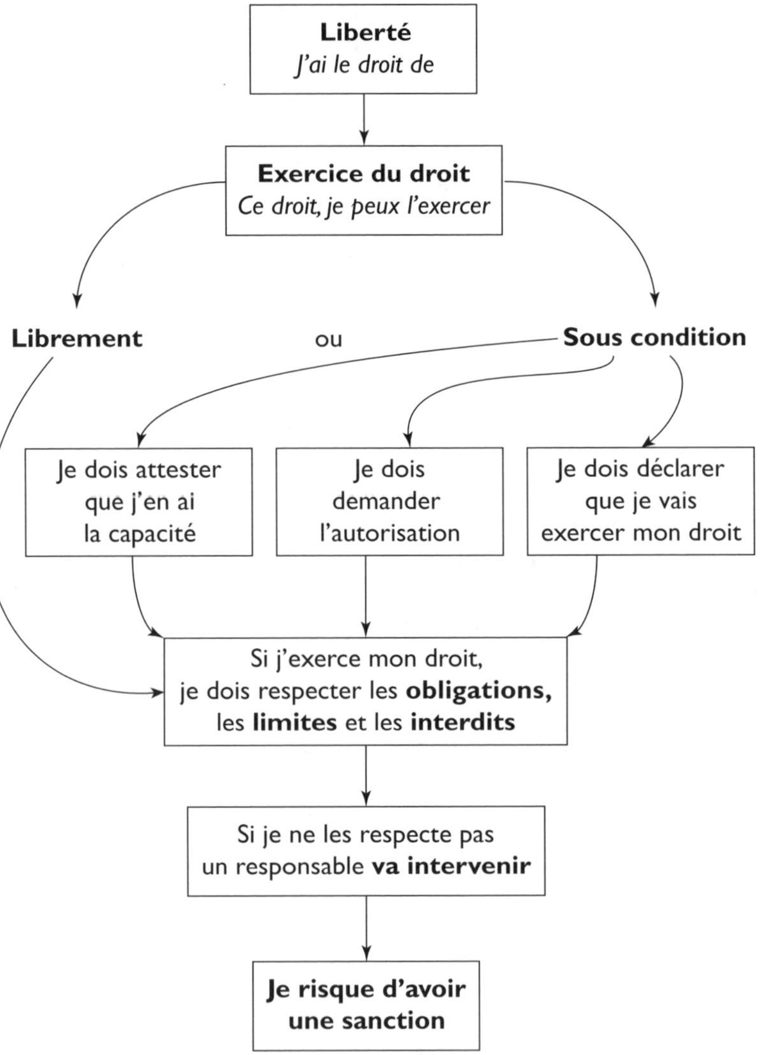

Démocratiser les relations éducatives, F. Jésu, J. Le Gal, Chronique sociale.

Faire fonctionner notre modèle : modalités générales

Notre modèle peut fonctionner à chaque fois que dans la classe, l'école, la famille ou une autre structure, on affirme que *chacun a le droit de… :* droit de m'exprimer, droit de participer aux décisions, droit d'avoir une responsabilité, droit de circuler, droit de jouer…

Choisir un système d'exercice de la liberté

Dans un premier temps, pour chaque liberté ou droit concerné, il est nécessaire de s'interroger sur le choix d'un système d'exercice de la liberté, en tenant compte de différents facteurs : âge des enfants, maturité sociale, contexte…

– Allons-nous permettre l'exercice libre de la liberté sans contrôle préalable des capacités des enfants à l'exercer ?

– Si nous lions l'exercice de la liberté à l'acquisition de la capacité à l'exercer, comment et par qui seront déterminés les critères pertinents permettant d'obtenir une attestation de capacité ? Selon quelles modalités sera-t-elle attribuée ? Comment sera-t-elle le cas échéant matérialisée : permis, brevets, ceintures… ?

– Par souci de sécurité et de contrôle, cette liberté ne pourra-t-elle s'exercer qu'avec l'autorisation de l'adulte ou d'un responsable choisi parmi les enfants ou les jeunes du groupe ?

– Si l'enfant peut exercer librement la liberté, devra-t-il cependant signaler qu'il va l'exercer, comme lorsqu'il sort du groupe pour aller dans un autre lieu ?

Fixer les obligations et les limites

Entre autoritarisme et laxisme, nous préférons choisir la voie démocratique. Nous considérons qu'aucune liberté ne peut s'exercer de manière absolue. Les exigences de la vie en collectivité et le respect du droit des autres nous amènent à fixer des restrictions à son exercice, qui devront être respectées.

En pratique, nous devons aussi tenir compte de ce qu'une liberté peut s'opposer à une autre. Ainsi la liberté d'aller et venir s'oppose-t-elle dans certains cas au droit à la sûreté.

Nous considérons donc comme nécessaire de fixer des limites, des repères, d'indiquer clairement ce qui est possible et ce qui est interdit. Mais il est parfois difficile de savoir où fixer la barrière entre le permis et l'interdit. D'autant que, par exemple, l'observation de l'exercice du droit à la parole ou encore de la liberté de circulation dans les classes coopératives et dans les écoles où fonctionnent ces classes montre que les premières autorisent souvent ce que les secondes interdisent. Or, pour être structurantes, les limites impliquent que les adultes soient persévérants et cohérents. Pour se construire, les enfants ont en effet besoin d'adultes référents, sur lesquels ils puissent s'appuyer, mais aussi de repères stables, pour savoir jusqu'où ils peuvent aller. Les enfants remarquent donc très vite, dans les lieux collectifs, si les adultes ont ou non la même appréciation et la même réaction lorsque les interdits sont transgressés.

L'apprentissage de la limite est un impératif dans la construction sociale de l'enfant, dans sa compréhension du sens de la liberté. Mais selon quels critères justifier les restrictions apportées au libre exercice d'un droit ?

Au cours des réflexions menées avec des enseignants, des éducateurs et des animateurs, nous avons repéré un certain nombre d'exigences liées à des principes, des lois, des obligations ainsi qu'aux finalités et aux objectifs des diverses structures.

> *1. Le respect de la loi* – Chacune des libertés accordées à l'enfant par la CIDE est accompagnée des restrictions qui sont prescrites par la loi et nécessaires dans une société démocratique : les droits et les libertés d'autrui, la sauvegarde de la sécurité nationale, de la sûreté publique ou de l'ordre public, la protection de la santé ou de la moralité publiques. Elles s'appliquent évidemment à tous les autres droits reconnus aux enfants.
>
> *2. Le respect du droit des autres à exercer cette même liberté* – L'obligation de réciprocité s'impose à tous. Je n'ai de droits que parce que les autres ont les mêmes.
>
> *3. Le droit à la sécurité de l'enfant et l'obligation de protection faite aux éducateurs* – L'enfant doit être protégé contre les agressions et les risques qui peuvent mettre en danger sa personne. Nous avons vu qu'entre liberté et protection, deux impératifs apparemment contradictoires, le dilemme n'est pas simple à résoudre.
>
> *4. Le droit à l'enfance* – L'enfant est un être en développement. Ses compétences cognitives et sociales, nécessaires pour exercer une liberté et en comprendre les limites, sont en construction. Il a droit au tâtonnement expérimental social et à l'erreur. Il a aussi droit à une certaine insouciance. Les responsabilités liées à l'exercice d'un droit, et dont il peut avoir à répondre devant le groupe, ne doivent pas être trop pesantes pour lui.
>
> *5. Les finalités et les objectifs de l'école engagent la responsabilité pédagogique et éducative de l'enseignant* – L'adulte est le garant des droits reconnus à l'enfant, du respect de sa personne, des principes fondamentaux du Droit, des valeurs qui fondent une relation de dialogue,

de coopération, d'entraide, de solidarité. C'est le champ du non négociable.

6. *Les exigences propres aux différentes activités* – Chaque activité, qu'elle soit d'apprentissage, d'expression libre, d'atelier…, implique des exigences particulières pour pouvoir bien se dérouler. Par exemple : le droit à la parole ne s'exercera pas selon les mêmes modalités, ni les mêmes limites, pour une activité collective et une activité en petits groupes.

Préciser les procédures disciplinaires et les sanctions

Dans une école ayant décidé de mettre en place une participation démocratique des enfants ainsi que l'exercice de leurs droits et de leurs libertés, l'apprentissage des relations sociales démocratiques, du sens et des conséquences de leurs comportements ne peut être que progressif.

Le Règlement type départemental des écoles maternelles et élémentaires publiques[256] du 9 juillet 2014 indique :

> qu'*« il est particulièrement important d'encourager et de valoriser les comportements les mieux adaptés à l'activité scolaire : calme, attention, soin, entraide, respect d'autrui. La valorisation des élèves, leur responsabilisation dans la vie collective sont de nature à renforcer leur sentiment d'appartenance à l'école et à installer un climat scolaire serein ».*

Les comportements perturbateurs, l'atteinte à l'intégrité physique ou morale des autres enfants et des enseignants, les manquements aux limites et obligations que le Règlement intérieur a précisés doivent toutefois recevoir une réponse ayant pour objectif de permettre à l'enfant de prendre conscience de ses actes, de devenir plus responsable au sein de la collectivité, mais aussi d'apprendre que toute transgression sera sanctionnée afin d'assurer la pérennité de la loi.

Le Règlement type départemental rappelle que, conformément à l'article 28 de la CIDE, la discipline scolaire doit être *« appliquée d'une manière compatible avec la dignité de l'enfant en tant qu'être humain et conformément à la présente Convention »*. Le Règlement intérieur de l'école doit certes indiquer que *« tout châtiment corporel ou traitement humiliant est strictement interdit » ;* mais il devrait préciser aussi, selon notre conception d'une discipline éducative et participative, quelles procédures disciplinaires et quelles sanctions pourront être utilisées.

---

256. Règlement type des écoles maternelles et élémentaires.
☞ *www.education.gouv.fr/pid25535/bulletin_officiel.html?cid_bo=81107*

En tout état de cause, un principe doit être retenu : nul – qu'il s'agisse de l'enseignant, du Conseil de la classe coopérative ou de toute autre instance – ne pourra prononcer de sanction non inscrite au Règlement intérieur. Ainsi pourront être évités tant les actes arbitraires parfois imaginés et imposés par les adultes que les punitions expiatoires souvent proposées par les enfants. En cas de non-respect de ce principe, les enfants doivent pouvoir faire recours auprès d'une instance de médiation, personne ou Commission, prévue par le Règlement intérieur.

Pour Eirick Prairat, quelques orientations générales peuvent permettre de dessiner une *véritable sanction éducative*[257] :

– dans un espace éducatif, il n'y a de responsabilité qu'individuelle : des sanctions collectives ne pourront donc pas être prononcées ;

– la sanction doit être individualisée et prendre en compte le cas particulier de l'élève incriminé : un même fait commis par deux élèves peut conduire à donner deux punitions distinctes ;

– la sanction porte sur des actes : on sanctionne un coupable pour son acte et non la personne au motif et par le biais d'une infraction ;

– la sanction doit rester proportionnelle au manquement constaté à la règle ;

– la sanction peut être privation de l'exercice d'un droit : privation d'usage, interdiction d'activité, mise à l'écart temporaire. Mais cette sanction ne peut avoir de réalité que « *dans un espace marqué au sceau de la loi, espace politique où les droits et les obligations sont publiquement énoncés* » ;

– la sanction ne doit pas être une pure passivité, elle doit comporter une part d'activité, être accompagnée d'une mesure de réparation. « *Celui qui manifeste le désir de réparer est en position de responsabilité par rapport à ses actes. Il les reconnaît et les assume au point de vouloir les annuler* ».

À l'intérieur de la collectivité, chaque classe, chaque groupe, élabore aussi ses propres règles de vie. Décidées ensemble, elles constituent un contrat de vie commune dont les adultes sont garants.

Toutes les formes de violence physique ou verbale, toute attitude humiliante, vexatoire ou dégradante à l'égard des enfants, toute sanction collective étant proscrites, le champ est ouvert pour **organiser une discipline éducative, respectueuse de la dignité des enfants et de leurs droits, avec leur participation active.**

257. Eirick Prairat, *La sanction – Petites médiations à l'usage des éducateurs*, L'Harmattan, 2000.

Prévoir les modalités d'intervention en cas de transgression grave et/ou de violence

Les enseignants se trouvent souvent confrontés à des faits perturbateurs (paroles, déplacements et comportements gênants, non-respect des règles de vie communes…) et à des actes de violence (agression contre les personnes et les biens) qui les mettent en situation de devoir intervenir.

La plupart du temps, une intervention verbale, par exemple le rappel de la règle, suffit pour amener le « transgresseur » à changer de comportement. Mais parfois il s'y refuse. Les enquêtes que nous avons menées et les récits qui nous ont été confiés témoignent de ce que la plupart des enseignants et des parents sont amenés, occasionnellement, à faire usage de la force, et qu'ils considèrent cette action comme parfois nécessaire : *« Il est des moments où l'enfant a besoin d'être arrêté ou contenu physiquement parce qu'il franchit des limites inacceptables pour lui ou pour l'entourage et que les paroles s'avèrent sans effet sur lui ».*

Cependant, sur le plan éducatif, il peut paraître contradictoire d'user de la force pour faire respecter les limites posées et, dans le même temps, de tenter de faire naître un groupe fondé sur le respect de la personne, le dialogue, la compréhension, l'entraide et le Droit. Mais comment faire ?

L'étude de cette question à l'école[258] nous a permis de faire une distinction entre deux temps successifs, et donc deux situations et deux procédures distinctes :

- la procédure d'arrêt d'une transgression, qui constitue un *acte de police ;*
- la procédure de la sanction, conséquence de cette transgression, qui relève d'un *acte de justice*.

Le Règlement départemental des écoles élémentaires et maternelles publiques du 9 juillet 2014 n'autorise pas les enseignants à user raisonnablement de la force pour faire cesser une bagarre, « éloigner » un élève perturbant sérieusement la classe ou arrêter des actes de vandalisme. L'intervention physique n'est pas prévue. Alors *« comment agir en totale conformité avec le respect des droits de l'homme et agir efficacement pour résoudre des cas urgents ? »* Cette question, qui est posée à la police, se pose aussi aux enseignants.

La consultation des devoirs généraux qui s'imposent aux fonctionnaires de police amène à dégager quelques points qui pourraient constituer la base d'une déontologie des enseignants (et des éducateurs) en la matière :

---

258. Jean Le Gal, « Châtiments corporels ou intervention physique », *Journal du Droit des Jeunes*, n° 185, mai 1999.

– l'enseignant (ou l'éducateur) doit agir en conformité avec le respect des droits de l'enfant dont l'intérêt supérieur doit être une considération primordiale (article 3 de la CIDE) ;

– il doit intervenir pour porter assistance à toute personne en danger, pour prévenir ou faire arrêter tout acte de nature à troubler l'ordre nécessaire aux activités de l'école (ou de la structure éducative) et pour protéger les élèves et la collectivité des atteintes aux personnes et aux biens ;

– lorsqu'il est autorisé par la loi à utiliser la force, il ne peut en faire qu'un usage raisonnable, strictement nécessaire et proportionné au but à atteindre, les coups demeurant strictement interdits.

Un professeur ayant fait l'objet de poursuites pénales, en 2001, pour être intervenu physiquement afin de protéger un élève et de maintenir l'ordre, l'un de nous a fait parvenir ces considérations à Jack Lang, alors ministre de l'Éducation nationale, assorties du *« souhait qu'une réflexion soit menée afin de trouver des réponses respectueuses du droit dans le cadre d'une discipline éducative »*. Dans sa réponse[259], le ministre a reconnu qu'*« il s'agit d'une question délicate qui met en évidence les difficultés auxquelles sont confrontés les enseignants dans l'exercice de leurs fonctions, en particulier lorsqu'il s'agit de maîtriser des comportements violents, sans avoir soi-même recours à la violence »*. Mais, tout en disant comprendre l'inquiétude des professeurs, il s'est contenté de rappeler *« qu'il appartient au juge pénal d'interpréter et d'appliquer la loi »* et que lui-même n'était pas *« habilité à intervenir de quelque manière que ce soit pour limiter son pouvoir d'appréciation »*. On ne peut que s'étonner de cette réponse ministérielle, et la considérer comme une fuite devant une situation fréquente à laquelle le ministre a le devoir d'apporter des solutions spécifiques.

Confronté au même type de problème, un Institut thérapeutique, éducatif et pédagogique (ITEP, ex-Institut de Rééducation Psychothérapeutique) accueillant des enfants et des adolescents dans des classes et en internat, a inscrit dans son Règlement intérieur : *« Les châtiments corporels sont interdits, mais il convient de ne pas confondre un châtiment corporel avec la nécessité d'intervenir exceptionnellement en empêchant physiquement un ou plusieurs enfants ou adolescents de se mettre en danger ou de poursuivre des actes de violence ou de vandalisme »*.

Depuis le 13 juillet 2004, une circulaire du ministère de l'Éducation nationale, relative aux *« risques particuliers à l'enseignement de l'EPS* [Éducation physique et sportive] *et au sport scolaire »* dans les établissements primaires et secondaires, a ouvert des perspectives puisqu'elle précise en ce qui concerne les *« contacts corporels »* que, *« lorsqu'il est*

259. Lettre du 29 juin 2001.

confronté aux conflits au sein de la classe, l'enseignant doit intervenir, y compris si nécessaire en s'interposant physiquement, afin de préserver l'intégrité physique des élèves. Il doit pouvoir exercer sa responsabilité en veillant à éviter tous sévices sur les élèves ». C'est là une avancée indéniable, mais elle n'a pas été généralisée à toutes les activités scolaires. On ne peut donc que conseiller aux Conseils d'école et aux Conseils d'administration des collèges et des lycées d'inscrire cette possibilité dans les Règlements intérieurs, en précisant les cas qui relèvent d'une intervention physique éventuelle et ses modalités d'application.

Faire fonctionner notre modèle : le cas du droit à la parole

En nous appuyant sur notre modèle général d'élaboration des règles, l'un de nous a créé, avec des stagiaires d'IUFM, un modèle spécifique qui a pu être expérimenté durant les sessions de formation et dans les classes.

Ce modèle nous a permis de fixer les modalités d'exercice du droit de chacun à s'exprimer, l'organisation de l'animation, les obligations, les limites et les procédures de traitement des transgressions, et ceci pour différents moments de parole : activité collective, travail de groupe, travail individuel.

Nous avons constaté qu'il était nécessaire lors des échanges collectifs de :

- fixer les obligations de celui qui parle et de ceux qui écoutent ;
- déterminer les modalités concernant :
  - les personnes ;
  - la prise de parole (la durée de la prise de parole, la puissance de la voix…) ;
  - l'animation et la régulation ;
  - l'organisation matérielle ;
  - l'organisation institutionnelle.

Modalités d'exercices du droit à la parole

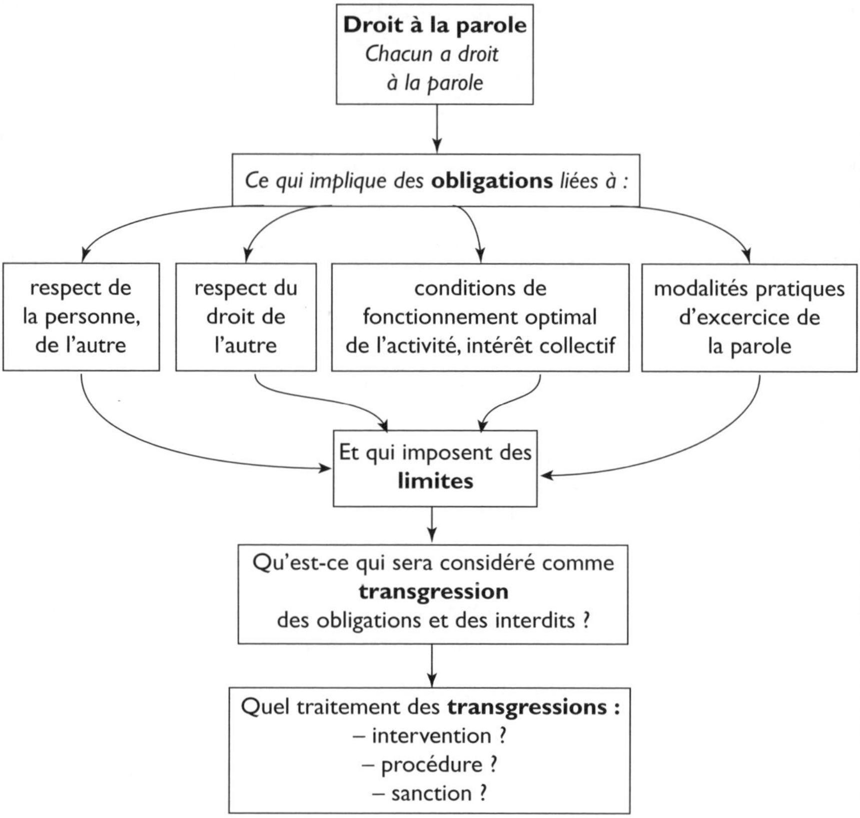

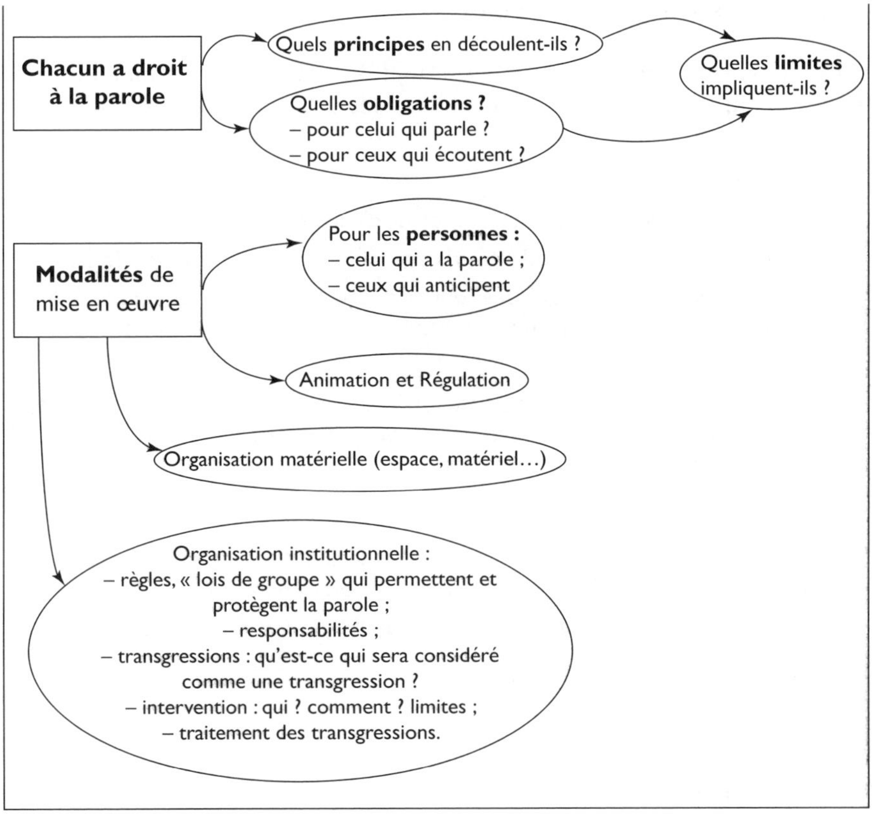

Démocratiser les relations éducatives, F. Jésu, J. Le Gal, Chronique sociale.

Démarche utilisée

Après une présentation des principes, de notre modèle et du schéma, nous demandons aux enfants ou aux stagiaires et étudiants de réfléchir d'abord en petits groupes, afin de présenter au collectif une proposition sous forme d'affiche. Ensuite, en grand groupe, chaque équipe expose sa proposition, les difficultés rencontrées et les points de vue différents. Après un débat et le choix d'une procédure de décision, nous élaborons « notre loi » et des modalités d'application qui pourront évoluer au fil de nos analyses institutionnelles.

Contrairement à ce qui se passe avec les enfants, deux questions suscitent presque toujours des confrontations animées entre les adultes :

– faut-il mettre en place une modalité pour prendre la parole ?

– les apartés seront-ils considérés comme des transgressions ?

À titre indicatif, voici les modalités et règles d'exercice du droit à la parole instituées par un groupe d'étudiants éducateurs spécialisés.

En grand groupe

Celui qui parle a le droit de s'exprimer et d'être entendu.

L'intervenant précise les modalités d'organisation de son intervention.

Les membres du groupe qui désirent prendre la parole la demandent en levant la main et attendent que l'animateur leur donne son accord.

Ils ne monopolisent pas la parole.

Chacun doit être présent et participatif. Il fait preuve d'écoute. Il ne coupe pas la parole de l'autre et il respecte sa personne et ses opinions : pas de moqueries, pas de violences verbales.

Trangressions

Seront considérées comme transgressions le fait de ne pas respecter les obligations et les règles ci-dessus listées, et notamment :

- prendre la parole de façon intempestive ;
- couper la parole ;
- monopoliser la parole ;
- gêner l'intervenant ou ceux qui écoutent.

Interventions

Rappel de la règle par l'animateur ou un membre du groupe :

- avertissement oral ;
- l'animateur signale l'impossibilité de continuer.

Traitement de la transgression

En cas de perturbation ne pouvant être régulée par l'animateur, le problème est porté devant l'ensemble du groupe qui recherche une solution :

- aide ;
- avertissement ;
- sanction.

Au cours de nos travaux avec différents groupes de stagiaires et d'étudiants, avec des dispositifs pédagogiques diversifiés, nous avons constaté que le respect des modalités et des règles décidées ensemble n'a jamais posé d'importants problèmes. Un simple rappel des décisions communes a toujours suffi aux animateurs, enseignants ou étudiants, pour obtenir le calme et l'écoute.

Analyse de l'élaboration d'une règle dans une classe

Au cours de son stage en responsabilité, une stagiaire, soucieuse de faire participer activement les enfants à la vie de la classe, leur a proposé d'élaborer ensemble un règlement, dont nous ne retiendrons que la partie consacrée à la parole. Les enfants travaillent en groupes, élaborent des propositions et les présentent ensuite au cours d'une mise en commun collective. Elles sont au nombre de quatre :

– lever le doigt avant de prendre la parole ;

– ne pas couper la parole ;

– on lève le doigt pour prendre la parole ;

– si on ne lève pas le doigt, on copie un texte de trois pages pendant la récréation.

Ces propositions ne sont redondantes qu'en apparence puisque, à les examiner de près, elles distinguent finement la réglementation (première et quatrième propositions) et l'intentionnalité (deuxième et, surtout, troisième propositions) de la prise de parole individuelle dans le groupe classe.

L'enseignante a peut-être repéré la complémentarité et, au fond, la complexité de l'ensemble de ces formulations. Toujours est-il qu'elle ne semble pas les avoir relevées, ce qui lui aurait alors permis de les soumettre à la poursuite du débat et aux éclairages qu'elles auraient pourtant nécessités avec et entre les enfants. Elle se concentre en revanche sur les seuls aspects réglementaires et propose de son côté : « lever le doigt pour prendre la parole et attendre d'être interrogé ».

Après discussion, une décision est prise par vote : « Pour intervenir, je lève le doigt et j'attends d'être interrogé ». Lorsque le règlement est adopté, elle l'affiche et tous le signent. Mais, une fois le règlement signé, un enfant lui demande : *« Maîtresse, si tu signes le règlement, ça veut dire que tu vas devoir lever le doigt avant de parler ? »*. Elle précise alors aux enfants que, si elle a signé le règlement, c'est parce qu'elle s'engage à le faire appliquer et non à l'appliquer elle-même dans ses dispositions. Pour elle, *« il est bien évident que le règlement s'impose à l'enseignant, non dans son contenu, mais pour en faire assurer le respect »*.

Cette tentative suscite plusieurs remarques. Nous sommes bien en présence, ici, d'une réelle démarche participative puisque chaque enfant a pu émettre des propositions et participer au débat, même insuffisamment approfondi, et à la prise de décision collective. Or, comme le soulignait Jean Piaget, *« en devenant législateur et souverain, l'enfant prend conscience de la raison d'être des lois. La règle devient pour lui condition nécessaire de l'entente »*[260]. L'ensemble des règles constitue donc un contrat de vie commune qui engage chacun, y compris l'adulte. Par sa signature, chacun est devenu responsable de ses actes devant le groupe. Les règles discutées, élaborées et votées par tous sont devenues « les lois de la classe ». Affichées, connues de tous, elles doivent être respectées et l'enseignante s'en porte garante.

Nous pouvons en revanche nous interroger sur la formulation, manifestement induite par l'enseignante, de la règle de prise de parole. Si « pour intervenir, je lève le doigt » est bien de l'ordre de l'exercice d'un droit, « j'attends d'être interrogé » renvoie à une pratique pédagogique classique où la prise de parole dépend moins d'une règle collective que de la seule décision de l'enseignante et où, le plus souvent, l'objectif essentiel de celle-ci visera le contrôle de la participation et, surtout, des connaissances de l'enfant. Les enfants avaient pourtant laissé entendre que l'intention, manifestée par le lever de doigt, de demander et de prendre la parole pouvait avoir des motivations et des significations plus complexes que la seule participation volontaire au contrôle des connaissances. Par exemple : faire une proposition, émettre une idée nouvelle, poser une question « hors programme », etc.

Cet exemple montre que nous devons être très attentifs aux formulations retenues. Celles-ci doivent être conformes aux principes que nous voulons promouvoir. En l'occurrence, la décision prise par l'enseignante de ne pas s'appliquer à elle-même la règle votée – décision unilatérale dont l'explicitation a été provoquée par la... prise de parole, intelligente et audacieuse, d'un enfant – nous interroge aux niveaux juridique et éducatif.

Au niveau juridique

L'école doit respecter les principes fondamentaux du droit. Même si une règle élaborée et adoptée par un Conseil d'enfants n'a pas un statut de loi qui s'impose à tous, l'enseignante, en décidant de se placer en situation d'« autorité » seulement chargée de faire respecter le règlement, ne reconnaît pas la règle comme « générale et impersonnelle ».

« La règle ne s'applique pas à l'autorité qui la fait appliquer » peut alors devenir un principe que les enfants finissent par intégrer. C'est ainsi que, lors de la Journée nationale des droits de l'enfant, en 1997, à Nantes, une commission de délégués de Conseils d'enfants a témoigné de ce que les

260. Jean Piaget, *Le jugement moral chez l'enfant*, PUF, 1975.

élèves reconnaissaient aux enseignants la possibilité d'avoir des « droits » qui leur sont interdits à eux-mêmes :

– arriver en retard sans punition ;

– aller aux W.C. sans demander ;

– boire dans la classe ;

– se déplacer tout le temps dans la classe et dans d'autres salles ;

– déchirer les feuilles ;

– crier (quand quelqu'un les énerve) ;

– boire du café.

Se référant à leurs vécus et à leurs observations, les enfants accordent donc aux enseignants un statut particulier, une certaine toute-puissance qui leur confère des droits spécifiques.

Au niveau éducatif

À l'école, les enseignants sont vécus par les enfants comme des modèles identificatoires. L'apprentissage de la citoyenneté passe donc par l'exemple. Leurs attitudes, même si elles semblent acceptées par les enfants, sont souvent pointées comme des modèles de non-exemplarité, notamment à leur égard : *« on nous demande de respecter des principes, des lois et des règles que les adultes ne respectent pas toujours »,* font-ils remarquer lorsqu'ils se sentent en sécurité pour le faire.

C'est ainsi que les enfants, délégués d'une école, qui avaient voté et faisaient appliquer une règle de propreté de la cour ont demandé lors d'un Conseil : *« Est-ce qu'on doit aussi ramasser les mégots des maîtres ? »*

Nous pensons que le Règlement, adopté par tous, s'impose à tous. Tant que les enseignants ne s'appliqueront pas à eux-mêmes la discipline qu'ils demandent aux enfants de respecter, tous vivront dans la contradiction. Seule la rigueur avec laquelle les enseignants se plieront aux lois communes leur permettra d'être exigeants avec les enfants et légitimera qu'une réponse soit donnée à toutes les transgressions. Leur pratique doit être cohérente avec les valeurs et les principes qu'ils défendent, même si cette nécessité est parfois difficile à respecter.

En toutes circonstances, l'écoute attentive de ce que veulent *vraiment* dire les enfants lorsqu'ils se sentent *vraiment* encouragés à s'exprimer est de nature à éclairer et à motiver les enseignants, les éducateurs, les parents et les autres adultes en cas de doute sur la nécessité de cette cohérence.

Les déclinaisons du droit à la parole

Affirmer le droit à la parole est un acte fondateur. Il est ensuite important de faire préciser par les enfants les déclinaisons de ce droit fondamental.

Dans le cadre de l'élaboration de la Charte des droits des écoliers de Nice VIII, initiée par Jacques Jourdanet, inspecteur de la circonscription, et déjà évoquée[261], les déclinaisons suivantes de ce droit à la parole, telles que proposées par les enfants, ont été retenues :

– Être écouté dans le silence, sans être interrompu, quand j'ai la parole.

– Écouter dans le calme les enfants comme les adultes.

– Répondre à l'adulte sans être considéré comme impertinent, si je reste poli.

– Parler du travail avec mes camarades.

– Chuchoter avec mes camarades, en particulier avant de passer à un autre travail.

– M'exprimer, donner mon avis librement.

– Participer à des débats oraux en classe.

– Parler à voix basse pendant le repas.

– Être interrogé autant que chacun de mes camarades.

– Manger sans être gêné par le bruit.

Francis Imbert, dans un ouvrage déjà mentionné[262], a superbement analysé les enjeux pédagogiques, anthropologiques et politiques de la parole et de l'écoute de l'enfant, notamment à l'école, et donc du droit qui les institue. Nous souhaitons, avant de conclure ce chapitre, citer certains de ses propos.

> « *Entendre la parole des enfants ? Ce n'est pas si simple. Le métier* [d'enseignant] *ne donne guère l'habitude de recevoir des messages issus de sources non habilitées à produire du sens. Il tendrait au contraire à exclure, comme par postulat, l'éventualité d'une équivoque et d'une confusion. Il est proprement stupéfiant de découvrir un jour que "nos petits écoliers" sont capables de parler, tels des "personnes"... ce qui est vrai de l'enfance l'étant par ailleurs de l'adulte dominé.* (...) *La difficulté, en ce qui concerne l'enfance, est qu'il ne s'agit pas de retrouver un pouvoir qu'elle aurait perdu mais plutôt de se demander si l'enfant d'aujourd'hui ne serait pas porteur d'une parole encore jamais entendue.* (...) *C'est à la condition de ne pas se couper de l'enfance et, pour commencer, de cesser de se défendre contre l'enfant en lui, que*

261. *Élaboration de la charte des droits de l'enfant de la circonscription de Nice VIII, op. cit.*

262. Francis Imbert, *Si tu pouvais changer l'école – L'enfant stratège, op. cit.*

l'adulte peut se laisser atteindre par la parole des enfants et, en retour, lui répondre. »

Dans des villes de plus en plus nombreuses, la démocratie participative se construit. Être citoyen, c'est y faire entendre son avis, proposer des projets et des solutions aux problèmes, s'associer aux débats et aux prises de décision et assumer des responsabilités dans leur mise en œuvre.

La Charte-agenda mondiale des droits de l'Homme dans la Cité a su affirmer, pour la première fois dans un texte international, le droit à la démocratie participative.

Dans les expériences mises en œuvre, les enfants devront être associés aux décisions qui les concernent. Mais le « métier de citoyen participatif » exige compétences, engagement, prise de conscience des responsabilités et de leurs implications, sens de l'action solidaire et coopérative, maîtrise des techniques qui concourent à l'élaboration, à la mise en œuvre et à l'évaluation d'un projet démocratique.

Un apprentissage est donc nécessaire. Citoyen, l'enfant doit donc devenir citoyen par la pratique même de cette citoyenneté.

En pariant sur les capacités des enfants, guidés et soutenus par les adultes, à organiser eux-mêmes leur vie et leur travail, à assumer des responsabilités, en leur permettant de donner leurs avis individuellement et collectivement au sein d'institutions démocratiques, en créant les conditions pour qu'ils puissent réellement exercer les libertés publiques qui leur sont reconnues, en les faisant participer à la mise en place d'une discipline éducative, les enseignants, mais aussi les parents et les autres éducateurs du quotidien, peuvent permettre à tous les enfants de devenir des citoyens libres, autonomes, responsables, capables d'être les membres actifs d'une société démocratique.

La démocratie participative à l'école n'est plus une utopie, même si les interrogations et les controverses demeurent nombreuses. Cependant, les actions initiées et menées en ce sens ne peuvent pleinement réussir que si elles sont aussi mises en œuvre dans les familles, les centres de loisirs et les autres structures éducatives de proximité, et plus généralement dans la Cité, et si elles sont appuyées par un **engagement confiant et déterminé des pouvoirs publics.** Les chapitres qui suivent vont s'attacher à éclairer ces perspectives.

Chapitre 3 — En bref

La participation démocratique des enfants dans les institutions éducatives est aujourd'hui un droit qu'il est nécessaire et possible de mettre en place.

Pourquoi ?

La Convention internationale des droits de l'enfant a reconnu le droit pour les enfants de donner leur avis sur tout ce qui les concerne, d'être entendus et ainsi associés aux processus de décision dans la ville, les familles et les institutions éducatives.

Les enfants sont reconnus, par des institutions internationales : comme des personnes dont la dignité doit être respectée ; et comme des citoyens titulaires de droits et de libertés qu'ils doivent pouvoir exercer en fonction du développement de leurs capacités.

La formation de citoyens engagés, aptes à s'exprimer, à agir avec les autres, à prendre des responsabilités dans la construction d'une société démocratique, juste et solidaire, implique que les enfants connaissent leurs droits et apprennent à les exercer, à les défendre et à participer activement à la vie sociale des structures qui les accueillent.

Quelles opportunités ?

Le programme d'enseignement moral et civique de 2015, de l'école élémentaire au lycée, fait référence aux principes et valeurs inscrits dans la Convention internationale des droits de l'enfant. Il préconise de partir de situations pratiques de la vie collective. L'école doit permettre aux élèves de devenir acteurs de leurs choix et de participer à la vie sociale de la classe et de l'établissement scolaire : Conseil d'élèves, participation à l'élaboration des règles, projets collectifs…

Le Comité des droits de l'enfant des Nations Unies a rappelé aux États que les enfants ne sont pas privés de leurs droits fondamentaux du seul fait qu'ils franchissent les portes de l'école (ou d'autres institutions éducatives) et que leur participation active et éclairée pour toute question les intéressant, conformément à l'article 12 de la Convention, est un droit et non une simple possibilité. Ils doivent être informés des droits-libertés qui leur sont reconnus et pouvoir les exercer en fonction du développement de leurs capacités.

La circulaire du 9 juillet 2014, concernant le Règlement type départemental des écoles maternelles et élémentaires publiques, indique que le Règlement intérieur devra désormais faire référence à la Convention internationale des droits de l'enfant. Il devient un texte juridique qui peut garantir la reconnaissance et l'exercice des droits-libertés à l'école.

Quels freins ?

S'engager avec les enfants dans un processus de transformation fondé sur une nouvelle conception de leur place dans la société, de leurs droits et des rapports éducatifs, c'est choisir une voie dynamisante, mais parfois difficile à suivre et à vivre.

Pour être authentique et efficace, la participation démocratique des enfants doit passer parfois par un changement des modes de réflexion et de comportement des adultes. Être à l'écoute des enfants, respecter leurs droits et les règles de vie collective, partager son pouvoir mais rester le garant vigilant des décisions, mettre en place une nouvelle organisation... : de telles attitudes peuvent impliquer pour les adultes une véritable mutation humaine et pédagogique.

Créer des institutions nouvelles, utiliser des démarches et des outils qui permettront à chaque enfant de participer activement à la gestion démocratique de la communauté, d'y exercer des droits en respectant des limites et des obligations sont autant d'orientations qui suscitent de nombreuses questions. Une formation est donc nécessaire pour y apporter des réponses pertinentes. C'est une obligation de l'État de garantir cette formation, mais elle est encore rarement mise en œuvre.

Comment ?

D'abord s'informer sur les droits de l'enfant, les expériences coopératives et démocratiques déjà menées, les stratégies et moyens pour que les enfants deviennent partie prenante des décisions qui les concernent.

Adopter une stratégie d'évolution progressive adaptée à soi-même, aux enfants, à l'environnement afin de garder la maîtrise des événements.

Préparer avec minutie, pour la première journée, l'organisation, l'accueil et les premières étapes de la participation des enfants à la création des institutions et règles de vie collectives, permettant l'exercice des premiers droits institués, dont le droit à la parole.

Prévoir rapidement, avec eux, la mise en œuvre d'un projet collectif dont la réussite nécessite l'échange, la participation de tous aux décisions et leur application, la coopération et l'entraide.

Proposer la création d'un Conseil dans la classe (ou le centre de loisirs, etc.), lieu d'échange de paroles où, ensemble, les membres du groupe pourront librement confronter leurs points de vue sur les différents aspects de leur vie commune, prendre des décisions et évaluer leur application.

Mettre en place une formation des enfants à la prise de parole, à l'argumentation, à l'analyse des situations, à l'animation d'un temps de parole, au secrétariat, à la conduite d'une responsabilité... pour que les enfants deviennent autonomes, progressivement, dans la gestion de leurs institutions.

Laisser au groupe le maximum d'initiative mais l'accompagner vers son autonomie. Observer attentivement le fonctionnement des institutions et la participation individuelle et collective. Intervenir pour aider le groupe à clarifier un problème, à choisir une solution, à gérer une perturbation… L'analyse collective des pratiques expérimentées permet une prise de conscience plus juste des phénomènes et la recherche de solutions mieux adaptées.

Appuyer les limites et les obligations, que tous, enfants et adultes, devront respecter, sur la reconnaissance de droits et de libertés et sur des valeurs qui leur donnent du sens et sont inscrits dans un règlement. L'éducation au droit et à la règle se construit essentiellement, chez les enfants et les jeunes, par la mise en pratique, au quotidien, des principes mis en avant.

Soutenir la participation des enfants de la classe dans la vie de l'école, ses projets collectifs, l'élaboration de ses règles de vie, le fonctionnement du Conseil d'école. Étudier avec eux la fonction de délégué au Conseil de l'école, son mandat, son engagement, sa responsabilité et les processus de négociation et de décision dans un cadre de démocratie représentative.

Chapitre 4

Promouvoir et accompagner les processus de participation démocratique dans les familles

Pourquoi et comment promouvoir, aujourd'hui, la notion de « démocratie familiale » ?

Continuer de faire le pari du développement de la « démocratie familiale »

Chapitre 4

Outre, au niveau mondial, la Convention internationale des droits de l'enfant , adoptée par l'ONU en 1989 et déjà abondamment citée, et la Charte-agenda mondiale des Droits de l'Homme dans la Cité, adoptée en 2010, avec le soutien de l'Unesco, au Congrès mondial des cités et gouvernements locaux unis, également mentionnée[263] (et dont le chapitre consacré au *« Droit à la démocratie participative »* affirme que tout être humain, adulte ou enfant, a les capacités de participer aux décisions qui le concernent), plusieurs textes issus de l'Assemblée parlementaire du Conseil de l'Europe ou de ses représentants prônent depuis une vingtaine d'années, de façon convergente, une perspective doublement ambitieuse pour ce qui concerne les espaces familiaux :

– placer une confiance universelle dans la concrétisation des droits de l'enfant et dans la contribution pivot que les parents, et les autres éducateurs à leurs côtés, peuvent y apporter ;

– faire en sorte que la démocratie éducative et notamment familiale soit dès lors en mesure de tracer à l'humanité une voie durablement susceptible de concilier la protection constamment due aux enfants et l'émancipation, individuelle et collective, qu'il leur revient de faire progressivement valoir.

Dès 1993, le Conseil de l'Europe considérait la famille comme *« la plus petite cellule de démocratie »*, où les enfants *« doivent grandir dans un climat de bonheur, d'amour, de compréhension pour l'épanouissement har-*

263. Cf. annexe 1.

monieux de leur personnalité », mais où ils doivent aussi être *« préparés à devenir des citoyens autonomes, responsables et solidaires, grâce à la prise en compte de leurs droits et besoins au sein de la famille. »* (Conférence des ministres européens chargés des affaires familiales, octobre 1993).

Nous avons dit qu'en 1994, lors de l'Année internationale de la famille, le Conseil de l'Europe avait organisé une importante conférence internationale sur le thème *« Évolution du rôle des enfants dans la vie familiale : participation et négociation »* afin *« d'édifier la plus petite démocratie au cœur de la société »* qu'est la famille[264]. À l'occasion de cette conférence, Marta Santos Pais, alors rapporteuse du Comité des droits de l'enfant et vice-présidente du Comité de coordination du « Projet sur les politiques de l'enfance (1992-1996) » du Conseil de l'Europe (et nommée par la suite, en 2001, directrice du Centre de recherche *Innocenti* de l'Unicef puis, en 2009, sous-secrétaire générale des Nations unies en tant que représentante spéciale sur la violence à l'encontre des enfants), déclarait que *« la famille se révèle être le milieu où le dialogue et la libre expression de points de vue sont favorisés, où le droit d'avoir des opinions différentes sur la considération de la réalité est reconnu et accepté, où l'enrichissement est possible grâce à l'échange d'opinions et à la diversité. (...) C'est dans la famille que doivent commencer la participation de l'individu et son engagement au développement de la société. (...) La famille est par excellence le berceau des valeurs de la compréhension, du respect mutuel et de la solidarité, la source inspiratrice de toute expérience démocratique »*[265].

En 1998, le Comité des ministres du Conseil de l'Europe rappelait aux États membres que :

> *« tout enfant a, en tant qu'individu, un droit de participation sans discrimination d'aucune sorte. (...) L'enfant doit être considéré comme un membre actif de la société ou comme un citoyen à tous les niveaux (famille, école, quartier, sport). (...) La participation des enfants à la vie familiale et sociale est essentielle pour leur garantir un développement harmonieux et les préparer à la vie dans une société libre »*[266].

264. Conseil de l'Europe, *Évolution du rôle des enfants dans la vie familiale : participation et négociation, op. cit.*.

265. Marta Santos Pais, *in* Conseil de l'Europe, *Évolution du rôle des enfants dans la vie familiale : participation et négociation, op. cit.*

266. Conseil de l'Europe, *Recommandation n° R- (98) 8 du Comité des ministres aux États – membres sur la participation des enfants à la vie familiale et sociale (adoptée par le Comité des ministres le 18 septembre 1998, lors de la 641e réunion des Délégués des ministres).*
☞ *http://eurocef.eu/blog/publications/recommandation-rec200619-2/*

Par la suite, dans sa Recommandation du 13 mars 2009[267], l'Assemblée parlementaire du Conseil de l'Europe affirmait de nouveau, et plus fortement encore : *« La participation est un droit fondamental du citoyen et les enfants sont des citoyens ».*

Pour Thomas Hammarberg, commissaire aux Droits de l'Homme du Conseil de l'Europe de 2006 à 2012 :

> *« La famille doit encourager tous ses membres à la participation active. On peut apprendre ce que signifie la démocratie par l'expérience pratique, notamment par la résolution des conflits au moyen de la négociation et non des rapports de forces. Les décisions importantes doivent faire l'objet d'une concertation au sein de la famille. Il faut favoriser le respect mutuel, instaurer un dialogue entre générations, respecter la capacité d'évolution des enfants, écouter leur point de vue et le prendre au sérieux. »*[268]

Et, selon Ferran Casas, président du Comité de coordination du « Projet sur les politiques de l'enfance (1992-1996) » du Conseil de l'Europe, il revient aux adultes de se montrer créatifs pour *« définir de nouveaux sujets et espaces de participation réelle aux enfants, en fonction de la capacité et de la maturité de chacun d'entre eux »*[269].

Le Conseil de l'Europe souligne enfin, dans l'esprit de la Charte-agenda mondiale des droits de l'homme dans la cité, que la participation des enfants avec leurs parents ne doit pas exister seulement au sein de la famille.

> *« Les municipalités et les autorités régionales devraient encourager toutes sortes d'activités auxquelles les familles pourraient participer avec leurs enfants. Il ne s'agit pas seulement des loisirs mais aussi des processus consultatifs, des débats d'idées et des processus décisionnels. »*

On verra au chapitre 5 l'importance de cette recommandation pour ce qui concerne, par exemple, l'élaboration des Projets éducatifs de territoire et la participation des parents mais aussi des enfants à l'organisation des temps éducatifs ainsi qu'à l'évaluation de leur mise en place et du contenu de certains d'entre eux (en particulier ceux qui correspondent aux temps éducatifs non scolaires et aux loisirs). Dans ces domaines et dans de nombreux autres, lorsqu'une question concerne les parents et les enfants, il est

267. Cf. annexe 1.

268. Thomas Hammarberg, *Les enfants ont le droit d'être entendus et les adultes le devoir de les écouter,* Conférence Janusz Korczak consacrée à la participation des enfants, Conseil de l'Europe, 20 novembre 2007.

269. Conseil de l'Europe, *Les droits de l'enfant et les politiques de l'enfance en Europe : de nouvelles approches,* Actes de la conférence de Leipzig, 30 mai – 1er juin 1996, 1996.

possible, voire, dans certains cas, souhaitable et même nécessaire, de les consulter distinctement, mais il convient que, dans les débats décisifs, les uns et les autres soient présents ensemble.

Les points de vue et les préconisations ainsi formulés à l'échelle européenne (le Conseil de l'Europe regroupe 47 pays, dont la France, représentant 820 millions d'habitants) sont à la fois stimulants et exigeants. C'est pourquoi, malgré la prégnance et la persistance, en France, d'une tendance – loin d'être totalement dépassée – au retournement sécuritaire, voire réactionnaire, du concept de « soutien à la parentalité » contre les parents eux-mêmes, et plus particulièrement contre les parents en difficulté, nous entendons promouvoir aujourd'hui une approche réactualisée et généraliste de la « démocratie familiale », et ceci dans une perspective plus globale de démocratie coéducative.

Nous avons déjà indiqué qu'en France la dernière décennie, et notamment les années 2005-2012, a été marquée par l'accumulation de lourds nuages, chargés de méfiance et d'insidieux projets de contrôle social, sur le champ des politiques familiales et éducatives. Certes, vu de France et de nombreux autres pays européens déstabilisés par leurs évolutions économiques, sociales et culturelles, le ciel peut paraître durablement plombé par l'intensité des constats et des débats qui le traversent et qui projettent des ombres menaçantes sur le présent et l'avenir de leur jeunesse. Nul ne saurait en effet dénier ou sous-estimer le désarroi de nombre de parents, d'enseignants, d'éducateurs, de travailleurs sociaux et d'élus locaux confrontés aux soucis que leur inspire la crise des finalités, des conditions et des résultats de l'éducation d'une fraction, de moins en moins minoritaire, des enfants et des jeunes.

Cela justifie-t-il pour autant d'accroître, par diverses dispositions législatives ou réglementaires de nature plus répressive que préventive, la perplexité et l'inquiétude tant des parents et de leurs enfants que des différents acteurs, professionnels et associatifs, engagés auprès d'eux d'une façon ou d'une autre dans le champ du « soutien à la parentalité » ? Fallait-il par exemple qu'en France soit promulguée, le 28 septembre 2010, une loi *« visant à lutter contre l'absentéisme scolaire »* qui prévoyait de sanctionner les familles des enfants absentéistes, notamment par la suspension puis par la suppression du paiement des allocations familiales ? Après un premier débat public, vif mais limité, portant sur les principes ou sur l'efficacité de cette loi, le fait qu'elle n'ait été que rarement appliquée « sur le terrain » est resté assez peu commenté. De même, son abrogation partielle en 2013 a été assez discrète. On observe en revanche que son esprit a marqué l'opinion publique, et qu'il la marque encore, en désignant les parents – et jamais les institutions scolaires ou leurs environnements – comme seuls responsables de l'absentéisme des enfants, et donc comme seuls susceptibles d'être interpellés puis pénalisés à ce titre.

La loi stipulait en effet que, au-delà de quatre demi-journées d'absence non justifiées d'un enfant sur une période d'un mois, le chef d'établissement scolaire devait faire parvenir un signalement à l'inspecteur d'académie qui convoquait alors les parents pour leur signifier un avertissement et leur proposer un mécanisme d'accompagnement sous la forme, notamment, d'un « Contrat de responsabilité parentale » conclu avec les services sociaux du Conseil général. Si, dans le mois suivant, une nouvelle absence injustifiée était constatée, le versement des allocations familiales était suspendu par le directeur de la Caisse des allocations familiales, voire supprimé en cas de « récidive » des absences et de non-adhésion des parents aux mesures de « soutien » proposées. Les allocations familiales étaient de nouveau normalement versées, y compris rétroactivement, si aucune nouvelle absence injustifiée n'était constatée durant un délai d'un mois. À chacune de ces étapes, les parents concernés étaient incités à se rapprocher de dispositifs locaux de « soutien à la parentalité » : les Réseaux d'écoute, d'appui et d'accompagnement des parents (REAPP), dont – on y reviendra plus loin et au chapitre 5 – ce n'est pourtant pas la mission qui a présidé à leur création, en 1999 ; ou encore, dans une autre logique, les « Conseils des droits et devoirs des familles », dont la mise en place par les municipalités a été prévue par la loi du 5 mars 2007 *« relative à la prévention de la délinquance »* et qui sont autorisés à édicter des « mesures d'accompagnement éducatif » relativement imprécises, mais potentiellement stigmatisantes et coercitives.

L'implicite d'une telle loi – et de quelques autres qui la précédèrent ainsi que de rapports parlementaires ou ministériels qui les préparèrent – était qu'il faut à tout prix contraindre les parents à contraindre leurs enfants et donc, on l'a analysé au premier chapitre, à exercer leur autorité parentale sur un mode essentiellement autoritariste. Peu importait qu'un nombre croissant de familles, on l'a dit et on va y revenir dans le présent chapitre, ne souhaite ou ne peut plus, aujourd'hui, souscrire à de telles pratiques et que les familles cherchent au contraire à expérimenter, non sans difficultés, des relations entre parents et enfants basées sur la discussion et la négociation, et sur la conviction partagée plutôt que sur le rapport de forces. Peu importait à cet égard que, depuis la réforme du Code civil de 2002 effectuée en conformité avec l'esprit et la lettre de la CIDE (ratifiée dès 1990 par la France), la finalité de l'« autorité parentale » soit centrée sur l'intérêt de l'enfant, et que celui-ci soit associé aux décisions qui le concernent. Peu importait enfin que la prévention et la résolution de problèmes de causes complexes et multifactorielles tels que l'absentéisme scolaire – ou encore les problèmes de sommeil, les « troubles de l'attention », l'obésité infantile, l'addiction aux écrans, le « décrochage scolaire », la délinquance juvénile, etc. – ne puissent être raisonnablement et efficacement assurées par les seuls parents.

À écouter les enfants et les parents, on mesure d'ailleurs à quel point s'avère difficile la gestion strictement intrafamiliale de la situation créée par le fait qu'un enfant ne veuille pas aller à l'école et qui – hors situations extrêmes de « phobie scolaire » nécessitant souvent une approche pédopsychiatrique spécifique – peut résulter « simplement » du comportement de l'enseignant ou de ses camarades à son égard. Pense-t-on sérieusement que, en de telles situations, la menace d'une sanction légale des parents soit utile ou efficace ? Et quand bien même ces parents feraient valoir à leur enfant les droits et devoirs, en matière d'éducation et de sécurité, afférents à leur autorité parentale tels que l'article 371.1 du Code civil les leur désigne au titre de son intérêt supérieur, ils pourraient fort bien s'entendre répondre, surtout aux âges de l'adolescence : « c'est à moi de décider de ce qu'est mon intérêt supérieur » !

Négligeant ces complexités, l'indigence de la réflexion et de l'action politiques préférèrent donc, en 2010, – et préfèrent peut-être parfois encore – se dissimuler derrière une *triple tentation :* réduire ces problèmes à des dimensions d'ordre ou de santé publics pour mieux évacuer leurs dimensions potentiellement coéducatives ; puis, parce qu'ils concernent des enfants et des jeunes, considérer que les réponses à leur apporter relèvent d'abord de la sphère privée des familles, contrôlée le cas échéant mais en seconde intention par l'« autorité » (au sens hiérarchique du terme) scolaire, administrative, sanitaire, policière ou judiciaire ; négliger enfin que, même ainsi cantonnée, l'autorité parentale ne saurait aujourd'hui se passer de voir en l'enfant non seulement la source du problème mais aussi le coauteur de son analyse, et non seulement la cible de la réponse mais aussi le coacteur de sa définition et de sa mise en œuvre.

On ne peut être que frappé par les **approches accusatrices et pénalisantes** mais, plus fondamentalement encore, par les conceptions pessimistes et autoritaristes qui, en France, inspirent régulièrement les représentants du pouvoir exécutif et ceux du pouvoir législatif quand ils se penchent de la sorte sur les questions relatives à l'exercice de l'autorité parentale et à ce qui est attendu des rapports entre parents et enfants. C'est en référence aux normes supranationales affirmées par la CIDE que la France a pourtant progressivement entrepris, on l'a vu, de redéfinir les finalités et les contenus du concept d'« autorité parentale ». Elle l'a fait en le centrant désormais sur l'intérêt de l'enfant et non pas sur un intérêt général réduit à la préservation de l'ordre, de la sécurité et de la tranquillité publics, et en promouvant le **dialogue plutôt que des rapports de forces** au sein des familles, tant entre les parents qu'entre les parents et les enfants.

On a vu, au premier chapitre, que de graves confusions avaient été introduites au seuil des années 2010 sur le sens du mot « autorité » dans le concept légal d'« autorité parentale ». Et que, à cette occasion, un ministre (venu des rangs de la « gauche » pour rejoindre un gouvernement de « droite », et réalisant de ce point de vue une synthèse sinon idéologique du moins politique sur la question) avait vilipendé la notion de « démocratie familiale ». À quelles conditions, néanmoins, la démocratie familiale peut-elle constituer un pari à relever, dès aujourd'hui et pour demain, plutôt qu'une source de *« confusion entre les droits et devoirs des parents et des enfants »*[270] ?

Créer et diffuser une ambiance démocratique au cœur de l'éducation et de la coéducation des enfants

On a vu que donner la parole aux enfants pour qu'ils puissent formuler leurs avis sur la vie collective de leurs classes et de l'école ainsi que sur l'organisation des activités et des apprentissages, les associer aux décisions avec les enseignants et les autres adultes en organisant des Conseils et des Assemblées générales, les faire participer à l'élaboration des règles de vie et à leur application sont autant de pratiques qui ont été mises au point dans le cadre des actions novatrices des éducateurs de l'École nouvelle et qui font partie, depuis plus d'un siècle, des choix éducatifs des mouvements pédagogiques qui s'y rattachent. À ceux qui considéraient les enfants comme des êtres incapables de donner un avis pertinent, de prendre des décisions réfléchies et d'exercer des responsabilités, Célestin Freinet affirmait, comme de nombreux grands pédagogues du début du XXe siècle :

> *« Nous disons, nous, que l'enfant et l'homme sont capables d'organiser eux-mêmes leur vie et leur travail pour l'avantage maximum de tous. »*[271]

Il est donc évidemment arrivé, ici ou là, que des enfants vivant ces expériences démocratiques dans leur communauté scolaire – mais aussi, parfois, dans leurs centres de loisirs, dans leurs ludothèques, dans les ateliers du Centre social et culturel de leur quartier, etc. – proposent au sein de leurs familles la mise en place des mêmes pratiques et des mêmes principes. À l'inverse et dans la mesure où, à l'initiative des parents, l'éducation intrafamiliale intègre progressivement et de plus en plus souvent des modalités

270. Jean-Marie Bockel, *La Prévention de la Délinquance des Jeunes*, Rapport du secrétariat d'État à la Justice remis le 3 novembre 2010 au président de la République.

271. Célestin Freinet, « L'École au service de l'idéal démocratique », *op. cit.*

démocratiques d'organisation de la vie quotidienne, il arrive que les enfants s'attendent à ce qu'il en aille de même à l'école ou au centre de loisirs.

Le fait est que les enfants sont particulièrement sensibles à la cohérence éducative des adultes qui leur sont chers et qui peuplent et animent avec eux les espaces, familiaux ou institutionnels, où ils évoluent au fil de la journée, de la semaine et de l'année. Et qu'ils éprouvent à leurs dépens, sous la forme par exemple d'épuisants conflits de loyauté ou de dangereuses pertes de repères, l'incohérence éducative dont ces mêmes adultes peuvent faire preuve si les uns suscitent, encouragent et valorisent leur expression alors que les autres la redoutent, la brident et la disqualifient.

Le fait est, surtout, que l'enfant est désormais reconnu, tout du moins par la CIDE et par les lois qui en procèdent, comme une personne titulaire d'un droit de participation qu'il doit pouvoir exercer en fonction du développement et de l'évolution de ses capacités[272], et ceci avec l'appui de ses parents, puis avec celui de ses autres éducateurs. Il est néanmoins manifeste qu'aujourd'hui, en France comme ailleurs, la reconnaissance et l'exercice concrets de ce droit sont loin d'être généralisés à l'échelle de chacune des familles, de chacun des services de proximité, de chacune des organisations institutionnelles et même de chacune des instances politiques où ils pourraient et devraient théoriquement l'être. Il en va de la démocratie éducative comme de la démocratie participative en général, ou encore, dans un autre registre, de la prise en compte des impératifs écologiques dans la vie quotidienne : elles nécessitent l'engagement dans une logique et une démarche de transition, volontariste et assumée, qui passe par l'adoption d'une vision et d'une méthode communes, puis par leur expérimentation et enfin par leur diffusion.

Dans l'univers familial, l'exercice du droit de participation de l'enfant implique ainsi que, de façon formelle ou informelle, soient mis en place des occasions, **des temps et des espaces** où, avec et comme les autres membres de la famille, il puisse **exprimer son point de vue dans une ambiance de respect, de liberté et d'écoute.** Il s'agit donc de reconnaître, au sein de la famille, les droits et libertés de chacun de ses membres, de mettre en place des procédures de concertation, de négociation, de gestion des points de vue différents, de prise et de suivi des décisions, bref d'évoluer vers une réelle « démocratie familiale ». On observera au passage que celle-ci concerne non seulement les relations entre adultes et enfants, mais aussi entre hommes et femmes, c'est-à-dire entre pères, mères, garçons, filles. Dans certaines familles fonctionnant autour d'une dominante patriarcale ou matriarcale, c'est parfois à ce niveau que résident les principaux blocages. Au sein des familles dites recomposées, et même si le droit fournit encore peu de repères à ce sujet, la démocratie familiale peut aussi solliciter les

272. Gerison Lansdown, *Les capacités évolutives de l'enfant, op. cit.*

dénommés « beaux-pères », « belles-mères », « demi-frères », « demi-sœurs », etc. En certaines circonstances, les familles appréciant – ou coutumières du fait – de délibérer au-delà de la seule échelle nucléaire pourront souhaiter ouvrir l'expérience démocratique aux grands-parents, aux oncles et aux tantes, aux cousins et aux cousines.

La participation des enfants à la vie et aux décisions familiales nécessite souvent, à l'évidence, une information préalable des parents et des autres adultes sur l'évolution des droits et libertés des enfants, sur les nouvelles approches possibles de l'autorité et sur les expériences déjà réalisées dans d'autres institutions éducatives. La transformation du système familial implique de bien connaître les principes à mettre en œuvre et d'avancer prudemment car le passage d'une organisation fondée sur l'autoritarisme et l'obéissance à un système démocratique participatif ne peut se faire sans tâtonnements.

C'est pourquoi, quand elle a été testée, une formule est souvent apparue comme de nature à correspondre assez bien à de tels besoins : c'est celle de l'atelier réunissant un petit groupe de parents –, voire de parents et d'enfants – où chacun peut faire part de ses tentatives, de ses avancées, de ses difficultés et où peuvent s'échanger librement les réflexions, les interrogations, les analyses qui en résultent. D'autres façons de procéder et d'échanger peuvent bien entendu être envisagées, l'essentiel étant que les méthodes mobilisées permettent aux parents de découvrir l'intérêt de la démarche de tâtonnement expérimental, mais aussi le plaisir qu'ils peuvent prendre et partager en instaurant et en faisant vivre des pratiques démocratiques au quotidien de la vie familiale.

Une infrastructure légère, réactive, en phase avec son environnement social et familial, et offrant des garanties de confidentialité, peut donc servir de support aux recherches menées de la sorte par les parents et les enfants et alimentées par le partage de leurs expériences concrètes. Elle peut le faire par exemple en assurant ou en contribuant à :

– la constitution des groupes et ateliers que l'on vient d'évoquer, à des niveaux de proximité et selon des logiques de cooptation adéquates ;

– leur animation au moyen de méthodes et de moyens permettant notamment de favoriser l'expression de parents timides, peu habitués à la prise de parole, ou encore mal à l'aise avec la langue française (en recourant par exemple aux techniques du théâtre forum, à des débats initié par un film visionné en commun, à des interprètes et autres personnes-ressources, etc.) ;

– la valorisation et la diffusion, contrôlées et guidées par les parents, des observations, des réflexions et des recommandations produites par ces ateliers.

On évoquera plus en détail, ci-dessous, les modes de constitution et de fonctionnement de ces « ateliers de démocratie familiale ». Mais alors que, quinze ans après leur création, les rôles et la présentation des finalités des Réseaux (départementaux ou locaux) d'écoute, d'appui et d'accompagnement des parents (REAAP) risquent, on y reviendra, d'être singulièrement pervertis, ceux-ci pourraient trouver un nouveau souffle en impulsant et en se plaçant au service de telles initiatives. Ne visent-elles pas utilement, en effet, l'écoute, l'appui et l'accompagnement des parents dans la découverte de la difficile mais sans doute inéluctable pratique de la démocratie au quotidien de la vie familiale ?

Des engagements similaires pourraient être portés par les Universités populaires de parents[273], initiées au plan national et mises en œuvre localement par l'Association des collectifs enfants-parents-professionnels (ACEPP). Elles trouveraient là, si les parents qui les constituent le souhaitaient, un domaine particulièrement stimulant de développement de leurs démarches de recherche-action participatives et de leur accompagnement systématique par un universitaire.

Les recherches pratiques et les réflexions consacrées à la mise en œuvre concrète de la démocratie éducative et, notamment, familiale, peuvent donc être tout d'abord partagées entre des parents motivés par ce thème mais aussi, dès que possible, entre des parents et des professionnels des services publics et des associations en contact avec eux. De telles démarches présentent un triple avantage :

– d'une part, les parents n'y apparaissent plus comme des sources de problèmes de société divers, mais comme les artisans et les acteurs des réponses de fond auxquelles ils peuvent coopérer pour les résoudre, y compris dans des contextes difficiles ; mieux encore, ils deviennent des « parents-chercheurs », émettant des hypothèses, mettant en place des expérimentations, menant des observations qu'ils analysent ensuite ensemble ;

– d'autre part, parents et professionnels qui échangent à ce sujet observent aussitôt qu'ils sont confrontés à des complexités et à des enjeux sinon comparables du moins similaires et convergents, même s'ils se solidarisent autour de convictions communes qu'ils ne sont pas toujours préparés, pour autant, à partager avec les enfants tels ou tels aspects de leurs pouvoirs exclusifs de décision, au sein des familles comme au sein des institutions ;

enfin, l'alliance des parents et des professionnels, que les enfants redoutent tant quand ils pensent ou observent qu'elle vise surtout à les réprimer d'un

273. Emmanuelle Murcier, Michelle Clausier, *Universités populaires de parents*, Chronique sociale, 2010.

commun accord, peut à l'inverse être favorablement perçue par eux si elle permet à tous, enfants compris, de se parler pour s'expliquer, de s'entendre pour se comprendre.

Nous pensons en effet que la participation de professionnels, notamment de proximité, aux recherches et aux réflexions des parents en matière de démocratie éducative ne doit pas être écartée *a priori*, surtout si ceux-ci la sollicitent. Mais elle doit rester suffisamment humble et distanciée, et le cas échéant temporisée et médiatisée, pour ne pas risquer de censurer l'expression, le « droit au tâtonnement » et la créativité de chacun. Elle peut en revanche, le moment venu et dans des conditions aménagées, faciliter le repérage de questions, d'hésitations et de constats communs aux familles et aux professionnels, que ceux-ci relèvent d'établissements scolaires ou d'institutions municipales et paramunicipales – lieux d'accueil de la petite enfance, ludothèques, bibliothèques, centres de loisirs et de vacances, Centres sociaux et socioculturels, structures culturelles et sportives, Conseils municipaux d'enfants et/ou de jeunes, etc. La participation démocratique des enfants devant et pouvant se mettre en place dans tous les espaces qui les accueillent, les uns et les autres gagneront ainsi à échanger sur leurs façons respectives de concevoir le droit de participation et l'exercice des libertés reconnus aux enfants, leurs limites, les obligations de chacun, la gestion des infractions et des conflits, l'adoption d'un registre de sanctions édicté avec les enfants dans le respect de la personne et de la dignité de chacun, etc.

Plus fondamentalement encore, ils pourront réfléchir et agir ensemble pour éviter que le droit de participation des enfants ne s'enlise dans une tendance à le réduire à une participation formelle aux seules modalités ou instances officielles *ad hoc* au lieu de l'ouvrir, de façon moins visible mais plus sincère, à une **participation réelle et circonstanciée** à la conception, la construction et l'évaluation des activités et des projets qui les concernent.

De la coéducation démocratique à la démocratie coéducative

Ces réserves et conditions rappelées, il n'en reste pas moins qu'au-delà des enjeux – et ils ne sont pas négligeables – concernant spécifiquement les parents et par extension les familles, les perspectives à la fois coéducatives et démocratiques sont considérables.

Les pratiques éducatives à caractère démocratique ne sauraient en effet se cantonner au huis clos de la famille, ou à l'entre-soi d'un noyau de familles éclairées et mobilisées. Les enfants, on l'a dit, se trouveraient déroutés, voire malmenés, si, une fois sortis de chez eux, ils n'en retrouvaient pas les principes à l'œuvre dans les institutions – établissements scolaires, centres de loisirs et de vacances, etc. – qu'ils fréquentent régulièrement. C'est pourquoi il importe que les parents engagés dans l'exploration, l'évaluation et la diffusion des conséquences familiales de leurs expériences et de leurs réflexions puissent les faire valoir au-delà des sphères de leur vie privée et de leurs périmètres d'action.

Dans leur village ou leur quartier, dans les institutions et les associations qui concourent à l'éducation de leurs enfants, bref dans leur proche environnement, il existe aussi des terreaux humains propices et des occasions favorables à la promotion, au partage, à la concrétisation et à la consolidation de valeurs démocratiques au sein d'alliances coéducatives. Nous connaissons ainsi des exemples où des enfants, habitués à être associés dans leurs familles à l'élaboration des règles de vie et des projets, ont été encouragés par leurs parents à participer à la redéfinition du Règlement intérieur de leur collège et ont su émettre des propositions qui ont été présentées et prises en compte au Conseil d'administration.

Les municipalités elles-mêmes, lorsqu'elles élaborent, étendent ou approfondissent leurs « Projets de réussite éducative » (depuis 2005), leurs « Projets éducatifs de territoire » (depuis 2013) ou, plus largement et mieux encore, leurs « Projets éducatifs locaux » (depuis 2000, pour certaines villes) avec l'ensemble des acteurs de l'éducation du territoire, peuvent intégrer de telles valeurs et en donner la preuve tangible en associant les parents, les enfants et les jeunes à la conception et à la mise en œuvre de ces projets. On y reviendra longuement au chapitre 5.

À rebours des tendances régressives et répressives, ci-dessus mentionnées, qui tentent de s'imposer en matière d'exercice de l'autorité parentale et de « soutien à la parentalité », on est de nouveau amené à promouvoir ici une autre approche, déjà présentée au chapitre 1 et qu'on développera au chapitre 5 : celle de la prise en compte dynamique de la *« condition parentale »*. Celle-ci relève d'une dimension politique et publique et n'est pas confinée à la seule vie privée. Elle laisse entendre qu'il s'agit moins d'être, individuellement, un *« meilleur parent »* que d'être parent dans de meilleures conditions, certes personnelles et familiales, mais aussi collectives.

Il s'agit autrement dit certes de s'attacher aux réalités et aux aspirations des familles, mais aussi de **donner du souffle, du sens et du sang neuf aux fonctions et aux rôles des parents.** Et, plus précisément, de veiller à instaurer ou à restaurer le pouvoir et la capacité de projet de ces parents, ainsi que d'autres adultes à leurs côtés, quand les uns et les autres souhaitent s'engager en tant qu'habitants et citoyens dans de nouveaux modèles d'animation des relations familiales, éducatives et sociales. Le rôle incitateur, facilitateur, mobilisateur et fédérateur des élus locaux s'avère ici souvent déterminant.

Il s'agit, autrement dit encore, d'enclencher, bien plus qu'un cercle vertueux, une réaction en chaîne dont les étapes et les enjeux peuvent être décrits et envisagés comme suit :

– prendre collectivement du pouvoir sur son cadre et ses conditions de vie contribue à terme au mieux-être de chacun et de tous ;

– or le mieux-être produit des effets sur la façon d'être non seulement parent, mais aussi habitant et citoyen : il permet en effet de sortir du chez soi ou de l'entre-soi pour aller à la rencontre d'autres parents – et, au-delà, d'adultes qui ne le sont pas, ou plus, ou pas encore, ou pas seulement – bref, de personnes assez ouvertes pour penser avec eux aux enfants, c'est-à-dire à l'avenir de la société, en prêtant attention au présent commun et sans se laisser fasciner par la seule nostalgie du passé ;

– la condition parentale devient dès lors un sujet politique, quand bien même on avait voulu la réduire, en l'individualisant et en la psychologisant à l'excès, à l'espace privé de la *« parentalité » ;*

– la réflexion partagée sur ce qui détermine la condition parentale ainsi considérée pourrait peu à peu fournir l'occasion d'expérimenter et de propager la démocratie dans l'éducation familiale, scolaire et « périscolaire », pendant les temps libres et les loisirs et, par conséquent dans la vie sociale et culturelle locale ;

– cette réflexion partagée et les actions concertées qui en résultent permettent, dans le même temps, de prendre collectivement un pouvoir accru ou étendu sur les cadres et les conditions de vie des habitants et des familles, ce qui contribue à leur mieux-être, etc.

Au total, la réécriture du Code civil par la loi du 4 mars 2002, en stipulant que *« les parents associent l'enfant aux décisions qui le concernent selon son âge et son degré de maturité »,* leur signifie que leur enfant est désormais une personne titulaire d'un droit de participation qu'il doit pouvoir exercer en fonction du développement de ses capacités. Ils doivent donc mettre en place des espaces où, avec les autres membres de la famille, l'enfant puisse exprimer son opinion dans une ambiance de respect, de liberté et d'écoute. Ils doivent prendre au sérieux les avis et les propositions qu'il présente et le faire participer aux décisions et à leur mise en œuvre.

Pour de nombreux parents comme pour de nombreux professionnels cette nouvelle situation et le mode de participation qu'elle appelle remettent en cause leurs représentations traditionnelles des enfants et les principes sur lesquels repose leur action éducative. Ils ont du mal à admettre le point de vue de l'enfant dans les décisions qui concernent tant sa vie personnelle que la vie familiale et la vie institutionnelle. Ils ne savent pas toujours comment mettre en pratique l'écoute, le dialogue, la consultation, la concertation, la négociation. Ils craignent de perdre leur « autorité ». Pour autant, ils sentent et savent bien qu'il leur faut avancer en ce sens s'ils veulent établir, élargir et approfondir des échanges de qualité avec les enfants, au moment où ceux-ci sont par ailleurs requis, et trop souvent séduits, par les nombreuses sollicitations anonymes et parfois aliénantes des médias et des écrans.

Il est donc nécessaire de :

– sensibiliser les parents, en même temps que les professionnels, à l'évolution de la conception de l'enfant, de ses droits, de sa place dans la société, la famille, l'école... ;

– leur présenter la CIDE et les modalités de son application ;

– les rassurer : l'exercice des droits et des libertés n'est pas la reconnaissance d'une toute-puissance de l'enfant car l'exercice d'une liberté, au sein d'un groupe familial ou d'une collectivité, implique des obligations et des limites, et le rappel des règles lorsqu'elles sont transgressées ;

– leur montrer, par des témoignages de pratiques, qu'il est possible de faire participer les enfants à un processus décisionnel démocratique sans pour autant que l'adulte soit confronté à des situations qu'il n'est plus capable de maîtriser ;

accompagner les parents, s'ils le désirent, dans le changement progressif qu'ils vont mettre en œuvre dans l'espace familial, en les encourageant à y instituer des petits « Conseils de famille » ou tout dispositif équivalent de concertation et de codécision, et/ou en créant de petits groupes de parents où chacun pourra présenter ses tentatives, ses réussites et ses difficultés.

Ce sont là autant d'informations, d'échanges et de propositions dont le déploiement ne peut être promu, avec le cas échéant l'appui de professionnels, que dans un contexte de **confiance** et de **proximité privilégiant l'expérience vécue sur l'injonction reçue.** La forme et le fond ici se rejoignent : s'agissant d'une approche délibérément politique de l'éducation qui entend promouvoir la démocratie au quotidien de la vie familiale, on ne saurait privilégier la contrainte pour emporter la conviction. Il s'agit tout au contraire d'accorder aux adultes le temps et l'espace de réflexion qui leur permettront, en toute connaissance de cause, de décider qu'ils ne décideront qu'après avoir sollicité, examiné et pesé tous les points de vue en présence, y compris ceux des enfants.

Comme l'écrivait Hannah Arendt, *« être politique (...), cela signifie que toutes choses se décident par la parole et la persuasion et non pas par la force ni par la violence »*[274].

Pour mieux fonder le déploiement démocratique et l'accompagnement professionnel et/ou associatif que nous préconisons, et pour mieux en souligner les conditions de réalisation de l'un et de l'autre, il nous semble cependant nécessaire de s'arrêter sur quelques considérations générales – sociologiques, éthiques, méthodologiques et, au fur et à mesure, pratiques – portant très spécifiquement sur la participation des enfants et des jeunes aux décisions familiales d'ordre privé.

Un contexte sociologique propice à la réactualisation du concept et des pratiques de la « démocratie familiale »

L'émancipation économique, sociale et juridique des femmes, progressivement conquise par les femmes elles-mêmes, se fait jour au cours du XXe siècle, tout du moins dans les pays riches, industrialisés et en voie d'urbanisation croissante. Elle précède et accompagne la relative émancipation juridique des enfants, dont les enjeux et la portée sont sensiblement différents. Construite et acquise par d'autres voies – et notamment consacrée, en 1989, par l'adoption de la CIDE, celle-ci ne résulte évidemment pas de la mobilisation des enfants eux-mêmes et à peine de celle, brouillonne, des adolescents et des jeunes adultes. Elle est en effet avant tout le fruit de celle d'adultes militant depuis longtemps en ce sens.

Il résulte de l'ensemble de ces évolutions non seulement un enrichissement progressif du champ de la « conversation conjugale » au sein de couples devenus plus égalitaires, mais aussi son ouverture aux possibilités, aux promesses et aux aléas d'un « dialogue familial »[275] qui devient peu à peu intergénérationnel. Hommes et femmes, parents entre eux, parents et enfants renforcent et complexifient leurs « liens » pour en assouplir les traditionnelles dimensions de contrôle et d'assujettissement au profit de leurs dimensions affectives – non exemptes, à leur tour, de nouveaux pièges et de rapports de domination plus subtils. Désormais, les liens familiaux relient plus qu'ils n'entravent, rien n'indiquant *a priori* qu'ils libèrent pour autant. Médecins et psychologues élaborent d'ailleurs pour la circonstance des théories sur les relations d'« attachement » entre enfants et parents, et ils les réactualisent au fil du temps lorsqu'il apparaît que les jeunes enfants peuvent s'attacher à d'autres « figures » que celle de leur mère.

---

274. Hannah Arendt, *Condition de l'homme moderne*, Calmann-Lévy, 1961.

275. Gérard Neyrand, *Le dialogue familial – Un idéal précaire*, Érès, 2009.

Simultanément, un *double processus de fond* s'observe en ces diverses occasions : celui de la remise en cause plus ou moins radicale des impasses archaïques tant de la domination masculine que de l'autorité paternelle ; et celui, déjà décrit, de la diversification des formes et des structures familiales. Ce double processus permet et accompagne la lente émergence, à la fin du XXe siècle et au début du XXIe, du principe de l'autorité parentale conjointe qui s'applique dorénavant, de droit sinon de fait, en toutes circonstances de composition ou de recomposition de la conjugalité des parents.

La marche vers l'égalisation des statuts et la levée de plusieurs verrous symboliques de la communication ouvrent de nombreuses et nouvelles portes au cœur de l'espace familial. L'avènement du projet de « réalisation de soi », propre à la montée en charge de l'individualisme dans l'ensemble de la société, autorise et invite chacun à affirmer sa subjectivité au cœur d'un « nous » familial composé sur des bases désormais plus affectives qu'instituées, notamment au sein du couple[276].

L'émergence et la promotion de l'enfant sujet, doté de droits classiques et spécifiques à la protection mais aussi de nouveaux droits citoyens à l'expression et à la participation, viennent donc compléter cette reconfiguration du paysage familial. Elles laissent percevoir les potentialités ou valident déjà les réalités du fonctionnement « démocratique » auquel peut prétendre le groupe familial. Et elles centrent de plus en plus celui-là sinon sur la personne de l'enfant du moins sur la notion de son « intérêt » (parfois confondu, dans un contexte polarisé par les propensions consuméristes, avec la satisfaction impérieuse et immédiate de ses pulsions).

Mais si l'« individualisme relationnel » a ainsi pu fleurir au sein des familles, c'est au prix d'une révélation au fur et à mesure des fragilisations qu'il y a introduites. Et ceci d'autant plus qu'il trouve son principal ancrage non plus dans la codification et le formalisme des liens entre leurs membres, mais dans les sentiments dont ceux-ci se contentent pour les établir et se réclament pour les nouer sur la durée. La précarité et l'instabilité qui en découlent sont à la mesure de la propension qu'ont les sentiments à se transformer, voire à se déliter, faisant alors surgir des tensions qui résultent quant à elles de ce que certains liens ont tendance à se ré-institutionnaliser dès qu'il est question de les dénouer. Le couple conjugal moderne est le plus exposé aux effets de ces évolutions : le moindre conflit y surgissant ou le moindre dépit s'y installant peuvent se dramatiser en prémices ou en menace de rupture. Mais l'éventuelle survenue de celle-ci ne fera pas nécessairement exploser pour autant le couple parental, désormais préservé à peu près en l'état, du moins en théorie et en droit, par le principe

276. François de Singly, *Libres ensemble – L'individualisme dans la vie commune,* Nathan, 2000.

de l'autorité parentale conjointe et tenu de ce fait à la solidarité ou à la subsidiarité, et à la coéducation.

Ainsi, en situation de conflit ou de crise et, par extension, face aux moindres tensions familiales, la relation parent-enfant fait-elle désormais figure de môle de stabilité. Fortement instituée et encadrée par la loi, elle risque, craint et connaît en effet bien moins la rupture que la relation entre les parents qui l'est, quant à elle, de moins en moins.

Les enfants sont souvent les premiers à percevoir ce déplacement des équilibres structurants, sinon en leur faveur du moins en leur direction. Ils peuvent narcissiquement adhérer à cette formule contemporaine et discutable selon laquelle « l'enfant fait la famille » et, dans un premier temps, s'en satisfaire, y chercher et y trouver des bénéfices. Ainsi sont-ils parfois tentés d'en jouer, sur un mode opportuniste, pour faire aboutir telle ou telle revendication de l'instant auprès de parents qu'ils perçoivent, envers eux, en proie à l'inquiétude ou à la culpabilité. On les voit néanmoins plus souvent intéressés, sur le fond et sur la durée, à ce que le dialogue, la délibération et la participation à la prise des décisions qui les concernent, directement ou indirectement, soient érigés dans la mesure du possible au rang de principes permanents de régulation des aléas, petits et grands, de la vie quotidienne. Ils ont entendu dire que les adultes pouvaient et devaient solliciter leurs avis et les écouter – même s'ils ignorent encore trop souvent qu'il s'agit d'un droit qui leur est reconnu par la CIDE[277]. Ils sont prêts à les prendre au mot et à les écouter à leur tour, à condition toutefois que ni les uns ni les autres ne confondent « écouter » avec « obéir ».

En phase avec leur temps, les enfants et les jeunes sont souvent demandeurs d'échanges et de règles d'échanges pouvant leur ouvrir de réelles perspectives de négociation[278]. Il s'agit pour eux non seulement de renoncer aux pénibles rapports de forces caractéristiques des modèles éducatifs traditionnels, mais aussi de rechercher l'apaisement en créant à leur place les conditions de l'argumentation, les possibilités de la persuasion et la recherche de consentements libres, éclairés et mutuels. Bien que spécialistes et familiers de l'empire de la pulsion, ils n'en sont pas moins sensibles, dès leurs premières années, à ce qu'un ordre juste, rationnel et sécurisant leur permet de découvrir et d'éprouver.

La plupart des parents, souvent éreintés quant à eux par leurs contraintes professionnelles, budgétaires ou sociales, voudraient être en mesure d'emprunter les voies du consensus dans le plus grand nombre de prises de décision relatives à la vie du groupe familial et à celle de chacun de ses

277. Ce qu'on néglige notamment de leur apprendre et de leur expliquer à l'école.

278. C'est du moins ce que l'on observe à l'occasion et dans le cadre de consultations ambulatoires de pédopsychiatrie.

membres. Ils expriment en de nombreuses circonstances leurs souhaits de pouvoir définir, expérimenter et consolider de nouveaux modes de gestion interne des tensions familiales, quels que soient le motif, la forme et l'intensité de celles-ci.

C'est pourquoi il semble intéressant, au vu de ces aspirations convergentes, de revisiter le concept de « démocratie familiale » et, plus encore, ses attendus et ses pratiques. Les évolutions culturelles et politiques qui se sont manifestées en sa faveur à partir des années 1960 jusqu'aux années 1990 en ont validé l'usage – ou les apparences de l'usage – du moins dans certaines couches de la société.

Le terme de « démocratie familiale » semble avoir été utilisé pour la première fois par Simone Comte, en 1973, dans un article intitulé *« De la toute-puissance paternelle à la démocratie familiale »*[279]. Prenant acte avec satisfaction de ce que la loi du 4 juin 1970 avait introduit dans le Code civil la notion d'« autorité parentale » en remplacement de la « puissance paternelle » instituée en 1804 par Napoléon[280], ce texte témoignait de l'évolution, effective ou potentielle, du fonctionnement familial vers une organisation plus démocratique.

Quelques années plus tard, en 1990, le sociologue Michel Fize en fait le titre d'un ouvrage centré sur l'évolution des relations parents-adolescents au sein des familles, ainsi que sous le regard des médias[281]. Pour lui, le groupe familial a désormais pour mission principale de préserver la liberté de chacun et de favoriser l'épanouissement et l'autonomie de tous. Il doit faire du dialogue la clé de voûte de l'édifice familial. Ainsi la famille quitte-t-elle insensiblement le modèle autoritaire pour mettre en place de nouveaux systèmes d'échange et de communication.

C'est ce que confirme peu après une enquête menée en 1993-1994 par la Commission « participation » du Conseil français des associations pour les droits de l'enfant (COFRADE). Ses investigations montrent que

> *« la participation au sein de la famille est aujourd'hui une réalité assez communément admise dans l'opinion. Il apparaît cependant que d'une part les adultes n'ont pas une conscience très précise de cette notion et*

---

279. Simone Comte, « De la toute-puissance paternelle à la démocratie familiale », *L'École des Parents*, n° 2, février 1973.

280. En 1793, lors de la discussion du projet de Code civil, Cambacérès avait déclaré : *« Surveillance et protection, voilà le droit des parents. Nourrir et élever, établir leurs enfants, voilà leurs devoirs »*. Mais Napoléon, pour préserver la logique de son pouvoir impérial, avait remis rapidement l'enfant sous la tutelle de l'autorité du père de famille qui *« doit être là pour suppléer les lois, corriger les mœurs et préparer l'obéissance »*.

281. Michel Fize, *La démocratie familiale – Évolutions des relations parents-adolescents*, Presses de la Renaissance, 1990.

de ses modalités d'application, et que d'autre part les enfants n'ont pas facilement la possibilité de prendre par eux-mêmes certaines décisions courantes dans la vie quotidienne ».

Cette participation se heurte à un certain nombre d'obstacles qui limitent, freinent ou empêchent l'exercice de ce droit. Les préconisations de la Commission, vingt ans plus tard, demeurent d'actualité :

« 1. Faire prendre conscience aux adultes comme aux jeunes que :

– les rapports parents-enfants ont profondément évolué ;

– les rôles et les responsabilités des uns et des autres gagneraient à être clairement identifiés et explicités ;

– la participation des enfants et des jeunes au sein de la famille peut être bénéfique pour les jeunes et les adultes.

2. Convaincre les institutions qui ont en charge la famille et l'enfant que ce droit de participation est fondé, qu'il est déjà mis en pratique plus ou moins consciemment sur le terrain et qu'elles ont à en tenir compte dans leurs orientations éducatives et dans leurs programmes de formation notamment en direction des parents.

3. Inventorier et faire connaître dans les milieux familiaux et dans les professions chargées de l'enfance les catégories de décision qui peuvent dans certaines conditions et selon les âges être engagées par les enfants eux-mêmes, en liaison avec leurs parents.

4. Faire avancer la réflexion sur certains droits de participation reconnus par la Convention [internationale des droits de l'enfant] qui n'ont pas encore été suffisamment approfondis ou qui suscitent des interprétations contradictoires : liberté d'expression, liberté de religion du double point de vue des enfants et des parents, droit de connaître ses origines.

5. Établir des passerelles entre les milieux familiaux, les institutions éducatives et les collectivités locales pour développer d'une façon harmonieuse et concertée les apprentissages de l'autonomie, de la responsabilité, de la participation et de la citoyenneté. »

Depuis lors, on l'a vu, les références au fonctionnement démocratique des familles ont été paradoxalement réactivées par les mises en causes idéologiques qui, depuis une quinzaine d'années, les ont peu à peu caricaturées pour mieux les dénoncer. Ainsi les discours biaisés puis frontaux tenus, au motif de la « démission des parents » et parfois sous l'égide du « soutien à la parentalité », ont-ils fourni l'armature de certains dispositifs de contrôle social de moins en moins déguisé à l'encontre des familles, et en premier lieu de celles qui sont exposées à des conditions de vie difficiles.

Pourtant, qu'on l'admette ou non, qu'on s'en satisfasse ou non, le fonctionnement des familles contemporaines s'appuie de plus en plus sur des procédures, informelles ou peu formalisées, de **densification, voire de complexification des relations entre leurs membres.** Ce mouvement concerne toutes les familles, y compris les plus « modestes », y compris les plus acculturées par leur migration récente. Il s'agit là de tendances sincères même si elles sont maladroites, profondes même si elles sont diffuses, intimes même si elles tendent aussi à se faire publiquement reconnaître comme alternatives à l'autoritarisme et au dressage des enfants.

Certes, au sein des familles, les individus continuent à assumer des fonctions traditionnelles et des rôles sociaux plus ou moins figés. Ils le font en référence à des statuts générationnels et sexués qui constituent des repères rémanents, anthropologiques et quasi historiques. Mais ces fonctions, ces rôles et ces statuts s'avèrent insuffisants parce qu'inopérants dans nombre de circonstances de la vie des familles, ou inadaptés à leurs modes de vie et à leurs nouvelles aspirations. Aujourd'hui, la plupart des mères travaillent ou cherchent à travailler, de plus en plus de pères aiment et savent s'occuper des bébés, la plupart des enfants consultent Internet pour s'instruire et programmer leurs loisirs, le four à micro-ondes modifie la scénographie des repas familiaux, des adolescents s'autorisent à dire qu'ils souhaitent choisir leur orientation scolaire ou obtenir une révision de l'ordonnance du juge aux Affaires familiales, etc. Dès lors, de nouvelles organisations et de nouvelles modalités de prise de décision deviennent nécessaires et possibles dans l'espace familial. Ouvertes, conçues ou à concevoir ensemble, possiblement génératrices de divergences ou de conflits, elles entendent d'abord relever le défi de l'instabilité, des incertitudes, des transactions, des transitions. Mais, au final, l'enjeu pour la famille sera surtout celui d'une « mise en parole du quotidien »[282] dont la structuration s'efforcera d'accompagner au mieux l'évolution des liens, des représentations des liens, ainsi que celle des positions subjectives de chacun dans le respect de celles des autres.

S'intéresser, aux plans théoriques et éthiques en même temps que méthodologiques et pratiques, à la façon dont les enfants et les jeunes peuvent devenir les protagonistes actifs de ces enjeux privés permet d'en relever, au passage, la dimension éducative. Leur introduction progressive à l'expérience de la participation démocratique aux décisions qui les concernent est en effet une façon de les guider dans la découverte et la connaissance de leurs environnements, d'abord familiaux, puis scolaires et sociaux. Elle leur confère peu à peu une maîtrise éclairée de leurs contributions aux processus de changement et aux évolutions de ces environnements.

---

282. Gérard Neyrand, *Le dialogue familial – Un idéal précaire, op. cit.*

Décider des modalités de décisions : à propos des périmètres de la participation des enfants et des jeunes aux décisions familiales

Certaines décisions d'ordre familial et privé ne peuvent être prises qu'en associant plusieurs membres de la famille – et pas seulement dans un tête-à-tête entre deux membres de celle-ci. Elles peuvent être de nature et d'importance très diverses, mais elles supposent que, d'une façon ou d'une autre, une décision préalable ait été prise au sujet de l'identité des membres de la famille conviés et impliqués, c'est-à-dire des acteurs de la scène[283] qui va permettre de se concerter, de prendre une décision et le cas échéant de programmer sa mise en application. Ainsi, par exemple, peut-il être décidé qu'une décision familiale concernant un enfant soit prise en son absence ou en sa présence ; et, dans un cas comme dans l'autre, en l'y associant ou non.

Lorsque la présence et la participation des enfants sont envisagées, la « prédécision » sur ce point est sans doute l'une de celles qui relèvent au plus près des modalités classiques d'exercice de l'autorité parentale. Elle comprend une part d'arbitraire éducatif, quand bien même le Code civil indique désormais, en l'espèce, une norme d'essence extrafamiliale. Rappelons de nouveau que depuis 2002 – et en conformité avec l'article 12 de la CIDE[284] –, son article 371.1 affirme en effet que *« les parents associent l'enfant aux décisions qui le concernent selon son âge et son degré de maturité »*. L'application de ce principe se présente cependant comme un choix éducatif qui résulte plutôt d'appréciations largement intrafamiliales. À l'évidence, toutes les décisions familiales ne « concernent » pas les enfants, et notamment les plus jeunes d'entre eux. Il revient donc aux parents de fixer les premières règles du « jeu » à ce sujet, et à les faire évoluer au fil du temps, à la lumière de leur mise en pratique, ce qui implique une analyse permanente, menée en fonction de l'âge et du degré de maturité des enfants. Ces évolutions, dans un processus participatif, peuvent être suscitées par les propositions tant des enfants que des adultes de la famille.

283. La métaphore théâtrale se justifie ici d'autant plus que l'on sait à quel point les événements et les échanges intrafamiliaux, et notamment les gestions de crise, occupent une place largement prépondérante dans les thèmes du théâtre antique, du théâtre classique et du théâtre contemporain. On y voit auteurs et dramaturges mettre un soin particulier à articuler l'alternance de présence et d'absence des acteurs en vue de la composition des scènes.

284. Rappelons aussi, une fois de plus, que le premier alinéa de cet article stipule : *« Les États parties garantissent à l'enfant qui est capable de discernement le droit d'exprimer librement son opinion sur toute question l'intéressant, les opinions de l'enfant étant dûment prises en considération eu égard à son âge et à son degré de maturité. »*

Le périmètre des protagonistes d'une prise de décision familiale et, en particulier, l'inclusion des enfants dans ce périmètre vont donc dépendre de *deux grands ordres de critères :*

– *la nature et la portée de cette décision,* selon qu'elles relèvent ou non du champ des activités, des organisations quotidiennes et des projets que les adultes considèrent comme ouvert, pour en discuter et y intervenir, à la participation des enfants : chaque famille peut avoir établi à ce sujet des limites soit de principe, soit pragmatiques ou évolutives, et ceci notamment au regard de l'âge des enfants ;

– *la structure et le mode de fonctionnement de la famille :* le périmètre de la délibération peut être réduit au couple parental, s'ouvrir à la famille nucléaire, s'étendre – sur l'axe de la filiation – à la famille élargie (par exemple aux grands-parents, aux oncles et tantes) ou encore – sur l'axe des alliances – à la famille recomposée (incluant un ou plusieurs « beaux-parents », « demi-frères » et « demi-sœurs »).

En d'autres termes, la place plus ou moins centrale ou plus ou moins réduite que les enfants se voient attribuer dans les diverses configurations d'une prise de décision familiale est en pratique déterminée par les circonstances : elle dépend de la décision à prendre, et elle dépend de la famille qui va la prendre. Ou encore, tout simplement, du moment et du lieu où il faut la prendre. La plupart du temps, les principes promus par le droit en la matière depuis 2002, généralement peu connus, ne viennent qu'encourager et valider, plutôt que « prescrire », des aménagements plus formalisés de la vie privée. Ceux-ci restent régis par une logique expérimentale qui, pas à pas et cas par cas, est peut-être la plus à même de permettre, à terme, la convergence des ambitions du législateur et des réalités familiales actuelles.

C'est pourquoi, à l'intérieur de cadres aussi peu stabilisés, on ne saurait figer les options envisagées en modélisant à l'excès les façons de faire et les occasions choisies –, voire les instances éventuellement mises en place – par les familles pour structurer et faire vivre leurs délibérations et pour leur garantir des débouchés concrets. C'est sur ces orientations pratiques – plutôt que sur les périmètres décisionnels ouverts aux enfants, qui résultent soit de positions de principe, soit des circonstances – que les adultes en situation de responsabilité parentale peuvent trouver intérêt et plaisir à échanger. Les petits groupes ou les ateliers de parents que nous avons commencé à évoquer peuvent s'avérer propices pour partager et comparer les expériences des uns et des autres, et pour le faire en présence ou non de professionnels[285].

285. Répétons ici que, sous réserve qu'ils ne soient pas détournés des finalités autour desquelles ils ont réussi à se constituer et à fonctionner dans de nombreux départements, les Réseaux d'écoute, d'appui et d'accompagnement des parents (REAAP) constituent des supports potentiellement bien adaptés à de telles initiatives.

Au-delà des activités et des événements les plus prosaïques de la vie familiale, le champ des décisions susceptibles d'être partagées entre adultes et enfants (pensons par exemple à la question de l'usage partagé de la télévision ou de l'ordinateur familial) peut comporter des aspects structurants et possiblement normatifs tels que :

- les modalités de gestion des négociations, en cas de désaccords partiels, et des conflits, en cas de désaccords plus radicaux (entre enfants, entre parents, entre enfants et parents) ;
- le repérage et le traitement des transgressions, qu'elles soient commises par les enfants ou par les adultes, ainsi que la définition et les modalités d'application des sanctions qui peuvent en résulter ;
- la mise en adéquation de ces différentes modalités de résolution de problèmes avec le projet éducatif des parents ;
- la nécessaire prise en compte par chacun des valeurs éducatives qui caractérisent l'espace social extrafamilial si elles s'avèrent plus, moins ou autrement démocratiques que celles dont l'espace familial recherche la construction et la transmission (les enfants, par exemple, font souvent valoir le fonctionnement autre des familles de leurs copains et copines).

Les tensions de valeurs entre espace social public et espace familial privé sont sans doute les plus significatives et les plus essentielles de toutes celles qui viennent polariser le périmètre ici considéré. Elles tournent autour de la question de savoir s'il est possible de parler de démocratie familiale – et, au-delà, de démocratie éducative – sans miser sur un principe d'égalité absolue, c'est-à-dire applicable à l'échelle de l'humanité comme à celle du sujet, et confirmée par le droit. Égalité entre hommes et femmes et entre garçons et filles, certes, et cela devrait aller de soi. Mais, surtout, égalité entre adultes et enfants, selon bien entendu « l'âge et le degré de discernement » de ceux-ci.

On observe que les critères d'âge et de discernement, tels que désignés par la CIDE et par le Code civil, font l'objet, en pratique, d'appréciations parentales et familiales plus ou moins arbitraires :

- souvent pour des raisons culturelles, liées aux représentations que les adultes ont ou se font de la capacité des enfants à émettre des points de vue valables sur ce qu'il y a lieu de décider à propos de leur éducation, de leur bien-être et de leur intérêt à long terme, ou tout simplement à propos de l'organisation de la vie familiale ;
- mais surtout pour des raisons universelles : le constat des contraintes qui structurent les relations entre enfants et adultes – du fait de la dépendance initiale des enfants et des responsabilités sociales qui en résultent pour les adultes – amène à relativiser leur égalité de condition et de statut.

Dans le domaine qui nous intéresse ici, un idéal d'égalité absolue peut cependant être recherché et développé. Il suppose de considérer que les devoirs de protection et d'éducation conférés aux adultes, et notamment aux parents, envers les enfants ne justifient pas que leurs relations se cantonnent à ces seuls domaines. Il apparaît alors que les mêmes principes, les mêmes règles et les mêmes obligations s'imposent à chacun et à tous, sans distinction excessive ou arbitraire d'âge et de statut, lors de la discussion, de la mise en œuvre et du suivi d'une décision familiale prise en commun. Dans le cas contraire, *deux scénarios* – l'un rétrospectif et l'autre prospectif – pourraient prévaloir et s'imposer :

– ou bien on en reviendrait à la classique hiérarchie des fonctions et des rôles que les récentes décennies ont pourtant progressivement grignotée, tout du moins en France et dans la plupart des pays riches[286], à savoir celle qui fait prédominer en toutes circonstances le point de vue des adultes – jadis des hommes, aujourd'hui plus souvent des femmes – sur celui des enfants ;

– ou bien on verrait s'instaurer au sein des familles, notamment au niveau des fratries, et par extension au sein des institutions éducatives, une revendication de type autonomiste ou « corporatiste » portée par une sorte de « Parti des enfants d'abord »[287] dont la stratégie consisterait à assiéger, en lui imposant ses vues et son rythme, une « parentalité » culpabilisée et repliée sur un mode défensif dans les coulisses d'un « Parti des parents après » !

Des modèles relationnels aussi extrêmes – (ré) activation des rapports de forces ou affirmation de l'égalité absolue entre les générations – sont-ils exclusifs l'un de l'autre, ou doivent-ils être appréciés et conjugués selon les situations ? Ces questions troublent à juste titre nombre de parents engagés dans un processus de démocratisation des relations familiales et, pour commencer, de définition de son périmètre d'application. Elles risquent de rester insolubles et de friser l'aporie tant que ne sont pas abordées celles des finalités, avant même celles des modalités, de la participation des enfants et des jeunes aux décisions qui les concernent et qui concernent le collectif de vie, en l'occurrence familial, qui est le leur.

Le « mieux vivre ensemble en famille » : une première finalité de la participation des enfants et des jeunes aux décisions familiales

L'événement et l'avènement de la reconnaissance de droits et de libertés propres à l'enfant sont relativement récents. Dès qu'il est considéré comme

286. Michel Fize, *La démocratie familiale*, *op. cit.*

287. Communication personnelle de l'animateur du REAAP du Haut-Rhin, responsable de services et d'établissements éducatifs.

une personne à part entière, l'enfant représente un « égal paradoxal de l'adulte »[288]. Paradoxal, parce qu'il dépend de l'adulte pour devenir ce que, potentiellement, il est déjà. Mais égal, parce que c'est par l'apprentissage progressif de l'exercice de ses droits et libertés que sa mutation statutaire s'expérimente et s'effectue.

La promotion de l'individu citoyen puis celle de l'enfant sujet de droit n'ont pas manqué d'influencer et d'assouplir, au fil d'un long processus historique[289], les relations qui s'établissent au sein du groupe familial. Pour autant, depuis l'aube des temps et en tous lieux, ces relations se structurent autour des obligations de la vie commune, et notamment du partage des tâches domestiques, éducatives, sociales, économiques, etc. La véritable nouveauté, dans le contexte actuel d'individualisation et de démocratisation croissantes de la vie familiale, réside en la recherche d'autres équilibres et en la possibilité de décisions négociées quant au partage de ces tâches. Avec le développement des temps libres, cette recherche s'étend au partage de ceux-là lorsque les activités qui s'y déroulent concernent tout ou partie de la famille et que le plaisir, et non plus la contrainte, figurent à la clé.

Une des difficultés soulevées par les pratiques de délibération intrafamiliale qui résultent de ces évolutions consiste à **savoir décider ensemble,** dans le respect de droits considérés comme individuels, de la nature, du déroulement et du degré de partage d'activités susceptibles soit de solliciter tout le groupe familial (par exemple : les repas, les loisirs) soit de se tenir hors de la sphère domestique (par exemple : une sortie).

Ainsi un repas pris en commun peut-il l'être : à la maison, mais il faut s'entendre sur l'heure ; chez ou avec des amis, mais ceux-ci peuvent être diversement appréciés par les membres de la famille ; dans le cadre d'un pique-nique, dont il faudra décider le lieu de tenue et l'organisation pratique ; ou, de temps à autre, au restaurant, qu'il faudra alors choisir (et on connaît l'étrange pression des enfants pour privilégier les *fast-foods,* et le dilemme de parents écartelés entre leur surmoi diététique, leurs contraintes budgétaires et les menaces de bouderie de leur progéniture). De même, un loisir qu'il est convenu de partager au domicile et en famille peut-il consister à regarder la télévision ou un DVD, à lancer un jeu vidéo ou de société, à préparer un plat apprécié de tous, etc. ; il faudra alors retenir telle ou telle option, puis s'entendre sur le programme, le film, le jeu, le plat. À moins que l'on préfère s'accorder, en amont, sur le principe d'une sortie fami-

288. Cf. Alain Renault, *La libération des enfants – Une histoire philosophique de l'enfance, op. cit.*

289. Dans *De la démocratie en Amérique* (1835-1840), Alexis de Tocqueville considère déjà que les avancées de la démocratie imprègnent simultanément les institutions politiques et les relations familiales, et notamment les relations père/fils. Mais il ne tranche pas sur l'existence d'un lien de causalité entre ces deux tendances.

liale ou sur celui de sorties individuelles ou en sous-groupe familiaux, ce qui nécessitera au préalable de sélectionner une ou plusieurs destinations, de s'entendre sur des heures de retour, etc. Autant d'occasions, on le voit et on le sait, de discuter ou de se disputer, et en tout cas d'avoir à décider ensemble ; ou à défaut, pour les parents, d'avoir à trancher seuls – en imposant leurs choix ou en décidant de « céder » sur telle ou telle attente impérieusement formulée par les enfants.

Dès lors que le modèle de la prescription autoritaire des parents ne régit plus, ou plus autant, la vie familiale, la finalité la plus visible – on pourrait presque dire la plus utilitariste – de la participation active et éclairée des enfants et des jeunes aux échanges qui président à de telles prises de décision est sans doute de pacifier celles-ci, en explicitant mieux leurs attendus et leurs conséquences pour tous. Mais cette recherche du « mieux vivre ensemble en famille » s'inscrit aussi dans un projet éducatif plus ambitieux, même s'il n'est pas toujours annoncé comme tel par ceux qui l'expérimentent : instituer et tester, dans l'intimité de l'espace et des temps privés qui définissent la vie familiale, des processus d'apprentissage d'une possible coexistence entre les aspirations du « je » et la construction quotidienne du « nous ».

L'enfant retrouvera ce dilemme, sur le mode d'exigences collectives autrement présentées, dans les différents espaces et temps publics – ceux de la crèche, de l'école, du centre de loisirs, du club sportif, etc. – qui sont les siens hors de sa famille. Dans les meilleurs des cas, il y trouvera profit de ce qu'il a appris en famille à ce sujet. Il comprendra aussi, en ces circonstances extérieures, que la démocratie familiale n'est pas une autocratie familiale, coupée des normes de la vie sociale environnante. Mieux encore, il prendra conscience de ce que même une « famille démocrate » ne fait pas ce qu'elle veut en sa sphère privée. Le fait est que les normes collectives et les lois en vigueur disposent que certaines responsabilités et donc certaines activités ne sont pas également réparties entre adultes et enfants. Les droits et les devoirs inhérents à l'autorité parentale sont conférés et contrôlés par l'État et, de plus en plus, par les collectivités locales. Ils sont en partie répercutés par les parents sur les enfants en termes de limites, d'interdits, mais aussi de garanties et de conforts, si bien que nul ne peut en ignorer l'existence, y compris et peut-être surtout à la lumière d'un processus de discussion et de décision familiales.

En d'autres termes, loin de leur ouvrir un champ infini de libertés individuelles et privées précoces, la participation des enfants et des jeunes à la prise des décisions familiales qui les concernent vient surtout **problématiser et complexifier tant les représentations que les pratiques** qu'ils acquièrent peu à peu de ces libertés. Et c'est de la sorte que la référence démocratique vient se signaler très tôt, et au quotidien, dans leurs parcours éducatifs.

Dans un environnement authentiquement démocratique, le rôle des parents est de même plus « aisé » à assumer, du moins en théorie[290]. Il leur revient de faire comprendre aux enfants que les droits qu'ils leur reconnaissent et que la liberté qu'ils leur procurent quand ils leur lâchent la main – après la leur avoir tenue – est destinée à leur permettre d'explorer, de façon mesurée, les caractéristiques, la portée et les limites d'un tel environnement. Le pouvoir d'expression que les parents accordent aux enfants à ce sujet vise à aider les uns et les autres à anticiper et à négocier, puis à faire le bilan, bref à mettre à la fois en œuvre et en mots l'exercice de cette liberté. Cette option éducative ne relève ni d'une improvisation hasardeuse, ni d'une lubie libertaire – et encore moins d'une « démission » de leurs responsabilités. Elle est gagée, bien au contraire, par la double obligation qu'ils ont, en tant qu'adultes : tenir et guider la main des enfants en des circonstances complexes ou périlleuses ; et, simultanément, garantir la compatibilité du droit d'expression de chacun avec celui de tous, notamment lorsqu'il s'agira de décider les occasions et les conditions dans lesquelles cette main sera lâchée. La gestion de ce nécessaire équilibre s'avère plus délicate lorsque les uns et les autres sont enclins ou conduits à l'aborder dans le registre de la revendication d'égalité et d'autonomie au sein de la famille, ce qui peut notamment se produire au moment de l'adolescence.

L'exercice de ses droits et libertés par l'enfant en famille vaut-il reconnaissance d'une égalité entre enfants et adultes ?

Il ne suffit pas d'apporter, au motif du « bon sens », une réponse abruptement négative à une telle question.

On fera en revanche une première remarque. Le fait de constater que, à l'évidence, les enfants et les adultes ne sont pas égaux en termes de connaissances, de compétences et de responsabilités n'évacue pas un autre constat : les adultes ne le sont généralement pas plus entre eux dans les univers familiaux et, surtout, sociaux et professionnels qu'ils fréquentent.

290. Cette « aisance » doit en effet être relativisée. Au cours de l'enquête ci-dessus mentionnée, le COFRADE avait noté des entraves intrafamiliales au développement des fonctionnements démocratiques : *« l'obstacle majeur semble bien être la rigidité éducative, qu'elle soit due au tempérament des parents, au poids de la culture, au pouvoir du statut parental ou à une trop grande surprotection. Autre obstacle majoritairement relevé : la fragilité parentale, qu'elle soit due à des difficultés affectives ou à des ruptures dans le couple, à des déséquilibres psychologiques des parents, ou au poids des problèmes personnels des parents ».*

Plus spécifiquement, les questions qui se posent ensuite, et dont certaines ont traversé au fil des siècles l'histoire de la démocratie, sont nombreuses :

– comment concilier le constat des inégalités entre enfants et adultes avec l'exercice d'une liberté reconnue aux premiers d'effectuer des choix ou, du moins, de participer à des choix avec les seconds ?

– comment échapper à l'arbitraire dans la définition des choix (et, on l'a vu, du domaine des choix) qui relèvent ou non de l'exercice de cette liberté ?

– l'âge et le degré de discernement de l'enfant d'un côté, les devoirs et les responsabilités des parents de l'autre, sont-ils en la matière des critères explicites, intangibles, suffisants et, surtout, pertinents en toutes circonstances ?

Par exemple : pourquoi l'adulte pourrait-il choisir le fruit qu'il va manger, le sport qu'il va pratiquer, et pas l'enfant ? Pourquoi devrait-il lui inculquer, dès son plus jeune âge, telle ou telle croyance religieuse ? Le premier n'est-il pas éthiquement tenu de motiver ses attitudes auprès du second ? Le second n'est-il pas fondé à faire valoir ses propres points de vue sur le fruit, le sport, la prière que le premier lui impose, et à interroger les raisons pour lesquelles il les lui impose ?

En d'autres termes, l'inégalité de statut justifie-t-elle l'inégalité de prise en considération des points de vue exprimés ? Nous pensons fermement le contraire : l'avis d'un petit n'est pas nécessairement un petit avis…

La réponse à ces questions passe sans doute en grande partie par une reformulation du cadre et des termes dans lesquels elles sont posées. Même dans la plus parfaite des démocraties, les citoyens ne rédigent pas tous ensemble le texte de leur Constitution. Mais ils désignent à cet effet une Assemblée constituante, dont ils approuvent ou non les travaux. Par la suite, ils demandent ou non, par voie démocratique, à en modifier telle ou telle des composantes à la lumière de leur mise en application. Voire à changer de Constitution. On pourrait postuler, par comparaison, qu'il revient de même aux parents d'instaurer, de définir, de se porter garant et s'il y a lieu d'amender le champ des prises collectives de décision en famille (on l'a évoqué plus haut au sujet des « périmètres »). Ils devront ensuite instituer et tester les méthodes et les outils du processus décisionnel qui s'appliquera à ce champ. Il reviendra ensuite à ces parents d'assumer, à l'égard de la démarche ainsi déterminée, une maîtrise certes relativement inégalitaire, mais souple et susceptible d'en garantir la vitalité, les adaptations et la pérennité, et ceci au fur et à mesure que se constituera une sorte de « jurisprudence » familiale et, aussi, que les enfants grandiront. Cette façon de procéder sera dès lors moins éducative que pédagogique, en ceci qu'elle visera l'apprentissage en famille de la construction et de la mise en pratique d'un ensemble de règles de vie commune propices à la communication.

Déplacer la question des inégalités de statut en centrant l'attention sur le processus décisionnel permet en effet de sortir du paradigme de la toute-puissance des acteurs : les parents n'imposent pas un pouvoir arbitraire, les enfants n'investissent pas le registre du caprice ou du chantage. Mais chacun convient qu'il y a lieu de **partager un dispositif élaboré ensemble et donc reconnu par tous,** sans doute imparfait mais pouvant être amélioré à partir de propositions à discuter. Ce dispositif garantit le respect des droits, l'expression des volontés et des arguments, et l'écoute de ce qui motive les oppositions éventuelles des uns et des autres membres de la famille.

Par exemple, en situation de gestion immédiate de désaccord :

> *« Très bien, nous savons tous que la banane est ton fruit préféré. Mais il en restait deux, tu viens d'en manger une, et peut-être ta sœur veut-elle manger l'autre. Elle vient de te proposer son yaourt en échange. Cela convient-il à tout le monde ? Sinon, qui a une autre idée ? ».*

Ou bien, en situation de programmation d'activités :

> *« Tu voudrais t'inscrire au club d'escrime de ton collège plutôt qu'au hand-ball parce que tu pratiques déjà des sports d'équipe depuis trois ans et que tu souhaites essayer un sport d'individuel. C'est un vrai motif. Pourtant les horaires ne sont pas pratiques, et le matériel coûte cher. Mais puisque tu proposes de renoncer à l'achat de la dernière version de ton jeu vidéo, cela peut s'arranger. Pour ma part, je veux bien passer te conduire en sortant du travail ; il faudra cependant que tu m'attendes une demi-heure. Pas dans la rue, mais au centre de documentation du collège. On est d'accord pour faire comme ça ? Tu as une autre idée ? D'accord, dis-la. Etc. »*

Ou encore, en situation de discussion sur des choix de fond :

> *« Tu ne perçois plus le sens de ces prières que nous, tes parents, t'avons appris à faire chaque jour comme nous le faisons nous-mêmes ? Tu penses que tu es assez grand pour réfléchir seul au sens de la religion que nous pratiquons et pour décider si tu y adhères ou non. Cela nous trouble, mais nous préférons en effet que tu choisisses librement et sincèrement de croire ou non en ce à quoi nous croyons. En revanche, nous te demandons de respecter aussi les choix de ton frère et de cesser de te moquer de lui quand il va prier dans sa chambre. D'ailleurs, ton frère veut dire quelque chose à ce sujet, écoutons-le. Etc. »*

On voit ici que la décision prise importe tout autant que la façon de la prendre, même s'il est clair que les parents achètent les fruits et les yaourts, qu'ils fournissent l'attestation d'assurance pour le hand-ball ou pour l'escrime et qu'ils ont donné seuls, dans un premier temps, des orientations en matière de croyances et de pratiques religieuses.

On ne peut clore ces considérations sur le thème des inégalités sans évoquer celles qui sont liées au corps et à la dimension d'intervention physique (protection, contention, punition, gratification, etc.) que comporte souvent l'exercice de l'autorité en général (à travers la gestion de certaines autorisations et interdictions) et de l'autorité parentale en particulier (à travers la prise en compte au quotidien des besoins d'hygiène de vie et de santé, du respect dû à l'intégrité et à l'intimité physiques, etc.). Dans ces registres, les parents disposent pendant plusieurs années de la légitimité d'imposer à leurs enfants des rapports de soumission plutôt que des rapports de négociation. Mais les moyens de les mettre en œuvre sont problématiques et sont l'objet de réflexions difficiles, comme on peut le constater à l'écoute des groupes de parents quand ils se penchent sur ces questions. L'enfant ou le jeune, par ses prises de risque conscientes ou non, peut quant à lui faire régresser les échanges vers des zones où, pour ses parents (et les autres éducateurs), l'intention du dialogue s'efface devant la vigilance extrême, le rapport de forces ou encore l'intervention d'urgence. Le destin de ce « corps à corps » est cependant que des relations de sollicitude et de tendresse se substituent aux logiques d'affrontement ou de chantage. Passer au fil du temps d'un régime de subordination à un régime de liberté négociée – ce par quoi se construit un accès progressif à l'égalité de statut – constitue sans nul doute l'un des aspects les plus délicats de l'« art d'être parent ». Et conduit l'enfant ou le jeune à une prise de conscience de la responsabilité qu'impliquent ses gestes et ses propos.

Pour les adultes comme pour les enfants, il n'y a en effet pas de liberté sans **respect des limites et des obligations,** inscrites dans des règles négociées[291], qui en permettent l'exercice au sein d'un collectif, et donc sans responsabilité, assumée par chacun, des actes qui en relèvent. Dans ce principe résident, en grande partie, les possibilités de revendiquer une égale participation aux décisions prises en commun.

Des convictions à la méthodologie, et réciproquement

Quelles que soient leurs convictions de départ, les parents peuvent manifester à juste titre leurs inquiétudes ou leur perplexité quant à l'excessive formalisation de méthodes qui viendraient importer, au sein de la vie familiale, des valeurs éducatives se réclamant d'exigences démocratiques.

291. Si on peut difficilement envisager de négocier une liberté (ou un droit), on peut en revanche négocier les modalités d'exercice de cette liberté (ou de ce droit).

Des valeurs – liberté, égalité, réciprocité, respect, entraide, négociation, coopération, participation… – qui circuleraient, en les imprégnant, entre familles, écoles, institutions éducatives, et qui inspireraient des modes de socialisation démocratique permettant de cultiver l'autonomisation et la responsabilité de chacun vis-à-vis des autres et du groupe.

Les réticences des parents vont alors notamment s'éveiller et s'exprimer lorsque leur propre éducation a été et reste marquée par :

– *la prédominance de traditions autoritaristes* et, souvent, paternalistes dans certains milieux qui ne souhaitent ou ne peuvent pas s'en distancier ou dans des milieux attachés à produire et reproduire jusque dans le cadre de la vie privée des relations hiérarchiques propres aux univers professionnels et institutionnels : ces parents, tout en souhaitant introduire des changements à cet égard, pourraient percevoir les mutations envisagées comme abusivement prescrites, comme trop radicales, comme instauratrices d'un contre-pouvoir qui, reconnu aux enfants, viendrait faire obstacle à l'entretien d'un respect minimal des formes traditionnelles de l'autorité, de l'allégeance et parfois des stéréotypes de genre ;

– *la prédominance,* à l'inverse, *du laisser-faire et du blanc-seing* accordé à l'expression du « désir de l'enfant » (par exemple en référence distordue à certaines cultures d'inspiration psychanalytique ou libertaire, ou tout simplement par manque de disponibilité parentale) : ces parents pourraient se méfier quant à eux d'un risque de rigidification quelque peu procédurale de relations qu'ils aspirent à établir avec leurs enfants sur le mode de la spontanéité, de l'improvisation et d'une insouciance préservée aussi longtemps que possible.

Tous ces parents-là et, entre ces deux extrêmes, bien d'autres encore pourraient s'inquiéter en outre du risque de voir s'installer au sein de leur famille un principe de transparence absolue, une sorte d'obligation de parler de tout devant tout le monde, une injonction à la mise en commun systématique et intrusive de ce que chacun pense et fait. Ils craindraient dès lors d'être mis en difficulté chaque fois qu'ils éprouvent le besoin impérieux et/ou légitime de ne pas faire état à leurs enfants de toutes leurs motivations d'adultes, de les préserver d'informations qu'ils pensent ne pas leur être nécessaires ou bénéfiques. Les enfants, quant à eux, pourraient s'inquiéter de ne pas pouvoir construire le matelas intime de petits secrets et de petits mensonges grâce auquel ils peuvent expérimenter et conforter, avec un appréciable degré de sécurité psychique, leur autonomie de pensée, de sentiment et de jugement.

Ainsi les convictions démocratiques et participatives qui imprègnent le champ des discours publics « politiquement corrects » peuvent-elles susciter de compréhensibles réticences et même de véritables résistances si elles sont transposées sans précaution à la sphère privée – ou encore, pour d'autres raisons et avec d'autres conséquences, à celle des institutions éducatives et notamment scolaires.

On voit là de nouveau tout l'intérêt de susciter des occasions permettant aux acteurs, même les plus convaincus, de la démocratie éducative – y compris, parents ou non, de la démocratie familiale – de se rencontrer. Au moyen de groupes d'échanges, de discussions, de partages de lectures ou de films, etc., ils seront assez vite invités à placer d'eux-mêmes dans une perspective historique et culturelle les mutations qu'ils vivent et dont ils sont à la fois les héritiers, les acteurs/expérimentateurs et les propagateurs.

Il est d'ailleurs possible d'illustrer, de relativiser, de dédramatiser bref d'apprivoiser ces mutations en commençant par les mettre concrètement en application au sein même de groupes de professionnels, de groupe de parents (mères et pères) ou de groupe de parents et de professionnels. S'ils sont en effet décidés à réfléchir et à agir ensemble en faveur de conceptions démocratiques de l'éducation, ils seront amenés à s'interroger et à adopter pour leur groupe, sur une base volontariste et négociée, des règles de fonctionnement conformes aux pratiques démocratiques qu'ils entendent instituer dans leurs familles ou dans leurs institutions, et entre les unes et les autres. La désignation d'un animateur ou modérateur du groupe, celle d'un secrétaire de séance, la fonction tournante de ceux-ci, le recours aux techniques du « quoi de neuf ? » inaugural, la limitation du temps de parole de chacun et l'écoute respectueuse et attentive d'autrui, l'emploi éventuel d'un « bâton de parole »[292], etc. sont autant de méthodes qui permettront de faire apparaître et de traiter un certain nombre de questions de fond, et en particulier : comment la parole ou, pour les participants qui la prennent difficilement (par timidité, manque d'estime de soi, mal être, ou du fait d'obstacles linguistiques, etc.), comment d'autres formes d'expression seront-elles suscitées, gérées, recueillies, valorisées au sein de ce groupe, et

292. Le bâton de parole, originaire des traditions nord-amérindiennes, est un outil servant à réguler la parole au sein d'un groupe. « *Les participants sont assis en cercle. Un objet est désigné comme faisant office de bâton de parole. Celui ou celle qui tient le bâton de parole en main est le seul à pouvoir parler tandis que les autres lui accordent leur attention. Une fois que le détenteur du bâton de parole estime n'avoir plus rien à ajouter, il le passe à son voisin de gauche, et ainsi de suite. Si la personne venant de recevoir le bâton de parole estime n'avoir rien à dire sur le moment, elle le passe simplement à son voisin de gauche. Cette règle simple instaure d'elle-même l'ambiance idéale pour une écoute respectueuse et une expression calme, libérée de la crainte de pouvoir se faire couper la parole. Le bâton passant égalitairement entre toutes les mains de tous les participants, il offre la parole à chacun sans qu'elle ne soit confisquée par l'habitude de se l'approprier. De plus, le temps que le bâton revienne à nous, nous avons eu le temps nécessaire de mûrir ce que nous souhaitons dire, tel le fruit qui tombe naturellement de l'arbre pour se donner à point. Au lieu de nous exprimer de manière impulsive en réaction à ce que nous venons d'entendre, nous le faisons par rapport à un tout et de manière posée. Le bâton de parole devient alors "le gardien de nos émotions".* »
☞ *Source : http://lyonzero.blogspot.fr/2009/11/le-baton-de-parole.html*

par qui ? Comment constituer à terme un groupe coopératif de recherche, qui échange aussi des expériences en dehors des moments de rencontre, en s'appuyant sur une conviction partagée : ce que chacun apporte dans un tel groupe est aussi important que ce qu'y apportent tous les autres.

Tout collectif, même informel, est bien vite confronté à une tension fondamentale, car propre au fonctionnement démocratique, entre ambivalence suscitée par la discipline et cohérence attendue de la libre adhésion. En commençant par éprouver et par acclimater cette tension entre eux, les adultes s'enrichiront d'une expérience propre à les aider par la suite dans l'établissement de relations plus authentiquement démocratiques avec leurs enfants, ou avec ceux auprès desquels ils travaillent.

Ils y verront tout d'abord l'intérêt d'élaborer ensemble un corpus, même modeste, de règles adaptées aux ambitions participatives de leurs échanges, et acceptées de tous. Ils comprendront ensuite l'intérêt de considérer que, à la différence des lois d'intérêt général, ces règles sont en permanence ouvertes à la possibilité et même à la nécessité de les discuter, de les tester, de les évaluer quant à leur bien-fondé et à leurs effets ; et, s'il y a lieu, de les amender de la même façon qu'elles ont été adoptées. L'ensemble de cette démarche normative pourra être éventuellement reproduite à l'échelle familiale.

Tout aussi souples, légères, évolutives, mais rigoureuses et ajustées à leur périmètre familial d'application pourront être alors les « instances » délibératives inspirées de telles règles, comme par exemple un mini Conseil de famille, tenu à jour et heure fixes ou en fonction des besoins – comme il existe, sans que des textes officiels ne les prévoient, des Conseils de classe dans certaines écoles primaires (à plusieurs reprises décrits au chapitre 3) ou des Conseils de centres de loisirs dans certaines villes. Ces instances, ces mini Conseils de famille découvriront assez vite que, comme dans tout groupe comportant ou non des enfants mais résolu à fonctionner sur un mode démocratique, des procédures sont à respecter en famille pour veiller au bon déroulement des *cinq principales étapes d'un mécanisme décisionnel,* à savoir : proposition, discussion, prise de décision, répartition des composantes de la mise en œuvre de celle-ci, évaluation des engagements souscrits et des résultats obtenus[293].

L'expérience indique à cet égard que les enfants et les jeunes souscrivent d'autant mieux aux règles de la vie familiale, et qu'ils investissent d'autant mieux les éventuelles « instances » plus ou moins formelles qui les

293. Cf. à ce sujet les travaux de l'un d'entre nous sur la participation démocratique des enfants : Jean Le Gal, *La participation démocratique à l'école – Le conseil d'enfants école, op. cit.*, et *Vers une démocratie familiale – La participation de l'enfant à la vie familiale : arguments et pratiques*
☞ *http://meirieu.com/ECHANGES/legal_democratie%20familiale.pdf*

reflètent et s'en portent garantes, que : les unes et les autres sont explicites ; elles permettent de concrétiser les propositions émises – par eux ou par leurs parents – en menant à son terme le processus de prise et d'application des décisions qui en émanent ; enfin, d'une certaine façon, elles en conservent la mémoire. Aussi les parents ne doivent-ils pas perdre de vue que ces règles – leur adoption, leur déclinaison, leur observance et leur rappel – et que ces « instances » ne sont pas des fins en elles-mêmes, mais des moyens. Les moyens, en l'occurrence à haute valeur éducative ajoutée, de parvenir à la satisfaction de voir se vivre et s'inscrire dans l'histoire familiale les décisions qu'ils ont permis de prendre ensemble.

Certes, toutes les propositions émises par les enfants ou les jeunes ne sont pas recevables du point de vue des parents, et ceux-ci peuvent ou doivent parfois faire valoir un droit de veto. Il est impératif que les règles de délibération participative prévoient et explicitent ce cas de figure, et si possible ses critères et ses seuils de déclenchement ; il importe en effet que les parents demeurent les garants des valeurs, des finalités et des principes constitutifs non seulement d'une famille démocratique, mais aussi de l'intérêt supérieur de l'enfant.

Une objection pourrait être ici formulée : poser comme une règle que dans certains cas, même prévus par des critères explicites, ce sont les parents qui décident *in fine* de la recevabilité de certaines propositions des enfants n'est-il pas de nature à nier le processus démocratique intrafamilial ou à étouffer dans l'œuf ses ambitions ? Tel serait le cas si *deux autres règles fondamentales* n'étaient pas simultanément respectées.

Même si elle peut sembler difficile à mettre en pratique, *la première* de ces règles est que les enfants devraient se voir reconnaître, sinon un droit de veto comparable à celui de leurs parents, du moins un droit de recours ou d'opposition face aux abus d'autorité et aux atteintes aux droits que ceux-ci chercheraient à leur imposer, notamment dans les domaines délimités par la CIDE. Par exemple, les parents sont bien entendu fondés à refuser de délibérer en famille sur l'éventuelle proposition de leur enfant de moins de seize ans d'interrompre sa scolarité ; mais celui-ci peut refuser de même que soit discutée l'éventuelle proposition de leurs parents de s'autoriser des effractions dans sa correspondance[294]. *La seconde* règle, plus essentielle encore, est qu'une fois défini le domaine des propositions ouvert aux délibérations familiales et adoptées les modalités de prise des décisions qui s'y appliquent, ces décisions et leur application s'imposent à l'ensemble des membres de la famille, y compris – sauf événement grave intercur-

294. Cf. l'article 16, alinéa 1, de la CIDE : *« Nul enfant ne fera l'objet d'immixtions arbitraires ou illégales dans sa vie privée, sa famille, son domicile ou sa correspondance, ni d'atteintes illégales à son honneur et à sa réputation »*.

rent – aux parents. Quoi qu'il leur en coûte, les adultes doivent donc rester vigilants au respect de ces deux règles ; mieux encore, faire en sorte que les enfants le deviennent à leur tour.

Le nécessaire équilibre des pouvoirs entre adultes et enfants est certes tempéré par l'inégalité de leurs obligations, y compris mutuelles. Il va aussi de soi que le principe de la participation des enfants et des jeunes aux décisions qui les concernent, et qui concernent leurs cadres et leurs conditions de vie, ne leur confère pas le droit d'infléchir ces décisions selon leurs seuls avis et au bénéfice de leur seul confort, aux dépens par exemple de leurs aînés. Leur droit de participer ne fait que traduire celui d'exprimer les conceptions qu'ils ont de leur propre bien-être, celui de faire connaître les opinions et les aspirations qui les motivent, et celui d'y être dûment invités. Ces points de vue ne sauraient être systématiquement validés, ni même privilégiés. Ils doivent être argumentés et contre-argumentés comme tous les autres. Mais leur prise en considération ne peut s'effectuer, tout comme les modalités de leur recueil, que « selon l'âge et le degré de discernement » et à l'issue de ce que les institutions judiciaires ou de médiation intitulent à juste titre un « débat contradictoire ».

On reste alors fidèle, dans l'esprit et la lettre, au champ d'application de l'article 12 de la CIDE et, s'agissant du droit familial, à la transposition de celui-là dans l'article 371.1 du Code civil français. On est aussi en phase, on l'a évoqué au début du présent chapitre, avec les travaux du Conseil de l'Europe qui, dans les suites de son « Projet sur les politiques de l'enfance (1992-1996) », affichait en 1996 sa détermination de voir les enfants considérés comme des citoyens à part entière et comme des interlocuteurs actifs et éclairés dans tous les domaines (famille, école, collectivités) qui les intéressent : *« La possibilité pour les enfants d'influer sur leurs conditions de vie est primordiale. (...) Le fait d'écouter les enfants, de traiter les problèmes avec eux, d'accepter leurs avis et aussi de leur expliquer pourquoi leurs idées ne sont pas toujours acceptées constitue un moyen important pour lancer une participation »*[295]. Soulignons enfin que la Recommandation n° 1864, adoptée le 13 mars 2009 par l'Assemblée parlementaire du Conseil de l'Europe[296], formule en son article 6 : « *L'Assemblée constate que le débat sur la participation ne demande plus simplement aux adultes d'écouter les enfants, mais aussi de prendre en considération et de suivre les vues et opinions exprimées par les enfants ; aujourd'hui, l'accent est mis sur le fait que les enfants sont censés pouvoir s'engager dans des actions efficaces ; il faut surtout veiller à ce que ce qu'ils font ou ce qu'ils disent débouche sur des changements positifs pour eux* ».

295. Conseil de l'Europe, *Les droits de l'enfant et les politiques de l'enfance en Europe : de nouvelles approches*, *op. cit.*

296. Cf. annexe 2.

Il importe en outre d'insister sur le fait que les aspects procéduraux ne devraient pas occuper ici tout le devant de la scène du dialogue familial ni en alourdir l'atmosphère. Les parents devraient bien au contraire veiller à ce que le dispositif de délibération conserve une dimension expérimentale et ludique, qu'il soit source de plaisir, de découverte, de créativité et d'enrichissement relationnels ainsi que d'une meilleure compréhension mutuelle au sein de la famille. Et qu'il laisse enfin à chacun, on l'a évoqué, la possibilité de s'y taire s'il le souhaite[297]. Comme l'écrivait l'un d'entre nous, dès 1998, à propos de la participation démocratique à l'école, *« donner aux enfants le droit d'exprimer leur avis ne leur impose pas de participer au processus décisionnel démocratique, mais leur permet de le faire »*.

Cette option quelque peu centrée sur la recherche prioritaire du bien-être familial gagne à être promue y compris en cas de tensions. Mais si l'occurrence de celles-là peut être parfois prévenue par l'instauration d'un dispositif de participation démocratique, elle ne saurait bien entendu s'en trouver magiquement évitée pour autant.

La survenue de conflits, de dysfonctionnements ou de risques de rupture – ou, à plus bas bruit, d'usure – dans la dynamique instaurée au sein de la famille par le parti pris délibératif et participatif gagne quant à elle à être analysée conjointement, sur la forme et sur le fond[298], et aussi sereinement que possible, afin de permettre d'avancer dans l'organisation démocratique. Son occultation ou sa scotomisation risqueraient en revanche d'occasionner des phénomènes de répétition du problème en cause, un climat de découragement au sein du groupe familial. Et, *in fine,* un repli régressif tant des parents sur des modalités autoritaristes ou arbitraires de résolution de problèmes que des enfants sur le recours à des séries de transgressions et de provocations.

Plus généralement, face à une situation non anticipée ou sortant du cadre prévu par les règles de fonctionnement, mieux vaut que les parents proposent l'élaboration d'une sorte de « jurisprudence », c'est-à-dire d'une **mémoire familiale** qui permettra de s'y référer par la suite et de progresser ensemble. À défaut de quoi, et pour prolonger la métaphore judiciaire, on sait que les enfants et les jeunes sont particulièrement habiles non seulement à repérer les « vides juridiques », mais aussi et surtout à s'y engouffrer, et ceci bien souvent à leur détriment.

297. Jean Le Gal, *La participation démocratique à l'école – Le conseil d'enfants école, op. cit.*

298. *« La forme, c'est le fond qui remonte à la surface. »* Victor Hugo, *Les proses philosophiques* (1860-1865), article « Le Goût ».

De la méthode à la mise en pratique

La mise en pratique méthodique des principes de la démocratie familiale permet de mieux identifier les inconvénients et les limites de leurs exigences théoriques. Libre à chacun de désigner ces principes comme utopiques ou de dénoncer ces exigences comme intrusives pour y chercher et y trouver, dans la foulée, prétextes à s'en affranchir. Il s'agit cependant, ici, de mettre leur pertinence à l'épreuve des réalités contemporaines. C'est-à-dire, en tentant de les faire vivre de façon prudente, expérimentale et aussi résolue que possible, d'en repérer au fur et à mesure les impacts positifs ou novateurs. L'enjeu sociétal, voire proprement civilisationnel, étant de taille, il mérite que l'on s'en saisisse comme tel.

L'une des premières complexités rencontrées en pratique concerne, à l'évidence, les écarts et les contradictions qui se font souvent jour entre : d'une part, l'inéluctable et banale existence d'aléas relationnels intrafamiliaux et d'incidents extrafamiliaux (et de leurs interactions) ; et, d'autre part, les idéaux promus par le processus participatif et démocratique. Celui-ci se propose certes, en intégrant ces aléas, de les transcender. Mais, on l'a dit, il ne faut pas s'attendre à ce qu'il permette à lui seul de prévenir, gérer et résoudre toutes les tensions, latentes ou extériorisées, entre les membres de la famille. Au mieux, il offre un nouveau cadre ou une nouvelle scène à leur expression. Au pire, il est entravé par elles ou sert de motif à leur aggravation. Suffisamment maîtrisé, et dans l'épaisseur du temps, par les parents et les enfants, il peut cependant fournir à leur intelligence collective des pistes de résolution du problème telles que, même si des désaccords subsistent entre les points de vue en présence et sur les décisions à prendre, un accord aura pu prévaloir sur l'intérêt et les façons de chercher à mettre à jour ces divergences.

> Par exemple, un enfant ou un adolescent conteste violemment le fait que tel ou tel de ses parents s'est autorisé à pénétrer dans sa chambre et à explorer son cartable et ses tiroirs en son absence. Il fait valoir son juste droit à ce que sa vie privée soit respectée et sa dignité préservée. Ses parents lui opposent leurs non moins légitimes droit et devoir de veiller à sa scolarité, à sa sécurité et à sa moralité et les motifs pour lesquels ils les ont exercés de la sorte. La délibération familiale pourra commencer par dresser le constat du conflit aigu créé par la coexistence des droits en présence, puis s'efforcer d'identifier et de nommer ceux-ci, tout en cherchant à mettre à jour au fur et à mesure les circonstances qui ont suscité ce conflit : des circonstances ponctuelles (par exemple le signalement par le collège d'une absence non justifiée, un vol d'argent dans le portefeuille paternel ou maternel, etc.), et/ou des circonstances de fond (par exemple un désinvestissement de la scolarité, une difficulté des parents à reconnaître que leur enfant est devenu adolescent, etc.).

Dans un second temps, la discussion ainsi mise en perspective pourra s'attacher à définir le nouvel équilibre, entre empathie et remobilisation, entre protection et liberté, auquel il conviendrait que les uns et les autres réussissent à parvenir dans le respect des réalités, des contraintes, des aspirations mais aussi des droits et des prérogatives de chacun. Et, à cet effet, la décision pourra consister à définir les obligations et les limites respectives qu'ils accepteront ensemble de reconnaître comme justes et opérantes si une tension de même ordre se présente de nouveau (y compris au sujet d'un autre membre de la fratrie). Dans l'immédiat, il sera peut-être décidé, d'un commun accord, que la chambre, le cartable et les tiroirs du jeune sont désormais considérés comme inviolables, mais qu'il se doit, en contrepartie, de présenter son carnet de correspondance deux fois par semaine à ses parents. Idéalement, mais c'est là le cœur de la démarche et la clé de son efficacité, il sera décidé de faire ensemble un point régulier, par exemple mensuel, sur l'ensemble de ces décisions et, plus encore peut-être, sur ce qui les a motivées[299].

Dans un autre exemple, un enfant exaspère ses parents par sa tendance à remettre en question, plus spectaculairement que son frère et sa sœur, les règles de vie familiale en vigueur en matière d'attribution et de gestion de l'argent de poche. Il les met – et se met – plus en difficulté encore par sa propension à rejouer cette problématique sur la scène scolaire en y commettant de menus larcins sévèrement sanctionnés par les enseignants et dans la suite desquels les parents, systématiquement interpellés, se sentent mis en cause et humiliés. La tenue d'un « Conseil de famille », en fin d'année scolaire, va être l'occasion de discuter et de remanier les dispositions, manifestement problématiques pour tous, relatives à l'argent de poche. Elle va permettre d'examiner aussi les questions théoriques et pratiques que pourrait soulever la décision d'inscrire l'enfant générateur de problèmes, et peut-être son frère et sa sœur, dans une autre école. Il se peut que les décisions prises et mises en œuvre à cette occasion occasionnent dans les mois qui suivent un réel apaisement et une réduction significative des tensions vécues par les membres de cette famille. Pour autant, rien n'indique que la place et le rôle de l'argent dans leurs relations ni que la vive sensibilité des parents et des enfants à l'égard des sanctions scolaires n'aient été modifiés sur le fond.

299. Cette question nécessite, plus fondamentalement, une réponse en droit, comme le souligne le magistrat Daniel Clouet, que nous avons déjà cité à ce propos au chapitre 3. « *Qui songe, par respect pour le droit à l'intimité, à frapper avant d'entrer dans la chambre d'un adolescent ? Qui songe en pénétrant dans une telle chambre, en l'absence de son occupant, qu'il n'a théoriquement le droit de le faire et d'y inspecter que pour d'impérieuses raisons de sécurité des personnes ou des biens, ou de strictes raisons pédagogiques, car il entre dans un domicile dont le caractère inviolable est garanti constitutionnellement.* » (Daniel Clouet, « Faut-il parler droit dans les institutions médicales, éducatives et sociales ? », *op. cit.*).

Ni, par conséquent, que celles-ci ne referont pas leur apparition un peu plus tard, pour d'autres motifs et sous d'autres formes. La délibération familiale aura seulement – et c'est déjà beaucoup – permis de formaliser la construction d'une compréhension partagée de la situation et de solidariser parents et enfants face à des tensions, internes et externes, qui risquaient de mettre en péril leur cohésion. Elle aura contribué à maintenir le bateau familial à flot pendant la crise de « gouvernance » occasionnée par la tempête. Elle les aura préservés d'un possible naufrage et consolidé au passage une organisation et un fonctionnement malmenés par les remous de cette crise. Elle aura éventuellement rendu possible le « contact radio » avec un professionnel extérieur, spécialiste des turbulences. Le calfatage de la coque, la route à suivre et l'identité du port à atteindre n'en restent pas moins inscrits à l'ordre du jour des prochaines délibérations. Le recours de la famille à un débat et à des décisions démocratiques n'apporte pas de remède miracle aux crises internes et externes qu'elle traverse. Mais il permet de puiser dans les ressources de ses membres et, éventuellement dans celles de ses réseaux, pour conforter leur volonté de continuer à aller de l'avant en assumant ensemble les aléas de la navigation.

Les situations de crise ne sont pas les seules à poser des questions complexes à la pratique de la démocratie familiale. Ainsi en va-t-il aussi des suites que, de façon générale, on envisage de donner à une décision prise en famille.

Une décision peut être considérée comme particulièrement importante et intangible parce qu'elle concerne, en tout ou partie, le champ légal d'exercice de l'autorité parentale – par exemple en matière de santé, de scolarité, de loisirs éducatifs, de résidence temporaire, de déplacements et de sorties autonomes, etc. Seuls ses aménagements de circonstance et ses modalités d'application auront donc peut-être été ouverts à la discussion. Il devrait dans tous les cas s'en déduire que le respect de cette décision, au quotidien de la vie familiale, relève lui aussi et avant tout des attributs de l'autorité parentale, ce pourquoi les parents sont tenus, entre autres raisons, d'y veiller sans cesse.

Mais qu'en est-il de décisions apparemment plus « anodines » (un choix de jeu, de plat, d'horaires ou de lieu pour une activité de routine, etc.) ? Les enfants, et notamment les plus jeunes, peuvent y accorder, à l'aune de leurs visions propres du monde, une importance considérable – ne serait-ce que pour vérifier la fiabilité des engagements pris, y compris par eux-mêmes, à propos de ces « petites » décisions ? Les parents devraient ici s'abstenir d'abuser de leurs droits de veto ou d'amendement pour s'opposer d'emblée à certaines propositions de leurs enfants ou pour imposer les leurs, au motif par exemple de critères de faisabilité ou de dangerosité qu'ils sont réputés être mieux en mesure qu'eux d'apprécier. Il leur revient plutôt de chercher, par une argumentation claire et sincère et par une négociation ouverte, à infléchir la nature ou à réduire la portée des propositions contestées ; puis, une fois le consensus obtenu, de respecter et de faire respecter ce dont il aura été convenu.

> Prenons l'exemple de la péremptoire mise au lave-linge d'un vieux et fidèle « doudou » dont on s'était pourtant engagé jusqu'alors à respecter l'aspect peu avenant et l'odeur si particulière, mais qui vient de tomber dans une flaque franchement nauséabonde. Cette décision unilatérale, prise en violation des garanties données, peut représenter un drame intime d'une intensité insoupçonnable pour un très jeune enfant, peu réceptif à des discours hygiénistes dont la rationalité pastorienne le dépasse. Pourquoi cependant vouloir « passer en force » quand il est possible de négocier avec lui l'alternative d'un bain du « doudou » en question dans une bassine d'eau chaude, gorgée de détergents, auquel on procédera avec lui en le transformant en jeu, éventuellement pédagogique ?

L'autorité éducative dont les parents disposent dépasse le seul périmètre de l'autorité parentale en ceci qu'elle consiste à savoir autoriser le possible et le souhaitable, et pas seulement à pouvoir interdire ce qui ne l'est pas. Dire « non » en famille consiste, outre à motiver clairement ce « non », à indiquer le champ des « oui » laissés ou rendus possibles par la limite ainsi posée. Pour indispensable qu'elle soit, cette façon de dire et de faire ne va pas de soi : ni pour des parents qui n'ont pas toujours eu à en connaître la logique pendant leur propre enfance, ni pour des enfants qui n'en trouvent pas si souvent l'usage autour d'eux, notamment à l'école. La mémoire familiale s'enrichira cependant peu à peu des expériences constituées par tout ce que l'énonciation des interdits a pu permettre ou promettre, et elle pourra être invoquée par les parents tout autant que par les enfants, à l'appui par exemple de la formulation d'une nouvelle proposition. On se souvient d'ailleurs plus souvent en famille de ce qu'on a fait que de ce qu'on n'a pas fait.

Du principe de réalité… au principe de plaisir

Examinons maintenant de plus près l'étape qui mène de la prise de décision à sa concrétisation.

Dès lors qu'une proposition a été validée en famille, il pourrait être envisagé, dans le cadre du processus décisionnel, que l'auteur – adulte ou enfant – de celle-ci soit rendu plus particulièrement garant de sa mise en œuvre. En référence aux considérations qui précèdent, la limite éthique, juridique et pratique d'un tel principe risque toutefois d'être vite atteinte si cette proposition fait écho d'une façon ou d'une autre à une difficulté relationnelle non encore résolue, ou si elle s'inscrit de façon centrale dans les principaux domaines d'attribution de l'autorité parentale.

En de telles circonstances, mais en de plus anodines aussi, il sera judicieux de prévoir que la préparation, la mobilisation et le suivi des composantes les plus concrètes d'une décision reposent sur une répartition des responsabilités conforme aux compétences, aux aptitudes et au statut de chacun. On distinguera alors les tâches spécifiquement dévolues aux adultes (par exemple, dans la perspective d'une sortie de *week-end* en famille : faire le plein d'essence, effectuer une réservation, verser des arrhes, etc.) et celles qui, l'étant moins ou pas du tout, peuvent être partagées avec les enfants ou assurées quasi intégralement par eux (par exemple : rechercher à la bibliothèque ou par Internet des informations sur la destination choisie, participer activement à la préparation d'un pique-nique à partager en route, choisir des CD pour l'autoradio en tenant compte des goûts musicaux de tous, etc.).

La juste répartition et la faisabilité des actions par lesquelles se traduit la mise en œuvre des décisions prises dans un contexte de démocratie participative familiale sont des critères très importants. Il est souhaitable, de ce point de vue, qu'afin de rendre ces décisions intéressantes et mobilisatrices pour chacun et pour tous, elles visent aussi souvent que possible **des objectifs opérationnels compréhensibles, concrets, précis et accessibles.** À défaut de quoi, la déception des acteurs impliqués et notamment des enfants risquerait bien vite de devenir assez dirimante.

Il n'en reste pas moins qu'en ces différentes occasions un objectif plus général, bien que moins immédiatement palpable, est également visé : celui de construire, au moyen d'une série de projets décidés et menés en commun, une organisation de la vie de famille qui repose sur la compréhension mutuelle et la coopération, qui se montre à la fois souple et rigoureuse, fiable et réactive, et même récréative, et qui s'avère au total source de satisfaction pour tous car respectueuse des points de vue et attentive à la créativité de chacun.

L'un des moteurs les plus stimulants de la dynamique délibérative et participative ainsi initiée au sein des familles[300] est certainement le **plaisir,** pour ne pas dire la joie, éprouvés à réussir ensemble un projet commun. Conséquence, par définition, d'une résolution de tension(s) plutôt que d'une stratégie de prévention de conflits, ce plaisir provient du fait d'avoir franchi ensemble – ou séparément, puis ensemble – un certain nombre de difficultés pour aboutir à l'objectif commun visé. Il résulte aussi de l'occasion ainsi fournie de s'être découvert, ou d'avoir découvert en autrui, des compétences et des propensions jusqu'alors inédites – au-delà des rôles « sta-

300. Et, dans une autre mesure, de certaines institutions, notamment éducatives, accueillant des enfants et des jeunes.

tutaires » liés au genre, à l'âge, aux responsabilités. Et, plus généralement, d'avoir ainsi appris par autrui, avec autrui et pour autrui… et autour de soi, qui plus est – ce qu'il en est du potentiel créatif d'un collectif qui s'organise pour le faire advenir, en se dégageant au passage du piège mortifère des conflits stériles et de leur répétition. Aussi le plaisir partagé est-il au total un bon indicateur – d'abord de processus, plus tard de résultat – de la rigueur et de la qualité de tenue des phases pratiques qui ont permis d'y parvenir.

Bien entendu, le plaisir n'est pas toujours, ou pas d'emblée, présent au rendez-vous. Il faudra souvent, pour y parvenir, passer par des phases de tâtonnement souvent vécues comme décevantes avant de se révéler motivantes. L'exercice est en effet exigeant. Il peut même paraître contraignant quand il vient se heurter aux habitudes acquises : celles de parents formés par leur propre éducation aux réflexes autocratiques, celles d'enfants enclins à imposer en permanence les exigences despotiques que leur dicte le principe dit… de plaisir, celles des uns et des autres de cultiver le secret tant que la confiance mutuelle n'est pas acquise.

Il importe en particulier de veiller de prime abord, mais surtout aux phases de concertation et de négociation, à l'exhaustivité de l'information de tous les protagonistes familiaux sur les tenants et les aboutissants de la décision qu'ils ont à prendre et sur les intentions respectives de chacun à ce sujet, afin déjà de ne pas s'exposer aux inconvénients de ne les découvrir qu'une fois la décision prise. Une telle transparence initiale présuppose une liberté d'expression et un degré de confiance pas toujours aisés à établir, surtout en situation de conflit. En l'absence toutefois de ces précautions et de cette exigence, la prise de décision, sa mise en œuvre et son évaluation risqueraient soit d'être biaisées par la rétention active ou passive d'informations opérée par l'un ou l'autre, soit de mettre en évidence que l'ensemble du processus échappe manifestement au domaine du possible. C'est alors le sentiment, plus ou moins partagé, d'échec et de culpabilité qui pourrait dominer et fonctionner comme une prophétie autoréalisatrice. Pour autant, la déception peut constituer une motivation acceptable de renouveler l'expérience, mais autrement et en s'appuyant sur l'analyse apaisée de ce qui s'est passé : les parents, et parfois les enfants eux-mêmes, peuvent en effet y trouver matière à se convaincre et à convaincre chacun qu'il y a lieu de persévérer plus sincèrement encore dans la recherche du plaisir de progresser ensemble sur la voie ainsi empruntée.

C'est pourquoi on pourrait penser que, en famille comme en milieu institutionnel, il y aurait lieu de promouvoir une graduation méthodologique de la démarche participative proposée aux enfants, et ceci en programmant des étapes d'approfondissement et d'élargissement progressifs qui permettront de parvenir à des degrés croissants de satisfaction. Dans un premier temps, par exemple, les parents pourraient s'approprier la quasi-exclusivité de la proposition initiale, voire de la prise de décision finale, et les enfants se voir attribuer en revanche un rôle important à la phase de mise en délibéré de la proposition puis à celle d'application de la décision, une fois le consensus obtenu à son sujet. Par la suite, éclairés par la validité et la fiabilité de telles expériences, les enfants pourraient se voir proposer un rôle accru – du moins s'ils y aspirent et le font savoir – aux phases de proposition et de prise de décision, et les parents manifester plus spécifiquement leur appui aux phases de discussion et de mise en œuvre des suggestions des enfants.

Cette démarche progressive est cependant discutable, et discutée. On peut en effet soutenir au contraire qu'il est nécessaire que les enfants soient invités à faire des propositions d'emblée, qu'ils doivent savoir que leurs propositions seront entendues et qu'on en tiendra compte, même s'ils ne disposent pas toujours du pouvoir de décider ni même de codécider. Autrement dit, le principe du pouvoir partagé de décision doit être **affirmé aux enfants dès le départ** de la démarche de participation démocratique, mais en leur précisant ce sur quoi ce pouvoir pourra s'exercer et comment il va croître en fonction de la maturité des enfants. On pourra ainsi distinguer, comme nous l'avons déjà évoqué, ce qui relève du pouvoir de décision des enfants seuls, ce qui relève du pouvoir de décision partagé entre les adultes et les enfants et ce qui relève du seul pouvoir de décision des parents et qu'il conviendra de justifier.

S'agissant par exemple de la vie familiale, l'enquête du COFRADE déjà mentionnée a étudié la question : *« y a-t-il des décisions qui sont uniquement du ressort des parents ? »*. Les réponses suivantes ont été majoritairement citées : la vie du couple, ses décisions intimes, ses décisions professionnelles ; les décisions d'ordre économique ; le choix du système éducatif ou de l'établissement scolaire ; les questions se rapportant à la santé ; les problèmes touchant à un autre enfant. Les auteurs de l'enquête en déduisaient que *« le respect de la personne de l'enfant ne doit pas faire oublier les responsabilités propres aux adultes donc aux parents, et par ailleurs il faut veiller à ne pas faire peser sur les enfants des responsabilités qu'ils ne peuvent en aucun cas assumer. Une conclusion semble se dégager : on doit écouter, expliquer, donner la parole à l'enfant, apprécier son degré de maturité pour tenir plus ou moins compte de son avis, de sa demande, mais quant à lui laisser beaucoup de pouvoir décisionnel, même en ce qui le concerne, les opinions paraissent plus réticentes »*. Plus largement, l'Assemblée parlementaire du Conseil de l'Europe estimait dans un avis de 1989 que « les adultes ont le devoir de ne pas mettre en péril les enfants et de ne pas les charger de responsabilités qu'ils ne sont pas en mesure d'assumer ».

Quoi qu'il en soit, il s'agirait dans tous les cas de **promouvoir une démarche pédagogique pour tous** – et pas seulement une démarche éducative destinée aux seuls enfants – visant à conduire un processus de partage et de transfert du pouvoir entre parents et enfants sur l'organisation de la vie familiale. Les enfants passeraient ainsi de l'apprentissage de la citoyenneté en famille à son exercice réel, éventuellement transférable en milieu institutionnel. Dans tous les cas, et à chaque étape de cette démarche, la phase d'évaluation devrait rester aussi ouverte à tous que possible, ne serait-ce que pour pouvoir être menée sur la base des critères de la satisfaction et du plaisir ressentis tant à procéder de la sorte qu'à en constater les résultats et les effets dans la vie de tous les jours.

Une question délicate, mais incontournable, est celle de la définition et de l'application des sanctions que peuvent nécessiter le non-respect des procédures de prise de décision et, surtout, le non-respect de la décision elle-même et de sa mise en œuvre. Un régime de démocratie familiale peut-il inclure un registre de sanctions sans tourner le dos à ce qui a présidé à son instauration ? Si non, comment fera-t-il face aux limites que sa fondamentale fragilité l'amène tôt ou tard à rencontrer à l'épreuve de sa mise en pratique ? Si oui, ce qui est vraisemblable, comment l'établir et l'appliquer ?

Selon nous, un régime de démocratie familiale qui s'appuie sur la reconnaissance et l'exercice de droits et de libertés et qui définit les limites et les obligations doit aussi préciser quelles seront les conséquences du non-respect des personnes, des règles, des obligations, et donc les sanctions éventuelles qui seront appliquées. Comme l'indique un document établi par Adèle Faber et Elaine Mazlish dans le cadre de la méthode qu'elles ont développée au Québec pour améliorer les relations et la communication entre les parents et les enfants, *« la conséquence a pour objectif de responsabiliser l'enfant face à son comportement. Cela laisse à l'enfant la possibilité de faire son choix. Par exemple : si je ne me tiens pas assis à table, je quitte la table. L'enfant qui connaît la règle choisit de se conformer ou d'assumer la conséquence prévue »*. Cette méthode conseille, comme nous le faisons aussi, que les règles soient négociées, comprises, acceptées par tous et connues. Ce qui implique également qu'elles soient écrites et rappelées. Cette connaissance favorise la responsabilité de chacun. À l'enfant de décider par ses choix s'il les respecte ou s'il les enfreint tout en sachant qu'il devra répondre de ses actes. Un acte transgresseur peut donner lieu d'abord à un échange, afin d'amener l'enfant à une prise de conscience de son acte, à acquérir la capacité à autoévaluer son comportement. Le recours aux sanctions annoncées a lieu dans un second temps, sachant que dans un système éducatif démocratique, elles reposent essentiellement sur la réparation, qui doit être proposée, et s'il y a lieu sur la restriction à l'exercice d'un droit, qui va être imposée.

Ceci étant, une autre question délicate, et que l'on laissera ici ouverte, se pose aussitôt. Si, comme nous le recommandons, un registre de sanctions a été négocié et adopté au sein de la famille, faut-il et peut-on l'introduire à l'encontre des enfants en même temps et de la même façon qu'à l'encontre des parents ? Jusqu'où l'article 371.1 du Code civil peut-il s'appliquer non seulement en instaurant mais aussi en préservant la paix et le plaisir des familles qui ont décidé, sincèrement et méthodologiquement, de s'y conformer ?

De la démocratie familiale à la démocratie coéducative

Le bonheur exclusivement privé est une impasse. Il n'est guère possible, pour vivre heureux en famille, d'y vivre caché du reste du monde. Un jour ou l'autre, les enfants le font savoir. Il importe donc que ni le choix opéré par une famille de fonctionner, en toutes circonstances, sur un mode démocratique et participatif ni les objectifs internes qu'elle vise de la sorte ne contribuent à la refermer sur elle-même, sur un mode autosatisfait et à proprement parler aristocratique. Il est souhaitable que ces options favorisent au contraire son ouverture sur un environnement peuplé de familles et d'institutions qu'elle souhaitera trouver tout aussi avides de fonctionnement démocratique qu'elle-même, du moins en matière d'éducation des enfants et de dialogues constructifs entre les générations et entre les sexes.

C'est pourquoi, dans une visée de diffusion quasi militante des convictions et des aspirations relatives à la démocratie éducative et coéducative, il serait profitable que les pratiques expérimentées en la matière au sein d'un certain nombre de familles les amènent à échanger à ce sujet, entre elles mais aussi avec des familles fonctionnant autrement qu'elles. Et ceci tout autant dans un ensemble de cadres formels que, comme cela survient souvent plus spontanément, dans différents types de cadres informels. Mais, dans tous les cas, pour mieux rapporter les expériences vécues à des réalités partagées et pour commencer, dans un contexte de proximité géographique. Chaque membre de la famille est en effet ouvert et relié à différentes composantes de sa vie sociale : travail, école, activités de loisirs, associatives et militantes… et peut donc « importer » dans la communauté familiale des éléments complémentaires de réflexion sur les droits, les libertés, la participation démocratique. Par ailleurs, mettre en place une démocratie éducative familiale est encore aujourd'hui de l'ordre de l'innovation. Les problèmes rencontrés et les questions soulevées sont nombreux, et se réactualisent en permanence. Raison supplémentaire pour laquelle il est important, pour les parents, de ne pas rester seuls, de pouvoir échanger dans des groupes de parole et d'expérience, de se constituer en groupe de parents-chercheurs, etc. Nous allons y revenir dans la suite du présent chapitre et au chapitre 5.

Il serait tout aussi judicieux que les professionnels, les acteurs associatifs et les élus locaux en contact avec des enfants, des jeunes, des parents ou des familles, en difficulté ou non, suscitent et encouragent quant à eux de tels échanges. Nombre d'entre eux pourraient trouver, en de telles occasions, matière à reconsidérer le pessimisme systématique dont procèdent parfois la persistance et la redondance de leurs représentations idéologiques ou théoriques, et qui déterminent encore trop souvent leurs approches intrusives et directives.

De nombreuses passerelles pourraient en effet être tendues entre : d'une part, les microprojets à vocation démocratique élaborés et menés par nombre de familles, souvent avec l'appui de leurs réseaux relationnels, et dont les richesses méthodologiques et pratiques « profanes » restent largement sous-estimées ; et, d'autre part, les projets institutionnels à base collective que des acteurs publics ou associatifs s'efforcent d'impulser en promouvant la participation des familles et des autres habitants aux décisions qui les concernent au quotidien, dans une perspective de développement des solidarités, des entraides, des partages de responsabilités et des dynamiques coéducatives. Dans de tels domaines, les enseignements issus du croisement des expériences des uns et des autres pourraient s'avérer particulièrement riches d'apports pour tous. Ils permettraient de tracer des voies nouvelles, ambitieuses, résolument optimistes et autrement exigeantes aux politiques familiales nationales, et localement déclinées, que l'on voit aujourd'hui mises en œuvre. Moins soucieuses de solvabilisation des « services aux familles », de « soutien à la parentalité » et de « restauration de l'autorité des parents », celles-là pourraient se consacrer alors à des visions globales, prospectives et démocratiques de l'éducation et à la refondation à la source d'une ambition républicaine placée, dès leur naissance, à la hauteur des enfants. Les dynamiques induites par les Projets éducatifs locaux et par les Projets éducatifs territoriaux, déjà évoquées et dont nous allons traiter plus en détail les potentiels participatifs et démocratiques au chapitre 5, offrent à ces voies nouvelles et à ces visions globales d'intéressants horizons.

De ce point de vue encore, les Centres sociaux et socioculturels, les associations d'éducation populaire, les Réseaux d'écoute, d'appui et d'accompagnement des parents (REAAP), les « Maisons des parents » gérées ou pilotées par certaines villes, et nombre de services municipaux, départementaux ou associatifs de proximité pourraient par exemple placer le capital acquis par une ou plusieurs décennies de mobilisation des énergies disponibles – qu'elles soient parentales, associatives, professionnelles, politiques – au service d'objectifs plus stimulants et moins ambigus que ceux que l'État ou les collectivités territoriales tendent parfois, aujourd'hui, en conditionnant et en orientant leurs financements, à leur assigner. Ils pourraient devenir, entre autres missions d'intérêt général, autant de bases locales d'appui, de promotion et de diffusion des initiatives menées ici et là au titre des diverses approches contemporaines de la « démocratie familiale ».

L'accompagnement des processus de participation démocratique dans les familles

La nécessité et l'intérêt de mettre en place des « outils » propices à la « démocratie familiale »

Comme nous l'avons souligné à plusieurs reprises, l'article 371.1 du Code civil relatif à l'autorité parentale, en stipulant depuis sa réforme par la loi du 4 mars 2002 que *« les parents associent l'enfant aux décisions qui le concernent selon son âge et son degré de maturité »* confère désormais aux parents – et ceci plus clairement qu'à tous les autres responsables de communautés éducatives – à la fois un nouveau devoir et un nouveau droit à l'égard des enfants : en faire des êtres autonomes et responsables. En associant leurs enfants aux décisions qui les concernent, en considération de leur âge et de leur degré de maturité, ils contribuent ainsi, en première ligne et sur toute la durée de l'enfance et de l'adolescence, à l'éducation à une citoyenneté active et responsable.

L'exercice d'une participation active et responsable des enfants implique que soient mis en place des espaces où, avec les autres membres de la famille, ils puissent exprimer leur points de vue dans une ambiance de respect, de liberté et d'écoute. La famille devient une communauté qui devrait pouvoir fonctionner et se développer, comme « la plus petite démocratie au cœur de la société », une démocratie où les uns et les autres échangent, grandissent et s'enrichissent mutuellement et où chacun peut faire entendre sa voix, entendre celle des autres et concourir au fonctionnement de l'ensemble.

Mais, on l'a souligné aussi, les parents qui n'ont pas connu ce mode de participation durant leur propre enfance[301] peinent encore à solliciter et intégrer les points de vue de l'enfant dans les décisions qui concernent sa vie personnelle et la vie familiale. Ou bien ils le font de façon si systématique ou si désordonnée, au sujet des moindres décisions à prendre, que l'enfant en est troublé, s'en inquiète ou en abuse, et qu'au total le sens, la valeur et l'intérêt de cette participation finissent par se pervertir ou par se perdre. Le fait est que, compte tenu de l'importance des relations affectives entre les membres d'une famille – et notamment d'une famille « nucléaire » –, il n'est pas toujours aisé de mettre en pratique l'écoute, le dialogue, la consultation, la concertation, la négociation et la prise de décision selon des modalités qu'on pourrait qualifier de « politiques ». De plus, les structures

301. Les générations pour lesquelles l'une des règles de vie familiale édictée aux enfants était « on ne parle pas à table » ne sont pas si éloignées dans le temps ! Dans de nombreuses sociétés où les enfants ne puisent au plat familial que lorsque les aînés se sont servis, cette règle reste en vigueur.

familiales sont aujourd'hui très variées, ce qui rend encore plus difficile un accord, par exemple au sein d'une famille recomposée, sur un mode de relation avec les enfants, sur des valeurs éducatives communes, sur des périmètres de participation clairs et compréhensibles, etc. Nous avons développé ces différents aspects dans la première partie du chapitre 1.

C'est pourquoi le rôle de professionnels ou de militants associatifs (impliqués dans des associations familiales ou d'éducation populaire) sensibilisés à ces questions doit pouvoir consister à **rasséréner les parents** à ce sujet : d'une part, en les informant sur le contexte sociétal, juridique, éducatif, etc. dans lequel se présente aujourd'hui la notion de « démocratie familiale », d'autre part, en les accompagnant dans leurs pratiques, s'ils le souhaitent, et en favorisant des échanges entre eux autour des expériences et des réflexions liées à ces pratiques.

Les auteurs du présent ouvrage ne sont nullement des « experts » de la participation démocratique des enfants dans la famille, et encore moins des « formateurs » de parents ou de professionnels en matière de démocratie familiale. Acteurs néanmoins engagés dans ce champ, ils se limitent à rendre compte des méthodes et des enjeux qui le traversent, tout en militant pour la meilleure connaissance, la diffusion, la mise en discussion et le développement des pratiques qui en relèvent. Ils estiment être bien plus en situation d'apprendre des parents, avec eux et à leurs côtés, lorsqu'ils partagent des convictions et des engagements similaires, que de leur faire face pour leur apprendre ce qu'il convient de faire.

L'un d'entre nous, en tant qu'enseignant et, surtout, que militant pédagogique et militant des droits de l'enfant, a été amené, depuis plusieurs années, à animer des « ateliers de démocratie familiale », que nous allons décrire ci-dessous. En complément des nombreuses actions qu'il a menées pour que soit reconnu le droit de participation des enfants et qu'ils soient réellement associés aux décisions qui les concernent dans leurs familles, leurs écoles, leurs centres de loisirs, leurs villes, il estime avoir beaucoup appris, en douze années, avec les parents qui ont créé en 2002, à Nantes, des groupes de parole pour échanger sur leurs pratiques familiales en ce domaine. Et en particulier sur leurs recherches pour répondre, de façon vivante plus que théorique, à la question qu'ils se posaient alors : *comment mettre en place, au sein de la famille, une participation démocratique des enfants qui enrichisse les relations familiales, favorise un mieux vivre ensemble et permette aux enfants d'apprendre à exercer des droits et des libertés en respectant les limites et les obligations qui s'imposent à tous ?* Ces ateliers étaient constitués de parents ayant notamment pris l'initiative de mettre en place des « Conseils de famille » ou des dispositifs équivalents dans leurs foyers. Et, tout comme les ateliers qui ont suivi, ils ont donné lieu à nombre de récits et de discussions suscités par de telles expériences, sur lesquelles nous nous arrêterons donc également.

L'autre d'entre nous a tout d'abord observé, au fil de 35 ans de pratique professionnelle en tant que pédopsychiatre de service public, les évolutions des relations intrafamiliales, mais aussi extrafamiliales, entre parents, entre parents et enfants, et entre enfants eux-mêmes. Il en a déduit, ces dernières années, l'intérêt de proposer (et non pas de prescrire !) à certaines familles de toutes conditions sociales, reçues en consultations ambulatoires de proximité, de mettre en place des « Conseils de famille », ou des instances proches à leur convenance, et de les accompagner dans cette expérience au fil des consultations suivantes[302]. Il s'est rendu compte à cette occasion que certaines familles avaient déjà procédé à cette mise en place, mais qu'elles ne s'autorisaient pas à en faire état aux différents professionnels qu'elles rencontraient. Par ailleurs, en tant que « chargé de mission » ou que consultant pour diverses collectivités locales ou structures associatives, ou encore en tant que militant de l'éducation populaire et militant des droits de l'enfant, il a eu de nombreuses occasions d'accompagner la constitution et/ou d'assurer l'animation de divers groupes de parents, d'enfants et même de parents et d'enfants, soit dans une perspective de démocratie participative locale mobilisée en vue de projets institutionnels, soit dans une perspective d'amélioration des relations intrafamiliales au sein d'associations de quartier.

Avant de poursuivre, relatons ici une anecdote. Il y a cinquante ans, dans la classe de CE1 où il installait la pédagogie Freinet, l'un d'entre nous, soucieux d'établir une coopération respectueuse et conviviale avec les parents, réunissait déjà pour leur expliquer, avec la participation de leurs enfants, le pourquoi et le comment des pratiques coopératives : le Conseil, les responsabilités, les Règles de vie, le Président de jour, les Brevets, etc. Il était évidemment question de l'intérêt de responsabiliser les enfants mais chacun en restait là. Il fallait laisser le temps aux idées de cheminer… Un jour, une mère proposa de créer un nouveau Brevet : le *Brevet d'aide à maman,* afin que les enfants participent, comme dans la classe, au partage des tâches nécessaires au bien-être de tous[303]. Après quoi il y eut, avec les enfants, un débat au Conseil de coopérative, une proposition aux parents, un temps de codécision, des réunions pour échanger sur la place de l'enfant dans la famille… La coéducation démocratique était en route ! Mais on ne parlait pas encore de « participation démocratique », encore moins de « démocratie familiale ». Et, à vrai dire, à peine de « coéducation ».

302. L'une des dynamiques qui en résulte est décrite dans l'introduction du présent ouvrage.

303. Jean Le Gal, *Le maître qui apprenait aux enfants à grandir, op. cit.*

La création et le lancement d'« ateliers de démocratie familiale »

Les deux premiers véritables ateliers de démocratie familiale ont donc été créés à Nantes, en octobre 2002, par des parents d'enfants scolarisés à l'école Ange Guépin, où tous les enseignants pratiquent la pédagogie Freinet. Dans cette école, les enfants peuvent donner leur avis et participer aux décisions avec les adultes, dans chaque classe et au niveau de l'école, sur l'organisation démocratique mise en place, sur les projets collectifs, les apprentissages et les activités diverses d'une collectivité active d'enfants. Ils y exercent les droits qui leur sont reconnus par la CIDE, et d'autres droits inscrits dans la Charte de l'école. Ce choix éducatif, dont nous avons décrit dans le chapitre 3 les principes et les modalités de mise en œuvre, permet d'accompagner progressivement chaque enfant vers son autonomie sociale et l'exercice d'une citoyenneté participative. Il repose sur la reconnaissance de l'enfant comme étant capable de participer à la gestion des affaires qui le concernent et d'assumer des responsabilités au sein des collectivités où il vit.

Or les enfants vivent plus encore au sein de leurs familles qu'à l'école et, pour nombre d'entre eux, au centre de loisirs. Aussi, attentifs aux expériences de participation démocratique que leurs enfants font à l'école Ange Guépin et soucieux de cohérence éducative, une dizaine de parents formulent-ils, au début de l'année scolaire 2002, la question ci-dessus relatée : *« comment mettre en place, au sein de la famille, une participation démocratique des enfants, tout en gardant l'autorité nécessaire pour leur apprendre le respect des limites et des obligations liées à l'exercice des droits et des libertés ? »*. Ces parents désirent examiner, en pratique, comment il leur serait possible de mettre en place, au sein de leur structure familiale, des pratiques relationnelles et organisationnelles cohérentes avec les droits que leurs enfants peuvent exercer à l'école, et plus particulièrement le droit de donner leur avis et d'être associés aux décisions concernant leurs activités, leurs apprentissages et la vie sociale de l'école.

Avec une animatrice intervenant dans l'école, ils montent le projet de créer un lieu où ils pourraient partager et analyser ensemble leurs tentatives de mettre en place dans chacune de leurs familles, avec leurs enfants, une organisation démocratique. Pour certains d'entre eux, l'idée est d'ailleurs venue de leurs enfants qui ont proposé : *« Et pourquoi on ne ferait pas un Conseil comme à l'école ? »*.

L'un d'entre nous venait de publier un livre dans lequel, s'appuyant sur la CIDE, il défendait les pratiques démocratiques participatives à l'école[304].

304. Jean Le Gal, *Les droits de l'enfant à l'école – Pour une éducation à la citoyenneté, op. cit.*

L'animatrice le sollicite alors pour accompagner, avec elle, deux groupes de parole où, comme ils le projetaient, les parents pourront s'exprimer librement à propos de leurs initiatives, de leurs expériences, de leurs réussites et de leurs problèmes. La formule du groupe de parole[305] – renommé atelier pour mieux rendre compte de sa dimension productive et pas seulement expressive –, où chacun peut faire part de ses tentatives, où tout le petit groupe échange ses réflexions, ses interrogations, élabore ses analyses et ses propositions et mène des expérimentations et des investigations sur un thème commun, est apparue d'emblée comme la mieux à même de correspondre aux objectifs des parents.

De l'école à la famille, les « ateliers de démocratie familiale » venaient de naître. Très vite, ils adoptèrent des *principes* qui, aujourd'hui encore, demeurent les mêmes :

– parler aux autres de soi, de sa famille, accepter de se découvrir, révéler des faits intimes, impliquent que la liberté d'expression, le respect de l'autre, l'écoute bienveillante de sa parole, la confidentialité des échanges soient des règles fondamentales ;

– instituer dans sa communauté familiale la participation de tous ses membres au processus décisionnel, en créant des institutions démocratiques et des démarches participatives, nécessite un apprentissage ; c'est pourquoi l'atelier doit tenter de fonctionner lui-même avec les mêmes principes organisateurs.

L'expérience continue depuis douze ans. Les parents et les lieux de réunion changent (Café des enfants *« à l'Abord'âge »* de Nantes, Centre socioculturel, domiciles des parents…), mais l'expérimentation se poursuit et les questions et les réflexions demeurent nombreuses. Aujourd'hui, les parents y viennent soit parce que leurs enfants sont élèves d'une école où la participation démocratique est mise en œuvre, soit à la suite d'une information au cours de manifestations locales (comme, par exemple, la Quinzaine des Droits de l'enfant de Nantes[306]). Plusieurs parents, participant à un atelier depuis plusieurs années, sont devenus des parents-chercheurs. Ils mènent des investigations théoriques, des expérimentations, pour trouver des réponses pertinentes aux

305. Christine Barras, *Les groupes de parole pour les parents*, De Boeck, 2009.

306. *« La Quinzaine des droits de l'enfant est née, en 2008, de la volonté de la Ville de Nantes et de ses partenaires associatifs de créer un événement porteur de sens et d'actions. Autour de la Journée internationale des droits de l'enfant du 20 novembre, la Quinzaine des Droits de l'enfant est un événement citoyen et éducatif. Elle invite enfants et adultes à s'exprimer et à débattre de l'application des droits de l'enfant dans la ville et dans le monde, et plus largement à s'interroger sur la place de l'enfant dans notre société. Son objectif est de faire progresser l'application des droits de l'enfant par la connaissance et la diffusion de ces droits à un public le plus large possible. »*

questions et hypothèses qui sont engendrées par l'atelier. Ils interviennent dans des réunions publiques afin de sensibiliser d'autres parents.

En mars 2012, soit près de dix ans après l'initiative nantaise et dans un contexte sensiblement différent mais non dépourvu de points communs, des parents de l'école primaire publique expérimentale *Eis Schoul,* au Luxembourg, instruits de cette initiative par l'un d'entre nous, s'engagent à leur tour dans la création d'un « atelier de démocratie familiale » qui fonctionnera en autogestion. Eux aussi sont sensibilisés à la participation démocratique par leurs enfants qui la vivent tous les jours dans leurs classes ainsi que durant les temps de restauration scolaire et d'activités « périscolaires ». C'est en effet la loi dans cette « École Fondamentale de Recherche »[307] ! Une loi votée par le Parlement Luxembourgeois, le 13 mai 2008, et qui stipule que *« L'École a pour mission de développer et de mettre en œuvre un enseignement et un encadrement éducatif selon le principe de la pédagogie inclusive consistant en la pleine participation de tous les élèves à tous les aspects de la vie scolaire »*. Alors, de l'école à la famille, comme à Nantes, il semble évident à quelques parents d'appliquer aussi la démocratie à la maison. La décision est vite prise : un atelier de démocratie familiale a commencé à fonctionner, en autogestion.

Revenons cependant à Nantes et en 2002. À cette époque, les parents et les animateurs de leurs deux groupes n'avaient pas connaissance d'expériences approfondies menées dans des familles. Ils ne pouvaient s'appuyer pour commencer que sur :

– la mise en lumière et en valeur des droits et libertés reconnus aux enfants par la CIDE, et notamment les grands principes qu'elle promeut s'agissant de leur droit d'expression, lequel comporte en toutes circonstances, notamment familiales : le droit de s'exprimer, de parler, de donner son avis ; le droit d'être écouté, d'être cru ; le droit de participer au processus de décision et même de prendre seul certaines décisions ;

– les enseignements que l'on pouvait tirer des pratiques démocratiques menées dans les écoles : comment, dans les classes coopératives, sont créés des espaces où enfants et adultes peuvent s'exprimer librement ; comment sont organisées la consultation, la concertation, la négociation, la prise de décision, les responsabilités ; l'accent à mettre sur le fait qu'exercer un droit et une liberté implique le respect des obligations et des limites qui s'imposent à tous au sein de la communauté afin que chacun puisse exercer ses droits, soit respecté, et que les activités de la vie collective se déroulent au mieux.

307. ☞ *www.glen.lu/projet/projet.html*

Bien vite cependant, tout en restant conscients que le droit de participation des enfants a une dimension globale, sociale et éducative à laquelle il sera fait référence, les parents se sont concentrés sur leurs thèmes spécifiques et sur leurs objectifs initiaux. Ils se sont peu à peu interrogés sur la relation adultes-enfants, l'éducation et le conflit de valeurs entre parents et enfants, la parole au sein de la famille, la capacité de l'enfant à exercer une liberté avec ses limites et ses obligations, le partage du pouvoir, ce qui est négociable et ce qui ne relève que de la décision des parents, les transgressions, l'intervention physique et les sanctions, l'autorité, son évolution historique et la fessée, le Conseil de famille, le partage des responsabilités et des tâches ménagères…

On mentionnera ci-dessous les principales questions que les ateliers ont permis de soulever dans ces différents registres. Dans l'immédiat, il importe d'insister sur *deux recommandations méthodologiques,* peu à peu confirmées par l'expérience, portant sur la phase de création et de lancement d'un atelier. La première consiste à envisager qu'un temps d'apport théorique puisse s'avérer nécessaire pour lancer un atelier, ou pour le relancer (par exemple en début d'année scolaire, lorsque de nouveaux parents le rejoignent) ; cet apport permet notamment de présenter et de justifier dans ses grands principes la mise en œuvre d'une participation démocratique des enfants. Mais la seconde recommandation consiste à reconnaître comme plus important encore que les parents puissent aussitôt échanger avec d'autres parents qui ont déjà une expérience dans ce domaine. Ceux-ci peuvent alors, en petits groupes, partager leur expérience avec ses tâtonnements, ses réussites, ses difficultés, répondre aux interrogations et montrer ce que leur apporte l'« atelier de démocratie familiale ». Après quoi il est possible d'envisager la création éventuelle d'un nouvel atelier, doté de ses propres modalités de fonctionnement, avec les parents qui ont été convaincus qu'il est important de s'engager dans cette aventure humaine et éducative.

Le fonctionnement, les productions et le premier bilan des « ateliers de démocratie familiale »

La démarche participative à mettre en œuvre, au sein des ateliers, doit reposer sur trois principes :

– un principe de cohérence : puisque la participation est l'objet des réflexions communes, il doit exister une cohérence entre l'organisation des petits groupes de parole et les pratiques qu'ils proposeront de mettre en place dans le milieu familial ;

– deux principes de fonctionnement : un groupe organisé sur le thème de la participation est un groupe démocratique où les décisions se prennent ensemble dans le respect des objectifs qui ont contribué à le créer et où chacun participe aux responsabilités exigées par la vie et les activités du groupe ; d'autre part, aucun groupe ne fonctionnant sans un certain nombre de règles, il convient d'élaborer ensemble quelques règles de vie collective en utilisant des procédures transférables sur le terrain familial.

Ceci posé, il n'existe pas, dans notre expérience, de modèle à suivre. Chaque groupe de parents est singulier tant dans sa composition que dans son organisation, son rythme de rencontres, les contenus abordés et sa durée. Autrement dit, chaque atelier est autonome. C'est lui seul qui peut, selon la procédure de proposition et de décision propre au groupe, redéfinir son organisation selon les besoins exprimés par ses membres, poser les conditions d'accueil d'un nouveau parent qui en fait la demande, organiser une présentation publique afin de promouvoir la démocratie familiale. C'est donc un fonctionnement différent de celui d'un groupe créé par une institution ou par une personne proposant une formation ou un accompagnement, dont les règles sont parfois imposées au regard de l'objectif poursuivi.

Lorsqu'un groupe de parents – six au maximum – s'est constitué, une première réunion est programmée. En général, chacun se présente, en donnant brièvement la composition de sa famille. Puis le groupe s'auto-organise. Il définit et adopte sa procédure de prise de décision, ses modalités de fonctionnement, ses règles de vie, son emploi du temps. La confidentialité étant un principe fondamental, aucune personne externe ne peut participer à une réunion sans l'accord de tous. Si une personne-ressource, invitée par le groupe, participe ponctuellement ou régulièrement à l'atelier, son rôle est défini. En général, elle n'anime pas le groupe. Lors des situations qui sont évoquées concernant la participation démocratique, elle peut en revanche apporter des éléments théoriques et pratiques qui permettent d'élargir les points de vue.

Ensuite chacun présente comment il voit, dans un premier temps, compte tenu de son contexte familial, la mise en place d'une première expérience. Les échanges commencent. Il est souvent prévu qu'entre deux rencontres chacun pourra faire parvenir aux autres le compte rendu d'une situation vécue, avec ses interrogations, ses hypothèses d'action, mais aussi des extraits de lectures qui peuvent éclairer le groupe[308]. Avant de se quitter, les membres du groupe prévoient le contenu et l'organisation de la réunion suivante, ainsi que les modalités de présentation par chacun de ses tentatives.

À la réunion suivante, l'animation et le secrétariat sont assurés par deux membres du groupe. Dans une ambiance conviviale, chacun raconte ses premiers pas. Les questions sont toujours nombreuses. C'est pourquoi, au fil des réunions, il arrive de décider d'étudier un thème particulier : les

308. Voir en annexe 4 une fiche de présentation d'expérience proposée aux réflexions d'un atelier de démocratie familiale.

valeurs familiales, le partage du pouvoir au sein de la famille, le Conseil de famille, l'autorité, l'exercice des droits et libertés et les limites à poser, l'intervention physique, les sanctions…

L'organisation institutionnelle du groupe est analysée périodiquement et modifiée éventuellement pour la rendre plus opérationnelle. C'est ainsi que l'atelier de parents d'adolescents de Nantes y a consacré, après deux années de fonctionnement, une réunion entière. Après une analyse approfondie, il a décidé, à l'unanimité, que :

- un ordre du jour sera décidé avant chaque réunion ; celle-ci commencera par un temps d'expression libre, « coup de cœur-coup de gueule », afin que chacun ait la possibilité de s'exprimer ; le temps d'expression de chacun sera limité ;
- chacun des membres du groupe devra respecter le temps de parole des autres et s'exprimer calmement ;
- lorsqu'un membre du groupe ne respectera pas les règles, il aura un rappel à l'ordre ; s'il continue à transgresser, il pourra être exclu de l'atelier ;
- les fonctions nécessaires au bon fonctionnement du groupe seront rotatives et assumées par tous les membres :
  - *le rôle d'animateur :* rappeler l'ordre du jour, les règles et donner la parole ;
  - *le rôle de maître du temps :* définir le temps imparti par sujet, clore les échanges sur chaque sujet après en avoir fait la synthèse ;
  - *le rôle de secrétaire :* prendre des notes et rédiger un compte rendu de la réunion, à envoyer à chaque membre du groupe dès la semaine suivante ;
- celui ou celle qui propose d'intégrer une nouvelle personne au groupe devra lui expliquer les objectifs et les principes de confidentialité, de non-jugement, de communication non violente ; avant la réunion, il ou elle devra obtenir l'accord des autres membres.

Chaque groupe suit ainsi son chemin, crée ses institutions et ses règles, mais aussi son ambiance particulière. Il devient, pour ses participants, un repère et un recours appréciés car la mise en place de nouvelles relations au sein de la famille ne va pas sans difficultés et sans problème, parfois inédits. L'élaboration des règles de vie implique qu'elles soient respectées par tous. Les décisions prises en Conseil de famille demandent une organisation réfléchie, des limites bien précisées, tout comme l'exercice des droits et libertés. Allier autonomie des enfants et devoir de protection ne va pas de soi. Il est parfois nécessaire de répondre aux critiques des amis et des grands-parents qui ne comprennent pas que l'on reconnaisse à ce point aux enfants le droit à la parole. La parentalité démocratique est un long chemin qui demande de la persévérance.

C'est pourquoi le fait de pouvoir se retrouver régulièrement dans un groupe de parole, d'échanger, de prendre de la distance, de savoir que les autres aussi ont des problèmes, qu'ils comprennent les moments de fatigue, de mal-être, est particulièrement apprécié. C'est bien ce qu'exprime une « maman solo », lors du bilan de sa première année d'atelier :

> *« J'ai apprécié le soutien du groupe pour prendre du recul et me permettre d'objectiver les situations familiales que je vis. Comme je n'ai pas de vis-à-vis parental, je me sens parfois trop libre. Le groupe m'a aidée à me sentir moins seule dans mon rôle de parent. Il m'a motivée pour mettre en place un Conseil, élaborer avec les enfants des règles de vie, discuter des sanctions. Depuis qu'elles sont affichées, chacun peut y faire référence et les enfants n'hésitent pas à me rappeler les décisions et leurs droits. Les relations parent/enfants et enfant/enfant au sein de ma famille se sont apaisées. »*

Les questions qui se posent au sein des ateliers sont nombreuses. Les expérimentations présentées et les réflexions échangées ont pour objectif d'y apporter des réponses qui vont éclairer les pratiques. Voici une sélection de questions soulevées lors des ateliers nantais.

Questionnement de parents

Généralités

- *Quelle place, quelle parole, quelles responsabilités des enfants au sein de la famille ?*
- *Quelles valeurs dans une famille organisée démocratiquement ?*
- *Quelles nouvelles responsabilités des parents ?*
- *Que devient l'autorité parentale ? Comment peut-elle s'exercer ?*
- *Quel est le pouvoir des parents dans la famille ?*

Vers une démocratie familiale

- *Comment convaincre tous les membres de la famille de l'intérêt d'une participation responsable de chacun à la vie familiale ?*
- *Par quoi est-il préférable de commencer ?*
- *Comment organiser la participation avec une fratrie présentant de grands décalages d'âge ?*
- *Quels obstacles bloquent-ils ou freinent-ils la participation de l'enfant ?*

• Quelle est l'importance du temps en famille dans la genèse d'une démocratie familiale ?

Le processus décisionnel

• Quels sont les éléments de la vie familiale auxquels il est important de faire participer les enfants dans un processus démocratique : définition des droits et libertés ? activités quotidiennes ? activités personnelles hors de la famille ? projets collectifs ? budget familial ? règles de vie ? procédures disciplinaires et sanctions ?

• Quelles sont, dans la vie familiale, les décisions qui reviennent à chacun des membres de la famille, à titre personnel ?

• Quelles décisions l'enfant a-t-il la possibilité de prendre seul, au fur et à mesure qu'il grandit : initiatives d'activités ? vêtements ? achats ? sorties ?...

• Quelles sont celles qui ne reviennent qu'aux parents et ne sont pas négociables ?

• Quelles décisions sont-elles prises ensemble entre adultes et enfants ?

• Qu'est-ce qui est négociable ? Qui en décide ? Comment ?

Les lieux collectifs d'échange et de décision

• Quel moment et quel lieu doit-on adopter pour se parler, négocier, décider ?

• Comment faire pour que ce moment ait du sens pour tous ?

• Faut-il mettre en place un rituel ?

• Quelle sera la procédure de décision ?

La mémoire des décisions prises

• Faut-il écrire les décisions ? Comment ?

• Qui est garant du respect des décisions ?

• Qui les rappelle ?

Les projets communs

• À quels projets, dans la famille et dans la société, faire participer les enfants et comment ?

• Comment élaborer et appliquer un projet collectif participatif ?

• Tous les membres de la famille ont-ils l'obligation d'y participer lorsqu'ils l'ont décidé ensemble ?

• Qui sera garant des décisions prises ?

Les droits et les libertés

• Quels sont les droits et libertés dans la famille ?

• Faut-il en établir la liste et l'écrire ?

Démocratiser les relations éducatives, F. Jésu, J. Le Gal, Chronique sociale.

• Faut-il demander à chacun d'exprimer les droits qu'il aimerait pouvoir exercer ?

• Qu'en est-il du droit au respect et du respect mutuel dans la famille ?

• Que veut dire, pour chacun, être respecté dans la famille ?

L'exercice des droits et des libertés

• Comment organiser l'exercice d'un droit avec ses modalités d'exercice, ses limites, ses obligations… ?

• Que se passe-t-il si des limites et des obligations ne sont pas respectées ?

Le respect des règles communes

• Quelles règles peuvent-elles être imposées par les parents ? Comment en expliquer la légitimité ?

• Quelles règles peuvent-elles être négociées et décidées avec les enfants ?

• Les parents doivent-ils respecter les mêmes règles que les enfants ?

• Celui ou celle qui détient l'autorité ne doit-il/elle pas faire preuve d'exemplarité ?

• Les règles doivent-elles être écrites sur une affiche ou un cahier, afin que chacun puisse, à tout moment, s'y référer ?

• Qui intervient en cas de non-respect des règles ?

• Quelles sont les sanctions qui peuvent être appliquées ?

• Qu'en est-il des châtiments corporels dans la famille ?

• Le droit de correction existe-t-il encore ?

Le partage des tâches

• Faut-il s'orienter vers un plus grand partage des tâches au sein de la famille ?

• Quelles responsabilités est-il légitime de demander aux enfants de partager en fonction du développement de leurs capacités ?

Démocratiser les relations éducatives, F. Jésu, J. Le Gal, Chronique sociale.

Un bilan succinct des ateliers nantais de démocratie familiale, réalisé en 2011 au moyen d'une enquête auprès des parents les ayant fréquentés pendant une ou plusieurs années, montre quant à lui que les sujets traités au cours des Conseils de famille, réguliers ou occasionnels, sont moins nombreux mais non négligeables au regard des réalités de la vie familiale. Ils se regroupent en *quatre grands thèmes :*

– le partage et la répartition des tâches quotidiennes ;

– l'exercice des libertés individuelles au sein de la collectivité, les règles de vie et de comportement pour gérer les relations entre membres de la famille ;

– l'organisation des activités familiales, des projets collectifs et des vacances ;

– les revendications des enfants.

De nombreux *effets positifs* de ces Conseils de famille sont signalés :

– pouvoir s'exprimer, pour chacun, en disant aussi bien ce qui va que ce qui ne va pas, ses soucis et ses problèmes, le tout dans un minimum de respect de l'autre, contribue à une ambiance familiale agréable ;

– réunir le Conseil régulièrement lui permet de devenir non seulement un lieu de débat et de décision, d'apprentissage de la parole et d'écoute, mais aussi un lieu de partage mutuel des expériences personnelles, des joies et des peines ;

– définir noir sur blanc certaines règles permet plus de cohérence dans les exigences des parents et un recours pour tous contre les décisions arbitraires ;

– réguler les moments de tension ensemble, penser les conflits différemment, aider les enfants à trouver eux-mêmes des solutions, prendre conscience de ses propres incohérences permet à chacun de trouver sa juste place dans la communauté familiale.

L'évolution du système familial vers une démocratie reposant sur une participation active et responsable de tous ses membres, ne peut se faire que progressivement. Mais, quelle que soit l'avancée des expériences menées, les participants des ateliers de démocratie familiale attestent, comme le Conseil de l'Europe en 1996, que :

> *« La participation des enfants à la vie familiale et sociale est une façon d'améliorer la qualité de la vie de la famille, basée sur des valeurs démocratiques et les droits fondamentaux de l'homme, et ce au profit de tous les membres de la cellule familiale. (...) Le fait d'écouter les enfants, de traiter les problèmes avec eux, d'accepter leur avis et aussi de leur expliquer pourquoi leurs idées ne sont pas toujours acceptées, constitue un moyen important pour lancer une participation. Celle-ci devrait commencer tôt. »*[309]

Il importerait aujourd'hui de recenser, diffuser et mettre en débat les différentes expériences menées en France ou à l'étranger par lesquelles des parents s'organisent, ou sont aidés à s'organiser, afin de rendre possible la participation démocratique des enfants de tous âges dans leur famille, sans pour autant y perdre leur « autorité ».

Mais à présent, après avoir observé l'importance que les parents des ateliers nantais de démocratie familiale accordent à leurs expériences de Conseil de

---

309. Conseil de l'Europe, *Recommandation n° R- (98) 8 du Comité des ministres aux États membres sur la participation des enfants à la vie familiale et sociale, op. cit.*

famille et sans oublier l'intérêt que leur mise en place peut revêtir pour renouveler et enrichir les pratiques professionnelles – éducatives, sociales, médicales – auprès des familles, il convient de les décrire plus en détail.

Le Conseil de famille, mise en place et mode d'emploi

Le Conseil de famille prend tout son sens et toute son importance dans le cadre global de la participation active et responsable des enfants au sein d'une famille dans laquelle chaque membre se voit reconnaître des droits et la possibilité de les exercer dans le respect des droits des autres et des exigences de la vie commune.

Dans un groupe où chaque membre, ni « consommateur » ni seulement spectateur de ce qui se passe, participe vraiment à la gestion de la vie quotidienne, des relations et des activités, il est nécessaire d'instituer un moment où chacun pourra se retrouver avec tous les autres. Ce moment peut prendre des appellations diverses. Souvent, dans les structures éducatives, c'est le terme « Conseil » qui est retenu. Ce terme fait sens aussi dans les registres institutionnels et politiques.

> Le Conseil de famille occupe une place essentielle. Il est le lieu d'échange où, ensemble, les membres du groupe peuvent analyser les différents aspects de la vie commune, programmer l'utilisation des espaces et des objets communs, présenter concevoir, envisager des projets collectifs et individuels. Les membres du Conseil prennent des décisions et mettent en place les moyens humains et matériels pour les réaliser. L'organisation du Conseil est donc fondamentale.

La mise en place et le démarrage du Conseil de famille pourraient s'inspirer de la réflexion de Vladimir Jankélévitch :

> *« Pour commencer, il faut commencer et l'on n'apprend pas à commencer. Pour commencer, il faut simplement du courage. »*

De fait, dans la famille ou à l'école, s'engager avec des enfants dans un processus de changement institutionnel et éducatif consiste à choisir une voie dynamisante mais parfois difficile à vivre. L'évolution des enfants et du groupe vers l'autonomie est faite de tâtonnements, de réussites et de régressions. Être à l'écoute des enfants, respecter leurs droits et les règles de la vie collective, partager son pouvoir mais rester le garant vigilant des décisions, mettre en place une nouvelle organisation des activités, etc. : autant de façons d'être et de faire qui impliquent parfois, chez l'adulte, une véritable mutation. Il y faut donc de la persévérance et de la patience.

L'enquête menée en 2011 auprès des parents qui ont fréquenté les ateliers nantais de démocratie familiale entre 2002 et 2011 montre que les Conseils de famille se sont mis en place, en général, à l'initiative du parent qui participait à l'atelier. Il arrive aussi que ce soit un enfant qui participe à des Conseils à l'école qui le propose en famille. Il arrive enfin, comme l'un d'entre nous l'a constaté dans sa pratique médicale, que la famille ait spontanément mis en place un tel dispositif d'échanges, de régulations et de délibérations internes, mais sans nécessairement l'intituler « Conseil de famille » ; ou encore qu'elle ait l'intuition qu'il serait judicieux de procéder à cette installation mais qu'elle semble simplement attendre un facteur déclenchant ou un encouragement extérieur (ami, collègue de travail, professionnel, etc.) « pour commencer », au sens de Jankélévitch…

> Pour Claude Kergourlay[310], dont l'expérience a commencé en 2006, *« il est indispensable que l'adulte, souvent à l'origine de la mise en place du Conseil, soit porteur d'une dynamique afin qu'elle suscite aussi l'enthousiasme et la motivation des enfants. Dès le début de mon expérience, avec mes deux jeunes enfants, Juliette, 8 ans, et Anne, 5 ans, j'ai tenu à appuyer mon expérience sur le plaisir, la convivialité et la créativité. C'est pourquoi il m'a semblé important, au Conseil, d'investir les enfants sur le côté festif pour que la discussion, la négociation, ne deviennent pas des choses rébarbatives. Mobiliser du temps et de la réflexion au moment de la réunion mais aussi entre chaque séance pour la nourrir demande un effort, et pas seulement pour les enfants. Être créatif, accueillir les demandes et les changements, permettre aux enfants de devenir eux aussi les auteurs du projet, en nourrir la dynamique, est une nécessité mais n'est évidemment pas facile »*.

Se réunir doit avoir du sens pour tous. Nos observations montrent que, si les enfants qui connaissent déjà cette pratique à l'école acceptent avec grand intérêt cette institution participative, il arrive que d'autres, dans un premier temps, la refusent parce qu'ils ne lui donnent aucun sens. Il n'est pas alors toujours facile de trouver une idée qui suscitera la participation des enfants.

> C'est ainsi qu'une mère a proposé en vain, pendant un long moment, à ses deux enfants de se réunir pour discuter ensemble de leurs nombreuses sollicitations. Grâce à sa persévérance et aux échanges au sein de l'atelier, elle a trouvé enfin une « entrée en Conseil ». Elle a mis en place, dans la cuisine, un petit tableau avec une colonne par personne. Chacun peut venir y inscrire ses envies et idées de sorties pour le mois

310. Claude Kergourlay, parent divorcé accueillant ses enfants en résidence alternée, a participé à son premier atelier de démocratie familiale à l'école Freinet de Nantes, en 2004. Après une période d'interruption, il a repris en 2007 et continue depuis. Son expérience du Conseil de famille, qu'il a menée en parent-chercheur, est exceptionnelle.

suivant. Au milieu du mois en cours, ils se réunissent. Ils passent en revue les idées notées sur le tableau et ils voient, ensemble, celles qu'on peut réaliser et quel jour on les programme. Elles sont alors notées dans un calendrier à l'aide de petits autocollants. Celles qui ne sont pas retenues sont laissées sur le tableau pour le mois suivant. Les enfants ont adhéré totalement à cette initiative et c'est un grand soulagement pour leur mère car, dès qu'ils ont une idée et qu'ils la sollicitent, elle les invite maintenant à la noter sur le tableau.

Dans la famille, comme dans la classe coopérative, c'est souvent un projet collectif motivant, dont la réussite nécessite l'échange, la solidarité, la coopération et la participation de tous, qui est l'occasion de proposer une première réunion de Conseil. La joie de réussir ensemble une action importante peut constituer un vécu collectif stimulant qui ouvre la voie à des réunions ultérieures qui vont peu à peu se structurer. La volonté de résoudre ensemble un problème familial qui a été analysé comme requérant une mobilisation collective, et le plaisir éprouvé à y parvenir ensemble, peuvent aussi motiver, pour des raisons assez proches, la tenue d'une première réunion. Notons au passage deux mots-clés que nous venons ici d'utiliser : **joie et plaisir.**

L'enquête de 2011 a aussi montré que les réunions peuvent demeurer occasionnelles et n'avoir lieu que lorsque cela est nécessaire pour parler ensemble d'une situation et/ou pour décider ensemble. Elles demeurent alors une possibilité de la vie familiale. Dans une des familles, par exemple, il a été décidé d'un commun accord que chacun aurait le droit de demander la réunion de la famille. C'est là une première étape institutionnelle. D'autres familles ont décidé que la réunion de la famille serait régulière et qu'elle s'appellerait « Conseil ».

Les Conseils réguliers peuvent avoir lieu à un moment donné : mardi soir, vendredi soir, dimanche après-midi... Ils ont des fréquences diverses : toutes les semaines, tous les quinze jours, une fois par mois, par trimestre... Ils ont une organisation plus ou moins structurée avec des rôles – fixes ou, mieux encore, tournants – pour chacun et un temps limité (trente minutes) ou non (jusqu'à une heure et demie, parfois). Ils peuvent être plus ou moins festifs, dotés par exemple d'un partage de jus de fruit en cours ou en fin de Conseil, parfois organisés autour d'un repas au restaurant pour que tous soient plus disponibles et plus présents.

La préparation de l'ordre du jour peut être collective, préalable, ou plus libre, avec des thèmes qui ne sont présentés qu'au dernier moment, en début de Conseil. Lorsque le Conseil se réunit assez fréquemment ou assez facilement, il nous a été donné de remarquer l'intérêt d'une élaboration ouverte et permanente de l'ordre du jour : entre deux réunions, chacun peut à tout moment inscrire un point sur une feuille ou un cahier accessibles à tous (ou, pour les plus petits, en demander l'inscription) en vue de la réunion suivante. Cette façon de procéder présente un double avantage : celui de ne pas traiter telle ou telle question « à chaud » lorsqu'elle est manifestement passionnelle ou circonstancielle, ou trop importante, et/ou que les principaux concernés ne sont pas disponibles pour l'aborder sur le fond ; mais celui aussi de prendre cette question dûment en considération puisque son inscription à l'ordre du jour du prochain Conseil permettra de l'examiner dans de meilleures conditions. L'aspect à la fois temporisateur et respectueux de ce type de recours à l'ordre du jour contribue souvent à apaiser nombre de tensions de la vie quotidienne tout en engageant chacun à leur chercher et leur donner ultérieurement du sens, s'il y a lieu (par exemple si elles tendent à se répéter, indiquant l'existence d'un « nœud de communication » au sein de la famille).

Chaque famille organise au total ce moment privilégié réservé au Conseil en fonction de la disponibilité et des capacités de participation de ses membres (motivations, âges, contraintes, etc.) et des questions que les parents décident de placer dans le cadre de la concertation familiale. Ici encore, il n'existe pas de modèle qu'il faudrait reproduire. Chaque famille exerce donc sa créativité institutionnelle comme elle l'entend…

Ghislaine et Fabrice Rodriguez [311], qui ont trois enfants âgés de 8 à 13 ans et qui participent depuis plusieurs années à un atelier de démocrate familiale à Nantes, en ont témoigné dans l'hebdomadaire *La Vie*[312].

> *« Depuis cinq ans, nous avons introduit les Conseils en famille selon la pédagogie Freinet. Chacun inscrit son ordre du jour, dans l'une des colonnes : "Je propose", "Je désire", "Je félicite", "Je critique". Selon les événements, la séance est hebdomadaire, bimensuelle, mensuelle… ou moins : nous vivons sur nos acquis, actuellement ! Elle dure une demi-heure, souvent après le déjeuner dominical, et forme un espace de parole où chacun peut s'exprimer. Nous, parents, à la fois participants et garants du cadre, nous avons appris à mieux écouter nos enfants et à considérer ce qu'ils disent. Cela permet de construire ensemble des projets, des règles de vie communes… qui sont mieux observées. La règle n'est plus une entrave à la relation, elle dissocie affectif et autorité. Certaines situations se décrispent, et le climat familial s'en ressent. Féliciter "papa d'avoir pris le temps de m'emmener à la piscine", ou*

311. Ghislaine Rodriguez a participé à son premier atelier de démocratie familiale, à l'école Freinet de Nantes, en 2006. Au Café des enfants *« à L'Abord'âge »* qu'elle a créé à Nantes avec un collectif de parents, un nouvel atelier fonctionne depuis 2010. Elle en est un parent-chercheur très actif. Fabrice Rodriguez y a lui aussi participé durant une année.

312. « Bien vivre l'éducation : 10 pistes pour aider l'enfant à se construire », *La Vie*, n° 3477, 19-25 avril 2012.

"les enfants d'avoir gardé leur bonne humeur alors qu'on a changé de programme"... Nous n'avions pas l'habitude de dire ainsi du bien les uns des autres. Cet outil nous aide et nous nourrit. Autre outil : un cahier de critiques qui permet à chacun d'exprimer sa colère par écrit. Un bon exutoire ! Pendant les vacances, nous avons aussi des "cercles de parole". Un bâton passe de main en main ; celui qui le tient dit comment il se sent, comment il a vécu la journée, et ce qu'il a envie de faire le lendemain. »

Dans le contexte que nous avons décrit, *les objectifs* visés par les Conseils de famille sont le plus souvent :

– des objectifs communs, et notamment :

- la résolution de problèmes : trouver des solutions à un problème qui oppose des membres de la famille, par exemple au sujet des repas, du respect entre les personnes, de l'utilisation des écrans (ordinateur, télévision, téléphone portable) ;
- les projets collectifs : organiser des temps de vie collectifs tels que les loisirs de la famille, les vacances (déterminer au début des vacances ce que veut chacun et ce qui est indispensable à chacun) ;

– des objectifs particuliers, tels que :

- pouvoir libérer la parole au sein de la famille ;
- mieux prendre en compte les besoins de chacun ;
- expliciter les droits des enfants et les droits et devoirs des parents ;
- permettre à chacun de garder des liens malgré les circonstances, comme la séparation des parents ;
- perfectionner le fonctionnement du Conseil afin de le rendre plus opérationnel.

Le Conseil traite de thématiques choisies par la famille :

– la répartition des tâches quotidiennes :

- le tableau des tâches ménagères et la demande des parents pour avoir de l'aide dans les tâches ménagères ;
- l'organisation de la vie familiale : les tours de rôle pour la douche ou le ménage et l'aménagement des chambres ;

– les règles de vie et de comportement pour gérer les relations entre membres de la famille :

- l'inventaire des règles implicites et explicites au sein de la famille ;
- les problèmes concernant, notamment l'utilisation des écrans (ordinateur, télévision, téléphone portable) ;

• les repas, les menus ;

• le passage d'une activité choisie (lecture, jeu…) à une « tâche obligatoire » (se laver, passer à table, sortir…) ;

• les relations entre les membres de la famille : réflexion sur ce qu'est « être respecté » pour chaque membre de la famille et application du respect mutuel ;

– les envies pour (et l'organisation) des activités familiales et des vacances :

• l'expression des envies de sortie et de loisirs des uns et des autres ;

• l'organisation du contenu des vacances ;

• le choix des sorties et des loisirs ;

• la préparation des activités pour les vacances scolaires ;

– les revendications des enfants :

• la place de chacun au sein de la famille ;

• la question de la place « attitrée » de chacun à table ou dans la chambre ;

• les loisirs : liberté d'accès à l'ordinateur, liberté de sortie, etc. ;

• l'expression des envies (camping-car, animal de compagnie, argent de poche, jus de fruit le matin, sorties, invitations, câblage Internet…) et l'étude de leur réalisation (recherches sur Internet, arguments à défendre au Conseil…) ;

– la question du Conseil lui-même :

• l'évaluation de l'intérêt du Conseil pour chacun et pour la vie familiale ;

• les règles de fonctionnement du Conseil ;

• la transformation de la forme ou la décision d'arrêter le Conseil…

Les effets du Conseil de famille

Des effets immédiats peuvent être mis en évidence, comme :

– le fait que les moments de réunion de la famille permettent à chacun de se sentir écouté, entendu, et de mettre ses soucis sur la table ;

– la possibilité pour chacun de pouvoir s'exprimer, en disant aussi bien ce qui va que ce qui ne va pas, le tout avec un minimum de respect de l'autre, permet de réguler des moments de tension, dont ceux au sein de la fratrie ;

– le fait de savoir qu'un moment de parole existe où les problèmes pourront être parlés, et les solutions envisagées, permet de différer une résolution violente des conflits, tant de la part des enfants que de celle des parents ;

– la possibilité d'exprimer des propositions enrichit aussi les temps de vie collective ;

– le Conseil aide les enfants à trouver eux-mêmes des solutions aux problèmes les concernant, notamment l'utilisation des écrans ;

Si bien que des familles observent parfois que, dès le premier Conseil, l'ambiance dans l'appartement ou la maison a changé vers plus de calme, de tranquillité, d'écoute.

Le Conseil de famille engendre aussi, sur le fond et sur la durée, un certain nombre d'effets marquants :

– il permet de penser les conflits différemment, de tenir compte de chacun, ce qui amène les enfants à réagir également de façon plus sereine aux demandes des parents ;

– il permet aux enfants, sans crainte, de mettre en avant les « incohérences » ou les « injustices » parentales ;

– il leur permet aussi d'envisager et de mettre en pratique de nouvelles formes de relation au sein de la fratrie, et par exemple de développer plus souvent des occasions de coopérer dans le cadre de projets familiaux que des occasions d'entretenir rivalités et compétition ;

– il est un lieu d'apprentissage de la parole, de l'écoute des autres, du débat, de la prise de décision et de la responsabilité dans son application, et il est donc un lieu d'éducation à la démocratie, y compris pour les adultes : l'adulte peut en effet prendre conscience de ce qu'on peut laisser la parole aux enfants et les associer aux décisions sans leur donner tout le pouvoir et sans perdre l'autorité nécessaire pour demeurer le garant du respect des limites et des obligations ;

– lorsqu'il a lieu de manière régulière, par exemple hebdomadaire, le Conseil devient un repère, avec la possibilité de l'utiliser ou pas comme caisse de résonance des joies et des peines, des enthousiasmes et des envies de partage mutuel des expériences ;

– il peut permettre la création d'outils, de techniques, de rituels, de « routines » qui viennent s'ajouter à la « culture » familiale : les règles de respect mutuel, l'ouverture d'un « cahier des doléances », la liste des droits et des « TOQ » (Tâches obligatoires quotidiennes), le tableau tournant pour la répartition de ces TOQ, etc.

L'ensemble de ces effets viennent compléter ceux qui résultent des différents aspects d'une participation de tous à la vie familiale. Plusieurs parents témoignent ainsi :

– du renforcement de l'expression et de l'écoute du vécu et des besoins de chacun des membres de la famille, parents et enfants ; chacun peut ainsi prendre sa place, rien que sa place mais toute sa place dans une famille où les adultes demeurent les garants des valeurs et du respect de tous ;

– de la création d'une meilleure ambiance familiale, à laquelle contribuent d'une part une meilleure estime de soi pour chacun, et d'autre part la recherche de compréhension réciproque et la baisse de l'agressivité entre tous les membres de la famille ;

– d'une certaine prise de recul par rapport à l'éducation reçue et à l'éducation donnée, chaque parent ayant tendance à reproduire le même schéma relationnel que celui qu'il a vécu dans l'enfance : la participation amène à une véritable réflexion sur la place de l'adulte dans un système collectif démocratique adulte/enfant.

Ceci établi, observe-t-on pour autant que le Conseil de famille peut aider à prévenir et désamorcer les conflits intrafamiliaux ?

Nous avons observé que, lors des présentations publiques de la démocratie familiale, les questions sur les règles sont toujours très nombreuses :

– comment mettez-vous en place des règles à partir d'un droit reconnu aux enfants ?

– comment sont-elles mémorisées ?

– comment sont-elles rappelées, et par qui ?

– en cas de transgression, y a-t-il des conséquences ? des sanctions ?

– la question est-elle réglée avec l'enfant, en relation duelle ou devant la famille ?

– sur quoi se base la prise de décision ?

Convaincues que, en partant de leurs droits, les enfants comprennent mieux les limites et les obligations qui s'imposent à eux, les familles dont les parents fréquentent les ateliers nantais de démocratie familiale recherchent quels sont les droits et les obligations de chacun au sein de la communauté familiale. Elles utilisent ensuite le processus proposé par l'un d'entre nous en milieu scolaire (et présenté sous forme de graphique au chapitre 3) : *« De la liberté à la définition des limites et des obligations »*.

Le constat partagé par ces parents – et par d'autres parents, rencontrés dans d'autres contextes – est que la définition des limites, des obligations et des conséquences de leur non-respect, pour les enfants mais aussi pour les adultes, doit figurer et s'exprimer dans des règles clairement écrites et connues de tous (par exemple par voie d'affichage) et rappelées lors des transgressions. Elle suscite alors plus de calme dans les relations au sein de la famille, une baisse de l'agressivité entre les frères et/ou les sœurs et entre parents et enfants.

Une famille qui a fait participer les enfants à l'organisation des repas, en application du droit de chacun de manger, a ainsi noté que les enfants acceptaient de manger de tout sans discuter et que chacun assumait ses responsabilités dans l'exécution des tâches, liées aux repas, considérées comme indispensables.

Des parents ont aussi relevé que la définition en commun des règles nécessaires au bien-être de tous et au bon fonctionnement des activités au sein de la famille leur a permis plus de cohérence dans leurs exigences de parents et dans leurs interventions pour contrôler le comportement de leurs enfants. Garants du respect des décisions prises, ils peuvent intervenir en cas de transgression en se référant aux règles décidées ensemble.

Le cas que nous présente ci-dessous Ghislaine Rodriguez illustre bien la pertinence du modèle *« De la liberté à la définition des limites et des obligations »* dans le milieu familial.

Dans notre famille, les enfants ont des droits et des libertés. Nous avons utilisé le processus proposé par Jean Le Gal qui permet de dérouler leur exercice jusqu'à la question : qu'est-ce qui se passe, lorsque je ne respecte pas les modalités, les limites et les obligations décidées ? Cela nous a obligés à rechercher, ensemble, des sanctions qui soient en lien avec la transgression et qui respectent la dignité de la personne : la perte de l'exercice du droit pendant un temps donné, une réparation, ou une autre conséquence.

Je vais illustrer cette mise en œuvre avec « le droit de jouer à l'ordinateur », qui pose souvent problème dans les familles et que nous avons donc abordé à plusieurs reprises dans nos ateliers.

« J'ai le droit de jouer à l'ordinateur. » – *Ce sont, nous, les parents, qui avons affirmé que ce droit était reconnu à tous les membres de notre famille. Nous avons décidé de mettre en œuvre le processus d'exercice avec la participation des enfants, en leur donnant des explications aux différentes étapes…*

« Ce droit je peux l'exercer librement ou sous conditions. » – *Quand nous disons « librement », cela ne veut pas dire que chacun pourra faire comme il le désire. Quand j'exerce mon droit librement, je l'exerce dans un cadre constitué par la loi, par le respect du droit des autres, par le droit de chacun à la sécurité, par les conditions possibles d'utilisation…*

Les enfants ont droit à la protection de leurs parents et ne peuvent exercer des droits qu'en fonction de l'évolution de leur maturité. Les enfants ne doivent pas avoir à assumer de trop grandes responsabilités.

Le droit de jouer à l'ordinateur, nous pouvons aussi décider que chacun ne pourra l'exercer que sous conditions : soit il devra attester, comme pour le permis de conduire une voiture, qu'il a la capacité de respecter les règles, soit il devra demander l'autorisation, soit il devra simplement signaler qu'il va exercer son droit : « Maintenant, je vais jouer à l'ordinateur ». *L'adulte n'aura alors ni à autoriser, ni à interdire.*

Après ces explications, nous nous sommes demandés à chaque étape : qu'est-ce que nous choisissons ? Que doivent être les obligations, les interdits et les limites dans notre famille ?

Nous avons décidé que dans notre famille, « le droit de jouer à l'ordinateur » pourrait s'exercer librement, mais à condition de respecter les modalités que nous avions construites ensemble : « J'ai le droit de jouer à l'ordinateur librement, mais je dois respecter mes obligations : les devoirs doivent être faits ; la douche doit être prise, les tâches quotidiennes doivent être assumées. Il est interdit de jouer après 20 heures et de se lever la nuit pour jouer ».

Nous avions aussi une limite de temps quand ils étaient petits : pas plus de 1 h 30 – 2 heures J'avais remarqué que, lorsque mes enfants jouaient moins de ¾ heure, ils avaient beaucoup de frustrations. Donc, quand ils voulaient jouer à l'ordinateur, je leur demandais de vérifier s'ils avaient bien le temps de jouer de manière à ne pas être trop frustrés, et que ça ne soit pas une galère pour eux d'éteindre pour passer à autre chose.

Le processus de mise en œuvre d'un droit nous a permis, à nous parents, de réfléchir à ce qui ne serait pas négociable avec les enfants et à ce que nous acceptions de négocier.

Nous sommes allés jusqu'au bout du processus et avons réfléchi aux transgressions : « Si j'exerce mon droit, mais pas dans les conditions qui ont été définies, dans les règles décidées, quelqu'un va intervenir ». *Chez nous, ce serait le parent. Nous aurions pu choisir que ce soit aussi un enfant qui soit chargé de cette responsabilité de faire respecter les règles pour une semaine et prévoir une rotation de la responsabilité entre tous les membres de la famille. Nous ne sommes pas allés jusque-là.*

Nous avons réfléchi ensemble aux conséquences d'une transgression, négocié, tenu compte de la vie familiale et des intérêts de chacun et avons pris une décision : « Puisque tu montres que tu n'as pas la capacité de respecter ce que nous avons mis en place ensemble, tu vas perdre l'exercice de ton droit pour un temps donné ». *Nous avons choisi un temps supportable pour l'enfant, deux heures ou une journée.*

En tant que parents, ce processus nous a permis de nous référer à ce que nous avions négocié et décidé ensemble. J'ai remarqué qu'à chaque fois que je sortais de ce cadre que nous avions institué, que je me remettais à crier sur mes enfants, à leur dire que ce n'était pas possible, qu'il fallait qu'ils arrêtent tout de suite, la situation se dégradait. Alors que lorsque je me tenais au cadre, ils reconnaissaient volontiers qu'ils avaient transgressé et que la sanction était adaptée et conforme à nos décisions communes, inscrites dans un cahier, donc ils la respectaient.

Comme dans toutes les communautés éducatives, la cohérence des adultes à l'égard du respect des règles est apparue comme un facteur essentiel. Elle a revêtu plusieurs dimensions.

La question de la cohérence des parents dans leur intervention lorsqu'une limite n'est pas respectée est souvent évoquée dans nos ateliers (et nos consultations). Si les parents n'ont pas la même exigence quant au respect des limites et des interdits, les enfants n'ont plus de repères, ne savent plus ce qui est permis et ce qui est interdit. Pour être structurantes, les limites impliquent que les adultes soient cohérents mais aussi persévérants, car les enfants, pour se construire, ont besoin de **repères stables.**

Les enfants ont besoin d'adultes référents qui soient pour eux des modèles. Les parents ne peuvent exiger le respect de principes et de règles qu'eux-mêmes ne respectent pas. Dans la vie collective de la famille, un certain nombre de règles communes s'appliquent à tous. Ainsi les parents ne peuvent pas demander à leurs enfants de parler à voix basse au cours de certaines activités, ou de les appeler sans crier, ou encore de ne pas prononcer de « gros mots » en cas d'énervement si eux-mêmes, dans les mêmes situations, ne donnent pas l'exemple de ce qu'ils préconisent.

En définitive, les observations des parents sont semblables à celles notées par des équipes d'enseignants ayant reconnu aux élèves de leurs écoles le droit de donner leur avis et de participer collectivement aux décisions concernant les règles de vie à respecter, les sanctions en cas de non-respect des limites et des obligations. Ce qui constitue au passage une excellente occasion de voir s'installer aussi le **principe de la cohérence coéducative,** si appréciée par les enfants qui en sont les premiers bénéficiaires, entre l'univers familial et l'univers scolaire – même si, bien entendu, un Conseil de famille et un Conseil de classe ne se ressemblent en rien, sinon par le grand nombre de valeurs et de principes communs qui fondent leur existence et leur fonctionnement respectifs.

Quelques exemples de séquences de Conseils de famille

L'organisation et le fonctionnement d'un Conseil de famille

Lors de la création de l'atelier de démocratie familiale à l'école luxembourgeoise *Eis Schoul,* ci-dessus notée, une mère a présenté son expérience afin de témoigner que, avec de jeunes enfants, il était possible d'instituer cette démocratie familiale.

Nous sommes une famille de deux adultes et trois enfants. Vu que nos enfants fréquentent une école où la démocratie est pratiquée tous les jours, il nous semblait évident, d'appliquer cette démocratie aussi à la maison. Ceci par le livre de famille et le Conseil de famille.

Quand un membre de la famille a un problème, un souhait ou une proposition à faire, il l'écrit dans le livre et, pendant le Conseil de famille, qui se tient une fois par semaine au même jour à la même heure, nous discutons chaque point. Évidemment les petits ne peuvent pas encore écrire comme les grands, mais alors ils vont demander l'aide d'un « grand » qui fait l'inscription pour le « petit ». Avec indication du jour et en appliquant les mots du petit. Le petit met son nom sous l'inscription.

Pour le Conseil de famille, à chaque réunion nous procédons à l'élection d'un président du Conseil. Au début de notre expérimentation, nos enfants avaient 3, 6 et 9 ans, et c'étaient surtout les deux petites qui se montraient intéressées à la charge du président. On a laissé celle de 6 ans gérer l'affaire toute seule, avec un peu d'aide. Mais pour celle de 3 ans, on lui a laissé la présidence ensemble avec un autre membre de la famille. Au début la toute petite voyait déjà une certaine importance de ce Conseil et du droit à la parole. Elle était fière d'y apporter quelque chose, même qu'au début, c'étaient surtout des paroles comme son appréciation sur le pull-over de sa grande sœur mais maintenant, à l'âge de 4 ans, elle préside le Conseil sans aucun problème. Elle respecte les règles et veille à ce que les autres les respectent aussi. Et elle n'a pas peur de blâmer une personne qui, par exemple, ne respecte pas le droit de parole. Elle est très concentrée, fait attention à chaque personne qui demande son droit de parole. (Nous faisons cela par le signe d'une main levée). Elle suit la discussion et, en même temps, elle est capable de gérer le tour, c'est-à-dire de voir qui avait sa main en l'air le premier, et qui pas du tout, comme dimanche passé, où elle n'hésitait pas à interrompre son papa pour lui dire : « Ah non, Papa, tu n'avais pas montré ta main, ce n'est pas à toi de parler. C'est le tour à ma sœur Ella. »

L'évolution des règles de fonctionnement

À Nantes, Claude Kergourlay, dont les filles Juliette et Anne fréquentaient elles aussi une école démocratique, a pris, en 2006, la même initiative. Pour lui, « *le Conseil doit être avant tout un espace de libre parole et de vie familiale riche et très fort* ». Dans le témoignage qu'il présente, il montre que la forme choisie au départ, avec ses modalités de fonctionnement et ses règles, doit pouvoir évoluer afin de demeurer adaptée aux besoins de la communauté familiale et de chacun de ses membres.

Le fonctionnement et les règles de nos premiers Conseils se sont inspirés de ceux existant dans les classes coopératives de l'école. Il était donc logique que je propose à mes filles de participer au fonctionnement, en assumant une responsabilité. Lors du premier Conseil, Juliette a été animatrice, Anne maître du temps, et moi-même secrétaire.

Dans un premier temps, nous avons élaboré les règles suivantes.

– Pour s'exprimer, on lève la main.

– On ne coupe pas la parole et on attend que la personne ait terminé.

– On met un avertissement si on ne respecte pas les autres, leur temps de parole et toutes les règles mises en place et acceptées par tous. Après deux avertissements, la personne concernée ne pourra pas intervenir durant la séance de Conseil concernée (règle jamais appliquée).

– S'il y a litige, c'est Claude qui tranche, en tant qu'adulte et Papa.

– Les interventions se font à partir des critères d'entrée suivants : « je félicite », « je critique », « je propose ».

– On met en place des responsabilités à chaque début de Conseil : le secrétariat, l'animation, le respect du temps, le service du jus d'orange. Anne attendra de mieux maîtriser l'écriture pour le secrétariat.

– Avant chaque Conseil, nous relisons ce qui a été exprimé le mardi précédent.

– Périodicité hebdomadaire, tous les mardis durant 30 minutes environ.

– De nouvelles règles peuvent être intégrées par le biais de propositions et après acceptation par le Conseil.

Au fil des propositions, de nos observations et des événements, nous avons apporté des modifications au fonctionnement. Je n'en citerai ici que quelques-unes parmi les nombreuses décidées au cours de notre expérience de plusieurs années.

Un jour, Juliette a demandé de recevoir une amie un mardi soir, soir de nos Conseils. Nous avons décidé, après discussion, d'accueillir son amie. Les filles étaient très fières de lui présenter notre espace de communication où elle a pu intervenir.

Pour fêter la première année de nos Conseils de Famille, j'ai « fabriqué » un diplôme pour chacun d'entre nous pour valoriser l'événement, pour le ritualiser et pour marquer « dans la matière » ce passage.

Après environ un an et demi de conseil, les filles ont demandé à rajouter ou modifier des rubriques :

– « Infos » pour que chacun puisse parler d'un « coup de cœur-coup de gueule » ;

– « Questions » pour regrouper toutes les demandes ;

– « Constat » pour constater les engagements non réalisés ;

– « Je critique » a été remplacé par « Remarques » pour éviter la stigmatisation et les susceptibilités et jeux de pouvoir.

Nous avons décidé que l'animateur-trice utiliserait notre tableau noir et écrirait à la craie les rubriques pour que chacun puisse exprimer ses choix de temps de parole.

Après une réunion d'atelier entre parents, où nous avions échangé sur les différents types de Conseil dans la classe coopérative, j'ai proposé à mes filles de faire un Conseil exceptionnel, différent de nos Conseils ordinaires, que j'allais l'animer en faisant le secrétariat car il risquait d'être long, avec comme sujet : la mise sur le papier des règles implicites et explicites régissant notre vie familiale.

Elles ont tout de suite bien accroché et nous avons listé ensemble ces règles. Nous avons décidé d'en faire des tableaux à accrocher dans chaque pièce, avec les règles correspondant à nos activités dans celle-là. Nous avons aussi décidé de faire un visuel à accrocher sur les portes de leur chambre et de la salle de bains exprimant le besoin de frapper si, par exemple, l'un d'entre nous (elles, mais moi aussi !) se déshabille, est dans le bain, bref pour respecter mutuellement notre intimité. La difficulté jusqu'ici est que leur chambre est aussi le seul passage vers la salle de bains.

Nous avons pris des décisions en ce qui concerne la relation aux autres, le droit à l'intimité, la répartition des tâches, les activités en autonomie, l'hygiène, les repas, l'utilisation de l'eau. Nous avons précisé les temps incontournables de présence de tous, dont le Conseil de famille.

Le Conseil extraordinaire a été une réussite mais, au Conseil ordinaire d'après, Juliette, ma fille aînée, a réagi à propos de son rôle de secrétaire. C'était son tour d'assumer cette responsabilité, mais elle a soutenu qu'elle aurait dû l'être au Conseil d'avant, celui exceptionnel, et qu'elle ne voulait pas le faire aujourd'hui. Je lui ai dit que la dernière fois, c'était moi qui avais fait le secrétaire et qu'il lui revenait de le faire aujourd'hui. Mais elle s'est obstinée dans son refus. Il n'était pas possible de discuter avec elle. J'ai pris le parti de lui présenter une alternative : soit tu acceptes les règles du Conseil, soit tu t'exclus de fait de ce Conseil. Après avoir eu l'assurance que l'exclusion était ponctuelle, elle a fait le choix de ne pas participer.

J'ai accepté son attitude et nous avons donc fait notre Conseil ordinaire à deux pour la première fois. Toutefois, ma réaction face au refus de Juliette m'a fait réfléchir à l'organisation institutionnelle de notre Conseil. J'ai donc décidé de commencer le Conseil suivant par le conflit entre Juliette et moi, conflit qui s'était terminé par son exclusion. Je lui ai proposé que nous profitions de cet événement pour comprendre ce qui s'était passé et pour mettre en place de nouvelles règles. Elle est restée sur le même positionnement quant à son refus et j'ai alors compris qu'elle mettait en avant le manque de règles dans l'organisation d'un Conseil exceptionnel. J'ai convenu qu'effectivement nous n'avions pas mis en place des règles et j'ai proposé de le faire ce soir. Cela a eu le premier mérite de dégonfler le conflit, car ma fille s'est sentie écoutée, et de nous amener à réfléchir à l'élaboration et à l'application des règles qui régissent nos institutions.

J'avais sanctionné un fait alors qu'aucune règle ne le justifiait. J'ai remis en cause mon attitude au Conseil suivant et découvert que, lorsqu'aucune règle ne permet de gérer une situation, il convient d'en débattre au Conseil suivant.

Au cours de l'atelier de démocratie familiale, Claude Kergourlay a présenté ce fait. L'effet de la rupture dans un processus de changement a été analysé : comment un dysfonctionnement dans le système mis en place, autrement dit une perturbation institutionnelle, crée-t-il une rupture qui, si elle est analysée collectivement, permet une avancée dans la réflexion et l'organisation démocratique ?

Les parents de l'atelier ont aussi étudié le rapport autorité/sanction dans la famille. Ils sont convenus que les parents, détenteurs de l'autorité parentale, devaient respecter les principes fondamentaux du droit : il n'est pas possible de sanctionner sur la base d'une loi qui n'existe pas. C'est un acte arbitraire. Si un fait révèle un vide juridique, il est nécessaire d'y réfléchir au Conseil suivant et de prendre une décision selon la procédure mise en place, si cette question relève du pouvoir de décision de tous les membres de la collectivité.

En proposant cette réflexion à ses filles, Claude Kergourlay a initié un excellent et profitable travail institutionnel. Dans les familles, comme dans les classes coopératives, l'observation des Conseils montre que certains enfants deviennent très vite des experts pour pointer les failles du système. Ils ne manquent pas de faire remarquer aux adultes leurs manquements aux principes et aux décisions prises collectivement.

Le Conseil de famille permet aux enfants de s'éduquer à une participation démocratique responsable mais aussi de mieux vivre leur situation familiale et leurs relations aux autres. C'est ce qu'expriment, avec pertinence, Juliette et Anne Kergourlay au cours d'un entretien avec une journaliste de la revue *La Vie*[313] :

> *« Nous savons que nous pouvons faire des propositions et cela rejaillit dans nos relations amicales. Nos parents ont divorcé il y a 10 ans. Ce Conseil de famille avec notre père fait un lien entre nos deux vies et nous évite ainsi d'être tiraillées. On ne se censure pas trop dans nos échanges, on parle facilement de ce que nous faisons chez l'autre parent. Nous savons que notre parole est prise en compte et que nous pouvons faire des propositions. Cela rejaillit aussi dans nos relations amicales. En effet, nous sommes tous les deux déléguées de classe. On aime échanger et rechercher ensemble des solutions. »*

L'émergence d'un droit : le droit de chacun dans l'espace familial

La reconnaissance et l'exercice des droits individuels des parents et des enfants au sein de la communauté familiale sont des fondements d'une organisation démocratique. Chaque famille aborde ce champ de réflexion, de négociation et de décision avec une approche et un rythme liés à la singularité de sa situation. Les droits et libertés peuvent faire l'objet d'une déclaration préalable des parents ou d'une recherche en famille de ce que chacun aimerait se voir reconnaître ou encore émerger d'une situation-problème présentée au Conseil par un de ses membres.

C'est ainsi que des adolescents ont revendiqué le droit de sortir seuls. Une mère a fait valoir son droit, comme le père et ses enfants, de disposer de temps pour une activité sportive ou culturelle. Une autre, lasse d'être toujours celle qui doit prévoir et préparer à manger pour toute la famille, a proposé de réfléchir au « droit individuel de manger ». Les questions, impliquant des réponses concrètes, ont été nombreuses : quelles modalités d'exercice ? comment choisir les menus ? quelles responsabilités et obligations pour chacun ? quels principes pour les repas ? quelles règles ? quelles sanctions ? Une troisième, rentrant à la maison à l'improviste un

313. *La Vie,* n° 3497, 6 – 12 septembre 2012.

midi, a découvert que son fils, lycéen, avait invité des camarades sans lui en demander l'autorisation. Cette situation a suscité, lors d'un atelier, une interrogation importante : les enfants sont-ils chez eux, comme leurs parents, dans l'espace familial ? Si oui, quels sont alors leurs droits et leurs obligations ?

Claude Kergoulay présente une situation qui l'a amené à passer d'une « possibilité » reconnue par le père à un « droit » imprescriptible au sein de la famille : le droit de chacun à participer à la gestion de l'espace familial.

> *J'ai toujours considéré que l'appartement, où nous vivions ensemble, mes filles et moi, était aussi le leur et qu'elles devaient le vivre comme tel. Elles ont donc toujours eu la possibilité d'inviter des amis, à jouer, manger, dormir, mais en respectant notre organisation de vie : prévenir un peu à l'avance, en discuter la faisabilité avec les autres, mettre en place ce qu'il faut pour le faire, se sentir responsable de l'attitude, des paroles et des comportements des invités, du moins en partie pour pouvoir le/la recadrer si besoin.*
>
> *Nous avons institué très tôt des espaces personnels au sein de l'espace familial et défini les obligations de respecter l'intimité géographique de l'autre : sa chambre, le temps dans la salle d'eau, les toilettes… Mais c'est notre conflit à propos de la bibliothèque qui nous a amenés à poser cette question en termes de « droit de chacun dans l'espace familial ».*
>
> *Lors d'un Conseil, je leur ai dit :* « Voilà ! J'ai envie de vous proposer une réflexion intéressante pour envisager l'aménagement de notre lieu de vie, le Feng Shui[314], afin d'y créer une harmonie, par rapport aux matériaux utilisés, au mobilier… » *Elles ont refusé :* « Moi je ne veux pas que tu touches à ma chambre ! »
>
> *Étant donné que je travaille chez moi, une partie de l'appartement se transforme à certains moments en espace professionnel. J'ai considéré que sur certains aspects de cet espace, j'avais plus de droits et de responsabilités que mes filles, c'est pourquoi j'ai répliqué :* « Je vais quand même faire une étude Feng Shui pour l'espace commun et pour mon espace de travail car c'est important pour moi. »
>
> *Or, il y avait dans cet espace un meuble qui me posait problème : la bibliothèque, une trace un peu douloureuse de feu mon mariage. J'ai donc ajouté :*

314. Le *Feng Shui* est une méthode ancestrale chinoise qui propose « d'atteindre la plénitude physique, morale et intellectuelle en agissant sur l'aménagement judicieux du milieu de vie », et notamment des espaces intérieurs.

« La bibliothèque représente des choses pas très agréables pour moi, je ne veux plus la garder dans mon espace de travail.

— Ouais, ça va pas ! Cette bibliothèque elle fait partie de notre enfance. Elle était dans la maison où on habitait ensemble, avec Maman, puis après, elle était dans notre ancien appartement quand nous étions toutes petites, alors il n'y a pas intérêt que tu la vires parce que c'est une partie de notre vie.

— D'accord ! On fait quoi avec ça ?

— Et puis si tu fais ça, tu ne respectes pas la Convention internationale des droits de l'enfant, m'a rétorqué ma fille cadette.

— J'entends bien que cette bibliothèque représente quelque chose d'important pour vous que je n'avais pas bien évalué. D'accord, je ne vais pas la virer, je ne vais pas la donner, je ne vais pas la vendre… et donc je veux bien qu'on la laisse dans notre espace de vie. Nous allons discuter ensemble des questions qui se posent : est-ce qu'on a réellement envie de la garder et on va en faire quoi ? »

Après de nombreux échanges, discussions, négociations au cours de nos conseils, nous avons été amenés à nous dire que puisque c'était elles qui la voulaient, que moi je ne la voulais pas, on allait essayer de trouver un endroit dans leur espace à elles. Je les ai laissées réfléchir et décider ensemble du lieu de sa mise en place et de son utilisation, en me gardant d'intervenir.

Comme je suis divorcé d'avec leur mère, nous sommes dans un régime de résidence alternée. Elles reviennent un vendredi et des tensions peuvent déjà s'exprimer en lien avec le conflit parental, avant même le départ de leur mère. L'enlèvement de la bibliothèque m'a permis de mettre en place un temps-espace thé pour faciliter la reprise de contact de manière conviviale et pour créer un espace de dialogue. Maintenant, quand elles arrivent, le thé est préparé, les tasses installées. Je leur ai proposé que le premier soir nous ne parlions pas des choses qui fâchent, nous reprenions contact, nous discutions, nous badinions. Le principe accepté est d'attendre le lendemain pour aborder les sujets plus délicats, plus chauds.

Le problème « bibliothèque », grâce au Conseil de famille, nous a permis d'instituer le « droit de chacun dans l'espace familial ». Nous avons précisé les fonctions des espaces collectifs : celui de toute la famille avec des éléments relatifs à mon travail, et celui de mes filles. Un an après, nous avons rediscuté du Feng Shui dans leurs espaces. Avec leur accord, j'ai fait appel à une professionnelle afin de les aider à organiser leur lieu de vie au plus proche de leurs ressentis, de leurs désirs, de leur énergie. Leurs chambres ont totalement changé et elles en sont ravies. J'en étais vraiment très heureux car… ce n'était pas gagné vu leur accueil à ma proposition initiale. Comme quoi !!!

Au cours de notre expérience de démocratie familiale, nous avons eu pas mal de débats et de confrontations. Nous avons toujours trouvé des solutions. Les problèmes posés, parlés, analysés ont donc été des facteurs d'un mieux vivre ensemble et de la prise en compte du point de vue de chacun, en essayant de prendre en compte la globalité de la situation.

Démarche participative et projet

Comme les citoyens dans la ville, les enfants impliqués dans un projet familial, depuis son élaboration jusqu'à son évaluation finale, prennent bien conscience de vivre pleinement un droit qui leur permet de participer à la définition des objectifs, aux moyens de les atteindre et à la faisabilité d'une décision collective. Ils ont la possibilité d'assumer des responsabilités et d'apprendre à tenir un engagement lié au pouvoir de décision qui leur est reconnu. Cette pratique démocratique contribue donc à doter les enfants d'une expérience réelle de citoyenneté transférable dans la vie sociale.

Mais les échanges entre parents, au sein des ateliers de démocratie familiale, témoignent de ce que la mise en œuvre d'une démarche participative ne va pas de soi. Il ne suffit pas de la proposer pour que les enfants y adhèrent ou comprennent toutes les implications de leur participation à la décision.

Dans la famille de Michèle, les occupations du week-end sont, en principe, décidées ensemble, mais Françoise, 6 ans, se manifeste souvent en cherchant à être en opposition, ce qui amène les parents à trancher. Avec elle, la discussion est difficile et elle est souvent en conflit avec son frère, Gérard, 9 ans.

Au cours de sa première participation à l'atelier, Michèle expose la situation. Après une première analyse collective, elle se propose d'expérimenter le processus participatif (Proposer – Discuter – Décider – Appliquer) et de tenter d'impliquer Françoise en lui demandant de faire des propositions de sortie dans le cadre d'un principe : ce serait à chacun son tour de proposer.

Première expérience

Sans concertation préalable avec Paul, son mari, Michèle propose que chaque dimanche ce soit un membre du collectif familial qui fasse ses propositions d'activités et qu'on choisisse parmi ses propositions. Pour le dimanche qui vient, ce pourrait être Françoise. Les autres membres de la famille acceptent. Le collectif choisit, avec l'accord de Françoise, dans les propositions qu'elle a faites. La décision est prise à l'unanimité.

Mais, au moment de partir, ça ne va plus. Françoise regrette son choix. La décision est cependant maintenue par les parents. Quand la famille revient, pour Françoise tout était nul, alors que les trois autres sont tous contents.

Au cours de l'atelier, cette situation est analysée. Les différentes étapes du processus participatif mis en œuvre sont reprécisées. L'attitude de Françoise montre qu'un facteur relationnel peut venir perturber ce processus participatif. Mais a-t-elle compris qu'elle était titulaire d'un réel pouvoir de décision et que décider impliquait, pour elle, un engagement à tenir ? Le maintien de la décision malgré les regrets de Françoise pose la question de l'exercice de l'autorité au sein de la famille.

Peut-on mettre en œuvre des décisions prises ensemble sans qu'il y ait un garant du respect des décisions prises et une procédure de rappel au respect de la décision ?

Lorsque les parents font respecter la décision, quel est le sens de leur intervention ? Qu'est-ce qui la légitime ?

Ce rôle entre-t-il dans le cadre de l'exercice de l'autorité parentale reconnue par la loi ? Ou bien est-il lié à une organisation déjà existante dans la famille, du type « les parents commandent, les enfants obéissent » ?

Pourrait-on concevoir que le rôle de garant soit attribué à celui qui a le droit de proposer une activité du dimanche : celui qui fait la proposition est chargé de la faire respecter ?

Les participants de l'atelier estiment nécessaire d'approfondir la question de l'autorité et celle des responsabilités à assumer dans la mise en œuvre des décisions. Ils abordent ensuite la question de l'animation du débat et du Conseil.

Au cours du débat, qui a autorité pour stopper la discussion et faire que l'on passe à la prise de décision ?

Qui a autorité pour être le garant qu'une décision ne met pas en cause les principes et valeurs sur lesquels repose le fonctionnement du collectif familial, sachant que, selon le Code civil, *« l'autorité parentale est un ensemble de droits et de devoirs ayant pour finalité l'intérêt de l'enfant »* et qu'*« elle appartient aux parents (...) pour assurer son éducation et permettre son développement, dans le respect dû à sa personne » ?*

Les parents ont-ils un droit de veto ? Comment peuvent-ils l'expliquer aux enfants ?

Qu'est-ce qui légitime cette autorité et qui fait que les autres membres du collectif la reconnaissent et l'accepte ?

Deuxième expérience

Le dimanche suivant, c'est à Gérard de faire des propositions. Sans en référer aux parents, il décide d'y associer sa petite sœur. Ils en discutent dans sa chambre et reviennent en disant : *« On vient faire une proposition »*. Ils présentent leur proposition : *« Nous proposons d'aller au zoo ! »* La proposition est acceptée par les parents. Michèle, ravie, s'active pour trouver un zoo qui serait ouvert. La sortie s'est très bien passée.

Lors de l'atelier, il est constaté que Gérard et Françoise ont bien intégré le processus et qu'il a produit une démarche de coopération entre eux pour faire une proposition commune de sortie. On peut donc supposer qu'il y a eu négociation. Mais peut-être aurait-il fallu plus les impliquer dans la réalisation de leur proposition, en les invitant par exemple à rechercher eux-mêmes un zoo ouvert. Le principe *« je propose donc je fais »* permet d'apprendre qu'il ne suffit pas d'émettre un souhait pour qu'il se réalise. Il est important de participer activement à sa réalisation dans la mesure de ses capacités. Par ailleurs, rechercher un zoo, consulter ses jours et heures d'ouverture, ses particularités, ses tarifs, etc. constitue une démarche d'investigation importante pour l'apprentissage à la recherche documentaire.

Les participants de l'atelier pensent qu'il serait intéressant de mener, au sein de la famille, une réflexion-bilan sur la naissance et l'évolution de la démarche expérimentée à propos du choix, de la préparation et de l'organisation des sorties familiales.

Les expériences suivantes

Plus tard, à la suite d'échanges menés dans l'atelier sur les droits individuels au sein de la famille, il a été décidé d'étudier l'exercice d'un droit avec ses limites et ses obligations. Deux familles ont décidé d'expérimenter ce processus à propos du « droit de manger ». Dans la famille de Michèle, on a alors pu constater l'effet de leur expérimentation.

Paul et Gérard ont proposé de faire un repas pour tous. La décision ayant été prise, ils sont allés au marché ensemble puis ont préparé le repas, organisé la table et assuré le service. La réussite de cette initiative a amené Michèle, après concertation avec Paul cette fois, à proposer aux enfants, lors d'une réunion pendant les vacances : *« Est-ce que ça vous intéresserait de faire un repas ? Soit vous vous mettez d'accord, soit c'est l'un puis l'autre… »*. Gérard a demandé : *« Est-ce que nous pourrons faire ce qu'on veut ? »*. Michèle a répondu : *« Vous ne vous occupez pas de nous ! C'est votre dîner, vous ne vous occupez pas de notre avis. Vous vous concertez et vous nous dites demain matin. »* Gérard et Françoise se concertent immédiatement et font part de leur décision : « *On fait des pâtes bolognaises !* »

Le lendemain matin, c'est le temps de la réalisation. Les parents accompagnent les enfants, pour des raisons de sécurité, mais sans prendre d'initiative. Les enfants mettent la table. Mais pour débarrasser, Gérard rappelle que chacun doit débarrasser son assiette, c'est la règle. À la suite de cet essai, un nouveau principe est adopté : chacun pourra proposer aux autres de faire un repas de son choix.

Les expériences mises en place aux domiciles des parents se rencontrant dans les ateliers de démocratie familiale et les débats souvent animés qui ont été engagés à ce sujet, avec l'appui de l'un d'entre nous, témoignent, comme on vient d'en lire quelques exemples, de ce que, au moyen d'une organisation somme toute assez légère mais réfléchie et rigoureuse, qu'il est réellement possible d'associer les enfants à de nombreuses décisions au sein de la famille.

Le même constat ressort de l'accompagnement plus personnalisé, mais effectué lui aussi à distance, que l'autre d'entre nous a proposé en ce sens à des familles rencontrées dans le cadre de consultations ambulatoires publiques de psychiatrie infanto-juvénile : cet accompagnement reposait quant à lui sur des entretiens avec les deux parents (voire avec les beaux-parents), sur des entretiens avec les enfants et sur des entretiens avec l'ensemble du groupe familial, et la proposition de mise en place d'un Conseil familial n'était formulée que lorsque ce groupe était prêt et disposé à la recevoir – soit, en général, une fois résolu pour l'essentiel le problème qui avait motivé la consultation.

Mais nous avons aussi l'un et l'autre pris conscience de ce que le nouveau rôle éducatif que les parents sont amenés à exercer, dans ce contexte évoluant vers une démocratie familiale, met en cause des représentations et des habitudes souvent bien ancrées et dont il est parfois difficile de se défaire. Le chemin à parcourir pour se transformer soi-même, les stratégies à acquérir pour convaincre les autres membres de la famille, les capacités nouvelles à construire pour être à la fois animateur et éducateur d'une démocratie familiale, constituent autant de perspectives enthousiasmantes. Elles conjuguent la bienveillance et l'exigence, le goût de la relation et une certaine vision politique de l'éducation familiale, l'attention à toutes les petites choses auxquelles les enfants et les jeunes sont grandement attentifs, et c'est pourquoi elles donnent parfois le vertige. Il faut toutefois essayer sans cesse et chaque fois progresser un peu plus, le faire avec le concours d'autres parents, avec celui aussi, si les parents le souhaitent, de professionnels et/ou de militants à la fois motivés et quelque peu expérimentés à l'accompagnement d'expériences, et ceci pour créer ensemble une voie novatrice que nul ne peut prétendre, aujourd'hui, avoir totalement ouverte. D'autant que, dans les sphères institutionnelles et politiques que nous allons maintenant examiner, les avancées en matière de coéducation démocratique restent souvent moins audacieuses et moins significatives que celles qu'explorent aujourd'hui un nombre croissant de familles – parents et enfants – de toutes conditions.

C'est pourquoi nous voudrions de nouveau nous référer ici aux propos de deux anciens responsables, déjà cités au début du présent chapitre, du Comité de coordination du « Projet sur les politiques de l'enfance (1992-1996) » du Conseil de l'Europe : Marta Santos Pais, qui en fut la vice-présidente, et Ferran Casas, qui en fut le président.

> Pour Marta Santos Pais, « *la famille se révèle être le milieu où le dialogue et la libre expression de points de vue sont favorisés, où le droit d'avoir des opinions différentes sur la considération de la réalité est reconnu et accepté, où l'enrichissement est possible grâce à l'échange d'opinions et à la diversité. (...) C'est dans la famille que doivent commencer la participation de l'individu et son engagement au développement de la société. (...) La famille est par excellence le berceau des valeurs de la compréhension, du respect mutuel et de la solidarité, la source inspiratrice de toute expérience démocratique* ».

L'information des parents est donc particulièrement cruciale pour ce qui concerne l'exercice d'une action parentale responsable au sein d'une expérience démocratique partagée, vécue et enrichie par l'action consciente et concertée de chacun de ses membres. Mais l'information des enfants est aussi nécessaire afin de les préparer et de les sensibiliser à leurs rôles et à leurs responsabilités dans l'exercice des droits dont ils sont titulaires. Pour Ferran Casas, « *la participation repose sur une conception de l'enfant comme un sujet "déjà" doté d'aptitudes, de droits, de compétences, des responsabilités (même si ces capacités ou responsabilités ne sont "pas encore" les mêmes que celles des adultes)* ». Cette participation doit être une participation réelle et responsable. Il est très important, pense-t-il, que les enfants puissent participer avec leurs parents aux manifestations sociales où les individus peuvent réellement être actifs (en exprimant leur volonté, en prenant des décisions, etc.). Il émet une idée que les municipalités engagées dans un processus de démocratie participative devraient reprendre. Ces municipalités devraient encourager toutes sortes d'activités auxquelles les familles pourraient participer avec leurs enfants. Il ne s'agit pas seulement des loisirs, mais aussi des processus consultatifs, des débats d'idées et des processus décisionnels, par exemple pour ce qui concerne l'environnement urbain (comment organiser les parcs, les aires de jeux ? comment rendre les voies et les espaces publics plus sûrs et plus accueillants pour les enfants, les jeunes et les parents ? Etc.). Il s'agit aussi, aujourd'hui en France, et nous allons y venir, des Projets éducatifs locaux et globaux et des politiques familiales de proximité.

Quant aux professionnels travaillant soit auprès d'enfants soit dans (ou avec) des services dédiés aux familles, ils devraient savoir comment mieux développer les compétences et les activités participatives avec les enfants, tant dans leurs institutions que dans les familles. Ils devraient donc bénéficier des formations, initiales et continues, qui les aideraient à améliorer en ce sens les relations entre les adultes et les enfants, mais aussi entre les adultes en situation éducative eux-mêmes.

Chapitre 4 En bref

La participation des enfants aux décisions qui les concernent est un facteur fondamental de l'émergence d'une éducation familiale à accompagner

➧ Pourquoi ?

La progressive reconnaissance juridique de l'autorité parentale conjointe, à partir de 1970, a marqué l'émergence d'une évolution de la famille vers un fonctionnement démocratique.

La loi du 4 mars 2002 réformant le droit de la famille a signifié aux parents, dans ses dispositions relatives à l'autorité parentale, qu'ils doivent associer l'enfant aux décisions qui le concernent selon son âge et son degré de maturité. Elle reconnaît de la sorte la famille comme « la plus petite démocratie au cœur de la société », où chacun doit pouvoir faire entendre sa voix, entendre celle des autres et participer activement aux différents aspects de la vie familiale.

La famille devient dès lors, potentiellement tout du moins, le berceau des valeurs de la compréhension, du respect mutuel et de la solidarité, et la première source inspiratrice de toute expérience démocratique.

La participation des enfants à la vie familiale et la prise en compte de leurs besoins, conformes aux principes de la Convention internationale des droits de l'enfant, est essentielle pour les préparer à être des citoyens autonomes, responsables et solidaires, capables de construire avec les autres une société fondée sur les valeurs démocratiques et le respect des droits humains.

Au sein des institutions éducatives et des familles, les recherches témoignent de l'émergence d'organisations sociales qui permettent l'expression libre, le dialogue, la négociation, la prise collective des décisions, l'éducation à la responsabilité.

Le fait d'écouter les enfants, de traiter les problèmes avec eux, d'accepter leurs avis et de leur expliquer aussi pourquoi leurs idées ne sont pas toujours acceptées, constitue un moyen important pour aller vers une démocratie familiale fondée sur le respect de la dignité et des droits de chacun.

Être impliqués, avec des adultes, dans un projet familial, depuis son élaboration jusqu'à son évaluation finale, permet aux enfants de prendre conscience de ce qu'est une responsabilité sociale et de se doter d'une expérience réelle de citoyenneté transférable dans la société.

L'analyse des échanges menés dans des « ateliers de démocratie familiale » témoigne de ce qu'un Conseil de famille (ou toute autre institution intrafamiliale équivalente) permet d'améliorer les relations familiales, de trouver des solutions au respect des droits de chacun, de mieux résoudre les nombreux problèmes de la vie collective.

Pour autant, mettre en œuvre une démarche participative ne va pas de soi. De nombreuses questions se posent. Les « ateliers de démocratie familiale », en permettant une analyse collective dans une ambiance de respect, aident à trouver des réponses pertinentes.

➧ Quelles opportunités ?

Le Comité des droits de l'enfant des Nations Unies a recommandé à la France, à plusieurs reprises, en application de la Convention internationale des droits de l'enfant, de continuer à promouvoir le respect des opinions de l'enfant dans la famille.

Allant dans le même sens, le Conseil de l'Europe a rappelé à ses États-membres que l'enfant doit désormais être considéré comme un membre actif de la société ou comme un citoyen à tous les niveaux. La formation à la participation, qu'elle ait lieu dans un cadre familial, à l'école, ou dans des institutions pour l'enfance, est essentielle pour doter l'enfant d'une expérience réelle de citoyenneté.

Les initiatives publiques et privées relatives à la « parentalité » sont nombreuses. Au-delà de l'ambiguïté de certaines d'entre elles, force est de constater que l'immense majorité des parents cherchent des solutions pour améliorer le bien-être au sein de la famille, résoudre les problèmes qu'ils rencontrent, créer de nouveaux rapports d'autorité avec leurs enfants, les éduquer à l'exercice d'une autonomie responsable.

La connaissance des effets positifs de la pratique du Conseil de famille, ou de toute autre institution intrafamiliale équivalente, s'élargit grâce à l'implication des parents ayant mené des expériences en ces domaines. En s'appuyant sur leurs pratiques, ces parents témoignent du renforcement de l'expression et de l'écoute, de la création d'une meilleure compréhension réciproque, de la coopération dans le cadre des projets familiaux, d'une acceptation des limites à l'exercice des droits et des obligations liées à la vie collective.

➧ Quels freins ?

Pour les adultes, se comporter avec les enfants et les écouter comme des individus dotés des mêmes droits qu'eux-mêmes est en contradiction avec les représentations sociales des enfants, héritées du passé (et de leurs propres expériences infantiles). Les droits reconnus aux enfants leur semblent fragiliser leur autorité.

Cette nouvelle situation remet en cause les principes sur lesquels la plupart des couples parentaux construisent encore – ou restent incités à construire – les principes et les pratiques de leur action éducative. Ils peuvent avoir des réticences à admettre que le point de vue de l'enfant devrait être pris en compte dans les décisions qui concernent leur vie personnelle et la vie familiale.

Les structures familiales sont aujourd'hui très variées, ce qui rend parfois difficile un accord (intra et extrafamilial) sur de nouveaux modes de relation avec les enfants, sur des valeurs éducatives communes, sur des périmètres de participation clairs et compréhensibles.

Lorsqu'ils sont convaincus de l'intérêt de procéder autrement que sur un mode classiquement « autoritariste », les parents ne savent pas toujours comment mettre en pratique un processus participatif, les modalités d'exercice d'un droit avec ses limites, ses obligations, le rappel de la règle commune, une nouvelle forme d'autorité.

Le chemin à parcourir pour se transformer soi-même, les stratégies à acquérir pour convaincre les autres membres de la famille, les capacités nouvelles à développer pour être à la fois animateur et éducateur d'une démocratie familiale, constituent donc des perspectives enthousiasmantes, mais de nombreuses questions pratiques et méthodologiques se posent.

L'État et les pouvoirs publics n'ont pas encore mis en place, même au titre du « soutien à la parentalité », les actions d'information et de formation des parents visant à ce qu'ils se sentent autorisés et soient en mesure de créer un environnement favorable à l'expression de l'enfant et à sa participation responsable aux décisions qui le concernent. Les professionnels de l'enfance n'y sont pas non plus souvent formés.

Comment ?

Convaincre les institutions en relation avec les familles et les enfants que le droit de participation démocratique est juridiquement, socialement, culturellement et politiquement fondé et qu'elles ont à en tenir compte dans leurs orientations éducatives et dans leurs programmes de formation notamment en direction des parents.

Informer les parents et les décideurs politiques et institutionnels sur l'évolution des droits et des libertés des enfants, sur de nouvelles approches de l'autorité et sur les expériences déjà réalisées au sein de nombre de familles, d'institutions éducatives et de collectivités locales. Les sensibiliser de même au fait que la participation démocratique a désormais une dimension globale : juridique, éducative, sociale, culturelle et politique

Répondre aux craintes des parents (et des décideurs en contact avec eux) : l'exercice des droits et des libertés n'est pas la reconnaissance d'une « toute-puissance » de l'enfant et ne conduit pas à la fabrique de l'« enfant roi », car l'exercice d'une liberté au sein d'une collectivité implique des obligations et des limites.

Montrer, par des témoignages de pratiques présentées par d'autres parents, que la participation des enfants au processus décisionnel familial n'implique pas une remise en cause de l'autorité parentale qui leur est reconnue par la loi.

Mettre en place des moyens d'accompagnement dans le changement progressif que les parents vont mettre en œuvre. Les « ateliers de démocratie familiale », qui permettent une présentation et une analyse des expérimentations menées par certains d'entre eux, rassurent, soutiennent et forment les parents à devenir des « parents-chercheurs ».

La marche vers une démocratie familiale implique :

– de créer une ambiance de respect mutuel, d'écoute, de liberté, de bien-être, de coopération, d'entraide ;

– d'adopter un principe de progressivité dans l'expérimentation des processus, démarches, techniques et outils de la participation démocratique ;

– de mettre en place des espaces où tous les membres de la famille pourront exprimer librement leurs points de vue, se concerter, négocier, co-construire des projets, décider ensemble et prévoir un partage des responsabilités à assumer ;

– de faire prendre conscience à chacun des valeurs et des principes qui devront être respectés par tous, pour un mieux agir et mieux vivre ensemble ;

– de déterminer ensemble quels seront les droits des adultes et des enfants, comment leur respect sera garanti et quelles seront les limites et les obligations de chacun ;

– d'informer les enfants sur leurs droits et sur le processus d'exercice des libertés dans une société démocratique ;

– d'élaborer ensemble les règles de la vie commune à respecter par tous ainsi que leurs modalités d'application, dont l'intervention et la sanction en cas de transgression par les enfants et par les parents.

Chapitre 5

Pour de nouvelles perspectives démocratiques dans le champ des politiques familiales et éducatives publiques

Du « soutien à la parentalité » à la promotion de la condition parentale

Étendre, approfondir et démocratiser le champ d'action des politiques familiales

On a vu que les évolutions des relations entre les hommes et les femmes puis entre les adultes et les enfants au sein de la plupart des familles y occasionnent, depuis près d'un demi-siècle et surtout depuis l'adoption en 1989 de la Convention internationale des droits de l'enfant (CIDE), une prise en compte accrue du point de vue de chacun et une démocratisation progressive des modalités de prise de décision.

On a vu aussi que, simultanément, le modèle traditionnel du patriarcat et du paternalisme autocratiques et autoritaires a été amené à céder le pas à de nouveaux modèles qui cherchent encore leur style et leur marque – au risque d'avoir parfois laissé le balancier toucher à d'autres extrêmes : ainsi le materno-centrisme inconsidéré ou encore l'ambigu jeunisme, porteurs l'un et l'autre de nombreux inconvénients et même de risques potentiels pour les femmes, les enfants et les jeunes, ont-ils pu s'installer par défaut de vigilance ou par excès de complaisance de certains professionnels et avec le soutien équivoque de nombre de décideurs politiques.

Cependant, pour l'essentiel, d'intéressants rééquilibrages s'opèrent aujourd'hui dans la vie des familles et, moins rapidement peut-être, dans celle des institutions éducatives. Ils permettent de remanier peu à peu la hiérarchie antérieure des échanges en réduisant les inégalités sexuelles et générationnelles relatives sinon au statut des personnes du moins à la valeur accordée à leur expression.

On a vu enfin que de réelles tendances à la démocratisation des relations entre adultes et entre adultes et enfants s'observent aussi, autrement qu'en famille bien entendu, au sein des structures et des institutions éducatives (scolaires, de loisirs, etc.), voire socio-éducatives.

Il importe désormais que ces mêmes tendances s'expriment de façon croissante, systématiquement recherchée et, à terme, routinière dans la vie politique nationale mais, aussi et surtout, locale. Cela passe par le recours plus ou moins codifié, et en tout cas méthodique et réitéré, à une participation nouvelle ou accrue des parents, des enfants et des jeunes à l'ensemble des services et des projets qui ont des impacts réels et récurrents tout autant sur leur vie quotidienne que sur leurs façons de se projeter dans l'avenir.

L'accaparement et la sursollicitation en même temps que la relative solitude des parents, les désarrois qui peuvent en résulter, les raisons et les moyens de s'en prémunir ou de s'en extirper, puis les occasions de tenir et faire entendre par la suite une parole collective sur ces différents sujets, sont en grande partie, quoique pas exclusivement, des sujets de nature politique.

Ces dernières années, une volonté politique s'est plus clairement manifestée et elle a plus courageusement affirmé ses intentions progressistes, face à des oppositions pourtant farouches : d'une part, dans le champ du droit de la famille (avec la légalisation du mariage homosexuel et, partant, la reconnaissance de certaines formes d'homoparentalité, et avec quelques avancées plus modestes dans les domaines pourtant plus vastes des séparations parentales et des recompositions familiales) ; et, d'autre part, dans le champ de l'éducation scolaire et « périscolaire » (avec les différentes composantes de la loi du 8 juillet 2013 « d'orientation et de programmation pour la refondation de l'école de la République »).

On observe toutefois qu'en matière de relations intrafamiliales comme extrafamiliales, le changement, comme d'habitude, c'est tout le temps : d'une part, les enfants ne cessent de grandir, ce qui donne aux différents adultes en charge de leur éducation des motifs inépuisables de se parler ou du moins de confronter et de faire évoluer leurs points de vue ; d'autre part, les formes prises par les familles – tout comme les fonctions qu'elles assument et les interactions qui s'y déroulent ou qui en découlent – sont très liées aux mutations permanentes des organisations sociales, économiques et culturelles environnantes. De ce point de vue, infléchir, même à la marge, les organisations familiales et les systèmes éducatifs n'est pas sans conséquence, à terme, sur les politiques économiques, fiscales, sociales, etc. Et réciproquement, bien entendu.

Anthropologues et psychologues se rejoignent d'ailleurs pour constater que, en tous temps et en tous lieux, les structures et les dynamiques familiales contribuent à sculpter les individus et la société en même temps que les individus et la société apportent de constants remaniements aux structures et aux dynamiques familiales. En socialisant les individus et en individualisant la socialisation, la famille figure dès lors un sas à double entrée exposé à de complexes jeux de courants. Les historiens et les sociologues observent en effet, quant à eux, à quel point cette dialectique est polarisée, en un temps et un lieu donnés, par des systèmes de discours et de représentations qui installent, au sein des familles et des institutions, et entre elles, des pratiques procédant de diverses combinaisons de références aux concepts de communauté, d'autorité, de réciprocité, de légitimité, de responsabilité. Et à quel point les choix politiques qui en résultent tendent à infléchir l'éducation familiale en y imprimant au fil du temps des logiques de rapport de forces, d'assignation de rôles, de contractualisation, d'association et aujourd'hui d'influence et de négociation dont chacun – enfant, parent, professionnel – peut ressentir les effets au quotidien.

En ces domaines comme en tant d'autres, si les mots déterminent tout particulièrement sinon les finalités du moins les grandes orientations des politiques publiques, celles-ci peuvent en retour en remanier, en ouvrir mais aussi parfois en pervertir le sens. Ainsi se propose-t-on d'examiner maintenant pourquoi, comment et avec quelles conséquences l'expression de « soutien à la parentalité », progressivement forgée il y a plus de 15 ans par un gouvernement de gauche, puis sélectivement reprise et largement développée par quatre gouvernements de droite (de 2002 à 2012), et toujours en vigueur depuis lors, gagnerait aujourd'hui à céder le pas à celle de **« promotion de la condition parentale »** et, ce faisant, à un changement de vision tant à l'égard des parents que des relations intra et interfamiliales mais aussi entre familles et professionnels.

L'opportunité d'alliances coéducatives inédites entre parents et professionnels a en effet quelques chances, aujourd'hui, de se voir confortée et même régénérée par de nouvelles perspectives communes autour de questions telles que : comment explorer, expérimenter et concrétiser ensemble de nouveaux types de rapports, plus démocratiques, plus coopératifs et plus créatifs, entre adultes et enfants ? Comment commencer par le faire entre adultes, mais sans oublier d'avoir aussi en ligne de mire de l'encourager aussi entre les enfants eux-mêmes ?

On mesure à quel point proposer de telles finalités, véritablement politiques, aux relations entre parents et professionnels éloigne considérablement du paradigme du « soutien à la parentalité », peut en revanche activer celui de la « promotion de la condition parentale » – qui a partie étroitement liée avec la « condition enfantine » – et permet donc de renouer avec celui de la « cause des enfants ». Ces évolutions, déjà tangibles, ne peuvent être envisagées que progressivement et, si possible, collectivement, et doivent tout du moins pouvoir compter sur l'impulsion initiale et l'appui durable d'une volonté politique résolue.

« Écoute, appui et accompagnement des parents » et/ou « soutien à la parentalité » ?

De la circulaire interministérielle de mars 1999 constitutive des « Réseaux d'écoute, d'appui et d'accompagnement des parents » (REAAP) à l'installation du « Comité national de soutien à la parentalité » en novembre 2010

La « parentalité », concept relativement récent qui irrigue les REAAP et de nombreux dispositifs désormais consacrés aux parents ou à certains d'entre eux, est devenue en France, depuis une quinzaine d'années, sinon une affaire d'État – ou de décentralisation du rôle de celui-ci –, du moins un sujet et un enjeu politiques majeurs. Le « soutien » que, de façon plus ou moins normative et directive, cette « parentalité » est supposée requérir a fait quant à lui l'objet d'un grand nombre de lois et surtout de décrets, circulaires et dispositifs relativement convergents. Ces textes ont contribué à orienter les politiques publiques nationales et locales concernant les familles, et ceci notamment dans le champ de l'action sociale, socio-éducative et psychosociale, mais aussi dans celui de l'éducation en général et de l'éducation scolaire en particulier.

Ces tendances se manifestent, en principe, avec les meilleures intentions du monde. Qui refuserait de fournir aide et appui, bref un « soutien », à des parents d'autant plus susceptibles d'en avoir besoin qu'ils portent eux-mêmes sur leurs épaules, réputées fragiles, une famille, c'est-à-dire ce qui représente aux yeux de tous la plus petite et peut-être la plus essentielle des communautés sociales et éducatives ? On frôle ici le scénario de l'impératif catégorique kantien[315]... En pratique, cependant, ce n'est pas sans quelques ambiguïtés que se profilent à ce titre les tendances, voire les tentations de l'aide prescrite, de l'appui de principe, du soutien imposé aux soutenants de leurs enfants que sont les parents. À force de considérer comme allant de soi que nombre de parents relèvent de ces approches plus ou moins compassionnelles, ceux-ci ne courraient-ils pas un risque en retour : celui de laisser insidieusement penser que ce soutien systématique se justifie *a priori* moins par l'ampleur des responsabilités qui leur sont conférées que par leurs difficultés intrinsèques à y faire face par eux-mêmes ?

315. Selon le philosophe Emmanuel Kant, l'impératif catégorique désigne ce qui doit être fait inconditionnellement. À la différence d'un impératif hypothétique, qui désigne ce qu'il faut faire en vue d'une fin particulière et n'a donc pas de composante morale *a priori*, l'impératif catégorique n'a pas de fin instrumentale et il s'impose de lui-même sans autre justification. Seules des actions dont la maxime est conforme à ce principe sont morales.

Du fait de leur rôle pivot, tant initial que sur la durée, les parents ne seraient-ils pas en effet les plus exposés à de se laisser désigner comme les sources principales, voire exclusives, de tant de ces « problèmes de société » complexes, aux causes intriquées et multifactorielles, qui affectent nos cadres, conditions et équilibres de vie et nos grandes organisations sociales, et que les institutions peinent elles-mêmes à résoudre malgré les moyens sophistiqués et les occasions de partenariat dont elles disposent pourtant ? Ces problèmes systémiques sont bien trop vite ramenés à leurs seules dimensions et causalités individuelles ou familiales, ou désignés au mieux comme des questions de santé et/ou d'ordre publics quand il s'agit de discourir par exemple sur les allergies environnementales, les surpoids et certaines obésités infantiles, les troubles du comportement précoces, les difficultés d'apprentissages[316], les décrochages et les absentéismes scolaires, les addictions diverses, les « incivilités » et la délinquance des jeunes, etc. Pour ne rien dire de cette « hyperactivité » dont il est fait grief à un nombre croissant d'enfants/élèves – pour le plus grand profit de certains réseaux médicopharmaceutiques – alors qu'elle est exigée, sous leurs yeux, de leurs parents/salariés…

On notera aussi que, avec la loi du 5 mars 2007 « réformant la protection de l'enfance », le législateur a considéré que *« la protection de l'enfance a pour but de prévenir les difficultés auxquelles les parents peuvent être confrontés dans l'exercice de leurs responsabilités éducatives, d'accompagner les familles et d'assurer, le cas échéant, selon des modalités adaptées à leurs besoins, une prise en charge partielle ou totale des mineurs. Elle comporte à cet effet un ensemble d'interventions en faveur de ceux-ci et de leurs parents. (…) »* (article 1). Considérant et désignant ainsi les familles comme les seuls cadres et sources de la mise en danger des enfants, ce nouvel énoncé passe sous silence la réalité persistante des violences, négligences et autres maltraitances institutionnelles et condamne à la poussière des placards les nombreux et utiles travaux que nombre de professionnels, de chercheurs et de décideurs administratifs leur avaient consacré, en France, depuis plus de 25 ans[317].

Comment oublier, dans ce contexte de reformulation idéologique des concepts, et donc des domaines et des logiques d'intervention des politiques publiques, que la dynamique des REAAP est née, en mars 1999, d'une circulaire interministérielle conçue dans la suite immédiate des travaux du Conseil de sécurité intérieure et dans le cadre du Plan national

316. Souvent abusivement médicalisées, et renvoyées à un registre neurologique aussi hypothétique qu'inefficient, par le recours à des mots savants et réducteurs tels que dyspraxie, dysphasie, dyslexie, dyscalculie et même dysorthographie.

317. Cf., entre autres, Frédéric Jésu, Marceline Gabel, Michel Manciaux, *Maltraitances institutionnelles – Accueillir et soigner les enfants sans les maltraiter,* Éditions Fleurus, 1998.

de prévention de la délinquance ?[318] Cette ambiguïté de départ pouvait se comprendre, tant s'exprimaient déjà avec force d'une part les perplexités devant la montée en puissance des mutations des structures et des fonctionnements familiaux, et d'autre part le doute envers les capacités des parents à assumer la complexité croissante de leurs rôles éducatifs dans un environnement socio-économique lui-même déstabilisé. Au moins la volonté politique affirmait-elle alors des intentions généralistes, exploratoires et somme toute bienveillantes. Les REAAP pouvaient être envisagés, à cette époque, comme des sortes d'ateliers de recherche/action coopérative, solidaire et de proximité avec et entre les parents, et non pas comme des dispositifs innovants de contrôle social sophistiqué.

Aussi nombre d'acteurs locaux – on pourrait presque dire de « militants » – des REAAP ont-ils cru pouvoir oublier les particularités de l'acte de naissance de ceux-ci au cours de la décennie qui a suivi. Ou, tout du moins, des professionnels et des acteurs associatifs ont-ils pu s'appuyer sur l'émergence de ces nouveaux « réseaux », présentés comme tels, pour diversifier et ouvrir certaines de leurs méthodes et de leurs pratiques – sans pour autant aller jusqu'à les remanier sur le fond. Dans tous les cas, une perspective coéducative pouvait se faire jour au fil d'échanges plus ou moins inédits engagés entre certains professionnels, certains parents, certains professionnels et certains parents.

En installant un « Comité national de soutien à la parentalité », le 3 novembre 2010, la secrétaire d'État chargée de la Famille et de la Solidarité de l'époque, renouant avec les prémisses de la circulaire de 1999, n'avait

318. Dans un même ordre d'idées, on aura observé que le « relevé de conclusions » rédigé par les services du Premier ministre, à l'issue du Comité interministériel du 6 septembre 2012 destiné à définir les éléments d'une stratégie d'ensemble pour *« rétablir la sécurité dans l'agglomération marseillaise »*, ait notamment indiqué : *« Développement de la préscolarisation des enfants de moins de trois ans dans les zones prioritaires. Objectif : passer en 5 ans de moins de 15 % dans les zones prioritaires à 30 % »*. On s'interroge sur les liens entre scolarisation des moins de 3 ans et sécurité publique… Plusieurs études réalisées par les services du ministère de l'Éducation nationale, depuis 1992, ont mis en évidence l'impact relativement positif de la scolarité dès 2 ans, évalué sur quelques indicateurs de résultats scolaires (acquis cognitifs au CP, accès au CE2 et en 6e sans redoublement). Le bénéfice s'en observe surtout dans les catégories sociales les plus favorisées et les plus défavorisées, et notamment chez les enfants *« étrangers ou issus de l'immigration, auxquels elle apporte une appropriation plus rapide de la langue et de la culture françaises »* (*Éducation et formations*, n° 66, juillet-décembre 2003, p. 7-12). Après avoir été très sévèrement rognée entre 2002 et 2012, pour des raisons à la fois idéologiques et budgétaires, la scolarisation des très jeunes enfants est de nouveau en passe de progresser et de bénéficier d'expériences de décloisonnement entre enseignants et personnels ou services d'accueil municipaux, menées avec un certain succès sous la forme, par exemple, de dispositifs ou de classes « passerelles ». Certes, l'adéquation des structures scolaires aux besoins physiologiques et psychoaffectifs des enfants de 2 ans reste le talon d'Achille des promoteurs de leur scolarisation. Mais pense-t-on pouvoir mobiliser conjointement les parents, les enseignants et les personnels municipaux pour résoudre ces difficultés en leur présentant la scolarisation des moins de 3 ans comme essentiellement contributive à la prévention précoce de la délinquance urbaine ?

cependant fait preuve ni d'imagination ni d'ambition nouvelle en déclarant[319] que l'objectif de ce Comité était « *de mieux coordonner les actions d'aide à la parentalité et de prévention de la délinquance des mineurs* ». Lors de son audition dans le cadre de l'élaboration du rapport sur « *La prévention de la délinquance des jeunes* » remis le même jour au président de la République par le secrétaire d'État à la Justice, elle avait en outre complété son point de vue en affirmant : « *[Les REAAP] sont fondamentaux, car ils ont en charge l'éducation des parents en s'adressant principalement à ceux qui méconnaissent les règles de vie de notre pays* ».

La plupart des acteurs alors impliqués auprès et aux côtés des parents auraient sans doute préféré, et souhaitent sans doute encore, limiter leurs attributions d'abord à l'accueil inconditionnel de ces parents et de tous autres[320], puis à leur Écoute, à leur Appui et surtout à leur Accompagnement – notamment à celui de leurs propres projets –, de façon à pouvoir adopter envers eux une posture plus claire à présenter et plus aisée à assumer qu'un « soutien à la parentalité » pensé et décrit dans les termes ministériels que l'on vient de citer.

Quoi qu'il en soit, le « Comité national de soutien à la parentalité » a été installé et, malgré le changement de gouvernement, il a été progressivement décliné, sans enthousiasme, en Comités départementaux regroupant de multiples composantes des services et des actions qu'ils sont chargés de coordonner localement, au prix toutefois d'un flou sémantique et institutionnel relativement préoccupant. Ces instances nationales et départementales s'adressent en effet à une entité d'ordre privé – la « parentalité » – ou, plus exactement, à un « processus » défini, présenté et utilisé sur un mode de plus en plus normé par les pouvoirs publics et par leurs principaux partenaires – notamment la Caisse nationale des allocations familiales (CNAF) et ses déclinaisons locales que sont les Caisses d'allocation familiales (CAF) et de Mutualité sociale agricole (MSA), peu à peu devenues les principaux cofinanceurs des services et actions fédérés par les Comités au fur et à mesure que les services de l'État se désengageaient de cette dimension, mais pas de leur pilotage pluri-institutionnel[321]. Les uns et les autres s'efforcent désormais de faire admettre l'hétérogénéité des contenus

319. Comme nous l'avons déjà relaté au chapitre 1, à propos des différentes conceptions de l'autorité éducative et de l'autorité parentale.

320. Le principe de l'« accueil inconditionnel » des habitants est promu et pratiqué de longue date par les Centres sociaux et socioculturels et par de nombreux autres acteurs du champ de l'éducation populaire (ainsi que, s'agissant des jeunes enfants et de leurs parents, par ceux des Lieux d'accueil parents enfants), tout comme le principe de l'« accueil inconditionnel » des enfants, des jeunes et – de plus en plus souvent – de leurs parents l'est par ceux de la pédagogie sociale et de la prévention spécialisée.

321. Cf. notamment à ce sujet l'instruction n°DGCS/SD2C/107 du 9 avril 2014 « *relative aux évolutions de la politique départementale de soutien à la parentalité* » de la Direction générale de la Cohésion sociale du ministère des Affaires sociales.

du concept de « soutien à la parentalité » et des intentions qui en procèdent ou qui s'en déduisent, et ceci en les plaçant sous le sceau d'une approche quelque peu abstraite et organisée autour d'une notion apparemment bienveillante mais potentiellement redoutable : la « reconnaissance des compétences parentales »[322].

On considère dès lors que la « parentalité », en tant que question d'ordre désormais quasiment public et relevant de la « prévention sociale de proximité et de premier niveau », nécessite *a priori* un « soutien » généraliste, prodigué par les *REAAP* et – souvent à l'initiative et avec l'appui des communes – par les *« Points information familles »*. Mais aussi que ce soutien peut ou doit être simultanément structuré par une logique de résolution de problèmes de tous ordres, à travers les autres composantes regroupées au sein du Comité national et des Comités départementaux, et le plus souvent confiées au secteur associatif : *les actions relevant de la « Charte locale d'accompagnement à la scolarité »* (pour les familles dont les enfants présentent différents types de difficultés scolaires), *les services de médiation familiale* (pour les couples parentaux en difficulté de réalisation ou d'aménagement de leur séparation conjugale), *les espaces de rencontres médiatisées parents/enfants* (lorsque l'exercice du « droit de visite » d'un parent, voire des deux parents, expose l'enfant à des risques identifiés par des professionnels) et *les dispositifs de parrainage* (qui, comme les espaces de rencontres médiatisées, se situent à la marge et parfois au cœur des dispositifs de protection de l'enfance).

Il ressort de ce montage hétéroclite, constitué au titre du « soutien à la parentalité », une vision à la fois confuse, pessimiste et directive (voire, à travers certains propos politiques, réactionnaire) des diverses réalités familiales et parentales auxquelles il prétend s'adresser. Et, s'agissant des acteurs professionnels publics ou associatifs animant les six « dispositifs » ou types de services ainsi rassemblés, une sorte de mépris pour les spécificités de leurs approches respectives – en même temps que la perspective d'une prévisible mise en concurrence des moyens humains et financiers qui y sont consacrés.

322. Selon la circulaire interministérielle du 7 février 2012 relative à la coordination des dispositifs de soutien à la parentalité au plan départemental, *« le 10 novembre 2011, le Comité national de soutien à la parentalité a adopté la définition suivante de la parentalité. La parentalité désigne l'ensemble des façons d'être et de vivre le fait d'être parent. C'est un processus qui conjugue les différentes dimensions de la fonction parentale, matérielle, psychologique, morale, culturelle, sociale. Elle qualifie le lien entre un adulte et un enfant, quelle que soit la structure familiale dans laquelle il s'inscrit, dans le but d'assurer le soin, le développement et l'éducation de l'enfant. Cette relation adulte/enfant suppose un ensemble de fonctions, de droits et d'obligations (morales, matérielles, juridiques, éducatives, culturelles) exercés dans l'intérêt supérieur de l'enfant en vertu d'un lien prévu par le droit (autorité parentale). Elle s'inscrit dans l'environnement social et éducatif où vivent la famille et l'enfant. »* Par ailleurs, ***« les actions de soutien à la parentalité soutenues par le ministère en charge de la famille*** *constituent une prévention sociale de premier niveau, au profit d'une meilleure cohésion sociale. Elles* ***ont pour spécificité de placer la reconnaissance des compétences parentales comme fondement du bien-être et de l'éducation de l'enfant »***. (C'est nous qui soulignons.)

De la notion d'« écoute, appui et accompagnement des parents » à celle de « soutien à la parentalité »

L'écoute et l'accompagnement entre parents et professionnels, mais aussi entre parents eux-mêmes tout comme entre professionnels eux-mêmes, supposent une démarche exploratoire, interactive, égalitaire, caractérisée par le partage de la découverte et précédée le cas échéant d'un pari commun sur l'inédit, voire sur l'utopie.

Dès lors – et il faut attirer fortement l'attention sur ce point –, le passage du projet d'« accompagner » les parents à celui de les « soutenir » est révélateur et incitateur d'un changement de postures mutuelles entre parents et professionnels. Il inscrit ce « soutien » parmi d'autres postures asymétriques et inégalitaires souvent employées ou promues dans le jargon de ces derniers : la « guidance », le « suivi » ou, plus récemment, le *« contrat »* si souvent léonin qu'il s'entend, se pratique et se vit, par homophonie, comme une *contrainte* et un instrument de *contrôle,* puis, par métaphore, comme une supervision sécuritaire truffée de clauses et de codicilles indéchiffrables au moment de la signature par les parents. Autant de *postures,* donc, aux sens propre et figuré du terme, qui finissent par privilégier le « face-à-face » du défi ou le « dos à dos » de la rupture sur le « côte à côte » de l'accompagnement. Et qui font obstacle, en définitive, à l'instauration de *dispositions* mutuelles propices aux dynamiques et aux alliances coéducatives en leur substituant d'emblée des *dispositifs* univoques de services descendants, dédiés, générateurs de dettes sociales et symboliques sans contre-dons possibles, et dont la nature objectivement ou subjectivement contraignante se manifeste assez vite. Rappelons ce proverbe touareg selon lequel *« ce qui se fait pour les gens mais sans les gens se fait contre les gens »,* ou risque tout du moins d'être appréhendé – dans tous les sens du mot – comme tel.

Un « soutien » instamment proposé ou imposé aux parents peut ainsi susciter des **risques de repli réactif et défensif et/ou d'infantilisation** de la part de ceux-ci. De plus, les enfants sont particulièrement attentifs à de tels scénarios qui peuvent porter atteinte à la dignité et à l'image de leurs parents, ou encore venir confirmer l'emprise indirecte qu'ils sont en mesure de prendre sur eux après les avoir désignés, par leurs propres comportements, à l'attention plus ou moins bienveillante des instances sociales, judiciaires ou (à l'échelle des petites communes) politiques. Dès lors, le « soutien » que ces instances sont présumées apporter est paradoxalement en passe de fragiliser ou de pervertir les relations parents/enfants. Voir ou faire régresser ses parents n'est pas le meilleur moyen, pour un enfant ou un jeune, de les sentir « soutenus » et confortés, et d'être soutenu et conforté par eux. Ce constat préoccupant a pu être régulièrement dressé par l'un d'entre nous, au fil des ans, dans le cadre de sa pratique médicale. Il relève bien souvent d'une « logique » de prophétie autoréalisatrice : la preuve que ces parents ont besoin d'être « soutenus », c'est qu'ils demandent à tout moment de l'être depuis qu'ils le sont, et le fait que leurs enfants contestent leurs décisions confirme qu'ils manquent d'« autorité ».

Parallèlement, la terminologie en vigueur depuis quelques années indique un glissement supplémentaire : il est de moins en moins question « des parents » et de plus en plus de « la parentalité ». On note ici le passage du pluriel au singulier, de l'action collective à l'action individualisée, et donc **de l'approche politique à l'approche psychologisante.** On note aussi, et peut-être surtout, le passage des personnes réelles (les parents) à un concept idéologiquement déterminé et supposé résumer leurs attributs (la parentalité).

Cette évolution des termes de référence est tout à la fois inappropriée et préoccupante.

D'une part, il y a plusieurs figures et plusieurs formes d'exercice de « la » parentalité : celles des hommes et celles des femmes ; celles des parents de naissance et celles des tiers en situation d'assumer au quotidien des rôles et fonctions parentaux (beaux-parents, grands-parents, professionnels ou bénévoles assurant des missions de suppléance partielle et/ou transitoire, etc.) ; celles qui se concentrent sur l'enfant du couple parental (dont les doubles liens de filiation sont garantis, « de l'extérieur », par la loi) et celles qui se concentrent sur l'enfant du couple conjugal (dont les liens affectifs avec chacun de ses parents dépendent en grande partie des liens affectifs entre ceux-ci) ; celles qui se réfèrent à une conception autoritariste de l'autorité parentale et celles qui expérimentent les principes plus démocratiques de la « nouvelle » définition de l'autorité parentale (au sens que la loi du 4 mars 2002 en a donné en remaniant les termes de l'article 371.1 du Code civil ; on s'y est souvent référé dans ces pages). Par extension, on pourrait aussi distinguer des « façons d'être parent » qui s'expriment dans un cadre traditionnel et rigide laissant peu de place à l'innovation, où les repères sont connus et lisibles de tous, et où les conflits d'attribution de rôles (entre père et mère, entre parent de naissance et tiers) sont aisés sinon à prévenir et à résoudre du moins à prévoir et à interpréter, etc. ; et des « façons d'être parent » qui remanient en permanence modèles, certitudes, normes de fonctionnement, modalités de décision, seuils d'intervention, en suscitant au sein de la famille des niveaux inédits de tolérance ou d'inquiétude (et parfois les deux), des talents d'improvisation, des souplesses de régulation, etc.

D'autre part, et de ce fait, la réduction sémantique et la focalisation opérationnelle ainsi opérées le sont sur « une » parentalité formelle, idéale, modélisée (quoique sans modèle explicite), bref quasi abstraite mais surtout évoquée, en pratique, quand il s'agit de prétendre la « soutenir », de restaurer l'« autorité » éducative dont elle devrait être le vecteur. L'attention est alors aussitôt centrée sur certaines catégories de parents identifiés ou désignés comme en difficulté à l'égard de cette norme pourtant insaisissable. L'approche politique qui en résulte justifie **l'institutionnalisation d'un ensemble de dispositifs extensifs et relativement cohérents de contrôle social ciblés** sur les fonctionnements familiaux atypiques, inadéquats, ou réputés tels.

Cette façon d'analyser et de traiter les mutations socioculturelles en cours en les rabattant sur les seules sphères familiales et privées où elles s'expriment peut s'avérer stigmatisante et discriminante, ou tout simplement erronée dans plus d'un cas. Elle se développe en outre au détriment d'une dynamique collective qui permettrait d'interroger publiquement et de faire évoluer solidairement les normes éducatives, politiques et *in fine* juridiques que ces mutations viennent bousculer. Tant qu'à vouloir mettre en lumière des situations familiales et/ou parentales embarrassantes, il serait en effet judicieux d'en profiter pour identifier les facteurs de tension ou de blocage qui leur sont communs et pour chercher à lever, par des actions conjointes, ceux qui entravent concrètement, au quotidien, l'expérience, l'exercice et la pratique de la « parentalité ». Si l'on envisage, par exemple, de faire de l'autorité parentale partagée un principe réellement applicable en toutes circonstances familiales, des réformes législatives s'imposent à l'évidence, aujourd'hui, en matière de « monoparentalité », de renforcement de l'offre et de l'accès aux services de médiation familiale, de statut des acteurs des recompositions familiales, de regroupement familial en contexte de migration récente, etc., comme on a commencé à le faire, quoique de façon incomplète, en matière d'homoparentalité.

En définitive, nous y insistons de nouveau, ce sont les parents eux-mêmes, bien plus que leur « parentalité », qu'il conviendrait de mobiliser, d'accompagner et le cas échéant de « soutenir », de façon respectueuse de leurs rôles et de leurs responsabilités, afin qu'ils puissent devenir les cocréateurs des réponses aux questions qu'ils se posent entre eux et qu'ils posent concrètement, collectivement et politiquement aux pouvoirs publics, ne serait-ce qu'en tant que parents mais, bien souvent aussi, en tant qu'habitants, travailleurs et citoyens.

Rapprocher ou éloigner parents et professionnels les uns des autres ?

Ce que peuvent induire des représentations sociales et professionnelles liées à une posture authentique et bienveillante d'écoute, d'appui et d'accompagnement des parents

L'expérience et l'observation des réalités familiales contemporaines rendent essentielle et souvent prioritaire la prise en compte de la « condition parentale » dans sa globalité, c'est-à-dire de l'ensemble des facteurs, objectifs et subjectifs, sociaux et personnels, qui déterminent les façons de devenir, d'être et de rester parents (mère, père, voire beau-père, belle-mère).

C'est pourquoi nous réitérons ici notre choix de mettre l'accent sur la « condition parentale » – par analogie historique avec ce qui a été dit et fait à propos de la « condition ouvrière », de la « condition paysanne » ou de la « condition féminine » – plutôt que sur la seule « parentalité » – dont nous venons de pointer certaines ambiguïtés. Cette option permet, nous l'avons dit aussi, de proposer que la condition parentale soit aujourd'hui reconnue comme une part fondamentale, parmi d'autres, de la condition humaine. En pratique, elle permet aussi que l'affirmation, portée par la plupart des mouvements familiaux, selon laquelle « on ne saurait être parent tout seul » attire l'essentiel de l'attention politique sur ce qui la fonde, à savoir l'impact très concret – dans l'immédiat et, souvent, dans la durée – des conditions de vie individuelles, familiales, économiques, professionnelles, sociales, résidentielles, etc. sur le bien-être, le bien-vivre et l'éducation des enfants.

Il ne s'agit certes pas, ce faisant, de réduire ou de forclore la prise en compte des composantes psychoaffectives et individuelles de la condition parentale. Quand des professionnels collaborent avec les parents d'un territoire de vie donné dans le cadre ouvert des REAAP ou dans ceux, plus spécifiques, de « Programmes de réussite éducative », de mesures d'action socio-éducative ou encore de services de soins notamment ambulatoires (par exemple en secteur public de Protection maternelle et infantile ou de psychiatrie infanto-juvénile), ils ne peuvent nier, ni chez les parents ni chez eux-mêmes, la prégnance et l'impact des facteurs personnels et relationnels. Avoir des parents, avoir été un enfant et avoir vécu tel ou tel type d'éducation familiale influencent la façon d'être parent et d'avoir des enfants, tout comme la façon d'être avec des parents et avec les enfants. Mais, s'ils acceptent d'ouvrir les yeux et les oreilles au-delà de leurs expériences intimes et de leurs approches subjectives, les mêmes professionnels ne peuvent s'abstenir de constater l'importance corrélative des facteurs liés aux revenus, à l'emploi ou à l'absence d'emploi, aux conditions et aux horaires de travail de ces parents, aux caractéristiques du logement familial et de l'habitat, à l'urbanisme, aux moyens de communication, à la présence, l'absence et l'accessibilité des équipements et services publics dédiés aux enfants et aux jeunes, etc.

Aussi la diversité et les inégalités qui caractérisent les cadres et les modalités d'existence au quotidien des parents, des enfants et des jeunes justifient-elles d'accorder une attention – déontologique et politique – première aux moyens de faire évoluer avec eux la condition parentale dans une perspective de progrès et de développement sociaux. Il ne serait pas éthique, de la part des professionnels, de se refuser à une telle démarche et, en se repliant sur le seul périmètre de leur technicité (d'ailleurs souvent mise en échec, ce dont ils accusent parfois abusivement les parents), de ne pas nourrir le débat public en y versant les observations d'intérêt général qu'ils collectent au sujet du contexte, et pas seulement des « cibles », de leurs interventions.

Il convient dès lors de procéder à l'inventaire exhaustif et non sélectif des différentes composantes de cette condition parentale, en s'intéressant non seulement aux contraintes et aux difficultés objectives des parents, mais aussi à leurs ressources, à leurs potentialités et à leurs aspirations, de façon à éclairer les décideurs politiques et administratifs sur les moyens de les accompagner et, le cas échéant, de les appuyer et de les « soutenir » dans leurs projets. Cette approche permet en effet, dans un premier temps, de **relativiser les responsabilités individuelles des parents, de les déculpabiliser, d'identifier et de mobiliser leurs talents occultés et leurs réseaux sociaux,** plutôt que de prétendre évaluer à froid et hors sol leurs « compétences parentales », et de rechercher simultanément avec eux des modes de sortie accessibles de l'isolement et du fatalisme. Mais cette approche, à la fois professionnelle et politique, doit aussi mettre l'accent, dans un second temps, sur les orientations et les choix qui, en matière d'équipements et de services publics de proximité, d'application du droit du travail, de logement, d'éducation scolaire et non scolaire, etc. vont encourager ou non, relayer ou non, les espoirs et les ambitions des parents, à l'échelle notamment d'un territoire de vie donné (quartier, commune, intercommunalité, etc.).

La volonté d'agir sur les conditions de vie des parents, ainsi par conséquent que sur leurs cadres de vie, et plus encore la volonté de les inciter à prendre eux-mêmes du pouvoir sur ce qui les y inféode amènent en définitive à considérer la question de la « parentalité » – mais en réalité de la condition parentale – comme bien **plus politique que seulement psychologique** ou éducative. Nombre de décideurs politiques, de fait, ne s'y sont pas trompés, même s'ils ont en souvent tiré des conclusions qui, en les dédouanant de ce qui aurait dû en découler pour eux dans la sphère publique en termes de responsabilités, ont tendu à privatiser celles-là en cherchant à les faire assumer par les seules familles. Les parents et les acteurs engagés auprès d'eux gagneraient à devenir et à rester conscients à leur tour de cette dimension politique afin de ne pas se laisser déposséder des enjeux qui en résultent.

Ces enjeux sont en effet considérables. Ils se déduisent de la promotion de la connaissance dont disposent les parents, en première ligne, sur leur condition parentale ainsi conçue. Ils stipulent qu'il importe de sans cesse les écouter avant d'agir, et dès lors d'agir avec eux et pas seulement pour eux, c'est-à-dire de les accompagner au sens propre du terme. On observera que, dans le cadre d'une éducation démocratique, il en va de même pour les enfants et les jeunes : on a longuement détaillé pourquoi et comment nombre de décisions prises pour eux par les parents et/ou par les autres éducateurs devraient aujourd'hui l'être après avoir recueilli et pris en considération leurs opinions à ce sujet, selon leur âge et leur degré de discernement. Les clauses de l'âge et du discernement ne s'appliquent cependant pas aux parents – même si d'indignes clauses de nationalité continuent d'exclure certains d'entre eux des processus de démocratie représentative, y compris locale. Si bien qu'en tout état de cause, les familles – parents et enfants – doivent aujourd'hui être reconnues comme détentrices d'une véritable expertise d'usage sur leur territoire de vie et donc comme sources de proposition sur le devenir de celui-ci.

La finalité la plus aboutie d'une démarche visant à écouter, appuyer et accompagner les parents vise au total la possibilité de l'inscrire, à l'échelle du territoire où elle se déploie, dans une perspective de développement social durable. Inciter les parents à devenir et à s'assumer comme acteurs non seulement de leur « parentalité », non seulement de leur « condition parentale », mais plus largement encore des modifications de leurs conditions et cadres de vie, induit un changement radical de la représentation qu'ils peuvent se faire d'eux-mêmes et qu'ils peuvent faire valoir autour d'eux. Il importe dès lors qu'ils puissent faire reconnaître leur légitimité et leur aptitude à partager un pouvoir de décision sur leur environnement, y compris institutionnel, et sur celui de leurs enfants.

Encore faut-il que les élus, les institutions et les professionnels concernés acceptent et fassent vivre le principe de ce partage. Au-delà des seuls REAAP, dont le périmètre d'influence et d'action est resté jusqu'à présent assez limité[323], c'est aux associations de proximité, aux associations familiales et de « parents d'élèves », aux syndicats, aux instances consultatives (conseils de crèches, quand ils existent, conseils d'école, instances consultatives des collèges et des lycées, conseils de quartier, conseils de la vie sociale dans les établissements sociaux et médicosociaux, etc.) qu'il revient plus que jamais de promouvoir des occasions et des modalités de participation effective des parents – mais aussi, chaque fois que possible, des enfants et des jeunes – aux décisions qui les concernent.

Il n'est pas exclu que la CNAF (et les CAF) soutienne(nt) de telles approches, notamment depuis que les Directions départementales de la cohésion sociale, c'est-à-dire l'État, se sont retirées d'une grande partie du financement des actions de « soutien à la parentalité ». Affichant une impressionnante ambition quantitative et peut-être qualitative, la Convention

323. Selon la CNAF, les porteurs de projets soutenus par les REAAP (sur les plans financier, méthodologique et communicationnel) ont mené en 2011, au plan national, 10 409 actions qui ont surtout concerné les parents de jeunes enfants (37 %), la prévention et l'appui des familles fragiles (29,8 %) et les lieux ressources et d'information pour les familles (26 %). (Source : circulaire n° 2014-17 du 30 avril 2014 de la CNAF)

d'objectifs et de gestion (COG) signée entre la CNAF et l'État le 16 juillet 2013 pour la période 2013 à 2017 annonce en effet :

> *« Pour faciliter la vie familiale et l'éducation des enfants, les Réseaux d'écoute, d'appui et d'accompagnement des parents devront toucher 3 familles sur 10 à l'horizon 2017 »* [Ils auraient « touché » une famille sur 10 en 2012] *« Favoriser la relation entre les parents, susciter l'élaboration de nouvelles initiatives parentales en prenant appui sur un réseau mobilisable et compétent de parents dans l'élaboration de projets, est au cœur des politiques de soutien à la parentalité. Dans ce but, la CNAF fera évoluer le Fonds national REAAP vers un fonds « parentalité ». Ce fonds comprendra deux volets. Le premier sera consacré au financement des actions parentalité, avec un recalibrage des enveloppes financières pour les adapter à la dynamique des territoires et des besoins, et le second au financement de l'animation des dispositifs de soutien à la parentalité, intégrant les actions de sensibilisation et de perfectionnement proposées en particulier aux parents bénévoles. »*

Dans sa circulaire n° 2014-17 du 30 avril 2014, intitulée *« Le renforcement du soutien à la parentalité dans la COG 2013-2017 : une nouvelle dynamique »*, la CNAF précise toutefois que, tout en souhaitant accroître de 16,5 % le nombre d'actions financées à l'horizon 2017, elle entend ramener à 2 sur 10 le nombre de familles « touchées » en 2017. Mais aussi que les actions financées devront *« mettre en exergue la place des parents, voire leur implication concrète dans l'animation des actions »* – la coanimation n'est cependant pas encore la coconception et la codécision[324] – et qu'il conviendra de porter une *« attention particulière aux projets qui, dans leurs plages horaires d'ouverture, leur localisation, leur lien avec les services fréquentés par les parents, répondent au mieux aux besoins des familles mis en évidence par les diagnostics territoriaux »* – autant de critères qui, si les parents (voire les enfants) sont réellement associés à la réalisation de ces « diagnostics », supposent un minimum de concertation avec eux.

Pour aller dans ce sens, et pour contribuer aux débats nationaux et locaux qu'il faut souhaiter voir s'instaurer au sujet des REAPP comme avec et entre leurs acteurs, il conviendrait de réfléchir au rôle que ceux-ci pourraient jouer afin d'accompagner l'émergence et le développement de dynamiques de coéducation démocratique et participative : au sein des familles qui le souhaitent, mais aussi entre les familles et les différents professionnels qu'elles sont amenées à rencontrer dans les services publics et les associations.

---

324. Même si les dispositions relatives au financement de la fonction de coordination et d'animation départementales des REAAP prévoient aussi la mise en place d'une mission d'animation d'un ou plusieurs réseaux d'acteurs au plus près des territoires, constitués par des associations, des professionnels de l'intervention sociale *et des parents*.

Ainsi par exemple, pour indiquer une piste sur laquelle on reviendra dans la suite du présent chapitre, les pilotes et les acteurs des REAAP, et en particulier les parents et les professionnels « de terrain » qui s'y impliquent, pourraient-ils être systématiquement sollicités pour participer à l'élaboration et à l'évaluation des grands projets territoriaux structurants, et en premier lieu des Projets éducatifs locaux ou territoriaux. Aux côtés des associations familiales, des associations de « parents d'élèves » et des associations de quartier, mais aussi de représentants des enfants et des jeunes, les acteurs des REAAP pourraient sans nul doute préparer et apporter des contributions complémentaires, riches en éclairages inédits sur les interfaces entre condition parentale, éducation familiale et éducation scolaire, ainsi que sur la nécessaire prise en compte globale de la personne de l'enfant sur le long terme de son développement et à travers les différentes composantes de son territoire de vie. En d'autres termes, les REAAP pourraient relayer, auprès des instances de pilotage et des groupes thématiques de ces Projets éducatifs locaux ou territoriaux, une expertise spécifique portant sur l'ensemble des temps, des espaces et des contenus éducatifs tels que les familles y contribuent, les vivent et les voient.

À une autre échelle et selon d'autres modalités, plus expérimentales et plus intimes, les pilotes et les acteurs des REAAP pourraient aussi appuyer et accompagner, par exemple sous la forme des ateliers coopératifs décrits au chapitre 4, la tenue d'échanges organisés par et entre les parents qui le souhaitent, ouverts aux professionnels qu'ils voudraient y associer, et portant sur l'actualité, au sein de leur famille, des pratiques démocratiques de l'éducation. On a vu que ces « ateliers de démocratie familiale » constituent des cadres d'échanges pertinents et très concrets, en même temps que d'expérimentation, portant sur les contextes, les enjeux, les principes, les pratiques (méthodes, circonstances, outils), les effets, les limites et les perspectives de ces nouvelles approches des relations éducatives au sein des familles.

Ce que risquent d'induire des représentations sociales et professionnelles liées à une posture univoque et sélective de « soutien à la parentalité »

Supposons idéalement acquise – par exemple à l'occasion des « diagnostics territoriaux » évoqués par la CNAF, ou de toute autre étape préparatoire à un projet local – la reconnaissance de l'expertise citoyenne, d'expérience et d'usage, que détiennent de fait les parents sur leurs cadres de vie et sur les équipements de proximité qu'ils y trouvent et auxquels ils s'adressent. La prise en compte des façons, plus subjectives et plus personnelles, dont ils éprouvent, exercent et mettent en pratique leurs fonctions et leurs responsabilités parentales ne s'en avère pas moins légitime, et souvent incontournable. Elle est attendue des parents eux-mêmes lorsqu'ils font le libre choix de s'adresser à cet effet à des professionnels de la psychologie, de la santé, de l'éducation ou de l'action sociale. Il est en revanche préoccupant qu'elle s'effectue trop souvent au détriment de l'attention qu'il convient aussi d'apporter aux déterminants objectifs et sociaux relevant d'autres responsabilités que celles des parents, ou sur lesquels ceux-ci ont peu de prise.

Dans une configuration exclusivement psychologique de la relation entre parents et professionnels, différents risques sont encourus par les premiers, et sont difficiles à gérer par les seconds, lorsque cette relation se heurte aux contraintes des réalités économiques et sociales dans lesquelles les uns et les autres évoluent, puis aux limites du pouvoir qu'ils ont de les transformer dans le cadre du seul colloque singulier. Culpabilisation, découragement, fatalisme, perte accrue de l'estime de soi et d'autrui, renforcement de la tendance à l'isolement, au repli et au refus de l'aide, désertion des initiatives et des mobilisations collectives sont les principaux de ces risques, et ils sont couramment observés chez les protagonistes en présence, c'est-à-dire chez les parents et chez les enfants comme chez les professionnels.

De plus, face à la toute-puissance de la culpabilité qui s'installe et face à l'impuissance d'une interpellation publique démunie de relais et privée d'occasions pour se faire entendre, le désespoir et la soumission à l'ordre des choses peuvent bien vite s'installer chez les parents, sous les yeux consternés ou déjà résignés, mais parfois méprisants ou bien révoltés, de leurs enfants. Des enfants qui pousseront la quête de repères et le souci de dignité jusqu'à chercher d'autres lieux que familiaux – dans le village ou le quartier, ou encore sur *Internet* ou *via* les « réseaux sociaux » – pour établir un dialogue tonifiant ou pour tester de nouveaux rapports de forces. Des enfants qui se demanderont peut-être aussi, on l'a dit, si ceux qui prétendent soutenir leurs parents ne contribuent pas plutôt à les affaiblir. Ou qui seront parfois tentés de s'identifier à ceux qui humilient leurs parents plutôt qu'à leurs parents humiliés[325].

Tout se passe à ce stade comme s'il était attendu des parents que, renonçant à leurs propres talents, ils s'inclinent devant la supériorité des savoirs des professionnels sur les leurs – et que, au passage, ils incitent leurs enfants à penser et à faire de même, puis à se conformer et à se fier à leur tour, et durablement, à cette hiérarchie des compétences, entretenant de la sorte,

325. Dans le film *Winter Sleep*, de Nuri Bilge Ceylan (2014), un petit garçon de 10 ans confie à la femme du propriétaire de la maison louée à sa famille qu'il aime l'école et les mathématiques, et que pourtant il ne veut pas devenir ingénieur, comme elle le lui suggère, mais policier. Peu de temps auparavant, il a vu son père frappé par des policiers lors d'une saisie du mobilier par un huissier commis dans le cadre d'une procédure de recouvrement d'un retard de paiement du loyer…

aux dépens de tous, des mécanismes de reproduction sociale qui manifesteront peut-être leurs effets à la génération suivante.

Des contrats plus ou moins explicites peuvent alors être passés, par lesquels les parents « avouent » leurs défaillances effectives ou potentielles envers leurs enfants, ou se les voient notifiées, au motif de quoi les professionnels sont fondés à se présenter comme les bienveillants préposés au soutien de leur « parentalité ». Les enfants sont parfois les premiers à s'inquiéter, mais aussi à s'intéresser, à ce qui se passe alors devant eux et dont ils sont la cause apparente.

Le bilan de tels contrats relève bien souvent de la prophétie autoréalisatrice : même s'ils se présentent plus ou moins humblement comme au service de ceux qu'ils soutiennent, les soutenants sont bientôt perçus comme plus savants, plus puissants, voire plus légitimes, notamment par les enfants. Les effets des interventions peuvent ainsi contribuer à en justifier les motifs. La bienveillance, le respect et la confiance que les intervenants cherchent à susciter et à entretenir peuvent en outre finir par créer un sentiment et une expérience de dépendance de tous les membres de la famille à un étayage qui risque de s'avérer sans fin.

S'ajoute à ces interactions une réelle tendance politique, depuis plus d'une dizaine d'années, à considérer que le soutien à apporter, voire à imposer, aux parents doit dans nombre de cas s'assumer comme directif, et prôner en particulier, sinon en premier lieu, le renforcement inconditionnel de la dimension autoritaire de l'autorité parentale. Tel serait le message que devraient délivrer les « autorités administratives et judiciaires », mandatées à cet effet par les « autorités politiques », locales et nationales.

L'illusion de l'efficacité se double ici d'un contresens juridique. L'illusion consiste, on l'a dit, à imaginer que la mise sous tutelle symbolique des parents puisse les rendre meilleurs tuteurs ou (re)dresseurs de leurs enfants, ou encore que l'autorité se transmette comme une cascade de contraintes, du plus fort au plus faible. Quant au contresens juridique, il est plus essentiel encore. Certes la tentation persiste de considérer l'autorité parentale et éducative comme de nature quasi musculaire – mais à condition dorénavant de ne pas transgresser l'interdit de la maltraitance physique –, et qu'elle est donc susceptible, voire tenue, d'être mobilisée avant tout dans des rapports de forces relationnels ; ou de donner à entendre, comme on l'a analysé au chapitre 1, que l'autorité consisterait non pas à autoriser mais surtout à interdire[326]. Depuis 2002, pourtant, on a vu qu'une nouvelle rédaction de l'article 371.1 du Code civil – qui définit l'autorité parentale – insiste sur plusieurs orientations notables : l'autorité parentale est par principe partagée entre les

326. Dans un même ordre d'idées, ce type de contresens commun a longtemps amené nombre d'automobilistes à considérer que l'attache de la ceinture de sécurité visait non pas à les autoriser à sortir indemnes d'un accident, mais à les prémunir d'une contravention !

deux parents, elle s'exerce dans l'intérêt de l'enfant, et celui-ci participe dès que possible aux prises de décisions qui le concernent.

C'est donc cette conception-là de l'autorité éducative et parentale, ouverte à l'expression et à l'intelligence de l'enfant et non pas à sa soumission, qu'il convient aujourd'hui, en droit, de promouvoir ; et il importe de le faire, en pratique, avant toute intention de la conforter, de la renforcer ou de la « soutenir » par la contrainte.

Selon cette conception de l'autorité, le rôle des parents est d'abord de rasséréner leurs enfants, afin de mieux les guider sur le chemin aventureux de l'enfance. La nécessité que les parents soient eux aussi rassérénés ou guidés pour ce faire ne doit pas être évaluée avec légèreté, ce qui revient à dire qu'elle ne doit être ni prescrite ni exclue par principe. C'est un autre principe, dit « de précaution », qui doit en revanche s'imposer. Le risque existe et demeure, en effet, que des conceptions archaïquement « autoritaires » du « soutien à la parentalité » finissent par se retourner contre les parents, du fait des possibles excès d'un contrôle coercitif et humiliant ; et *in fine,* selon un mécanisme similaire, à se retourner contre leurs enfants.

Ce risque n'est pas exagéré si l'on considère un certain nombre de dispositions réglementaires puis législatives prises depuis une dizaine d'années en direction des enfants, des parents, des familles. Jusqu'à l'abrogation, en 2013, de plusieurs de ses dispositions, la loi du 28 septembre 2010, entrée en vigueur le 24 janvier 2011, « relative à la lutte contre l'absentéisme scolaire » a été emblématique à cet égard, tout comme l'avaient été en 2005 l'instauration des « Contrats de responsabilité parentale » confiés aux Conseils généraux en partie dans le même but (mais heureusement rarement mis en œuvre) et en 2007 des « Conseils des droits et devoirs des familles » d'abord confiés à tous les maires, puis surtout à ceux des villes. Autant de dispositifs qui, tout en prétendant soutenir ou restaurer l'autorité des parents, reposent en réalité sur la reconnaissance de l'ambigu pouvoir conféré aux enfants de déclencher par leurs seuls comportements l'admonestation, voire la pénalisation, de leurs parents. Pour boucler perversement la boucle, la loi relative à la lutte contre l'absentéisme scolaire ne présentait-elle pas en outre les REAAP comme des dispositifs locaux susceptibles de contribuer, parmi d'autres, à la logique de contrôle social, voire de sanctions (notamment financières et familiales) qu'elle instituait ?

L'absentéisme et le « décrochage » scolaires, tout comme les violences et autres transgressions subies ou commises par les enfants et les jeunes dans les espaces scolaires et les espaces publics, n'en sont pas moins de réels problèmes dont les causes et les conséquences sont perceptibles et vécues par tous les acteurs concernés : enfants, jeunes, parents, professionnels, bailleurs sociaux, élus, etc. Tous les travaux approfondis menés au sujet de ces problèmes multifactoriels indiquent cependant qu'ils impliquent tout autant, et de façon complexe, les familles que les institutions, et que leur prévention comme leur résolution nécessitent non pas la mise en accusation univoque des unes ou des autres, mais leurs capacités à se rapprocher et à établir des relations de confiance et de respect mutuels pour agir de façon concertée, progressive et, dans ces conditions, plus efficace qu'on ne le croit souvent.

Une hypothèse

Malgré les risques de dérives ci-dessus décrits, les recours individuels – et collectifs – aux différents professionnels de l'enfance et de la famille doivent donc rester aisés, accessibles, simplifiés, dédramatisés, préconisés à juste titre et facilités par le fait qu'ils sont autant que possible – c'est-à-dire dans la majorité des cas – **librement consentis.** En tout état de cause, ils doivent aussi être **déontologiquement garantis.**

Une hypothèse pourrait dès lors être formulée – reformulée, plutôt, car elle est banale et connue, mais souvent négligée[327] – afin de redynamiser sereinement l'analyse des enjeux relationnels entre parents et professionnels (de l'enfance, de l'éducation, de l'action sociale, de l'action familiale, du logement, de la police, de la justice, etc.) dans le contexte instable et délicat que l'on vient de mentionner. Pour mieux éveiller et guider l'attention de chacun, il s'agirait de postuler que les relations établies par les professionnels avec les parents sont susceptibles d'imprimer des marques profondes et durables sur les relations que ces mêmes parents entretiennent avec leurs enfants, ainsi d'ailleurs que sur les relations que les parents développent entre eux. La prise de conscience par chacun de ce que les représentations, les intentions et les concepts de référence des uns et des autres gagneraient à être mis en lumière et en débat, et partagés plutôt qu'imposés, s'avère alors porteuse d'une promesse de mobilisation coéducative, mais aussi de mobilisation civique conjointe.

Il s'agit moins, ici, d'insister sur la seule dialectique entre le fond et la forme que, plus essentiellement, sur la reconnaissance de l'égale dignité des acteurs (parents, professionnels, enfants). Les parents, même fragilisés ou en difficulté, ne sont pas les enfants des professionnels. Les professionnels ne sont, quant à eux, ni des « prestataires de services » éducatifs auprès des enfants, ni des « sous-traitants » des parents. Et les enfants ne sauraient être installés dans le rôle de simples receveurs ou donneurs d'ordre vis-à-vis des adultes, mais rester ou devenir des acteurs à part entière de leur propre éducation.

327. Et nous l'avons déjà avancée dès l'introduction de cet ouvrage, dans la mesure où elle en constitue la colonne vertébrale et la raison d'être.

L'hypothèse ci-dessus formulée conduit donc à recommander un effort permanent d'explicitation des intentions et des postures relationnelles en présence afin de pouvoir viser, à terme, une *double série d'objectifs :*

– d'une part, une *réduction systémique des tensions* entre parents et professionnels, entre parents et enfants, entre professionnels et enfants et, *in fine,* une prévention efficace de l'intériorisation de ces tensions par les enfants eux-mêmes (quand elle a pris par exemple la forme de « conflits de loyauté »), l'ensemble pouvant enclencher la mise en mouvement d'une sorte de cercle vertueux des bientraitances, générateur de confiance et d'estime mutuels, de plaisir éprouvé à interagir sur ce mode et, dès lors, la possible convergence des ambitions émancipatrices et l'émergence d'occasions inédites de créativité partagée en matière d'éducation à tous les âges ;

– d'autre part, et sur ces bases, l'opportunité de voir parents et professionnels se rejoindre, sans se confondre, dans une *démarche commune de mobilisation sociale et civique* en faveur de l'amélioration de la condition parentale, incluant la recherche de pertinence, d'accessibilité et de qualité accrues des services publics et associatifs, mais en faveur aussi du parti pris citoyen d'instaurer et d'entretenir des dynamiques de « tables rondes coéducatives » et au total de s'inscrire ensemble dans une perspective de développement social local durable et bénéfique pour tous.

À quelles conditions les professionnels peuvent-ils aujourd'hui se mettre au service des projets des parents ?

Il s'agit de réfléchir maintenant à des alternatives relationnelles – et institutionnelles – permettant aux parents et aux professionnels de s'inscrire ensemble dans des logiques de projet. On s'intéressera cependant moins à la propension, souvent généreuse mais souvent maladroite, des professionnels à inviter les parents à rejoindre des projets qu'ils ont conçus pour eux, mais sans eux, qu'aux conditions à réunir pour que les professionnels acceptent de se laisser inviter par des parents à rejoindre des projets qu'ils ont eux-mêmes conçus ou dont ils souhaitent prendre l'initiative, mais sans les mener seuls.

À propos des moyens de connaître et de mettre en valeur ce qui intéresse vraiment les parents

Les professionnels éprouvent fréquemment un certain dépit, voire une certaine rancœur, à l'égard des parents quand ils ne répondent pas, ou qu'ils répondent peu, aux invitations qu'ils leur lancent de participer à des activités collectives programmées pour eux ou à des actions qui cherchent à apporter un remède aux besoins et aux difficultés qu'ils pensent être les leurs. Plutôt que de réfléchir sans les parents, en aval de ces activités ou de ces actions, aux causes de leur absence – pour leur en faire parfois le reproche –, mieux vaudrait sans doute examiner avec eux, et en amont, les conditions de leur participation active et de leur présence.

Pour comprendre et prévenir les quiproquos à ce sujet, il convient tout d'abord de rappeler quelques évidences. La première réside en ce que la « condition parentale » est une expérience globale qui touche à tous les temps, à tous les lieux, bref à toutes les circonstances de la vie quotidienne des parents et des enfants de 0 à 18 ans (voire plus…). Les professionnels disposent quant à eux, au contraire, de compétences circonscrites (issues de leurs formations et de leurs parcours institutionnels), de missions sectorielles, de séquences et de cadres d'intervention généralement bien limités dans l'espace et dans le temps. Les approches des besoins, de l'expression et de l'éducation des enfants et les responsabilités sollicitées à ce sujet sont donc loin d'être superposables entre parents et professionnels, tout en se croisant à de multiples et différentes reprises.

Si, pour identifier les besoins et les attentes des parents et définir les moyens d'y répondre, il est décidé de procéder à ce que le jargon professionnel désigne sous le terme de « diagnostic partagé », il importe ensuite – et cela devrait constituer la seconde évidence – de ne pas exclure les parents eux-mêmes de ce « partage » de données qui les concernent. Aussi faut-il réfléchir à des modalités authentiquement démocratiques, respectueuses et exhaustives de recueil de leurs réalités, de leurs pratiques, de leurs expériences et de leurs points de vue (y compris de leurs points de vue sur les services auxquels ils s'adressent habituellement ou auxquels ils pourraient s'adresser). De leur côté, les professionnels devront s'efforcer de s'affranchir de leurs tendances à cloisonner leur disponibilité d'esprit, à la cantonner à leurs seuls domaines de compétences. Ils risqueraient sinon d'entraver les libres évocations, les associations d'idées ainsi que les perceptions et les approches inédites dont les parents peuvent faire état à propos des thèmes mis en discussion, ou de ceux qu'ils souhaitent spontanément aborder[328]. Il faudra par exemple que les travailleurs sociaux acceptent d'entendre parler d'urbanisme, d'horaires de bus, etc. ; les professionnels de santé d'entendre parler de soutien ou d'orientation scolaires, de loisirs pen-

328. Participant, dans les années 1980, à une réunion publique organisée par les élus d'une commune de la proche banlieue parisienne sur le thème, qui les préoccupait, de « la toxicomanie des jeunes » dans un quartier de celle-ci, l'un d'entre nous a ainsi entendu les habitants/parents présents faire peu à peu glisser ce thème sur celui de leur propre consommation de somnifères, puis sur celui de l'une des causes de celle-ci : les nuisances sonores, notamment nocturnes, créées par le récent percement d'une route à quatre voies longeant le quartier. Élargie par les habitants à la question d'un environnement urbain non respectueux des habitants, générateur de mal-vivre et des différents moyens chimiques d'y remédier, la réunion a finalement débouché sur une proposition précise et concrète : l'édification de murs pare-bruits le long du nouvel axe routier, qui fut réalisée deux ans plus tard. L'expérience des praticiens et des militants de la santé communautaire regorge de récits similaires.

dant les temps libres, etc. ; les enseignants d'entendre parler de travail en « 3 huit » ou de chômage des parents, de taille des logements, etc.

Il conviendra de s'interroger à cette occasion sur le choix du terme « diagnostic », qui laisse à penser que l'on ne s'intéresse qu'aux problèmes, aux difficultés, voire aux symptômes d'une « parentalité » en souffrance (la « parentalité » serait-elle une nouvelle maladie et le « diagnostic » ne s'intéresserait-il en quelque sorte qu'à des « parents alités », symboliquement tout du moins ?). Le terme de « bilan », plus neutre, plus ouvert, plaçant le descriptif au service du prospectif, serait plus approprié pour induire chez les parents une expression experte, propositionnelle, le cas échéant critique, et en tout état de cause plus soucieuse de leur dignité d'acteurs et de la validité de leurs points de vue.

La recherche d'efficacité de telles procédures de consultation initiale des parents, puis de concertations régulières avec eux sur ce qu'il convient de faire ou d'éviter de faire, et enfin de montage d'actions collectives, repose en définitive sur la capacité de s'identifier un instant à leurs façons de percevoir et d'apprécier (ou non) ce qu'on leur propose. Il faut pour cela aider les professionnels **à comprendre les opinions et les pratiques des parents** telles qu'elles sont, à ne pas se laisser aveugler par les représentations et les attentes qu'ils en ont, et à se repositionner en conséquence.

Un parallèle peut ici être envisagé avec la question des devoirs scolaires écrits à réaliser « à la maison » par les enfants d'âge primaire. Bien qu'ils soient formellement décommandés par une circulaire ministérielle, non abrogée, de 1956, les enseignants continuent à les prescrire, par routine ou persuadés que ces « devoirs » sont utiles pour les enfants et attendus des parents. Or, pour de multiples raisons, cette pratique n'est véritablement satisfaisante pour personne – sinon, peut-être, pour les parents enseignants, ou pour les parents disposant de compétences et de disponibilités équivalentes. Si, en effet, l'enfant a compris la leçon en classe, il est à peu près inutile qu'il la reproduise le soir, après une longue journée de travail. Et s'il ne l'a pas comprise en classe, il ne la comprendra pas mieux chez lui (ni d'ailleurs à l'« étude surveillée ») en s'y confrontant seul, sans aides appropriées, et il se trouvera surtout renvoyé à sa difficulté ou, pire encore, exposé au feu des angoisses et des exigences parentales ; dans tous les cas, la dévalorisation et la tension risqueront de polluer le besoin de répit familial du soir ou du week-end et de dramatiser en pure perte la question des apprentissages.

Dans un même ordre d'idées, pourquoi des parents n'éprouvant ou ne ressentant pas de difficultés éducatives particulières viendraient-ils participer à une réunion, ou à un « groupe de parole », où il ne sera question que de telles difficultés ? Et si, à l'inverse, ils y sont profondément confrontés, quelle utilité et quel plaisir trouveront-ils à venir s'y replonger collectivement si des perspectives d'entraides, de mobilisation solidaire ou de dépassement de la dimension intime de leurs problèmes n'y apparaissent pas comme immédiatement accessibles et/ou durablement efficaces ? Tout comme les enfants exposés à des difficultés scolaires rechignent à revivre ces mêmes difficultés en famille en se confrontant, sans recours utile et sous le regard de leurs parents, aux « devoirs » angoissants qu'ils y importent, de même les parents exposés à des difficultés éducatives préfèrent souvent éviter de les revivre, sans garantie de mieux les résoudre et sous le regard des organisateurs, en participant dans leur quartier à des réunions de parents aussi inquiets qu'eux.

Un renversement méthodologique radical – qui a déjà pu faire la preuve de sa pertinence et de son efficacité – devrait donc être envisagé, même s'il semble complexe et inconfortable à opérer, notamment parce qu'il n'est pas souvent inscrit dans la culture, les savoir-faire et les savoir-être de nombre de professionnels (et, dans une moindre mesure, d'élus locaux). Il s'agirait de susciter, de promouvoir et de concrétiser les occasions permettant à des parents non plus seulement d'être invités par des professionnels (et/ou des élus), mais d'être en situation de les inviter eux-mêmes, à leur tour et à leur façon, dans des cadres à valeur citoyenne ajoutée (mairie, association ou Maison de quartier, Centre social ou socioculturel, forum associatif, Conseil de quartier, etc.) afin de parler devant eux, avec eux, et dans toutes leurs dimensions vécues, des sujets qui les intéressent – et pas seulement des difficultés qu'ils rencontrent.

Il s'agirait donc que les parents et les autres habitants associés, légitimés par leurs expertises parentales et citoyennes propres, et après avoir recueilli celles des professionnels (et/ou des élus), se voient dotés des moyens de **prendre puis de conserver une large part de l'initiative** et de **disposer aussi d'une partie du contrôle sur les décisions et les actions** qui feront suite à de tels échanges. Autrement dit, il ne s'agit pas tant que les parents et les habitants associés prennent et accaparent le pouvoir, mais à tout le moins qu'ils le partagent avec les professionnels et les élus locaux qui vont les aider à implanter, mener, développer et évaluer les actions conçues à leur initiative.

En formulant ces propositions, nous n'adoptons pas une posture relevant de l'utopie radicale ou de la démagogie. S'agissant des parents, ou tout du moins des parents vivant dans des conditions économiques précaires, nous ne faisons que nous référer aux diverses et nombreuses actions développées de longue date par les militants d'ATD-Quart Monde et par les familles qui s'impliquent dans ces actions, notamment dans les domaines des relations entre les familles et les établissements scolaires, de l'accès à la culture et aux loisirs partagés. Ou encore, plus récemment, aux productions des « Universités populaires de parents », initiées et portées, localement et nationalement, par l'Association des collectifs enfants-parents-professionnels

(ACEPP), et déjà évoquées dans ces pages. S'appuyant sur ces expériences, l'Inter-Réseau des professionnels du Développement social urbain (IRDSU) a lancé en 2009, en lien notamment avec ATD-Quart Monde, une vaste recherche-action sur le thème *« En associant leurs parents, tous les enfants peuvent réussir »* qui s'est déployée avec succès sur de nombreux sites[329].

> *« [Ce] projet vise à transformer les représentations et les pratiques des acteurs, habitants et professionnels, sur les 23 territoires sélectionnés en 2009 et de répondre à leurs besoins de formation et d'accompagnement à travers la coformation, la mutualisation et la recherche collective. Il s'agit de favoriser l'émergence de dynamiques territoriales (locales, régionales, nationales) autour de cette question. Au-delà, il s'agit aussi de fonder de nouveaux modes de mise en œuvre de démarches participatives au travers desquelles les parents seraient réellement reconnus comme coproducteurs. »*

Au-delà de ce qui concerne spécifiquement les parents, les propositions ici formulées rejoignent les conclusions des travaux et des recherches-actions engagés depuis peu sur la thématique du « pouvoir d'agir » des habitants, autour notamment d'un Collectif national[330] qui porte ce nom et de la remise le 8 juillet 2013, au ministre délégué chargé de la Ville, d'un important rapport dont les modalités participatives d'élaboration ont retenu l'attention[331].

De l'importance d'instaurer (ou de restaurer) et d'entretenir des relations de confiance et de respect mutuels entre parents et professionnels

Les orientations méthodologiques ci-dessus préconisées en matière de participation à la prise et au suivi de décisions en matière de coéducation relèvent certes du volontarisme des acteurs concernés, mais en premier lieu de leurs convictions à y recourir. De même, l'instauration de relations basées sur la confiance et le respect réciproques entre parents et professionnels ne se décrète pas du jour au lendemain. Et ceci d'autant moins, on l'a dit, que se manifestent de façon récurrente, depuis près de quinze ans, tant les pressions exercées sur les parents par les discours relatifs à leur « parentalité » défaillante et à leurs supposées « démissions » que les tensions politicoinstitutionnelles associées à ces discours.

329. ☞ *www.irdsu.net/blog/irdsu/les-projets/les-plateformes-partenariales/en-associant-leurs-parents-les-enfants-peuvent-reussir/* Voir également ATD Quart-Monde, Pascal Percq, Quelle école pour quelle société ?, Chronique sociale, 2012.

330. ☞ *http://pouvoirdagir.fr/*

331. Marie-Hélène Bacqué, Mohamed Mechmache, *Cela ne se fera plus sans nous – Pour une réforme radicale de la politique de la ville. Citoyenneté et pouvoir d'agir dans les quartiers populaires, op. cit.*

C'est pourquoi il importe aujourd'hui de **préserver** ou de **restaurer,** en les inscrivant dans la durée, d'**authentiques relations d'accompagnement,** c'est-à-dire de côte à côte, entre parents et professionnels. Non seulement pour prémunir les uns et les autres des risques de repli, de contournement ou de confrontation, et pour éviter que les parents se cantonnent à des attitudes consuméristes et les professionnels à des attitudes directives. Mais aussi et surtout pour inscrire leurs relations dans des dimensions encore trop peu explorées à ce jour, bien qu'elles aient déjà fourni la preuve de leurs capacités d'entraînement au sein de certaines institutions et associations, à l'échelle de certains territoires, au cœur des politiques publiques de certains pays européens et non européens. Ces « nouvelles » dimensions relationnelles supposent d'assumer avec espoir et optimisme les enjeux stimulants de la cocréation entre parents et professionnels – incluant l'expérimentation partagée assortie du droit raisonnable au tâtonnement et à l'erreur – et, pour ce faire, la mise en commun confiante, même si parfois critique, des compétences et des énergies en présence.

S'agissant des parents, l'étape politique à franchir consiste, comme déjà évoqué, à leur reconnaître et à leur garantir de vrais pouvoirs d'initiative, de coconception, de cogestion et de coévaluation sur les expériences puis les projets qui les concernent. Pour éviter de susciter à ces occasions, tant chez les parents que chez les professionnels, des réflexes défensifs ou de dénigrement, il importera de veiller à ce que les remarques, les critiques et les propositions des uns et des autres soient reçues et considérées *a priori* comme bienvenues parce que nécessaires et potentiellement utiles aux avancées communes.

Un pas de plus et l'on pourra même soutenir l'idée que, au-delà de la confiance, du respect et de l'estime mutuels, le *plaisir* éprouvé et partagé par les parents et les professionnels à mettre en place des projets dans un tel climat devienne un *critère d'évaluation du processus* de conduite de ces projets. Et que de même, outre l'atteinte de tout ou partie des objectifs qu'ils se sont conjointement assignés, la *satisfaction* de les avoir atteints ensemble soit perçue comme un *critère d'évaluation globale des résultats* escomptés.

Il ne suffit pas, bien entendu, que les acteurs de la coéducation – parents et professionnels – puissent formellement prendre place aux différentes tables rondes de concertation où leurs présences sont légitimes – c'est-à-dire, pour les parents, chaque fois qu'il y est question de leurs propres enfants ou, selon les circonstances, de l'ensemble des enfants partageant leur territoire de vie. Il s'agit surtout qu'ils puissent, dans les faits et sur la durée, y occuper un rôle reconnu et valorisé, y tenir une parole libre et authentique et y formuler des avis et des propositions véritablement pris en considération.

L'enjeu est donc à la fois *pratique, éthique et méthodologique*. La métaphore de la « table ronde » des coéducateurs tenue dans une situation devant déboucher sur une décision privée ou publique permet en effet d'insister sur la façon de rendre ceux-ci coproducteurs de celle-ci – et donc véritablement codécideurs – puis coévaluateurs de son application. Nous renvoyons ici aux principes de constitution et de fonctionnement de ces « tables rondes » – aux phases notamment de concertation initiale, de recueil des points de vue, des aspirations et des propositions mais aussi aux phases d'action et d'évaluation – que nous avons déjà eu l'occasion de décrire au chapitre 2 : principe d'exhaustivité et principe de participation des enfants et des jeunes, chaque fois que possible, pour ce qui concerne le champ de la participation des acteurs ; principe de cohérence, principe de non-confusion des rôles, principe de transparence, principe d'absence de hiérarchisation et d'absence de stigmatisation pour ce qui concerne les modalités d'échanges entre les acteurs.

Il faut insister une fois de plus sur le fait que l'initiative de réunir de telles tables rondes coéducatives destinées à la prise de décisions ou à la mise en place de projets d'action concertés peut revenir aux parents, voire aux enfants et aux jeunes, dans la mesure où ils sont les uns et les autres les principaux concernés en première ligne, sur la durée, comme destinataires et comme acteurs, par ces décisions et par ces projets.

De la nécessaire reconnaissance par les professionnels et par les décideurs institutionnels et politiques de ce que les parents ne sont pas seulement des parents.

La condition parentale doit être prise en compte en tant que composante spécifique – et donc en tant que champ d'action identifié comme tel – de la plupart des politiques publiques de proximité, bien entendu, mais également de nombre de politiques nationales structurantes (à travers par exemple les orientations prises en matière de prestations familiales, de logement social et de contrôle des loyers, d'aménagements du droit de travail respectueux des contraintes spécifiquement parentales, etc.). Les associations familiales, les associations de parents d'élèves ou encore les parents engagés dans les dynamiques des REAAP ont un rôle à jouer pour faire reconnaître cette spécificité de la – ou plutôt des – condition(s) parentale(s) en présence à chaque échelle territoriale.

Toutefois, les parents ne sont pas seulement des parents, mais aussi des habitants, des travailleurs, des citoyens, des électeurs, etc. aptes à participer utilement et activement, y compris avec les enfants et les jeunes, aux prises de décisions et aux projets locaux qui les concernent vraiment. Au sein, par exemple, des instances consultatives légales, réglementaires ou facultatives (Conseils de quartier, enquêtes publiques diverses, Conseils de crèches quand ils existent, Conseils d'écoles ou d'établissements, Conseils de la vie sociale dans les établissements sociaux et médicosociaux, Conseils d'administration d'associations de quartier, etc.), les parents ont aussi des points de vue d'habitants, de citoyens, etc. à faire valoir. Simultanément, ils ne devraient pas être les seuls participants de ces instances à mettre l'accent sur la place des enfants et des jeunes ou sur les perspectives éducatives dans les décisions et les projets examinés.

Il importe donc de promouvoir, en même temps que la condition parentale, des politiques publiques qui permettent d'évaluer et si possible de satisfaire les principaux besoins exprimés par les parents en tant que parents, notamment en matière d'accueil et d'éducation des enfants, mais aussi de mieux prendre en compte les valeurs, les aspirations, les propositions et les visions qu'ils formulent à ce sujet. Des moyens à développer et des méthodes à consolider doivent donc favoriser leurs possibilités de coconcevoir des projets correspondant à ces prises en compte et de solliciter, mobiliser et fédérer à leurs côtés les professionnels susceptibles de les éclairer et de les appuyer dans la mise en œuvre participative de ces projets.

Mais il importe tout autant – au-delà, on l'a dit, du « soutien à la parentalité » et même, plus largement, de la « promotion de la condition parentale » – de veiller à ce que l'importance accordée à la place des parents dans ces projets ne soit pas portée par les seuls parents mobilisés, ni par les seules associations familiales et de parents d'élèves. **En tant que fonction sociale, la « parentalité » ne saurait relever de la responsabilité des seuls parents.** Simultanément, ce que les REAAP, par exemple, donnent à percevoir de la condition parentale doit pouvoir enrichir la pertinence et nourrir l'ambition des Projets éducatifs locaux ou territoriaux tout autant que, par exemple, les projets d'aménagement urbain, les Contrats urbains de cohésion sociale, les Agendas 21 locaux, etc.

Si chacun s'accorde aujourd'hui à observer que l'éducation – formelle, non formelle et informelle – est un pilier essentiel du développement humain et du développement économique, il faut admettre aussi que la démarche coéducative – les principes qui la guident comme les objectifs qu'elle vise – est désormais partie prenante des dynamiques démocratiques de développement social. Elle les inscrit dans la profondeur et la durée dès lors qu'elle permet à chacun, parent ou non, d'exercer une citoyenneté d'intérêt général, stimulante et valorisante pour tous, tout en invitant les enfants et les jeunes à faire sans attendre leurs premières expériences pratiques en la matière, en grandeur réelle, c'est-à-dire à leur échelle, plus réduite mais pas moins négligeable pour autant que celle des adultes qu'ils seront demain.

La participation des parents, des enfants et des jeunes au Projet éducatif territorial : arguments et méthodes

L'adoption, le 8 juillet 2013, de la loi *« d'orientation et de programmation pour la refondation de l'école »* a fourni l'occasion d'inscrire l'existence du Projet éducatif territorial (PEdT) dans le Code de l'éducation (article L555-1). Une circulaire, cosignée le 20 mars 2013 par le ministre de l'Éducation nationale et la ministre des Sports, de la Jeunesse, de l'Éducation populaire et de la Vie associative, en avait déjà présenté les finalités et le processus d'élaboration. Un décret d'application daté du 2 août 2013 en a précisé ensuite certaines conditions de mise en œuvre.

Pour tout acteur de l'éducation – parent, enfant, jeune, professionnel, militant associatif, élu – motivé par des perspectives de coéducation démocratique et impliqué dans la promotion et l'application, en France, de la Convention internationale des droits de l'enfant (CIDE), la reconnaissance législative du PEdT, bien qu'encore timide à ces différents égards, a une portée dont les potentialités doivent être soulignées et encouragées.

Le PEdT permet en effet de dépasser le seul accompagnement de la réforme des temps éducatifs des enfants prévue par le décret *« relatif à l'organisation du temps scolaire dans les écoles maternelles et élémentaires »* signé le 24 janvier 2013 par le Premier ministre et le ministre de l'Éducation nationale, et remanié par un décret en date du 7 mai 2014 et *« portant autorisation d'expérimentations relatives à l'organisation des rythmes scolaires »* dans ces mêmes écoles. C'est dès lors une approche de l'éducation – et du droit à l'éducation – conforme à plus d'un égard aux dispositions de la CIDE que les collectivités locales peuvent concrétiser au moyen du PEdT :

- d'une part en se référant à une conception globale de l'éducation afin de mieux veiller à l'intégration de ses diverses composantes (familiales, institutionnelles et notamment scolaires, et pendant les temps libres) dans un contexte de proximité ;
- d'autre part en engageant, avec leurs partenaires institutionnels et associatifs mais aussi avec les familles, des démarches susceptibles de doter l'élaboration, la mise en œuvre et l'évaluation de leur PEdT d'une dimension authentiquement participative.

Certes, la loi ne confère pas de caractère obligatoire à l'adoption d'un PEdT par une commune ou un Établissement public de coopération intercommunale (EPCI), tout en faisant de celui-ci un passage obligé pour accéder à des financements de l'État et de la CAF. Elle n'incite pas vraiment les auteurs et les acteurs du PEdT à se départir d'un certain « primaro-scolaro-centrisme » initial ni d'un pilotage relativement « technocratique ». Mais elle ne s'oppose pas non plus à ce qu'ils investissent d'emblée des périmètres éducatifs plus vastes ni à ce qu'ils recourent à des méthodes d'élaboration plus ambitieuses – à l'instar de ce qu'ont fait certaines collectivités locales, pilotes en la matière depuis près de 15 ans, en se dotant de ces Projets éducatifs locaux (PEL) – à la fois longitudinaux, transversaux, globaux... et plus ou moins participatifs – que nous avons décrits au chapitre 2.

Comme les PEL, les PEdT expriment cependant la volonté, partagée par le plus grand nombre des acteurs éducatifs d'un territoire, de garantir à chacun et à l'ensemble des enfants de celui-ci, au titre de leur intérêt supérieur[332], la continuité et la cohérence des différents temps, espaces et contenus de l'éducation qui leur est dispensée. Ce point est essentiel, et en phase avec plusieurs articles de la CIDE. Mais il est possible d'aller plus loin, et d'en invoquer d'autres.

C'est pourquoi il nous a semblé déterminant, dès la publication des premiers textes législatifs et réglementaires relatifs aux PEdT [333], d'inviter les décideurs et les acteurs des collectivités locales, ainsi que leurs partenaires institutionnels et les familles concernées, à identifier et relever *trois importants paris* au moment où ils s'engagent ensemble dans le processus de conception et de mise en œuvre de leur PEdT, et lorsqu'ils en entretiennent l'ambition au fil et à l'issue de leurs premières évaluations :

– *premier pari :* construire et animer un projet susceptible de s'intéresser à terme à tous les âges de l'enfance et de l'adolescence, et ceci au sens de l'article 1 de la CIDE, qui dispose qu'« un enfant s'entend de tout être humain âgé de moins de 18 ans », mais aussi de ses articles 5 et 18, qui soulignent la responsabilité première des parents, dans la globalité et sur la durée, pour élever les enfants et assurer leur développement ;

– *deuxième pari :* s'appuyer sur une approche globale de l'éducation pour réduire et, à terme, abolir les inégalités sociales et culturelles devant l'éducation et les apprentissages scolaires, et ceci en activant l'idée que l'éducation familiale et pendant les temps libres doit bénéficier elle aussi tant de l'application des principes qui ont nourri le projet républicain de l'école que des dispositions de la CIDE en ces domaines[334] ;

---

332. Cf. l'article 3 de la CIDE, ainsi que l'Observation générale n° 14 (2013), en date du 29 mai 2013, du Comité des droits de l'enfant des Nations Unies sur le droit de l'enfant à ce que son intérêt supérieur soit une considération primordiale. Cf. aussi le chapitre 1 du présent ouvrage.

333. Les pages qui suivent reproduisent pour l'essentiel le *Guide argumentaire et méthodologique sur la participation des parents, des enfants et des jeunes au Projet éducatif territorial* rédigé par l'un d'entre nous et publié sur le site de l'association DEI-France.
☞ *www.dei-france.org/Nouvel-article,111.html*

334. Cf. les articles 28, 29 et 31 de la CIDE, ainsi que l'Observation générale n° 17 (2013), en date du 17 avril 2013, du Comité des droits de l'enfant des Nations Unies sur le droit de l'enfant au repos et aux loisirs, de se livrer au jeu et à des activités récréatives et de participer à la vie culturelle et artistique.

– *troisième pari :* associer activement les parents ainsi que, selon leur âge et leur degré de maturité, les enfants et les jeunes eux-mêmes aux étapes les plus significatives et les plus pertinentes du processus d'élaboration, de mise en œuvre et d'évaluation du PEdT, et ceci, s'agissant des enfants et des jeunes, en application de l'article 12 de la CIDE[335] mais aussi dans une perspective plus générale de participation démocratique des familles (parents et enfants) aux décisions et aux politiques publiques qui les concernent.

Afin de mettre en valeur les fondements et les enjeux de ces paris, puis d'évoquer les moyens démocratiques de les concrétiser méthodiquement, nous aborderons successivement :

– la dimension sociohistorique de l'émergence du Projet éducatif territorial (PEdT) ;

– les atouts potentiels du PEdT pour concrétiser les principes républicains et égalitaires de l'éducation ;

– les bases politiques et juridiques de la participation des parents, des enfants et des jeunes à l'élaboration, la mise en œuvre et l'évaluation du PEdT ;

– les modalités concrètes de la participation des parents, des enfants et des jeunes à l'élaboration, la mise en œuvre et l'évaluation du PEdT.

Il s'agit donc de retracer, à l'attention des décideurs et des acteurs concernés, les grandes lignes de la genèse et les principaux objectifs d'un processus de PEdT et de mettre en évidence les enjeux participatifs qu'il recèle, et ceci au moment historique où, malgré ses insuffisances et ses imperfections, ce processus peut s'avérer porteur de nouvelles et réelles perspectives démocratiques dans le champ des politiques éducatives publiques.

La dimension sociohistorique de l'émergence du Projet éducatif territorial

La circulaire n° 2013-036, relative au Projet éducatif territorial (PEdT)[336], a été cosignée le 20 mars 2013 par le ministre de l'Éducation nationale et la ministre des Sports, de la Jeunesse, de l'Éducation populaire et de la Vie associative. Elle présente les finalités et le processus d'élaboration du

335. Pour mémoire : *« 1 – Les États parties garantissent à l'enfant qui est capable de discernement le droit d'exprimer librement son opinion sur toute question l'intéressant, les opinions de l'enfant étant dûment prises en considération eu égard à son âge et à son degré de maturité. 2 – À cette fin, on donnera notamment à l'enfant la possibilité d'être entendu dans toute procédure judiciaire ou administrative l'intéressant, soit directement, soit par l'intermédiaire d'un représentant ou d'un organisme approprié, de façon compatible avec les règles de procédure de la législation nationale. »*

336. ☞ *www.education.gouv.fr/pid25535/bulletin_officiel.html?cid_bo=70631*

PEdT. Elle insiste notamment sur l'importance et l'intérêt de se référer à ce cadre pour mettre en œuvre la réforme des temps éducatifs de l'enfant prévue par le décret n° 2013-77 *« relatif à l'organisation du temps scolaire dans les écoles maternelles et élémentaires »*, signé le 24 janvier 2013 par le Premier ministre et le ministre de l'Éducation nationale. Depuis la publication de ces deux textes, le PEdT a été officialisé, sans être rendu obligatoire, par l'article 66 de la loi n° 2013-595 *« d'orientation et de programmation pour la refondation de l'école »* du 8 juillet 2013[337], et par son décret d'application n° 2013-707 du 2 août 2013 [338].

Du Projet éducatif local (PEL)…

Les PEdT ont une histoire, qui est essentiellement celle, d'emblée plus ambitieuse, des Projets éducatifs locaux (PEL). Ceux-ci ont été encouragés dès 1999 par le ministère de la Ville[339], mais sans que ne soient créés à leur sujet de supports législatifs ou réglementaires. La démarche, globale et transversale, du PEL a très vite été soutenue au-delà des seules villes concernées par l'action de ce ministère. Elle l'a notamment été par le Réseau français des villes éducatrices (RFVE), l'Association nationale des directeurs de l'éducation des villes (ANDEV), la Fédération des conseils de parents d'élèves (FCPE) et les grandes fédérations de l'éducation populaire (Ligue de l'enseignement, FRANCAS, CEMEA), tous rassemblés à partir de 2010 – avec plusieurs syndicats notamment d'enseignants et de nombreuses associations pédagogiques ou œuvrant dans le champ des droits de l'enfant – dans la démarche dite de l'*Appel de Bobigny*[340].

Rappelons ici la définition que nous avons donnée du PEL au chapitre 2 de cet ouvrage. Rappelons aussi qu'elle a permis de mettre en évidence à quel point le PEL représente, potentiellement, une forme assez aboutie de concrétisation politique et institutionnelle du concept de « coéducation ». Ce concept a d'ailleurs été récemment réactualisé avec une notable insistance par le ministère de l'Éducation nationale, même si, nous l'avons dit et nous allons le voir de nouveau, cette intention est peu confirmée par les dispositions initiales relatives au PEdT.

337. ☞ *www.legifrance.gouv.fr/affichTexte.do?cidTexte=JORFTEXT000027677984&dateTexte=&categorieLien=id* – L'article 66 figure au chapitre de la loi intitulé *« Activités périscolaires »*.

338. Décret *« relatif au Projet éducatif territorial et portant expérimentation relative à l'encadrement des enfants scolarisés bénéficiant d'activités périscolaires dans ce cadre »*.

339. *Projet Éducatif Local et Politique de la Ville*, Repères, Les éditions de la DIV, juillet 2001, 42 p. Ce document fondateur peut être consulté et téléchargé sur : ☞ *www.ville.gouv.fr/IMG/pdf/pel_cle02544f.pdf*

340. *www.villeseducatrices.fr/page.php?page_id=20*. L'un des cinq objectifs de cet appel est de « mobiliser toutes les ressources éducatives des territoires et de l'école, à travers l'articulation des objectifs nationaux avec les projets éducatifs des établissements d'enseignement et des institutions culturelles publiques, et ceux des territoires ».

Le PEL consiste à impulser, à l'échelle d'un territoire donné – en général une commune ou une communauté de communes –, une dynamique collective permettant d'améliorer de manière durable les conditions et les contenus de l'éducation des enfants et des jeunes dans leurs différents temps et espaces de vie. Le PEL est inséparable de l'idée d'action concertée entre l'ensemble des acteurs (parents, élus locaux, professionnels des collectivités locales, de l'Éducation nationale et des autres services de l'État, associations, institutions diverses[341]) qui participent de manière directe ou indirecte à l'éducation des enfants sur le territoire considéré.

Il s'agit de se doter d'un cadre commun permettant de renforcer la cohérence des initiatives prises et à prendre sur ce territoire :

– tout d'abord en approfondissant et en étendant la réflexion sur les valeurs éducatives à partager entre les différents acteurs, sur le sens des actions qu'ils mènent séparément et de celles qu'ils pourraient mener ensemble, sur les évolutions attendues des pratiques des uns et des autres et des relations établies entre eux ;

– puis en initiant une démarche de concertation, d'analyse et de construction collective de projet afin de garantir la pertinence, l'accessibilité et la continuité des actions et des dispositifs en place et, le cas échéant, d'en proposer de nouveaux ;

– en renforçant enfin la qualité du pilotage et de l'évaluation des actions existantes ou initiées à l'échelle du territoire et des communes ou des quartiers qui le composent.

Ainsi, depuis plus de dix ans, un nombre croissant de villes (y compris de grandes villes) et d'établissements publics de coopération intercommunale, mesurant les limites pourtant extensives des politiques éducatives locales relevant de leurs seuls domaines de compétences, ont-elles initié, porté et chaque fois que possible contractualisé avec leurs partenaires locaux des dynamiques de PEL, délibérément globales et transversales. Elles étaient instruites et stimulées en cela par l'expérience de différentes démarches contractuelles, mais trop souvent sectorielles, concernant l'éducation, la scolarité et les temps libres de leurs enfants et de leurs jeunes : contrats éducatifs locaux, contrats locaux d'accompagnement scolaire, cellules de veille éducative et dispositifs de réussite éducative dans les zones prioritaires, contrats petite enfance et contrats temps libres (fusionnés en contrats enfance jeunesse) conclus avec les Caisses d'allocations familiales…

En l'absence de cadrage national, on observe que, selon les circonstances locales ou, surtout, les orientations données par leurs élus et leurs services, certaines villes, refusant de centrer leur PEL sur des « publics » prédéfinis,

341. Dont, il faut ici y insister, la Caisse d'allocations familiales.

ont d'emblée souhaité que leur PEL concerne toutes les personnes de 0 à 18 ans, voire de 0 à 25 ans. Mais d'autres ont préféré se centrer sur les seuls âges de la scolarité commune (2-16 ans), d'autres y intégrer aussi la dimension éducative de l'accueil des jeunes enfants (qui constitue en effet une compétence municipale facultative), les risques de rupture éducative des 16-18 ans, les problèmes d'insertion socioprofessionnelle des 18-25 ans, etc.

L'objectif commun des PEL est certes d'œuvrer en faveur de la continuité et de la cohérence des temps, des espaces et des contenus éducatifs. Mais, toujours du fait de l'absence de cadrage national, l'observation de la diversité des PEL montre que, si une attention quasi constante est apportée aux articulations entre le champ scolaire et le champ dit « périscolaire », l'accent est diversement mis sur l'éducation familiale, l'éducation pendant les temps dits – abusivement – « extrascolaires » c'est-à-dire, en réalité, pendant les temps libres, ainsi que sur les autres composantes de l'éducation au sens large (éducation des jeunes enfants, action socio-éducative, voire médicoéducative et éducation spécialisée, formation professionnelle et accès à l'emploi, etc.).

Plus généralement, on observe d'une ville à l'autre, et donc d'un PEL à l'autre, une assez grande disparité de la volonté de prendre en compte, pour les comprendre et les réduire, les causes, les formes, les mécanismes et les conséquences des inégalités devant l'éducation scolaire et non scolaire.

Enfin, s'agissant des processus d'élaboration, de mise en œuvre et d'évaluation des PEL, force est de constater le caractère très aléatoire de la recherche d'une participation réellement active et ouverte des parents – au-delà de celle des seuls représentants élus de « parents d'élèves », elle-même diversement sollicitée et valorisée – et plus encore des enfants et des jeunes eux-mêmes. Il advient toutefois que des contributions véritablement politiques, c'est-à-dire sources d'analyses éclairantes et de propositions éclairées, et non cantonnées à des postures de type « consumériste », soient produites par des parents, voire par d'autres habitants. Il en résulte le plus souvent un gain de profondeur, de pertinence et d'acceptabilité des PEL auxquels ils ont pu s'associer de la sorte. Et, si peu nombreuses sont encore les villes qui ont invité des enfants et des jeunes à participer, sous des formes appropriées, à la dynamique d'élaboration de leur PEL, elles ont pu constater non seulement le bien-fondé et le sérieux de la plupart de leurs apports, mais aussi la dimension d'éducation à l'exercice progressif de leur citoyenneté que cette participation a souvent permis d'impulser et de diffuser, de façon très concrète, au sein des structures scolaires et, chaque fois que possible, non scolaires qu'ils fréquentent.

… au Projet éducatif territorial (PEdT)

Le PEdT, tel que défini par la circulaire du 20 mars 2013 et institué par la loi du 8 juillet 2013, partage la principale finalité qui inspire les PEL : renforcer, à l'échelle locale, la continuité et la mise en cohérence des principales composantes du parcours éducatif des enfants. Mais il se caractérise par un certain scolaro-centrisme de la conception de l'éducation, de ses contenus et des acteurs qui y contribuent. Il met l'accent sur l'organisation des activités relevant de l'éducation formelle et institutionnelle plutôt que sur l'ensemble des espaces éducatifs et sur l'éducation pendant les temps libres. Il reconnaît le rôle d'initiative des collectivités locales pour impulser le processus d'élaboration du PEdT. Mais il en soumet les étapes intermédiaires et la contractualisation finale – pour une durée de 3 ans, et sur la base d'un cahier des charges lui aussi assez scolaro-centré – aux avis et à la validation des services de l'État partenaires, notamment à ceux de l'Éducation nationale (sans réellement contraindre ceux-ci à de réels engagements de moyens).

Le « partenariat » local promu par le PEdT est de fait très institutionnel. Les mouvements d'éducation populaire et les associations locales y apparaissent plus souvent sollicités en tant que prestateurs d'activités « périscolaires » qu'au titre de leurs expertises territoriales, éducatives et citoyennes. La participation active des parents n'est quasiment jamais mentionnée[342]. Elle semble réduite, entre les lignes, à la consultation des seuls *« représentants de parents d'élèves »*, pour *« identifier les besoins, notamment en fonction des caractéristiques du public scolaire »*, et, le cas échéant, pour envisager par la suite les *« modalités d'information des familles »*. Quant aux enfants, il est dit d'eux, sans plus de précision, que le cahier des charges du PEdT doit indiquer *« les publics cibles (nombre d'enfants, classes d'âge) et les modalités de leur participation » ;* mais on ne retrouve pas d'exemple ou de trace de cet *item* dans l'exemple type de PEdT fourni en annexe de la circulaire du 20 mars 2013.

Les extraits ci-dessous de cette circulaire donnent à lire certaines des caractéristiques que l'on vient de relever. On notera cependant qu'ils ouvrent la porte à la possibilité de conférer aux PEdT sinon des ambitions politiques et méthodologiques du moins des périmètres d'intervention comparables à ceux dont certains PEL se sont d'ores et déjà dotés. Rien ne s'oppose donc à la convergence ici ou là, dès aujourd'hui ou par la suite, de ces deux démarches…

---

342. Cf. au chapitre 2 l'analyse que nous proposons de l'ambivalence des références à la coéducation et à la participation des parents dans la loi 8 juillet 2013 « d'orientation et de programmation pour la refondation de l'École de la République » et dans les différents textes ministériels publiés en 2013 autour de cette loi.

Extraits de la circulaire du 20 mars 2013 relative au PEdT

Le projet éducatif territorial (PEdT), mentionné à l'article D. 521-12 du code de l'éducation, formalise une démarche permettant aux collectivités territoriales volontaires de proposer à chaque enfant un parcours éducatif cohérent et de qualité avant, pendant et après l'école, organisant ainsi, dans le respect des compétences de chacun, la complémentarité des temps éducatifs. (…)

Le projet éducatif territorial est un outil de collaboration locale qui peut rassembler, à l'initiative de la collectivité territoriale, l'ensemble des acteurs intervenant dans le domaine de l'éducation : le ministère de l'Éducation nationale, le ministère des Sports, de la jeunesse, de l'Éducation populaire et de la Vie associative, les autres administrations de l'État concernées (ministère de la Culture et de la Communication, ministère délégué à la ville, ministère délégué à la famille, notamment), les caisses d'allocations familiales ou la mutualité sociale agricole, les autres collectivités territoriales éventuellement impliquées, ainsi que des associations de jeunesse et d'éducation populaire, ou d'autres associations et institutions à vocation sportive, culturelle, artistique ou scientifique notamment, et des représentants de parents d'élèves.

L'objectif du projet éducatif territorial est de mobiliser toutes les ressources d'un territoire afin de garantir la continuité éducative entre, d'une part les projets des écoles et, le cas échéant, les projets des établissements du second degré et, d'autre part, les activités proposées aux enfants en dehors du temps scolaire. Il doit donc permettre d'organiser des activités périscolaires prolongeant le service public d'éducation et en complémentarité avec lui. Il peut être centré sur les activités périscolaires des écoles primaires ou aller jusqu'à s'ouvrir, selon le choix de la ou des collectivités intéressées, à l'ensemble des temps scolaire, périscolaire et extrascolaire, de l'école maternelle au lycée, à l'instar de certains Projets éducatifs locaux actuels. (…)

Les atouts potentiels du PEdT pour concrétiser les principes républicains et égalitaires de l'éducation

L'institutionnalisation du PEdT doit beaucoup aux circonstances et aux objectifs qui y ont présidé : accompagner la nouvelle organisation des temps scolaires dans les écoles primaires et lui donner un cadre fédérateur et mobilisateur pour mettre ces temps en cohérence avec le développement des activités dites « périscolaires », voire « extrascolaires ». Mais au-delà, par les dynamiques qu'elle impulse et autorise, du moins au plan local, elle vise ou pourrait contribuer à atteindre des objectifs plus fondamentaux.

Un projet pour tous les enfants, tous les jeunes, scolarisés ou non ?

Certes, à différents égards, le PEdT peut ou risque de se réduire, comme l'ont fait remarquer les signataires de l'Appel de Bobigny, *« à un simple agencement technique des moyens disponibles sur un territoire (équipements, personnels, actions, dispositifs et financements) »*. En outre il est (trop ?) souvent présenté comme ayant pour objectif essentiel de contribuer à la « réussite scolaire » des enfants scolarisés à l'école primaire. Il active certes quelques clefs de modification des rythmes et, en partie, des espaces éducatifs de ces enfants. Mais il semble solliciter, au sujet de cette « réussite », la réorganisation des moyens et des méthodes des acteurs extérieurs à l'école bien plus que de nouvelles contributions pédagogiques de ceux de l'école – mis à part le remaniement des temps de travail des enseignants et l'installation de 36 heures annuelles d'« activités pédagogiques complémentaires » en direction d'enfants en difficulté, en remplacement de l'« aide personnalisée » antérieure, particulièrement mal vécue par ces enfants.

Toutefois la circulaire du 20 mars 2013 manifeste à plusieurs reprises l'intention – et ouvre donc l'opportunité – d'affirmer le caractère généraliste, global, transversal et républicain du PEdT :

– d'une part, en évoquant la possibilité que celui-ci s'adresse à terme à tous les enfants et à tous les jeunes, de tous âges, scolarisés ou non, d'un territoire donné ;

– d'autre part, en s'intéressant à tous leurs temps et à tous leurs espaces éducatifs et sociaux, et donc en mobilisant tous les acteurs associés à ceux-ci ;

– enfin et surtout, en contribuant à lutter contre les inégalités éducatives par la prise en compte d'un certain nombre de facteurs locaux qui les engendrent, les entretiennent ou les aggravent.

Extraits de la circulaire du 20 mars 2013 relative au PEdT

Le projet éducatif territorial permet un partenariat entre les collectivités territoriales qui en ont pris l'initiative et les services de l'État afin de soutenir des actions correspondant à des besoins identifiés sur chaque territoire. Il favorise les échanges entre les acteurs tout en respectant le domaine de compétences de chacun d'entre eux, et contribue à une politique de réussite éducative et de lutte contre les inégalités scolaires ou d'accès aux pratiques de loisirs éducatifs. La commune ou l'EPCI assure la coordination des actions et leur conformité avec les objectifs retenus. Un comité de pilotage réunit l'ensemble des acteurs pour élaborer et suivre la mise en œuvre du projet éducatif territorial. (…)

Les activités éducatives que propose le projet éducatif territorial peuvent s'articuler, le cas échéant, avec les projets d'éducation artistique et culturelle mis en œuvre sur le temps scolaire, de même qu'avec les projets conçus sur le temps extrascolaire notamment en matière d'offre d'activités physiques et sportives. (...)

Les activités proposées dans ce cadre n'ont pas de caractère obligatoire, mais chaque enfant doit avoir la possibilité d'en bénéficier. (...)

Le projet éducatif territorial s'appuie sur les personnels d'animation, et mobilise le mouvement associatif (associations complémentaires de l'enseignement public, mouvements de jeunesse et d'éducation populaire, mouvement sportif local, institutions culturelles, associations locales, etc.). Il peut également mobiliser les bénévoles et les associations de parents. (...)

Les activités proposées dans le cadre du projet éducatif territorial ont vocation à s'adresser à tous les enfants. Elles doivent favoriser le développement personnel de l'enfant, de sa sensibilité et de ses aptitudes intellectuelles et physiques, son épanouissement et son implication dans la vie en collectivité. Elles ne doivent pas se limiter à des activités dites d'éveil, mais prendre en compte l'enfant dans toutes ses dimensions et dans son environnement. Elles doivent rechercher la cohérence et la complémentarité entre elles et avec le projet d'école.

Ainsi organisé, le projet éducatif territorial a l'ambition de mieux articuler les différents temps de l'enfant en s'appuyant sur la mobilisation de tous les acteurs impliqués, et de donner une nouvelle cohérence à la journée de l'enfant, afin de contribuer à mettre en place les conditions de sa réussite scolaire et de son épanouissement.

On notera que la nouvelle rédaction de l'article L551-1 du Code de l'éducation, telle qu'elle résulte de l'article 66 de la loi du 8 juillet 2013, affiche elle aussi un **souci de prévention des inégalités** dans l'accès aux activités éducatives pendant les temps libres des « élèves ». Au passage cependant, on l'a souligné, elle supprime toute référence explicite à la participation des parents – et *a fortiori* des enfants et des jeunes – lors de « l'élaboration et la mise en application » du PEdT.

Article L551-1 du Code de l'éducation – Des activités périscolaires prolongeant le service public de l'éducation, et en complémentarité avec lui, peuvent être organisées dans le cadre d'un projet éducatif territorial associant notamment aux services et établissements relevant du ministre chargé de l'Éducation nationale, d'autres administrations, des collectivités territoriales, des associations et des fondations, sans toutefois se substituer aux activités d'enseignement et de formation fixées par l'État. L'élaboration et la mise en application de ce projet sont suivies par un comité de pilotage.

Le projet éducatif territorial vise notamment à favoriser, pendant le temps libre des élèves, leur égal accès aux pratiques et activités culturelles et sportives et aux nouvelles technologies de l'information et de la communication. Les établissements scolaires veillent, dans l'organisation des activités périscolaires à caractère facultatif, à ce que les ressources des familles ne constituent pas un facteur discriminant entre les élèves.

Des inégalités sociales amplifiées à l'école et dans tous les espaces éducatifs

Le constat n'est plus à faire, aujourd'hui, et notamment en France, de la reproduction des inégalités sociales et culturelles sinon par l'école, du moins à l'école. Le projet historique de l'école de la République, auquel nombre de parents, d'enseignants et d'élus souhaiteraient pouvoir encore adhérer, consiste à considérer celle-là comme le moyen de permettre l'accès de tous les enfants à tous les statuts professionnels et sociaux au motif que, en théorie, les formations et les diplômes qu'elle délivre sont ouverts à tous et ne sont pas décernés selon l'origine sociale. Un certain déni collectif a alors été entretenu à propos moins des singularités des enfants que de la détermination de leurs parcours scolaires par leurs conditions familiales et sociales[343]. À cet effet, l'école républicaine a initialement cherché à organiser, voire à imposer, une coupure entre l'univers scolaire d'une part, la sphère familiale et l'environnement social d'autre part. Ce cloisonnement, plus récemment désigné sous le terme – malheureux, au regard de l'affirmation laïque de l'institution scolaire – de « sanctuarisation », a rencontré ses prévisibles limites au fur et à mesure que se massifiait la scolarité primaire puis, surtout, secondaire.

Dès 1964 – mais le constat reste largement d'actualité –, les sociologues Pierre Bourdieu et Jean-Claude Passeron[344] avaient relevé que les enfants des classes « dominantes » étaient surreprésentés dans les universités et les grandes écoles par rapport aux enfants des classes « dominées ». Ils montraient que les causes n'en étaient pas seulement économiques, mais que des déterminismes socioculturels empêchaient aussi la majorité des enfants des classes « dominées » de se hisser au niveau des classes « dominantes », celles-ci étant favorisées par une sorte de connivence de langage et de valeurs avec le système scolaire. Selon les auteurs, l'école reproduit les inégalités parce qu'elle pense traiter également tous les enfants alors qu'ils sont en réalité différents selon leur origine sociale.

343. Cf. Christelle Pouliquen, *Un projet d'éducation : pour quel développement territorial ? Quels temps, espaces et contenus éducatifs ?* Texte d'orientation des rencontres nationales des PEL de Brest de novembre 2011. ☞ *www.pel-brest.net/IMG/pdf/Texte_d_orientation_definitif.pdf*

344. Pierre Bourdieu, Jean-Claude Passeron, *Les héritiers : les étudiants et la culture*, Minuit, 1964.

Il est illusoire, en d'autres termes, de prétendre vouloir laisser au seuil de l'école les réalités familiales et sociales que l'enfant, non réductible au statut administrativo-juridique d'« élève », porte en lui et qu'il importe en classe (mais aussi en cours de récréation, au restaurant scolaire, au centre de loisirs, etc.). Ces réalités intériorisées conditionnent en grande partie ses rapports aux savoirs, à la culture et à l'éducation au sens large du terme.

Les expériences, éducatives et de vie, non scolaires sont d'autant plus déterminantes que le nombre d'heures réellement passées à l'école par les enfants, et consacrées à des activités exclusivement scolaires, n'a cessé de diminuer depuis un siècle : de 1 340 heures par an à l'école primaire en 1910, il s'est réduit à 864 heures en 2010 [345], soit 9,6 % du temps global de vie calculé sur 365 x 24 heures. Autrement dit, plus de 90 % du temps de l'enfant se passe : pour une très large part en famille (leçons et devoirs scolaires compris), où il reçoit une éducation familiale (incluant l'essentiel du rapport au sommeil et à l'alimentation) assortie de l'accès à divers loisirs domestiques ou extérieurs ; et, pour une part très variable, dans différents espaces à vocation plus ou moins éducative, dont certains sont qualifiés de « périscolaires » et d'autres, consacrés aux temps libres, sont diversement accompagnés et structurés. Selon les circonstances et les budgets, tant familiaux que communaux, les activités proposées pendant ces différents temps peuvent se réduire à des « divertissements » peu soucieux d'éducation émancipatrice, qu'ils soient médiocrement occupationnels, qu'ils soient conçus et vendus par le secteur marchand du loisir avec le souci de séduire les parents plutôt que d'intéresser les enfants, ou qu'ils soient réduits à un simple gardiennage sécurisé, voire sécuritaire.

Force est donc de constater la persistance et, peut-être, l'aggravation de la tension entre les idéaux d'égalité et de liberté dans le champ éducatif élargi : les enfants, loin d'être égaux devant les savoirs scolaires, sont loin de l'être aussi devant les temps libres, c'est-à-dire devant la quantité et la qualité des loisirs, intra ou extrafamiliaux, auxquels ceux-ci donnent lieu (ou non). L'évolution exponentielle du temps passé à ce titre, pour de multiples raisons, devant les différents écrans à la portée des enfants et des jeunes, notamment dans l'espace familial, complexifie en outre, depuis près de 20 ans, la question de l'exclusivité décroissante de l'école dans la part des ressources éducatives et cognitives mises à la disposition des enfants. Les réseaux numériques constituent moins un quatrième espace-temps potentiellement éducatif (avec la famille, l'école et les activités de loisirs) qu'un dispositif qui colonise et, dans certaines conditions, peut relier entre eux

345. Éventuellement complétées de demi-journées de stages de remise à niveau pour les enfants de cycle 3 en difficulté, et de 72 heures d'« aide personnalisée » (transformées par la réforme des rythmes de 2013 en 36 heures d'« activités pédagogiques complémentaires »).

ces autres espaces-temps, à l'initiative partielle de chaque enfant ou de chaque jeune, lequel peut y trouver une certaine créativité et une – relative – autonomie.

Dans ce contexte, l'école a commencé à vouloir nouer un certain nombre de contacts avec les parents et d'autres acteurs éducatifs et sociaux de proximité. Réciproquement, ceux-ci ont commencé à solliciter de nouveaux types d'échanges avec elle. Mais cela s'est souvent fait de façon paradoxale et maladroite[346]. Sans renoncer tout à fait à un besoin ou à une volonté de maintenir les familles et leurs réseaux sociaux à distance, la plupart des enseignants formulent désormais un certain nombre d'attentes, sinon d'exigences, vis-à-vis d'eux[347]. Mais ils leur demandent le plus souvent de prolonger le travail scolaire, à travers les devoirs par exemple, quoique pas seulement. Or ces attentes entérinent ou accentuent les inégalités sociales *« en faisant effectuer le travail dans des contextes matériels, sociologiques et psychologiques très hétérogènes »*[348].

Objectivement, « sur le terrain » comme à travers les textes ministériels les plus récents, des efforts sont menés par l'institution scolaire pour concéder une nouvelle place aux parents – y compris au sens propre du terme, en leur attribuant, si possible, des locaux spécifiques au sein des établissements[349]. Ou pour envisager des démarches coéducatives avec eux en cas de difficultés individuelles s'exprimant dans le cadre scolaire et pour les associer alors à des démarches plus ou moins contractualisées (Projets personnalisés de réussite éducative, Projets d'adaptation individualisée pour les enfants présentant des problèmes de santé chronique, Projets person-

346. François Dubet (dir.), *École, familles : le malentendu, op. cit.*

347. Et réciproquement, de plus en plus, même si les attentes et les exigences des parents envers les enseignants ne sont souvent pas du même ordre, ce qui aggrave le « malentendu ».

348. Philippe Meirieu, *Devoirs (à la maison)*, Petit dictionnaire de pédagogie,
☞ *www.meirieu.com/DICTIONNAIRE/dictionnaireliste.htm*

349. C'est cependant de façon ambiguë que la circulaire n° 2013-060 du 10 avril 2013 *« d'orientation et de préparation de la rentrée »* prévoit cette possibilité (déjà concrétisée dans certaines communes et écoles). Elle la réserve en effet à une partie seulement des parents, dans un esprit paternaliste, compassionnel, voire intrusif, qui en condamne sans doute d'avance la pertinence et la faisabilité. Le paragraphe III-5 de cette circulaire, intitulé *« Améliorer le dialogue entre l'École, ses partenaires et les familles »*, comporte ainsi un § 2, *« Mieux associer les parents à la réussite scolaire et éducative »*, qui indique notamment : *« Renforcer le lien entre l'École et les familles et mieux prendre en compte notamment les situations de vulnérabilité et de grande pauvreté constituent des leviers efficaces pour lutter contre les inégalités et construire l'École de la réussite de tous les élèves, dans une perspective de coéducation. Pour cela, des « espaces parents », lieux dédiés aux rencontres individuelles et collectives, seront progressivement mis à leur disposition dans les locaux scolaires, en lien avec les collectivités territoriales. Des actions de soutien à la parentalité seront conduites au sein des établissements ou à l'extérieur, avec le concours des membres des équipes éducatives, pour renforcer les partenariats avec les parents et leurs associations »*.
☞ Le texte intégral sur *www.education.gouv.fr/pid25535/bulletin_officiel.html?cid_bo=71409*

nalisés de scolarité pour les enfants reconnus en situation de handicap, Programmes de réussite éducative pilotés par les mairies, etc.). Mais il est bien rare qu'en ces occasions les compétences éducatives spécifiques, personnelles ou collectives, des parents soient reconnues et sollicitées. Le dialogue établi est souvent inégalitaire et fonctionne à sens unique. Si la confiance et l'information réciproques sont officiellement requises, c'est surtout pour que l'école puisse expliquer, faire comprendre et justifier ses choix, pour qu'elle donne à voir et à comprendre ses façons de faire. Il est plus rare que, de façon équivalente, les parents puissent faire valoir leurs propres points de vue éducatifs. Ceux qui le font de façon agressive sinon violente restent moins nombreux que la grande masse des intimidés, et ne sont guère représentatifs, sinon de la difficulté de réunir les conditions de vrais échanges[350].

C'est donc plutôt ou surtout en dehors de l'institution scolaire qu'une démarche authentiquement coéducative peut être instaurée à l'intention des parents, et l'être avec les acteurs scolaires mais aussi non scolaires, en les invitant – on l'a plusieurs fois suggéré – à **se placer à leurs côtés et non plus dans une posture de face à face ou de dos à dos avec eux.** Cette démarche peut concerner notamment les différents temps libres des enfants, leurs dimensions potentiellement éducatives, voire complémentaires des apprentissages scolaires, et leurs contributions au développement des compétences culturelles, sportives, civiques ou encore à la santé et plus généralement au bien-être global des jeunes générations. Or, si les temps libres relèvent en premier lieu de la responsabilité et des « choix » des familles, ces choix sont eux-mêmes déterminés, outre par les ressources ou les contraintes de celles-ci, par l'existence, la pertinence, la qualité et l'accessibilité des « offres locales » créées et mises à disposition par les collectivités locales et leurs partenaires, institutionnels et associatifs.

Les PEL et désormais les PEdT fournissent une occasion exceptionnelle, et véritablement politique, de relever la part non strictement scolaire de ces enjeux de lutte contre les inégalités éducatives, et de le faire sur un mode coopératif et participatif. Ou, pour le dire autrement, en activant une dynamique de coéducation démocratique. Il convient pour cela que l'ensemble des acteurs concernés se donnent les moyens méthodologiques puis opérationnels d'identifier, de réduire et si possible de résoudre les considérables inégalités de tous ordres dont les dimensions éducatives, socialisatrices et émancipatrices des temps libres font l'objet, d'un territoire à l'autre ou au sein d'un même territoire.

350. Cf. notamment Georges Fotinos, *L'état des relations école/parents : entre méfiance, défiance et bienveillance*, téléchargeable sur ☞ *www.casden.fr*, 2014, et le Rapport de la mission d'information *« sur les relations entre l'école et les parents »*, Commission des affaires sociales et de l'éducation de l'Assemblée nationale, 9 juillet 2014, *op. cit.*

À titre d'exemples, les partenaires du PEdT devront se pencher sur les déclinaisons locales d'un certain nombre de questions dont l'importance et la prévalence sont assez bien repérées au niveau national, telles que :

– la difficulté pour certains enfants d'accéder à des pratiques culturelles, artistiques ou sportives de qualité pendant et surtout après (ou en lien avec) les temps scolaires lorsque les activités périscolaires mises en place ou soutenues par la commune ne le permettent pas ou qu'elles se déroulent sur des temps ou dans des espaces qui concurrencent l'accès à ces pratiques ;

– le fait que les activités de soutien scolaire ou d'« accompagnement à la scolarité » proposées, dans un cadre public ou associatif, aux enfants qui en ont besoin viennent souvent alourdir leurs journées scolaires – alors que ces enfants sont déjà souvent fatigués ou fatigables – au lieu d'être développées sous des formes pédagogiquement attractives et efficaces pendant leurs temps libres ;

– le fait que, pour des raisons souvent liées aux contraintes financières ou à diverses réticences des parents, et qu'il convient de comprendre plutôt que de constater passivement ou de stigmatiser inutilement, un nombre croissant d'enfants ne bénéficient ni de vacances familiales ni de séjours collectifs dans des minicamps ou des centres de vacances avec hébergements agréés[351] ;

– le déficit habituel de structures et de dispositifs de loisirs appropriés aux besoins et aux aspirations des adolescents et des adolescentes – ainsi qu'aux préoccupations parentales spécifiques à leurs âges – et qui requièrent l'engagement de démarches concertées avec eux prenant en considération leurs intérêts, leurs propositions et leurs critères (souhaits de présence et de visibilité dans les espaces publics, goût pour les regroupements et les déplacements, pour les activités non excessivement structurées mais favorisant l'expression et la créativité, pour l'exploration de domaines leur permettant d'éclairer les choix scolaires et professionnels qu'ils doivent faire, etc.) ;

– et, plus généralement, les difficultés objectives rencontrées par les parents biactifs, ou vivant en foyers monoparentaux, ou contraints par des horaires de travail atypique, ou disposant de faibles revenus, etc. pour garantir à leurs enfants la fréquentation d'accueils et d'activités « périscolaires » ou de structures de loisirs de qualité le soir ou le mercredi, et pour « gérer » sans acrobaties excessives les 4 mois de vacances scolaires cumulées que comporte actuellement l'année scolaire (pendant que, si-

351. On estime que, en France, sur près de 15 millions d'enfants, 3 millions ne partent jamais en vacances, dont 2 millions ne partent même pas une nuit dans l'année.

multanément, des familles aisées ou résidant dans des communes riches tendent à surdensifier les temps libres de leurs enfants, de façon parfois inappropriée aux besoins de repos de ceux-là).

La participation des parents est essentielle…

De telles problématiques et bien d'autres, sur lesquelles les démarches de PEdT doivent se pencher de façon à la fois descriptive, analytique, pragmatique et prospective, nécessitent de ne se priver ni du recueil des témoignages et des points de vue des parents, ni de leur expertise d'expérience et de leur expertise d'usage, ni du relevé de leurs propositions. Au-delà de la seule question des temps libres, dont ils sont les acteurs centraux, la participation libre, active et authentiquement valorisée des parents est indispensable sur l'ensemble du processus d'échanges et de production du PEdT : à la phase de consultation initiale sur l'état des lieux et sur les valeurs éducatives à partager ou à promouvoir au niveau territorial, puis à la phase d'élaboration des orientations et des activités projetées et soumises à validations institutionnelles, à celle enfin du suivi de la mise en œuvre et de l'évaluation régulière de celles-ci.

De fait, aujourd'hui, c'est assez différemment de ce qui caractérise les relations avec les institutions scolaires que les attentes en direction des parents sont de plus en plus souvent exprimées, et les aspirations et propositions de ceux-là prises en considération, par nombre de décideurs et d'acteurs des autres temps et espaces éducatifs : élus et services concernés des collectivités territoriales, Caisses d'allocations familiales, mouvements d'éducation populaire, associations à vocation éducative. Ces nouvelles approches reposent par exemple sur la mise en place et la valorisation d'actions et de loisirs partagés associant parents et enfants, d'actions d'« accompagnement à la scolarité » impliquant la présence et la participation des parents, etc. On observe parfois aussi, au niveau local, la prise en compte accrue des parents en tant qu'habitants, et pas seulement en tant que parents, par exemple dans le cadre des Conseils de quartier ou de certains Réseaux d'écoute, d'appui et d'accompagnement des parents (REAAP) plus engagés dans une logique de promotion de la condition parentale que de « soutien à la parentalité »[352]. On observe de même une certaine revalorisation de l'appel lancé et/ou de l'accueil réservé à diverses contributions bénévoles (en général bienveillantes…) et de proximité à l'éducation des enfants qui peuvent provenir

352. Cf. la première partie du présent chapitre, ainsi que : Frédéric Jésu, « Promouvoir la démocratie éducative au sein des familles et dans les politiques publiques : de nouveaux enjeux pour les Réseaux d'écoute, d'appui et d'accompagnement des parents », *Journal du Droit des Jeunes*, n° 326, juin 2013, p. 44-55.

d'habitants non parents mais motivés et solidaires, de retraités disponibles, d'artisans et d'artistes, d'intermittents du spectacle, etc.

Aussi est-il regrettable que les textes officiels relatifs au PEdT s'avèrent aussi peu prolixes et aussi peu incitatifs au sujet de cette participation des parents et des autres habitants. Rien n'empêche toutefois les collectivités locales de prendre l'initiative de se montrer plus créatives et plus ouvertes à ce sujet que le législateur ou les administrations ministérielles, ne serait-ce que pour accroître leurs chances de renforcer le bien-fondé, l'appropriation et donc l'efficacité locales de leur PEdT. Et, à cette occasion, pour rechercher avec leurs partenaires – y compris ceux des services extérieurs de l'État – et avec l'ensemble des familles les meilleurs moyens locaux de circonscrire et de réduire les risques de non-accès de certains enfants à des activités « périscolaires » et à des loisirs éducatifs de qualité.

… ainsi que celle des enfants et des jeunes

Bien entendu, pour de proches raisons et pour bien d'autres encore (y compris juridiques), ce qui vient d'être formulé à propos de la participation active et éclairante des parents peut l'être aussi à propos de celle des enfants et des jeunes – même si les références législatives et réglementaires fondatrices du PEdT sont moins disertes encore sur ce point. Du moins faisons-nous le choix de cet euphémisme pour ne pas injurier l'avenir : en réalité, ces textes sont totalement muets, ce qui peut être interprété comme une absence d'obstacle juridique à ce que soit envisagée et activée la participation des enfants et des jeunes au processus du PEdT !

Les temps scolaires et les temps libres des enfants et des jeunes restent essentiellement organisés – sur l'année, la semaine et la journée – à partir de ceux des adultes et en fonction d'enjeux économiques (liés aux loisirs, aux vacances, au tourisme, à l'organisation du travail) qui ne tiennent pas compte de leurs caractéristiques et besoins propres, par ailleurs fort variables selon leurs âges. Les temps d'ouverture définis et les activités mises en place par les établissements scolaires ou par les structures d'accueil et d'animation dédiées aux temps libres sont le plus souvent aménagés en fonction des temps de travail et de repos des seuls adultes (professionnels et parents). Aussi les rythmes fondamentaux des enfants – ceux du corps, du repas, du repos, du sommeil, du développement psychomoteur, du jeu, des relations affectives – sont-ils insuffisamment pris en considération pour organiser leurs temps, leurs espaces, leurs parcours et leurs loisirs éducatifs.

Les enfants et les jeunes peuvent témoigner de ces dysfonctionnements, parfois majeurs, dont ils sont les principales victimes : soit directement, en exprimant leurs préoccupations, avec leurs mots et leurs critères d'appréciation, à qui veut bien s'y intéresser et les écouter ; soit indirectement, par un certain nombre de comportements, de signes de fatigue, de difficultés, de découragements ou de « décrochages » divers qu'il convient d'observer et d'analyser comme tels. Or, comme l'affichent nombre de discours officiels et comme le souhaiteront sans doute la plupart des parents et des professionnels impliqués, il est attendu des PEdT qu'ils assurent une cohérence réelle – c'est-à-dire bientraitante et préventive des stagnations ou des ruptures de parcours éducatifs – entre les besoins fondamentaux des enfants, leurs temps scolaires et leurs temps familiaux et sociaux. Si l'on admet que cette cohérence ne peut être obtenue des seuls réaménagements décidés par et entre les adultes et en considération de leurs seules contraintes, aussi respectables soient-elles, il faudra alors se résoudre non seulement à observer les enfants et les jeunes, mais aussi à les consulter à ce sujet, dans des conditions appropriées à leurs âges, et à prendre leurs points de vue en considération avant de passer à la phase décisionnelle – et même après cette phase, pour évaluer avec eux le bien-fondé et les impacts des décisions prises.

L'expertise spécifique, d'expérience et d'usage, des enfants et des jeunes peut en outre s'avérer précieuse, voire incontournable, dans un certain nombre d'autres domaines que ceux portant sur les seuls réaménagements de leurs rythmes de vie et d'apprentissages.

Ainsi en va-t-il, on l'a vu, des Règlements intérieurs des structures éducatives – scolaires, « périscolaires » ou de loisirs – qu'ils fréquentent. On apprend souvent, à l'écoute des enfants et des jeunes, que ces règlements se caractérisent plus souvent par la liste de ce qu'ils interdisent et sanctionnent que par celle de ce qu'ils autorisent et encouragent, revêtant ainsi une fonction de répression plutôt que de socialisation de leurs conduites, au fil des circonstances de la vie collective. Ou encore que les logiques qui président à ces règles ne sont que rarement explicitées, ce qui les rend **peu formatives pour la construction de leur sens civique et l'exercice progressif de leur citoyenneté.** Et aussi que certaines des règles édictées à leur intention ne s'appliquent pas toujours, ou s'appliquent autrement, aux adultes en situation éducative chargés de les faire connaître et respecter, ce qui les amène à douter de l'universalité des principes qui les inspirent et à nourrir tant leurs conceptions de la relativité des interdits formulés que leurs motivations à les transgresser. Ou enfin que, d'une structure éducative à l'autre et donc souvent, pour eux, d'un moment de la journée, de la semaine ou de l'année à l'autre, les principes directeurs et les déclinaisons pratiques des Règlements intérieurs peuvent considérablement varier.

Pour l'ensemble de ces raisons, les PEdT pourraient rechercher : d'une part les moyens d'associer les enfants et les jeunes à l'élaboration des Règlements intérieurs (et des échelles de sanctions afférentes) dont ils sont les premiers à connaître et à évaluer les effets sur leur vie collective quotidienne ; d'autre part à veiller à l'harmonisation, à la mise en cohérence et donc à l'appropriation des logiques et des contenus des règlements édictés par les différentes structures éducatives que les enfants et les jeunes sont amenés à fréquenter successivement.

Un autre domaine sur lequel les points de vue et les expériences des enfants et des jeunes doivent être sollicités est celui des déplacements que requièrent, selon les tranches d'âges, leurs accès, accompagnés ou non par les parents ou par d'autres adultes, aux ressources scolaires et éducatives de leur territoire de vie. L'analyse de ces déplacements et des moyens de transport qui les permettent peut amener à poser la question des échelles territoriales appropriées du PEdT : quartier ou commune pour les plus jeunes, communauté de communes, pays ou département pour les collégiens, région pour les lycéens et les apprentis… La thématique de la mobilité et des déplacements peut être au cœur de certains aspects du parcours et des contenus de l'éducation en ce qu'elle conditionne, au-delà de l'accessibilité concrète aux ressources, des enjeux d'autonomie, d'apprentissage des modes de transport individuels ou en commun, de responsabilité, de civilité, de sécurité, de réglementation, de respect de l'environnement ; mais aussi de fatigue, de santé, de gestion des temps, etc.[353]

Les réflexions menées avec les enfants et les jeunes autour de la question de leurs déplacements portent plus largement sur celle de leur place dans l'espace public. Les enfants et les jeunes habitent, expérimentent, parcourent la ville de façon particulière, au regard de leurs besoins et contraintes de mobilité, de leurs temps libres, des trajets spécifiques et réguliers qu'ils sont amenés à y effectuer. Dès lors, et avec leurs concours et ceux de plusieurs services municipaux, le PEdT doit pouvoir s'intéresser aussi aux aménagements urbains de façon à ce qu'ils prennent en compte leurs jeunes usagers en leur proposant des espaces sécurisés de jeux, d'expérimentation, d'expression et d'autonomie, conçus avec eux et avec les autres générations concernées par le partage des espaces publics (places, rues piétonnes, squares, parcs, etc.).

Un troisième exemple de domaine éducatif nécessitant la connaissance des pratiques, le recueil des points de vue et l'éclairage des enfants et des jeunes est celui de leurs modes de fréquentation des espaces virtuels, des temps qu'ils y consacrent, et des avantages et des inconvénients qui en résultent en termes d'apprentissages, de loisirs et de relations. En échangeant librement avec eux, sans préjugés positifs ou négatifs, les acteurs éducatifs – parents et professionnels – doivent prêter une attention ouverte aux remaniements des espaces-temps « traditionnels » de l'éducation qu'entraînent les usages, parfois massifs, des « nouvelles » technologies d'information

353. Cf. Christelle Pouliquen, *Un projet d'éducation : pour quel développement territorial ? Quels temps, espaces et contenus éducatifs*, *op. cit.*

et de communication. Ceux-ci amènent en effet à s'intéresser – pour s'en inquiéter ou pour en rechercher l'intégration contrôlée – aux rythmes de fréquentation, aux sources, aux contenus, aux compétences inédites, aux réseaux et modes relationnels « dématérialisés », etc. qui caractérisent les apprentissages de tous ordres et les loisirs que ces outils permettent d'approcher – ou qu'ils viennent concurrencer.

L'abolition apparente des frontières, sinon des langues, que favorisent ces technologies et les outils qu'elles mettent à la disposition des enfants et des jeunes pourrait donner à penser qu'elle rend obsolète la référence au « territoire » éducatif. À l'écoute des jeunes, il apparaît cependant qu'il n'en est rien. D'une part ceux-ci sont tenus de demander à leurs parents, à leur école, à leur centre de loisirs, aux associations de proximité qu'ils fréquentent, etc. de leur permettre l'accès et le recours à des matériels et des logiciels correspondant à leurs besoins d'ouverture, de découverte, d'apprentissages, d'expression, de création et de communication. Dès lors et d'autre part, le rôle que les enfants et les jeunes attendent des acteurs éducatifs qu'ils côtoient au quotidien pourrait consister moins à leur apprendre la maîtrise technique de ces outils – ce dont ces adultes ne sont d'ailleurs pas toujours capables – qu'à les guider sur la voie de leur utilisation autonome et sur celle de l'organisation raisonnée des connaissances et des compétences qu'ils permettent d'acquérir, à les éclairer sur les inconvénients et les dangers qu'ils recèlent, à les aider à identifier et maîtriser ces risques, mais aussi à les encourager à mettre l'ensemble de ces potentialités au service de leur créativité et de leurs projets. Bref à les accompagner, dans le cadre d'une relation de proximité préservée, dans leurs explorations de tout ce qui relève du savoir, du savoir-faire et du savoir-être au fil des navigations qu'ils expérimentent au sein de ces espaces numériques sans frontières et plus ou moins exempts de bornes temporelles, mais dont nul ne peut aujourd'hui dénier l'importance et les perspectives vertigineuses qu'ils recèlent – y compris en matière de développement de la participation démocratique.

Autrement dit, les enfants et notamment les plus jeunes font généralement savoir à leurs parents et à leurs éducateurs que l'approche éducative reste possible et qu'elle s'avère même désirée au cœur de l'usage accompagné qu'ils entendent faire de technologies de plus en plus présentes dans leur vie quotidienne et dans leur environnement. On comprend à leur écoute que nul PEdT ne peut, en s'en désintéressant par principe ou par archaïsme mais en s'effaçant alors devant de puissantes logiques prosélytes ou mercantiles, refuser d'intervenir activement sur les questions que posent les espaces virtuels et les réseaux relationnels qui s'y déploient, ni de se « connecter » aux opportunités éducatives qu'elles ouvrent[354]. Ni de se

354. Cf. les « classes inversées », les vidéos en ligne de la Kahn Academy, les universités numériques (MOOCs), etc.

soucier, pour s'employer à les résoudre, des difficultés auxquelles restent exposés, à leur détriment, certains enfants, certains jeunes, voire certains parents, pour accéder à ces espaces, ces réseaux et ces opportunités.

Les bases politiques et juridiques de la participation des parents, des enfants et des jeunes à l'élaboration, la mise en œuvre et l'évaluation du PEdT

On a évoqué à plusieurs reprises dans quelle mesure et à quelles conditions le PEL et – l'avenir le dira – le PEdT pourraient être considérés comme des supports politiques et institutionnels de premier ordre de la coéducation en action.

On a ajouté qu'ils pourraient permettre aussi de **revitaliser et de renouer avec le projet républicain de l'école** qui, mis à mal depuis plusieurs décennies par la crise du sens, des valeurs, des méthodes et des moyens de l'éducation scolaire, éprouve en France des difficultés massives et chroniques à réduire les inégalités sociales et culturelles et même à en prévenir l'aggravation. Le PEL et – dans une moindre mesure peut-être, dans sa phase de mise en place – le PEdT proposent en effet de rapprocher et d'associer, dans des logiques de projets, la communauté relativement homogène des acteurs de l'école et la multitude de ces autres acteurs éducatifs qui, depuis toujours présents sur des espaces-temps différents et complémentaires de ceux de l'école, sont territorialement proches des premiers mais bien moins reconnus et légitimés par les institutions de la République, à savoir : d'une part, les professionnels (publics et associatifs) des temps « périscolaires » et des temps libres ; et, d'autre part, les parents.

Il s'agit, à l'occasion de ces rapprochements locaux : tout d'abord de **réaffirmer des principes et des valeurs supposés communs** à l'ensemble des acteurs en présence, de façon à privilégier et partager une approche émancipatrice, laïque, non consumériste et non occupationnelle de l'éducation (au sens large du terme) de l'ensemble des enfants et des jeunes ; et d'agir ensuite pour que le projet républicain de l'école s'intègre dans un projet éducatif plus global mais qui reste républicain dans la mesure où il est démocratiquement décliné au niveau de chaque collectivité locale appelée à mobiliser l'ensemble de ses ressources et à déployer sa créativité dans le cadre de la loi nationale. L'atteinte et l'articulation de ces deux objectifs fondamentaux ne sont pas acquises d'avance, et elles dépendent en grande partie de l'exigence démocratique qui va présider au processus de développement social qu'elles instaurent sur le territoire qui s'en saisit.

Une participation de tous les acteurs, de la conception à l'évaluation du projet

Une telle perspective s'inscrit à l'évidence non seulement dans le contexte de la décentralisation croissante des politiques éducatives mais aussi, et pour des raisons qui s'y rattachent, dans celui de la démocratisation des politiques et des relations éducatives, sinon d'emblée au sein des écoles, du moins autour et en dehors d'elles. Comme l'ensemble du présent ouvrage s'emploie à le mettre en lumière ou tout du moins à en soutenir le pari, cette tendance à la démocratisation des relations éducatives de proximité s'exprime aujourd'hui : au sein des familles, inéluctablement, entre pères, mères, enfants, « beaux-parents », grands-parents, etc. ; au sein des services et des établissements à vocation éducative, progressivement, entre adultes, entre enfants et adultes ainsi qu'entre enfants eux-mêmes ; mais aussi, et le déploiement des PEL et désormais des PEdT pourrait largement et profondément y contribuer, entre les familles – parents et enfants – et ces institutions.

Il convient tout d'abord que le lancement d'une démarche de PEL ou de PEdT permette de **promouvoir un processus décisionnel ouvert** visant à structurer les relations entre les partenaires politiques, institutionnels et associatifs, et ceci en vue de la définition et de l'explicitation collectives des objectifs poursuivis, de la formulation et de la concrétisation d'engagements réciproques, de l'adoption de modalités partagées de suivi et d'évaluation des actions. Mais il convient tout autant que, au fil de ce processus et pour en attester la dimension démocratique, les réponses et les actions proposées avec et pour les familles (parents, enfants et jeunes) privilégient une participation effective, c'est-à-dire influente, de leur part. Et ceci non seulement aux phases de leur coconception et de leur coconstruction, mais aussi à celle, plus longue et plus exigeante, de leur coévaluation.

On a argumenté plus haut, à ce sujet, la nécessité de solliciter et de disposer de l'expertise éclairée et éclairante des acteurs éducatifs de première ligne que sont les parents, les enfants et les jeunes. La réussite d'un PEL ou d'un PEdT est sans nul doute subordonnée au fait que les réponses de service public et associatives, loin de ne constituer que des « offres » de services, soient d'emblée coconçues – et si possible coconstruites – avec les parents, les enfants et les jeunes, en considération de leurs besoins et de leurs aspirations et à la lumière de leurs propositions. Et surtout qu'elles soient ensuite perfectionnées, dans la durée, en lien actif avec eux, de façon à ce que l'ensemble de la démarche puisse s'inscrire, malgré les contraintes, les incertitudes et les préoccupations de l'heure, et peut-être même pour les conjurer, dans une dynamique, citoyenne et coéducative, de développement social durable du territoire[355].

355. Frédéric Jésu, *Coéduquer – Pour un développement social durable*, *op. cit.*

On sait de longue date, dans les champs par exemple des politiques sociales ou des politiques de santé, et on peut le vérifier dans ceux des politiques éducatives ou culturelles, que la lutte contre les inégalités ou contre les discriminations ne peut être efficacement et durablement menée qu'avec le concours des personnes victimes de ces inégalités ou de ces discriminations. À l'inverse, ce qui n'est entrepris qu'avec le seul concours de ceux qui ont déjà tout ce qui leur faut n'aboutit en général qu'à consolider leurs avantages et aggraver les tensions de tous ordres. On rappellera enfin que le coût économique immédiat de l'approfondissement démocratique des politiques publiques est négligeable, alors que ses impacts bénéfiques sur le long terme sont en règle générale inestimables dès lors qu'ils se diffusent dans toutes les dimensions du progrès humain.

L'ensemble de ces raisons de fond, jointes à nos expériences professionnelles et militantes, nous amènent à recommander, pour inspirer au mieux les différentes étapes, processuelles et structurantes, requises par un PEL ou un PEdT, de faire preuve d'ambition, et donc de rigueur, au moment d'adopter une conception de la participation que l'on entendra non seulement activer d'emblée, mais aussi entretenir sur la durée. Pour souple et adaptative qu'elle doive être et rester, une telle démarche ne s'improvise pas, pas plus d'ailleurs qu'elle ne se décrète. Elle doit pouvoir mobiliser et fidéliser des parents, des enfants et des jeunes, on l'a dit, mais aussi des catégories d'acteurs locaux, notamment associatifs, souvent peu ou maladroitement sollicités par les pouvoirs publics.

Cette approche méthodologiquement exigeante de la participation s'inspire des principes éthiques et des pratiques opérationnelles propres à certains projets à visée authentiquement coéducative que plusieurs experts, consultants ou formateurs ont pu accompagner, depuis bientôt une vingtaine d'années[356], avec les décideurs politiques et administratifs, les professionnels, les partenaires et les habitants de tous âges de diverses collectivités locales, ou encore avec les associations gestionnaires et les « usagers » d'importants services éducatifs ou socio-éducatifs[357]. Ces expériences, pour souvent modestes ou discrètes qu'elles soient, ont souvent confirmé à quel point – il faut y insister – la qualité de la participation engagée entre l'ensemble des acteurs éducatifs de proximité détermine la pertinence, l'acceptabilité, l'efficacité mais aussi le dynamisme ultérieur des projets coéducatifs qu'ils

356. Souvent, pour commencer, dans le contexte institutionnellement plus favorable, parce que résolument (sinon effectivement) décloisonné et participatif, du « développement social urbain » puis de la « politique de la ville ».

357. L'un d'entre nous s'appuie à ce sujet sur l'expérience qu'il a acquise dans le cadre de ses activités de consultant auprès de quelques villes de taille moyenne (entre 10 000 et 40 000 habitants) ou encore de services et établissements, publics ou associatifs, relevant du champ de la protection de l'enfance.

conçoivent et que, sous réserve d'évaluation et de validation par leurs instances de tutelle, ils mènent ensemble.

Ainsi, sous l'appel à la concomitance de l'« ambition » et de la « rigueur » requises dans le cadre d'une démarche de PEL ou de PEdT, faut-il entendre une méthode et une éthique de la participation des acteurs qui respectent, en faisant en sorte qu'ils y souscrivent, les *principes généraux d'exhaustivité, de cohérence et de non-confusion des rôles, de transparence, de non-hiérarchisation et de complémentarité* que nous avons déjà eu l'occasion de mentionner à propos de l'organisation et de la tenue des « tables rondes de la coéducation ».

Il s'agira autrement dit, pour préciser et illustrer de nouveau ces principes :

– que, au titre du principe d'exhaustivité, les élus de la commune ou en charge de l'intercommunalité invitent d'emblée ou peu à peu, mais sans exclusive *a priori,* tous les acteurs locaux concernés par l'éducation des enfants et des jeunes du territoire, afin qu'ils puissent participer d'une façon ou d'une autre aux différentes « tables rondes » (Comité de pilotage, groupes thématiques) qui vont permettre la préparation, l'élaboration, la mise en œuvre et l'évaluation de ce projet coéducatif local, global et d'intérêt général : ces acteurs sont pour l'essentiel les cadres supérieurs et intermédiaires (et les professionnels ressources) des services centraux et des services de terrain des administrations municipales et des administrations partenaires (Éducation nationale et services extérieurs de l'État, services départementaux et régionaux, Caisses d'allocations familiales, etc.), les administrateurs et les cadres salariés des associations localement actives, les « représentants » des parents (mais pas seulement « des parents d'élèves ») et, de façon circonstanciée, les « représentants » des enfants et des jeunes ;

– que, toujours au titre de ce principe d'exhaustivité, il soit veillé à ce que les cadres des services et les « représentants » de parents, d'enfants et de jeunes ainsi conviés soient en mesure de faire état, sans les filtrer, les uns des observations et des propositions des professionnels qu'ils encadrent, et les autres de celles des parents, des enfants et des jeunes qu'ils « représentent » (dans les petites communes, la participation directe des professionnels de tous grades pourra cependant être envisagée) ; s'agissant des parents, des enfants et des jeunes, d'autres méthodes participatives spécifiques sont ci-dessous décrites ;

– que, dans ces conditions d'exhaustivité, la démarche participative s'avère cependant cohérente et ordonnée, c'est-à-dire que chaque acteur figure à sa place, logique, spécifique, utile, et ne revendique excessivement ni ne cherche à occuper indûment celle des autres ;

– que la participation soit transparente et, même en cas de conflit, respectueuse, c'est-à-dire que chaque acteur puisse être vu, apprécié, reconnu dans son rôle propre par tous les autres acteurs, et qu'il puisse de même voir, comprendre et reconnaître le rôle propre de chacun de ces autres acteurs ;

– que la participation soit prémunie de toute tentation de laisser s'installer une hiérarchie explicite ou, pire encore, implicite entre la légitimité, l'importance et la valeur des points de vue exprimés selon le statut de qui les exprime ;

– que la participation soit confiante et constructive, c'est-à-dire que chaque acteur réalise qu'il constitue une vraie ressource pour tous les autres et, réciproquement, qu'il perçoive tous les autres comme de vraies ressources pour ce qu'il représente ; on s'assurera ainsi que les uns et les autres, en s'intéressant à ce qui les réunit tout autant qu'à ce qui les distingue, puissent rechercher ensemble des objectifs de mise en commun des valeurs, des observations, des aspirations et des propositions formulées.

À l'appui de ces principes, la rigueur méthodologique et éthique requise dans le cadre d'une démarche de PEL ou de PEdT doit s'appliquer à l'évidence à la qualité de la préparation, de l'animation et de la valorisation des échanges de tous ordres auxquels elle donne lieu et dont elle procède. Ces échanges pourront reposer, en complément de l'exploitation des principales données documentaires et statistiques disponibles, sur divers types de réunions, sur des groupes de réflexion thématiques, sur des entretiens et des enquêtes, ou encore sur l'appel à des productions écrites ou filmées (recueillies y compris au moyen d'un *blog* ou d'un site *Internet* dédiés). Dans tous les cas, il faudra être attentif à ce que les points de vue exprimés soient accessibles à tous, compris de tous, et qu'ils soient dûment pris en considération par tous, dans l'immédiat et sur la durée de la contractualisation du PEL ou du PEdT.

Une référence de nouveau indispensable : la Convention internationale des droits de l'enfant

En amont des conditions que l'on vient de développer, la volonté d'asseoir et de développer une conception « rigoureuse et ambitieuse » de la participation en matière de coéducation résulte d'un motif incontournable : la référence au droit, dans le respect notamment des normes juridiques supranationales.

Comme on y a insisté dès le chapitre 1 de cet ouvrage, la Convention internationale des droits des enfants (CIDE), adoptée le 20 novembre 1989 par l'Assemblée générale de l'Organisation des Nations Unies et ratifiée par la France le 7 août 1990, doit être appliquée à tous les niveaux d'intervention des pouvoirs publics, c'est-à-dire par l'État, mais aussi par les collectivités territoriales et leurs services, et son application concerne de ce fait les familles elles-mêmes. À cet effet, plusieurs de ses dispositions ont déjà été progressivement transposées dans le droit national, en particulier dans diverses composantes du Code civil et du Code des familles et de l'action sociale. Or, comme on l'a souligné à plusieurs reprises, la CIDE – dont la sélection d'articles présentée en annexe du présent ouvrage est susceptible de guider utilement les acteurs publics et privés concernés par les démarches de PEL ou de PEdT – affirme notamment que les parents, en tant que responsables légaux de leurs enfants, jouent un rôle essentiel pour faire valoir les droits et l'intérêt supérieur de ceux-ci, mais aussi que les points de vue des enfants et des jeunes doivent être dûment pris en considération dans toutes les décisions qui les concernent.

Si l'article 3 de la CIDE fournit, avec et autour de la notion d'« intérêt supérieur de l'enfant », les référentiels de base des politiques publiques destinées aux enfants et aux jeunes, les autres articles reproduits en annexe posent les fondements juridiques de la participation active d'une part des parents, d'autre part des enfants et des jeunes, à l'élaboration et à l'évaluation de ces politiques publiques, notamment dans le champ éducatif.

Les articles 5 et 18 comportent une *double dimension* dont la prise en considération dans les pratiques et les politiques éducatives introduit : d'une part, l'obligation, mentionnée dans plusieurs autres articles, de respecter le rôle premier des parents et des familles – et de tenir compte de leurs besoins, de leurs contraintes et de leurs aspirations – pour ce qui concerne la protection et l'émancipation des enfants ; et, d'autre part, la reconnaissance, essentielle, du caractère évolutif des capacités de chaque enfant à connaître et comprendre ses droits et à en faire valoir l'exercice en son propre nom.

Les articles 12, 28, 29 et 31[358] incitent quant à eux à reconnaître les enfants comme de possibles experts et acteurs de leur cadre de vie, comme des partenaires incontournables de l'action publique d'intérêt général et mobilisables comme tels sur les sujets qui concernent leur éducation au sens large, voire comme associés à la maîtrise d'ouvrage d'une certaine forme de gestion urbaine de (grande) proximité. Les droits ainsi reconnus aux enfants sont donc aujourd'hui susceptibles d'inspirer de nouveaux chantiers municipaux en matière de coéducation à la citoyenneté et de formation précoce à la pratique de l'expérimentation, de la proposition, de l'argumentation et de la négociation non plus seulement dans l'espace privé de la vie familiale, mais aussi dans les espaces publics de proximité, qu'ils aient ou non une vocation éducative formelle.

À la lumière de ces articles de la CIDE et des différentes considérations ci-dessus formulées à propos des PEL et des PEdT, on mesure de nouveau à quel point ceux-ci figurent aujourd'hui parmi les expressions les

358. Cf. également l'Observation générale n° 17 du Comité des droits de l'enfant des Nations Unies, en date du 17 avril 2013, sur le droit de l'enfant au repos et aux loisirs, de se livrer au jeu et à des activités récréatives et de participer à la vie culturelle et artistique.

plus concrètes et les plus stimulantes de l'ensemble des démarches et des enjeux relatifs à la coéducation, à l'échelle tout du moins du territoire des communes ou des intercommunalités qui les initient et les font vivre. La dynamique coéducative des PEL et des PEdT peut et doit donc aujourd'hui s'ouvrir à l'expression et à la participation démocratiques des enfants et des jeunes au fur et à mesure que s'éveillent tant leur conscience du monde et de la vie collective que leur discernement quant aux opportunités mais aussi aux contraintes qui en résultent.

La dynamique, méthodique et processuelle, du PEL ou du PEdT fournit aux enfants et aux jeunes des occasions réelles et appropriées à leurs âges de participer, aux côtés des différents adultes concernés, à l'état des lieux de ce qui détermine les conditions de leur éducation, d'émettre des propositions recevables à ce sujet et de coopérer, de façon adaptée et accompagnée, à leur concrétisation. Elle rejoint en cela d'autres occasions – telles que les instances de la vie scolaire, les conseils municipaux d'enfants et de jeunes, etc. – de les aider à construire et exercer leur citoyenneté, d'expérimenter la pratique de la démocratie participative et délibérative, et de le faire dans un climat de confiance et de respect mutuels singulièrement régénéré par leur présence.

Les modalités concrètes de la participation des parents, des enfants et des jeunes à l'élaboration, la mise en œuvre et l'évaluation du PEdT

Selon la Commission nationale du débat public (CNDP)[359], la notion de débat public revêt dans les faits *trois formes possibles* de participation du citoyen : l'information, la consultation et la concertation[360].

L'information consiste à donner des éléments à la population concernée sur les projets à venir ou en cours. L'information doit être complète, claire et compréhensible par tous. Elle doit être sincère et objective vis-à-vis du public informé. Donner une information, c'est donner du pouvoir ; ainsi informer quelqu'un revient-il à lui donner la possibilité d'agir. Pour être utile et utilisable, l'information doit être portée à la connaissance de la population, avant la phase des débats publics, à travers différents supports : bulletin d'information, brochure de présentation du projet, site *Internet*, articles de presse, réunions publiques, etc.

359. Les missions de la CNDP, créée en 1995, ont été redéfinies et précisées par la loi du 27 février 2002 « relative à la démocratie de proximité » dans un chapitre de celle-ci intitulé *« Participation du public à l'élaboration des projets d'aménagement ou d'équipement ayant une incidence importante sur l'environnement ou l'aménagement du territoire »*. ☞ *www.debatpublic.fr/cndp/role_missions.html*

360. ☞ *www.vie-publique.fr/forums/rub1308/formes-participation.html*

La consultation est un processus par lequel les décideurs demandent l'avis de la population afin de connaître ses opinions, ses besoins, ses attentes et ses aspirations, à n'importe quel stade de l'avancement d'un projet. Celle-là n'a cependant aucune certitude que ses remarques ou contributions seront prises en compte dans la décision finale.

La concertation est une attitude globale de demande d'avis sur un projet, formulée auprès des personnes concernées par une décision avant qu'elle ne soit prise. L'autorité qui veut prendre une décision la présente à ces personnes et engage un dialogue régulier avec eux. L'autorité reste libre de sa décision. La concertation peut être engagée très en amont de la décision, dès les études préalables mais elle doit être considérée par tous comme permanente et incontournable.

La coproduction est une quatrième forme de participation. Elle n'est pas mentionnée par la CNDP du fait du haut degré de technicité des décisions finales soumises aux débats publics dont cette Commission traite habituellement. Mais elle s'avère particulièrement adaptée à l'élaboration de certaines composantes des débats et des décisions relatifs à des projets éducatifs, que ceux-ci soient envisagés à l'échelle d'un établissement ou d'un territoire. Elle consiste en ce que, d'emblée, il soit fait appel aux propositions des personnes et des populations concernées pour compléter celles des décideurs, ceux-ci acceptant en outre d'examiner la pertinence et la faisabilité de certaines propositions d'initiative citoyenne afin d'envisager leur éventuelle intégration dans le projet final.

La coproduction met donc en œuvre un degré de partage du pouvoir décisionnel supérieur à celui qu'envisagent les trois autres formes de participation. Celles-ci permettent en effet à la population ou à des personnes plus particulièrement concernées d'influencer, plus ou moins en amont, le processus de préparation et de prise de décision, mais non pas d'y participer activement. Par conséquent, elles ne les impliquent que plus facultativement, dans tout ou partie de son application, que ne le fait la logique de coproduction démocratique.

Dans le cadre de l'élaboration, de la mise en œuvre ou de l'évaluation d'un PEL ou d'un PEdT, on peut comprendre que la forme de participation proposée aux parents, aux enfants et aux jeunes dépende de l'étape ou de la composante du projet ouvertes à leurs échanges avec les décideurs politiques et institutionnels.

Par exemple, les élus municipaux pourront difficilement aller au-delà de l'information et de la consultation des parents sur les choix de barèmes tarifaires que leurs responsabilités politiques et budgétaires (incluant le respect des clauses des Contrats enfance et jeunesse passés avec la Caisse d'allocations familiales) leur imposent d'effectuer et d'appliquer aux familles en matière d'accueil en crèches collectives et familiales, d'activités et de services « périscolaires » facultatifs, etc. Ils peuvent en revanche ouvrir à la concertation les débats portant sur les critères familiaux et sociaux d'accès à ces services. Dans un autre type de domaine, ils peuvent demander aux responsables du service de restauration scolaire de mettre en place une « commission des menus » ouverte aux enfants sur un mode consultatif (et pédagogique), mais sans que ceux-ci ne puissent infléchir les grandes orientations diététiques prises et mises en œuvre par ces responsables.

En revanche, la réalisation d'un état des lieux préalable et la définition de priorités communes à la phase initiale d'un PEL ou d'un PEdT de même que, ultérieurement, l'évaluation de certains des objectifs de processus ou de résultats de celui-ci peuvent relever d'une coproduction avec les parents et, dans certains domaines, avec les enfants et les jeunes. Dans un autre ordre d'idées, il est particulièrement intéressant, on l'a dit, de coproduire avec les enfants ou les jeunes les Règlements intérieurs de certains des services périscolaires et/ou des structures de loisirs éducatifs qu'ils fréquentent, dont la décision juridique de les arrêter et de les publier est en tout état de cause une responsabilité du maire. Dans le cadre de ces Règlements intérieurs, on peut ensuite s'en tenir à la consultation ou à la concertation avec les enfants avant de décider des activités qui vont pouvoir se dérouler dans ces services ou ces structures, puis pour évaluer avec eux le contenu et le déroulement de celles-ci. Mais rien n'interdit de pousser plus loin encore le processus participatif, d'associer plus étroitement les enfants à la définition du fonctionnement de base des espaces et des temps d'activité et de les en rendre codécideurs avec les adultes.

On peut, en résumé, caractériser comme suit les *quatre niveaux* – non exclusifs les uns et des autres, et parfois successifs – de participation citoyenne à un processus de projet éducatif global porté par les pouvoirs publics locaux :

– les parents, les enfants et les jeunes (et, le cas échéant, les associations de proximité en contact réguliers avec eux) sont informés des choix effectués ou susceptibles d'être effectués par les décideurs politiques et institutionnels (information) ;

– ils sont consultés pour aider ces décideurs à choisir et structurer les différentes propositions élaborées par eux et/ou par leurs services (consultation) ;

– ils dialoguent avec les décideurs pour affiner ou amender, au fur et à mesure de leur présentation, les choix arrêtés par ceux-ci (concertation) ;

– ils rencontrent les décideurs dès le début du projet afin de s'entendre sur la possibilité d'en construire ensemble tout ou partie des composantes (coproduction).

Avant de décrire, dans leurs grandes lignes, les étapes, les échelles et les méthodes, bref les modalités à travers lesquelles se concrétisent ces quatre niveaux possibles de participation citoyenne dans le cadre du PEdT, il importe d'apporter de nouveau une précision essentielle : compte tenu du quasi-silence des textes réglementaires et législatifs en la matière, le choix de s'appuyer (ou non) sur cette participation et (si oui) le choix des domaines et des degrés de recours qui y est fait relèvent avant tout des volontés et des initiatives politiques locales. En d'autres termes, et dans l'esprit même de la décentralisation auquel l'État, à sa façon, laisse ici libre cours, le choix des modalités de partage du pouvoir de décision ou du moins d'élaboration en matière de PEdT est laissé, comme déjà constaté pour les PEL, aux élus locaux[361]. C'est dire l'enjeu politique des relations de forme et de fond que ceux-ci entendent établir entre la démarche éducative et la démarche participative, dans l'immédiat et sur la durée. Les parents, en général (mais pas toujours) électeurs, et les enfants, citoyens en herbe, ne peuvent être qu'attentifs à ces visions et ces choix politiques…

Des contributions actives et coopératives des parents

La participation des parents dès les premières phases d'élaboration d'un PEdT (et *a fortiori* d'un PEL) est d'autant plus précieuse qu'il est habituel, à la lumière de l'expérience des démarches de développement local – dont le PEdT peut représenter un volet éducatif –, que les acteurs de l'état des lieux initial s'avèrent souvent être et rester des acteurs du projet sur la durée.

Il est donc souhaitable de rechercher pour commencer la plus large contribution possible des parents à une série d'échanges ouverts sur les représentations que se font de l'éducation au sens large (c'est-à-dire familiale, scolaire, pendant les temps libres, de la naissance à l'âge adulte, etc.) et de la coéducation l'ensemble des acteurs qui y contribuent localement.

L'objectif, ici, *est double :* aboutir, si possible, à une série de représentations communes et de valeurs partagées qui viennent guider et donner du sens à la politique éducative territoriale que le PEdT va illustrer ; puis veiller à ce que, dans et malgré leurs diversités, le plus grand nombre de parents puissent se retrouver et prendre place sur la base ainsi constituée. Il est possible que cette base de départ soit en partie cimentée par un certain nombre

361. Sachant que, conformément à l'architecture française des processus de prise de décision à l'échelon décentralisé, les services déconcentrés de l'État (en l'occurrence, s'agissant des PEdT, ceux des ministères de l'Éducation nationale – Direction académique des services de l'Éducation nationale – et des Affaires sociales – Direction départementale de la cohésion sociale, de la jeunesse et des sports) disposent du dernier mot pour valider ou non les avant-projets issus des territoires et coconçus avec leurs concours. Ils sont de ce point de vue des partenaires « plus égaux que les autres », pour reprendre la fameuse formule de Georges Orwell dans *La ferme des animaux,* ne serait-ce que pour tenter de réduire les inégalités entre les territoires.

de préoccupations convergentes de parents, de professionnels, d'acteurs associatifs, d'élus, etc., portant moins sur l'éducation que sur les conditions de celle-ci et en particulier sur celles du bien-être et de l'accompagnement des enfants et des jeunes au fil de leurs parcours éducatifs (rythmes de vie, sommeil, repos, alimentation, santé, maladies et handicaps, occupation des temps libres, prévention et remédiation des difficultés d'apprentissages et des « décrochages » scolaires, etc.). Autant de soucis et d'espoirs diversement éclairés et perçus, et qui pourront susciter la précieuse expression de souhaits de coopération de ceux et celles qui en font état.

Pourra alors s'engager – toujours avec les parents, et bien sûr avec le concours documenté des acteurs institutionnels – la coconstruction de l'inventaire descriptif, critique et prospectif des ressources éducatives en présence, des indicateurs d'inscription, de fréquentation et de résultats, des besoins non satisfaits ou émergents, des contraintes relatives ou absolues, des aspirations non prises en compte, des spécificités territoriales, etc. La participation active des parents pourra ici aider les acteurs professionnels et institutionnels à sortir du champ clos de leurs compétences propres et de leurs domaines d'intervention habituels, et s'ouvrir à une perception à la fois transversale et longitudinale des enjeux éducatifs locaux. La lecture transversale, synchronique, permet d'identifier les besoins et les pistes de cohérence entre les ressources éducatives. La lecture longitudinale, diachronique, permet d'identifier les besoins et les pistes de continuité.

L'objectif, ici aussi, sera double : prendre en considération l'ensemble des temps, des espaces, des apports et des acteurs éducatifs qui comptent pour les enfants et les jeunes, afin que l'inventaire ci-dessus évoqué soit aussi exhaustif et non sélectif que possible, dressé sans hiérarchisation institutionnelle ou statutaire de leurs contributeurs ; identifier et valider, à l'issue de cet exercice, les grandes priorités (c'est-à-dire celles sur lesquelles le plus grand nombre d'acteurs s'accordent, soit parce qu'ils les rencontrent dans leurs domaines d'action respectifs, soit parce qu'ils les découvrent ensemble à l'occasion de cet inventaire) et inscrire ces priorités au titre des axes structurants de l'avant-projet de PEdT. D'autres axes, moins « spectaculaires » mais tout aussi structurants, pourront y figurer aussi, s'agissant par exemple de l'évaluation et de l'approfondissement concertés de la réforme des rythmes éducatifs des enfants, des passerelles à prévoir entre leurs différents espaces-temps, de la mise à plat de l'ensemble des questions relatives aux temps libres (et pas seulement des temps « périscolaires »), aux partenariats à envisager avec de nouveaux acteurs, etc.

La finalité essentielle visée, à ce stade, par la participation des parents aux échanges engagés – selon des modalités que l'on examinera ci-dessous – est que se constituent d'emblée une culture, une démarche et une méthode coopératives qui donnent du sens et des perspectives tangibles à cette participation – et à celle, d'ailleurs, des autres acteurs diversement présents au quotidien à leurs côtés – et qui créent l'appétit de la poursuivre.

Il s'agit en effet de faire en sorte qu'aux phases suivantes – de consolidation de la rédaction, de mise en œuvre et d'évaluation – du PEdT (ou du PEL), la participation active et motivée des parents (les mêmes qu'au début, ou d'autres les rejoignant ou prenant le relais) continue à s'imposer comme indispensable, incontournable, enrichissante, pour eux-mêmes comme pour les autres partenaires du PEdT (ou du PEL).

Lors de ces phases plus opérationnelles, la participation des parents pourra prendre plusieurs formes. Leur large information sur les organisations, dispositifs et activités nouvellement envisagés ou soumis à débat public devra précéder la consultation ou la concertation avec eux, ou avec leurs « représentants ». Les échanges avec les parents (et d'autres acteurs) consisteront en effet, par exemple, à vérifier la faisabilité et l'acceptabilité d'un remaniement d'emplois du temps, à en identifier de possibles zones de fragilité ou d'évolution, ou encore à examiner la perception d'un réajustement substantiel des contenus des activités « périscolaires », de la tarification et des horaires des transports scolaires, etc. Il importe non seulement que les parents ne soient pas mis devant le fait quasi accompli en prenant connaissance « sur table » des projets ainsi soumis à leurs avis, mais encore et surtout qu'ils puissent réfléchir et consulter en amont d'autres parents (et, parfois, leurs propres enfants) à ce sujet pour être en mesure de présenter des observations et des compléments utiles, de décrire les effets positifs ou négatifs qu'ils anticipent à leur niveau, de suggérer des extensions ou des restrictions, un calendrier de mise en œuvre, etc.

Dans certaines circonstances, des parents pourront contribuer, à leur demande ou avec leur accord, à l'expérimentation circonscrite dans l'espace ou dans le temps de telle ou telle nouvelle activité ou organisation, formuler leurs avis bienveillants ou critiques sur les processus et les méthodes de son installation, sur ses effets attendus ou ses effets observés, etc. avant que ne soit envisagée sa généralisation, ses ajustements ou son abandon. En tant que parents souvent en recherche dans leurs propres foyers et que contribuables soucieux de prévenir et réduire les gaspillages de moyens publics, ils sont rarement hostiles aux méthodes de « tâtonnement expérimental » auxquelles on veut bien les associer, et qu'ils trouvent souvent stimulantes et rassurantes à condition que leurs enfants n'y figurent pas comme « cobayes », mais comme coacteurs eux aussi impliqués.

Les parents pourront aussi être consultés sur les moyens de communication et les messages qui vont permettre, après validation d'un projet, d'en informer correctement le plus grand nombre d'autres parents (et d'enfants). À ce sujet, un point doit être clair pour les décideurs : l'information qui précède la consultation et la concertation, lesquelles précèdent elles-mêmes la décision, se distingue à plus d'un titre de l'information qui fait suite à celle-ci, en termes notamment d'intention, et donc de forme et de contenu. La première fait savoir qu'elle invite les parents à faire savoir ce qu'ils pensent, la seconde invite à faire savoir ce que cette invitation a produit.

On peut escompter que les différentes expériences acquises conjointement par les décideurs et par les parents aux phases d'élaboration et de mise en place du PEdT (ou du PEL) permettront de créer au fur et à mesure une culture de l'évaluation partagée de celui-ci, tant pour ce qui concerne ses processus d'installation que pour ce qui permet de mesurer ses résultats quantitatifs et d'apprécier ses impacts qualitatifs. Quoi qu'il en soit, il sera judicieux et utile de ne pas négliger d'associer des parents, sous telle ou telle forme qui aura localement fait ses preuves, à l'évaluation, au bout de trois ans de fonctionnement du PEdT, de la première contractualisation dont il aura fait l'objet.

Les principes de mise en œuvre concrète des formes et des étapes de la participation des parents arrêtées par les décideurs politiques du PEdT ou du PEL devront en toutes circonstances **concilier rigueur et pragmatisme.**

Dans l'absolu, seront ouvertement sollicités, plutôt que repérés et sélectionnés, des parents (mères et pères, voire beaux-parents et grands-parents) de toutes conditions, et ceci selon des modalités et grâce à des choix – de jours, d'heures, de lieux de rencontres et de réunions, de délais et modalités d'invitation, de vocabulaire employé, de recours non exclusif aux documents écrits mais aussi au bouche-à-oreille, etc. – favorisant vraiment leur présence et leur implication, ou tout du moins celles de leurs « représentants », ce qui suppose de veiller aussi à ce que ceux-ci soient suffisamment représentatifs. Cette représentativité ne saurait prétendre à une parfaite et illusoire exhaustivité, ni à l'inverse se limiter à celle des représentants de « parents d'élèves ». Elle pourrait être idéalement recherchée au moyen du tirage au sort en population générale (avec le concours du bureau de l'État civil, du Bureau des écoles, des services communaux en charge de la petite enfance et des affaires périscolaires, etc. ou de ce qui en tient lieu dans les petites communes). Ou encore, mais au risque de créer aussitôt des biais de représentativité, en sollicitant pas à pas des parents dont les aptitudes non seulement à apporter leurs contributions personnelles, mais aussi à exposer celles d'autres parents avec lesquels ils sont en relation, auront été reconnues. Dans ce dernier cas, il faudra être attentif à la tendance de certains élus, militants associatifs et professionnels à préempter de « bons représentants », c'est-à-dire qui parlent, voire pensent, comme eux, qui leur ressemblent, etc.

Il conviendra donc, quoi qu'il en soit, de renoncer à un objectif idéalisé et inaccessible de « représentativité », mais de **privilégier** en revanche **un objectif plus réaliste de diversité des parents sollicités :** diversité sexuelle, sociale, culturelle, résidentielle, d'âges des enfants, de types de services, d'établissements ou d'associations fréquentés par ceux-là, etc. Au-delà des seuls parents d'élèves, on cherchera aussi, si le PEdT ou le PEL ne se consacre pas seulement aux périmètres scolaires et « périscolaires », à mobiliser des parents de jeunes enfants bénéficiant ou non de modes d'accueil, des parents d'enfants non ou plus scolarisés, voire des adultes qui ne sont pas encore ou déjà plus parents d'enfants mineurs (futurs parents, parents d'adultes, grands-parents).

On veillera aussi à diversifier les échelles et les modalités de participation des parents susceptibles de coopérer, sur la durée ou ponctuellement, au processus du PEdT ou du PEL. Au niveau « central », il sera proposé à des parents d'emblée volontaires, ou progressivement convaincus, de s'impliquer, en se décentrant de leurs seules expériences personnelles, dans les travaux du Comité de pilotage (tel que prévu, par exemple, par les textes officiels relatifs au PEdT), dans ceux du Comité technique s'il est prévu d'en créer un, et dans ceux des groupes de réflexion et de proposition thématiques (ou par tranches d'âges d'enfants). La participation des parents sera simultanément sollicitée aux niveaux locaux : soit à celui des quartiers dans les grandes communes, soit à celui des communes dans les intercommunalités (surtout en secteur rural), soit encore à celui des établissements ou des regroupements d'établissements (par exemple à l'échelle d'un groupe scolaire, d'un collège et des écoles primaires de son bassin de recrutement, d'une cité scolaire).

Dans tous les cas, il conviendra de rendre transparents et interactifs les allers-retours, entre le niveau central et les niveaux locaux, des contributions participatives produites, et notamment de celles des parents.

Afin de ne pas limiter aux seules réunions formelles les occasions fournies aux parents, mais aussi aux autres acteurs éducatifs, de participer aux différentes étapes du projet territorial, d'autres modalités d'expression pourront leur être proposées : *blog* ou site *Internet* dédiés, « boîtes à idées » déposées dans les lieux de passage. Pour ne pas privilégier les seuls supports écrits et pour, à la fois, approfondir et étendre les échanges, on pourra aussi recourir à des enquêtes ou à des sondages dont les coûts financiers, en cas de réalisation par des intervenants extérieurs, ou la mobilisation des moyens humains requis, en cas de réalisation par les services municipaux, devront être prévus en amont par la commune ou l'EPCI, le cas échéant avec le concours de la CAF qui dispose en outre d'intéressants fichiers de ses allocataires.

Par ailleurs, l'organisation de moments à caractère événementiel spécifique (en soirée, le samedi) décomposés en plusieurs temps, y compris festifs (et ouverts aux enfants et aux jeunes) et/ou intellectuels (communications publiques, conférences-débats), ou l'appui sur des événements locaux récurrents relatifs aux enfants, aux jeunes, aux familles, à l'éducation, aux loisirs, etc., pourront constituer autant d'occasions et de moyens de présenter, de populariser, de valoriser et d'ouvrir au débat public les étapes clefs du processus du PEdT ou du PEL (lancement du processus participatif, publication du préprojet ou du projet finalisé, mise en œuvre, évaluation).

Sur le plan méthodologique, le recours à des réunions impliquant la participation de parents à un processus de PEL ou de PEdT – qu'elles soient organisées au niveau central ou aux niveaux locaux, autour d'objectifs généralistes ou thématiques – amène enfin à formuler un certain nombre de recommandations.

On notera tout d'abord que, selon les circonstances ou selon les thèmes abordés, certaines réunions regrouperont seulement des parents (en présence ou non d'un animateur) et d'autres des parents et des professionnels. Dans le second cas de figure se poseront inévitablement de délicats problèmes de choix de jours et d'heures de tenue de ces réunions, dont la résolution optimale dépend en général de la décision préalable des employeurs des professionnels concernés de promouvoir et de faciliter la présence de ceux-ci sur des temps atypiques et d'acter la possibilité de « récupération » de ces temps de travail. Quant aux lieux de tenue de ces réunions, qu'il s'agisse de réunions entre parents ou, surtout, entre parents et professionnels, l'expérience indique à quel point il est souhaitable qu'ils soient « éducativement neutres ». Mairie et locaux municipaux non scolaires, Maison de quartier, Centre social ou socioculturel, « Maison des parents » quand il en existe, Foyer rural, etc. pourront héberger au mieux ces réunions afin que les uns et les autres s'y sentent libres de s'exprimer sans risquer de reproduire inconsciemment entre eux des relations marquées par les enjeux et les postures institutionnels.

La constitution des groupes, pour ce qui concerne les parents invités à s'y impliquer, visera moins, on l'a souligné, l'illusoire critère de représentativité que la recherche d'une réelle et possible diversité. À cet effet, on procédera certes à un appel public au volontariat des parents. Mais l'expérience enseigne que, pour constituer, sensibiliser et motiver des panels composites de parents volontaires, il faudra le plus souvent relayer ou compléter cet appel public par une série d'appels simultanément faits : d'une part, à une diversité d'acteurs professionnels locaux, éthiquement et méthodologiquement sensibilisés à la question des biais de recrutement, et convaincus de l'intérêt de la démarche participative ; d'autre part, à différents réseaux associatifs et/ou transversaux locaux – associations de quartier, associations d'éducation populaire, Centres sociaux ou socioculturels associatifs ou municipaux, associations de parents d'élèves, associations familiales, associations de parents d'enfants handicapés, Réseaux d'écoute, d'appui et d'accompagnement des parents (REAAP), etc. – ayant établi de longue date des rapports de confiance et peu formalisés avec nombre de parents, et susceptibles de mobiliser, entre autres, des parents quelque peu « militants de la condition parentale » et aptes à assurer à ce titre des fonctions de porte-parole d'intérêt général.

La préparation des réunions associant des parents ainsi identifiés et mobilisés devra être soigneuse et comporter autant que possible la diffusion en temps utile d'un ordre du jour explicite et précis, mais ouvert et mobilisateur, ainsi que d'informations préparatoires dont la forme, la densité et la teneur ne devront pas être dissuasives.

L'animation de chaque réunion sera assurée soit par l'un de ses participants, au fait du contexte et des objectifs mais qui acceptera de garder sa neutralité pour assurer cette fonction, soit – ce qui est préférable, mais pas toujours possible – par une personne extérieure aux enjeux immédiats de la réunion, et formée aux techniques de régulation des prises de parole collective. L'animation consistera dès lors à veiller au respect de l'ordre du jour, à rendre cependant possible le traitement de points non prévus par celui-ci mais pertinents au regard du thème de la réunion, et bien entendu à susciter et à encourager les libres contributions de l'ensemble des participants. Elle s'attachera aussi à faire valider « à chaud » la reformulation, en termes clairs, des consensus mais aussi des dissensions produits par le groupe, au fil de ses échanges, sur des points essentiels.

La restitution des productions du groupe sera assurée par l'animateur, ou mieux encore par un rapporteur neutre placé au service du groupe et présenté comme tel en début de réunion. Animateur et rapporteur veilleront à l'anonymat, à la fidélité, à l'exhaustivité et à la non-hiérarchisation des points de vue – consensuels ou non – et des propositions – unanimes ou non – formulés. Ils veilleront aussi à ce que, référé à l'ordre du jour de la réunion, et en lien avec le Comité de pilotage et/ou le Comité technique, son compte rendu puisse bénéficier d'une présentation opérationnelle favorisant son intégration dans les travaux relatifs au PEdT ou au PEL. Ils s'assureront enfin, dans la mesure du possible, de la diffusion ou de la mise à disposition de ce compte rendu auprès de l'ensemble des personnes ayant participé aux travaux du groupe.

Le respect de ces dispositions méthodologiques devrait permettre, dans l'idéal, que des parents ayant participé à des groupes de réflexion et de proposition dès le début du processus d'élaboration du PEdT ou du PEL, et ayant constaté la réelle prise en compte de leurs contributions, éprouvent le désir puis expriment la volonté d'être associés aux phases suivantes du processus, et qu'ils prennent au passage l'initiative de proposer d'y agréger d'autres parents de leur connaissance. Et, peut-être même, qu'ils encouragent leurs propres enfants à s'impliquer dans les instances participatives qui leur seront simultanément et spécifiquement proposées...

Des enfants et des jeunes acteurs et auteurs des projets

Plusieurs finalités d'intérêt éducatif et d'intérêt général peuvent être visées par une politique municipale faisant le choix approfondi, global et durable de solliciter et de valoriser la participation des enfants et des jeunes aux projets et aux décisions qui les concernent directement – et même partiellement – et de le faire, notamment à l'occasion et dans le cadre du PEL ou du PEdT, en mobilisant à cet effet ses agents et ses partenaires éducatifs.

Rendre les enfants et les jeunes acteurs de leur éducation, mais aussi de la vie locale, contribue non seulement à leur apprentissage mais aussi à leur pratique progressive de la citoyenneté. On touche en cela aux contenus ainsi que, potentiellement, aux méthodes pédagogiques et ceci bien entendu, pour reprendre les termes de la CIDE, de façon appropriée à leurs âges et à leurs degrés de maturité. Mais on sollicite aussi leurs domaines d'intérêt tout autant que leurs connaissances et leurs compétences – dont le renforcement, en ces occasions, contribue à leurs progrès scolaires en même temps qu'au développement de leur engagement civique. Il peut s'agir par exemple, à l'échelle microlocale, de former les enfants à l'élaboration et à la gestion participatives du budget de leur coopérative scolaire, du Foyer de leur collège ou de leur club sportif. Ou encore à leur implication dans les travaux du Conseil de la vie lycéenne de leur lycée. Ou, à une plus vaste échelle, d'organiser leurs savoirs et leurs savoir-faire dans le maniement des réseaux numériques de façon à ce que ceux-ci viennent renforcer, au lieu de les contredire, voire de les pervertir, les logiques plus formelles qui président à leurs apprentissages scolaires, culturels, artistiques... et même civiques.

Du point de vue des décideurs et des acteurs publics, il serait judicieux d'accorder une réelle attention, dans le quotidien des fonctionnements institutionnels, aux atouts que recèle la participation des enfants et des jeunes fréquentant les équipements et les services qui leur sont destinés aux délibérations relatives à l'organisation et au fonctionnement de ceux-ci. En outre, on l'a dit, la mobilisation de l'expertise d'usage des enfants et des jeunes, en complément du recueil des avis des experts et des professionnels de proximité, peut s'avérer précieuse, aux phases de conception puis d'évaluation d'un projet, d'un service ou d'une action déployés à leur intention, pour en apprécier la pertinence, les nécessaires ajustements intercurrents et, à terme, le respect et l'appropriation – donc l'efficacité et même l'efficience.

Des occasions et des conditions méritent donc d'être créées, en ces différentes circonstances, pour leur permettre de faire état de leurs pratiques et de leurs points de vue et de formuler leurs besoins, leurs aspirations, leurs suggestions et leurs propositions – y compris alternatives. Au-delà d'une posture pédagogique ou de gouvernance locale, la participation des enfants et des jeunes engage en effet rien moins qu'un projet de formation concrète du citoyen d'aujourd'hui et de demain. En ce sens, l'enjeu, dans le cadre notamment d'un PEL ou d'un PEdT, est d'encourager chaque enfant et chaque jeune à **se sentir partie prenante d'un processus coéducatif** qui le concerne et à **devenir,** par-là même, **le jeune citoyen engagé dans la qualification des environnements, matériels et immatériels, dans lesquels il évolue.**

Dès lors que la collectivité locale, ayant retenu et intégré ces finalités et identifié les enjeux qui y sont liés, décide de mettre en œuvre les méthodes et les moyens qui en résultent, il conviendra qu'elle le fasse largement savoir aux acteurs éducatifs concernés, et notamment aux parents – qu'il importera bien évidemment de sensibiliser à la démarche –, afin que les uns et les autres ne se sentent pas remis en cause « de l'extérieur » dans leurs conceptions respectives de l'autorité éducative. S'agissant des parents, en outre, on se souviendra de ce que, en conformité avec l'article 12 de la CIDE, la loi du 4 mars 2002, comportant différentes mesures en matière de politique familiale, a modifié en profondeur la rédaction de l'article 371-1 du Code civil relatif à l'autorité parentale, lequel stipule désormais que : *« L'autorité parentale est un ensemble de droits et de devoirs ayant pour finalité l'intérêt de l'enfant »* et que, on l'a souvent souligné parce que cet énoncé reste encore trop peu connu : *« Les parents associent l'enfant aux décisions qui le concernent selon son âge et son degré de maturité ».*

Une fois donc cette orientation politique – et éducative – affichée par la collectivité locale et assumée comme telle, au niveau par exemple du Comité de pilotage du PEL ou du PEdT, il sera aussitôt souhaitable qu'elle se présente moins comme une démarche descendante d'allure prescriptive que comme une approche incitative visant à multiplier les occasions de terrain, ponctuelles ou plus durables, de rechercher les contributions réelles et les implications actives des enfants et des jeunes sur le territoire municipal (ou intercommunal), en même temps qu'à fédérer ces occasions au niveau central.

On pourra ainsi saisir pragmatiquement les opportunités présentes, ou qui se présentent, de consulter les enfants et les jeunes, en même temps mais pas nécessairement dans les mêmes lieux et circonstances que les parents et les autres adultes, sur différents sujets qui les concernent directement et qui sont mis en chantier dans le cadre du PEL ou du PEDT. Ou encore adopter et faire adopter (par les professionnels) une position de principe consistant à susciter, encourager et accompagner, de façon respectueuse et rigoureuse, certaines de leurs propositions et initiatives, qu'elles soient formulées au sein ou en dehors des structures qu'ils fréquentent (par exemple en matière de choix ou de déroulement d'activités « périscolaires », d'activités culturelles et sportives, d'expression dans les espaces publics, d'engagement associatif, etc.). À cet effet, il conviendra de promouvoir les motivations et les capacités des adultes en contact avec les enfants et les jeunes à accompagner ces diverses opportunités, propositions et initiatives, le cas échéant au moyen de formations et/ou de partenariats engagés avec notamment des acteurs de l'éducation populaire, des pédagogies coopératives et de la pédagogie sociale. L'ensemble de la dynamique locale susceptible d'être ainsi impulsée résulte de l'idée que la participation des enfants et des jeunes aux projets éducatifs qui les concernent ou qu'ils proposent ne figure pas « en plus », en option ou en marge de leur éducation – formelle, non formelle ou informelle –, mais qu'elle en est totalement partie prenante. Et qu'il n'est ni interdit ni suspect qu'elle y imprime pour tous, adultes compris, une certaine dose de créativité et de plaisir – de « plaisir éducatif local ».

Fédérer les initiatives de terrain, même si on n'a pas pu ou pas voulu programmer leur systématisation initiale au niveau central, quitte à l'y avoir peu à peu suggérée et encouragée, s'avère dans tous les cas indispensable. Si, par exemple, à l'occasion d'une démarche de PEL ou de PEdT, des initiatives de création de Conseils d'enfants ou encore, par ces moyens, d'élaboration participative de Règlements intérieurs se font jour, se mettent en place et se multiplient au niveau de classes, d'écoles, de centres de loisirs, de restaurants scolaires, de clubs sportifs, etc., il importera de les laisser se développer, mais aussi de leur fournir éventuellement des appuis institutionnels et méthodologiques. Il importera aussi que le Comité de pilotage du PEL ou du PEdT et les groupes de réflexion thématiques qui en émanent soient informés de la diversité de ces initiatives, aient à connaître globalement des facteurs qui les ont rendues possibles, des difficultés rencontrées, des solutions apportées ou à envisager, des productions qui ont été réalisées, et des résultats et effets observés. Ce qui permettra au Comité le cas échéant de valoriser et de généraliser les initiatives ainsi portées à sa connaissance, sans en entraver la dynamique, en les inscrivant dans le PEL ou le PEdT pour en consolider le bien-fondé et la reconnaissance, mais aussi, le cas échéant, pour en rechercher la cohérence au niveau du territoire (ce à quoi les enfants et les jeunes sont habituellement très attentifs).

Une certaine homogénéisation des méthodes de consultation collective des enfants et des jeunes dans le cadre du processus de PEL ou de PEdT et de ses principales phases est également requise au titre du pilotage de celui-là, qu'il s'agisse de la participation des enfants et des jeunes à des groupes intergénérationnels, ou de leur participation à des groupes d'enfants et de jeunes par tranches d'âges, par établissement ou structure fréquentés, ou par quartier. Les groupes par établissement ou structure sont certes plus faciles à constituer que les groupes de parents, dans la mesure où les enfants et les jeunes en sont en quelque sorte « captifs » – les parents devant toutefois être informés de leur tenue en tant que composante du projet pédagogique.

Mais une fois réunis, ils requièrent, comme d'ailleurs les autres types de groupes d'enfants et de jeunes, des méthodes d'animation et de valorisation de leurs productions assez similaires à celles que l'on a mentionnées pour les groupes de parents. Le Comité de pilotage doit donc veiller au respect et à l'emploi de ces méthodes, éventuellement modulables dans leurs formes – mais pas sur le fond – en fonction des contextes.

Une expérience ou une formation spécifiques sont cependant souhaitables pour l'animation de groupes d'enfants et de jeunes, de façon à savoir notamment y concilier directivité et non-directivité, ainsi que capacité de respect, de prise au sérieux et de reformulation des points de vue, des besoins, des aspirations et des propositions exprimés.

Des alternatives à la constitution de groupes *ad hoc* d'enfants et de jeunes peuvent consister à s'appuyer sur la sollicitation de groupes consultatifs déjà en place, ou de membres de ces groupes, sachant toutefois que ceux-ci ne sont pas nécessairement représentatifs de l'ensemble des enfants et des jeunes du territoire. Ils sont en effet généralement composés de personnes déjà motivées par l'exercice de mandats et par les rôles et fonctions qui en résultent. Il peut s'agir des enfants membres élus de Conseils d'enfants, quand il en existe dans les écoles ou les centres de loisirs, de membres élus ou volontaires des coopératives scolaires, de délégués élèves dans les Conseils de classe et les instances des collèges et des lycées, de membres élus des Conseils municipaux (ou départementaux) d'enfants et/ou de jeunes quand il en existe, de groupes d'enfants et de jeunes constitués dans les associations de quartier, les Centres sociaux et socioculturels, les mouvements d'éducation populaire, de membres de syndicats lycéens, etc.

Dans tous les cas, il faudra prévoir de **consulter les enfants et les jeunes,** dans le cadre du PEL ou du PEdT, non seulement sur des questions d'ordre général, prospectives, relatives aux valeurs et aux aspirations collectives en matière d'éducation et de conditions favorables à l'éducation ; mais aussi, et parfois pour commencer, sur des sujets précis, concrets, étayés sur leurs pratiques et leurs expériences quotidiennes, et sollicitant donc directement leurs expertises d'usage et d'expérience – quitte à ouvrir progressivement ces sujets sur d'autres, auxquels les mèneront des échanges conduits avec souplesse. Il conviendra par ailleurs de ne pas en rester aux seuls échanges verbaux formels, qui peuvent pénaliser l'expression de certains, mais de savoir parfois les combiner avec des actions, des supports matériels, des occasions concrètes de faire valoir opinions et suggestions : recours au dessin thématique pour les plus petits, réalisation accompagnée de « diagnostics ambulatoires » de proximité[362], parcours de découverte des ateliers et des activités « périscolaires » et de loisirs éducatifs, sensibilisation critique et proposition-

362. Frédéric Jésu, « Les enfants, experts et acteurs de leur quartier ? », *op. cit.*, p. 48-49.

nelle à l'organisation et au fonctionnement des transports scolaires, du restaurant scolaire (participation à l'élaboration de menus, à l'évaluation d'actions de formation au goût et à la diététique, etc.). Ou encore : préparation et réalisation par les enfants et les jeunes eux-mêmes de tables ou forums de discussion, de microtrottoirs, d'enquêtes filmées, d'expositions débats, etc.

Afin de rester fidèle aux finalités de départ, à la fois éducatives et civiques, de la participation attendue des enfants et des jeunes, il importe de ne pas donner aux consultations et aux concertations qui leur sont proposées des tournures qui les feraient dévier vers des postures consuméristes, reposant sur des logiques apparentes : de « commande » d'activités ou de services, à la phase d'élaboration du PEL ou du PEdT ; de consommation de ces activités et services, à la phase de mise en œuvre et de déploiement ; et d'exigence de « service après-vente », à la phase d'évaluation. C'est pourquoi il faut recommander que les enfants et les jeunes soient invités à s'engager dans des **démarches de coconception** puis, dans la mesure du possible, **de coproduction d'actions précises,** d'intérêt général, visibles de tous et notamment d'eux-mêmes, et susceptibles d'être menées sur la durée (mais une durée à l'échelle des enfants) au moyen d'ajustements et de développements éventuels, délibérés, voire réalisés avec eux.

Il convient de même d'être attentif aux risques d'instrumentalisation et de confiscation, par et entre enfants ou jeunes eux-mêmes, du pouvoir, même relatif, même fantasmé, que peut leur conférer le fait d'être consultés ou impliqués dans une démarche participative par des adultes en position de décision, et dont certains pourraient abuser pour faire prévaloir des attentes personnelles ou bénéficiant à une certaine catégorie d'entre eux. Par exemple, des garçons peuvent faire en sorte de privilégier des propositions d'activités de loisirs qui ne tiendraient aucun compte des souhaits des filles. Ou encore, des jeunes disqualifier puis s'approprier des équipements destinés à de plus jeunes qu'eux, etc. Lorsque quelques enfants ou quelques jeunes sont conduits à en représenter plusieurs autres, par élection (ou par un autre mode de délégation), il est essentiel que tous, électeurs comme élus, soient formés à cette occasion – et il s'avère que cela est possible dès le plus jeune âge – à l'essentiel des pratiques démocratiques (par exemple aux notions de profession de foi, de mandat impératif, de compte rendu de mandat, de remise en jeu ou de rotation des mandats, etc.).

Pour l'ensemble de ces raisons, il apparaît de nouveau souhaitable que les adultes concernés soient eux-mêmes sensibilisés et si possible formés aux principes et aux pratiques de la participation démocratique des enfants et des jeunes, ou du moins qu'ils bénéficient d'un accompagnement et de possibilités d'échanges réguliers en ces domaines. Ils doivent être encouragés à cet effet à identifier et partager les questions qu'ils sont amenés à se poser à l'épreuve de leurs pratiques. L'expérience indique que, en ces domaines, la mutualisation des questions importe plus que l'illusion de pouvoir disposer de réponses *ex cathedra* – livrées par des « experts » de la participation et donc construites sans eux –, mais qu'elle permet en revanche l'élaboration commune de l'éthique de leurs interventions auprès des enfants et des jeunes. Les « bonnes pratiques » se déduisent ici bien souvent de cette éthique, de conviction et de responsabilité, appliquée aux situations concrètes.

Sur ces bases, il sera alors possible d'ouvrir progressivement ou simultanément la participation démocratique des enfants et des jeunes sur d'autres sujets et projets, *a priori* non éducatifs, de la vie du territoire, susceptibles notamment d'engendrer et de développer des échanges et des coopérations intergénérationnelles : Agenda 21 local, activités des Conseils de quartier lorsque la taille de la commune en a amené la création et qu'ils s'avèrent ouverts et dynamiques, jumelages internationaux entre communes, animation sportive et culturelle de l'ensemble de la commune, aménagements et réaménagements des espaces publics faisant l'objet d'enquêtes d'utilité publique, etc. De telles ouvertures peuvent déboucher sur la possibilité de confier aux enfants et aux jeunes qui le souhaitent les responsabilités qu'ils sont en mesure d'assumer, et de les faire bénéficier à cet effet d'un accompagnement adéquat, respectueux de leurs avis et de leurs propositions, et prodigué par les adultes qui le leur proposent. Autant de perspectives dont rien ne s'oppose à ce que les objectifs qu'elles visent et les moyens qu'elles nécessitent figurent au fur et à mesure, ou par la suite, dans le PEL ou le PEdT.

Un territoire éducatif pour tous, partout et tout le temps

Promouvoir de la sorte la participation des enfants et des jeunes, concomitante mais en partie distincte de celle de leurs parents, aux différentes étapes du PEL ou du PEdT revient au total à s'appuyer sur une vision large, globale et transversale de l'éducation – et donc de l'ensemble des temps, des espaces et des acteurs de tous âges et de toutes conditions qui y concourent.

Il s'agit déjà de créer, dans chaque environnement de proximité, une stratégie démocratique de repérage collectif, de compréhension partagée et de réduction institutionnelle des causes, des formes et des conséquences des injustices et des inégalités sociales devant toutes les composantes de l'éducation.

Mais il s'agit de créer aussi, au sein du territoire de vie et d'éducation, une dynamique telle que la prise en compte des réels problèmes d'hier et d'aujourd'hui au moyen des contributions de tous, trace la voie, chez les principaux concernés, au désir durable de rechercher ensemble, et démocratiquement, de réelles solutions pour aujourd'hui et pour demain. Et de continuer à le faire avec et pour la génération suivante. Autrement dit, de **conjuguer protection, socialisation, éducation, participation, émancipation et développement global et durable du territoire.**

Chapitre 5 — En bref

La démocratisation attendue des politiques familiales et éducatives dépend largement, pour des raisons conjoncturelles et peut-être structurelles, des initiatives locales.

➧ Pourquoi ?

Conforter les tendances sociétales à la démocratisation des relations éducatives en les inscrivant au cœur des finalités et des modalités de la mise en œuvre de certaines politiques publiques (réforme du droit de la famille, approches globales, partagées et inclusives de l'éducation, politique de la ville, protection de l'enfance, etc.) aide à réduire les inégalités sociales, générationnelles et sexuelles en matière de droit à l'expression et de valeur accordée à celle-ci, dans ou hors des familles.

Il importe, plus spécialement, de faire en sorte que les interactions (culturelles, juridiques) entre dynamiques familiales et dynamiques sociopolitiques fassent progresser le statut, les processus d'individuation/socialisation et les conditions d'éducation des enfants.

Il importe par ailleurs de maîtriser sans plus attendre les dérives de notions telles que les « compétences parentales » (quelles sont-elles, au regard des autres « compétences » éducatives ? qui les évalue ? pour quoi faire ? etc.) ou encore le « soutien à la parentalité ». Ces concepts mal définis sont en effet de plus en plus associés, sous couvert de bienveillance ambiguë, à des impératifs d'ordre public, en même temps qu'ils risquent de disqualifier les parents aux yeux de leurs enfants.

À l'inverse, s'intéresser aux différents aspects de la « condition parentale » sur un territoire donné permet d'inscrire l'amélioration de celle-là dans une perspective de développement social local et d'encourager l'appropriation démocratique des moyens de cette amélioration par les parents eux-mêmes.

Ainsi les nouvelles politiques publiques globales, et souvent en grande partie locales, destinées aux parents peuvent-elles intégrer les dispositifs d'accompagnement éducatif, voire psychosocial, en place, mais sans s'y résumer : elles peuvent mobiliser aussi les nombreuses autres ressources de proximité, et moins formelles, qui y concourent.

L'ambition généraliste et participative des Projets éducatifs locaux (PEL) et des Projets éducatifs de territoire (PEdT) peut elle aussi contribuer, si elle est affirmée, à identifier et à réduire les principales inégalités éducatives (de causes sociales, économiques, culturelles, sexuelles, géographiques) en même temps qu'à accroître la cohérence et la continuité éducatives à travers les différents espaces-temps de l'éducation familiale, scolaire et non scolaire.

Sortir des débats réducteurs sur les « rythmes scolaires » (éducatifs, en réalité) permet en particulier d'interroger le statut et de faire progresser le contenu des temps non scolaires (dit « libres ») placés sous la responsabilité des parents (avec le concours des collectivités locales), et souvent affectés d'importantes inégalités de tous ordres.

Aussi des PEL/PEdT vraiment démocratiques devraient-ils susciter un surcroît de *fraternité*/solidarité permettant que plus d'*égalité* confère une réelle *liberté* à ces temps non encadrés par l'éducation formelle (où de graves inégalités sont aussi installées).

En matière de PEL/PEdT, l'exigence démocratique peut ainsi faire le lien entre la démarche politique et la démarche éducative, même si cette visée est encore loin d'être clairement revendiquée (les « valeurs de la République » sont surtout présentées aux enfants comme à enseigner plutôt qu'à pratiquer, du moins à l'école).

Compte tenu de la timidité des orientations nationales en la matière, le pari de politiques publiques éducatives et démocratiques doit donc être déjà tenté et tenu à l'échelle locale, ce qui suppose d'accepter qu'il ne soit pas généralisé d'emblée.

Quelles opportunités ?

La dynamique initiale des Réseaux d'écoute, d'appui et d'accompagnement des parents (REAAP) a montré qu'il était et qu'il reste possible de rapprocher et de solidariser des parents, le cas échéant avec l'aide non directive de professionnels, autour de l'élaboration et du développement de projets collectifs et coopératifs.

Le dépassement critique du concept de « parentalité » conduit à se ré-intéresser à la réalité et à la diversité des parents eux-mêmes, aux composantes (objectives et subjectives) de leurs « conditions parentales » et donc aussi à leurs différentes « façons d'être parent », en particulier sur les plans éducatif et relationnel, mais sans se laisser obnubiler pour autant par la question de leur « autorité éducative » (cf. chapitre 1).

Les accents aujourd'hui mis sur la recherche du bien-être des enfants, de leur bientraitance et de leur coéducation incitent logiquement à connaître – et agir sur – l'ensemble de leurs conditions et cadres de vie, familiale et non familiale, et à solliciter par conséquent les observations et les points de vue de leurs parents, en premier lieu, mais aussi de tous les autres acteurs de leur éducation, sans exclusives.

La dimension « contagieuse » de la bientraitance repose en particulier sur l'hypothèse que la qualité des relations établies entre parents et professionnels influence positivement les relations intrafamiliales (entre parents et enfants, mais aussi entre parents) en réduisant les conflits de loyauté pouvant affecter les enfants et en suscitant la coopération, voire la solidarisation des familles et des institutions.

Par ailleurs, les incitations aujourd'hui récurrentes à la « participation des habitants » et la plus récente promotion du « pouvoir d'agir des habitants » dans le cadre de plusieurs politiques publiques :

– aident à percevoir que tout parent est aussi un habitant, un travailleur, un citoyen, et souvent (à l'exception des résidents étrangers non européens) un électeur ;

– devraient faire envisager la représentativité des parents, en cas de besoin, au moyen de méthodes et d'outils testés dans les instances de démocratie participative ;

– ouvrent la possibilité que les parents sollicitent les professionnels et les élus en faveur de leurs propres projets, comme et autant que ceux-ci prétendent parfois les associer à certains volets des politiques publiques ;

– peuvent amener à impliquer des « non parents » dans des délibérations locales relatives à des sujets éducatifs et/ou familiaux, la coéducation étant « l'affaire de tous ».

Dans ce contexte, et plus spécifiquement, la reconnaissance juridique du PEdT, du fait de son inscription dans le Code de l'éducation par la loi du 8 juillet 2013, devrait inciter les communes et les intercommunalités à mettre en œuvre des démarches coéducatives globales et authentiquement participatives.

On observe d'ailleurs une réelle quoique souvent maladroite volonté des institutions scolaires de s'ouvrir aux parents – et à d'autres acteurs éducatifs de proximité – afin qu'ils se rapprochent d'elles (à défaut qu'elles se rapprochent d'eux), de leur « faire une place » et d'envisager une possible coéducation… autour tout du moins d'objectifs scolaires.

Dans le cadre de la décentralisation croissante des politiques éducatives, les démarches de projet local dotées de bases juridiques (PEL/PEdT, dispositifs de Réussite éducative, Contrats territoire lecture, etc.) contribuent à concrétiser, diffuser et conforter la démocratisation des relations éducatives, à condition d'être conçues, pilotées et évaluées sur une base participative ouverte à tous les acteurs concernés, y compris aux parents mais aussi aux enfants et aux jeunes.

Quels freins ?

Les ambiguïtés idéologiques qui ont progressivement nourri les politiques publiques dites de « soutien à la parentalité » amènent le plus souvent à insister sur les difficultés, voire les « incompétences », des parents, plutôt que sur l'importance incontournable de leur rôle pivot, notamment pour prévenir ou résoudre des problèmes complexes ne relevant pourtant pas de leurs seules responsabilités.

Il en est résulté, par exemple, une tendance à réduire de nouveau le champ de la protection de l'enfance aux seules violences et carences intrafamiliales, et non plus institutionnelles, ainsi que les risques de détournement des politiques de « soutien à la parentalité » à des fins sécuritaires ou de contrôle psychosocial, dans le cadre notamment des Comités (national et départemental) de « soutien à la parentalité ».

La psychologisation excessive de la « parentalité » peut faire obstacle aux dynamiques collectives d'*empowerment* des familles, au « pouvoir d'agir » des habitants et citoyens que sont aussi les parents. Elle peut isoler, culpabiliser, susciter fatalisme ou repli parentaux, et dédain de la part des enfants, si elle ne s'articule pas avec – ou ne débouche pas sur – des perspectives de mobilisations collectives, sociales ou politiques.

La présentation de l'« autorité » comme une cascade de contraintes descendantes (élus – professionnels – parents – enfants) induit une logique relationnelle omniprésente de rapports de forces, et non pas une coopération bienveillante et confiante.

La loi du 8 juillet 2013 promeut pour l'essentiel des PEdT « primaro-scolaro-centrés » plutôt que des PEL intégrant tous les espaces-temps éducatifs de 0 à 18 ans. Elle n'y valorise guère la participation des parents, et elle scotomise (sans l'interdire) celle des enfants et des jeunes ainsi que les contributions d'habitants, d'acteurs et de nombre d'associations de proximité intervenant dans les champs de l'éducation non formelle ou informelle.

En l'absence de directives ou d'incitations législatives ou réglementaires nationales, les dimensions « extrascolaires » et participatives des PEdT dépendent donc avant tout des initiatives des collectivités locales (plus ou moins encadrées par des normes fixées et contrôlées par l'État) – mais aussi de l'absence d'initiatives de leur part.

Dans ce contexte, les contraintes, les désaccords ou les consensus entre les adultes en présence s'avèrent conditionner – ou être bien plus déterminants que – la sollicitation des expertises d'expérience et d'usage, des points de vue et des propositions des enfants et des jeunes sur des sujets qui les concernent pourtant en première ligne.

Comment ?

Interroger en permanence les postures que peuvent représenter et induire la notion de « soutien à la parentalité », son éventuelle contractualisation dans des dispositifs descendants et contraignants (pour les seuls parents) et ses conséquences souvent contre-productives (repli défensif des familles, stigmatisation extrafamiliale et infantilisation intrafamiliale des parents, etc.).

Activer, autrement dit, un principe de précaution visant à ce que les logiques de contrôle psychosocial, devenues de plus en plus inhérentes au

« soutien à la parentalité », ne se retournent pas contre les parents et, *in fine*, contre leurs enfants.

Promouvoir à l'inverse des projets d'accompagnement des parents, entre eux et/ou par des professionnels, qui reposent sur des postures et des relations de « côte à côte » au lieu d'exacerber le « face à face » ou le « dos à dos » hostiles.

Au total, changer de vision et de paradigme politiques en privilégiant la « promotion de la condition parentale » sur le seul « soutien à la parentalité » afin que l'accompagnement des relations intrafamiliales et extrafamiliales, et entre familles et institutions, suscite et valide de nouvelles alliances coéducatives et potentiellement démocratiques en faveur d'objectifs concrets et réalistes.

Au-delà, solliciter l'expertise d'expérience et d'usage des parents sur les moyens d'améliorer leurs conditions parentales, et instituer de même leur participation active (non réduite à la consultation ni même à la concertation avec les élus et les institutions) aux prises de décision qui les concernent, et à l'évaluation de ces décisions.

À cet effet, et par exemple :

– s'appuyer sur les orientations les plus récemment promues par la Caisse nationale des allocations familiales (cf. circulaire n° 2012-013 du 20 juin 2012 « relative à l'animation de la vie sociale ») ;

– inscrire les REAAP dans une perspective de coéducation démocratique et participative, dans le cadre notamment des instances d'élaboration des projets territoriaux pouvant y contribuer (en matière d'éducation partagée, d'urbanisme, de développement durable, etc.).

Rechercher ou créer les conditions (de confiance et de respect mutuels) permettant à des professionnels de se mettre au service des projets de parents : non seulement en associant ceux-ci à l'identification et à l'analyse des caractéristiques de leur territoire de vie (et, donc, de projet) ; mais aussi en partageant avec eux la définition des priorités et des objectifs visés ; et, autant que possible, en partageant aussi –, voire en leur laissant – le pouvoir de mener et d'évaluer les actions entreprises.

Investir politiquement des démarches de type PEL/PEdT élargi (c'est-à-dire portant sur tous les espaces-temps éducatifs de 0 à 18 ans) pour tracer le cadre et les perspectives d'une coéducation véritablement démocratique et participative, ouverte à l'ensemble des réalités vécues par les enfants et les jeunes et donc aussi par leurs parents et les autres acteurs éducatifs locaux, et s'intéressant notamment à l'existence, la pertinence et l'accessibilité réelle de l'ensemble des ressources éducatives.

Instituer à cet effet une coéducation parents/professionnels :

– avec les acteurs de l'école, mais chaque fois que possible en dehors des locaux de l'école et autour de thèmes et d'objectifs pas seulement définis par l'école ;

– et avec les acteurs en responsabilité, conjointement aux parents, des temps libres éducatifs (ou non) des enfants.

Afin qu'ils découvrent et expérimentent la démocratie extrafamiliale, associer de même les enfants et les jeunes, dans le cadre ou non du PEL/PEdT, à l'élaboration et à l'évaluation des règlements intérieurs des structures qu'ils fréquentent régulièrement, à l'organisation de leurs déplacements, de leurs modes d'occupation des équipements et espaces publics, de leurs divers usages des outils informatiques, etc.

Au total, mobiliser et mettre en pratique :

– les principes éthiques et méthodologiques de la coéducation pour conférer une dimension démocratique aux principales étapes des processus qui s'y prêtent, et notamment à ceux de PEL/PEdT (cf. chapitre 2) ;

– les références à l'esprit et à la lettre de la CIDE pour fournir une base juridique intangible aux finalités et aux modalités susceptibles d'en fédérer les acteurs (cf. chapitre 1).

Apporter en particulier un soin extrême et de tous les instants aux moyens de concrétiser la participation démocratique des professionnels, des associations, des parents, des enfants et des jeunes à l'élaboration, la mise en œuvre et l'évaluation d'un PEL/PEdT : formation et/ou accompagnement méthodologiques des responsables politiques et administratifs locaux en ce domaine ; résolution ambitieuse et minutieuse des questions posées par la représentation et la représentativité des différents acteurs ; souplesse, pragmatisme et diversité des occasions et des formes – mais aussi rigueur d'animation des cadres et des supports – de leurs échanges ; exhaustivité délibérée des thèmes abordés et des points de vue formulés ; valorisation et transparence des informations relatives à leurs contributions et à leurs propositions ainsi qu'aux suites institutionnelles qui leur sont données par les décideurs locaux…

Conclusion

Parvenus au stade de la récapitulation de nos observations et à celui de la conclusion, pouvons-nous toujours postuler, sinon l'existence, du moins la nécessité, voire l'inéluctabilité, d'une tendance générale à la démocratisation croissante des relations éducatives sur l'ensemble des espaces et des temps où ces relations s'établissent et se déploient ? À défaut d'être affirmatifs à ce sujet, nous avons cependant pu vérifier à plusieurs reprises que les effets immédiats ou durables de cette tendance dépendaient de la diffusion *simultanée* de conceptions et de pratiques authentiquement participatives entre les parents et les enfants au sein des familles, entre les adultes et les enfants au sein des institutions, et au total entre les familles et les institutions. Nous avons pu considérer, autrement dit, que si la démocratie coéducative est la perspective, la participation démocratique est le moteur.

Nous avons en effet relevé, au fil des pages qui précèdent, que la démocratisation des relations éducatives se conjugue, difficilement mais résolument, et ceci depuis quelques décennies, avec une évolution globale des fonctionnements familiaux, des organisations politiques et des pratiques professionnelles. Cette évolution procède du respect accru de la personne, des droits et des libertés de *chacun,* quels que soient son âge et son statut. Elle peut favoriser aussi l'implication de *tous* (enfants, jeunes, parents, professionnels, acteurs associatifs, élus) dans des projets communs qui, en mobilisant, en fédérant et en consolidant leurs aspirations démocratiques, visent à terme l'élaboration concertée des politiques sociales, familiales et éducatives, notamment de proximité, qui les concernent.

Par ailleurs, si conclure doit permettre de rebondir, nous suggérons de le faire en inscrivant les interrogations qui se focalisent sur les liens anciens entre éducation et République dans le cadre des perspectives, moins abstraites et moins formelles, que pointent les articulations à l'œuvre entre éducation et démocratie.

Aussi nous reste-t-il à décrire, apprécier et caractériser les effets attendus de l'ensemble de ces articulations et de ces évolutions sur les enfants et les jeunes en termes d'enjeux éducatifs, certes, mais aussi politiques et sociaux. Ces effets ne peuvent être dissociés de ce qui motive les engagements et mobilise les représentations des différents adultes en présence, en tant qu'initiateurs et principaux responsables des changements qu'ils impulsent (ou non) dans le champ éducatif et de l'évaluation qu'ils en font, au fur et à mesure, pour et avec les enfants.

Entre les fonctionnements démocratiques des familles et ceux, moins fréquents et moins prégnants, des institutions, nous avons ainsi pu constater, au fil des pages qui précèdent, moins de rapprochements que d'avancées parallèles, et donc moins de réelles convergences que d'interactions occasionnelles. L'absence d'interactions peut également s'observer, par exemple en matière d'orientation scolaire, de protection de l'enfance, de prévention sanitaire, etc., lorsque familles et institutions entendent décider et agir en associant plus ou moins l'enfant, mais chacune à sa façon, et sans nécessairement se concerter et chercher à coopérer. Or, tout comme l'absence de choix est une forme de choix, l'absence d'interactions est une forme d'interaction en ceci qu'elle conduit souvent à la confrontation et aux relations conflictuelles qui en résultent.

Nous avons également observé avec intérêt que, si les enfants sont bien entendu les motifs les plus ordinaires de ces interactions, voire de ces convergences, ils en sont parfois aussi les acteurs : par exemple lorsqu'ils demandent à pouvoir s'exprimer dans un collectif institutionnel comme ils le font en famille, ou à l'inverse à participer aux décisions familiales comme ils le font dans leur classe ou leur centre de loisirs lorsqu'un Conseil d'enfants y a été institué.

Du point de vue des adultes, à l'évidence, les raisons d'être et les missions spécifiques des familles et des institutions (scolaires, éducatives, sociales, culturelles, sportives, sanitaires, etc.) ne sont pas équivalentes, pas plus que ne le sont les circonstances, les échelles et les finalités de la plupart des décisions que l'on y prend, avec ou sans les enfants, ni donc les modalités de ces prises de décision. Pour autant, on peut présumer, idéalement tout du moins, que le faisceau de ces décisions tend à s'organiser autour de grands enjeux de société communs, partagés et portés par un réseau de coéducateurs déterminés à assumer ensemble, et côte à côte, leurs responsabilités respectives. Ces enjeux de société, forgés par les adultes pour les enfants, sont par exemple décrits par Philippe Meirieu, pédagogue et élu local, en des termes ambitieux que nous partageons pleinement :

> *« Donner à tous les enfants, quelle que soit leur origine, les moyens de comprendre le monde... leur donner, dans le même mouvement, les moyens de se comprendre entre eux, de remplacer les rapports de forces et la violence par l'argumentation, le respect du point de vue de l'autre et la probité intellectuelle... aider les jeunes à échapper à la pression de la norme qui s'exerce si fortement dans tous les domaines (la mode, les comportements groupaux, le communautarisme, les sectes, etc.) afin qu'ils puissent « oser penser par eux-mêmes »... et, enfin, former à la démocratie en apprenant à chacun à se dégager de son intérêt immédiat pour considérer les choses d'un point de vue plus large, en intégrant des collectifs de plus en plus vastes : la classe, l'école, le quartier, la ville,*

la région, le pays, le continent, la Terre, l'univers... Autant de défis difficiles et essentiels ! »[363]

Ceci posé du côté des adultes, qu'en est-il simultanément du point de vue des enfants eux-mêmes, de leurs aspirations et de leurs aptitudes présumées à prendre part aux processus décisionnels qui les concernent en famille, à l'école, dans les autres collectifs où ils vivent, s'expriment et agissent ? Autrement dit, qu'apprenons-nous, à leur écoute, à ce sujet ?

Nos postures ne sont pas celles de chercheurs qui s'efforceraient de se distancier et de se différencier de leur « objet » de recherche. Nous affirmons et assumons un certain nombre de partis pris construits et remaniés par nos longues expériences professionnelles et confortés par nos convictions militantes. Ces partis pris sont moins de nature idéologique que la résultante des effets produits sur nous par les expériences quasi quotidiennes d'avoir, pendant plusieurs décennies, fréquenté des enfants et des jeunes, ainsi que leurs parents et les divers professionnels en contact avec eux, de les avoir écoutés, de leur avoir parlé, d'avoir mené avec eux moult projets individuels et collectifs. L'un d'entre nous, en croisant pédagogie et démocratie, s'est attaché à faire entrer celle-ci à l'école, à proposer aux enfants de l'expérimenter au quotidien en des formes instituées et à relier de la sorte l'école et la cité. L'autre, en articulant l'intérêt supérieur des enfants et la mise à jour du potentiel soignant de la plupart des parents, a fini par considérer la « démocratie familiale » comme une forme de prévention ou de « postcure » de nombre de problèmes de santé mentale infanto-juvénile.

À la condition que leur ait été garanti par nos soins un cadre d'expression éthique et cohérent, les enfants nous ont ainsi appris à **acquérir estime, respect et confiance envers leurs prises de parole ;** puis, une fois levé le voile de conformisme prudent derrière lequel elles commencent souvent par se manifester, envers le potentiel discrètement mais profondément **réformateur** qu'elles finissent tout aussi souvent par receler ; enfin, les actes prolongeant les paroles, envers les capacités de ces enfants à **s'auto-organiser.**

C'est ainsi que nous avons observé, partagé, accompagné avec plaisir l'intérêt majeur des enfants pour la découverte, pour l'ouverture et le décloisonnement des sources d'apprentissage, et pour la possibilité d'y procéder en groupe. En écoutant ce qu'ils en disent, nous avons perçu le caractère stimulant de leur goût pour la remise en cause non pas de la présence à leurs côtés de leurs parents et de leurs maîtres, bien sûr, mais des rôles et des postures hiérarchiques que ceux-ci leur proposent ou leur imposent. Les enfants aiment et demandent que ces adultes les aident à explorer, connaître

363. Philippe Meirieu, « L'éducation non formelle, un outil infiniment précieux », *in* AFEV, Christophe Paris, Nathalie Ménard, Jérôme Sturla (dir.), *Être utile – Quartiers défavorisés, jeunes en difficulté : des étudiants s'engagent,* Institut national de la jeunesse et de l'éducation populaire, 2005.

et comprendre le monde, et même à travailler assidûment en ce sens, et qu'ils les guident, voire les dirigent mais qu'ils le fassent avec bienveillance, en accompagnant leurs tâtonnements et sans imposer un sens prédéfini à leurs expériences. La discipline familiale (qui s'efforce de transmettre des savoir-être) et les programmes scolaires (qui prévoient de transmettre des savoirs et des savoir-faire) sont appréciés des enfants à condition de ne pas leur être présentés comme des finalités fermées en boucle sur elles-mêmes, mais comme des moyens parmi d'autres d'accéder, progressivement et paisiblement, à la socialisation, à l'instruction et à la formation. Il importe pour cela que les erreurs ne soient pas pointées comme des fautes, les sanctions conçues et appliquées comme des châtiments, les « réussites » vécues comme des triomphes sur les proches et les « échecs » comme des calamités sans recours.

Il s'agit aussi d'éviter qu'un adulte ou un enfant, en se plaçant en position de domination unilatérale et en induisant en permanence des rapports de forces, contribue à entraver le processus de prise de décision démocratique au sein de sa famille ou de son institution, voire même à susciter sa violence. Il s'agit, plus précisément encore, de protéger chaque enfant de la tentation et du risque d'y prendre un pouvoir ambigu – et bien peu démocratique – sur les adultes et sur les autres enfants.

L'enfant a besoin d'un cadre structuré et structurant pour s'exprimer valablement, c'est-à-dire, au sens de la Convention internationale des droits de l'enfant, pour donner librement son opinion, voir celle-ci dûment prise en considération et participer au processus décisionnel. Avec l'Unicef, le Conseil de l'Europe, le Comité des droits de l'enfant des Nations Unies, nous avons appelé « participation démocratique » cette possibilité reconnue aux enfants d'être associés, en fonction du développement de leurs capacités, aux différentes étapes d'un processus participatif : *proposer – discuter – décider – appliquer.*

Quelle est la pertinence de ce cadre pour les enfants ? Quelle est son actualité ? Quelles sont ses perspectives ? Pourquoi, tout d'abord, faut-il un cadre ?

L'histoire politique enseigne que la notion de « cadre démocratique » n'est pas un oxymore, mais une condition de régulation et une garantie de concrétisation pour tout projet reposant sur un exercice durable et efficace de la participation citoyenne. Les approches pédagogiques et psychologiques non directives de l'enfant soulignent de même la nécessité d'un cadre à la fois souple et rigoureux tant pour la construction et l'épanouissement de la personnalité de l'enfant, et pour sa socialisation harmonieuse, que pour l'émergence d'une parole qui fasse sens en laissant entendre le désir qui la soutient. Par « désir », on entend ici le motif d'aller vers l'autre pour faire quelque chose avec lui parce qu'on admet ne pas savoir et ne pas pouvoir le faire seul et qu'on accepte d'être surpris et instruit par sa façon de faire. Le désir peut donc être celui d'apprendre et de construire à plusieurs. Il se distingue à cet égard de la pulsion, qui vise quant à elle à satisfaire un besoin certes légitime, voire vital, mais solitaire et impérieux – et bien souvent impérialiste, en ce qu'il incite à se saisir d'autrui comme pur outil, nié ou négligé en tant que sujet, et enrôlé au service de l'urgence de cette satisfaction-là.

Le corps puis la parole sont, notamment pour l'enfant, les premières sources inépuisables de manifestation de ces pulsions qu'il lui faut d'abord apprendre à reconnaître avant de découvrir l'importance et les moyens de les domestiquer s'il veut les exaucer sans s'isoler, ni être rejeté ou répétitivement puni. Il revient aux adultes en situation d'éducateurs (parents, professionnels de la petite enfance, enseignants, animateurs, etc.) certes de l'aider à ne pas trop se méfier pour autant de ses pulsions, dans la mesure où elles sont malgré tout le reflet de sa vitalité ; mais de le protéger aussi des messages que, aujourd'hui plus que jamais, lui destinent d'autres adultes pour exciter délibérément certaines de ces pulsions dans une dangereuse perspective consumériste faussement autocentrée. Aider l'enfant à discipliner son corps et ses relations à autrui pour le protéger de leur instrumentalisation par la soumission aux seules logiques pulsionnelles (celles du « tout, tout de suite, partout et tout le temps », promues par exemple par les vendeurs de *fast-food* et de *smart phones*)[364] ; l'encourager de même à contrôler ses prises de parole pour éviter que celles-là ne se fondent et ne soient confondues en une pure production de décibels aux oreilles de leurs destinataires excédés : voici les fonctions d'un « cadre » à proposer aux enfants pour mieux habiter leurs corps et mieux faire entendre leurs voix.

Cependant, la contention ne peut et ne doit pas être la seule règle organisatrice de ce cadre-là. On peut par exemple douter que les consignes de rester immobile sur sa chaise et de se taire soient propices, en classe, à une véritable dynamique pédagogique, ni à ce que les explosions motrices et vocales qui en résultent en cour de récréation produisent une intéressante socialisation collective par le jeu libre. Dans les classes coopératives, les enfants ont le droit de se déplacer et de se parler, mais les limites et les obligations posées ont un sens pour eux. Le mouvement et la parole autorisés et réglementés ont pour objectifs de favoriser le travail de chacun, ses

364. *« N'écoute que toi ! »*, enjoignait aux enfants et aux jeunes, dans les années 1990, un film publicitaire pour un soda dont le message implicite était en fait : *« N'écoute que moi quand je te dis de n'écouter que toi ! »*. Des injonctions qui finissent hélas par ressembler à celle-là tout en accompagnant la promotion de produits équivalents (sodas, barres chocolatées, etc.) circulent aujourd'hui en abondance, sous la forme d'un bandeau furtif et pathétique conçu par les spécialistes de l'éducation à la lutte contre l'obésité infantile : *« Mangez au moins cinq fruits et légumes chaque jour »*…

échanges et sa coopération avec les autres. Cela peut expliquer que, généralement, les enfants y travaillent beaucoup et aiment y travailler.

On notera ici, comme si souvent dans cet ouvrage, que ce qui caractérise un tel cadre est ce qu'il autorise plutôt que ce qu'il interdit. Il autorise en l'occurrence une certaine liberté de déplacement et d'expression (orale, mais aussi écrite, graphique, picturale…), ce qui n'est donc plus le privilège du seul enseignant dans la classe et s'avère par ailleurs conforme aux besoins habituels et essentiels des enfants. Ces besoins, les enfants sont dès lors invités à ne plus les satisfaire dans le seul espace-temps étroitement contingenté de la « récréation » et ceci, le plus souvent, sur le mode pulsionnel prédominant de la décompression et du défoulement, mais à les placer au service de leurs désirs d'apprendre et de savoir[365]. Et d'apprendre activement, c'est-à-dire en intervenant eux-mêmes dans un espace-temps dédié à des objectifs scolaires qu'ils peuvent de ce fait plus délibérément et plus collectivement construire et pleinement s'approprier, pour en être les auteurs.

Les situations que des parents ont présentées dans le cadre de leurs expériences de démocratie familiale, et que nous avons restituées, témoignent de ce que des considérations du même ordre peuvent être dégagées pour ce qui concerne les univers familiaux et les conditions de réalisation de leurs propres rôles et objectifs éducatifs.

Les « cadres » que tracent, expérimentent et consolident ces classes d'école, ces familles et certaines institutions à vocation éducative pour initier et garantir un fonctionnement démocratique en leur sein reposent de moins en moins sur un principe de contraintes unilatérales, c'est-à-dire décidées – même avec de bonnes intentions – par les seuls adultes (professionnels, parents ou, par extension, détenteurs attitrés des pouvoirs institutionnels et politiques). Elles font de plus en plus appel, en revanche, à un principe de libertés et de règles partagées parce que négociées et décidées ensemble. Adaptées aux besoins spécifiques des enfants, ces libertés et ces règles s'appliquent simultanément à tous les adultes et à tous les enfants en présence, et elles tendent donc à égaliser en partie les statuts et les droits (formels et réels) des uns et des autres au cœur des sphères, des entreprises et des relations éducatives.

Ces tendances, nous l'avons dit, semblent gagner un nombre croissant de familles, de structures publiques et associatives consacrées à l'éducation non formelle et aux loisirs éducatifs, et dans une moindre mesure d'établissements scolaires. Elles impriment peu à peu leurs marques entre ces familles, ces structures et ces établissements, et elles pourraient le faire plus encore, on l'a vu, à l'occasion des processus de Projets éducatifs locaux

365. Le désir d'apprendre et de savoir peut être lui-même considéré comme la résultante socialisée de ce que les psychanalystes désignent, depuis Freud, sous le nom de « pulsion épistémophilique ».

ou de territoire. Sous l'influence conjointe de la Convention internationale des droits de l'enfant (CIDE) et d'évolutions législatives ou réglementaires plus ou moins récentes, ces tendances pourraient aussi intéresser les établissements et les services sociaux, socio-éducatifs, médicoéducatifs, médicosociaux et même sanitaires s'adressant à des enfants, des jeunes et des parents.

À la lumière des chapitres qui composent cet ouvrage, et en guise de conclusion ouverte sur une piste prometteuse, il reste cependant à apprécier la mesure dans laquelle les « cadres » plus régulateurs que normatifs ainsi conçus peuvent s'avérer propices, dès aujourd'hui, à une participation authentiquement démocratique des acteurs de l'éducation, au sens large du terme « éducation ». Autrement dit, quels types de décision permettent-ils de prendre ? Selon quelles règles et modalités de prises de décision ? Ces décisions peuvent-elles aussi porter, de façon instituante, sur les règles et les modalités de prises de décision elles-mêmes ? Enfin, quels types d'émancipation ces cadres de décision cherchent-ils à promouvoir pour et avec leurs acteurs, et en premier lieu pour et avec les enfants ? Ou encore, pour résumer l'interrogation : comment décider démocratiquement dans le sens d'une coéducation émancipatrice pour chacun et pour tous ?

L'art de la démocratie, et notamment de la démocratie participative de proximité, pourrait aujourd'hui consister non pas à décider dans le sens des plus nombreux, des plus forts, des plus âgés, des plus influents ou même des plus convaincants ; mais, tout simplement – même si ce n'est pas si simple –, à décider ensemble, en commun, et sans exclure, notamment les plus jeunes, et ceci en instituant des démarches de proposition, de négociation, de délibération. De telles décisions peuvent combiner l'expression des convergences et des divergences, privilégier tantôt l'altérité et tantôt la solidarité, procéder par une succession de phases concurrentielles, voire conflictuelles. Mais elles visent essentiellement l'adoption d'un dispositif de partage : d'espaces, de ressources, de contraintes, etc. ; et, surtout, d'objectifs. Chaque individu accepte d'y coopérer, à condition toutefois que les droits de chacun – et donc aussi les siens propres – soient respectés et que chacun puisse, au milieu de tous, se consacrer à la poursuite de ses intérêts personnels. De ce point de vue, par exemple, le droit de chaque enfant à voir son intérêt supérieur constituer pour les adultes une considération primordiale (article 3 de la CIDE) est moins une norme à visée individualiste qu'une clause de progrès potentiel pour tous au fil des situations de décision collective le concernant.

Mais cela ne suffit pas. L'issue de cette « coopération concurrentielle des individus »[366] dans un processus de participation démocratique à la prise de décision dépend en effet de l'aptitude de celui-là à permettre à chacun : d'une part, de **récupérer la possibilité d'agir** qu'inhibait jusque-là l'indécision créée par un différend ou un interdit ; et, d'autre part, de **se relier au collectif** en outrepassant la sphère privée de ses intérêts propres. Bref de renouer avec l'intérêt général, c'est-à-dire avec ce que Rousseau désignait comme la « volonté générale » en la distinguant de cette « volonté de tous » qui n'est que la simple addition des volontés individuelles et qui préside bien souvent, aujourd'hui, aux mécanismes d'une démocratie représentative oublieuse ou peu soucieuse des minorités, des abstentionnistes… et des enfants.

Les principes universels d'égalité de droits et de liberté d'expression, donc de justice, et les principes éthiques de transparence et d'évaluation régulière tant des modalités que des conséquences des choix effectués[367] sont ainsi de nature, quand ils sont appliqués aux microsociétés et dans un contexte de proximité, à ouvrir celles-là à des formes démocratiques de fonctionnement relativement nouvelles. Ils permettent aussi de ne pas laisser le sens et les contenus de ces formes s'appauvrir au profit d'un modèle libéral privilégiant, au nom de leurs seuls droits et intérêts, l'individualisme ou le consumérisme des acteurs – ce qui est particulièrement important lorsqu'il apparaît que ces acteurs peuvent être des enfants. Ces principes semblent de fait assez appropriés à la régulation des processus de participation démocratique aux décisions éducatives au sein des familles, au sein des institutions et entre les unes et les autres. Ces décisions, on l'a dit, s'expriment en effet souvent en termes de partages – en l'occurrence des ressources, des objectifs, des activités, bref des projets – réalisés dans une visée coéducative. Et parfois, pour commencer, en termes d'égalité d'accès à ce qu'il y a lieu de partager.

On observera ici que ces tendances au partage démocratique, activées et rendues impérieuses par le constat de la recrudescence des inégalités de tous ordres et du caractère limité des ressources naturelles et de l'emploi, pourraient rejoindre les tendances similaires que donnent d'ores et déjà à percevoir les comportements d'un nombre croissant de jeunes – ces parents de demain – dans le champ de ce que l'on désigne depuis peu sous le terme d'« économie de partage ».

---

366. Cette expression est proposée par Marcel Gauchet pour décrire les impasses individualistes actuellement infligées à la démocratie par le modèle néolibéral de la société de marché. Cf. Alain Badiou et Marcel Gauchet, *Que faire ? Dialogue sur le communisme, le capitalisme et l'avenir de la démocratie*, Philo éditions, 2014.

367. Nous insistons de nouveau sur le fait que, en matière d'éducation comme de démocratie, la méthodologie est un support fondamental de l'éthique des pratiques.

Colocation, covoiturages, coproduction et échanges de biens et de services au moyen de « circuits courts » et de « communaux collaboratifs » rendus efficaces et pertinents par Internet et les « réseaux sociaux », etc. caractérisent en effet une génération plus intéressée par l'accès aux biens que par leur possession, et qui s'organise donc en conséquence pour plus souvent et mieux les partager. Bientôt, comme le souligne l'économiste américain Jeremy Rifkin, *« cette mutation radicale commencera dès le plus jeune âge. Prenez les jouets. Aujourd'hui, ils représentent le premier contact de l'être humain avec la propriété, donc avec le capitalisme. Ce jouet que ses parents lui ont offert, l'enfant découvre que c'est le sien, pas celui de son petit copain. Et personne ne le lui conteste. Mais demain – et en fait aujourd'hui déjà dans de nombreuses familles – les parents emprunteront des jouets pour leurs enfants sur un site Internet dédié ; l'enfant l'utilisera pendant quelques semaines ou quelques mois en sachant pertinemment qu'il n'en est pas le propriétaire ; et quand il s'en lassera ses parents renverront le jouet au site Web pour que d'autres l'utilisent. À quoi bon garder des dizaines de jouets au grenier, n'est-ce pas ? Mais le grand bouleversement à l'œuvre dans cet exemple tout simple, ce n'est pas tant que l'enfant pourra, pendant toute sa jeunesse, profiter d'autres jouets mieux adaptés à son âge : c'est le changement qui se produit dans sa tête par rapport à ce que les générations qui l'ont précédé ont connu. Il apprend en effet « naturellement » que les jouets ne sont pas des objets que l'on possède mais des expériences auxquelles on accède pour un temps donné, et que l'on partage avec les autres. Il se prépare en fait, dès son plus jeune âge, à l'économie du partage qui l'attend. C'est une mutation complète de la société. J'ai presque 70 ans et je n'avais jamais, jamais anticipé qu'une chose pareille se produirait. »*[368]

La décision de partager – y compris donc, pour commencer, ses jouets et, dans ce cas, y être encouragé par ses parents – tracerait-elle une nouvelle voie de l'émancipation individuelle mais aussi collective ? Aux années juvéniles de notre propre génération et de celle de Jeremy Rifkin, le processus d'aliénation produit par la « société de consommation » était dénoncé par la célèbre affirmation situationniste : *« On croit posséder les objets, mais ce sont les objets qui nous possèdent »*[369], qui inspira sans grand succès de nombreuses mais fragiles utopies dont les plus durables s'avérèrent de nature autogestionnaire. Vingt ans plus tard, le modèle politique et économique reposant sur l'appropriation collective des moyens de production de ces mêmes « objets » semblait pour longtemps promis à disparaître sous les gravats du mur de Berlin. La notion de « services publics » – y compris

368. Jeremy Rifkin, « La propriété, c'est dépassé », *Télérama,* n° 3375, 17 septembre 2014.

369. Raoul Vaneigem, *Traité du savoir vivre à l'usage des jeunes générations,* Gallimard, 1967.

en matière d'éducation et de santé, ces deux piliers du développement individuel et social – commença aussitôt à devenir la cible de vigoureuses critiques cachant mal l'intention de leurs auteurs de soumettre les domaines couverts par ces services à des logiques de marché et de profit. Autant dire que, sous l'effet de ces emballements idéologiques successifs, les concepts de « partage » ou encore de « coopération » ont fini par s'effacer des tableaux noirs de la prospective éducative et sociale. Et celui d'« émancipation » par courir le risque de devenir lui aussi poussiéreux, alors que resplendissaient sur tous les écrans ceux de « concurrence », de « prise de risque » et d'« entreprise ».

« Décision », « émancipation », tout comme « protection » ou « éducation » sont pourtant de ces mots riches de sens et de perspectives qui désignent à la fois l'action et le résultat de l'action, et qui attirent par conséquent l'attention sur le processus qui mène de l'une à l'autre. Parce que ce processus, qui articule les moyens à leurs fins, est placé au cœur du développement humain et social et qu'il ne peut donc être indexé à des critères exclusifs de profit marchand, sa nature démocratique nous semble devoir être garantie, et donc actualisée sans cesse, s'agissant notamment de la dimension politique que comporte tout projet d'éducation émancipatrice.

À l'heure de l'« économie de partage » et du « développement durable », deux thèmes que des secteurs croissants de la jeunesse investissent, dans leurs engagements collectifs et associatifs parfois radicaux, au détriment de motifs (les réformes institutionnelles) et de cadres (les partis, les syndicats) d'action plus classiques mais dévalorisés à leurs yeux ; à l'heure, aussi, d'un certain désenchantement de cette même jeunesse à l'égard de la démocratie représentative et de ses hiérarques, de quelles perspectives un projet politique reposant ou misant sur la démocratisation des relations éducatives peut-il être le vecteur ?

Les intentions démocratiques ne sont pas vertueuses *a priori,* et elles ne sont pas systématiquement porteuses de promesses émancipatrices. Elles peuvent même habiller de neuf, en leur fournissant des apparences « modernes » et sophistiquées, de vieilles tentations de contrôle et d'emprise dont elles rationnalisent les intentions sous couvert de dialogue et de « contrat » passé avec les enfants.

Ainsi, depuis peu, la technologie permet-elle aux parents (et bientôt à d'autres adultes ?) de géolocaliser leurs enfants depuis leurs téléphones portables au moyen par exemple d'un manteau ou d'un porte-clefs connectés, ou encore (comme les détenus bénéficiant d'une mesure de liberté surveillée) d'un bracelet électronique. Interpellés, voire culpabilisés, on l'a vu, par une quinzaine d'années de discours politiques et médiatiques sur leurs démissions, leurs défauts de surveillance ou encore leurs négligences en matière d'absentéisme scolaire[370], alarmés en outre par des reportages récurrents sur les menaces pédophiles aux abords des écoles et en tous lieux, les parents peuvent penser trouver dans ces outils un moyen intelligent – et « moderne » – de concilier leurs contraintes personnelles et professionnelles, leurs inquiétudes sécuritaires et leurs responsabilités parentales. Autant dire que, dès lors, le marché potentiel est important et que les marchands de puces et autres balises électroniques peuvent se frotter les mains[371]. Ceux-ci admettent – mais valorisent – le fait que l'enfant, se sachant ou se croyant observé, finira par intérioriser, comme Michel Foucault en avait prévu le mécanisme il y a 40 ans[372], cette surveillance de tous les instants et en tous lieux par *Big Mother* et/ou *Big Father*. L'entreprise qui commercialise en France le manteau connecté affirme ainsi : *« Au départ c'est cela, mais ils voient ensuite la possibilité de passer une sorte de contrat avec l'enfant : lui gagne en indépendance, et les* [parents] *sont plus sereins »*[373]. De même, les psychologues et psychanalystes de l'Observatoire des mondes numériques en sciences humaines (plus rompus, semble-t-il, à l'observation des pratiques autour des jeux vidéo qu'à celle des enjeux sociopolitiques des technologies numériques) relèvent les risques de persécution et de transgression induits par une liberté ainsi contrôlée, mais tempèrent aussitôt : *« L'enfant peut se sentir espionné. Mais comme on ne va pas pouvoir lutter contre la multiplication des technologies, tout l'enjeu va être de créer un dialogue autour de l'objet »*[374].

Nous ne partageons pas cet optimiste fatalisme, mâtiné de soumission vaguement fascinée aux innovations technologiques et de conviction de façade quant à la capacité de l'intelligence parentale à savoir en transcender la dimension « orwellienne ». Le « dialogue », la concertation, la négociation, le « contrat » et la prise de décision avec l'enfant doivent selon nous concerner son autonomisation réelle, l'exercice accompagné de ses droits et de ses libertés, et ceci en vue de son émancipation progressive. Ils ne sauraient être mis au service de son adaptation à des dispositifs de contrôle

370. Dès 2011, la Californie a géolocalisé des lycéens dans l'objectif de lutter contre l'absentéisme scolaire. En 2013, une jeune texane exclue de son lycée parce qu'elle refusait de porter la puce de localisation exigée par celui-là a été déboutée par la justice.

371. Tout comme se frottèrent les mains les actionnaires des laboratoires pharmaceutiques commercialisant des « suppléments alimentaires » (multivitamines, fer, sels minéraux, etc.) parfaitement inutiles au fur et à mesure que se développaient le travail des femmes et le recours aux restaurants scolaires. Cf. Frédéric Jésu (dir.), *L'enfant, sa famille et les médicaments*, Institut de l'enfance et de la famille, 1994.

372. Cf. Michel Foucault, *Surveiller et punir*, Gallimard, 1975. Il y parle de ce *« regard qui surveille et que chacun, en le sentant peser sur lui, finira par intérioriser au point de s'observer lui-même : chacun, ainsi, exercera cette surveillance sur et contre lui-même »*.

373. Cité par Lucie Soulier, « Une enfance sous surveillance », *Le Monde*, 22 novembre 2014.

374. *Ibid*.

qui lui procurent un sentiment de fausse sécurité et de fausse protection (mais en visant surtout à le procurer à leurs parents acheteurs). Loin de s'inscrire dans une logique de démocratie familiale, ces outils s'avèrent fondamentalement pervers en ce qu'ils développent chez l'enfant l'envie non pas d'expérimenter ses premiers et nécessaires mensonges, mais de chercher toujours plus loin, et non sans risque, les occasions de les multiplier ; et ceci dans une démarche de transgression solitaire plutôt que d'affirmation, à la fois tâtonnante et maîtrisée, de sa liberté croissante d'aller et de venir ; et dans l'optique de tromper ses proches, et notamment ses parents, plutôt que de les sensibiliser à l'exercice de cette liberté et d'en délibérer avec eux.

Nous pourrions multiplier les exemples de ce type, en soulignant au passage que des « dialogues » et des « contrats » tout aussi léonins sont parfois proposés à des parents par des professionnels du champ de la protection de l'enfance ou de la santé et que, on l'a vu, le législateur rôde souvent autour de la tentation de les développer dans le champ de l'éducation familiale au quotidien[375]. On comprend en tout état de cause que de nombreuses préoccupations, les unes surtout éducatives et les autres surtout sécuritaires, se manifestent face à la question récurrente de la liberté d'aller, de venir, d'explorer, de se retrouver entre eux, de s'occuper, de jouer et d'agir que souhaitent logiquement faire valoir les enfants et les jeunes pendant leurs longs « temps libres ». Les parents ont rarement la disponibilité qui leur permettrait de les surveiller pendant la totalité de ces temps-là, ou de partager des activités intéressantes avec eux. Et ils n'ont pas toujours la possibilité financière de les faire « encadrer » en les inscrivant dans des activités éducatives, culturelles, sportives, etc. organisées hors du cadre familial, accessibles et de qualité – surtout si les collectivités locales, malgré les incitations de l'État et des Caisses d'allocations familiales, n'ont rien pu ou rien voulu prévoir à cet effet.

Il existe en l'occurrence, s'agissant de ces « temps libres » des enfants et des jeunes que nous avons souvent évoqués – notamment à propos des Projets éducatifs locaux ou de territoire –, le risque d'un autre type de pseudodémocratie éducative. Caricaturée ou maladroitement exacerbée par de pseudoconsultations ou de pseudoconcertations locales, celle-ci peut entretenir *de facto* des consensus de façade visant surtout, en la matière, la conservation des privilèges, voire la justification des exclusions. Nous avons maintes fois souligné l'ampleur et la gravité des inégalités (sociales, économiques,

375. Cf. les passages que nous avons consacrés à ce sujet à feu les Contrats de responsabilité parentale et à feu les dispositifs de sanction notamment financière de toute une famille en cas d'absentéisme scolaire d'un de ses enfants, ainsi qu'aux ambigus – et toujours en vigueur – Conseils des droits et devoirs des familles, institués par la loi du 5 mars 2007 sur la prévention de la délinquance, présidés par les maires et rendus obligatoires depuis 2011 dans les villes de plus de 50000 habitants.

culturelles, territoriales, sexuelles) devant les temps « libres » des enfants, des jeunes et des familles. Elles indiquent l'importance du *hiatus* qui peut se produire, dans le domaine de l'éducation comme en tant d'autres, au carrefour des idéaux républicains de liberté et d'égalité.

C'est pourquoi il s'avérerait souhaitable, dans le cadre d'un projet politique initialement national puis localement décliné, de **déprivatiser en partie l'éducation afférente à ces « temps libres »** tant que celle-ci reste marquée par les si préoccupantes inégalités qui l'affectent aujourd'hui, à savoir : non pas l'éducation informelle – c'est-à-dire, en pratique, celle qui est principalement assurée par les familles et leurs proches –, mais l'éducation non formelle – c'est-à-dire celle qui est délivrée par et dans les structures dites « périscolaires » et « extrascolaires », publiques, associatives et privées. La réforme des rythmes éducatifs engagée en 2013, non sans difficultés, ne vise que très timidement et qu'assez tangentiellement, on l'a dit aussi, un tel objectif, centrée comme elle l'est encore sur le dégagement et l'aménagement, bien aléatoires de surcroît d'une commune à l'autre, de trois heures hebdomadaires autour des seuls temps scolaires des enfants scolarisés dans les seules écoles primaires. Il conviendrait en réalité, dans l'absolu, d'introduire des procédures encore inédites d'appropriation collective mais aussi et surtout de programmation, de gestion et de contrôle démocratiques, à un échelon de proximité approprié, de toutes les ressources de loisirs éducatifs susceptibles d'être mobilisées et crées à cet effet en direction des enfants et des jeunes de tous âges. Ces procédures incluraient la possibilité d'expérimentations coopératives qui, proposées par les professionnels de l'animation, les associations de proximité, les parents, les enfants et les jeunes, seraient encouragées par les pouvoirs publics et notamment par un État plus régulateur que prescripteur de cette dynamique – proche en l'occurrence des démarches observées dans le champ de l'économie sociale et solidaire.

Instaurer, au moyen et au bénéfice de la codécision et de la coconstruction de projets locaux partagés, un **contrôle démocratique mutuel** (et non pas une surveillance unilatérale), exigeant mais respectueux, structuré mais inventif, entre les familles et les institutions ayant mission d'éducation (formelle et non formelle) relève bien, à l'évidence, d'une démarche politique ambitieuse, novatrice et adaptée aux enjeux contemporains. Il s'agirait en l'occurrence :

– d'une démarche politique susceptible de signer l'avènement non seulement d'une dynamique de coéducation démocratique mais aussi, à terme, d'une démocratie coéducative ;

– d'une démarche politique qui intégrerait l'écoute et la prise en compte, en particulier, de l'expression des enfants et des jeunes, et qui ouvrirait des perspectives enfin tangibles, par exemple – s'agissant de nouveau des loisirs éducatifs pendant les temps libres –, à l'observation de cet adolescent de 13 ans recueillie dans les locaux de la Maison des jeunes et de la culture de Montbéliard : « *Le maire est venu aux dernières élections, il nous a demandé ce qu'on voulait. On était tous là, on lui a demandé qu'il ouvre le gymnase le week-end. Il a dit : "Aucun problème". On l'attend…* »[376] ;

– une démarche politique concrète et réaliste, au sens où le philosophe Alain Badiou dit que « *la politique devrait se passer de promesses, dans la mesure où elle devrait être le processus collectif d'une décision, prise dans la situation concrète en fonction de principes stratégiques partagés, décision dont les effets sont à tout moment contrôlables et discutables, y compris par la relation qu'ils ont ou n'ont pas avec les principes. Le ralliement à une politique doit normalement être le ralliement à des principes incarnés dans l'organisation et l'action, et exprimés en situation par des mots d'ordre praticables. Il n'y a rien à promettre : la politique vaut par elle-même, et non par les supposées satisfactions à venir autour desquelles on rassemblerait les intérêts individuels* »[377].

Pour nous, et nous n'avons cessé d'y insister, la participation démocratique de tous les acteurs de l'éducation – enfants, jeunes, parents, professionnels, acteurs associatifs – aux décisions qui les concernent est clairement l'un de ces « principes stratégiques partagés » qui doivent aujourd'hui guider une politique éducative globale et locale dans le sens de l'intérêt général.

Mais le chemin est long, et jamais totalement garanti par le « ralliement » de tous à ce principe, qui mène de décisions délibérées, prises et appliquées de la sorte jusqu'à leur finalité commune : l'émancipation tout au long de la vie, et pour commencer – selon les domaines, l'âge et la maturité – dès l'enfance et la jeunesse. Plus que d'un chemin, d'ailleurs, c'est d'une série de carrefours reliés les uns aux autres mais à chacun desquels se définissent, pour et avec les enfants, les meilleures façons pour ceux qui les arpentent de se connecter les uns aux autres, transitoirement ou durablement.

Au total, **plus qu'un village ou un quartier, c'est donc aujourd'hui tout un réseau de volontés qu'il faut mobiliser pour élever les enfants.** Un réseau où chaque acteur est conscient que ce qu'il y engage le dépasse et le solidarise, et où chaque enfant, lui aussi acteur, trouve l'occasion de com-

376. *Ils ne savent pas ce qu'on pense… Paroles de jeunes de quartiers populaires*, Fédération des centres sociaux de France et Question de Ville (association des directeurs des centres de ressource politique de la ville), Deuxième rapport national, septembre 2014.

377. Alain Badiou, « La politique devrait se passer de promesses », *Le Monde des Livres*, 7 novembre 2014.

prendre et de vivre ce que signifie le fait d'être détenteur de droits universels et d'être respecté et sollicité comme tel.

Il est intéressant, pour prolonger – c'est-à-dire pour conclure sans fermer – l'ensemble des points de vue qui précèdent, d'en confier le soin à un jeune militant. Nous citerons à cet effet de larges extraits d'un texte intitulé *« Les jeunes changent déjà le monde »* par Armel Le Coz, alors âgé de 29 ans, cofondateur et devenu président de « Démocratie ouverte », un collectif *« regroupant des élus et des citoyens porteurs d'alternatives démocratiques visant à installer une gouvernance plus transparente, participative et collaborative »* autour notamment d'un *« appel à initier ensemble une transition démocratique vers des Territoires Hautement Citoyens »*[378].

> *« Nous n'acceptons pas d'obéir bêtement, à nos professeurs, à nos parents et aux injonctions de la société :* "Travaille, consomme et tais-toi !". *Nous ne sommes pas une génération de moutons et c'est une bonne nouvelle. Les jeunes générations se posent la question du sens de ce qu'elles font. De plus en plus d'individus refusent d'être des rouages dans un système qui dysfonctionne et nous mène droit dans le mur. (…) Le vieux modèle fondé sur l'affrontement et la compétition entre États-nations vole en éclats.*
>
> *Les citoyens d'aujourd'hui veulent être en capacité de faire eux-mêmes plutôt que de déléguer leurs pouvoirs de décision et d'action à d'autres. (…) Oui, cette société pose de nombreux problèmes d'individualisme. Mais le bon côté de la médaille, c'est l'autonomie, l'indépendance et la responsabilité que gagne le citoyen. Nous sommes beaucoup à être maintenant suffisamment équipés, conscients, intelligents et demandeurs pour jouer un rôle actif au sein de la société. Nous n'attendons pas l'autorisation des vieilles institutions pour agir. (…)*
>
> *Notre monde est désormais "en réseau", c'est-à-dire que les personnes et les organisations y sont interconnectées. Cette connexion change nos relations sociales. Nous sommes de plus en plus habitués à travailler dans des structures transversales, tous au même niveau, apportant notre pierre à un édifice commun. Dans un monde connecté et ouvert, la participation, l'échange et la coopération remplacent la concurrence et la confrontation propres aux systèmes fermés.*
>
> *Dans ce contexte, le nouveau rôle de la puissance publique est de réussir à nous considérer et à nous "outiller" en tant qu'individus indépendants, à nous mettre en mouvement dans le sens de l'intérêt général et à proposer des espaces nous permettant de mettre en œuvre des actions communes. Les institutions peinent à perdre l'habitude de décider et*

---

378. ☞ *http://democratieouverte.org*
☞ *http://democratieouverte.org/blog/appel-%C3%A0-des-territoires-hautement-citoyens* novembre 2014

d'agir à notre place. Mais de plus en plus de politiques comprennent qu'il est plus efficace de laisser faire les individus, d'accompagner les projets et d'animer des territoires hautement citoyens plutôt que de rester dans une logique de prestation de services publics condescendants.

Oui, nous avons besoin de représentants pour jouer ce rôle d'animateur. Mais leur fonction doit évoluer et s'adapter à cette nouvelle citoyenneté active et massive. Ils ne sont plus les seuls dépositaires du pouvoir. Ce magnifique mot – démocratie – signifie "pouvoir aux citoyens". Pouvoir de quoi ? D'agir dans le sens de l'intérêt général, de porter nos actions et de contribuer, à notre échelle, à la mise en œuvre de services partagés, qu'on soit un jeune de 20, de 40 ou de 60 ans. »

Nous formons quant à nous le vœu que l'ouvrage qui s'achève sur ces paroles d'énergie et d'espoir aura contribué à créer, renforcer ou relancer les motivations des millions d'adultes en situation d'éducateurs à s'entendre et à s'organiser pour reconnaître en chaque enfant et chaque jeune un citoyen déjà disponible pour « changer le monde » et, déjà, pour le rendre plus sincèrement démocratique, c'est-à-dire plus ouvert au **pouvoir d'agir non seulement de chacun mais aussi de tous.**

Annexes

*Références définies par les **instances internationales** pour fournir un cadre général à l'expression et à la participation des enfants et des jeunes*

Extraits de la Convention internationale des droits de l'enfant[379]

Article 3

1. Dans toutes les décisions qui concernent les enfants, qu'elles soient le fait des institutions publiques ou privées de protection sociale, des tribunaux, des autorités administratives ou des organes législatifs, l'intérêt supérieur de l'enfant doit être une considération primordiale.

2. Les États parties s'engagent à assurer à l'enfant la protection et les soins nécessaires à son bien-être, compte tenu des droits et des devoirs de ses parents, de ses tuteurs ou des autres personnes légalement responsables de lui, et ils prennent à cette fin toutes les mesures législatives et administratives appropriées.

3. Les États parties veillent à ce que le fonctionnement des institutions, services et établissements qui ont la charge des enfants et assurent leur protection soit conforme aux normes fixées par les autorités compétentes, particulièrement dans le domaine de la sécurité et de la santé et en ce qui concerne le nombre et la compétence de leur personnel ainsi que l'existence d'un contrôle approprié.

Article 5

Les États parties respectent la responsabilité, le droit et le devoir qu'ont les parents ou, le cas échéant, les membres de la famille élargie ou de la communauté, comme prévu par la coutume locale, les tuteurs ou autres personnes légalement responsables de l'enfant, de donner à celui-ci, d'une manière qui corresponde au développement de ses capacités, l'orientation et les conseils appropriés à l'exercice des droits que lui reconnaît la présente Convention.

Article 12

1. Les États parties garantissent à l'enfant qui est capable de discernement le droit d'exprimer librement son opinion sur toute question l'intéressant, les opinions de l'enfant étant dûment prises en considération eu égard à son âge et à son degré de maturité.

379. Adoptée le 20 novembre 1989 par l'Assemblée générale de l'Organisation des Nations Unies, et ratifiée par la France le 7 août 1990.

2. À cette fin, on donnera notamment à l'enfant la possibilité d'être entendu dans toute procédure judiciaire ou administrative l'intéressant, soit directement, soit par l'intermédiaire d'un représentant ou d'un organisme approprié, de façon compatible avec les règles de procédure de la législation nationale.

Article 13

1. L'enfant a droit à la liberté d'expression. Ce droit comprend la liberté de rechercher, de recevoir et de répandre des informations et des idées de toute espèce, sans considération de frontières, sous une forme orale, écrite, imprimée ou artistique, ou par tout autre moyen du choix de l'enfant.

2. L'exercice de ce droit ne peut faire l'objet que des seules restrictions qui sont prescrites par la loi et qui sont nécessaires :

a) au respect des droits ou de la réputation d'autrui ; ou

b) à la sauvegarde de la sécurité nationale, de l'ordre public, de la santé ou de la moralité publiques.

Article 14

1. Les États parties respectent le droit de l'enfant à la liberté de pensée, de conscience et de religion.

2. Les États parties respectent le droit et le devoir des parents ou, le cas échéant, des représentants légaux de l'enfant, de guider celui-ci dans l'exercice du droit susmentionné d'une manière qui corresponde au développement de ses capacités.

3. La liberté de manifester sa religion ou ses convictions ne peut être soumise qu'aux seules restrictions qui sont prescrites par la loi et qui sont nécessaires pour préserver la sûreté publique, l'ordre public, la santé et la moralité publiques, ou les libertés et droits fondamentaux d'autrui.

Article 15

1. Les États parties reconnaissent les droits de l'enfant à la liberté d'association et à la liberté de réunion pacifique.

2. L'exercice de ces droits ne peut faire l'objet que des seules restrictions qui sont prescrites par la loi et qui sont nécessaires dans une société démocratique, dans l'intérêt de la sécurité nationale, de la sûreté publique ou de l'ordre public, ou pour protéger la santé ou la moralité publiques, ou les droits et libertés d'autrui.

Article 16

1. Nul enfant ne fera l'objet d'immixtions arbitraires ou illégales dans sa vie privée, sa famille, son domicile ou sa correspondance, ni d'atteintes illégales à son honneur et à sa réputation.

2. L'enfant a droit à la protection de la loi contre de telles immixtions ou de telles atteintes.

Article 17

Les États parties reconnaissent l'importance de la fonction remplie par les médias et veillent à ce que l'enfant ait accès à une information et à des matériels provenant de sources nationales et internationales diverses, notamment ceux qui visent à promouvoir son bien-être social, spirituel et moral ainsi que sa santé physique et mentale. À cette fin, les États parties :

a) Encouragent les médias à diffuser une information et des matériels qui présentent une utilité sociale et culturelle pour l'enfant et répondent à l'esprit de l'article 29 ;

b) Encouragent la coopération internationale en vue de produire, d'échanger et de diffuser une information et des matériels de ce type provenant de différentes sources culturelles, nationales et internationales ;

c) Encouragent la production et la diffusion de livres pour enfants ;

d) Encouragent les médias à tenir particulièrement compte des besoins linguistiques des enfants autochtones ou appartenant à un groupe minoritaire ;

e) Favorisent l'élaboration de principes directeurs appropriés destinés à protéger l'enfant contre l'information et les matériels qui nuisent à son bien-être, compte tenu des dispositions des articles 13 et 18.

Article 18

1. Les États parties s'emploient de leur mieux à assurer la reconnaissance du principe selon lequel les deux parents ont une responsabilité commune pour ce qui est d'élever l'enfant et d'assurer son développement. La responsabilité d'élever l'enfant et d'assurer son développement incombe au premier chef aux parents ou, le cas échéant, à ses représentants légaux. Ceux-ci doivent être guidés avant tout par l'intérêt supérieur de l'enfant.

2. Pour garantir et promouvoir les droits énoncés dans la présente Convention, les États parties accordent l'aide appropriée aux parents et aux représentants légaux de l'enfant dans l'exercice de la responsabilité qui leur incombe d'élever l'enfant et assurent la mise en place d'institutions, d'établissements et de services chargés de veiller au bien-être des enfants.

3. Les États parties prennent toutes les mesures appropriées pour assurer aux enfants dont les parents travaillent le droit de bénéficier des services et établissements de garde d'enfants pour lesquels ils remplissent les conditions requises.

Article 28

1. Les États parties reconnaissent le droit de l'enfant à l'éducation, et en particulier, en vue d'assurer l'exercice de ce droit progressivement et sur la base de l'égalité des chances :

a) Ils rendent l'enseignement primaire obligatoire et gratuit pour tous ;

b) Ils encouragent l'organisation de différentes formes d'enseignement secondaire, tant général que professionnel, les rendent ouvertes et accessibles à tout enfant, et prennent des mesures appropriées telles que l'instauration de la gratuité de l'enseignement et l'offre d'une aide financière en cas de besoin ;

c) Ils assurent à tous l'accès à l'enseignement supérieur, en fonction des capacités de chacun, par tous les moyens appropriés ;

d) Ils rendent ouvertes et accessibles à tout enfant l'information et l'orientation scolaires et professionnelles ;

e) Ils prennent des mesures pour encourager la régularité de la fréquentation scolaire et la réduction des taux d'abandon scolaire.

2. Les États parties prennent toutes les mesures appropriées pour veiller à ce que la discipline scolaire soit appliquée d'une manière compatible avec la dignité de l'enfant en tant qu'être humain et conformément à la présente Convention.

3. Les États parties favorisent et encouragent la coopération internationale dans le domaine de l'éducation, en vue notamment de contribuer à éliminer l'ignorance et l'analphabétisme dans le monde et de faciliter l'accès aux connaissances scientifiques et techniques et aux méthodes d'enseignement modernes. À cet égard, il est tenu particulièrement compte des besoins des pays en développement.

Article 29

1. Les États parties conviennent que l'éducation de l'enfant doit viser à :

a) Favoriser l'épanouissement de la personnalité de l'enfant et le développement de ses dons et de ses aptitudes mentales et physiques, dans toute la mesure de leurs potentialités ;

b) Inculquer à l'enfant le respect des droits de l'homme et des libertés fondamentales, et des principes consacrés dans la Charte des Nations Unies ;

c) Inculquer à l'enfant le respect de ses parents, de son identité, de sa langue et de ses valeurs culturelles, ainsi que le respect des valeurs nationales du pays dans lequel il vit, du pays duquel il peut être originaire et des civilisations différentes de la sienne ;

d) Préparer l'enfant à assumer les responsabilités de la vie dans une société libre, dans un esprit de compréhension, de paix, de tolérance, d'égalité entre les sexes et d'amitié entre tous les peuples et groupes ethniques, nationaux et religieux, et avec les personnes d'origine autochtone ;

e) Inculquer à l'enfant le respect du milieu naturel.

2. Aucune disposition du présent article ou de l'article 28 ne sera interprétée d'une manière qui porte atteinte à la liberté des personnes physiques ou morales de créer et de diriger des établissements d'enseignement, à condition que les principes énoncés au paragraphe 1 du présent article soient respectés et que l'éducation dispensée dans ces établissements soit conforme aux normes minimales que l'État aura prescrites.

Article 31

1. Les États parties reconnaissent à l'enfant le droit au repos et aux loisirs, de se livrer au jeu et à des activités récréatives propres à son âge, et de participer librement à la vie culturelle et artistique.

2. Les États parties respectent et favorisent le droit de l'enfant de participer pleinement à la vie culturelle et artistique, et encouragent l'organisation à son intention de moyens appropriés de loisirs et d'activités récréatives, artistiques et culturelles, dans des conditions d'égalité.

La Charte-agenda mondiale des droits de l'Homme dans la Cité[380]

Dans la promotion de la participation des enfants, la Cité a un grand rôle à jouer. C'est ce que préconise la Charte-agenda mondiale des droits de l'Homme dans la Cité, adoptée en décembre 2011 par le réseau mondial des autorités locales constitué sous l'intitulé Cités et Gouvernements Locaux Unis (CGLU). Dans le chapitre qu'elle consacre au « Droit à la démocratie participative », elle stipule que la Cité « promeut la participation des enfants dans les affaires qui les concernent ».

Il lui est possible :

1. d'organiser une campagne d'information auprès des adultes et des enfants afin qu'ils connaissent la Convention internationale des droits de l'enfant ;

2. lorsqu'un projet concerne les adultes et les enfants, de mettre en place les moyens (structures, informations, débats...) pour que les enfants, avec les adultes, puissent être concernés par la démarche participative mise en œuvre ;

3. de recenser les expériences de participation démocratique des enfants dans différentes structures (ville, écoles, temps de restauration, centres de loisirs, garderies...) et d'organiser une rencontre des enfants et des adultes pour une mise en commun et une analyse des pratiques. Cette action peut déboucher sur un réseau permanent entre les structures ;

4. d'organiser une formation-action des agents municipaux afin qu'ils renforcent, ou mettent en place, l'expérimentation de pratiques participatives avec les enfants et les jeunes. Des expériences existent mais elles sont souvent ignorées.

Les enjeux de toutes ces actions, menées par des villes et par diverses associations dans de nombreux pays, sont fondamentaux pour le devenir de la démocratie. Il s'agit de construire, ensemble, adultes et enfants, une autre société, un autre monde, où chacun aura le droit, à égalité, de jouer son rôle dans la recherche de réponses novatrices, alternatives et durables aux aspirations et aux besoins humains.

380. ☞ *www.paysdelaloire.fr/uploads/tx_oxcsnewsfiles/CGLU.pdf*

Principes et domaines d'action définis par les ***instances européennes*** *comme favorables à l'expression et à la participation des enfants et des jeunes*

Les travaux et les recommandations du Conseil de l'Europe

• ***La Charte européenne révisée de la participation des jeunes à la vie locale et régionale,*** adoptée le 21 mai 2003 par le Congrès des pouvoirs locaux et régionaux de l'Europe (10e session – Annexe à la Recommandation 128)[381].

Pour célébrer le 10e anniversaire de la Charte européenne sur la participation des jeunes à la vie locale et régionale, le Congrès des pouvoirs locaux et régionaux de l'Europe (CPLRE) du Conseil de l'Europe, en partenariat avec la Direction de la jeunesse et du sport du Conseil de l'Europe, a organisé à Cracovie les 7 et 8 mars 2002 une conférence intitulée *« Les jeunes, acteurs dans leur ville et leur région ».* L'objectif général de la conférence était d'apprécier les progrès accomplis en matière de participation des jeunes durant les dix années d'existence de la Charte, tout en examinant les moyens de développer cette participation plus avant, par exemple grâce à la diffusion de bonnes pratiques. Les participants à la conférence ont adopté la *« Déclaration de Cracovie »,* dans laquelle ils réaffirment que les jeunes sont citoyens des municipalités et régions dans lesquelles ils vivent au même titre que les membres des autres groupes d'âge, et qu'ils doivent en conséquence avoir accès à toutes les formes de participation à la société. Le rôle des jeunes dans le développement d'une société démocratique, et en particulier dans la vie publique locale et régionale, est confirmé et redéfini comme un processus permanent. La conférence constituait, par ailleurs, une contribution au projet intégré du Conseil de l'Europe intitulé *« Les institutions démocratiques en action ».*

Les participants de la conférence de Cracovie ont demandé que des réponses soient apportées aux nouveaux défis auxquels sont confrontés les jeunes aujourd'hui. Aussi ont-ils invité le CPLRE et le Conseil consultatif pour les questions de jeunesse du Conseil de l'Europe à nommer des experts chargés de formuler des propositions en vue de modifier la Charte européenne sur la participation des jeunes à la vie locale et régionale afin de l'adapter aux défis du XXIe siècle. Les réunions de travail de ces experts, organisées à la fin de 2002 et au début de 2003, ont abouti à l'élaboration et à l'adoption d'une version révisée de la Charte européenne sur la participation des jeunes à la vie locale et régionale.

381. ☞ *www.coe.int/t/dg4/youth/Source/Coe_youth/Participation/COE_charter_participation_fr.pdf*

La Charte révisée comporte un préambule et affirme trois principes.

Préambule de la Charte

La participation active des jeunes aux décisions et actions aux niveaux local et régional est essentielle si nous voulons bâtir des sociétés plus démocratiques, plus solidaires et plus prospères. Participer à la vie démocratique d'une communauté quelle qu'elle soit, ce n'est pas seulement voter ou se présenter à des élections, bien qu'il s'agisse là d'éléments importants. Participer et être un citoyen actif, c'est avoir le droit, les moyens, la place, la possibilité et, si nécessaire, le soutien voulu pour participer aux décisions, influer sur elles et s'engager dans des actions et activités de manière à contribuer à la construction d'une société meilleure.

Les collectivités locales et régionales, qui sont les autorités les plus proches des jeunes, ont un rôle très important à jouer dans la promotion de leur participation. Ce faisant, elles peuvent veiller à ce que les jeunes soient non seulement informés sur la démocratie et la citoyenneté, mais qu'ils aient aussi la possibilité d'en faire concrètement l'expérience. Toutefois, la participation des jeunes n'a pas pour seul objet de former des citoyens actifs ou de construire une démocratie pour l'avenir. Pour que la participation ait un sens, il est indispensable que les jeunes puissent influer sur les décisions et actions dès maintenant et non pas seulement à un stade ultérieur de leur vie.

En soutenant et en encourageant la participation des jeunes, les autorités locales et régionales contribuent également à leur intégration sociale en les aidant à faire face aux difficultés et pressions qu'ils subissent, mais aussi aux défis d'une société moderne où l'anonymat et l'individualisme sont souvent marqués. Toutefois, pour que la participation des jeunes à la vie locale et régionale soit un succès durable et significatif, il ne suffit pas de développer ou de restructurer les systèmes politiques ou administratifs.

Toute politique ou action de promotion de la participation des jeunes doit s'assurer d'un environnement culturel respectueux de ces derniers et prendre en compte la diversité de leurs besoins, situations et aspirations. Elle doit aussi comporter une dimension de divertissement et plaisir.

Les principes affirmés par la Charte

1 – La participation des jeunes à la vie locale et régionale doit s'inscrire dans une politique globale de la participation des citoyens à la vie publique. (…)

2 – Les collectivités locales et régionales sont convaincues que toute politique sectorielle devrait avoir une dimension « jeunesse ». Elles s'engagent donc à adhérer aux principes de cette charte et à mettre en œuvre les différentes formes de participation qui y sont préconisées, en concertation et en coopération avec les jeunes et leurs représentants.

3 – Les principes et les différentes formes de participation que prévoit cette charte s'adressent à tous les jeunes, sans discrimination. Afin de réaliser cet objectif, une attention particulière devrait être portée à la promotion de la participation à la vie locale et régionale par des jeunes venant des milieux les plus défavorisés de la société ou appartenant à des minorités – ethniques, nationales, sociales, sexuelles, culturelles, religieuses ou linguistiques.

La Charte révisée est ensuite divisée en trois parties.

La première partie donne aux autorités locales et régionales des lignes directrices sur les modalités de mise en œuvre des politiques sectorielles qui concernent les jeunes dans divers domaines : sport, loisirs et vie associative ; emploi et lutte contre le chômage des jeunes ; environnement urbain, habitat, logement et transport ; politique de formation et d'éducation favorisant la participation des jeunes ; mobilité et échanges ; santé ; égalité entre les femmes et les hommes ; politique spécifique pour les régions rurales ; accès à la culture ; développement durable et environnement ; lutte contre la violence et la délinquance ; lutte contre la discrimination ; sexualité ; accès au(x) droit(s).

La deuxième partie recense les instruments permettant de favoriser la participation des jeunes : formation à la participation ; information ; participation grâce aux technologies de l'information et de la communication ; participation aux médias ; promotion du bénévolat et de la défense des causes collectives ; aide aux projets et aux initiatives des jeunes ; développement d'organisations de jeunesse ; participation aux organisations non gouvernementales et aux partis politiques.

La troisième partie fournit des conseils sur la mise en place du cadre institutionnel de la participation institutionnelle des jeunes à la vie locale et régionale : conseils de jeunes, parlements de jeunes, forums de jeunes ; aide aux structures de participation des jeunes.

Pour aider à la mise en place de cette approche, le Conseil de l'Europe a publié en 2009 un document théorique et pratique intitulé *« Parole aux jeunes – Manuel sur la Charte européenne révisée de la participation des jeunes à la vie locale et régionale »*[382].

• ***« Promouvoir la participation des enfants aux décisions qui les concernent »,*** Recommandation n° 1864, adoptée le 13 mars 2009 par la Commission permanente, agissant au nom de l'Assemblée parlementaire du Conseil de l'Europe.

Résultant du rapport présenté le 2 juin 2008 par la Commission des questions sociales, de la santé et de la famille (rapporteuse : Mme Minodora Cliveti, Roumanie, Groupe socialiste) de l'Assemblée parlementaire du Conseil de l'Europe, cette Recommandation comporte 16 articles dont plusieurs doivent être cités.

1. L'Assemblée parlementaire considère que le processus de partage des décisions qui concernent la vie de l'individu et celle de la collectivité dans laquelle il vit est un des moyens de construire et de mesurer la démocratie dans un pays ; la participation est un droit fondamental du citoyen et les enfants sont des citoyens.

2. Le droit des enfants à la participation est reconnu dans la Convention des Nations Unies relative aux droits de l'enfant (article 12), tout comme dans certains instruments du Conseil de l'Europe, comme la Convention européenne sur l'exercice des droits des enfants (STE n° 160). L'Assemblée estime urgent de sensibiliser tous ceux qui vivent et travaillent avec les enfants, et prennent des décisions les concernant, à la double obligation de l'article 12 de la Convention des Nations Unies que tous les États membres ont ratifiée.

3. En vertu de cet article 12, chaque fois qu'une décision est prise concernant un enfant, ses opinions, ses souhaits et ses sentiments doivent être identifiés, quel que soit son âge, son genre, sa religion, son statut social ou sa situation. L'article 12 établit un principe général applicable à tous les enfants, y compris les enfants handicapés, et est applicable à tous les droits de l'enfant inscrits dans la convention précitée.

4. Chaque fois qu'une décision est prise concernant un enfant, ses opinions, ses souhaits et ses sentiments doivent être dûment pris en considération, eu égard à son âge et à son degré de maturité. L'âge et la maturité doivent être considérés conjointement ; ces deux facteurs n'étant pas uniquement liés à la capacité intellectuelle de l'enfant. La manière dont l'enfant exprime ses sentiments, le développement de sa personnalité, l'évolution de ses capacités et son aptitude à faire face à diverses émotions et possibilités sont tout aussi importants.

5. L'Assemblée souhaite que tous les décideurs prennent au sérieux les opinions, les souhaits et les sentiments de l'enfant, y compris des plus jeunes. L'influence de l'enfant sur le processus de décision dépendra de son âge et de sa maturité. La participation doit toujours être pertinente, volontaire et facilitée. Les adultes ont le

---

382. ☞ *http://book.coe.int/FR/ficheouvrage.php?PAGEID=36&lang=FR&produit_aliasid=2303*

devoir de ne pas mettre en péril les enfants et de ne pas les charger de responsabilités qu'ils ne sont pas en mesure d'assumer. Les enfants ont une connaissance unique de leurs vies, de leurs besoins et de leurs préoccupations. L'Assemblée est convaincue que leur participation devrait être un facteur déterminant dans les décisions les concernant directement.

6. L'Assemblée constate que le débat sur la participation ne demande plus simplement aux adultes d'écouter les enfants, mais aussi de prendre en considération et de suivre les vues et opinions exprimées par les enfants ; aujourd'hui, l'accent est mis sur le fait que les enfants sont censés pouvoir s'engager dans des actions efficaces ; il faut surtout veiller à ce que ce qu'ils font ou ce qu'ils disent débouche sur des changements positifs pour eux.

7. Cette écoute des enfants et leur participation doivent s'exercer dans les décisions prises dans tous les domaines et tout particulièrement dans la vie familiale, les soins de santé, les questions et procédures relatives à l'adoption, dans l'éducation, la vie communautaire et l'accès à la justice et à son administration. Des efforts supplémentaires sont nécessaires pour garantir que, dans les procédures judiciaires et administratives, il soit permis aux enfants d'exprimer librement leurs opinions, dans un climat de respect, de confiance et de compréhension mutuelle. Promouvoir une participation significative des enfants demande une attention spéciale afin d'éviter tout danger pour l'enfant et toute pression, contrainte ou manipulation de l'enfant ; les enfants doivent avoir accès à une information adaptée à leur condition d'enfant, à leur âge et à leur situation.

(…)

10. L'Assemblée invite le Comité des ministres à demander aux gouvernements des États membres :

10.1. de garantir que les Codes civils et la législation décrivant les droits, devoirs et responsabilités des parents mettent en exergue le respect de la dignité humaine, des sentiments et des opinions de l'enfant, et incluent l'obligation de prendre dûment en considération les opinions de l'enfant, en tenant compte de l'évolution de ses capacités ;

10.2. d'offrir une formation aux droits et à la participation de l'enfant à toute personne impliquée dans les processus de décision, en particulier aux juges, aux procureurs, aux juristes, aux éducateurs et aux personnels médicaux, et de développer chez les professionnels travaillant avec les enfants la capacité à consulter des enfants de groupes d'âge différents et à travailler avec eux.

Les documents adoptés par l'Union Européenne

• ***Promouvoir la participation active des jeunes dans la vie en société et aux processus de décision aux niveaux communautaire, national, régional et local.*** Résolution du Conseil et des ministres chargés de la jeunesse, réunis au sein du Conseil, du 8 février 1999, relative à la participation des jeunes [Journal officiel C 42 du 17.02.1999].

Par cette Résolution, le Conseil et les États membres recommandent la participation des jeunes européens aux potentiels politiques, économiques, sociaux et culturels des États membres. Ils conviennent qu'il est important :

– d'encourager la créativité des jeunes afin de permettre la mise en place de formes de dialogue participatif dans la société civile ;

– de promouvoir des projets et structures de participation innovants ;

– de favoriser la participation des jeunes à la vie démocratique aux niveaux local, régional et national ;

– de promouvoir l'intégration de projets de participation et de possibilités d'éducation innovants dans les structures de prise de décision ;

– d'encourager la participation active des jeunes au développement des communautés locales ;

– de favoriser, dans les associations de jeunesse et les organisations de jeunes existantes, les possibilités de coopération et de participation ouvertes à tous les jeunes ;

– de reconnaître le rôle important des associations et des organisations de jeunes dans la promotion de la participation des jeunes à la vie de la société.

Les États membres sont invités à intégrer les intérêts des jeunes dans tous les domaines pertinents de leurs actions, ainsi qu'à examiner les effets potentiels de leurs mesures sur les conditions de vie des jeunes.

• ***La Charte des Droits Fondamentaux de l'Union Européenne,*** signée et proclamée par les présidents du Parlement européen, du Conseil et de la Commission lors du Conseil européen de Nice le 7 décembre 2000[383].

La Charte des droits fondamentaux de l'Union européenne reprend en un texte unique l'ensemble des droits civiques, politiques, économiques et sociaux des citoyens européens ainsi que de toutes personnes vivant sur le territoire de l'Union. Ces droits sont regroupés en six grands chapitres : dignité, liberté, égalité, solidarité, citoyenneté, justice. Ils sont basés notamment sur les droits et libertés fondamentaux reconnus par la Convention européenne des droits de l'homme, les traditions constitutionnelles des

383. ☞ *www.europarl.europa.eu/charter/pdf/text_fr.pdf*

États membres de l'Union européenne, la Charte sociale européenne du Conseil de l'Europe et la Charte communautaire des droits sociaux fondamentaux des travailleurs ainsi que d'autres conventions internationales auxquelles adhèrent l'Union européenne ou ses États membres.

L'article 24 de la Charte est intitulé « Droits de l'enfant »[384] et se réfère aux articles 3, 9, 12 et 13 de la Convention internationale des droits de l'enfant . Il figure dans le chapitre « Égalité » et il est rédigé comme suit.

1. Les enfants ont droit à la protection et aux soins nécessaires à leur bien-être. Ils peuvent exprimer leur opinion librement. Celle-ci est prise en considération pour les sujets qui les concernent, en fonction de leur âge et de leur maturité.

2. Dans tous les actes relatifs aux enfants, qu'ils soient accomplis par des autorités publiques ou des institutions privées, l'intérêt supérieur de l'enfant doit être une considération primordiale.

3. Tout enfant a le droit d'entretenir régulièrement des relations personnelles et des contacts directs avec ses deux parents, sauf si cela est contraire à son intérêt.

384. ☞ *www.europarl.europa.eu/comparl/libe/elsj/charter/art24/default_fr.htm*

Inspection académique de Loire atlantique | Ville de Nantes | Institut universitaire de formation des maîtres des pays de la Loire

Protocole d'accord
L'éducation à la citoyenneté

Il est dans la mission de l'école de former des citoyens et par conséquent d'initier l'enfant, comme le demandent les textes officiels, à la pratique de la citoyenneté. Ce faisant, l'école se conforme aux recommandations de la Convention internationale des droits de l'enfant .

Déjà présentes dans les programmes et instructions de 1985 pour l'Éducation civique, les compétences à atteindre ont été précisées (Cf. brochure « Les cycles à l'école élémentaire ») :

– « l'enfant coopère…, reconnaît l'autre, le respecte… »

– « il élabore et respecte les règles de vie au sein de la classe et de l'école… »

– « il connaît et exerce des responsabilités… »

D'autre part, dans le cadre des interventions municipales, les élèves peuvent être amenés à faire des propositions dans l'aménagement de leur environnement habituel : salle de classe, bâtiment d'école, matériel d'enseignement, mobilier, cour de récréation, sécurité aux abords des écoles…

Cette définition des buts à atteindre, dans la vie de la classe et dans celle de l'école, suppose qu'en amont soient définies et mises en œuvre des situations d'apprentissage et d'exercice.

Le partenariat qui est envisagé entre l'Inspection Académique, l'IUFM et la Municipalité de Nantes a pour objectif de faciliter la recherche des conditions optimales de cet apprentissage de la citoyenneté prévu par les textes officiels.

Des actions sont déjà engagées qu'il conviendra de recenser et d'encourager :

– *celles des classes ;*

– *celles des écoles qui conduisent des projets ARVE ;*

– *celles menées en liaison avec l'AAPEN dans l'interclasse du midi et les activités périscolaires ;*

– *celles des restaurants d'enfants et de la commission des menus ;*

– *celles de l'IUFM pour la recherche « Droits de l'Enfant et règlement intérieur ».*

Quelques écoles sont allées plus loin. Elles se sont donné les moyens de confier aux enfants un réel pouvoir sur leur vie scolaire et ont créé soit des classes coopératives, soit des conseils d'enfants.

Les partenaires signataires de ce protocole s'engagent à développer et encourager toutes les initiatives qui prolongeraient les actions ainsi conduites par la mise en œuvre de structures d'échanges sur ce thème, par l'organisation de formations communes, par l'apport d'un soutien actif aux écoles, par l'appui aux recherches et innovations.

Nantes le 14 janvier 1994

L'Inspecteur d'Académie	L'Adjoint au Maire	Le Directeur de l'IUFM
F. LE Guiner	J.-M. Pousseur	J.-C. Rioux

Annexe 4

Fiche de présentation d'une expérience proposée aux réflexions d'un atelier de démocratie familiale

Dans un réseau de mutualisation entre parents, pour qu'une expérience, ou un élément de l'expérience (réunion d'un Conseil de famille, élaboration d'un règlement ou d'une règle de vie, construction d'un projet, traitement d'un conflit ou d'un fait de transgression…), puisse être compris et susciter des réflexions en retour, il est important de réussir tout d'abord à la décrire, dans son déroulement, le plus exhaustivement possible, d'en situer le contexte et d'apporter des éléments de compréhension.

On procédera de même en présentant cette expérience aux parents réunis au sein de l'atelier de démocratie familiale.

Il est aussi intéressant, dans un processus d'expérimentation, que celui ou celle qui présente son expérience, mène déjà une première analyse, s'interroge, émette des hypothèses explicatives sur la situation décrite, puis envisage des hypothèses d'action.

Description	***Présentations complémentaires***	***Problèmes repérés Interrogations Hypothèses explicatives***	***Hypothèses d'action Pistes d'approfondissement***
Description de la situation au fil de son déroulement.	Situer le contexte dans lequel a lieu la situation présentée : le cadre, les participants… Donner, au fil de la description, des éléments qui permettent de mieux comprendre la situation : une réaction d'enfant, par exemple, peut s'expliquer par un fait antérieur.	Pointer les éléments repérés au fil de la description et vos interrogations (immédiates ou au moment de votre analyse) : « Pourquoi Pierre réagit-il aujourd'hui, agressivement avec tous les membres de la famille ? » Hypothèse explicative : « Cette réaction serait-elle causée par un événement familial que je n'ai pas observé ? »	Avoir un entretien en tête à tête avec Pierre. Envisager, avec lui, de présenter une proposition au Conseil de famille, pour une nouvelle analyse de la prise en compte des besoins et droits de chacun, dans la vie familiale.

Bibliographie

Alain, *Propos sur l'éducation,* PUF, 1972 ; nouvelle édition, 2015.

ANACEJ, « L'impact des conseils de jeunes sur les politiques municipales », *Les Cahiers de l'ANACEJ,* n° 10, décembre 2010.

ANACEJ, « Participer dès 7 ans, et même avant... », *Les Cahiers de l'ANACEJ,* n° 11, juillet 2011.

Arendt H., *Condition de l'homme moderne,* Calmann-Lévy, 1961 ; nouvelle édition, Pocket, 2007.

Arendt H., « La crise de l'éducation » et « Qu'est-ce que l'autorité ? », in *La crise de la culture,* Idées/Gallimard, 1972 ; nouvelle édition, 2003.

Ariès Ph., *L'Enfant et la vie familiale sous l'Ancien Régime,* Plon, 1960 ; nouvelle édition, Points, 2014.

Aucante M., Verdier P., *On m'a jamais demandé mon avis,* Laffont, 1990.

Bacqué M.-H., Mechmache M., *Pour une réforme radicale de la politique de la Ville – Citoyenneté et pouvoir d'agir dans les quartiers populaires,* Rapport remis le 8 juillet 2013 au ministre délégué chargé de la Ville.

Badiou A. et Gauchet M., *Que faire ? Dialogue sur le communisme, le capitalisme et l'avenir de la démocratie,* Philo éditions, 2014.

Badiou A., « La politique devrait se passer de promesses », *Le Monde des Livres,* 7 novembre 2014.

Barras Ch., *Les groupes de parole pour les parents,* De Boeck, 2009.

Binet A., *Les idées modernes sur les enfants,* Flammarion, 1973 ; nouvelle édition, L'Harmattan, 2010.

Blais M.-C., Gauchet M., Ottavi D., *Pour une philosophie politique de l'éducation – Six questions d'aujourd'hui,* Bayard, 2002 ; nouvelle édition, Hachette, 2013.

Bourdieu P., Passeron J.-C., *Les héritiers : les étudiants et la culture,* Minuit, 1964 ; nouvelle édition, Ellispses marketing, 2009.

Buisson G., Lapinte A., *Le couple dans tous ses états – Non-cohabitation, conjoints de même sexe, Pacs...* Division Enquêtes et études démographiques, Insee – Insee Première n° 1435, février 2013.

Châtelain S., *Règles, éducation et obéissance,* Cahiers de l'EESP, 2000.

Cifali M., *Le lien éducatif : contre-jour psychanalytique,* PUF, 1994 ; nouvelle édition, 2005.

Clouet D., « Faut-il parler droit dans les institutions médicales, éducatives et sociales ? », *in* Actes du Colloque *1789-1989, L'enfant, l'adolescent et les libertés,* ENSP, 1990.

Collectif AEDE, *En avant pour les droits des enfants – Respectons-les dès aujourd'hui,* Érès, 2015.

Comte S., « De la toute-puissance paternelle à la démocratie familiale », *L'École des Parents,* n° 2, février 1973.

Connac S., *Apprendre avec les pédagogies coopératives,* ESF, 2009 ; nouvelle édition, 2015.

Conseil de l'Europe

– *La participation des enfants à la vie familiale et sociale,* Document CDPS CP (96), 2000.

– *Évolution du rôle des enfants dans la vie familiale : participation et négociation,* Actes, 1994.

– « Promouvoir la participation des enfants aux décisions qui les concernent », Assemblée parlementaire, Recommandation 1864 du 13 mars 2009.

– *Recommandation n° R- (98) 8 du Comité des ministres aux États – membres sur la participation des enfants à la vie familiale et sociale* (adoptée par le Comité des ministres le 18 septembre 1998, lors de la 641e réunion des délégués des ministres).

– *Les droits de l'enfant et les politiques de l'enfance en Europe : de nouvelles approches,* Actes de la conférence de Leipzig, 30 mai – 1er juin 1996, 1996.

Cornec A., « Une charte de vie familiale… et une charte du tiers », *Journal du Droit des Jeunes,* n° 322, février 2013.

Damon J., *Les familles recomposées,* PUF, 2012.

Davie E., « Un premier enfant à 28 ans », Insee, *Insee première,* n° 1419, octobre 2012.

Debray R., *Le bel âge,* Flammarion, 2013.

Defrance B., *Le droit dans l'école ou les principes du droit appliqués à l'institution scolaire,* Éditions Labor, 2000.

Delagrange G., *Le citoyen et le système politique,* L'Harmattan, 2011.

Deraismes M., *Les droits de l'enfant,* Conférence présentée par Annette JACOB, Villeurbanne, Éditions Mario Mella, 1999.

Dewey J., *Démocratie et éducation,* Armand Collin, 1990 ; nouvelle édition, 2011.

Dubet F. (dir.), *École, familles : le malentendu,* Éditions Textuel, 1997.

Durkheim E., *L'éducation morale,* Alcan, 1925 ; nouvelle édition, PUF, 2012.

Eliacheff C., « Halte aux psys réacs !, Dossier "Famille, autorité, éducation… La guerre des psys" », *Le Nouvel Observateur,* 27 mai-2 juin 2004,

Favry R., Jourdanet J., Le Ménahèze F., « Le conseil dans la classe », *Pratiques et Recherches,* n° 56, Éditions de l'ICEM, 2007.

Ferrière A., *L'autonomie des écoliers dans les communautés d'enfants,* Delachaux et Niestlé, 1921.

Fize M., *La démocratie familiale – Évolutions des relations parents-adolescents,* Presses de la Renaissance, 1990.

Foucault M., *Surveiller et punir,* Gallimard, 1975 ; nouvelle édition, 2003.

Freinet C.

– « Il faut que le mouvement d'éducation nouvelle devienne un mouvement de masse », *L'éducateur prolétarien,* n° 1, octobre 1936.

– « L'École au service de l'idéal démocratique », *L'Éducateur prolétarien,* n° 18, 15 juin 1939.

– « La coopération scolaire », *L'Éducateur,* n° 18, 15 juin 1945.

– « Les invariants pédagogiques » (1964), in *Œuvres pédagogiques, Tome 2,* Seuil, 1994.

– *Les dits de Mathieu,* Delachaux et Niestlé, 1978.

– « La dernière étape de l'école capitaliste », *Clarté,* 1er juin 1924.

– « La discipline parmi les écoliers », *Pédagogie prolétarienne, thèses, rapports et débats des Journées pédagogiques de Leipzig,* Éditions de l'Internationale des Travailleurs de l'Enseignement, 1928.

Freinet É., *Naissance d'une pédagogie populaire,* Maspero, 1971.

Gineste T., *Victor de l'Aveyron : Dernier enfant sauvage, premier enfant fou,* Hachette Littérature, 2006 ; nouvelle édition, 2011.

Gozdzik-Ormel Z., *Parole aux jeunes – Manuel sur la Charte européenne révisée de la participation des jeunes à la vie locale et régionale,* Éditions du Conseil de l'Europe, 2009.

Gouttenoire A., « La notion d'acte usuel », *Journal du Droit des Jeunes,* n° 322, février 2013, p. 11-13.

Hammarberg T., *Les enfants ont le droit d'être entendus et les adultes le devoir de les écouter,* Conférence Janusz Korczak consacrée à la participation des enfants, Conseil de l'Europe, 20 novembre 2007.

Hart R., « La participation des enfants : de la politique de participation symbolique à la citoyenneté », Rapport à l'Unicef, 1992.

Hegel G.-W.-F., *Introduction à la philosophie de l'histoire,* LGF, 2011.

Hobbes T., *Léviathan,* Gallimard, 2000.

Imbert F., *Si tu pouvais changer l'école – L'enfant stratège,* Le Centurion, 1983.

Jésu F.

– *Coéduquer – Pour un développement social durable,* Dunod, 2004.

– « Tenir la main, lâcher la main : une dialectique pour l'éducation populaire », *Forum – Revue de la recherche en travail social,* n° 112, juillet 2006.

– « Délinquance des jeunes : les parents sont-ils responsables ? », in Neyrand G. (dir.), *Faut-il avoir peur de nos enfants ? Politiques sécuritaires et enfance,* La Découverte, 2006.

– « Les enfants, experts et acteurs de leur quartier ? », *Le Nouvel Éducateur,* n° 200, décembre 2010.

– « Promouvoir la démocratie éducative au sein des familles et dans les politiques publiques : de nouveaux enjeux pour les Réseaux d'écoute, d'appui et d'accompagnement des parents », *Journal du Droit des Jeunes*, n° 326, juin 2013.

– « La résidence alternée pour tous ? », in Neyrand G. et Zaouche Gaudron Ch. (dir.), *Le livre blanc de la résidence alternée – Penser la complexité*, Érès, 2014.

– « Comment gérer les partenariats, les situations de conflit, de coéducation ? », *in* Villeneuve J.-L. (dir.), *Enjeux éducatifs de la petite enfance*, Actes du colloque organisé à les 8 et 9 novembre 2012 par l'Institut de Recherches, d'Études et d'Animation (IREA – SGEN-CFDT), Le Manuscrit, 2014.

– Denaux M., Hary F., Lantheaume M., « Coordinations autour des enfants de parents malades mentaux », *L'Information Psychiatrique*, janvier 1984, volume 60, n° 1.

– (dir.), *L'enfant, sa famille et les médicaments*, Institut de l'enfance et de la famille, 1994.

– Gabel M., Manciaux M. (dir.)., *Maltraitances institutionnelles – Accueillir et soigner les enfants sans les maltraiter*, Fleurus, 1998.

– Gabel M., Manciaux M. (dir.), *Bientraitances – Mieux traiter familles et professionnels*, Fleurus, 2000.

Kant E.

– *Traité de pédagogie*, Vrin, 1974 ; nouvelle édition, Hachette, 2012.

– *Réflexions sur l'éducation*, Vrin, 1974 ; nouvelle édition, 2002.

Korczak J., *Comment aimer un enfant*, Laffont, 1978.

Lansdown G., *Promouvoir la participation des enfants au processus décisionnel démocratique*, Éditions Unicef, Centre de recherche Innocenti, 2001.

Lansdown G., *Les capacités évolutives de l'enfant*, Centre de recherche Innocenti, Unicef, 2005.

Le Gal J.

– « Célestin Freinet, la construction d'une pédagogie populaire et d'un mouvement d'éducateurs engagés », *Télémaque, Éducation et philosophie*, n° 7-8, octobre 1996.

– « Châtiments corporels ou intervention physique », *Journal du Droit des Jeunes*, n° 185, mai 1999.

– *Le conseil d'enfants de l'école*, Éditions de l'ICEM, 2001.

– « Une autorité basée sur l'apprentissage de la liberté », *Journal de l'animation*, n° 3, novembre 2002.

– « L'auto-organisation des enfants dans la classe et dans l'école doit demeurer un objectif de lutte et de recherche pour notre Mouvement », *Le Nouvel Éducateur*, n° 168, avril 2005.

– *Coopérer pour développer la citoyenneté, la classe coopérative*, Hatier, 1999, nouvelle édition, ICEM, 2012.

– *Les droits de l'enfant à l'école – Pour une éducation à la citoyenneté,* De Boeck, 2002 ; nouvelle édition, 2008.

– *Le maître qui apprenait aux enfants à grandir – Un parcours en pédagogie Freinet vers l'autogestion,* Éditions libertaires et Éditions ICEM, 2007 ; nouvelle édition, 2013.

– « Mise en perspective historique des pratiques et des enjeux actuels de la coopération et de la participation démocratique des enfants », *Journal du Droit des Jeunes,* n° 282, février 2009.

– « Les militants "adultes" de la démocratie participative sont parfois très peu concernés par la participation des enfants », *Territoires, Le mensuel de la démocratie locale,* n° 507, avril 2010.

– « Pour une démocratie familiale : De l'école à la famille, la participation démocratique des enfants », *Le Nouvel Éducateur,* n° 208, juin 2012.

– « Les droits reconnus aux enfants dans les structures éducatives », *Le Nouvel Éducateur,* n° 208, juin 2012.

Le Pape M.-C., « Être parents dans les milieux populaires : entre valeurs familiales traditionnelles et nouvelles normes éducatives », *Informations Sociales,* n° 154, 2009.

Leroi-Gourhan A., *Le geste et la parole, Tome 1 : Technique et langage,* Albin Michel, 1964.

Makarenko A., *Poème pédagogique,* Éditions du Progrès, 1967 ; nouvelle édition, Aden, 2013.

Meirieu Ph., *Le pédagogue et les droits de l'enfant : histoire d'un malentendu ?,* Éditions du Tricorne, 2002.

Mendel G., *Une histoire de l'autorité,* La Découverte, 2002 ; nouvelle édition, 2006.

Meyer Ph., *L'enfant et la raison d'État,* Le Seuil, 1977.

Montessori M., *L'esprit absorbant de l'enfant,* Desclée de Brouwer, 1992 ; nouvelle édition, 2003.

Murcier E., Clausier M. (dir.), *Universités Populaires de Parents – Des parents acteurs, chercheurs, citoyens,* Chronique sociale, 2010.

Nay C., Sautereau M., Dupuy V., Fougères Y., « Les droits de l'enfant à l'école », *Freinésies,* n° 24, mars-avril 2002.

Neill A.-S., *Libres enfants de Summerhill,* La Découverte, 1970 ; nouvelle édition, 2004.

Neyrand G.

– *Le dialogue familial – Un idéal précaire,* Érès, 2009.

– Rossi P., *Monoparentalité précaire et femme sujet,* Érès, 2014.

– (dir.), *Faut-il avoir peur de nos enfants ? Politiques sécuritaires et enfance,* La Découverte, 2006.

– Zaouche Gaudron Ch. (dir.), *Le livre blanc de la résidence alternée – Penser la complexité,* Érès, 2014.

Ott L., Murcier N. (dir.), *Le Mythe de l'Enfant-roi – Essais sur la misopédie* (préface de F. Jésu), Éditions Philippe Duval, 2011.

Perck P., ATD Quart-monde, *Quelle école pour quelle société ?,* Chronique sociale, 2012.

Perrenoud Ph., « Les droits imprescriptibles de l'apprenant », *Éducations,* décembre 1994-janvier 1995.

Piaget J., *Le jugement moral chez l'enfant,* PUF, 1975 ; nouvelle édition, 1992.

Pignarre Ph., « Ritaline, Concerta… la vogue dangereuse des pilules de l'obéissance », in Neyrand G. (dir.), *Faut-il avoir peur de nos enfants ? Politiques sécuritaires et enfance,* La Découverte, 2006.

Pistrak M.-M., *Les problèmes fondamentaux de l'école du travail,* Desclée de Brouwer, 1973.

Platon, *La République,* Flammarion, 2008.

Prairat E.

– *La sanction – Petites médiations à l'usage des éducateurs,* L'Harmattan, 2000.

– *L'autorité éducative : déclin, érosion ou métamorphose,* Presses universitaires de Nancy, 2011.

Rayna S.

– Rubio M.-N., Scheu H. (dir.), *Parents-professionnels : la coéducation en questions,* Érès, 2010.

– Bouve C. (dir.), *Petite enfance et participation – Une approche démocratique de l'accueil,* Érès, 2013.

Raynaud J.-M., Ambauves G., *L'Éducation libertaire,* Éditions Spartacus, 1978.

Renaut A.

– (en collaboration avec S. Mesure), *Alter ego – Les paradoxes de l'identité démocratique,* Aubier, 1999 ; nouvelle édition, Flammarion, 2002.

– *La libération des enfants – Contribution philosophique à une histoire de l'enfance,* Calmann-Lévy et Bayard, 2002.

Rifkin J., « La propriété, c'est dépassé », *Télérama,* n° 3375, 17 septembre 2014.

Rosanvallon P., *La société des égaux,* Seuil, 2011 ; nouvelle édition, Points, 2013.

Rousseau J.-J.

– *Discours sur l'origine et les fondements de l'inégalité parmi les hommes,* Le Livre de Poche, 1996 ; nouvelle édition, Flammarion, 2012.

– *Du contrat social,* Le Livre de Poche, 1996 ; nouvelle édition, Flammarion, 2012.

– *Émile, ou De l'éducation,* Flammarion, 2009.

Rosenczveig J.-P., Jésu F., « Intérêt de l'enfant et statut du tiers : sortir enfin du non-droit ? », *Journal du Droit des Jeunes,* n° 322, février 2013.

Sanchez J.-L., *La promesse de l'autre*, Les liens qui libèrent, 2013.

Singly F. (de), *Libres ensemble – L'individualisme dans la vie commune*, Nathan, 2000 ; nouvelle édition, Armand Colin, 2005.

Soulier L., « Une enfance sous surveillance », *Le Monde*, 22 novembre 2014.

Sue R., *Renouer le lien social – Liberté, égalité, association*, Odile Jacob, 2001.

Théry I., « Nouveaux droits de l'enfant, la potion magique ? », *Esprit*, n° 180, mars-avril 1992.

Todd E., *Après la démocratie*, Gallimard, 2008 ; nouvelle édition, Folio, 2010.

Vaneigem R., *Traité du savoir vivre à l'usage des jeunes générations*, Gallimard, 1967.

Winnicott Donald W., *Conseil aux parents*, Payot, 1995.

Sitographie

Le Gal J., *La participation démocratique à l'école : Le conseil d'enfants école*, 1998. Disponible sur : *www.meirieu.com/ECHANGES/legal_participation.pdf*

Le Gal J., *Les droits et libertés de l'enfant dans les institutions éducatives de la petite enfance*, 2007. Disponible sur : *www.icem-pedagogie-freinet.org/node/1017*

Le Gal J., *Pour une démocratie participative : la participation des enfants et des jeunes*, 2012. Disponible sur : *www.icem-pedagogie-freinet.org/node/29580*

Le Gal, *Pour la création d'un atelier de démocratie familiale*, 2012. Disponible sur : *www.meirieu.com/ECHANGES/legal_atelier_democratie_familiale.pdf*

Le Gal J., *Droits de l'enfant – Discipline participative et éducative*, 2013. Disponible sur : *www.icem-pedagogie-freinet.org/node/33944*